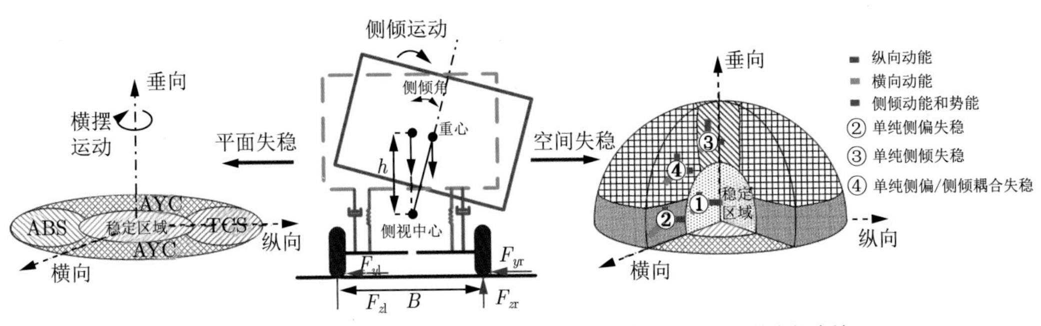

(a) 汽车稳定性的平面简化 (b) 高速车辆转向动力学 (c) 稳定性问题的空间表达

图 1.9 车辆三维空间稳定性问题示意图

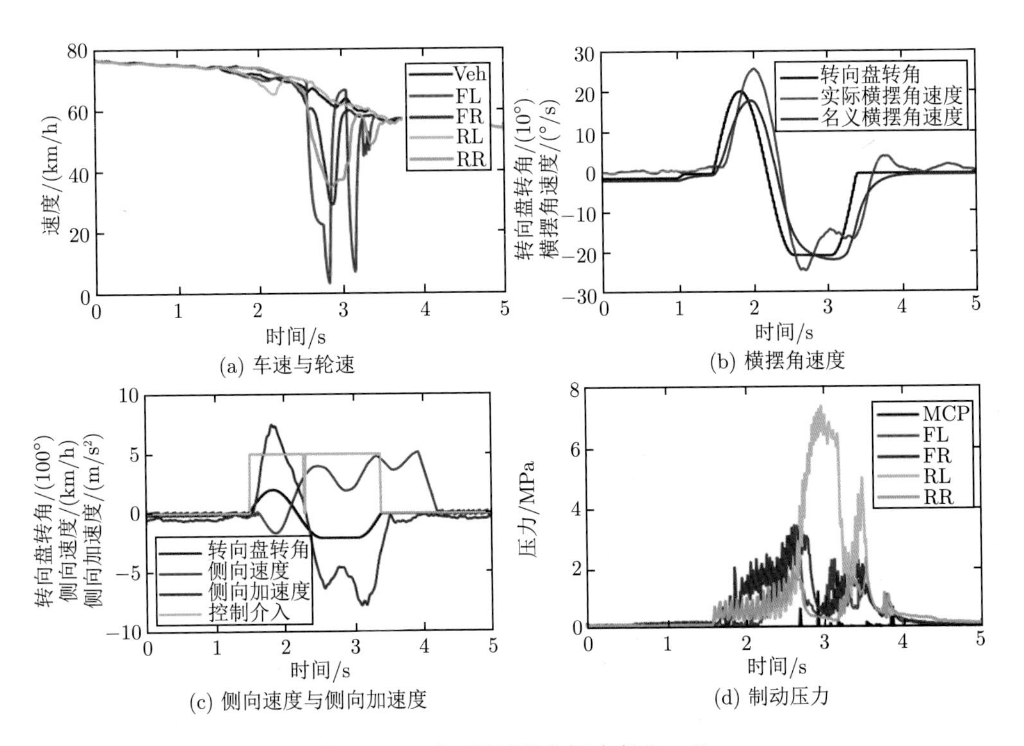

(a) 车速与轮速 (b) 横摆角速度

(c) 侧向速度与侧向加速度 (d) 制动压力

图 4.56 正弦延迟试验车辆响应 (3.5A)

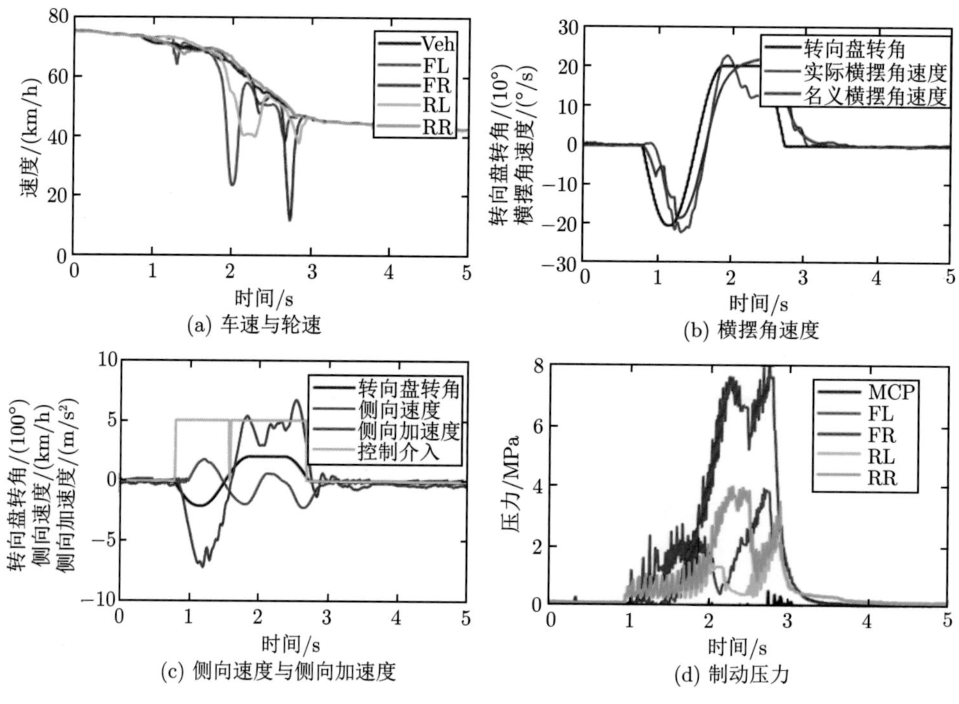

(a) 车速与轮速　(b) 横摆角速度

(c) 侧向速度与侧向加速度　(d) 制动压力

图 4.57　正弦延迟试验车辆响应 (4A)

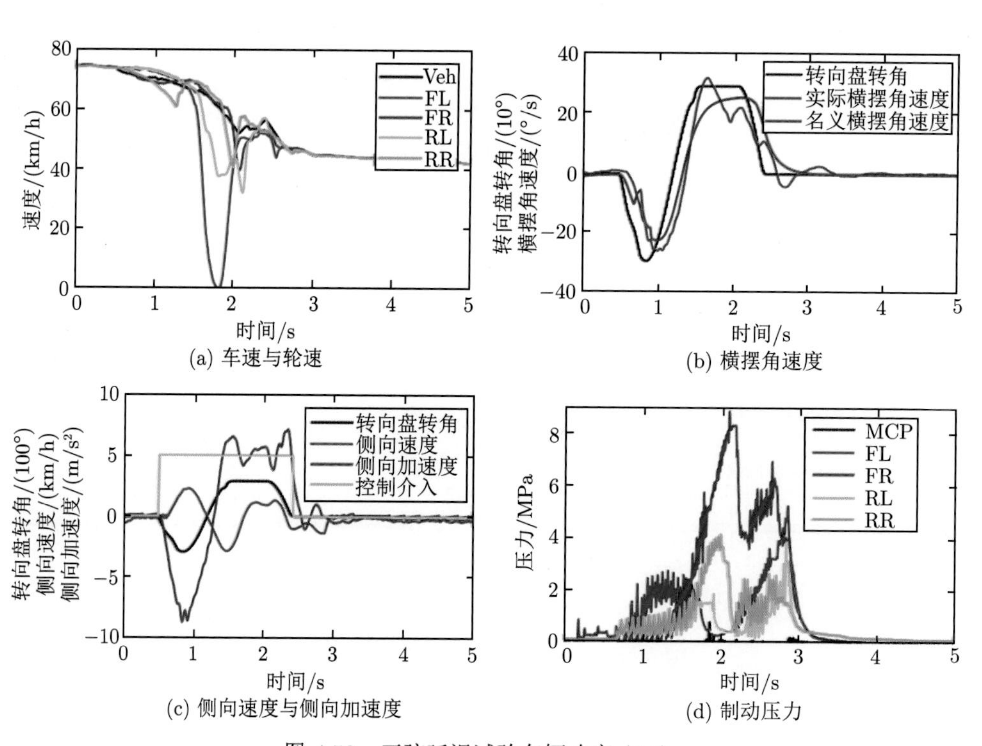

(a) 车速与轮速　(b) 横摆角速度

(c) 侧向速度与侧向加速度　(d) 制动压力

图 4.58　正弦延迟试验车辆响应 (5A)

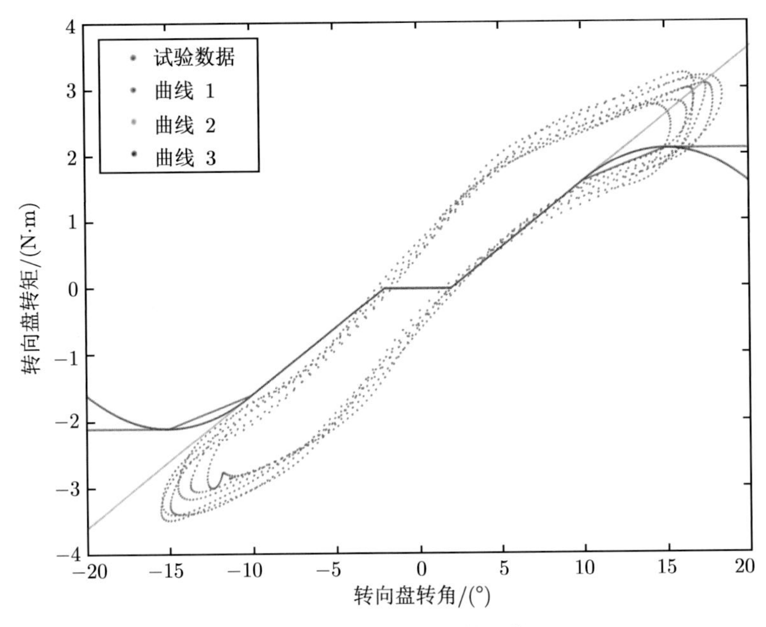

图 6.21　路感拟合函数图像

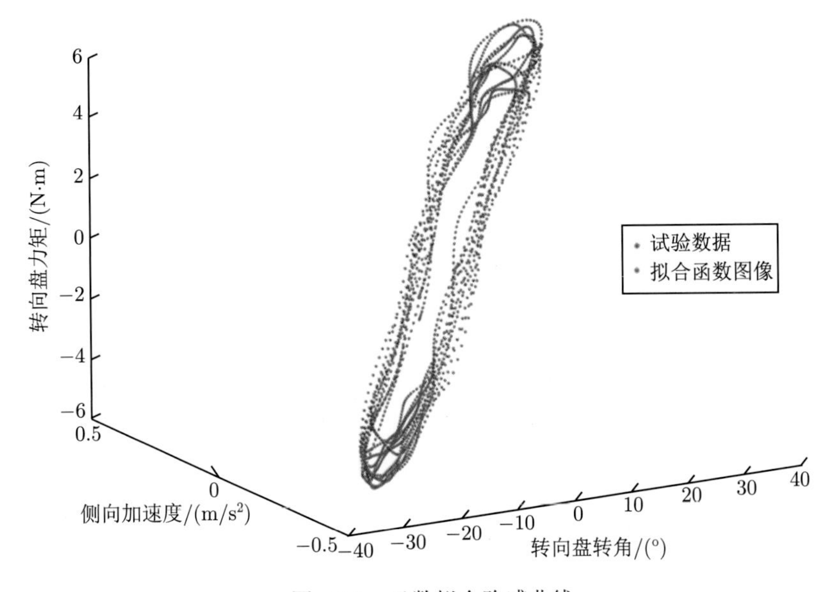

图 6.22　函数拟合路感曲线

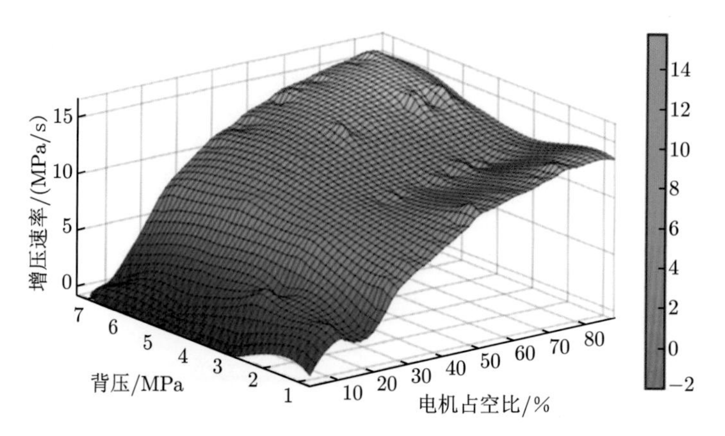

图 6.44　HCU 增压速率、电机占空比、背压的三维图

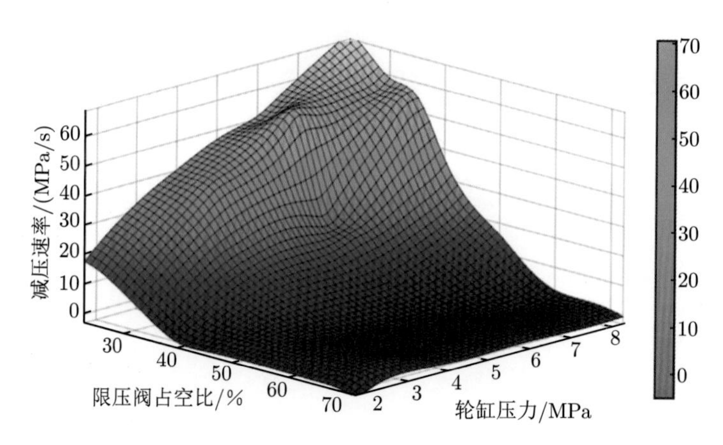

图 6.45　HCU 减压速率、电磁阀占空比、轮缸压力的三维图

图 7.12　AUTOSAR 结构图

汽车动力学与控制

李 亮 著

清華大学出版社
北 京

内 容 简 介

本书主要介绍汽车动力学与控制理论、产业化应用技术及对未来发展的展望等相关内容。全书共7章，第1章为汽车动力学与控制概论；第2章介绍了汽车动力学建模与分析方法；第3章讨论汽车动力学全局状态观测方法；第4章介绍了汽车主动安全控制技术；第5章讨论了高级驾驶员辅助控制技术；第6章讨论了智能汽车底盘线控与域控制技术的概念与架构；第7章介绍了汽车动力学测试技术。

本书可以作为车辆工程专业高年级本科生和硕士、博士研究生车辆动力学与控制课程的教材，也可以作为从事车辆设计、底盘电控、汽车测试的教师和科研人员的参考书。

图书在版编目（CIP）数据

汽车动力学与控制/李亮著.—北京：清华大学出版社，2022.7 (2024.10 重印)
ISBN 978-7-302-59605-9

Ⅰ. ①汽…　Ⅱ. ①李…　Ⅲ. ①汽车动力学②汽车–控制系统　Ⅳ. ①U461.1②U463.6

中国版本图书馆 CIP 数据核字(2021)第 237053 号

责任编辑：许　龙
封面设计：傅瑞学
责任校对：欧　洋
责任印制：沈　露

出版发行：清华大学出版社
网　　址：https://www.tup.com.cn, https://www.wqxuetang.com
地　　址：北京清华大学学研大厦 A 座　　　邮　　编：100084
社 总 机：010-83470000　　　邮　　购：010-62786544
投稿与读者服务：010-62776969，c-service@tup.tsinghua.edu.cn
质量反馈：010-62772015，zhiliang@tup.tsinghua.edu.cn
印 装 者：三河市龙大印装有限公司
经　　销：全国新华书店
开　　本：185mm×260mm　　印　张：26.25　　彩　插：2　　字　　数：644 千字
版　　次：2022 年 7 月第 1 版　　　印　　次：2024 年 10 月第 4 次印刷
定　　价：75.00 元

产品编号：091777-01

前 言

随着汽车电动化与智能化的发展，汽车动力学与控制学科也面临着新的问题与挑战。作者团队近 20 年来发展了汽车动力学与控制相关方法与技术，本书是对作者团队相关研究成果的总结，重点阐述了在汽车主动安全和智能驾驶技术发展过程中面临的新问题及解决办法，希望能给从事汽车动力学与控制领域的技术人员提供参考，也可作为高校本科生或研究生汽车动力学课程教材。

本书分 7 章，第 1 章介绍汽车动力学与控制学科的发展脉络与趋势；第 2 章介绍汽车动力学研究过程中的建模与分析方法；第 3 章介绍关键状态参数的观测方法，为汽车动力学控制提供基础；第 4 章和第 5 章介绍当今汽车动力学领域的主要研究内容，即经典主动安全控制技术和高级驾驶员辅助控制技术；第 6 章介绍汽车动力学与控制学科的两个发展趋势，提出了底盘域控技术与全矢量线控技术的概念与架构；第 7 章简要介绍汽车动力学的测试与评价体系。

本书由清华大学汽车动力学与控制课题组李亮教授牵头撰写，参加撰写的有王翔宇、刘丛志、程硕、陈翔、李全通、魏凌涛、刘子俊、黄悦峰等博士生。撰写过程中，还得到了课题组其他老师和同学的热心帮助。

本书在撰写过程中请教了有关企业和研究所的同志，他们对本书提出了许多宝贵意见，本书的出版还得到了清华大学出版社的大力支持。在此，一并表示感谢。

嘤其鸣矣，求其友声！汽车技术正处于深度与快速变革之中，作者因水平有限、精力不足，深恐书中所反映的学科前沿技术不足、引用同行成果不够全面客观，恳请学界前辈同仁批评指正，不胜感激！

作　者
2022 年 1 月

常用缩略语

4WD 四轮驱动系统（Four-Wheel Drive System）
ABS 防抱死制动系统（Anti-Lock Brake System）
ACC 自适应巡航控制（Adaptive Cruise Control）
ADAS 高级驾驶辅助系统（Advanced Driving Assistance System）
AEB 自动紧急制动系统（Autonomous Emergency Braking）
AFS 主动前轮转向系统（Active Front Steering）
ALC 自适应灯光控制系统（Adaptive Light Control）
AMT 机械式自动变速器（Automatic Mechanical Transmission）
AP 自动泊车系统（Automatic Parking）
ARC 防侧倾控制系统（Anti-Roll Control）
ARS 主动后轮转向系统（Active Rear Steering）
ASIL 汽车安全完整性等级（Automotive Safety Integration Level）
ASS 主动悬架系统（Active Suspension System）
AUTOSAR 汽车开放系统架构（Automotive Open System Architecture）
AVH 自动车辆保持系统（Automatic Vehicle Hold）
AYC 主动横摆力偶矩控制（Active Yaw-moment Control）
BBW 线控制动系统（Brake by Wire）
BLDC 直流无刷电机（Brushless Direct Current Motor）
BMS 电池管理系统（Battery Management System）
BSD 盲点探测系统（Blind Spot Detection）
CDC 连续阻尼控制（Continuous Damping Control）
DCU 域控制器（Domain Control Unit）
DDD 驾驶员疲劳探测系统（Driver Drowsiness Detection）
DFC 动态因子系数（Dynamic Factor Coefficient）
EBD 电子制动力分配系统（Electronic Brake Force Distribution）
EBS 电子制动系统（Electronic Braking System）
ECU 电子控制单元（Electronic Control Unit）
EDS 电子差速系统（Electronic Differential System）
EEA 电子电气架构（Electrical/Electronic Architecture）
EHB 电控液压制动系统（Electric Hydraulic Brake）
EHPS 电控液压助力转向系统（Electro-Hydraulic Power Steering）
EMB 电子机械制动系统（Electro-Mechanical Brake）
EMS 发动机管理系统（Engine Management System）
EPB 电子驻车制动系统（Electric Park Brake）
EPS 电动助力转向系统（Electric Power Steering）
ESC 电子稳定性控制系统（Electronic Stability Control）
FMEA 失效模式及效应分析（Failure Mode and Effect Analysis）
FTA 故障树分析（Fault Tree Analysis）
FVC 全矢量控制（Full Vector Control）
GPS 全球定位系统（Global Positioning System）

HAC	坡道起步辅助系统（Hill-start Assist Control）
HAZOP	危险与可操作性分析（Hazard and Operability Analysis）
HCU	液压控制单元（Hydraulic Control Unit）
HDC	下坡控制系统（Hill Descent Control）
HIL	硬件在环（Hardware-In-the-Loop）
HPS	液压助力转向系统（Hydraulic Power Steering）
IMU	惯性测量单元（Inertial Measurement Unit）
KF	卡尔曼滤波（Kalman Filter）
ALC	主动变道控制（Automatic Lane Change）
LDW	车道偏移报警系统（Lane Departure Warning）
LKA	车道保持辅助系统（Lane Keep Assistance）
LTR	横向载荷转移率（Load Transfer Ratio）
LSTM	长短时神经网络（Long Short-Term Memory）
MBC	魔术车身控制技术（Magic Body Control）
MF	魔术公式（Magic Formula）
MPC	模型预测控制（Model Predictive Control）
MPTM	模态参数轮胎模型（Modal Parameter Tire Model）
NRMS	归一化均方根（Normalized Root-Mean-Square Value）
NVS	夜视系统（Night Vision System）
PMSM	永磁同步电机（Permanent Magnet Synchronous Motor）
PPS	行人保护系统（Pedestrian Protection System）
PSO	粒子群优化（Particle Swarm Optimization）
PWM	脉冲宽度调制（Pulse Width Modulation）
QP	二次规划（Quadratic Programming）
RBS	制动能量回收系统（Recuperative Braking System）
RNN	递归神经网络（Recursive Neural Network）
SBW	线控转向系统（Steer by Wire）
SOC	荷电状态（State of Charge）
SQP	序贯二次规划（Sequential Quadratic Programming）
STPA	系统理论过程分析（Systems Theoretic Process Analysis）
SWIFT	短波中频轮胎模型（Short Wave Intermediate Frequency Tire Model）
TCS	牵引力控制系统（Traction Control System）
TSR	交通标志识别（Traffic Sign Recognition）
TTC	碰撞时间（Time to Collision）
TTR	侧翻预警时间（Time to Rollover）
VCU	整车控制单元（Vehicle Control Unit）

目　　录

第1章 汽车动力学与控制概论

1.1 本章概述

本章首先介绍了汽车动力学一般问题，对其动力学机理进行简要阐述。然后针对汽车动力学里程碑技术的发展进行概述，回顾了底盘动力学及其典型控制技术，分别对轮胎动力学，制动、驱动、转向和垂向动力学进行原理性的说明。进一步地，对面向智能汽车的底盘动力学发展趋势与关键问题进行探讨，包括智能汽车以及底盘动力学域控制的发展展望。最后，在汽车动力学性能测试方面，对其主客观评价与试验方法进行列举介绍。

1.2 汽车动力学一般问题简述

自 1886 年由德国人卡尔·本茨研制的汽车诞生，发展至 21 世纪的智能汽车热潮，汽车动力学关键技术发展，从侧重结构设计到底盘的电控化，再至人工智能控制，一直随着汽车行业变革不断完善、迭代更新，逐渐形成完备、可持续发展的汽车动力学理论体系。一百多年来，众多专家学者潜心研究，从底盘构造设计、轮胎特性机理探究、动力学分析、底盘电控研究等方面深度剖析，笔耕不辍留下众多经典著作。荷兰 H. B. Pacejka《Tire and Vehicle Dynamics》[1]、德国 M. Mitschke 和 H. Wallentowitz《Dynamik der Kraftfahrzeuge》[2]、日本安部正人《自動車の運動と制御》[3]、美国 William F. Milliken 和 Douglas L. Milliken《Race Car Vehicle Dynamics》[4]、中国余志生教授《汽车理论》[5]、郭孔辉院士《汽车操纵动力学》[6] 等，构建出了汽车动力学理论体系。

汽车已经发展成为由车轮、车身、悬架等众多运动部件构成的复杂机电系统。分析汽车动力学问题，可将汽车视为是由 5 个刚体即 4 个车轮和 1 个车身组成的，并由悬架导向装置、弹簧和减振器连接在一起的复杂动力学系统。车轮和车身每个刚体有 3 个平移和 3 个转动共 6 个自由度，这样简化的汽车动力学系统有 30 个运动自由度[1]。要分析车辆动力学问题，首先，通过建立微分方程描述车辆相应的运动自由度；然后，基于悬架等部件的机械连接及各个部件之间的运动约束关系，将各个运动微分方程互相关联；除此之外，还需要分析包括发动机（驱动电机）、变速器、减速器等部件构成的驱动装置，包括转向横拉杆、转向器和转向盘等部件构成的转向机构等的运动。这样，描述汽车真实运行状态的运动微分方程即车辆的运动自由度将增加很多。即便如此，不断增多的相互关联的运动微分方程也难以全面描述汽车的行驶运动。

驾驶员在车辆行驶过程中根据车辆期望行驶任务，操纵车辆加速踏板、制动踏板和转向盘控制车辆车速和运行方向。根据车辆的实时响应和由于道路倾斜、大风等不可避免的交通环境干扰造成的汽车偏离期望行驶方向，再进行车辆操纵，修正其行驶状态[6]。

这样，人车路形成闭环，研究汽车的行驶运动就不仅要把车辆用数学模型描述出来，还需要把驾驶员甚至是道路环境用数学表达式描述出来。可见，车辆动力学分析面临着建模非线性、不确定性的挑战。

人工智能技术发展为汽车产业带来颠覆性变革，智能汽车逐渐成为国际竞争的前沿焦点。驾驶员的操作权逐步向车辆智能驾驶控制系统转移，甚至完全由车辆智能驾驶控制器来操纵车辆运动。各类高级驾驶辅助系统广泛应用于量产车型，全球各汽车企业纷纷部署智能汽车关键技术开发。人机共驾机理尚付阙如，智能汽车动力学的数字化技术及底盘动力学控制新机制亟须探明，是汽车工业进入人工智能时代面临的新挑战。

安全、高效、舒适、可控是汽车工业永恒的主题，也是汽车动力学理论不断完善、形成完备体系的动力以及可持续发展的源泉。为了提升车辆的动力性能、经济性能、制动性能、操稳性能、平顺性、通过性等各方面性能，汽车行业科技工作者一直致力于汽车动力学关键问题研究。

在提升车辆的动力性和经济性发展历程中，从第一台内燃机汽车诞生后的百年历程中内燃机经历了技术革新三大里程碑。从控制油气比例的化油器发动机，到控制空燃比的电喷发动机，发展到缸内直喷发动机。为更进一步提高汽车节能减排性能，混合动力汽车以及纯电动汽车相继问世。

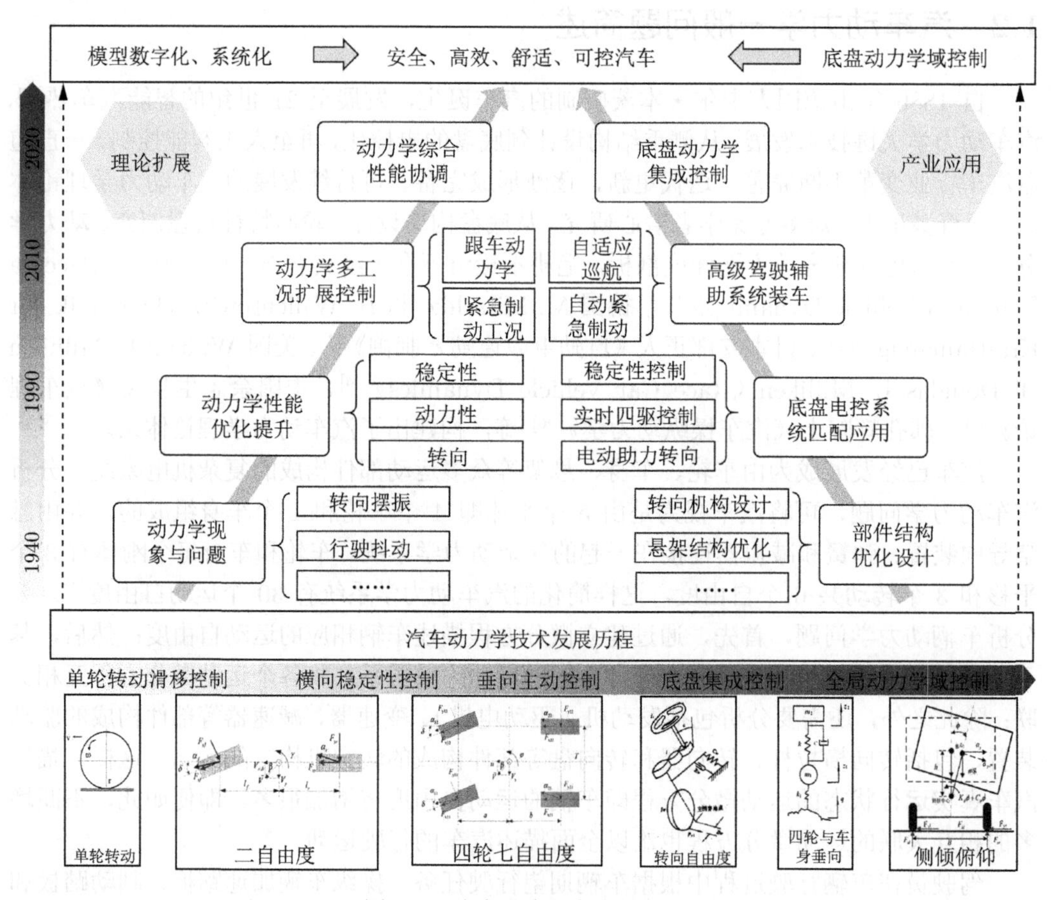

图 1.1 汽车动力学发展历程图

随着汽车向高速化、高安全性发展，为了提升车辆的操稳性能，轮胎由最原始的实心胎逐渐发展为充气轮胎，随后迎来轮胎工业的革命——子午线结构轮胎，汽车轮胎朝着子午化、扁平化、无内胎化甚至智能轮胎方向发展。在经历了底盘部件结构反复迭代优化后，在电子化、信息化技术发展驱使下底盘电控技术飞速发展，以进一步提升车辆操稳、平顺、通过等各方面性能。

如图 1.1 所示，汽车动力学在百余年发展历程中经历了底盘部件设计创新、动力学性能匹配设计、底盘动力学电控突破等阶段。逐步解决了随着运行速度提升带来的各种动力学问题，并进一步针对性地提升车辆动力学性能。在汽车向更加安全、高速的发展趋势下，未来汽车动力学在应对智能汽车这一颠覆性变革时仍有很远的路要走。一方面，底盘机电一体化导致电控部件日益增多的趋势，迫切要求汽车底盘从单目标控制到多系统集成控制，乃至走向智能汽车的底盘动力学域控制。另一方面，汽车系统动力学的数字化和智能化又是自动驾驶汽车的发展必由之路。

1.3　汽车动力学发展历程

汽车作为复杂的运动系统，其动力学理论体系的建立走过了一个漫长的历程。汽车研究人员一直在不断地通过问题观察、经验积累、理论研究、技术发展与实车测试，探索汽车动力学机理。汽车动力学可以大致划分为 4 个里程碑式的发展阶段。第一阶段（延续到 20 世纪 40 年代末）为车辆动力学发展的探索时期。第二阶段（20 世纪 50 年代至 20 世纪 90 年代）为车辆动力学发展的理论成熟和实践探索的黄金时期。第三阶段（20 世纪 90 年代至 20 世纪末）为车辆动力学发展的规模工程应用发展时期。进入 21 世纪，车辆动力学发展进入第四阶段，即智能汽车动力学发展新时期。

早期人们缺乏成熟的理论支撑，对车辆的动态性能和乘坐舒适性仅仅只有经验性的观察，进行尝试性的改进设计。20 世纪 30 年代，一些学者和工程师们由车辆行驶过程中的振动问题入手，开始探索车辆转向、稳定性和悬架的研究，分析车辆转向和悬架运动对车辆性能的影响，如英国的 Lanchester[7]、美国工程师 Olley[8]、法国的 Broulhiet[9] 等。针对车辆的平顺性提升问题，众多学者、工程师们开始探索着设计了各种各样的独立悬架结构，以克服车辆的摆振问题。同时开始关注车辆平顺性和操纵稳定性协调问题。其中，Olley 在美国凯迪拉克公司建立了由前、后活动质量的车架组成的测试试验台，用来研究前后悬架匹配和轴距对前后轮相位差的影响。他曾对早期车辆动力学的设计研究工作进行总结[8]：“人们对车辆转向的不稳定问题已经习以为常。工程师们设计制作的每一个零部件都精致完美，但是这些零部件装配出的整车性能却总是不很满意；为了提高车辆行驶性能而零星地采用的尝试性方法实际上却几乎没有任何作用”。清华大学管迪华教授等早期针对汽车转向摆振问题进行了深入研究，分析并优化了汽车转向系统机构[10,11]；吉林大学郭孔辉院士等早期在汽车悬架系统设计领域也展开了深入研究[12]。

20 世纪 50 年代至 90 年代为车辆动力学发展的理论成熟和实践探索的黄金时期，汽车操纵动力学建立了完整的理论体系并且通过测试试验，各种底盘电控零部件逐渐运用在整车上。一方面，轮胎作为车辆底盘的关键部件，人们开始使用轮胎测试台来测试轮胎的力学特性，进行轮胎力特征的理论和试验研究。另一方面，得益于一些航空工程师转而从事车辆开发，有关飞机稳定性及其控制理论开始逐渐应用于汽车中，然后不断发展形成车辆动力学的完整理论体系。先是各种各样的轮胎模型被开发出来，并得到应用，为车辆动力学研究和车辆动力学性能设计提供了基础支撑，如基于实测数据的半经验模型——魔术公式（Magic Formula，MF）、HSRI 轮胎模型（又称 Dugoff 轮胎模型）等。MF 模型由 Volvo 公司和荷兰 Delft 大学在 20 世纪 80 年代联合提出，H. B. Pacejka 等人为此做出了突出的贡献[16]。HSRI 轮胎模型是 Dugoff 在 20 世纪 70 年代提出的半经验模型[17]。郭孔辉院士提出了 UniTire 轮胎模型[13]；管迪华教授提出了对轮胎进行模态试验分析的方法[14,15]。

1956 年，机械工程师学会在伦敦组织了关于汽车稳定性控制及轮胎性能的研讨会。众多学者针对车辆动力学的关键问题提出极具创意的思想，标志着汽车操纵动力学建立起完整的基础理论体系[18]。至 20 世纪 80 年代末，汽车工程师已开始研究通过横摆力偶矩改善车辆极限工况下的稳定性。在 1992 年的 AVEC 会议上，来自日产[19]、三菱[20]、本田[21] 等公司的专家就电子稳定性控制系统（Electronic Stability Control, ESC）的研究展开了比较深入的讨论，系统地提出了基于差动制动的车辆稳定性控制方法[22]。在 AVEC'94 会议上，Inagaki 等提出了用相平面法分析车辆稳定性的方法[23]。清华大学宋健教授等提出了基于汽车制动器功率耗散的制动防抱死系统（Anti-Lock Brake System, ABS）研究方法[24]。清华大学李亮教授提出了汽车临界失稳判据以及动力学扩稳机理[36]。同济大学余卓平教授等在车辆动力学控制及四轮分布式驱动控制领域取得了积极进展[25,26]。东南大学殷国栋、陈南教授等在四轮转向车辆的操纵稳定性控制领域开展了深入研究[27]。上海交通大学喻凡教授对车辆操纵稳定性及其集成控制关键技术进行了系统的研究[28]。此外，在悬架、传动系统控制领域，我国也取得很大进展。合肥工业大学陈无畏教授、张农教授，江苏大学陈龙教授等在主动、半主动悬架控制领域做了大量工作[29,30]。重庆大学秦大同教授等在混合动力系统及其控制技术领域取得了积极进展[31,32]。

随着传感器技术、电子技术以及自动控制技术的快速发展，汽车主要零部件完成了由纯机械系统到机电一体化系统的转变，车辆动力学、控制研究成果开始应用于实车。如牵引力控制系统（Traction Control System，TCS）、ABS、ESC 和英国莲花工程公司（Lotus Engineering）开发的主动悬架系统等。1995 年，德国博世（Bosch）公司与奔驰（Benz）公司联合开发了 ESC 产品并成功匹配到奔驰 S600 车型上。这一时期，福特（Ford）、宝马（BMW）、丰田（Toyota）、本田（Honda）等汽车公司相继推出了各自 ESC 产品，各公司的产品各有特色，但基本构型和原理大致相同[33-35]。

20 世纪 90 年代至 21 世纪初为车辆动力学电控系统技术应用发展时期，各种底盘电控零部件开始大规模应用于量产车型，解决了汽车存在的各种各样的动力学问题，比如，ESC 极大地提升了车辆的主动安全性能。目前，ESC 生产厂商包括德国博世（Bosch）、德国大陆特维斯（Teves）、美国天合（TRW）、日本电装（Denso）、韩国万都（Mando）等几家公司。国内也开始了 ESC 的自主产品研制，在清华大学宋健教授团队努力下，我国自主产权的 ABS 已经实现大规模产业化；北京英创汇智开发出具有自主知识产权的 ESC 产品[36]，先后匹配到多款车型上，开启了自主 ESC 技术的批量应用。

近年来，车辆动力学技术进入智能化时代。一方面，随着汽车保有量的不断增加，交通拥堵、交通事故等问题日益突出，智能汽车被视为可以有效解决交通问题的战略性技术。另一方面，人工智能技术、互联网技术、环境感知技术、高性能运算硬件系统的发展，使智能汽车成为了可能。智能汽车已成为研究热点，汽车工业迎来一场颠覆性技术变革[37]。1984 年，美国陆军与国防高级研究项目部（DARPA）合作推进智能驾驶研发计划。1986 年，美国加利福尼亚州交通运输局、加州大学伯克利分校与其他研究机构联合开展了先进交通和高速公路伙伴（PATH）计划，旨在发展智能驾驶技术来提高公路通行能力、消除交通拥堵并减少能源消耗。1986 年，欧洲启动普罗米修斯计划（PROMETHEUS），投资 7.5 亿欧元对智能驾驶相关技术进行研究。日本交通运输部 Advanced Safe Vehicle 计划执行，将智能汽车和安全驾驶系统开发放在关键位置。“中国制造 2025”将智能网联汽车列入国家智能制造发展的重点领域，指出到 2025 年攻克自动驾驶总体及各项关键技术。我国提出的基于人–车–路协同的事故零死亡智能交通系统如图 1.2 所示。百度公司发布了自动驾驶开放平台 Apollo，旨在搭建自动驾驶生态系统。

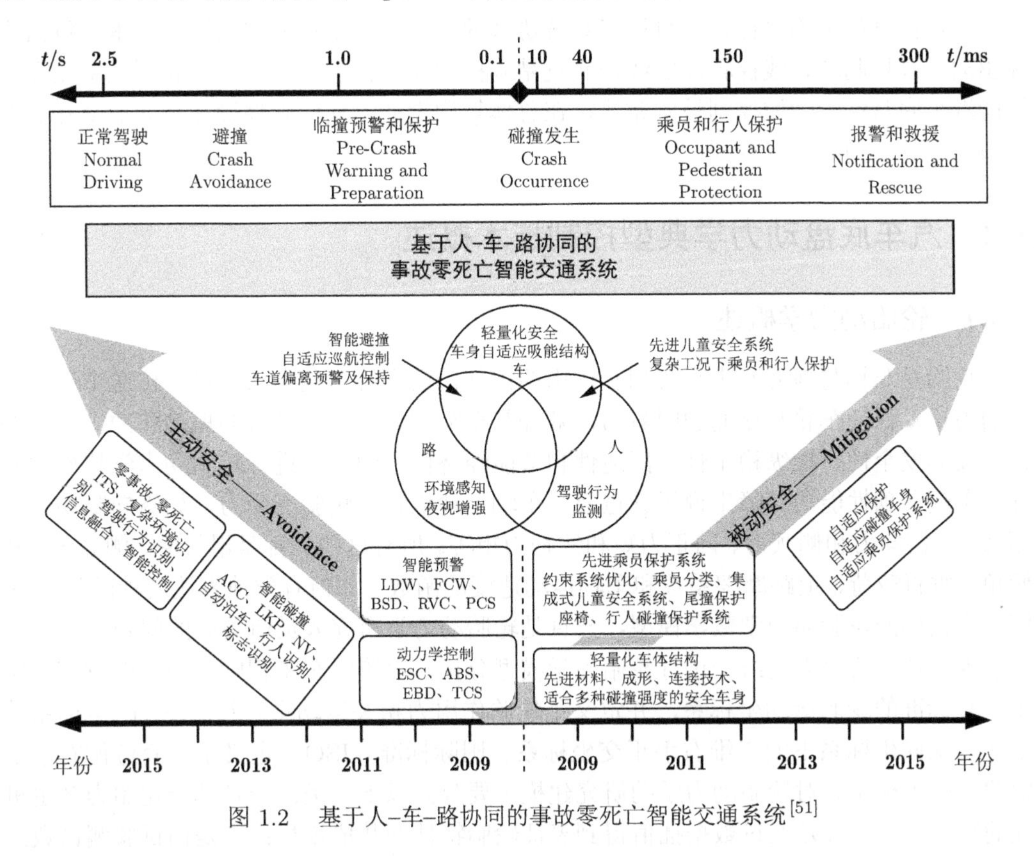

图 1.2 基于人–车–路协同的事故零死亡智能交通系统[51]

关键技术研究方面，美国工程院院士 Hedrick 和加州大学伯克利分校 Tomizuka 较早开展了自动驾驶车辆动力学控制问题，于 1994 年对自动驾驶系统架构进行了详细的描述[38]。美国俄亥俄州立大学王俊敏等提出了拟人式驾驶员模型用于自动驾驶控制策略研究[39]。明尼苏达大学双城分校 Rajesh Rajamani 考虑车辆稳定性和乘坐舒适性提出了典型安全车速模型[40]。加拿大滑铁卢大学曹东璞教授研究了深度强化学习的智能驾驶认知、决策方法[41]。美国密歇根大学彭晖教授等在自动驾驶横向控制问题取得了积极进展[42]。谷歌等互联网公司、特斯拉等新势力造车企业、德国博世等企业均在高级驾驶辅助系统以至智能驾驶技术方面进行投入。清华大学李克强院士等在高级驾驶辅助系统技术及智能网联汽车领域研发取得阶段成果[43]。清华大学成波教授等在驾驶员驾驶特性分析和预警系统领域做出积极工作[44]。同济大学陈虹教授等研究了模型预测控制理论并应用于车辆动力学稳定性控制及自动驾驶控制领域[45,46]。北京理工大学项昌乐院士、中国北方车辆研究所毛明院士在特种车辆动力学关键领域做了大量工作[47,48]。吉林大学高振海教授等在高级驾驶辅助系统开发领域进行研究工作[49]。此外，还有众多专家学者在相关领域做了积极工作，在此不再一一详述。

随着汽车电控系统不断发展完善，汽车智能化进程已经开启。在智能汽车“前端传感，上层决策，底层执行”的分层架构中，底层执行元件是其关键的组成部分，车辆底盘是智能驾驶稳定安全运行的保障，车辆动力学在智能驾驶发展引领下进入全新的时代。智能汽车的线控底盘是智能驾驶上层指令的执行系统，底盘动力学稳定性是智能驾驶功能实现的前提。在智能汽车发展背景下，汽车动力学与智能安全控制关键技术亟须攻克，例如，包括底盘传感器共享和状态全局观测、多自由度车辆动力学模型实时精确解算、基于底盘域控制的架构设计、多目标多系统协调的底盘动力学集成与域控制技术，包括线控驱动、线控制动、线控转向的线控底盘精确控制执行技术等。本书作者团队率先提出智能汽车底盘动力学域控制技术路线，在总体架构设计、软件硬件设计及通信交互等方面布局了一系列的发明专利[50]。

1.4 汽车底盘动力学典型控制技术概述

1.4.1 轮胎动力学概述

轮胎是车辆与地面发生直接相互作用的部件，它支持车辆全部重量，传送牵引和制动的力矩，保证车轮与路面的附着力，减轻甚至吸收汽车在行驶时的振动和冲击力，保证行驶的安全性、操纵稳定性、舒适性和节能经济性。因此，进行轮胎动力学特性的研究对车辆各项性能的保障来说极其重要。车辆运动依赖于轮胎所受力，如纵向制动力和驱动力、侧向力和侧倾力、回正力矩和侧翻力矩等。所有这些力都是滑转率、侧偏角、外倾角、垂直载荷、道路摩擦系数和车辆运动速度的函数，如何有效地表达这种函数关系，即建立精确的轮胎动力学数学模型，一直是轮胎动力学研究人员所关心的问题。

为了便于研究人员统一进行轮胎力学模型分析，美国汽车工程师学会（SAE）制定了一套标准的轮胎运动坐标系，并定义了轮胎作用力相关运动量。轮胎 SAE 坐标系被定义为法向坐标系下的三维右手正交坐标系。国际标准（ISO）定义了一套遵循右手定则的轮胎坐标系。对轮胎动力学的研究建模主要分为以下三类：一是基于轮胎力产生机理的物理模型；二是通过数据插值得到表征轮胎特性的数值模型；三是由试验测试数据构成的经验模型。具体分析内容详见第 2 章。

国内外学者在轮胎动力学上取得了显著成果。荷兰代尔夫特理工大学的 H. B. Pacejka 等提出了一套基于三角函数拟合的轮胎公式，即魔术公式（MF）[16]。随后在 MF 公式基础上加入刚性环理论和等效路面模型构建了短波中频轮胎模型（Short Wave Intermediate Frequency Tire Model，SWIFT），用以描述胎体振动频率达到 60~80Hz，适用于小波长（> 0.2m）、大滑移的中频输入工况[52]。美国密歇根大学公路安全研究所（Highway Safety Research Institute）的 Dugoff 等基于大量轮胎试验，研究出一种轮胎半经验模型，即高速公路安全研究所（HSRI）轮胎模型[17]。郭孔辉院士以理论模型为基础提出了适用于各种工况、模型简洁、具有预测和外推能力的 UniTire 轮胎模型[13]。清华大学管迪华教授研究了对轮胎进行了模态试验分析的方法，宋健教授提出了一种轮胎拟合折线模型[14,15]。此外，还有刷子模型、环模型等机理模型以及常用于控制策略设计的线性化轮胎模型。

1.4.2 制动动力学概述

随着汽车工业的发展，汽车行驶速度的提高，人们对汽车的行驶安全性越来越重视。制动系统设计与控制关键技术是其中的核心问题。首先，需要保证车辆的制动安全性能，汽车在紧急工况强制动时 ABS 主动对制动压力进行调控防止车轮“抱死”，是汽车主动安全的重要装置。进一步地，为了缩短制动距离，提高制动稳定性，汽车制动主动安全技术电子制动力分配系统（EBD）应运而生。为了提高汽车燃油经济性、降低排放，混合动力以及纯电动汽车迅速发展，车辆制动动力学发展出新的研究领域，即制动能量回收技术。

ABS 一般由电子控制单元（Electronic Control Unit，ECU）、液压控制单元（Hydraulic Control Unit，HCU）和轮速传感器组成，ABS 示意图如图 1.3 所示。轮速传感器采集车轮转动信号并送到电子控制单元中，电子控制单元根据轮速信号按照一定的控制逻辑进行分析判断发出控制信号。控制信号送到液压控制单元中驱动相应电磁阀动作，执行增压、减压或保压操作，使制动器获得合适的制动力矩。保证车轮最有效地利用地面附着力，得到最佳的制动距离和制动稳定性。

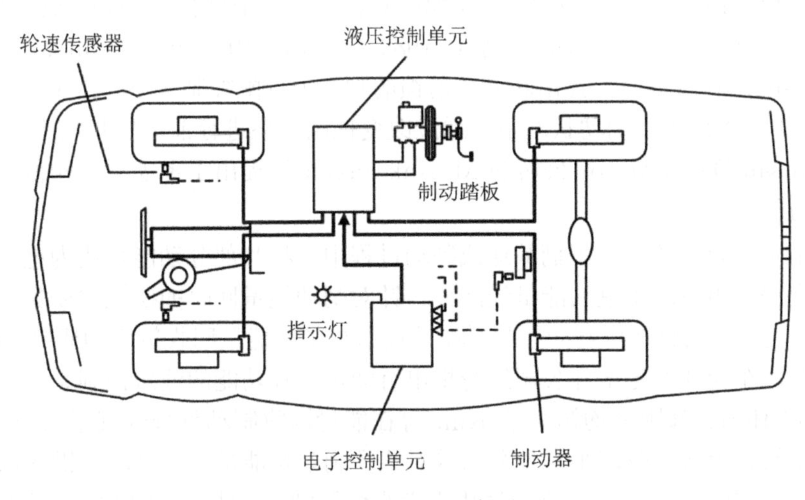

图 1.3 ABS 示意图

装配 ABS 的汽车优越性如下：

（1）制动过程中，车轮仍然可以滚动，保证转向轮的操纵性，同时防止由于后轮抱死而导致的汽车侧滑甩尾，提高制动稳定性。

（2）能有效地利用轮胎与路面间的附着能力，缩短制动距离。

（3）减少了轮胎的磨损，可以提高轮胎的使用寿命，同时减少粉尘向空气中的污染。

ABS 技术的研究可溯源到 1932 年英国的“制动时防止车轮压紧转动的安全装置”专利。1936 年，博世公司将电磁传感器用于测量车轮的转速，当传感器探测到车轮抱死拖滑时，调节装置启动，调节制动管路压力，这一思路一直延续至今。ABS 首先应用于火车上，而后飞机工业的发展需要推动了 ABS 的发展。1954 年，福特汽车公司在载货汽车上试装了法国航空公司的 ABS 装置，揭开了 ABS 应用于汽车工业的序幕。

20 世纪 60 年代，ABS 开始应用电磁式车轮速度传感器，但简单的机械式控制部分并不能适应车辆参数和工况的变化，经常出现防抱死功能失效，所以 ABS 发展陷于进退两难的境地。20 世纪 70 年代初期，随着大规模集成电路发展和应用，依赖于硬件逻辑电路的 ABS 控制器应运而生，但 ABS 本身复杂的控制逻辑又制约其体积减小和可靠性的增加。1978 年，博世公司与奔驰公司合作研制出带有数字式微处理器控制器的三通道 ABS，并批量加装于奔驰轿车上，这是 ABS 技术突破性的进展，奠定了 ABS 的基本模式。

进入 20 世纪 80 年代，由于数字电子计算机技术的发展，同时也得益于液压控制技术的进步，ABS 技术逐步发展起来，许多汽车零部件公司纷纷开始生产 ABS 产品，ABS 也进入了快速推广应用阶段。ABS 的发展是与汽车安全法规密切相关的。20 世纪 90 年代，欧、美、日等发达国家为了提高汽车制动的安全性，制定了严格的法规，促进了 ABS 的应用。截至 2000 年，北美的 ABS 装车率已达 80%，西欧、日本和澳大利亚均为 50%，汽车工业的后起之秀韩国和巴西也已分别达到 40% 和 30%。目前，ABS 已成为这些国家生产轿车的标准装备。当前，世界上生产 ABS 的厂家主要有博世、TEVES、TRW、DENSO 以及 MENDO 等；国内自主研发的 ABS 也已投产。

EBD 在 ABS 硬件系统的基础上进一步发展而来，可以分配制动器制动力，并防止后轮先于前轮抱死而出现“甩尾”和侧滑现象，提高制动时汽车的方向稳定性。EBD 最早由日产汽车公司的 Nakazato 等于 1989 年提出。1992 年 Nissan Motor 公司的 Shinji Matsumoto 等进一步提出转向角前馈的制动力分配控制策略。ITT TEVES 公司 Bushman G 等提出了半制动状态下，通过改变控制策略进行前后轮制动力分配的方法。1995 年 Nissan Diesel Motor 公司的 M. Nakazazwa 等提出了考虑车轮侧偏角的制动力分配控制方法。

制动能量回收系统能在车辆减速或制动过程中，将其部分动能转化为电能储存于电池中，从而提高电驱动车辆的能量经济性。针对制动能量回收的研究主要集中在以下两个方面：制动能量回收液压制动控制系统的设计与制动能量回收策略的研究。德国博世、日本日立等汽车企业及零部件公司纷纷推出有能量回收功能的液压控制系统。日本东京大学 Yoichi Hori、韩国成均馆大学 Kim 等在能量回收制动领域开展了大量工作[53,54]。北京英创汇智、上海同驭汽车科技公司等对线控制动及能量回收制动关键零部件攻关取得较大进展。同济大学余卓平[55]、清华大学张俊智[56]、吉林大学陈虹[57] 等专家学者均在制动能量回收设计与控制方面开展积极工作。

1.4.3 驱动动力学概述

车辆驱动系统是保障车辆动力性、经济性、通过性等性能的关键系统。从驱动形式方面分析，可分为内燃发动机驱动、纯电动驱动、混合动力、四轮分布式电驱动等形式。从传动方面分析，车辆驱动系统主要包括发动机管理系统或整车控制器、离合器、变速器、四驱分动器等关键部件；为应对复杂工况，还有驱制动协同的 TCS 等。

汽车传统驱动形式为内燃发动机驱动，通过离合器、变速器等传动部件将驱动转矩传递至车轮为汽车提供行驶动力源。国内外各大零部件企业、专家学者就相关领域分别从发动机、离合器、各类变速器（机械式自动变速器、无级变速器、双离合变速器等）、四驱分动器等核心部件展开了大量系统设计和控制方法研究[58]。随着汽车节能减排需求日益迫切，纯电动驱动、混合动力驱动及四轮分布式电驱动等更多驱动形式应运而生。电动汽车电驱系统设计与控制方法研究、混合动力关键装置设计与控制、四轮分布式驱动控制技术等关键问题被广泛关注[59-62]。其中，四轮驱动系统（4 Wheel Drive System, 4WD）和 TCS 是保证车辆动力性和驱动稳定性的关键技术。

4WD 根据车辆行驶路面条件，将驱动力矩按不同比例分配给前后车轮，提高车辆越野性和转弯性能等。一般地，可将 4WD 分为“全时四驱”“分时四驱”和“适时四驱”三类。其中“全时四驱”保证动力转矩时刻分配到每个车轮，车辆在行驶中始终保持四轮驱动。“分时四驱”允许驾驶者根据路面情况，通过接通或断开分动器来改变驱动模式，实现两驱和四驱自由转换。“适时四驱”根据车辆运行状态和路面条件实时自动切换两驱或者四驱驱动模式。“适时四驱”常见车型有本田 CR-V、丰田 RAV4、日产奇骏等。“分时四驱”常见车型有 Jeep 牧马人、陆风 X8 等。“全时四驱”常见车型有奔驰 4MATIC、奥迪 quattro、宝马 X 系 xDrive 等。针对 3 款典型的四驱系统进一步概述如下。

奔驰 4MATIC 四驱系统由分动器、锥齿轮差速器、差速锁和电子限滑辅助构成，如图 1.4 所示。四驱系统变速器通过输出轴与分动器相连，前后轴驱动转矩分配比为 50:50，分动器带有低速爬行挡，配有前、中、后 3 个差速器锁，并可手动将 3 个差速器进行 100% 锁止。

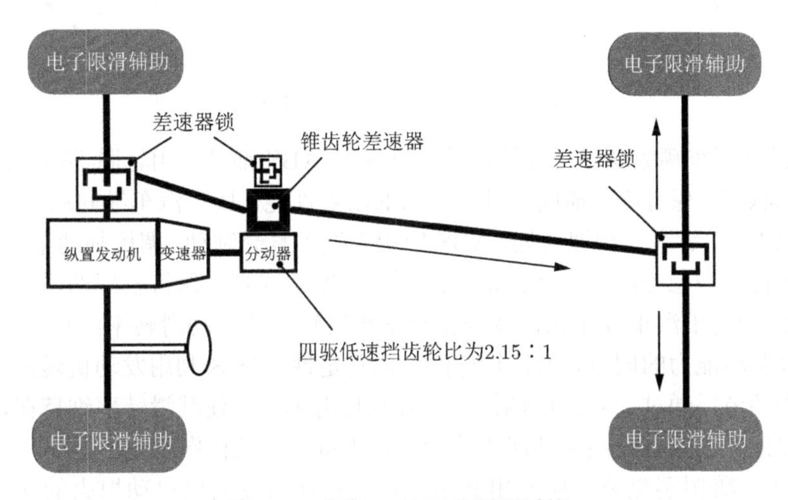

图 1.4　奔驰 4MATIC 四驱系统

奥迪 quattro 四驱系统技术方案如图 1.5 所示，该四驱系统由分动器、托森 C 型转矩感应自锁式差速器、电子限滑辅助构成。托森 C 型中央差速器为行星齿轮结构，结构更紧凑、自动锁止反应更迅速。其在正常行驶工况下以前后轴 40:60 的比例分配驱动力。调整极限为前轴最多分配 65% 驱动力输出，后轴最大 85% 的驱动力输出，即前后驱动力在 65:35 至 15:85 之间自动调节。

宝马 xDrive 四驱系统由电控多片离合器和分动器组成如图 1.6 所示。电控多片离合器根据传感器信息（如车轮转速、转向盘角度等）获取车辆动力学状态，基于控制策略主动分配前后轴的动力。在常规行驶工况下，多片离合器保持一定的闭合状态，xDrive 智能全时四驱系统按照约 40:60 的比例将发动机的动力分配至前后车轴。一旦感知到车轮有打滑趋势，xDrive 通过调节多片离合器压紧力实现驱动力的重新分配，使前后轴驱动力分配比在 0:100 至 50:50 之间连续变化。

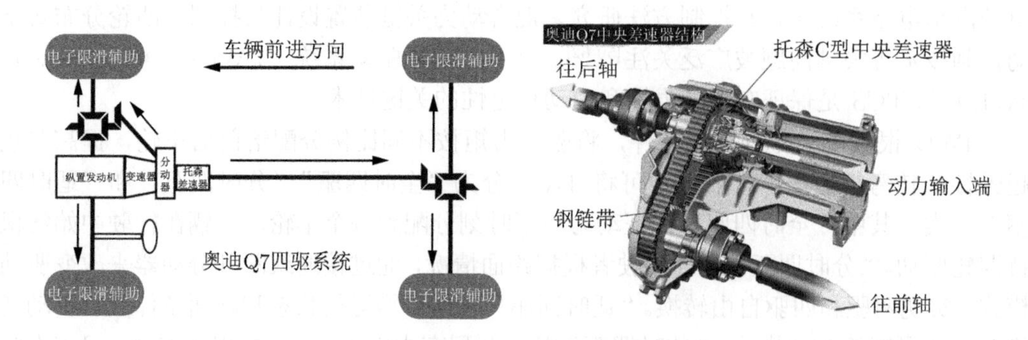

图 1.5　奥迪 Q7 搭载的四驱系统

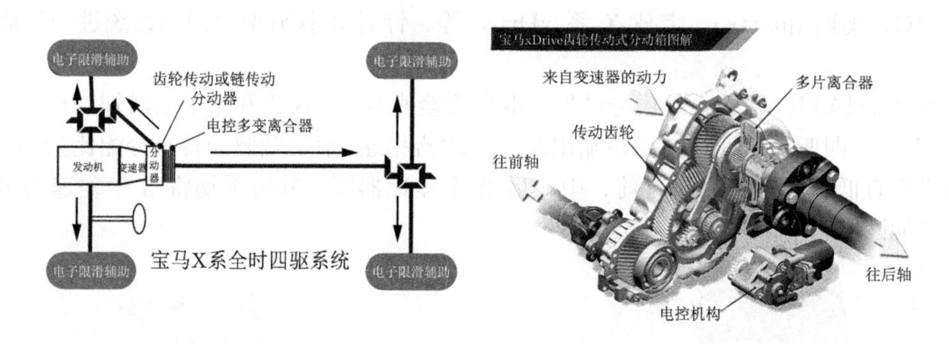

图 1.6　宝马 X 系全时四驱系统

TCS 是保证车辆驱动稳定性的部件。TCS 和 ABS 都是利用轮胎-路面附着特性，调节车轮转动状态，保持纵、横向均具有较高的附着性能，属于汽车纵向动力学控制技术。在调控对象上，二者存在相似之处。ABS 应用于汽车紧急制动，调控制动车轮滑移，使制动滑移率维持在理想范围内，在保证较高制动强度的同时，保持较好的横向稳定性。类似地，TCS 应用于汽车强驱动，调控驱动车轮滑转，使驱动滑转率维持在理想范围内，在保证较高驱动能力的同时，保持较好的横向稳定性。TCS 利用发动机转矩调节和驱动轮制动压力调节，通过二者的协调控制，抑制打滑车轮，使其滑转率维持在理想滑转率范围内，保证汽车具有较高驱动能力的同时，维持一定的横向稳定性[101]。

1971 年，美国别克公司研发出利用电控装置调节发动机自动熄火的功能，此方法可以用于减少发动机输出转矩，进而抑制驱动轮过度打滑，该装置的调节思路与后来出现的 TCS 类似。20 世纪 80 年代后 ABS 技术得到快速发展，进而促进了 TCS 的发展。1985 年，由瑞典沃尔沃公司研发的驱动防滑装置——电子牵引力控制系统，试装在 Volvo 760 Turbo 汽车上，该系统成为首个产业化的驱动防滑系统。随后，1985 年 12 月，博世公司在 ABS 基础上，改进执行机构，加入 ASR 功能，上市了第一个具有 ABS 和 ASR 功能的量产产品——ABS/ASR 2U，并在奔驰高级轿车上完成试装。20 世纪 90 年代后，TCS 研发上采用了更多的先进控制方法和设计技术，丰田公司所设计的驱动防滑装置，利用调控节气门开度的方式来实现对发动机输出转矩的调节，降低了产品开发成本。1995 年，博世公司所开发的行驶驱动力控制系统引入了对横向力的自动校正功能，增强了制动和驱动过程中车辆的横向稳定性。当前，TCS 功能大都集成在 ESC 中。生产厂商多为国外著名零部件公司，如德国博世、美国天合等，中国如北京英创汇智等公司自主知识产权的产品也已开始匹配装车。

1.4.4　转向动力学概述

转向系统作为汽车的关键系统之一，直接影响汽车的操纵稳定性、舒适性和行驶主动安全性。转向系统设计、控制以及车辆转向响应特性与调控是转向动力学的关键技术。

汽车转向系统经历了完全由人力操纵的机械转向系统到由人和液压装置共同提供转向动力的液压助力转向系统，到由人和电机共同提供转向动力的电动助力转向系统，再到完全由电机提供转向动力的线控转向系统阶段[63]。美国凯迪拉克公司、日本铃木公司等企业最早开始研究电控转向系统，并开展了大规模产业化应用，德国宝马、奥迪公司等在前轮主动转向控制系统方面开展了突出工作。清华大学季学武在车辆转向系统设计与控制方法领域展开深入研究，做出重要贡献[64]。北京理工大学林逸、南京航空航天大学赵万忠等也在电动助力转向控制系统研究领域做出杰出贡献[65]。恒隆科技、博世华域转向系统公司等自主企业研发出的转向关键部件在市场上广泛应用。

车辆转向响应特性调控的核心部件是电子稳定性控制系统（ESC），它是在 ABS/TCS 的基础上增加主动横摆力偶矩控制（Active Yaw Moment Control, AYC）构成的，详细介绍如下。AYC 对车辆四个车轮进行主动制动，产生横摆力偶矩，改善汽车转向过程中的动力学稳定性。通过实时判断车辆在转向过程中的车辆转向运动与驾驶员期望的车辆转向运动的关系。当二者出现偏差时控制器通过对车轮施加制动力产生横摆力偶矩来调整车辆的运动姿态，其作用机理如图 1.7 所示。当车辆发生不足转向时，AYC 在内侧车轮上施加制动力，产生逆时针的横摆力偶矩；当车辆发生过度转向时，AYC 在外侧车轮施加制动力，产生顺时针的横摆力偶矩。

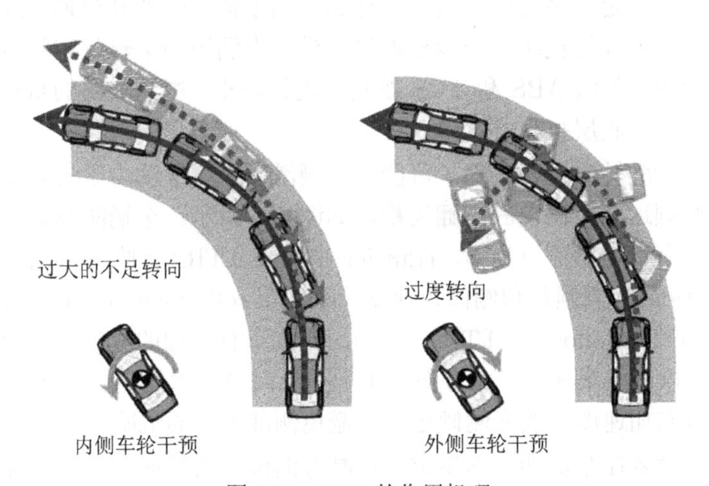

图 1.7　AYC 的作用机理

早在 1988 年，ABS（1978）和 TCS（1986）在德国博世公司实现批量生产以后，Heess 等就描述了一种集成 ABS、TCS、悬架系统和转向系统的汽车动力学控制系统，并提出了相应的工业解决方案，受此启发德国博世公司的 A. T. van Zanten 和 Armin Mueller 和奔驰公司联合开发出 ESC，并于 1995 年成功匹配到奔驰 S600 轿车上[66]。图 1.8 所示为 ESC 系统构成示意图，从其工作原理可知，ESC 系统在 ABS 的基础上，增加横摆角速度、转向盘转角、横向加速度传感器用于感知车身姿态及驾驶员操作意图；由于其需要进行精确的左右车轮差动制动，因此 ESC 需具有主动增压功能，并且能够独立调节各车轮的制动压力。

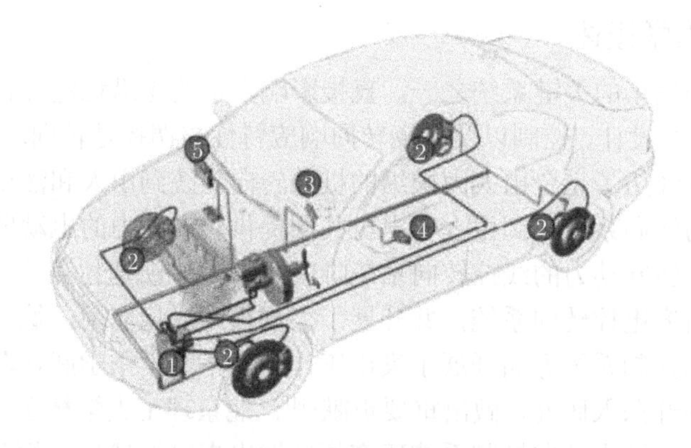

图 1.8 ESC 系统构成

1—电控液压单元（EHCU）；2—轮速传感器；3—转向盘转角传感器；4—横摆角速度传感器和加速度传感器；5—通过 CAN 总线与发动机管理系统通信

博世公司 A.T.van Zanten 等率先提出的 ESC 系统解决方案被广泛地应用，此后的研究基本上是按照这一框架发展的。具体地，采用分层控制的架构实现车辆稳定性控制，ESC 系统测量转向盘转角、横摆角速度、侧向加速度、轮速和主缸压力等信号。进一步地，由车辆状态观测模块估算如纵向速度、侧向速度、侧偏角等车辆状态。参考值计算模块基于上述状态变量得到当前路面、驾驶员操作条件下的名义横摆角速度和车身侧偏角，作为 ESC 控制器的控制目标。在横摆力偶矩控制模块中，根据车辆的实际横摆角速度和车身侧偏角与设定的名义值的偏差，计算控制车辆跟随驾驶员期望操作所需的目标横摆力偶矩。参考值计算模块进一步根据目标横摆力偶矩和车辆状态计算得到目标车轮滑移率和制动力矩，并由 ABS 和 TCS 控制器进行修正，得到最终的目标制动力矩和发动机转矩，分别交由底层执行器实现。

车辆在高速行驶转向过程中除了可能发生侧滑、甩尾等动力学失稳危险外，也可能出现由于大的侧倾运动而诱发的侧翻失稳，如图 1.9 所示。车辆防侧翻控制中常用的侧翻指标有：横向载荷转移率（Load Transfer Ratio，LTR）、临界侧向加速度（critical lateral acceleration）、侧倾角和侧倾角速度（critical roll angle，critical roll rate）、侧翻预警时间（Time To Rollover，TTR）等[67]。当汽车有侧翻的危险时，通过对一侧车轮制动，一方面可以降低车速，另一方面产生一个反向横摆力偶矩，降低车辆横摆角速度，最终实现降低侧向加速度，改变侧倾运动，避免侧翻失稳的危险。

众多国内外学者在车辆动力学稳定性控制方面做了大量研究工作。除了最广泛被采用的反馈控制和 PID 控制等方法外，基于最优化方法的最优控制[68]、滑模变结构控制[69]、模型预测控制（MPC）[70]、Takagi-Sugeno（T-S）模糊模型控制[71] 以及神经网络等控制方法[72] 均被应用于极限工况下的汽车动力学控制问题。美国弗吉尼亚理工大学 M. Ahmadian[73]、美国密歇根大学 C. C. MacAdam[74]、日本大学 S. Horiuchi[75] 等均在车辆操纵动力学控制领域取得积极进展。吉林大学郭孔辉院士等对 ESC 硬件在环仿真进行了研究[76]。西北工业大学方宗德较早开展了 ESC 的滑模控制[77]。上海交通大学唐厚君亦在 ESC 控制器设计方面开展了研究[78]。吉林大学施树明等提出了多种汽车侧偏估算算法[79]。作者团队自 2000 年，开始进行汽车动力学稳定性控制技术的研究，在 AYC 和 TCS 研究、产品自主研发、实车匹配技术等方面做了大量的工作，开发了自主的 ESC 产品[80,81]。在乘用车领域，博世、天合、DENSO 等品牌的 ESC 应用较广泛。在商用车领域，威伯科、克诺尔二者占据了中国绝大部分商用车 ESC 的市场。北京英创汇智、京西重工等自主企业也开始批量供应 ESC 产品。

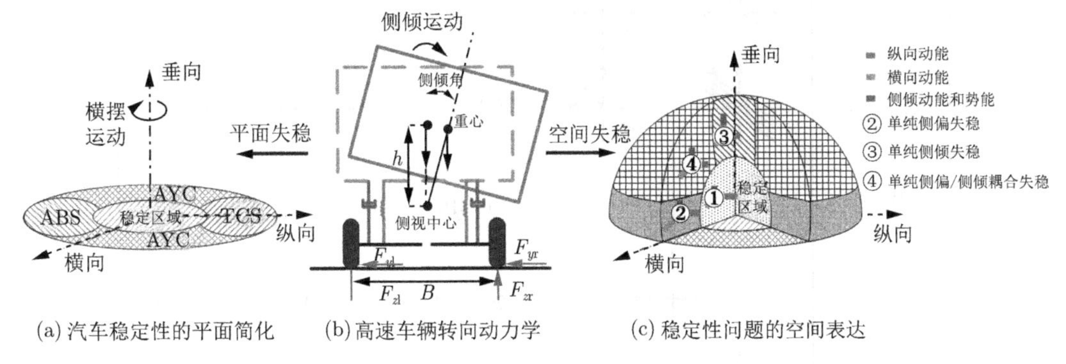

(a) 汽车稳定性的平面简化 (b) 高速车辆转向动力学 (c) 稳定性问题的空间表达

图 1.9 车辆三维空间稳定性问题示意图

1.4.5 垂向动力学概述

车辆垂向动力学性能主要由悬架系统决定，它作为汽车底盘的关键部件，具有承重、缓冲、衰振、传力和导向五大功能。作为一种中间传力机构，弹性地连接车轮和车身，缓和由路面不平传给车身的冲击载荷，衰减由此引发的承载系统的振动，并控制车轮的运动规律[82]。

悬架系统通常由储能元件弹簧、耗能元件减振器和机械连杆元件组成，其中弹簧和减振器影响悬架的动力学特性，机械连杆元件影响悬架的运动学特性[83]。其主要目标是尽可能减小车身垂向加速度，并把悬架动挠度、轮胎动载荷限制在允许范围内[84]。经典被动悬架系统以悬架行程作为附加约束条件，确定弹簧刚度和阻尼系数，以实现舒适性与操纵性之间平衡[85]。但是被动悬架只能在乘坐舒适性和操纵稳定性之间协调，并不能实现最佳的悬架性能，为了提高悬架系统的动态性能，通常从导向机构、弹性元件和阻尼元件三方面入手[86]。改变导向机构的硬点定位参数是一种低带宽低能耗的变几何结构悬架系统优化方法，可通过改变减振器的安装硬点来调整悬架杠杆比，从而实现车轮外倾角、车轮前束角和减振器位置等参数的调节[87]。而改变弹性元件的刚度特性或者阻尼元件的阻尼特性是一种主动可调节悬架形式。

悬架动态性能控制系统均由传感器、电控单元和执行器组成。执行器是电磁阀切换操纵的阻尼孔、电机驱动的可变阻尼孔、磁流变阻尼器的电磁铁、空气悬架的电磁阀等。传感器是车辆状态监测装置，将测量到的各种信号送往电控单元进行处理，车身加速度信号用来计算加速度均方根值完成行驶平顺性测评；车身/车轮相对运动信号用来估算轮胎法向力，调整阻尼抑制车轮的自由跳动；横摆角速度传感器提供的数据与车速和转向输入测量有关，可用于评价车辆转向性能[88]。这样，通过控制算法大大提升车辆行驶过程中的动态性能，如起步/加速抗后坐、正常舒适行驶、转向抗侧倾、高速稳定行驶、制动抗点头及车身高度调节等，使汽车在全工况下具有出色的性能。

对于电控悬架系统，按照有无能量输入，可将其分为主动悬架和半主动悬架。然后，根据系统控制带宽、可控力区间和功率消耗，可进一步将悬架系统细分，如图 1.10 所示，其中前三类属于主动悬架，后两类属于半主动悬架：

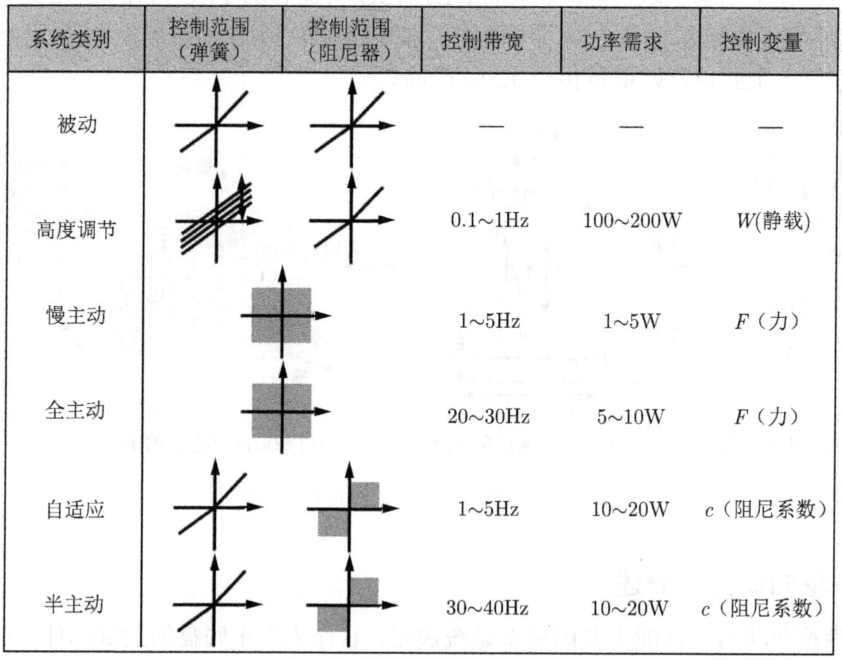

系统类别	控制范围（弹簧）	控制范围（阻尼器）	控制带宽	功率需求	控制变量
被动			—	—	—
高度调节			0.1~1Hz	100~200W	W(静载)
慢主动			1~5Hz	1~5W	F（力）
全主动			20~30Hz	5~10W	F（力）
自适应			1~5Hz	10~20W	c（阻尼系数）
半主动			30~40Hz	10~20W	c（阻尼系数）

图 1.10　典型电控悬架系统特征

（1）主动车身高度调节（利用外界能量供给实现车身高度调节，且工作带宽低于悬架系统动力学频率）。

（2）慢主动悬架（工作带宽在车身和轮胎动力学频率之间的主动悬架）。

（3）全主动悬架（全带宽主动悬架）。

（4）自适应悬架（基本无能量输入，阻尼调控相对较慢）。

（5）半主动悬架（在较大控制带宽内控制阻尼系数实时变化）。

主动悬架具有较大的可控力范围，理论上可达到最佳性能，需要牺牲系统的稳定性和较大的能量。综合考虑系统能耗、工作带宽和内在稳定性，半主动悬架成为性能和成本之间最好的折中，其典型特点是阻尼系数变化带宽可达 20~30Hz，可通过以下技术来实现。

（1）阀控变阻尼技术。基于减振器内部或外部的电磁阀，通过改变阀口的大小来调整减振器的阻尼系数，如图 1.11(a) 所示为采埃孚萨克斯（ZF Sachs）生产的连续阻尼控制（Continuous Damping Control，CDC）减振器。

（2）磁流变技术，依靠在磁场中可以改变黏度的液体来调整阻尼比，如图 1.11(b) 所示为 Delphi 开发的磁流变减振器[90]。

（3）电流变技术，依靠在电场中可以改变黏度的液体来调整阻尼比，如图 1.11(c) 所示为 Fludicon 开发的电流变减振器。

20 世纪 60 年代，雪铁龙首次推出配有电动主动液压悬架的量产车型——Citroen DS。随后主动悬架技术迎来快速发展。奔驰公司于 1999 年推出 ABC（Adaptive Body Control）技术，通过液压执行器实现 5Hz 以内的车辆振动控制[91]。随后于 2013 年推出魔术车身控制技术（Magic Body Control，MBC），利用摄像头识别前方路面起伏，进而进行车身姿态控制。宝马公司在 2001 年推出主动侧向稳定系统，利用执行器进行车身主动侧倾控制，能够有效改善转向特性[92]。美国 Bose 公司开发的高带宽主动悬架系统，通过在轮侧安装直线电机实现车辆振动抑制，并具有能量回收功能[93]。合肥工业大学张农团队对油气式互联悬架进行了大量研究，分析了液压互联悬架对车辆乘坐舒适性和抗侧倾性能的影响[94]。未来，随着电动汽车技术的发展，基于轮毂电机的一体化电动轮技术的发展趋势给悬架系统动态控制带来了一定的挑战：集成驱动、制动、转向和主动悬架系统的多功能一体化电动轮使非簧载质量增加，导致舒适性、操控性的折中更为困难，分布式驱动减振技术成为未来的发展趋势。另外，随着车辆底盘集成控制技术的快速发展，将悬架控制与驱/制动控制、转向控制和能量管理协调统一控制的集中化控制策略成为主动悬架控制发展的方向[95-97]。

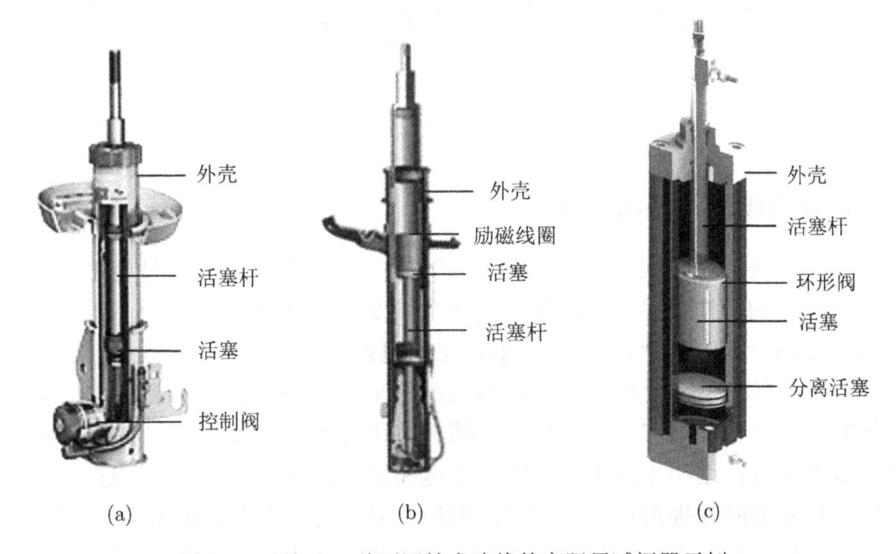

图 1.11　基于 3 种不同技术路线的变阻尼减振器示例

1.5　智能汽车动力学控制发展趋势概述

智能汽车是一种集感知、决策、控制于一体的智能化系统，其被视为交通安全事故、交通拥堵等问题的最终解决方案，自诞生以来一直备受各国政府、高等院校以及相关机构重视，成为国际汽车行业竞相角逐的战略高地，近年来取得显著研究成果，各类高级驾驶辅助系统（Advanced Driving Assistance System，ADAS）在多款车型上量产，智能汽车在全球范围内技术趋于成熟，临近商业化应用。

美国汽车工程师学会（SAE）制定了 J3016 自动驾驶分级标准，将自动驾驶技术分为 L0~L5 共 6 个等级，如图 1.12 所示。L0 代表没有自动驾驶加入的传统人类驾驶，L1~L5 则随自动驾驶的技术配置和成熟程度进行了分级。L1~L5 分别为辅助驾驶、部分自动驾驶、有条件自动驾驶、高度自动驾驶、完全自动驾驶。当前已开放上路的 ADAS 功能主要集中在 L3 级以下的自动驾驶级别所对应的技术，例如：自适应巡航、车道保持辅助、自动紧急制动等，部分车型已搭载 L3 级自动驾驶功能。

<table>
<tr><th>分级</th><th rowspan="2">称呼（SAE）</th><th rowspan="2">SAE定义</th><th colspan="4">主体</th></tr>
<tr><th>SAE</th><th>驾驶操作</th><th>周围监控</th><th>支援</th><th>系统作用域</th></tr>
<tr><td>0</td><td>无自动化</td><td>由人类驾驶者全权操作汽车，在行驶过程中可以得到警告和保护系统的辅助</td><td>人类驾驶员</td><td rowspan="3">人类驾驶员</td><td rowspan="4">人类驾驶员</td><td>无</td></tr>
<tr><td>1</td><td>辅助驾驶</td><td>通过驾驶环境对转向盘和加减速中的一项操作提供驾驶支援，其他的驾驶动作都由人类驾驶员进行操作</td><td>人类驾驶员系统</td><td rowspan="4">部分</td></tr>
<tr><td>2</td><td>部分自动驾驶</td><td>通过驾驶环境对转向盘和加减速中的多项操作提供驾驶支援，其他的驾驶动作都由人类驾驶员进行操作</td><td rowspan="4">系统</td></tr>
<tr><td>3</td><td>有条件自动驾驶</td><td>由无人驾驶系统完成所有的驾驶操作。根据系统请求，人类驾驶员提供适当的应答</td><td rowspan="3">系统</td></tr>
<tr><td>4</td><td>高度自动驾驶</td><td>由无人驾驶系统完成所有的驾驶操作。根据系统请求，人类驾驶员不一定需要对所有的系统请求作出应答，限定道路和环境条件等</td><td rowspan="2">系统</td></tr>
<tr><td>5</td><td>完全自动驾驶</td><td>由无人驾驶系统完成所有的驾驶操作，人类驾驶员在可能的情况下接管。在所有的道路和环境条件下驾驶</td><td>全域</td></tr>
</table>

图 1.12 SAE 自动驾驶分级

1.5.1 高级驾驶辅助系统概述

汽车电控系统功能发展完善，传感器技术、数字计算技术以及信号处理技术进步，汽车主动安全系统的工作边界在空间和时间两个维度上得以进一步向前延伸，以实现更好的整车安全性能。在时间上，ABS 在车轮完全抱死之前 50~100ms 介入进行压力干预，传统 ESC 通常在汽车完全进入失稳状态以前 300~800ms 介入进行干预，这几乎是传统的车辆状态反馈控制能够达到的极限。随着雷达技术、图像处理技术的发展成熟，相关软硬件成本下降，近年来汽车用长距离雷达和避撞摄像头逐渐普及，这大幅拓展了汽车主动安全控制的时间提前量，使得提前数秒、碰撞前数十米就预先进行避撞辅助操作成为可能，大幅降低了交通事故发生的概率。行业内将此类通过先进传感器系统采集交通环境信息，从而减小驾驶员操作负荷并避免交通事故发生的系统统称为 ADAS。当前，底盘动力学典型控制技术如 ABS、TCS、AYC、ESC 等已经在各款车型上大规模应用，在此基础上，针对紧急制动避障工况、巡航跟车工况、车道保持工况等驾驶场景的各类 ADAS 纷纷被研发成功并投入量产。

目前，ADAS 采用的传感器主要有摄像头、毫米波雷达、激光雷达和超声波雷达等，通常位于车辆的前后保险杠、侧视镜、驾驶室内部或者风窗玻璃上，可以探测光、热、压力或其他车辆状态的变量。具体介绍如下：

（1）激光雷达：通过发射激光脉冲并检测从其他物体反射回来的信号，可以实时测量两车之间的距离及相对运动速度，测量精度高，不依赖环境光线，有效范围 0~200m，但易受雨雪天气影响，成本较高。

（2）毫米波雷达：主要有 24GHz 和 77GHz 雷达传感器，毫米波雷达体积小、易集成和空间分辨率高、环境适应性好，对烟、雾、粉尘的穿透能力强，抗干扰性能好。

（3）超声波雷达：主要工作频率有 40kHz、48kHz 和 58kHz 三种，一般来说，频率越高，灵敏度越高，但水平与垂直方向的探测角度就越小，故一般采用 40kHz 的超声波雷达。超声波雷达防水、防尘，即使有少量的泥沙遮挡也不影响，并且其探测范围在

0.1～3m，精度较高，因此非常适合应用于泊车场景。

（4）摄像头：目前应用较多的是前视和倒车摄像头，前视摄像头通常用来进行车道线的识别和前方障碍物信息的感知，倒车摄像头能够采集盲区信息传入驾驶室，协助驾驶员做出判断，此外还有全景摄像系统，通过多部摄像机提供车周 360° 全景视界。

（5）红外传感器：可分为主动红外夜视系统和被动红外夜视系统，主要采用主动红外成像技术和热成像技术，具有环境适应性好，测距远的特点。

如图 1.13 所示，已应用于量产车型的 ADAS 通常包括：自适应巡航（Adaptive Cruise Control，ACC）、车道偏移报警系统（Lane Departure Warning，LDW）、车道保持辅助系统（Lane Keep Assistance）、自动紧急制动系统（Autonomous Emergency Braking，AEB）、夜视系统（Night Vision System）、自适应灯光控制（Adaptive Light Control）、行人保护系统（Pedestrian Protection System）、自动泊车系统（Automatic Parking）、交通标志识别（Traffic Sign Recognition）、盲点探测（Blind Spot Detection）、驾驶员疲劳探测（Driver Drowsiness Detection）、下坡控制系统（Hill Descent Control）等。

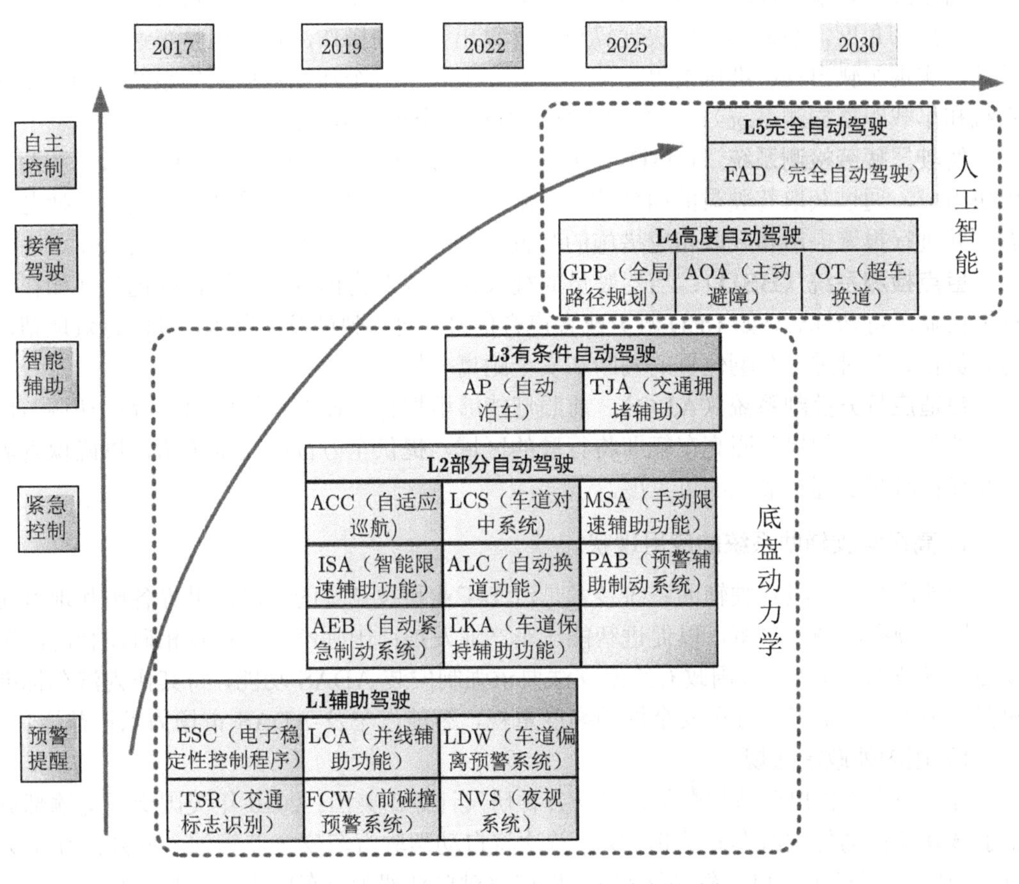

图 1.13　ADAS 功能在自动驾驶中的分级

自适应巡航系统（ACC）：该系统通过测距传感器实时测量与前车的距离和相对速度，计算出合适的加速或制动控制量并进行自动调节，从而实现本车的车速控制以及与前车的车距控制。在无前车的情况下，ACC 系统将根据预设的行驶速度，通过控制发动机节气门开度保持定速行驶。近年来，针对城市交通中机动车低速行驶和频繁起停等情况，ACC 系统功能现已包括起停控制、避撞控制等。

车道偏离预警系统（LDW）：该功能在高速公路及类似主路上行驶时使用，可以在驾驶员无意识（驾驶员未打转向灯）偏离原车道时，在偏离车道 0.5s 之前发出声、光或振动警报，为驾驶员提供更多的反应时间，大大减少了因车道偏离引发的碰撞事故以降低车辆在某些情况下意外偏离其车道的风险。

车道保持辅助系统（LKA）：LKA 是一项在 LDW 功能上发展而来的横向运动控制系统，该系统通常通过前视摄像头识别本车相对于车道中央的位置，如果驾驶员无意间偏离车道，则应向驾驶员发出警告或通过自动转向干预使车辆重新回到车道内，以减少驾驶员的转向负担，提升驾驶舒适性。

自动紧急制动系统（AEB）：该系统采用摄像头或雷达计算出与前车或者障碍物的距离，然后利用数据分析模块将测出的距离与警报距离、安全距离进行比较，小于警报距离时就进行警报提示，而小于安全距离时即使在驾驶员没有来得及踩制动踏板的情况下，AEB 系统会采取不同程度的制动，以至于完全制动停车。

自动泊车系统（AP）：该系统利用遍布车辆周围的雷达探头测量自身与周围物体之间的距离和角度，然后通过中央计算单元计算出预期的操作流程，调整车速与转向盘的转动，实现车辆自动、准确的停靠泊车。其一般包含一个环境数据采集系统（图像采集系统和车载距离探测系统）、一个中央处理器和一个车辆策略控制系统。

驾驶员疲劳检测系统（DDD）：基于驾驶员生理图像反应，由 ECU 和摄像头两大模块组成，通过获取驾驶员的面部特征、眼部信号、头部运动性等推断驾驶员的疲劳状态，并进行报警提示和采取相应措施的装置。对驾乘者给予主动智能的安全保障。

盲点检测系统（BSD）：当驾驶员的视线盲点内有物体时，系统将以视觉（如在侧视镜内显示特殊标志，如 LED 灯）或者声音信号，向驾驶员发出警告，可以有效地帮助驾驶员在超车时进行车辆位置的判断和安全距离分析。

自适应灯光控制系统（ALC）：前照灯能够根据行车速度、转向角度等自动调节前照灯的偏转，以便提前照亮车辆即将行驶的区域，提供全方位的安全照明，以确保驾驶员在任何时刻都拥有最佳的可见度。

1. 高级驾驶辅助系统的应用现状

智能汽车及高级驾驶辅助系统技术是汽车工业科技竞赛的前沿，世界各国和地区纷纷部署，颁布法规、政策，以促进智能汽车产业发展；国际汽车企业竞相研发智能汽车核心关键技术。此外，各国政府纷纷立法要求强制安装 ADAS 功能，将其作为汽车标准配置；另外，消费者对行车安全性的高度重视，智能汽车及 ADAS 市场需求日益增长。

1）国内外政策法规

各个国家积极出台法规政策，启动各种研发计划。美国：2016 年美国交通运输部颁布了《联邦自动驾驶汽车政策指南》，首次将自动驾驶汽车安全监管纳入联邦法律框架内；2017 年通过了《自动驾驶法案》，将首次对自动驾驶汽车的生产、测试和发布进行管理；2020 年公布了自动驾驶汽车准则 4.0（AV4.0），明确自动驾驶的十大原则。日本：自 1991 年起实施“先进安全汽车计划”，旨在推动车辆驾驶辅助系统技术的开发与应用；2016 年制定了自动驾驶普及路线图；2017 年发布了《日本自动驾驶政策方针 1.0 版》；2018 年发布了《自动驾驶系统安全技术指南》，主要对 L3 和 L4 级别的自动驾驶汽车安全要求进行规定。英国：2015 年英国政府创建联网和自动驾驶车辆中心（Centre for

Connected and Autonomous Vehicles)；2016 年英国商务部和运输部大臣公开表示，将清除束缚自动驾驶行业发展的相关政策法规，并支持 Google、沃尔沃等自动驾驶汽车制造厂商进行公共道路测试。德国：2013 年允许博世、奔驰等公司的自动驾驶汽车进行道路测试；2016 年德国交通部长表示计划立法要求汽车厂商为旗下配备自动驾驶模式的汽车安装“黑匣子”；2017 年德国总理默克尔起草、联邦参议院通过首个自动驾驶相关的法律，2021 年颁发了全球首个自动驾驶商用牌照。

我国也将智能汽车关键技术攻关放在重要战略位置。2016 年我国工信部发布智能网联汽车发展技术路线图，同年工信部联合公安部、交通部制定智能网联汽车公共道路测试的管理规范；2018 年工信部、公安部、交通部三部委联合印发《智能网联汽车道路测试管理规范（试行）》；2020 年工信部等 11 部委联合发布《智能汽车创新发展战略》。目前，我国仍未出台高级驾驶辅助系统的强制性安装法规，但针对日间行车灯和胎压监测系统，国家已经出台了强制性技术法规，并予以实施。

2）智能汽车关键技术

全球 ADAS 市场头部企业均为传统零部件巨头，德国博世、大陆、安波福、采埃孚等传统零部件巨头延续了深度配套主机厂的优势，在 ADAS 行业市占率较高。各大汽车厂商也紧跟形势，大力发展 ADAS 技术，例如德国奥迪 2018 年 A8 旗舰三厢车首次开发了“Eye-Off” L3 级自动驾驶功能；戴姆勒于 2020 年发布搭载 L3 级自动驾驶功能的梅赛德斯奔驰 S-Class；特斯拉搭载 L2.5 级的 Autopilot 系统，采用“多摄像头 + 毫米波雷达 + 超声波雷达”的方案，通过 OTA 不断更新固件，实现驾驶辅助或自动驾驶功能。商用车 ADAS 领域，沃尔沃集团于 20 世纪 90 年代就率先投入研发商用车 ADAS 系统，其 Active Driver Assist 平台 (VADA)2.0 通过集成雷达和摄像头功能，增强了原有的 VADA 平台，通过警报和改进的策略，帮助驾驶员保持安全的跟车距离，以及紧急制动，降低碰撞风险。

国内方面，1992 年，北京理工大学、国防科技大学、南京理工大学、清华大学、浙江大学等五所高校联合研制成功了自主行驶样车 ATB-1，是我国自动驾驶技术发展的标志性事件。清华大学于 1986 年启动 THMR 系列智能车研究项目，其中 THMR-5 配备了 GPS、激光雷达及视觉传感器，具备信息融合、路径规划、自动控制等功能，并在 2003 年创下了 151km/h 的最高行驶车速纪录[98]。2003 年，国防科技大学和一汽集团联合开发的自动驾驶车辆，在高速场景测试中最高车速达到了 170km/h[99]。清华大学李克强团队、成波团队等分别就自适应巡航、智能网联和驾驶员疲劳监测等技术进行了深入研究与产业孵化[100,101]。国内创业公司如图森未来、Momenta、驭势科技、宏景智驾、文远知行、清智科技、智行者、英创汇智等，互联网巨头如百度、阿里巴巴、腾讯、华为以及京东等，也纷纷结合自身优势加大研发力度，掌握了部分自动驾驶核心技术。

2. 高级驾驶辅助系统的未来趋势

1）ADAS 的未来发展趋势

随着社会安全意识的不断提升以及国际汽车安全标准的不断提高，ADAS 已经成为近年来汽车电子领域的发展热点，未来发展趋势面临的挑战和机遇，需要把握以下几个关键要点：① ADAS 正在从单个技术独立发展转变为整合式主动安全系统的开发，实现共用传感器、控制系统等平台，进一步推动先进驾驶辅助系统技术及自动驾驶技术在汽车上的应用。② 实用性强的 ADAS 系统，如胎压监测系统、ESC 等已经得到市场的认可，在需求驱动下，其市场普及率将稳步提升。③ 感知采用多传感器如毫米波雷达 + 摄像头的融合方案，综合利用多源传感器信息进行感知与决策是未来发展趋势。④ 智能汽车依靠 AI 技术、视觉计算、雷达技术及通信技术等协同合作，由感知、决策和控制三环节构成。根据 SAE 自动驾驶等级分类，主流 ADAS 系统大多属于 L1 和 L2 级别，实现 L5 级别全自动驾驶是 ADAS 系统产品迭代和不断升级、技术积累的最终目标。⑤ ADAS 技术及智能汽车相关法规标准亟须颁布，以促进智能汽车产业健康发展。

2）底盘集成控制系统

随着计算机技术、电子信息技术、人工智能等迅速发展，汽车底盘电控系统日益增多，出现转向、传动、驱动、制动等多个电控系统。而汽车作为一个复杂的系统，在其行驶过程中，上述各个子系统之间相互影响、相互制约。由于汽车的每个子系统都是针对提高车辆某一项性能指标而进行设计，但是整车性能的提高却依赖于各个子系统的协调工作，因此，底盘一体化控制成为现代车辆动力学控制研究的热点。所谓底盘一体化电控技术是指通过底层传感器信息共用、车辆运动和动力学状态共享，通过对整车安全性控制、动力学控制等多层次目标协调优化后，对多个底盘电子控制系统的集成控制技术。关于汽车底盘的集成控制，上海交通大学的喻凡提出了转向系统和制动系统及悬架系统与制动系统的集成控制，有效地改善了汽车的动力学特性[18]。合肥工业大学陈无畏教授团队提出了底盘悬架、转向、制动系统的模糊自整定协调控制机制，改善了汽车底盘的全局控制性能[102]。江苏大学陈龙教授团队、南京航空航天大学赵又群教授团队针对半主动悬架、电动助力转向、轮胎、故障诊断等智能体的属性和特点，利用分层递阶控制方法结合多智能体理论，建立了集成系统协调求解机制[103]。上述研究分别从不同的角度为车辆底盘系统的集成控制提供了诸多新的理论方法和途径。还有一些研究通过将制动防抱死控制系统、牵引力控制系统和驱动防滑控制系统综合在一起进行制动控制，通过中央底盘控制器，将制动、悬架、转向、动力传动等控制系统通过总线进行连接。现有的集成控制器能够通过复杂的控制运算，对各子系统进行协调，将车辆行驶性能控制到最佳水平，形成一体化的底盘控制系统。

1.5.2 智能汽车域控制器前景展望

1. 域控制器发展需求

在汽车底盘电控部件逐渐丰富的同时，也由于通信总线不断增长、控制器数量井喷式上升带来了不受控制的制造成本增加、协同工作的挑战，对于各汽车产业链的整车厂而言，随着电控部件控制器数量逐渐增加，底盘复杂机电系统日渐复杂，甚至难以掌控和协调。因此，将分散的小传感器逐渐统一为功能更强的集成传感器，将分散的控制器按照功能域划分、集成为运算能力更强的域控制器的技术趋势应运而生，如图 1.14 所示。

每辆汽车平均搭载的电子控制器达 25 个，而在一些高端车型中甚至会超过 100 个，然而这些控制器并非一个个孤岛，它们之间由总线相连，通过相应的通信协议交换信息，电子控制器数量越多，总线数量必将更长。长度超过 6km 的总线，重量通常会超过 70kg，基本成为发动机之后的全车第二重的部件。例如，2000 年奔驰 S 级轿车有 80 个电控单元，1900 条总长达 4km 的通信总线。2007 年奥迪 Q7 和保时捷卡宴总线长度突破 6km。为了控制总线长度、降低电子控制器数量从而降低电子部件重量、降低整车制造成本，集成域控制器的设计理念逐渐被广泛关注和研究，如图 1.15 所示。

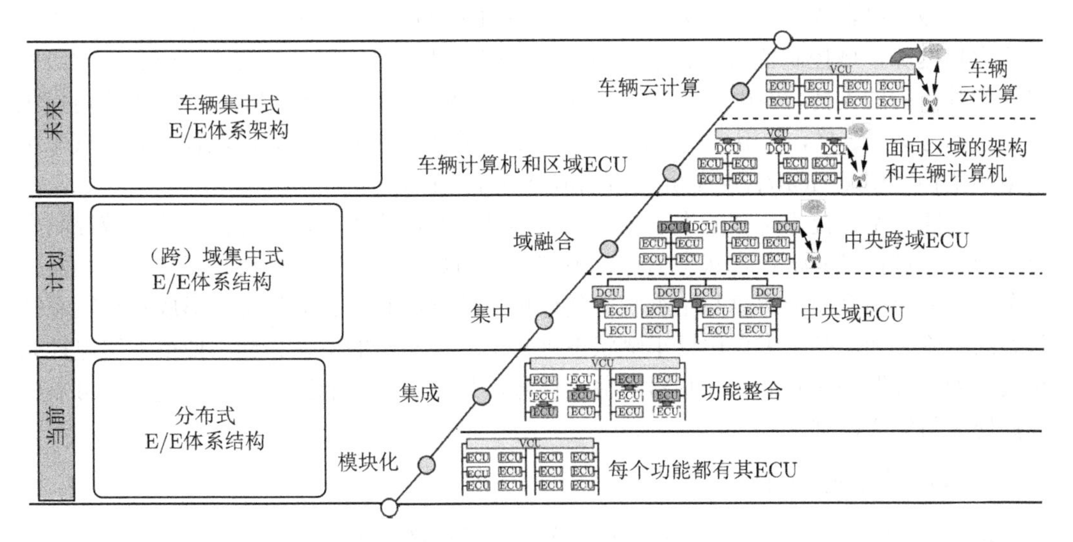

图 1.14　汽车电子电气架构发展趋势

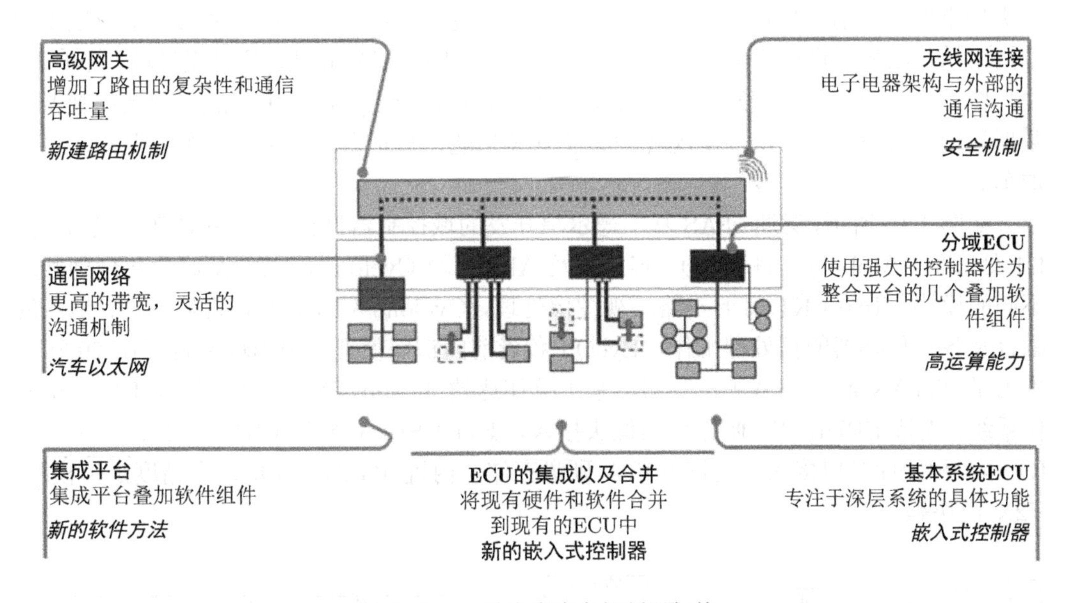

图 1.15　一种未来汽车控制器架构

2. 域控制器定义

域控制器（Domain Control Unit，DCU）的概念最早由以德国博世、大陆为首的 Tier 1 厂商提出，以解决信息安全和 ECU 瓶颈的问题。域控制器关注系统级功能实现，有强大的硬件计算能力与丰富的软件接口支持，使得更多核心功能模块集中于域控制器内。加之数据交互的接口标准化，将底盘执行部件变成标准零件，降低零部件开发/制造成本，系统功能集成度大大提高，对于功能的感知与执行的硬件要求降低。

所谓“域”就是将汽车电子系统根据功能划分为若干个功能块，每个功能块内部的系统架构由域控制器为主导搭建，各个域内部的系统互联仍可使用 CAN 通信总线等，而不同域之间的通信由更高传输性能的以太网作为主干网络承担信息交换任务。在每个功能域中，域控制器需要强大的处理功率和超高的实时性能以及大量的通信外设。由于要完成大量运算，域控制器需配备运算力强大的核心处理器，提供对智能座舱和不同级别自动驾驶算力的支持，业内有英伟达、英飞凌、瑞萨、TI、NXP、Mobileye 等公司提供各类技术方案。这样，利用多核 CPU/GPU 芯片集中控制各个域，以取代分布式汽车电子电气架构（Electrical/Electronic Architecture，EEA）。

作者团队率先提出了智能汽车底盘动力学域控制器概念，作为与自动驾驶域控制器交互的底盘域控制器，包含状态估计、模型解算与最优控制三大模块。底盘域控制器通过车辆十五自由度模型解算与全维状态估计优化整合原有传感器信息，形成对车辆系统状态的精确感知，基于多自由度车辆状态进行上层控制量的协调分配，使得下层电控系统仅作为执行器响应底盘域控制器的输出信号，最终实现智能汽车统一、高效、可靠的数据处理与集成控制[104]。

3. 域控制器前沿产品

随着 EEA 的演变进化，主机厂和汽车电子供应商的供应关系正发生深刻变革。由于汽车电子硬件走向集中化的趋势，汽车电子供应商数量将减少，同时域控制器供应商将更加重要。目前 EEA 设计已经形成域控制器技术路线：基于域控制器加车载以太网的网络拓扑结构，将车内电子架构划分为 5 个域，即智能驾驶域、信息娱乐域、车身域、底盘域、动力域。所有传感器数据被集中到智能驾驶域控制器，由智能驾驶域控制器做数据处理和决策规划，从而实现各种智能驾驶功能，包括自适应巡航、车道保持、自动泊车等。

如图 1.16 所示，奥迪 zFAS 基于德尔福开发的域控制器设计产品，集成英伟达 Tegra K1 处理器、Mobileye 的 EyeQ3 芯片以及 Altera 的 Cyclone 5 FPGA 芯片，分别处理不同的模块。Tegra K1 用于 4 路环视图像处理，Cyclone 5 FPGA 负责障碍物、地图的融合及各种传感器的预处理工作，EyeQ3 负责前向识别处理。中国环宇智行在 2020 年推出了 TITAN-Ⅲ 自动驾驶控制器，基于英伟达的 Jetson TX2 设计，运行 Ubuntu 操作系统，支持 FPDLINK-Ⅲ 接口摄像头接入，支持 USB、CAN、RS485/232、Ethernet、IO 等多种硬件接口接入，支持 SATA 硬盘存储，内置 4G 通信模块、高精度定位模块、V2X 模块等。

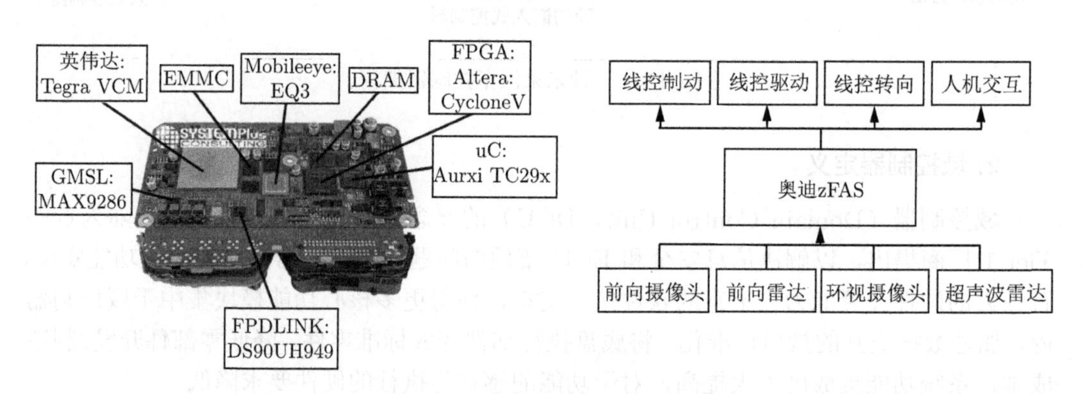

图 1.16 智能驾驶域控制产品示例

1.6　汽车动力学评价与试验方法概述

如何评价和测试车辆动力学性能是汽车动力学理论的关键环节，是进行汽车建模分析、底盘部件设计、控制策略开发以及底盘匹配与调校的基础。本节针对汽车动态性能主客观评价方法与试验进行概述。

1.6.1　动态性能主观评价方法与试验

20 世纪 70 年代，美国率先实施安全试验车（Experimental Safety Vehicle，ESV）研究计划，随后日本和欧洲各国也纷纷投入研究，以推动汽车动力学性能测试评价实用方法的发展。国内外专家与学者采用系统工程学方法探索，依据大量试验和理论分析，逐渐形成了以驾驶员主观评价为主，客观评价指标限制为辅的一整套主观评价设计方法。

主观评价设计方法主要包括主观评价指标、试验方法和打分方法。各大汽车公司及研究单位均形成了成熟主观评价体系和专业评车队伍。专业评车师基于主观评价体系对车辆性能进行分项评分；根据评分结果并结合市场调研结果进行定标，为汽车产品开发以及品质保障提供依据。一般地，根据汽车底盘不同方面动力学性能，可将主观评价分为动力性、制动性、操纵稳定性和行驶舒适性等几个项目[106]。

1. 动力性与制动性主观评价

针对车辆动力性能主观评价方法，德国 Bernd Heißing 研究了汽车在加速过程中的整车性能，并提出了起驶性能主观评价方法，主要包括加速俯仰、加速抖动、加速跑偏、转向失中、牵引、带牵引力自动控制系统的调节特性和带牵引力自动控制系统的加速踏板力感[107]；英国某公司针对车辆动力性与驾驶性主观评价提出了 12 个评价项目：部分节气门开度、全节气门开度、各个挡位、加速踏板力感觉、坡路起步、起动质量、怠速质量、起车、中速驾驶性能、高速驾驶性能、踩踏节气门平顺感、松开节气门平顺感；美国某公司类似地提出了 11 个评价项目：全节气门开度加速、起步加速、超车加速、部分节气门加速、启动能力、停机性能、怠速平滑性、节气门响应、怠速稳定性、踩踏节气门平顺感、松开节气门平顺感。

针对制动性能主观评价方面，德国 Bernd Heißing 提出了一套评价体系，主要包括的项目有制动效能、热稳定性、直道制动稳定性、弯道制动稳定性、制动操纵性、不同附着系数工况下的制动横摆稳定性、制动点头、制动踏板力消耗、制动踏板感觉、制动防滑控制系统作用下的制动踏板反作用力、制动踏板运动、制动振动、制动噪声、制动后轮离地。美国 Ford 汽车公司的制动性能主观评价主要包括踏板行程、踏板力、踏板调制、踏板响应、踏板行程和力的线性关系、车体控制、减速能力、振动和噪声[108]。

2. 操纵稳定性主观评价

车辆操稳性能评价一直都是各大汽车企业和学者们的研究重点。20 世纪 70 年代，Linke W 等[109] 基于车辆动态模拟器揭示了汽车因数 T. B. 与主观评价的关系；1996 年，D. C. Chen 和 D. A. Crolla 等[110] 研究了汽车操纵稳定性的主/客观和数学建模方法之间的关系，然后又从稳态圆周试验、角阶跃试验与角脉冲试验中采集 40 个客观指标，采用多元线性回归分析主观得分与客观测量指标的关系，给出影响主观得分的客观指标[111]；2008 年，A. K. Zschocke 等[112] 针对汽车转向性能主/客观评价问题，提出了分为“水平”和“喜好”两个层面的主观评价双通道准则，并确定两者之间的线性关系；2010 年，P. Laurence 等[113] 针对汽车稳定状态下侧向性能的主、客观评价方法，通过观察转向角与侧向加速度关系曲线的几何特征，提出了量化客观指标的方法。对车辆的平衡性、横向控制性和渐进性等 3 个方面进行主观评价。2012 年，Eric Chabrier 等[114] 对轻型车和货车分别进行稳态圆周转向试验和双移线试验，记录客观测量数据和主观评分，得出“当车辆的客观测试结果不符合最低性能要求时，车辆的主观评价结果也不能被接受”的结论。郭孔辉院士等提出了包含轨道误差、驾驶员操纵负担、侧翻危险及侧滑危险等客观指标因素的“总方差评价方法”，通过虚拟样车进行标准试验，得到综合评价指标序列，再对主客观两组序列进行相关性分析，研究汽车操稳性主、客观评价的灰关联性问题[115,116]。此外，德国奥迪公司[117]、英国 MIRA 公司[118]、意大利 FIAT 公司[119]、美国通用公司[120] 等都提出了各自的主观评价体系。

3. 舒适性主观评价

汽车的舒适性能主要是将汽车在行驶过程中产生的振动和冲击对乘员舒适性的影响降低到一定界限之内，因此乘坐舒适性主要根据乘员主观感觉来评价[106]。1994 年，日本千叶大学铃木近[121] 等采用心理测定法中的 SDM（Semantic Differential Method）对汽车乘坐舒适性进行了主观评价；2000 年，瑞典沃尔沃汽车公司的 Kristian[122] 进行了 5 辆同一级别目标车乘坐舒适性主观评价及试验，评审团中每名评车师给出每辆试验车的主观排序和主观分值，然后将主观排序和主观分值进行算术平均；2001 年，郭孔辉院士等利用参考车辆提出了适用于不同车辆之间驾乘舒适性的比对的配对评价方法[123]；2002 年，保时捷汽车公司提出了包括舒适性品质、振动、车体控制 3 项内容的乘坐舒适性主观评价体系[124]；2003 年，美国福特汽车公司的 Eduardo Peres[125] 定义了皮卡车辆乘坐舒适性主观评价指标：突变、头部晃动、前悬架抬起和下垂、振动衰减。SAE 推荐的主观评价标准[126] 描述了与汽车轮胎相关的噪声和舒适性的主观评定等级，共划分为 10 个等级，当得分大于等于 6 分时才可被接受，其评价标准见表 1.1。

表 1.1　SAE 舒适性主观评价标准

<table>
<tr><td>分值</td><td>1</td><td>2</td><td>3</td><td>4</td><td>5</td><td>6</td><td>7</td><td>8</td><td>9</td><td>10</td></tr>
<tr><td>接受度</td><td colspan="4">不可接受</td><td>边界线</td><td colspan="5">可接受</td></tr>
<tr><td>条件</td><td colspan="10">由被测试者标记的条件</td></tr>
<tr><td>测试者</td><td colspan="2">所有测试者</td><td colspan="2">绝大多数测试者</td><td>某些测试者</td><td colspan="2">关键测试者</td><td colspan="2">有经验的测试者</td><td>未被观测</td></tr>
<tr><td>接受度</td><td>无法接受</td><td>剧烈</td><td>非常差</td><td>差</td><td>临界</td><td>勉强接受</td><td>较好</td><td>好</td><td>非常好</td><td>极好</td></tr>
</table>

1.6.2 动态性能客观评价方法与试验

客观评价对车辆动力学性能的分析和车辆参数优化有重要作用。汽车动力学相关的评价标准包括 ISO、DIN、JISO 标准以及中国国家标准等。客观评价的仿真一般面向汽车稳态工况下的性能，从 20 世纪 50 年代开始，仿真汽车性能的动力学模型、客观评价方法和标准开始被研究以解决汽车开发中的单一性能的设计和评价问题[105]。车辆底盘动力学客观评价同样包括三个方面：动力性与制动性客观评价、操纵稳定性客观评价、舒适性客观评价。

1. 动力性与制动性客观评价

汽车动力性常采用最高车速、加速时间、最大爬坡度 3 个客观指标来评价。动力性影响汽车的平均行驶效率和行驶安全，是汽车各种性能中最基本、最重要的性能之一[127]。客观指标的有效性取决于能否真实反映驾驶员的主观感觉，目前已有学者针对单一工况下的客观指标与主观感觉关系进行了定性描述。Wicke 等[128] 指出纵向加速度、响应延迟、冲击度是评价车辆起步性能的关键；Dorey 等[129] 发现减少加速度超调量和加速度振荡、缩短响应延迟有利于提高急踩/松加速踏板得分；并且提出减少发动机起动时间和转速超调、降低发动机转速波动有利于提高怠速稳定性得分[130]。中国车辆动力性客观评价主要参照国标：汽车动力性台架试验方法和评价指标（GB/T 18276—2017）[131]、汽车加速性能试验方法（GB/T 12543—2009）[132]、汽车起动性能试验方法（GB/T 12535—2007）[133]、汽车牵引性能试验方法（GB/T 12537—1990）[134]；电动车辆动力性客观评价主要参照国标：电动汽车动力性能试验方法（GB/T 18385—2005）[135]。

汽车制动性指行驶中的汽车可在短距离内迅速停下，同时保证方向的稳定性，并且在上坡时可保持长时间停驻，下长坡时可维持安全车速的一系列能力。汽车制动性能的主要客观评价指标有制动距离、制动力、制动时间、制动减速度、制动效能（指汽车的行驶速度迅速减小，直到停下来的能力）、制动效能恒定性（在下长坡连续制动或良好路面上高速行驶时，保持制动效能的程度）、制动时汽车方向稳定性（一般采用汽车在制动时按照既定路线继续行驶的能力来评价）。

国际上对车辆制动性能客观评价与测试方法一般参照：乘用车-转弯制动-开环试验方法（ISO 7975:2019）[136]、道路车辆-使用滚筒式制动试验机对最大授权总质量超过 3.5t 车辆上的制动系统进行试验第 1 部分：气动制动系统（ISO 21069-1:2004）[137]、道路车辆-使用滚筒式制动试验机对最大授权总质量超过 3.5t 车辆上的制动系统进行试验第 2 部分：气动液压和纯液压制动系统（ISO 21069-2:2008）[138]、乘用车-ABS 直线制动时的停车距离-开环试验方法（ISO 21994-2:2007）[139]、乘用车-具有分离摩擦系数的表面上的直行制动-开环试验程序（ISO 14512:1999）[140]。国内对车辆制动性能客观评价与测试方法一般参照：汽车制动性能动态监测方法（GB/T 36986—2018）[141]、汽车驻车制动性能检测方法（GB/T 35349—2017）[142]、乘用车制动系统技术要求及试验方法（GB 21670—2008）[143]。

2. 操纵稳定性客观评价

20 世纪 70 年代初期，以美国试验安全车 ESV 系统为基础，汽车操纵稳定性评价方法初步成型，以包括稳态响应特性、瞬态响应特性、回正特性及侧风稳定性等安全阈值的响应参数作为汽车固有特性的评价指标，以此对车辆操纵稳定性能进行客观评价。20 世纪 80 年代，专家学者开始从理论与试验两方面着手研究操纵稳定性的闭环评价。汽车是人-车闭环系统的被控环节，从人-车整个系统特性综合评价操纵稳定性。汽车操纵稳定性主要分为稳态特性和瞬态特性。其中，稳态特性的评价指标和方法比较成熟，如不足转向系数、最大侧向加速度、静态储备系数等。H. B. Pacejka 在单轨模型的基础上，提出采用操稳图（Handling Diagram）评价汽车在不同转向盘转角、路径及速度下的稳态转向特性[144]。T. Mimuro 提出横摆角速度阻尼、横摆角速度自然频率、横摆角速度增益及侧向加速度对转向盘转角在 1Hz 处的相角滞后指标，并绘制成菱形图进行评价[145]。G. Mavros 提出了一种归一化横摆响应客观评价定量指标，其为前后轴引起的横摆力矩的差值与总横摆力矩的比值[146]。2011 年，F. Baldoni 等采用驾驶模拟器对转向中心区特性对操纵稳定性影响进行了客观评价[147]。2014 年，Mikael Nybacka 等使用回归分析和神经网络对驾驶员评分进行评估和相关性分析，找出了主客观之间的内在联系，并与相关研究进行了比较[148]。

1993 年，郭孔辉院士提出了操纵稳定性综合定量评价指标，包括轨道跟踪的好坏、驾驶员操纵负担、翻车危险性、侧滑危险程度的评价[149]。2009 年，东南大学陈南、殷国栋等采用道路试验的方法验证了四轮转向车辆比传统车辆具有更好的操纵稳定性能[150]。2016 年同济大学余卓平团队基于分布式驱动电动车动力学控制系统的特点，设计了一套客观评价体系，用于评价分布式驱动电动车动力学控制系统的性能，评价体系包括性能评价项目、评价方法和评分准则 3 个方面，性能评价项目涵盖整车层面和动力学控制系统层面[151]。

在国际标准方面，ISO 操纵稳定性分委员会也制定了一系列的汽车操纵稳定性评价标准和技术报告，包括 ISO4138[152]、ISO7401[153]、ISO15037-1[154] 等，详细制定了稳态圆周试验、正弦试验、中心区等的试验规范。我国也提出了 GB/T 6323 系列操纵稳定性评价标准[155] 及限制指标[156]，依据标准可进行稳态回转、蛇行试验、阶跃转向、转向回正性、转向轻便性、转向盘角脉冲等试验评价操纵稳定性。ISO 和国协评价指标主要是质心侧偏角、横摆角速度、侧向加速度等整车性能指标。

3. 舒适性客观评价

对车辆舒适性客观评价的研究可以追溯到 20 世纪 50 年代，1948 年 Janeway 提出车辆舒适性标准，1957 年 Dickman 提出的 K 系数法以及 1968 年 R. A. Lee 和 Pradko F 等提出的吸收功率法[157]。1989 年，Pinhas Barak 对汽车悬架系统进行分析和评价后提出线性数学模型，认为汽车性能的数学模型与系统的某些集成固定参数呈线性关系[158]。2000 年，欧洲沃尔沃汽车公司的 Kristian 对 5 辆同级别目标车的乘坐舒适性能进行主观评价及试验，并让 5 名试验工程师给出主观排序与主观分值，将两者的算术平均值作为主观总得分[159]。2002 年，利兹大学的 H. A. S. Ash 通过神经网络成功建立了主观评价关于客观测量的非线性关系，并明确了客观指标的适用范围[160]。2009 年，Yasue M、Hironobu F 与 Satoru S 等根据乘坐舒适性取决于感觉与偏好，且心理变化将影响大脑感觉中枢的原理，采用脑动电流图测量作为客观评价，研究了主观评价与脑动电流图特征之间的关系[161]。

郭孔辉院士是最早将系统动力学理论与随机振动理论引入汽车振动与载荷研究中的学者，早在 1976 年发表的《汽车振动与载荷的统计分析与悬架系统参数的选择》[162] 论文被美国密歇根大学翻译并作为文献保存。此外，我国参考国际标准制定并修改完善了 GB/T 4970—2009—汽车平顺性试验方法[163]，用于评价乘用车的振动舒适性，国标包括两种方法，分别为随机输入与脉冲输入行驶试验方法。

1.6.3 智能安全系统评价方法

自动驾驶作为辅助驾驶技术的高级阶段，已成为全球范围内的一个新的研究热点和重点。尤其近年来，自动驾驶在人类交通发展史上取得了里程碑式的进步[164]。然而作为道路上的行驶工具，其安全性及其评价方法自然成为我们要实现智能驾驶发展中亟待解决的问题之一。

安全性分析与评价是汽车开发过程中的重要环节。依据危险来源的不同，自动驾驶汽车的安全问题可分为功能安全、预期功能安全和信息安全[165]。国际标准化组织（ISO）颁布的 ISO 26262《道路车辆功能安全》[166] 为汽车全生命周期内的功能安全设计提供了指导。2019 年年初公布的 ISO/PAS 21448《道路车辆预期功能安全》[167] 对自动驾驶系统的安全设计进行了补充。根据现有安全标准，汽车开发概念阶段中危害分析和风险评估最为关键，需要系统地对车辆潜在风险进行识别和评估。传统安全分析方法中，故障树分析（Fault Tree Analysis，FTA）和失效模式及效应分析（Failure Mode and Effect Analysis，FMEA）关注具体的软、硬件失效或故障[168]，无法涵盖预期功能安全领域的问题。危险与可操作性分析（Hazard and Operability Analysis，HAZOP）基于对偏离设计目的的偏差分析识别危险，其导则[169] 提供了标准流程和引导词，然而现有引导词并不完全适用于自动驾驶系统[170]，且缺乏系统的引导词生成方法，导致 HAZOP 在自动驾驶汽车安全分析上欠缺可行性。

Nancy Leveson[171] 于 2011 年提出基于系统理论的系统理论过程分析（Systems-Theoretic Process Analysis，STPA）方法，将安全问题视为控制问题，并将若干有相互联系的个体看作一个复杂系统，其目标是识别出那些可能导致危险却没有得到充分控制的薄弱环节，通过加入安全约束使风险降低到可接受的程度之内。该方法同时考虑了软件、硬件失效以及性能局限等非失效引起的危险，因而该方法覆盖了功能安全和预期功能安全两大领域。

STPA 分析从具体事故出发，推导得到系统级安全约束，即为避免或减轻危险带来的伤害，对系统行为安全性提出的要求。从控制结构识别不安全控制行为是该方法的核心。STPA 方法中基于系统控制结构的分析为标准流程中的危险事件识别提供了具体的方法，且对于不安全控制行为的原因分析可以为后期功能安全要求的导出提供依据，具体流程如图 1.17 所示。近年来，研究人员[172-175] 开始尝试应用 STPA 对自动驾驶汽车进行安全分析，初步验证了 STPA 方法用于自动驾驶汽车安全分析的可行性。然而现有研究分析对象多为某一系统[172,173] 或功能较为单一的低级别自动驾驶汽车[174,175]，对于复杂的 SAE L3 级及以上的自动驾驶汽车，STPA 进行安全分析的适用性还有待验证。同时，由于 STPA 方法与标准流程并非完全一致，如何改进 STPA 方法使之能满足现有标准流程要求，目前仍需进行深入的探讨和具体实践。

同济大学熊璐等[176] 提出一种在现有标准框架下，基于 STPA 的自动驾驶汽车安全分析方法，并在某 SAE L3 级自动驾驶清扫车上进行了应用实践。STPA 分析从具体事故出发，推导得到系统级安全约束，即为避免或减轻危险带来的伤害，对系统行为安全性提出的要求。从控制结构识别不安全控制行为是该方法的核心。依据现有功能安全标准，汽车开发概念阶段的最终输出是基于一定安全目标提出的功能安全要求。通过对比分析 STPA 分析流程[171] 和汽车开发概念阶段主要流程，STPA 方法中基于系统控制结构的分析为标准流程中的危险事件识别提供了具体的方法，且对于不安全控制行为的原因分析可以为后期功能安全要求的导出提供依据。因此，熊璐等提出基于 STPA 的自动驾驶汽车安全分析方法，具体流程如图 1.17 所示。

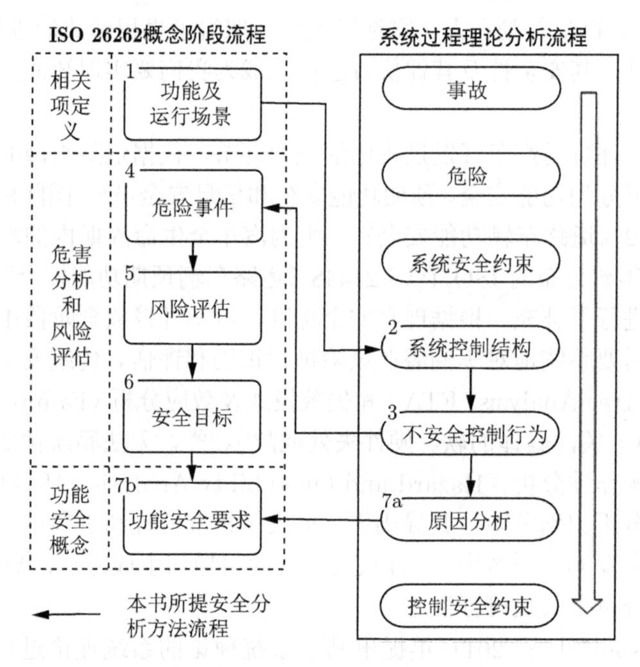

图 1.17 基于 STPA 的安全分析方法

该方法分为 3 个流程，共 7 个步骤，各步骤具体任务为：① 第 1 步：相关项定义，明确分析对象的具体功能及其运行场景，作为后续工作的基础。② 第 2~6 步：危害分析和风险评估。首先基于已有信息，建立系统控制结构，梳理各功能的控制行为；其次，基于一定的输入条件，识别不安全控制行为；然后，将不安全控制行为与具体运行场景相结合，得到整车级危险事件，并利用标准中汽车安全完整性等级（Automotive Safety Integration Level，ASIL）对每项危险事件从暴露率、严重度和可控性 3 个角度进行评估，得到风险较高的危险事件；最后，为避免以上危险事件，提出整车级安全目标。③ 第 7 步：功能安全概念推导，为实现整车级安全目标，提出功能安全要求。与 ISO 26262 一致，在系统和软、硬件后续开发过程中，基于该安全分析方法得到的功能安全要求，可以分配于不同的组件，以得到具体的可实现的技术安全要求，并为后续测试验证提供理论依据[176]。

1.6.4 K&C 性能与工程化分析方法

汽车底盘系统是整个汽车的灵魂，而悬架系统又是汽车关键组成部分。悬架的好坏决定了汽车的操稳、安全、舒适等性能，也就决定了汽车的档次和品质。汽车悬架的各个参数会随着汽车的运动和受力而变化，这些变化特性就是汽车的悬架 K&C 特性，其中 K 代表英文 Kinematics，指悬架的运动学特性，也就是不考虑力和质量的运动，而只跟悬架连杆有关的车轮运动，是车轮跳动过程中体现出来的特性；C 代表英文 Compliance，就是指悬架的柔性特性，即在施加外力作用下导致的零部件变形，这些零部件主要包括悬架系统的弹簧、橡胶衬套等，是在某种或多种外力作用下的悬架参数的变化特性。悬架 K&C 特性是汽车中一种重要的系统总成外特性，在汽车动力学领域中占有重要的地位。

K&C 特性分析一般有两种方法，分别是实车台架试验法和基于 ADAMS 多体动力学的软件仿真方法[177-179]。国外车企在 K&C 特性理论方面进行了深入的研究并为此开发了悬架试验台，世界范围内悬架试验台开发单位主要有德国的亚琛工业大学[180]、英国的莲花公司[181] 和 ABD 公司[182]、美国的 MTS 公司、法国 Michelin 公司[183]、美国密歇根大学及日本的鹭宫，目前在全球应用最多的是英国的 ABD 公司及美国的 MTS 公司研发的产品。国内高校以郭孔辉院士为代表率先对汽车悬架 K&C 特性进行了较系统的研究[184,185]，并且悬架 K&C 试验台首先在吉林大学进行了自主研发，同时在其自主企业展开运用。泛亚是国内各大车企中率先引入 K&C 试验台的汽车研发中心，建立了一整套试验方法和试验数据库。在泛亚，百款车型的 K&C 试验以及数十个平台的底盘开发和调试工作均在此试验台上完成。

典型的悬架 K&C 特性试验台分为单轴台和双轴台，单轴台一次只能测量前悬架或者后悬架，双轴台可以同时对前后悬架进行测量。按加载方式可分为两种，即车身运动及车轮运动；按轮胎力测量方法不同分为六分力传感器测量及单分力传感器测量；按动力源可分为液压伺服和电伺服；按加载能力分为乘用车悬架 K&C 特性试验台和商用车悬架 K&C 特性试验台。如图 1.18 所示为英国 ABD 公司生产的悬架 K&C 特性试验台。

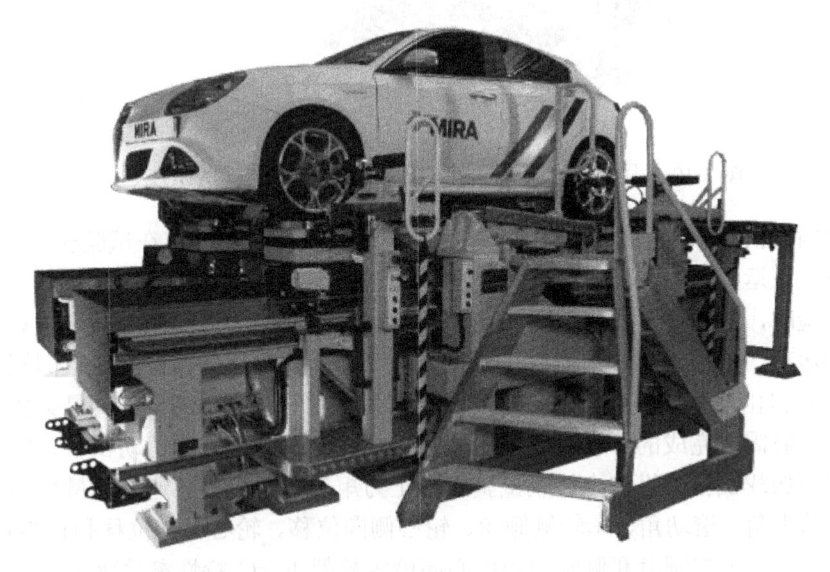

图 1.18 双轴汽车悬架 K&C 特性试验台（英国 ABD 公司）

该试验台主要包括车轮加载平台、侧倾俯仰运动平台、装卸板、测量臂、装卸板、车轮六自由度位移测量机构、车身夹持机构和软硬件控制系统等。图 1.19 给出了部分装置部件说明。侧倾俯仰运动平台的精确控制是通过协调 6 个线性机电运动来实现的限制工作台 6 个自由度的执行器。车身可以做翻滚、俯仰或是弹跳，或是这些动作的组合；车轮加载平台可以前后和横向移动，既可以为不同的车辆轴距和轨道提供调整，也可以向车轮施加水平载荷，以模拟制动力、加速力和转弯力，还可以通过围绕垂直轴旋转车轮来向车轮施加转矩，以模拟回正力矩；车轮 6 自由度位移测量机构使用数字拉线编码器阵列，安装在每个车轮加载平台旁边的编码器支架上，再连接到一个用车轮螺母固定在车轮上的加重板上，通过转动使其在任何意义上都能随车轮移动和旋转，前后轮测量系统可以确定车轮的所有 6 个自由度：X 向、Y 向、Z 向、转向、外倾角和旋转，后倾角变化可以用倾斜仪测量；软硬件控制系统中的控制器与控制机器整体操作并提供用户界面的计算机相连，该系统设计为高度灵活和用户友好的帮助屏幕和弹出式选择表，允许快速和方便地指定新的测试序列，结果的多功能后处理形式可以提供灵活的数据转换，使 SPMM 生成的数据能够直接在 CarSim 中使用。

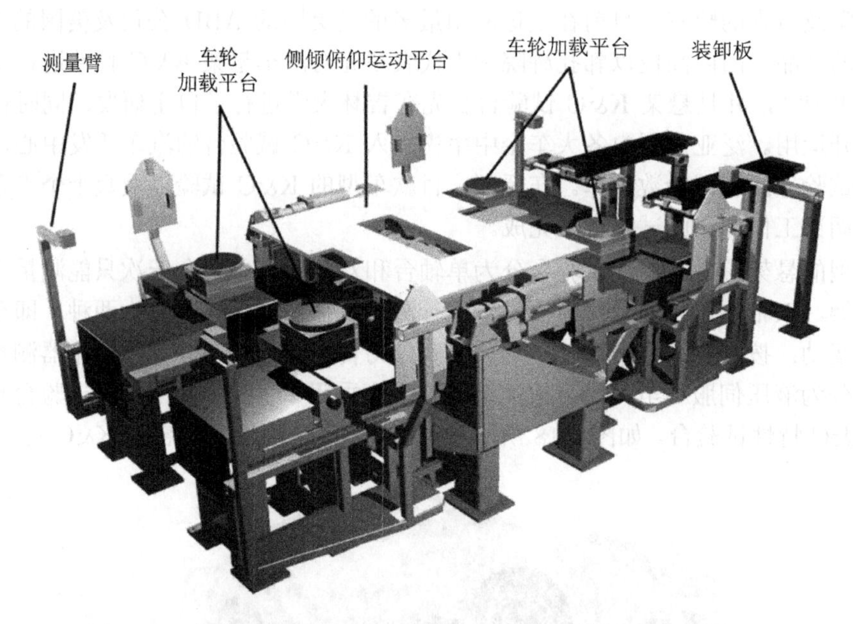

图 1.19 悬架 K&C 特性试验台构成三维图（英国 ABD 公司）

K&C 特性试验台的测量原理为：测试前先用夹具将汽车固定在试验台上，四车轮置于四个可上下运动、左右运动、前后运动和转动的浮动托盘上，并在车轮上安装测量传感器；试验时，对四个车轮下的托盘施加平动和转动或者通过侧倾俯仰平台对车身施加侧倾俯仰运动，进而模拟转向运动、减速或加速运动、车身的俯仰运动、侧倾运动等车轮的空间 6 自由度位移变化特性，通过安装在车轮上的传感器测量车辆悬架各参数的变化情况。一般需要完成的标准试验工况内容包括轮跳试验、转向运动试验、侧倾运动试验、侧向力加载试验、纵向力加载试验和回正力矩加载试验等。通过测量机构测量各个工况下的前束角、滚动角、车轮侧倾角、轮心侧向位移、轮心纵向位移和轮心垂直位移、主销定位参数、悬架刚度和侧倾力矩中心高度等悬架 K&C 特性参数变化。

一般工程中需要做 K&C 特性试验的项目很多，本书列举几种常见的 K&C 特性项目。比如 K 特性：外倾与轮跳特性、前束与轮跳特性、轮距与轮跳特性、侧倾中心高度与拖距特性、主销后倾与后倾拖距特性、主销内倾与主销偏移距特性等；C 特性如：前束与纵向力加载特性、轴距与纵向力加载特性、外倾与侧向力加载特性、前束与侧向力加载特性、外倾与回正力矩加载特性、前束与回正力矩加载特性等。如图 1.20 所示，为前悬架 K&C 特性中部分 K 特性和 C 特性曲线。图 1.20(a) 为外倾与轮跳特性曲线、图 1.20(b) 为前束与轮跳特性曲线、图 1.20(c) 为前束与纵向力特性曲线、图 1.20(d) 为前束与侧向力特性曲线。

从轮胎力学特性的角度来看，外倾角提供一定的外倾侧向力，对于进行转向运动的车辆外侧车轮，外倾角减小使得需要相同侧向力的情况下，侧偏角减小，同时还减小了车身侧倾引起车轮外倾的现象。对于前轴而言，侧偏角减小增加不足转向特性；而对于后轴而言，侧偏角减小则削弱不足转向特性。因此，悬架在设计时，车轮上跳设计成负外倾角变化，下跳时设计成正外倾角变化。图 1.20(a) 完全符合设计的要求，可以增强车辆的行驶稳定性，并且外倾角随轮跳的变化保持在 1° 以内，悬架特性参数随轮跳变化相对比较稳定。

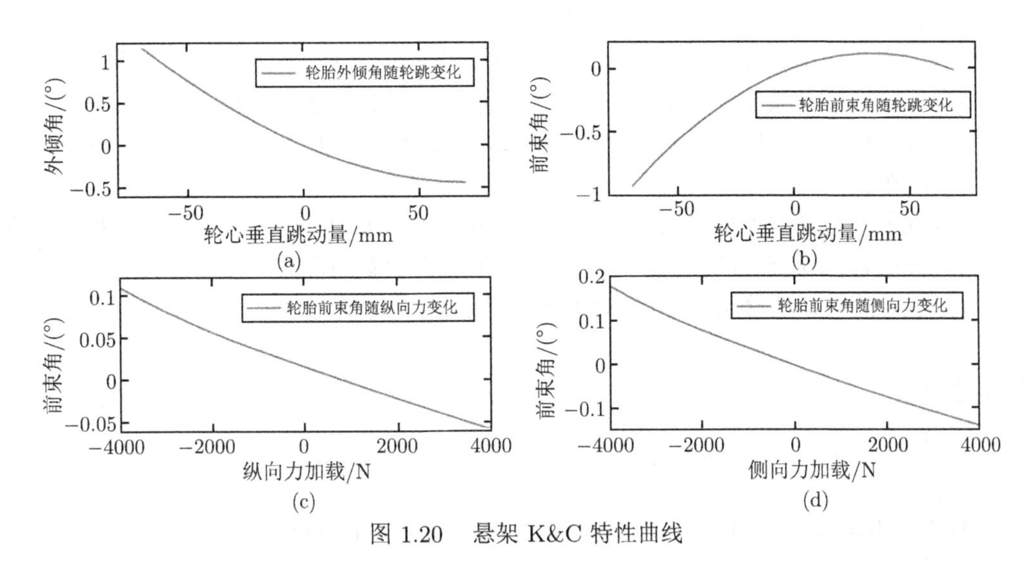

图 1.20 悬架 K&C 特性曲线

由于车轮具有外倾角，因此，在车辆直线行驶时，车轮产生向两侧运动的趋势，受悬架杆系的约束作用，使车轮不至于分开，但是车轮将相对于地面产生侧向滑移。因此，车辆设计工程师设计了车轮前束角，尽量使车轮滚动的每一瞬间都能沿着车轮中心面，以减小和消除这种影响。但是前束角的增大势必会带来轮胎的磨损和滚动阻力的增加，这样不利于汽车的动力性和燃油经济性，一般车轮前桥具有负前束特性，即随着车轮上跳前束角减小，则当车辆进行转向运动时，外侧车轮向外偏转，内侧车轮向内偏转，这样就增加了车辆的不足转向趋势，可以增加车辆的行驶稳定性，图 1.20(b) 的设计比较符合操稳的要求。

当车辆进行加速或者制动时，车轮受到来自地面的纵向力，悬架控制臂上的衬套和转向器中的弹性元件发生变形，进而使车轮前束角发生变化，在纵向力的作用下，前轮产生负前束变化，则使车轮向转向制动相反的方向上发生偏转，可以增加不足转向趋势，图 1.20(c) 的设计符合这一要求，并且变化范围较小，比较稳定。

在车轮受到侧向力时，由于前衬套刚度大，并且离车轮印记中心的纵向距离较大，因此变形小，而后衬套刚度小且离侧向力印记中心的纵向距离小，因此变形大。这样使转向轮产生一个与车辆转向方向相反的前束角变化，即向外侧轻微偏转，从而使车辆稳态行驶的半径增大，也就是增加了不足转向度，达到稳定性的要求，从图 1.20(d) 中可以看出前束角随侧向力变化的设计也符合这一特性要求，并且前束角变化最大不超过 0.2°，相对比较稳定。

对整车及悬架零部件的 K&C 分析已成为汽车 CAE 技术的重要组成部分，在项目开发阶段能对悬架参数进行快速优化，不仅节约了人力、物力，更缩短了开发周期，降低了开发成本。

1.7 本章小结

本章探讨了汽车动力学的一般问题，从车辆行驶性能提升的发展历程着手，对各个阶段车辆动力学发展进行总结，随着汽车工业进入智能时代，针对智能驾驶背景下汽车动力学与智能安全一般问题进行了初步探讨。

接着，本章介绍了底盘动力学控制的典型技术，包括制动防抱死系统、驱动控制系统、转向稳定性控制系统、悬架动态性能控制系统。并且阐述了在智能驾驶发展背景下汽车智能安全控制的发展趋势，讨论了智能安全控制的关键技术，包括高级驾驶辅助系统和智能汽车技术的架构。

基于汽车动力学的评价与试验问题，本章讨论了汽车动力学的动态性能主观评价方法、动态性能客观评价方法；为了研究智能汽车动力学新的挑战，介绍了智能安全系统的评价方法。此外，还总结了车辆 K&C 性能与工程化分析方法。

参考文献

[1] PACEJKA H B. Tire and vehicle dynamics [M]. 3rd Ed. London: Butterworth Heinemanm, 2012.

[2] MITSCHKE M, WALLENTOWITZ H. Dynamik der kraftfahrzeuge [M]. Berlin: Springer, 1972.

[3] 安部正人. 自動車の運動と制御 [M]. 东京：山海堂, 1992.

[4] MILLIKEN W F, MILLIKEN D L. Race car vehicle dynamics [M]. Warrendale, PA: Society of Automotive Engineers, 1995.

[5] 余志生. 汽车理论 [M]. 北京：机械工业出版社, 2000.

[6] 郭孔辉. 汽车操纵动力学 [M]. 长春：吉林科学技术出版社, 1991.

[7] LANCHESTER F W. Motor car suspension and independent springing [J]. Proceedings of the Institution of Automobile Engineers, 1936, 30(2): 668-762.

[8] OLLEY M. Road manners of the modern car [J]. Proceedings of the Institution of Automobile Engineers, 1946, 41(1): 523-551.

[9] BROULHIET G. Independent wheel suspension [J]. SAE Transactions, 1933: 325-350.

[10] 宋健, 钱珠声, 管迪华. 独立悬架汽车摆振的研究 [J]. 汽车技术, 1996(1): 1-6, 62.

[11] 宋健, 管迪华. 前轮定位参数与轮胎特性对前轮摆振影响的研究 [J]. 汽车工程, 1990(4): 13-25.

[12] 郭孔辉. 汽车振动与载荷的统计分析及悬挂系统参数的选择 [J]. 汽车技术, 1976(4): 1-15.

[13] GUO K H, LU D, CHEN S, et al. The UniTire model: a nonlinear and non-steady-state tyre model for vehicle dynamics simulation [J]. Vehicle System Dynamics, 2005, 43(sup1): 341-358.

[14] 管迪华, 刘德文. 轮胎结构动特性的试验模态分析 [J]. 振动与冲击, 1996(1): 60-67, 96.

[15] 管迪华, 吴卫东. 轮胎动特性试验模态分析 [J]. 汽车工程, 1995(6): 328-333.

[16] BAKKER E, PACEJKA H B, LIDNER L. A new tire model with an application in vehicle dynamics studies [J]. SAE Transactions, 1989: 101-113.

[17] DUGOFF H, FANCHER P S, SEGEL L. An analysis of tire traction properties and their influence on vehicle dynamic performance [J]. SAE Transactions, 1970: 1219-1243.

[18] 喻凡. 车辆动力学及其控制 [M]. 北京：机械工业出版社, 2010.

[19] NAKAZAWA M, ISOBE O, TAKAHASHI S, et al. Braking force distribution control for improved vehicle dynamics and brake performance [J]. Vehicle System Dynamics, 1995, 24(4-5): 413-426.

[20] MOTOYAMA S, UKI H, ISODA MANAGER K, et al. Effect of traction force distribution control on vehicle dynamics [J]. Vehicle System Dynamics, 1993, 22(5-6): 455-464.
[21] INAGAKI H, AKUZAWA K, SATO M. Yaw rate feedback braking force distribution control with control-by-wire brake system [C]// International Symposium on Advanced Vehicle Control, 1992, Yokohama, Japan. 1992.
[22] MAKITA M, TORII S. An analysis of tire cornering characteristics using a magic formula tire model[C]//International Symposium on Advanced Vehicle Control, 1992, Yokohama, Japan. 1992.
[23] INAGAKI S, KUSHIRO I, YAMAMOTO M. Analysis on vehicle stability in critical cornering using phase-plane method [J]. JSAE Review, 1995, 2(16): 216.
[24] 沈俊, 宋健. 随机不平路面上的 ABS 制动研究 [J]. 汽车工程, 2007(3): 230-233, 237.
[25] 余卓平, 史彪飞, 熊璐, 等. 某分布式驱动电动汽车复合制动策略设计 [J]. 汽车技术, 2020(2): 12-17.
[26] 余卓平, 肖振宇, 冷搏, 等. 分布式驱动电动汽车操纵稳定性控制评价体系 [J]. 华东交通大学学报, 2016, 33(5): 25-32.
[27] 殷国栋, 陈南, 李普. 基于降阶观测器的四轮转向车辆扰动操纵稳定性控制 [J]. 机械工程学报, 2004(10): 68-72.
[28] 李彬, 喻凡. 车辆横摆稳定性的模糊控制 [J]. 上海交通大学学报, 2008(6): 900-904.
[29] 陈龙, 江浩斌, 周孔亢, 等. 半主动悬架系统设计及控制 [J]. 机械工程学报, 2005(5): 137-141.
[30] 陈无畏, 王志君, 范迪彬. 汽车半主动悬架的神经网络自适应控制 [J]. 汽车工程, 1998(1): 3-5.
[31] 刘永刚, 秦大同, 彭志远, 等. DCT 挡位决策控制系统智能化研究 [J]. 汽车技术, 2012(5): 32-37.
[32] 叶心, 秦大同, 胡明辉, 等. ISG 型中度混合动力 AMT 汽车换挡综合控制 [J]. 汽车工程, 2011, 33(9): 798-804.
[33] TSENG H E, ASHRAFI B, MADAU D, et al. The development of vehicle stability control at Ford [J]. IEEE/ASME Transactions on Mechatronics, 1999, 4(3): 223-234.
[34] KIN K, YANO O, URABE H. Enhancements in vehicle stability and steerability with slip control [J]. JSAE Review, 2003, 24(1): 71-79.
[35] FUKADA Y. Slip-angle estimation for vehicle stability control [J]. Vehicle System Dynamics, 1999, 32(4-5): 375-388.
[36] 李亮, 贾钢, 宋健, 等. 汽车动力学稳定性控制研究进展 [J]. 机械工程学报, 2013, 49(24): 95-107.
[37] NATHAN A Spielberg, Matthew Brown, Nitin R Kapania, et al. Neural network vehicle models for high-performance automated driving [J]. Science Robotics, 2019, 4(28): eaaw1975.
[38] KARL H J, MASAYOSHI T, PRAVIN V. Control issues in automated highway systems [J]. IEEE Control Systems Magazine, 1994, 14(6): 21-32.
[39] SCOTT S, JUNMIN W, RICHARD J, et al. A feedforward and feedback integrated lateral and longitudinal driver model for personalized advanced driver assistance systems [J]. Mechatronics: The Science of Intelligent Machines, 2018, 50: 177-188.
[40] RAJAMANI R. Vehicle Dynamics and Control [M]. London: Springer, 2006.
[41] XING Y, LV C, CAO D. An ensemble deep learning approach for driver lane change intention inference [J] Transportation Research Part C: Emerging Technologies, 2020, 115: 102615.
[42] UNGOREN A Y, PENG H. An adaptive lateral preview driver model [J]. Vehicle System Dynamics, 2005, 43(4): 245-259.
[43] 陈涛, 罗禹贡, 韩云武, 等. 智能混合动力电动车辆多目标自适应巡航控制方法 [J]. 清华大学学报（自然科学版）, 2013, 53(10): 1486-1491.
[44] 李家文, 成波. 驾驶人状态适应式疲劳预警方法的研究 [J]. 汽车工程, 2011, 33(8): 694-700.
[45] 曲逸, 许芳, 于树友, 等. 基于扩张状态观测器的车辆横摆稳定模型预测控制器设计 [J]. 控制理论与应用, 2020, 37(5): 941-949.

[46] 王秋, 曲婷, 陈虹. 基于随机模型预测控制的自主车辆转向控制 [J]. 信息与控制, 2015, 44(4): 499-506.

[47] 项昌乐, 何韡, 刘辉, 等. 履带车辆传动系统换挡工况瞬态动力学分析 [J]. 农业机械学报, 2016, 47(4): 288-293.

[48] 韩政达, 毛明, 马晓枫, 等. 履带车辆机电复合传动耦合机构数学特征的研究 [J]. 车辆与动力技术, 2012(1): 1-2, 12.

[49] 高振海, 严伟, 李红建, 等. 汽车自适应巡航线性参变间距控制算法 [J]. 吉林大学学报（工学版）, 2016, 46(4): 1023-1029.

[50] 李亮, 程硕, 单天石, 等. 汽车控制方法、底盘域控制器及智能驾驶汽车：202010881772.6 [P]. 2020-11-24.

[51] 宋健, 王伟玮, 李亮, 等. 汽车安全技术的研究现状和展望 [J]. 汽车安全与节能学报, 2010, 1(2): 98-106.

[52] OOSTEN J J M VAN, PACEJKA H B. SWIFT-Tyre: an accurate tyre model for ride and handling studies also at higher frequencies and short road wavelengths [C] // 15th ADAMS European User Conference, 15-17 November, 2000, Rome, Italy. 2000.

[53] JO C, KO J, YEO H, et al. Cooperative regenerative braking control algorithm for an automatic-transmission-based hybrid electric vehicle during a downshift [J]. Proceedings of the Institution of Mechanical Engineers, Part D: Journal of Automobile Engineering, 2012, 226(4): 457-467.

[54] TAKAHIRO O, SHINICHIRO S, TOSHIYUKI U, et al. Braking performance improvement for hybrid electric vehicle based on electric motor's quick torque response [C] // 19th International Electric Vehicle Symposium (EVS19), 1999.

[55] 余卓平, 徐松云, 熊璐, 等. 新能源汽车解耦式电液复合 [J]. 机械工程学报, 2015, 51(16): 23-28.

[56] 张俊智, 吕辰, 李禹橦. 电动汽车混合驱动与混合制动系统——现状及展望 [J]. 汽车安全与节能学报, 2014, 3(5): 209-233.

[57] 徐薇, 陈虹, 赵海艳. 考虑电池寿命的四轮轮毂电动汽车制动能量优化控制 [J]. 控制理论与应用, 2019, 36(11): 1942-1951.

[58] TSENG C Y, YU C H. Advanced shifting control of synchronizer mechanisms for clutchless automatic manual transmission in an electric vehicle [J]. Mechanism & Machine Theory, 2015, 84: 37-56.

[59] 张渊博, 王伟达, 张华, 等. 基于新型改进遗传算法的混合动力客车高效制动能量回收预测控制策略研究 [J/OL]. 机械工程学报, 2000, 56(18): 105-115.

[60] 何凯, 林成涛, 李亮, 等. 电控机械式变速箱换档过程迭代学习控制 [J]. 机械工程学报, 2019, 55(4): 84-90.

[61] 帅志斌, 李建秋, 徐梁飞, 等. 非理想车载网络状况下四轮独立电驱动车辆的动力学控制 [J]. 汽车工程, 2014, 36(9): 1093-1099.

[62] 殷国栋, 金贤建, 张云. 分布式驱动电动汽车底盘动力学控制研究综述 [J]. 重庆理工大学学报 (自然科学), 2016, 30(8): 13-19, 26.

[63] 季学武, 刘亚辉, 杨恺明, 等. 乘用车电控转向系统的发展趋势 [J]. 汽车安全与节能学报, 2015, 6(3): 208-216.

[64] 刘亚辉, 季学武. 汽车动力转向系统可变助力特性的设计 [J]. 汽车工程, 2010, 32(3): 238-243.

[65] 张昕, 施国标, 林逸. 电动助力转向的转向感觉客观综合评价 [J]. 机械工程学报, 2009, 45(6): 171-175.

[66] VAN ZANTEN A T. Control aspects of the Bosch-VDC [C]// proceedings of the International Symposium on Advanced Vehicle Control. Aachen, 1996.

[67] 贾钢. 基于差动制动的运动型多功能轿车防侧翻控制研究 [D]. 北京：清华大学, 2015.

[68] ZHENG S, TANG H, HAN Z, et al. Controller design for vehicle stability enhancement [J]. Control Engineering Practice, 2006, 14(12): 1413-21.

[69] MOKHIAMAR O, ABE M. Effects of model response on model following type of combined lateral force and yaw moment control performance for active vehicle handling safety [J]. JSAE review, 2002, 23(4): 473-80.

[70] JALALI M, KHOSRAVANI S, KHAJEPOUR A, et al. Model predictive control of vehicle stability using coordinated active steering and differential brakes [J]. Mechatronics, 2017, (48): 30-41.

[71] KHOOBAN M H, VAFAMAND N, NIKNAM T. T-S fuzzy model predictive speed control of electrical vehicles [J]. ISA transactions, 2016, 64(23): 1-40.

[72] TAHAMI F, FARHANGI S, KAZEMI R. A fuzzy logic direct yaw-moment control system for all-wheel-drive electric vehicles [J]. Vehicle System Dynamics, 2004, 41(3): 203-21.

[73] AHMADIAN M, HUANG W. A qualitative analysis of the dynamics of self-steering locomotive trucks [J]. Vehicle System Dynamics, 2002, 37(2): 85-127.

[74] MACADAM, CHARLES C. A computer simulation study of the closed-loop stability and maneuverability of articulated coach/driver systems [J]. Vehicle System Dynamics, 2013, 12(1-3): 96-97.

[75] HORIUCHI S. Evaluation of chassis control method through optimisation-based controllability region computation [J]. Vehicle System Dynamics, 2012, 50(sup1): 19-31.

[76] 丁海涛, 郭孔辉, 张建伟. 汽车 ESP 硬件与驾驶员在回路仿真试验台的开发与应用 [J]. 汽车工程, 2006, 28(4): 346-350.

[77] 赵治国, 方宗德, 黄英亮, 等. 车辆动力学稳定性系统变结构滑模控制研究 [J]. 中国机械工程, 2003, 14(2): 152-156.

[78] ZHENG S B, TANG H J, HAN Z Z. Controller design for vehicle stability enhancement [J], Control Engineering Practice, 2006, 14(12): 1413-1421.

[79] 施树明, LUPKER H, BREMMER P, 等. 基于模糊逻辑的车辆侧偏角估计方法 [J]. 汽车工程, 2005, 27(4): 426-430.

[80] LI L, SONG J, YANG C, et al. Prediction control algorithm based on dynamic stability matrix method for DSC [R]. SAE Technical Paper, 2007.

[81] 李亮, 宋健, 韩宗奇, 等. 用于电子稳定程序 (ESP) 在线控制的液压模型和反模型 [J]. 机械工程学报, 2008, 44(2): 139-144.

[82] 王霄锋. 汽车悬架和转向系统设计 [M]. 北京: 清华大学出版社, 2015.

[83] 耶尔森 · 赖姆帕尔. 汽车悬架 [M]. 北京: 机械工业出版社, 2013.

[84] 陈无畏. 智能车辆主动安全与控制技术 [M]. 北京: 科学出版社, 2018.

[85] SAVARESI S M, POUSSOTVASSAL C, SPELTA C, et al. Semi-active suspension control design for vehicles [M]. Amsterdam: Elsevier, 2010.

[86] 王杨. 考虑相位补偿的半主动悬架控制策略研究 [D]. 长春：吉林大学, 2020.

[87] GOODARZI A, OLOOMI E, ESMAILZADEH E. Design and analysis of an intelligent controller for active geometry suspension systems [J]. Vehicle system dynamics. 2011, 49(1-2): 333-359.

[88] 柯尔. 汽车工程手册: 美国版 [M]. 北京: 机械工业出版社, 2012.

[89] GOŁDASZ J, SAPIŃSKI B. Insight into magnetorheological shock absorbers [M]. Cham: Springer Switzerland, 2015.

[90] GEHM R. Delphi improves cadillac's ride [J]. Automotive Engineering International, 2001, 109(10): 32-33.

[91] TSENG H E, Hrovat D. State of the art survey: active and semi-active suspension control [J]. Vehicle System Dynamics, 2015(53): 1034-1062.

[92] STRASSBERGER M, Guldner J. Bmw's dynamic drive: an active stabilizer bar system [J]. Control Systems, 2004, 24(4): 28-29, 107.

[93] WHITE D J. Easy Ride: Bose Corp. uses speaker technology to give cars adaptive suspension [J]. IEEE Spectrum, 2005, 42(5): 12-14.

[94] ZHANG N, SMITH W A , JEYAKUMARAN J. Hydraulically interconnected vehicle suspension: background and modelling [J]. Vehicle System Dynamics, 2010, 48(1): 17-40.

[95] ZHAO J, WONG P K, MA X B, et al. Chassis integrated control for active suspension, active front steering and direct yaw moment systems using hierarchical strategy [J]. Vehicle System Dynamics, 2017, 55(1): 72-103.

[96] XIAO H, CHEN W, ZHOU H H, et al. Integrated control of active suspension system and electronic stability programme using hierarchical control strategy: theory and experiment [J]. Vehicle System Dynamics, 2011, 49(1-2): 381-397.

[97] TERMOUS H, SHRAIM H, TALJ R, et al. Coordinated control strategies for active steering, differential braking and active suspension for vehicle stability, handling and safety improvement [J]. Vehicle System Dynamics, 2018, 57: 1-36.

[98] 赵盼. 城市环境下无人驾驶车辆运动控制方法的研究 [D]. 合肥：中国科学技术大学, 2012.

[99] 张卫忠. 基于仿人智能控制的无人地面车辆自动驾驶系统研究 [D]. 合肥：中国科学技术大学, 2014.

[100] 边明远, 李克强. 高级别自动驾驶的技术特征和落地场景 [J]. 智能网联汽车, 2019(2): 23-27.

[101] 成波, 冯睿嘉, 张伟, 等. 基于多源信息融合的驾驶人疲劳状态监测及预警方法研究 [J]. 公路交通科技, 2009, 26(S1): 13-18.

[102] 汪洪波, 陈无畏. 汽车底盘集成系统协调控制研究 [J]. 系统科学与数学, 2015, 35(5): 527-538.

[103] 牛礼民, 陈龙, 江浩斌, 等. 多智能体理论在车辆底盘集成控制中的应用 [J]. 汽车技术, 2008(8): 31-35.

[104] 李亮, 程硕, 刘子俊. 汽车的底盘域控制器、系统及方法：201911233011.3 [P]. 2020-03-24.

[105] 逄淑一. 面向主观评价的汽车动力学建模研究 [D]. 长春：吉林大学, 2011.

[106] 管欣, 宗长富, 王化吉. 汽车底盘动力学性能主观评价研究现状与展望 [J]. 汽车工程学报, 2011, 1(3): 159-174.

[107] BERND H, HANS JÜRGEN B. Subjektive Beurteilung des Fahrverhaltens [M]. Berlin: Vogel, 2002.

[108] DE ARRUDA Pereira New Fiesta: Brake pedal feeling development to improve customer satisfaction [C]// SAE Brasil, 2003 Congress and Exhibit. 2003(2003-01-3598).

[109] LINKE W, RICHTER B, SCHMIDT, R. Simulation and measurement of driver vehicle handling performance [J]. SAE Techmical Paper, 1973, 730489.

[110] CHEN D C, CROLLA D A, ALSTEAD C J, et al. A comprehensive study of subjective and objective vechicle handling behaviour [J]. Vehicle system dynamics, 1996, 25(sup1): 66-86.

[111] Chen D C, Crolla D A. Subjective and objective measures of vehicle handling: drivers and experiments [J]. Vehicle system dynamics, 2007, 29(S1): 576-597.

[112] ZSCHOCKE A K, ALBERS A. Links between subjective and objective evaluations regarding the steering character of automobiles [J]. International Journal of Automotive Technology, 2008, 9(4): 473-481.

[113] LAURENCE P, BASSET M, COUTANT P, et al. Lateral vehicle behaviour: comparison of subjective/objective assessment using the Choquet Integral [J]. Vehicle system dynamics, 2010, 34(5): 357-379.

[114] ERIC C, MICHEL G. Subjective and objective vehicle tests, tow parallel vehicle handling evaluations [J]. FISITA, 2012, 1767-1775.

[115] 宗长富, 郭孔辉. 汽车操纵稳定性的主观评价 [J]. 汽车工程, 2001, 22(5): 289-292.
[116] 孔繁森, 郭孔辉, 宗长富. 基于演化策略的汽车操纵稳定性主、客观评价的灰关联性研究 [J]. 机械工程学报, 2004, 40(7): 119-123.
[117] 海森英, 布兰德耳. 汽车行驶动力学性能的主观评价 [M]. 石晓明, 陈祯福, 译. 北京：人民交通出版社, 2010.
[118] ASPINALL D T, OLIVER R J. Vehicle riding comfort: the correlation between subjective assessments of vehicle ride and physical measurements of vehicle motion [J]. M.I.R.A., 1964.
[119] ASPINALL D T, OLIVER R J. Evaluation criteria for AWD vehicle system analysis [R]. SAE Technical Paper, 2004.
[120] NUTI A C, ORIVES R A. Ride & handling interactive software-classification method [C]//SAE Brasil 2003 Congress and Exhibit. 2003(2003-01-3706).
[121] 刘建中, 铃木近, 青木弘行, 等. 汽车乘坐舒适性主观评价模型的构筑 [J]. 汽车技术, 1994(9): 11-18.
[122] ARVIDSSON I, SCHMECHTING K, LENNARJSSON B. A simple and efficient description of car body movements for use in virtual prototyping and ride comfort evaluation [R]. SAE Technical Paper, 2000.
[123] ZONG C, GUO K H, GUAN H. Research on closed-loop comprehensive evaluation method of vehicle handling stability [R]. SAE Technical Paper, 2000.
[124] MODY P, RUMOLD W, ATTIA F, et al. Mojacar and Los Angeles city traffic vehicle testing. a comparison & analysis of subjective ratings and objective measurements [C] // 20th Annual Brake Colloquium And Exhibition. 2002(2002-01-2600).
[125] NUTI A C. Objective metric X subjective evaluation [R]. SAE Technical Paper, 2003.
[126] SAE J1060. Subjective rating scale for evaluation of noise and ride comfort characteristics related to motor vehicle tires SAE recommended practice [S]. USA: SAE, 2000.
[127] 章桐, 刘普辉. 汽车燃油经济性及动力性与驾驶性客观评价体系 [J]. 同济大学学报（自然科学版）, 2015, 43(12): 1865-1872.
[128] WICKE V, BRACE C, DEACON M, et al. Preliminary results from driveability investigations of vehicles with continuously variable transmissions [C]. Proceedings of the International Congress on Continuously Variable Power Transmission. Eindhoven：Eindhoven University of Technology, 1999: 9-14.
[129] DOREY R E, HOLMES C. Vehicle driveability—its characterization and measurement [J]. Society of Automotive Engineering, 1999(1): 949.
[130] DOREY R E, MARTIN E J. Vehicle driveability-the development of an objective methodology [J]. Society of Automotive Engineering, 2000(1): 1326.
[131] GB/T 18276—2017, 汽车动力性台架试验方法和评价指标 [S]. 2017.
[132] GB/T 12543—2009, 汽车加速性能试验方法 [S]. 2009.
[133] GB/T 12535—2007, 汽车起动性能试验方法 [S]. 2007.
[134] GB/T 12537—1990, 汽车牵引性能试验方法 [S]. 1990.
[135] GB/T 18385—2005, 电动汽车动力性能试验方法 [S]. 2005.
[136] ISO 7975: 2019, Passenger cars - Braking in a turn - Open-loop test method [S]. 2019.
[137] ISO 21069-1: 2004, Road vehicles —Test of braking systems on vehicles with a maximum authorized total mass of over 3, 5 t using a roller brake testerPart 1: Pneumatic braking systems [S]. 2013.
[138] ISO 21069-2: 2008, Road vehicles —Test of braking systems on vehicles with a maximum authorized total mass of over 3, 5t using a roller brake testerPart 2: Air over hydraulic and purely hydraulic braking systems, 2011.

[139] ISO 21994-2: 2007, Passenger cars —Stopping distance at straight-line braking with ABS —Open-loop test method [S]. 2010.

[140] ISO 14512: 1999, Passenger cars —Straight-ahead braking on surfaces with split coefficient of friction —Open-loop test procedure [S]. 2014.

[141] GB/T 36986-2018, 汽车制动性能动态监测方法 [S]. 2018.

[142] GB/T 35349-2017, 汽车驻车制动性能检测方法 [S]. 2017.

[143] GB 21670-2008, 乘用车制动系统技术要求及试验方法 [S]. 2008.

[144] PACEJKA H B. Simplified analysis of steady-state turning behaviour of motor vehicles Part 1. Handling diagrams of simple systems [J]. Vehicle System Dynamics, 1973, 2(2): 173-183.

[145] MIMURO T, OHSAKI M, YASUNAGA H, et al. Four parameter evaluation method of lateral transient response [C]. SAE Paper 901734.

[146] MAVROS G. On the objective assessment and quantification of the transient-handling response of a vehicle [J]. Vehicle System Dynamics, 2007, 45(2): 93-112.

[147] BALDONI F. GALANTE F, PERNETTI M, et al. Tuning and objective performance evaluation of a driving simulator to investigate tyre behaviour in on-centre handling manoeuvres [J]. Vehicle System Dynamics, 2011, 49(9): 1423-1440.

[148] NYBACKA M, HE X X, SU Z C, Lars Drugge & Egbert Bakker. Links between subjective assessments and objective metrics for steering, and evaluation of driver ratings [J]. Vehicle System Dynamics, 2014, 52(sup1): 31-50.

[149] 郭孔辉. 人–车–路闭环操纵系统主动安全性的综合评价与优化设计 [J]. 汽车技术, 1993(4): 4-12+31.

[150] 殷国栋, 陈南. 四轮转向车辆控制系统操纵稳定性道路试验 [J]. 中国公路学报, 2009, 22(6): 116-120.

[151] 余卓平, 肖振宇, 冷搏, 等. 分布式驱动电动汽车操纵稳定性控制评价体系 [J]. 华东交通大学学报, 2016, 33(5): 25-32.

[152] ISO 4138. Passenger cars-steady-state circular driving behaviour-open-loop test methods [S]. 2012.

[153] ISO 7401. Road vehicles-lateral transient response test methods-open-loop test methods [S]. 2011.

[154] ISO 15037-1. Road vehicles-vehicle dynamics test methods–part1 general conditions for passenger cars [S]. 2019.

[155] GB/T 6323—2014. 汽车操纵稳定性试验方法 [S], 2014.

[156] QC/T 480—1999. 汽车操纵稳定性指标限值与评价方法 [S]. 国家质检总局, 1999.

[157] 刘丹. 乘用车乘坐舒适性主客观评价相关性 [D]. 西安：长安大学, 2018.

[158] BARAK P. Design and evaluation of an adjustable automobile suspension [J]. SAE transactionss, 1989: 114-130.

[159] SCHMECHTING K. A simple and efficient description of car body movements for use in virtual prototyping and ride comfort evaluation [R]. SAE Technical Paper, 2000.

[160] ASH HAS. Correlation of subjective and objective handling of vehicle behavior [D]. Leeds: University of Leeds, 2002.

[161] YASUE M, HIRONOBU F, SATORU S, et al. The Extraction of Riding Condition System using the EEG [P] keio Universioy, 2009.

[162] 郭孔辉. 汽车振动与载荷的统计分析及悬挂系统参数的选择 [J]. 汽车技术, 1976(4): 1-15.

[163] GB/T 4970-2009. 汽车平顺性试验方法 [S]. 2009.

[164] 王金强, 黄航, 郅朋, 等. 自动驾驶发展与关键技术综述 [J]. 电子技术应用, 2019(6): 28-36.

[165] 尚世亮, 李波. 车辆电控系统预期功能安全技术研究 [J]. 中国标准化, 2016(9): 58-62.

[166] ISO 26262. Road vehicles-functional safety [S]. 2011.

[167] ISO 21448. Road vehicles-safety of the Intended functionality [S]. 2019.

[168] QURESHI Z H. A review of accident modelling approaches for complex socio-technical systems [C]// Proceedings of the Twelfth Australian Workshop on Safety Critical Systems and Software and Safety-Related Programmable Systems. Adelaide: Australian Computer Society, Inc., 2007: 47-59.

[169] 中国国家标准化管理委员会. 危险与可操作性分析（HAZOP 分析）应用指南: GB/T 35320—2017[S]. 北京: 中国标准出版社, 2018.

[170] BAGSCHIK G, RESCHKA A, STOLTE T, et al. Identification of potential hazardous events for an unmanned protective vehicle [C]// Intelligent Vehicles Symposium. IEEE, 2016: 691-697.

[171] LEVESON N. Engineering a Safer World: Systems Thinking Applied to Safety [M]. MIT Press, 2016.

[172] MAHAJAN H S, Bradley T, Pasricha S. Application of systems theoretic process analysis to a lane keeping assist system [J]. Reliability Engineering & System Safety, 2017, 167: 177-183.

[173] STOLTE T, BAGSCHIK G, MAURER M. Safety goals and functional safety requirements for actuation systems of automated vehicles [C]// International Conference on Intelligent Transportation Systems. IEEE, 2016: 2191-2198.

[174] ABDULKHALEQ A, LAMMERING D, WAGNER S, et al. A systematic approach based on STPA for developing a dependable architecture for Fully automated driving vehicles [J]. Procedia Engineering, 2017, 179(41): 41-51.

[175] BAGSCHIK G, STOLTE T, MAURER M. Safety analysis based on systems theory applied to an unmanned protective vehicle [J]. Procedia Engineering, 2017, 179: 61-71.

[176] 陈君毅, 周堂瑞, 邢星宇, 等. 基于系统理论过程分析的自动驾驶汽车安全分析方法研究 [J]. 汽车技术, 2019, 000(12): 1-5.

[177] Rampalli R. ADAMS/solver theory seminar [J]. Mechanical Dynamics, Inc., united States of America, 2000.

[178] Ikhsan N, Ramli R, Alias A. Analysis of kinematic and compliance of passive suspension system using adams car [J]. 2014.

[179] Yang S, Bao Y, Liu Y, et al. Kinematic analysis of the double wishbone suspension in ADAMS [C] // Conference and Expo Transportation Electrification Asia-Pacific. IEEE, 2014: 1-5.

[180] HOLDMANN P, KÖHN P, MÖLLER B, et al. Suspension Kinematics and Compliance - Measuring and Simulation [R]. SAE Technical Paper, 1998.

[181] HILL R L. Suspension testing apparatus and method: US, 5569836 [P]. 1996-10-29.

[182] BEST T, NEADS S J, WHITEHEAD J P. Design and operation of a new vehicle suspension kinematics and compliances [J]. SAE Transactions, 1997: 34-44.

[183] JEFF W, NORMAN F. A facility for the measurement of heavy truck chassis and suspension kinematics and compliances facility [R]. SAE Technical Paper, 2004.

[184] GUO K H, LI N, ZHAO Y, et al. The development of a vehicle suspension Kinematics and Compliance facility [C] // International Conference on Electric Information & Control Engineering. IEEE, 2001: 3691-3694.

[185] 李宁. 乘用车悬架 K&C 特性试验技术与装备研究 [D]. 长春：吉林大学, 2013.

第2章　汽车动力学建模与分析

2.1　本章概述

汽车动力学主要研究汽车受力和汽车运动间的关系，并找出汽车性能与动力学参数的内在联系和规律。在汽车动力学研究中，汽车动力学的建模、求解与分析始终是个关键性问题。由于汽车是一个复杂的多体系统，且工作情况、使用环境复杂多变，这给汽车动力学研究带来了很大困难。因此，在许多实际研究中，选择合适的低自由度动力学模型，减少建模复杂度和提升计算效率是十分必要的。广义的车辆建模是涵盖了“人–车–路”三者的闭环系统，因此在建模过程中研究者既要考虑车辆自身的状况，还应考虑路面环境和驾驶员对车辆系统的影响。近几年，仿真技术在车辆动力学中的应用越来越广泛，通过不同的仿真软件既可以对不同工况下车辆的运动情况进行高精度的仿真，还可以对车辆的各个部件进行力学分析等，仿真技术已成为各大企业和科研机构高效开发车辆系统的重要工具。本章将从车辆与路面直接作用的轮胎模型开始，依次介绍驾驶员模型与整车动力学模型建模的基本方法和原理，最后对常用的车辆动力学仿真软件进行了样例分析。

2.2　轮胎模型

轮胎是车辆与地面发生相互作用的直接部件，是汽车上最重要的组成部件之一，它支持车辆的全部重量，传送牵引和制动的力矩，保证车轮与路面的附着力，减轻和吸收汽车在行驶时的振动和冲击力，保证行驶的安全性、操纵稳定性、舒适性和节能经济性[1]。因此，进行轮胎动力学特性的研究对车辆各项性能的分析来说显得极其重要。车辆运动依赖于轮胎所受的力，如纵向制动力和驱动力、侧向力和侧倾力、回正力矩和侧倾力矩等（图 2.1）。所有这些力都是滑转率、侧偏角、外倾角、垂直载荷、道路摩擦系数和车辆运动速度的函数，如何有效地表达这种函数关系，即建立精确的轮胎动力学数学模型，一直是轮胎动力学研究人员所关心的课题。轮胎的动力学特性对车辆的动力学特性起着至关重要的作用，特别是对车辆的操纵稳定性、制动安全性、行驶平顺性具有重要的影响。

轮胎模型描述了轮胎六分力与车轮运动参数之间的数学关系，即轮胎在特定工作条件下的输入和输出之间的关系[2]。为了描述轮胎动力学特征对汽车动力学的影响，将轮胎–车轮系统看作是一个黑匣子，其中输入变量有 6 个，分别是轮胎转动中心平面内的 3 个参量：轮胎角速度、纵向速度、轮胎滚动半径形变；轮胎中心平面外的 3 个输入参量：横向速度、横摆角速度、侧倾角。轮胎的 3 个分力和 3 个力偶矩构成了轮胎模型的 6 个输出量。

对轮胎模型研究的目的主要分为两类：① 用于车辆建模，模拟真实的轮胎特性（属于控制对象的一部分）；② 用于控制器设计，利用车载轮胎模型完成控制目标的设定（如目标滑移率、目标侧偏角）或者作为执行机构的约束限制（如附着椭圆约束）。对于第一类目的，则希望轮胎模型尽可能精确，在此基础上进行轮胎动力学或者车辆动力学的研究；第二类目的，则要求更为苛刻，它既需要轮胎模型有较高的精度，还要求模型不能很复杂，要能够满足实时运算的要求。

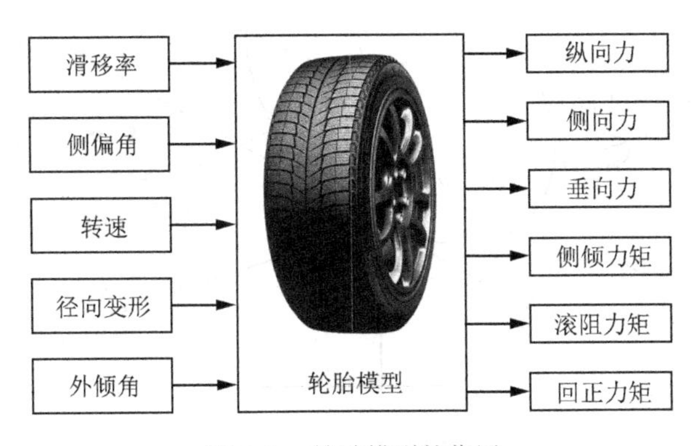

图 2.1　轮胎模型的作用

按照模型的来源主要有以下三种类型：基于轮胎力产生机理的物理模型，该模型能够比较细致清楚地刻画轮胎的动力学特性；数值模型，通过数据的直接插值得到表达轮胎特性的模型；经验模型，利用由试验得到的表征轮胎特性的等式把测量得到的数据转化成轮胎模型的参数。这三种模型各有优缺点，物理模型在建模时比较复杂，且复杂程度与所需精度成正比；后两种模型对于试验数据内的轮胎力表征可能会有较好的效果，但是向不同工况延伸外推的效果较差。轮胎模型的表述主要有两种形式：① 图表形式；② 参数化的公式。第一种形式不适合理论研究，只是实际应用中对轮胎机理认识不是很清楚的情况下的一种替代手段，需要进行大量的试验来建立图表。而利用公式描述轮胎模型，根据所采用公式的形式不同又可分为：① 通过傅里叶级数或者多项式拟合，公式的外推特性不理想；② 通过特殊的函数，且这些函数的参数具有特定的物理意义，便于确定参数的初值和调整，典型的魔术公式就属于该类。

根据车辆动力学研究内容的不同，轮胎模型可分为[3]：

（1）轮胎纵滑模型：主要用于预测车辆在驱动和制动工况时的纵向力。

（2）轮胎侧偏模型和外倾模型：主要用于预测轮胎的侧向力和回正力矩，评价转向工况下低频转角输入响应。

（3）轮胎垂向振动模型：主要用于高频垂向振动的评价，并考虑轮胎的包容特性（包含刚性滤波和弹性滤波特性）。

在联合工况下，需要多角度考虑，如纵滑侧偏特性模型。

2.2.1　轮胎坐标系与主要参数

为了便于研究人员统一进行轮胎力学模型分析，美国汽车工程师学会（SAE）制定了标准的轮胎运动坐标系，并定义了轮胎作用力和力矩相关运动量。轮胎 SAE 坐标系被定义为法向坐标系下的三维右手正交坐标系，如图 2.2 所示。轮胎接地印迹中心是坐标系的原点，垂直于车轮旋转轴线的轮胎中分平面称为车轮平面。x 轴定义为车轮平面与地平面的交线，以前进方向为正；y 轴是指车轮旋转轴线在地平面上的投影，向右为正；z 轴与地面垂直，向下为正。

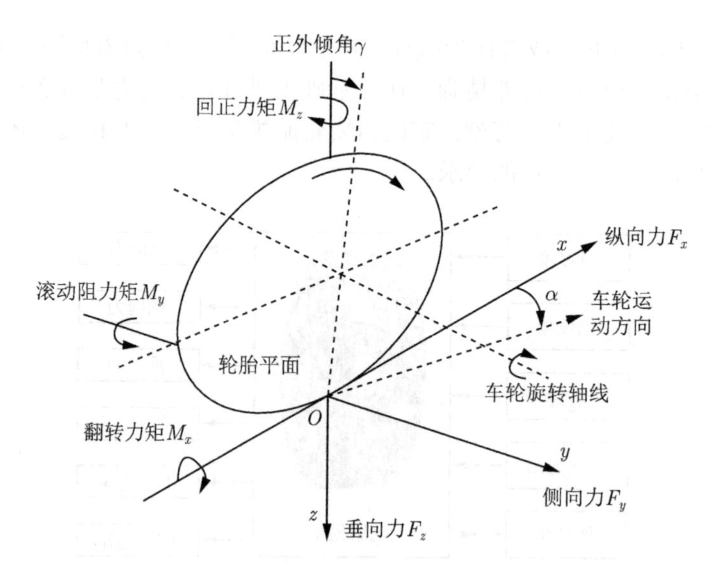

图 2.2 SAE 标准轮胎运动坐标系

图 2.2 中还标明了地面作用于轮胎的力与力矩，即地面切向反作用力 F_x、地面侧向反作用力 F_y、地面法向反作用力 F_z，以及地面反作用力绕 x 轴的力矩——翻转力矩 M_x，地面反作用力绕 y 轴的力矩——滚动阻力矩 M_y，地面反作用力绕 z 轴的力矩——回正力矩 M_z 等，它们均按轮胎坐标系规定的方向确定正、负方向。另外图中也标明了轮胎侧偏角与外倾角，其中侧偏角是指轮胎接地印迹中心（即坐标系原点）位移方向与 x 轴的夹角，图示方向为正。外倾角是指垂直平面（xoz 平面）与车轮平面的夹角，图示方向为正。

国际标准化组织（ISO）定义的轮胎坐标系如图 2.3 所示。

ISO 轮胎坐标系的坐标原点、x 轴和 y 轴与 SAE 坐标系的定义相同，但是 z 轴的方向相反，坐标系符合右手定则。在车辆行驶过程中，本节将常用的几个与轮胎相关的运动参数介绍如下。

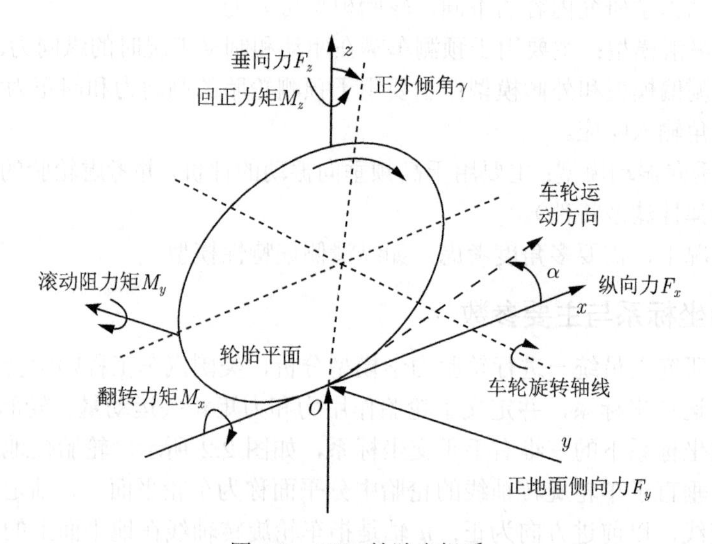

图 2.3 ISO 轮胎坐标系

1. 轮胎滑移率

轮胎滑移率表示车轮相对于纯滚动（或纯滑动）状态的偏离程度，是影响轮胎产生纵向力的一个重要因素。车轮的滑移率 λ 可定义如下（见图 2.4）：

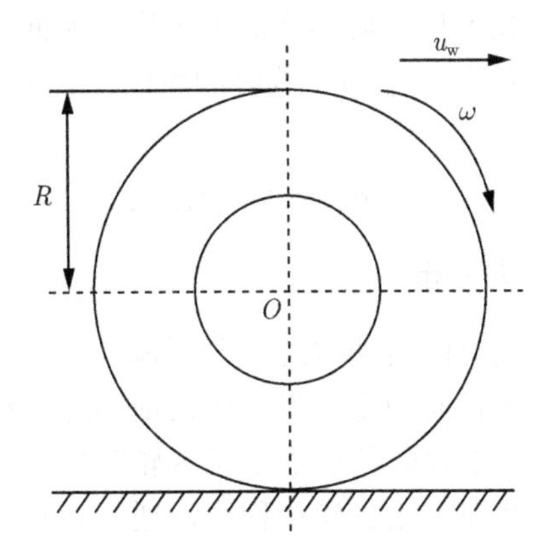

图 2.4　轮胎转动示意图

图 2.4 中，R 为车轮的滚动半径；u_w 为轮心前进速度（等于车辆行驶速度）；ω 为车轮的角速度。

驱动工况：

$$\lambda = \frac{\omega R - u_w}{\omega R} \times 100\% \tag{2-1}$$

此时滑动率 λ 也称为轮胎滑转率。

制动工况：

$$\lambda = \frac{u_w - \omega R}{u_w} \times 100\% \tag{2-2}$$

此时滑动率 λ 也称为轮胎滑移率。

2. 轮胎侧偏角

轮胎侧偏角定义为车轮回转平面与车轮中心运动方向的夹角，顺时针方向为正，则轮胎侧偏角 α（图 2.5）通常可表示为：

$$\alpha = \arctan\left(\frac{v_w}{u_w}\right) \tag{2-3}$$

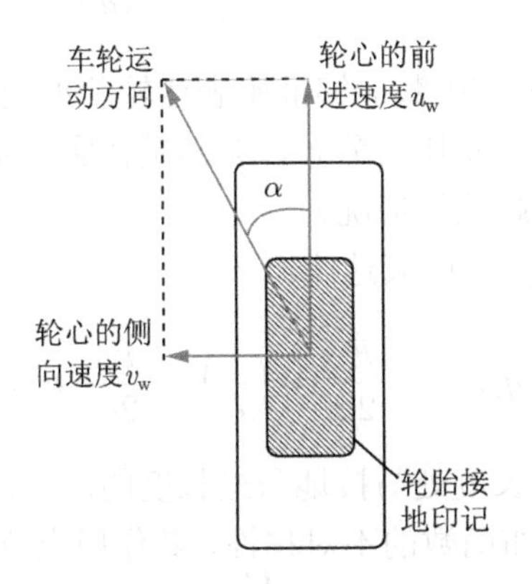

图 2.5　轮胎侧偏角示意图

式中，u_{w} 为轮心的前进速度；v_{w} 为轮心的侧向速度。

3. 轮胎径向变形

轮胎径向变形指车辆行驶过程中遇到路面不平度影响而使轮胎在半径方向上产生的变形，定义为无负载时的轮胎半径 r_{t} 与负载时的轮胎半径 r_{tf} 之差；则轮胎径向变形 ρ_{w} 的表达式为

$$\rho_{\mathrm{w}} = r_{\mathrm{t}} - r_{\mathrm{tf}} \tag{2-4}$$

4. 轮胎接地印迹内的压力分布

图 2.6 所示为轮胎在直线自由滚动状态（即侧偏角和外倾角均为零）下的接地印迹分布。通常将轮胎和路面的接触面积定义为轮胎接地印迹。在理论上，一般将轮胎平分面和轮胎滚动中心轴在水平面上投影的交点定义为轮胎接地印迹中心点。由于轮胎接地印迹是不规则的多边形，因此在理论建模过程中，通常将其简化成规则的矩形，其长为 $2a$，宽为 $2b$[4]。

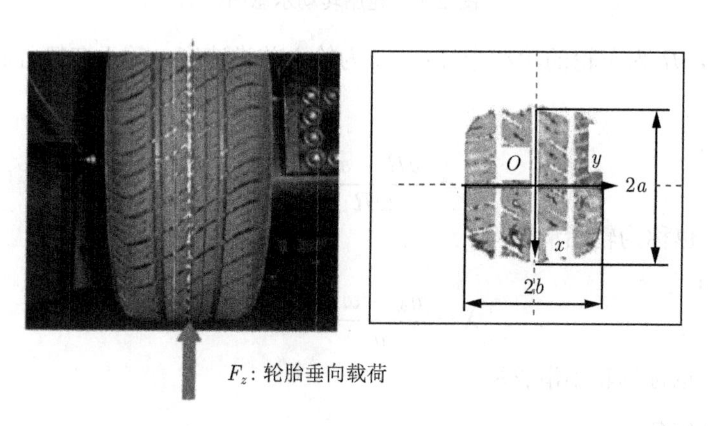

图 2.6 轮胎接地印迹分布

精确描述轮胎力学特性更需要准确地表达轮胎在接地印迹内的压力分布。很多模型在分析过程中一般将印迹内压力分布函数简化表达成抛物线的分布形式，其表达式为

$$q_z(x) = \frac{3F_z}{4a} \cdot \left[1 - \left(\frac{x}{a}\right)^2\right] \tag{2-5}$$

试验结果表明，抛物线分布函数能够准确表达轮胎承受小载荷情况下的压力分布，在大载荷情况下就不能精确地反映压力分布，尤其是在实际生活中轮胎经常受到不同程度范围内的垂直载荷（重载、超载等情况）。

设轮胎压力分布函数 $q_z(x)$ 的表达式：

$$q_z(x) = \frac{F_z}{2a} \cdot \eta\left(\frac{x}{a}\right) = \frac{F_z}{2a} \cdot \eta(u) \tag{2-6}$$

式中，u 为胎面距离前缘 x 长度处与接地印迹长度的比值，即 $u = x/a$；$\eta(u)$ 为印迹内压力分布函数。由于压力分布函数的不对称性，其作用点位于轴前方 $\varDelta$ 处，定义为偏移距，如图 2.7 所示，因 $\int_{-a}^{a} q_z(x)\mathrm{d}x = F_z k \int_{-a}^{a} q_z(x) \cdot x \cdot \mathrm{d}x = F_z \cdot \varDelta$，则 $\eta(u)$ 应满足如

下条件：

$$\begin{cases}\eta(1)=\eta(-1)=0\\ \eta(u)\geqslant 0, u\in[-1,1]\\ \eta(u)=0, u\notin[-1,1]\\ \int_{-1}^{1}\eta(u)\mathrm{d}u=2\\ \int_{-1}^{1}\eta(u)\cdot u\cdot\mathrm{d}u=2\cdot\frac{\Delta}{a}\end{cases}\tag{2-7}$$

根据轮胎实际受到的载荷情况，其压力分布的经验形式表达为

$$\eta(u)=A\cdot\left(1-u^{2n}\right)\cdot(1-B\cdot u)\tag{2-8}$$

式中，A,B 为待定系数，n 为均匀性因子，根据式 (2-7) 的条件可得

$$A=\frac{2n+1}{2n}\tag{2-9}$$

$$B=-\frac{3\cdot(2n+3)}{2n+1}\cdot\frac{\Delta}{a}\tag{2-10}$$

其中，n 为均匀性因子，数值不同会影响压力分布的均匀性，压力分布随着 n 的增大逐渐平坦。

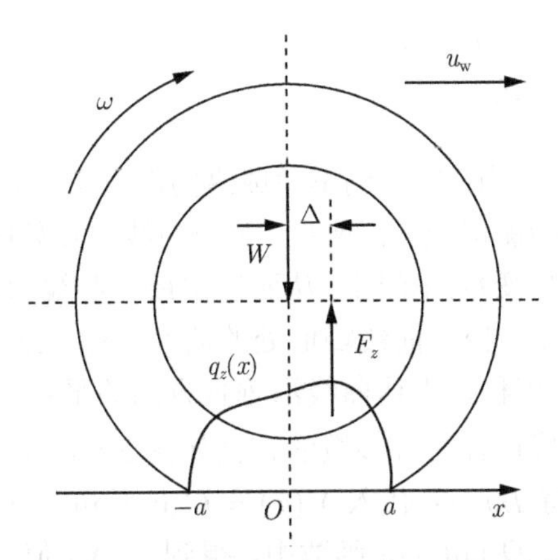

图 2.7　轮胎接触面法向反作用力示意图

2.2.2　线性化模型

纵向力与滑移率之间的关系是描述汽车轮胎纵向特性的基本关系式，侧向力和侧偏角之间的关系是描述汽车侧偏特性的基本关系式。在参数较小的区间内，纵向力和滑移率之间以及侧向力和侧偏角之间表现为线性关系：

$$F_x=C_\lambda\lambda\tag{2-11}$$

$$F_y=C_\alpha\alpha\tag{2-12}$$

式中，纵滑刚度 C_λ 和侧偏刚度 C_α 分别为轮胎纵向力-滑移率曲线、侧向力-侧偏角曲线在滑移率或侧偏角为 0 时的斜率。

线性模型只能表示小侧偏角时纯侧偏条件下的轮胎侧向力和侧偏角之间的关系，在对汽车进行稳态转向特性分析时，一般采用这一模型且多用于两轮 2 自由度模型[5,6]。

2.2.3 半经验模型

1. 魔术公式轮胎模型

魔术公式（MF）是用一套形式相同的三角函数公式就可以完整地表达轮胎的六分力，包括纵向力 F_x、侧向力 F_y、回正力矩 M_z、滚动阻力矩 M_y 等，以及纵向力 F_x 和侧向力 F_y 联合作用等工况，故称为“魔术公式”[1]。

魔术公式轮胎模型是针对轮胎与路面接触时，对准稳态条件下输入与输出关系的纯数学描述。建模方法使纵向力、侧向力和回正力矩的特性可以用数学方法来描述。魔术公式模型用数学函数将本章提到的力与刚体滑移建立了联系，即对应纵向滑移率 s 的纵向力 F_x，对应侧偏角 α 的侧向力 F_y，对应侧偏角 α 的侧向力的回正力矩 M_z。在准稳态滚动或车辆操纵过程中确定公式，并利用数学函数近似表达[7]。Pacejka 和 Bakker 认为上述所讨论的典型力学函数可通过正弦函数和反正切函数的结合来近似估算。作为具有高精度的纵向和侧向滑移的函数，公式能够描述纵向力、侧向力和回正力矩，但该描述只局限于稳态特性。

其基本形式如下：

$$\begin{cases} Y(x) = D\sin\{C\arctan[Bx - E(Bx - \arctan(Bx))]\} \\ Y(X) = Y(x) + S_{\text{v}} \\ x = X + S_{\text{h}} \end{cases} \tag{2-13}$$

式中，$Y(X)$ 为侧向力或纵向力；X 为侧偏角或纵向滑移率；B 为刚度因子，$B = K/CD$，$K = \tan\theta$，其中，K 为轮胎侧偏或纵滑刚度，对应曲线原点处的斜率；C 为形状因子，表示魔术公式中正弦函数的自变量的范围，从而决定最终曲线的形状；D 为峰值因子，决定曲线峰值；E 为曲率因子，控制曲线峰值处的曲率；S_{h} 为水平偏移，表达曲线沿水平方向的平移量；S_v 为垂直偏移，表达曲线沿垂直方向的平移量。

魔术公式基本曲线生成过程和各参数的含义如图 2.8 所示，将 $[Bx - E(Bx - \arctan(Bx))]$ 用 $Bx\cdots$ 表示，将 $Bx\cdots$ 代入 $Y(x) = C\arctan(\cdots)$ 中的 $(\cdots)$ 处，将得到的 $C\arctan(\cdots)$ 代入 $Y(x) = D\sin(\cdots)$ 函数中，得到 $Y(X)$ 值，X 和 $Y(X)$ 分别为 x、y 轴坐标，组成的曲线即为魔术公式基本曲线。

轮胎拖距计算公式如下：

$$\begin{cases} t(\alpha_{\text{t}}) = D_{\text{t}}\cos\{C_{\text{t}}\arctan[B_{\text{t}}\alpha_{\text{t}} - E_{\text{t}}(B_{\text{t}}\alpha_{\text{t}} - \arctan(B_{\text{t}}\alpha_{\text{t}}))]\}\cos(\alpha) \\ \alpha_{\text{t}} = \alpha + S_{\text{ht}} \\ M_z = -t \cdot F_{y0} + M_{z\text{r}} \end{cases} \tag{2-14}$$

式中，$t(\alpha_{\text{t}})$ 为轮胎拖距；B_{t} 为刚度因子；C_{t} 为形状因子；D_{t} 为峰值因子；E_{t} 为曲率因子；S_{ht} 为水平偏移；$M_{z\text{r}}$ 为残余回正力矩。

拖距曲线生成过程如图 2.9 所示。$[Bx - E(Bx - \arctan(Bx))]$ 用 $Bx\cdots$ 表示，将 $Bx\cdots$ 代入 $Y(x) = C\arctan(\cdots)$ 中的 $(\cdots)$ 处，将得到的 $C\arctan(\cdots)$ 代入 $Y(x) = D\sin(\cdots)$ 函数中，得到 $Y(x)$ 值，X 和 $Y(x)$ 分别为 xy 轴坐标，组成的曲线即为拖距曲线。

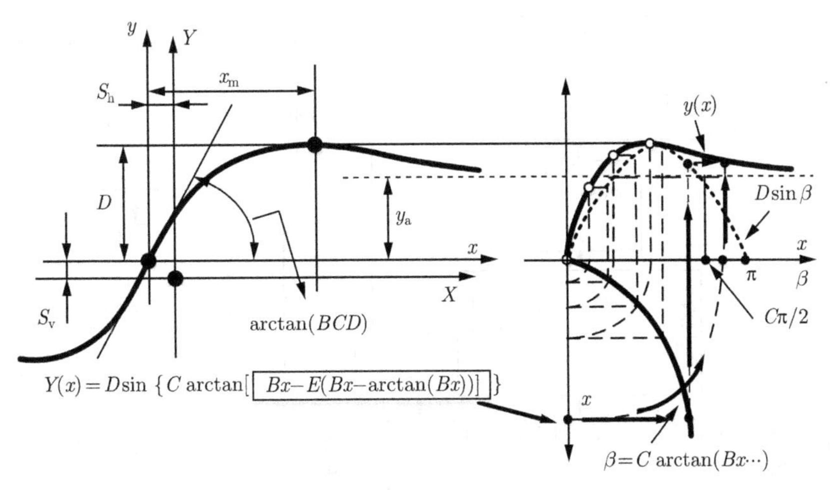

图 2.8　魔术公式基本曲线

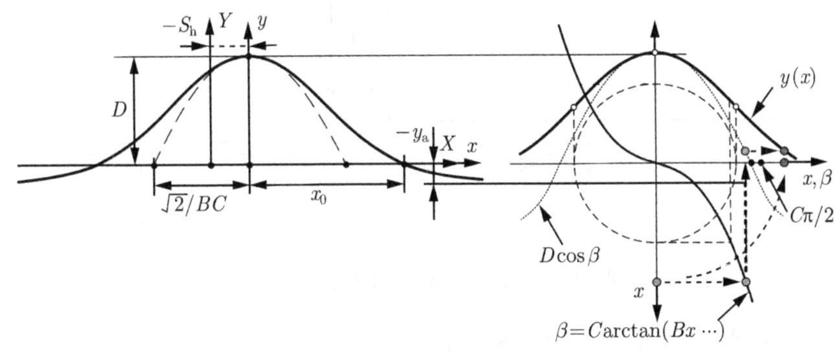

图 2.9　拖距曲线

魔术公式轮胎模型具有一系列的特点：

（1）通过三角函数来建立轮胎模型，用一套形式相同的公式就可以完整地表达轮胎六分力，并且模型参数对于曲线的影响有明确的意义。

（2）由于是经验模型，通过试验数据的拟合，其精度比较高，无论是纵向力、侧向力还是回正力矩。

（3）魔术公式轮胎模型是三角函数，具有非线性特点，参数比较多且拟合相对困难，故而计算量比较大。

（4）C 值的变化对拟合的误差影响较大。

（5）一系列的试验数据表明，其不能很好地拟合极小侧偏角情况下轮胎的侧偏特性。

由于轮胎在不同垂直载荷和附着情况下的轮胎力不同，因此需要对其进行修正。通过将轮胎外倾角等效为侧偏角，并进行轮胎动态特性的修正可以得到联合工况下的轮胎纵滑和侧偏值大小。归一化后的纵滑、侧偏值作为魔术公式基础曲线各向异性修正的基础，通过相似原理得到联合工况下的轮胎力输出，如图 2.10 所示。

2. UniTire 模型

UniTire 轮胎模型是由郭孔辉院士提出，以理论模型为基础而逐渐形成完整的半经验模型，不仅对各种工况具有很好的表达能力，而且模型简洁，且具有突出的预测能力和外推能力[8,9]。为了与原著保持一致，本节采用与原著相同的符号描述轮胎模型。

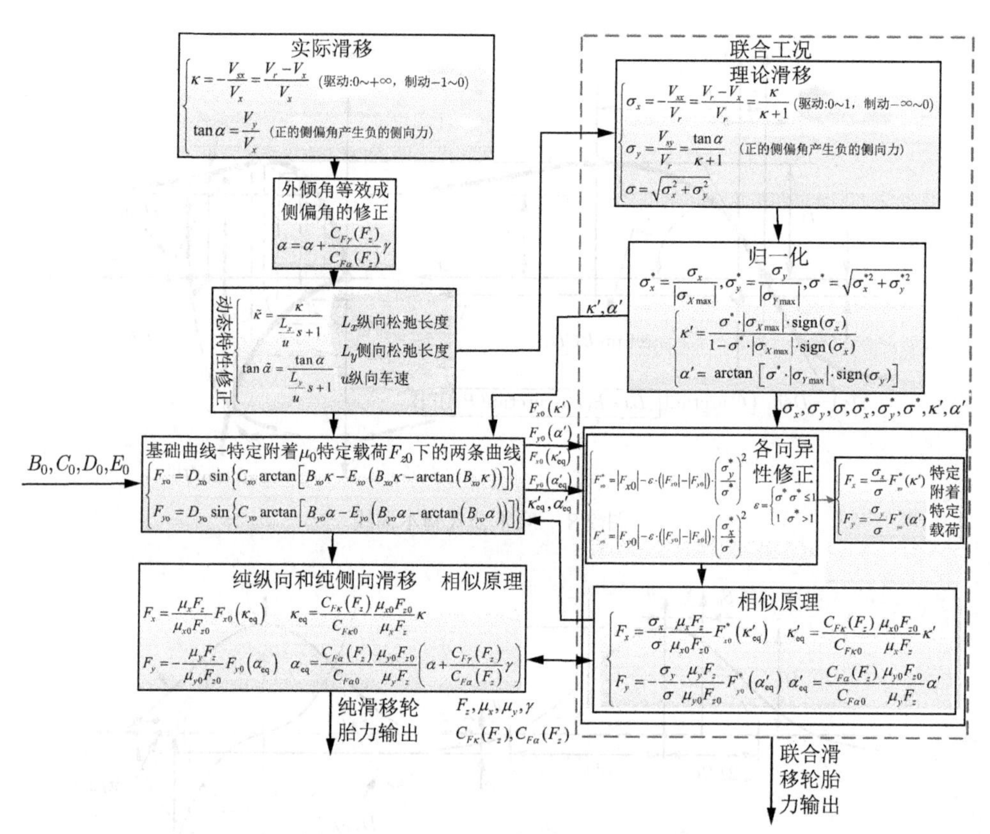

图 2.10　联合工况下的魔术公式修正

此处定义纵向、侧向滑移率 S_x, S_y 为

$$S_x = \frac{\omega R - u_\mathrm{w}}{\omega R} \tag{2-15}$$

$$S_y = \frac{v_y}{\omega R} \tag{2-16}$$

定义纵向 $\varPhi_x$、侧向 $\varPhi_y$ 和总无量纲滑移率 $\varPhi$ 为

$$\varPhi_x = \frac{K_x S_x}{\mu_x F} \tag{2-17}$$

$$\varPhi_y = \frac{K_y S_y}{\mu_y F} \tag{2-18}$$

$$\varPhi = \sqrt{\varPhi_x^2 + \varPhi_y^2} \tag{2-19}$$

式中，μ_x 和 μ_y 分别是纵向和侧向摩擦系数。

定义无量纲剪应力 $\bar{q}_x$、$\bar{q}_y$ 和 $\bar{q}$ 为

$$\bar{q}_x = \frac{q_x}{\mu_x q_z} \tag{2-20}$$

$$\bar{q}_y = \frac{q_y}{\mu_y q_z} \tag{2-21}$$

$$\bar{q} = \frac{q}{\mu q_z} \tag{2-22}$$

式中，μ 是总摩擦系数。

假设无量纲剪应力具有以下形式：

$$\bar{q}^2 = \bar{q}_x^2 + \bar{q}_y^2 \tag{2-23}$$

显然该假设与摩擦椭圆概念相一致，纵向、侧向和总摩擦系数 μ_x、μ_y 和 μ 的关系为

$$\mu = \sqrt{\left(\mu_x \frac{\Phi_x}{\Phi}\right)^2 + \left(\mu_y \frac{\Phi_y}{\Phi}\right)^2} \tag{2-24}$$

定义无量纲纵向、侧向和总切力 $\bar{F}_x$、$\bar{F}_y$ 和 $\bar{F}$ 为

$$\bar{F}_x = \frac{F_x}{\mu_x F_z} \tag{2-25}$$

$$\bar{F}_y = \frac{F_y}{\mu_y F_z} \tag{2-26}$$

$$\bar{F} = \frac{F}{\mu F_z} \tag{2-27}$$

假设滑移区剪应力方向与附着区相同，得到

$$\frac{F_x}{F_y} = \frac{q_x}{q_y} = \frac{\Phi_x \mu_x}{\Phi_y \mu_y} \tag{2-28}$$

由总切力

$$F^2 = F_x^2 + F_y^2 \tag{2-29}$$

推导得到

$$\bar{F}_x = \bar{F}\frac{\Phi_x}{\Phi} \tag{2-30}$$

$$\bar{F}_y = \bar{F}\frac{\Phi_y}{\Phi} \tag{2-31}$$

$$\bar{F}^2 = \bar{F}_x^2 + \bar{F}_y^2 \tag{2-32}$$

当纵滑刚度和侧偏刚度不同时，这就使得联合工况下的半经验模型出现偏差，因此引入修正因子 λ_Φ，则无量纲纵向力 $\bar{F}_x$ 和侧向力 $\bar{F}_y$ 可以表示为

$$\bar{F}_x = \bar{F}\frac{\lambda_\Phi \Phi_x}{\sqrt{(\lambda_\Phi \Phi_x)^2 + \Phi_y^2}} \tag{2-33}$$

$$\bar{F}_y = \bar{F}\frac{\Phi_y}{\sqrt{(\lambda_\Phi \Phi_y)^2 + \Phi_y^2}} \tag{2-34}$$

定义修正因子 λ_Φ 为

$$\lambda_\Phi = 1 + \left(\frac{K_y}{K_x} - 1\right)\bar{F} \tag{2-35}$$

在小滑移工况下，

$$\bar{F} \to 0, \frac{F_x}{F_y} = \frac{K_x S_x}{K_y S_y} \tag{2-36}$$

在大滑移工况下，

$$\bar{F} \to 1, \frac{F_x}{F_y} = \frac{S_x}{S_y} \tag{2-37}$$

无量纲总切力 $\bar{F}$ 的 E 指数形式可以表示为

$$\bar{F} = 1 - \exp\left[-\Phi - E\Phi^2 - \left(E^2 + \frac{1}{12}\right)\Phi^3\right] \tag{2-38}$$

式中，E 为曲率因子。

UniTire 的动摩擦系数采用修正的 Savkoor 形式，可表示为

$$\mu_{\rm d} = \mu_{\rm s} + (\mu_0 - \mu_{\rm s}) \cdot \exp\left\{-\mu_{\rm h}^2 \cdot \ln^2\left[\left|\frac{v_{\rm s}}{v_{\rm m}}\right| + N \cdot \exp\left(-\left|\frac{v_{\rm s}}{v_{\rm m}}\right|\right)\right]\right\} \tag{2-39}$$

式中，μ_0、$\mu_{\rm s}$、$\mu_{\rm h}$、$v_{\rm m}$ 和 N 是模型参数。

轮胎拖距 D_x 的 E 指数形式可以表示为

$$D_x = (D_{x0} + D_{\rm e}) \cdot \exp\left[D_1\Phi - D_2(\Phi - \tan(\mu_{\rm h})\Phi)\right] - D_{\rm e} \tag{2-40}$$

式中，D_{x0}、D_1、D_2、$D_{\rm e}$ 为 D_x 的 4 个结构参数。

回正力矩 M_z 的表达式为

$$M_z = F_y(-D_x + X_{\rm c}) - F_xY_{\rm c} \tag{2-41}$$

式中，$X_{\rm c}$ 和 $Y_{\rm c}$ 即为胎体的纵向和侧向平移变形。

3. HSRI 模型

如果已知轮胎侧偏角和纵向滑移值，则利用高速公路安全研究所（HSRI）轮胎模型的帮助可得到动态车轮力。密歇根大学公路安全研究所（HSRI）通过大量轮胎试验，研究得到轮胎半经验模型，即 HSRI 轮胎模型。HSRI 轮胎模型由 Dugoff（1969）等陆续开发，由 Uffelamnn（1980）拓展将轮胎载荷的波动也考虑在内，而 Wiegner（1974）追加了轮胎的回正力矩[10-12]。用估算轮胎接触面变形的物理方法能够算出轮胎的纵向力和侧向力。

当不考虑回正力矩时，首先根据轮胎纵向滑移率 S_x、侧向滑移率 S_y、纵向滑移刚度 C_λ、侧向侧偏刚度 C_α、当前附着系数 μ、轮胎垂向力 F_z 的信息判断参数 L。模型中参数 L 的计算公式如下：

$$L = \frac{1}{2}\mu F_z(1 - S_x)\left[(C_\lambda S_x)^2 + (C_\alpha S_y)^2\right]^{-\frac{1}{2}} \tag{2-42}$$

式中，$\mu = \mu_0(1 - A_{\rm s}V_{\rm s})$，$\mu_0$ 为路面峰值附着系数，A_s 为速度影响因子。$V_{\rm s} = \sqrt{S_x^2 + S_y^2}|V_{\rm w}|\cos\alpha$，$V_{\rm w} = \sqrt{u_{\rm w}^2 + v_{\rm w}^2}$ 为轮胎行驶速度。

纵向力 F_x 的表达式为

$$F_x = \begin{cases} -C_\lambda \dfrac{S_x}{1 - S_x}, & L > 1 \\ -C_\lambda \dfrac{S_x}{1 - S_x}L(2 - L), & L \leqslant 1 \\ -C_\lambda \mu F_z\left[(C_\lambda)^2 + (C_\alpha S_y)^2\right]^{-\frac{1}{2}}, & L = 0 \end{cases} \tag{2-43}$$

侧向力 F_y 的表达式为

$$F_y=\begin{cases}-C_\alpha\dfrac{S_y}{1-S_x}, & L>1\\ -C_\alpha\dfrac{S_y}{1-S_x}L(2-L), & L\leqslant 1\\ -C_\alpha S_y\mu F_z\left[(C_\lambda)^2+(C_\alpha S_y)^2\right]^{-\frac{1}{2}}, & L=0\end{cases}\tag{2-44}$$

4. 刷子模型

在物理模型中，轮胎刷子模型是所有模型研究的基础，是最早的也是最简单的模型。它通过表达纵向力与纵向滑移率的关系来建立模型。胎面被假设认为是由一系列具有线性弹性的刷毛组成，胎体被认为是刚性的，接地印迹是矩形并且法向压力的分布为均匀分布。进一步假设接地区间分为附着区域和滑移区域，在附着区域内轮胎与路面的作用力受到弹性特性的影响；在滑移区域内的作用力受到轮胎与路面接触区域附着条件的影响。因此，轮胎刷子模型应用广泛，能够简单表达轮胎纵向力与纵向滑移率的关系，为其他模型研究轮胎力学特性奠定基础[13,14]。

刷子模型假设胎面具有弹性，这种简化的假设具有一定的局限性，但它是进一步研究轮胎力学特性更符合实际情况的轮胎模型的基础，而且由于模型比较简单，因此更容易反映轮胎的一些力学规律。

1）纵滑侧偏复合工况

轮胎侧偏纵滑滚动时，胎面在印迹内变形如图 2.11 所示，坐标系 $X_{\rm t}OY_{\rm t}$ 为轮胎坐标系，接地印迹中心为 O，在接地印迹内弹性刷毛经过变形后的位置为 ABC。在轮胎与路面附着区域内，弹性刷毛是从前端点 A 开始与路面接触产生变形，弹性刷毛下端点经过一段时间 t 附着滚动到达点 $P_{\rm t}$，同时对应于胎体位置的弹性刷毛上端点也到达点 $P_{\rm c}$。

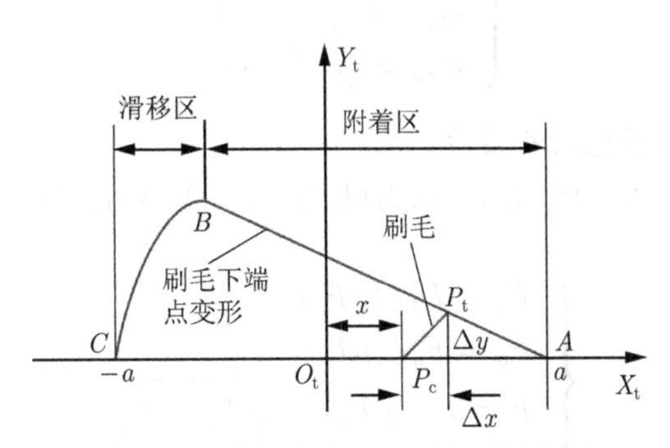

图 2.11　接地印迹内胎面变形示意图

根据纵向滑移率和侧向滑移率的定义得到，可以得到 $\Delta x(u)=S_xau,\Delta y(u)=S_yau$。设胎面纵向刚度为 $k_{{\rm t}x}$，胎面侧向刚度为 $k_{{\rm t}y}$，故胎面受到的纵向力和侧向力表达为

$$\begin{cases}q_x(u)=k_{{\rm t}x}\Delta x(u)=k_{{\rm t}x}S_xau\\ q_y(u)=k_{{\rm t}y}\Delta y(u)=k_{{\rm t}y}S_yau\end{cases}\tag{2-45}$$

当印迹区内无滑移时，纵向力、侧向力和总切力的计算式为

$$\begin{cases} F_x = a\int_0^2 q_x(u)\mathrm{d}u \\ F_y = a\int_0^2 q_y(u)\mathrm{d}u \\ F = \sqrt{F_x^2 + F_y^2} \end{cases} \tag{2-46}$$

此时回正力矩 M_z 的计算式为

$$M_z = a\int_0^2 \left[a - au - \Delta x(u)\right] q_y(u)\mathrm{d}u + a\int_0^2 \Delta y(u) q_x(u)\mathrm{d}u \tag{2-47}$$

若假定 $k_{\mathrm{t}x} = k_{\mathrm{t}y}$（纵滑刚度和侧偏刚度各向同性），依式 (2-45) 有 $\Delta x(u)q_y(u) = \Delta x(u)q_y(u)$，所以

$$M_z = a^2\int_0^2 (1-u)q_y(u)\mathrm{d}u \tag{2-48}$$

通过式 (2-45)～ 式 (2-48) 可以得到无滑移时的轮胎纵滑侧偏刷子模型：

$$\begin{cases} F_x = 2a^2 k_{\mathrm{t}x} S_x = C_{\mathrm{t}x} S_x \\ F_y = 2a^2 k_{\mathrm{t}y} S_y = C_{\mathrm{t}y} S_y \\ F = \sqrt{(C_{\mathrm{t}x} S_x)^2 + (C_{\mathrm{t}y} S_y)^2} \\ -M_z = N_{\mathrm{ta}} S_y \end{cases} \tag{2-49}$$

式中，$C_{\mathrm{t}x} = 2a^2 k_{\mathrm{t}x}$ 为胎面纵滑刚度；$C_{\mathrm{t}y} = 2a^2 k_{\mathrm{t}y}$ 为胎面侧偏刚度；$N_{\mathrm{ta}} = 2a^3 k_{\mathrm{r}y}/3$ 为胎面回正刚度。

定义相对纵向滑率 ϕ_x、相对侧向滑率 ϕ_y 和相对总滑移率 ϕ_{xy} 分别为

$$\begin{cases} \phi_x = C_{\mathrm{t}x} S_x / (\mu F_z) \\ \phi_y = C_{\mathrm{t}y} S_y / (\mu F_z) \\ \phi_{xy} = \sqrt{\phi_x^2 + \phi_y^2} \end{cases} \tag{2-50}$$

式中，μ 为轮胎与路面的总附着系数。

此外，可以将纵向力、侧向力、总力以及回正力矩无量纲化，其中 $D_{x\mathrm{r}} = a/3$ 为参考气胎拖距：

$$\begin{cases} \bar{F}_x = F_x / (\mu F_z) \\ \bar{F}_y = F_y / (\mu F_z) \\ \bar{F} = F / (\mu F_z) = \sqrt{\bar{F}_x^2 + \bar{F}_y^2} \\ \bar{M}_z = M_z / (\mu F_z D_{xy}) \end{cases} \tag{2-51}$$

此时式 (2-51) 可以改写为下列无量纲形式：

$$\begin{cases} \bar{F}_x = \bar{F}\phi_x/\phi_{xy} = \phi_x \\ \bar{F}_y = \bar{F}\phi_y/\phi_{xy} = \phi_y \\ \bar{F} = \phi_{xy} \\ -\bar{M}_z = \phi_y \end{cases} \tag{2-52}$$

对于轮胎滑移率为 S_x 及 S_y 的侧偏纵滑滚动，在接地印迹内总是存在一个起滑点，从该起滑点到印迹后端点-1 的区域为滑移区，其刷毛剪应力大小等于印迹内该区域垂直压力分布与路面摩擦系数的乘积。根据总剪应力等于轮胎-路面间最大可能的剪应力可确定印迹内起滑点 u_c 的值：

$$\frac{\eta(u_c)}{1-u_c}=\phi_{xy} \tag{2-53}$$

假设滑移区剪应力的方向与附着区剪应力的方向相同（这种假设通常会带来一定的误差），则此运动工况下轮胎总切力为

$$\begin{aligned}F&=\int_{-1}^{u_c}\mu\cdot\frac{F_t}{2a}\cdot\eta(u)\cdot a\mathrm{d}u+\int_{u_c}^{1}q\cdot a\mathrm{d}u\\&=\mu F_z\cdot\left(\int_{-1}^{u_c}\frac{1}{2}\cdot\eta(u)\cdot\mathrm{d}u+\int_{u_c}^{1}\frac{\phi_{xy}}{2}\cdot(1-u)\cdot\mathrm{d}u\right)\end{aligned} \tag{2-54}$$

定义无量纲总切力：

$$\bar{F}=\frac{F}{\mu F_z} \tag{2-55}$$

则由式 (2-54) 得

$$\bar{F}=\int_{-1}^{u_c}\frac{\eta(u)}{2}\cdot\mathrm{d}u+\int_{u_c}^{1}\frac{\phi_{xy}}{2}\cdot(1-u)\cdot\mathrm{d}u \tag{2-56}$$

从上式可以看出，无量纲总切力只是无量纲滑移率的函数，且对任何复合滑移工况都有相同的关系，这就是刷子模型给出的最重要结论，基于这一结论即可显著简化轮胎复合滑移特性的建模。

轮胎纵向力及侧向力为

$$\begin{cases}F_x=\bar{F}\cdot\mu F_z\cdot\cos\delta_{xy}\\F_y=\bar{F}\cdot\mu F_z\cdot\sin\delta_{xy}\end{cases} \tag{2-57}$$

式中，δ_{xy} 定义为总力方向角。回正力矩的表达式如下：

$$M_z=\mu F_z\sin\delta_{xy}\cdot\left(\int_{-1}^{u_c}\frac{au}{2}\cdot\eta(u)\cdot\mathrm{d}u+\int_{u_e}^{1}\frac{\phi_{xy}}{2}\cdot au\cdot(1-u)\cdot\mathrm{d}u\right) \tag{2-58}$$

轮胎拖距的表达式：

$$D_x=\frac{M_z}{F_y}=\frac{\sin\delta_{xy}\cdot\left(\int_{-1}^{u_c}\frac{au}{2}\cdot\eta(u)\cdot\mathrm{d}u+\int_{u_c}^{1}\frac{\varphi_{xy}}{2}\cdot au\cdot(1-u)\cdot\mathrm{d}u\right)}{\int_{-1}^{u_c}\frac{1}{2}\cdot\eta(u)\cdot\mathrm{d}u+\int_{u_c}^{1}\frac{\phi_{xy}}{2}\cdot(1-u)\cdot\mathrm{d}u} \tag{2-59}$$

从式 (2-57) 可以看出 $\delta_{xy}=0^\circ$ 为纯驱动工况，$\delta_{xy}=180^\circ$ 为纯制动工况，$\delta_{xy}=90^\circ$ 为纯侧偏（负侧偏角）工况，$\delta_{xy}=270^\circ$ 为纯侧偏（正侧偏角）工况。

2）总力方向及大小

该刷毛的总应力方向角为

$$\tan\delta_{xy}=\frac{q_y}{q_x}=\frac{k_{ty}S_y}{k_{tx}S_x} \tag{2-60}$$

且从上式可以看出，印迹附着区内所有刷毛的总剪应力方向是一致的。

下面引用摩擦椭圆假设求解总剪应力方向的路面摩擦系数。

图 2.12 为轮胎接地印迹内不同剪应力方向路面摩擦系数构成的摩擦椭圆，引入参数 β 的该椭圆方程为

$$\begin{cases} x = \mu_x \cos\beta_{xy} \\ y = \mu_y \sin\beta_{xy} \end{cases} \tag{2-61}$$

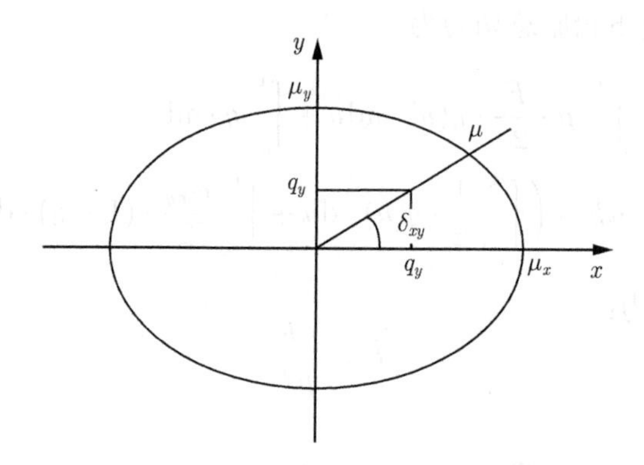

图 2.12 接地印迹内剪应力摩擦椭圆示意图

根据式 (2-60) 计算得到的总剪应力方向角 δ，与式 (2-61) 联立得

$$\tan\beta_{xy} = \frac{k_{\mathrm{t}y}S_y\mu_x}{k_{\mathrm{t}x}S_x\mu_{\mathrm{y}}} \tag{2-62}$$

定义无量纲滑移率：

$$\varphi_x = \frac{k_{\mathrm{t}x}S_x}{\mu_x}\cdot\frac{2a^2}{F_z} \tag{2-63}$$

$$\varphi_y = \frac{k_{\mathrm{t}y}S_y}{\mu_y}\cdot\frac{2a^2}{F_z} \tag{2-64}$$

$$\varphi_{xy} = \sqrt{\varphi_x^2+\varphi_y^2} \tag{2-65}$$

则式 (2-60) 及式 (2-62) 变为

$$\tan\delta_{xy} = \frac{\varphi_y\mu_y}{\varphi_x\mu_x} \tag{2-66}$$

$$\tan\beta_{xy} = \frac{\varphi_y}{\varphi_x} \tag{2-67}$$

将式 (2-67) 中 β 的表达代入图 2.12 所示的剪应力摩擦椭圆，可得总剪应力方向的路面摩擦系数 μ：

$$\mu = \sqrt{\left(\mu_x\frac{\varphi_x}{\varphi_{xy}}\right)^2+\left(\mu_y\frac{\varphi_y}{\varphi_{xy}}\right)^2} \tag{2-68}$$

3）轮胎刷子模型的局限性

图 2.13 对纵滑侧偏刷子模型的纵向力特性进行了仿真并且与试验数据进行了对比。比较发现，刷子模型纵向力的变化趋势与试验数据是相吻合的，但是在一些细节方面有一定的偏差。

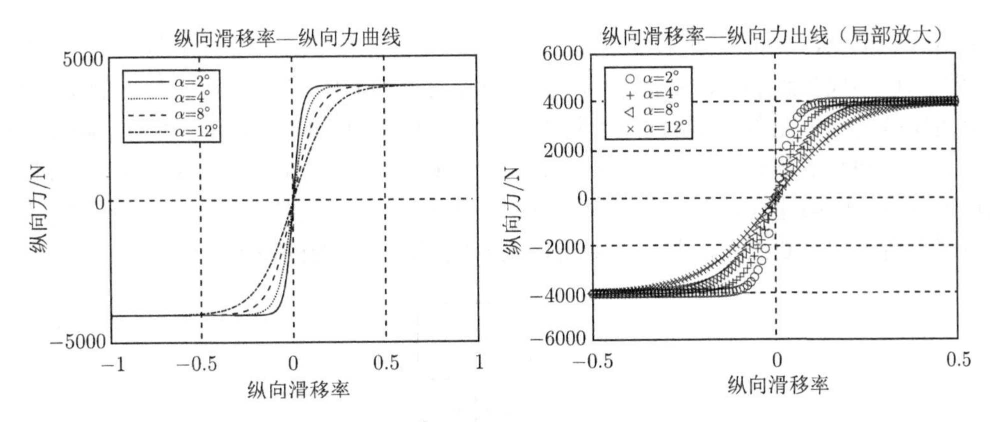

图 2.13　纵滑侧偏刷子模型的仿真曲线（左）和试验数据（右）

首先，在中等滑移率的状态时，纵向力会有一个峰值，而模型仿真结果不明显，众所周知，在滑移率 15%~20% 时纵向力会达到最大值，随后，纵向力会有所减小，而模型中显示，达到最大值之后就不再变化，这是因为摩擦系数会随着滑移速度的增加而逐渐降低，在仿真过程中，假设摩擦系数是恒定不变的，因此就不会表达出这样的变化规律。

其次，模型是基于“弹性胎面刚性胎体”的假设，在实际轮胎中，胎体是有弹性的，而这种弹性对于轮胎力学特性有着重要的影响，胎体弹性同时会造成纵滑刚度和侧偏刚度的各向异性，进而影响总力的方向，这也是模型仿真过程中出现较大偏差的原因。

最后，刷子模型胎面被看作无质量的弹性单元——刷毛，具有纵向及侧向分布刚度，当刷毛在印迹内产生纵向变形 Δx 及侧向变形 Δy 时，根据先前的理论，其纵向及侧向分布应力为

$$\begin{cases} q_x(u) = k_{\mathrm{t}x}\Delta x \\ q_y(u) = k_{\mathrm{t}y}\Delta y \end{cases} \tag{2-69}$$

总力大小和方向为

$$\begin{cases} q = \sqrt{q_x^2 + q_y^2} \\ \tan\delta_{xy} = q_y/q_x = k_{\mathrm{t}y}\Delta y/k_{\mathrm{t}x}\Delta x \end{cases} \tag{2-70}$$

而刷毛的变形方向则是 $\tan\varphi_{xy} = \Delta y/\Delta x$，很明显，总应力的方向与变形的方向在侧偏刚度和纵滑刚度相同时是一样的，但在各向异性刚度下变形方向与总力方向不一致，也就是说，复合变形时刷毛并不被视为“弹簧”。这种对刷毛的处理方法，会直接导致在复合工况建模时附着区与滑移区应力方向的不一致，仿真计算时会产生一定的偏差。

2.2.4　中高频动态模型

1. 环模型

轮胎的环模型，也称为圆环梁模型。该模型是把轮胎-轮辋分为胎体和轮辋两部分，二者之间用弹簧线性连接，胎体被简化为圆环梁，而轮辋则被简化为刚性圆盘，如图 2.14 所示[15]。又根据环模型是否能够变形，将此模型分为刚性环模型和柔性环模型。刚性环轮胎模型的优点是计算速度快，但由于结构柔性考虑不足，不能包容障碍[16]；柔性环模型可以直接仿真短波路面特性，但计算量大耗时长。目前，可以将轮胎柔性环模型的研究分为三个阶段：一般薄壁环模型发展阶段、完善阶段和轮胎柔性环模型发展阶段。第一阶段是从动力学方程的出现以及转动惯量、剪切变形及支撑刚度的影响分析到自由频

率表达式的提出，此阶段圆环边界条件为轴心固定、非转动以及非接触等。第二阶段从 20 世纪 70 年代起到 80 年代中期，以美国普渡大学 Soedel 科研小组为代表的研究人员将上述模型进行了完善，该阶段显著特点为基座可以具有垂向自由度并考虑了圆环转动、接触及刚度和质量分布不平衡等效应。Tieking、Clark 等在 20 世纪 60 年代开始利用柔性环理论进行轮胎建模，但由于当时理论水平所限，模型发展缓慢[17,18]。直到薄壁圆环模型理论研究的不断深入，此模型才得以迅速发展，此方面的研究延续至今。

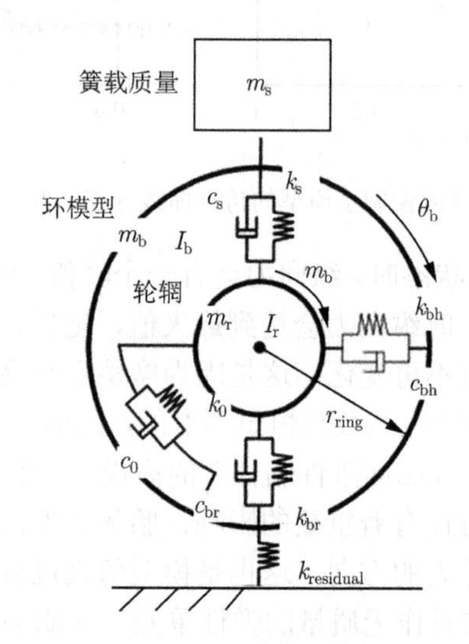

图 2.14 轮胎环模型示意图

图 2.14 所示的平面内刚性环动力学模型介绍了轮胎平面内垂向、纵向和旋转方向的动力学模型，可提高模型适用的频率范围。它分为五部分：刚性环、轮辋、三向弹簧阻尼、接地弹簧和纵向滑移模型。其中，刚性环表示轮胎带束层；三向弹簧阻尼表示胎侧和胎内压缩空气的弹性和阻尼，分为侧向、纵向和圆周方向；接地弹簧是为了与刚性环和轮辋之间的垂向弹簧共同表达轮胎的垂向刚度；纵向滑移模型是为了表达胎面的松弛效应，采用接地质量块滑移模型。路面输入为等效路面模型提供的路面等效高度和等效倾角。

当考虑来自地面的作用力时，刚性环平面内动力学方程为

$$m_b\ddot{x}_b + c_{bx}(\dot{x}_b - \dot{x}_a) + k_{bx}(x_b - x_a) - c_{bz}\left(\omega + \dot{\theta}_a\right)(z_b - z_a) = F_{ct}\cos\beta + F_{cz}\tan\beta \tag{2-71}$$

$$m_b\ddot{z}_b + c_{bz}(\dot{z}_b - \dot{z}_a) + k_{bz}(z_b - z_a) + c_{bx}\left(\omega + \dot{\theta}_a\right)(x_b - x_a) = -F_{ct}\sin\beta + F_{cz} \tag{2-72}$$

$$I_{by}\ddot{\theta}_b + c_{b\theta}\left(\dot{\theta}_b - \dot{\theta}_a\right) + k_{b\theta}(\theta_b - \theta_a) = -R_e F_{ct} + M_{cy} \tag{2-73}$$

$$I_{ay}\ddot{\theta}_a + c_{b\theta}\left(\dot{\theta}_a - \dot{\theta}_b\right) + k_{b\theta}(\theta_a - \theta_b) = M_{ay} \tag{2-74}$$

式中，$\dot{x}_b - \dot{x}_a$ 表示刚性环和轮辋之间纵向相对速度；$x_b - x_a$ 表示刚性环和轮辋之间纵向相对位移；ω 为车轮转速；$\dot{z}_b - \dot{z}_a$ 表示刚性环和轮辋之间垂向相对速度；$z_b - z_a$ 表示刚性环和轮辋之间垂向相对位移；$\theta_b - \theta_a$ 表示刚性环和轮辋之间的相对转角；m_b 为刚性环质量；I_{by} 为刚性环转动惯量；F_{cz} 为沿路面垂直方向的作用于轮胎的力；F_{ct} 为沿路面平行方向的作用于轮胎的制动力或驱动力；β 为路面等效倾角；M_{cy} 为轮胎阻力；R_e

为轮胎有效滚动半径；I_{ay} 为轮辋转动惯量；k_{bx} 为轮辋与刚性环之间的平移刚度；c_{bx} 为轮辋与刚性环之间的平移阻尼；$k_{b\theta}$ 为轮辋与刚性环之间的扭转刚度；$c_{b\theta}$ 为轮辋与刚性环之间的扭转阻尼；c_{bz} 为轮辋与刚性环之间的垂向阻尼；M_{ay} 为轮辋上受到的驱动或制动力矩，驱动时为正。

刚性环传递给轮心的力和力矩为：

$$F_{\mathrm{BA}x} = c_{\mathrm{b}x}(\dot{x}_{\mathrm{b}} - \dot{x}_{\mathrm{a}}) + k_{\mathrm{b}x}(x_{\mathrm{b}} - x_{\mathrm{a}}) - c_{\mathrm{b}z}\left(\omega + \dot{\theta}_{\mathrm{a}}\right)(z_{\mathrm{b}} - z_{\mathrm{a}}) \tag{2-75}$$

$$F_{\mathrm{BA}z} = c_{\mathrm{b}z}(\dot{z}_{\mathrm{b}} - \dot{z}_{\mathrm{a}}) + k_{\mathrm{b}z}(z_{\mathrm{b}} - z_{\mathrm{a}}) + c_{\mathrm{b}x}\left(\omega + \dot{\theta}_{\mathrm{a}}\right)(x_{\mathrm{b}} - x_{\mathrm{a}}) \tag{2-76}$$

$$M_{\mathrm{BA}y} = c_{\mathrm{b}\theta}\left(\dot{\theta}_{\mathrm{b}} - \dot{\theta}_{\mathrm{a}}\right) + k_{\mathrm{b}\theta}(\theta_{\mathrm{b}} - \theta_{\mathrm{a}}) \tag{2-77}$$

式 (2-71)～式 (2-77) 所示为垂向平面内的轮胎刚性环模型。但轮胎环模型还存在一些待解决的问题，例如：将轮胎简化为柔性环模型时，模型参数物理意义的确定需结合模型假设，但此方面没有统一的规定。另外，现有的研究中模型参数获取方法不统一，且测量困难实用性差。

2. SWIFT 模型

SWIFT 轮胎模型，即短波中频轮胎模型，由荷兰 Delft 工业大学的 Pacejka 带领研究开发[19]。SWIFT 在魔术公式的基础上加入刚性环理论和等效路面模型，描述胎体振动频率达到 60～80Hz，适用于小波长（>0.2m）、大滑移的中频输入工况[20]。

SWIFT 轮胎模型是魔术公式在研究平顺性、路面动载和振动分析方面的扩展，MF-SWIFT 添加了 3D 障碍物包络模型和刚性环动态模型，这样 SWIFT 可以用于所有车辆动力学仿真工况。同时，SWIFT 也是仿真 3D 不平路面模型中运算速度最快的。

SWIFT 轮胎模型的应用范围如下：

（1）乘用车、摩托车、货车和飞机轮胎的建模。

（2）车辆操纵稳定性仿真。

（3）车辆动力学控制系统的开发。

（4）车辆平顺性仿真。

（5）道路负荷的预测，评估车辆耐久性。

（6）主动和被动安全翻倾预测。

（7）原地转向和转偏模拟。

（8）悬架和转向系设计中的动态制动、侧偏和舒适性的联合工况。

（9）分析车辆在不平路面上转弯制动的稳定性。

SWIFT 轮胎模型主要由四部分组成，包括魔术公式、接地质量块滑移模型、刚性环模型和等效路面模型。魔术公式用来表达轮胎的非线性稳态特性；接地质量块滑移模型用来表达轮胎非线性瞬态特性；刚性环模型用于表达胎体的振动；等效路面模型用于描述 3D 不平路面。由于它采用了胎体建模与接地区域分离的建模方法，从而可以精确地描述小波长、大滑移时的轮胎特性，因而可以计算从瞬态到稳态连续变化的轮胎动力学过程，并且模型也考虑到了在不同路面条件下行驶的情况[21]。SWIFT 轮胎模型的结构示意图如图 2.15 所示。

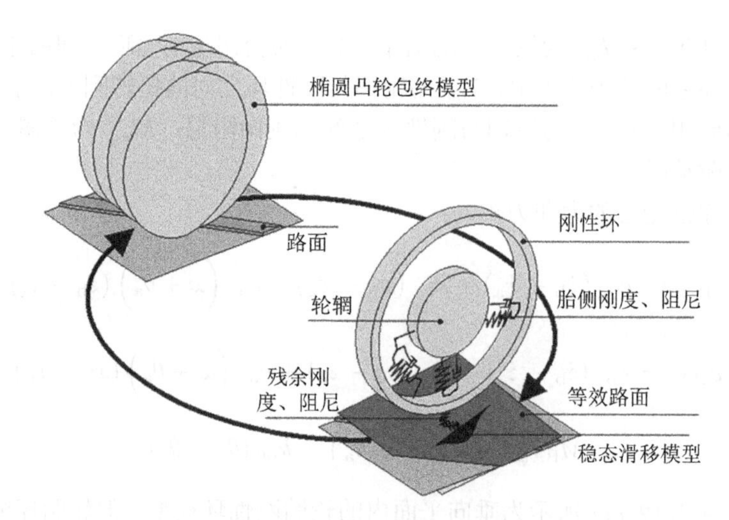

图 2.15 SWIFT 轮胎模型

SWIFT 轮胎模型中的魔术公式和刚性环模型部分已于 2.2.3 节的“魔术公式轮胎模型”和 2.2.4 节的“环模型”对其进行介绍，本节将分别对 SWIFT 模型中接地质量滑移模型和等效路面模型进行描述。

接地质量块滑移模型是将接地质量块滑移模型和胎体模型分开，模型结构如图 2.16 所示。在接地质量块滑移模型中加入了胎体弹簧，接地质量块被赋予质量和转动惯量，代替了线性瞬态模型中完全使用松弛长度描述瞬态特性，增加了瞬态模型的频率适用范围。这种建模方法能够表达在大滑移工况下，轮胎对滑移反应加快，即在大滑移工况下，侧向力和纵向力很快达到稳态值。

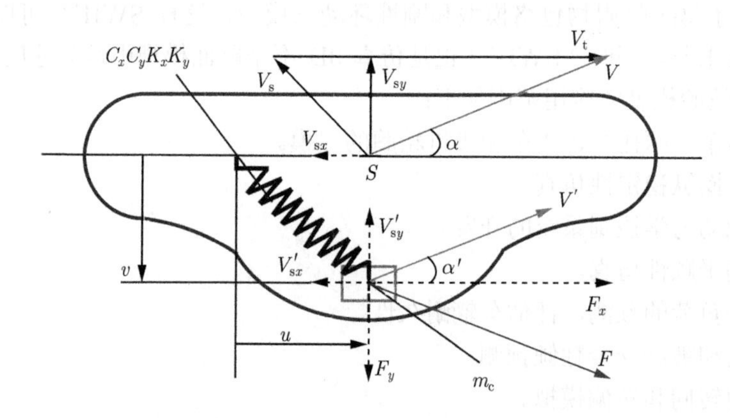

图 2.16 非线性瞬态模型示意图

接地质量块相对于轮辋有纵向、侧向和扭转方向的自由度，接地质量块有质量可以进行明确的计算。接地质量块扭转方向的变形在图 2.16中没有显示出来。

接地质量块的微分方程如下：

$$m_c\left(\dot{V}_{cx}-V_{cy}\dot{\psi}_c\right)+k_x\dot{u}+c_xu=F_x \tag{2-78}$$

$$m_c\left(\dot{V}_{cy}-V_{cx}\dot{\psi}_c\right)+k_y\dot{v}+c_yv=F_y \tag{2-79}$$

$$J_c\ddot{\psi}_c+k_\psi\dot{\beta}+c_\psi\beta=M_z \tag{2-80}$$

式中，m_{c} 为接地质量块的质量；J_{c} 为转动惯量。接地质量块通过三个方向的刚度 c_x、c_y、c_ψ 和三个方向的阻尼 k_x、k_y、k_ψ 与轮辋连接。

纵向变形、侧向变形和扭转变形的速度通过如下公式表达：

$$\dot{u} = V_{\mathrm{c}x} - V_{\mathrm{s}x} \tag{2-81}$$

$$\dot{v} = V_{\mathrm{c}y} - V_{\mathrm{s}y} \tag{2-82}$$

$$\dot{\beta} = \dot{\psi}_{\mathrm{c}} - \dot{\psi} \tag{2-83}$$

式中，$V_{\mathrm{c}x}$、$V_{\mathrm{c}y}$、$\dot{\psi}_{\mathrm{c}}$ 表示接地质量块的滑移速度；$V_{\mathrm{s}x}$、$V_{\mathrm{s}y}$、$\dot{\psi}$ 表示轮辋中心的速度。

侧向非线性瞬态模型的动力学公式如下：

$$m_{\mathrm{c}}\left(\dot{V}_{\mathrm{c}y} - V_{\mathrm{c}x}\dot{\psi}_{\mathrm{c}}\right) + k_y\dot{v} + c_y v = F_y \tag{2-84}$$

$$\sigma_{\mathrm{c}}\frac{\mathrm{d}\alpha_{\mathrm{e}}}{\mathrm{d}t} + |V_x|\,\alpha_{\mathrm{e}} = \tan\alpha\,|V_x| \tag{2-85}$$

变形量的计算如下：

$$\dot{v} = V_{\mathrm{c}y} - V_{\mathrm{s}y} \tag{2-86}$$

$$V_{\mathrm{s}y} = \tan(\alpha)\cdot V_x \tag{2-87}$$

$$\sigma_{\mathrm{c}} = a\cdot(1-\theta\cdot\zeta) \tag{2-88}$$

$$a = P_{\mathrm{A1}}R_0\left(\frac{\rho_z}{R_0} + P_{\mathrm{A2}}\sqrt{\frac{\rho_z}{R_0}}\right) \tag{2-89}$$

$$\theta = \frac{K_{y0}}{3\mu_y F_z} \tag{2-90}$$

$$\zeta = \frac{1}{1+\kappa'}\sqrt{\left(|\alpha'| + a\varepsilon_{\phi12}\,|\phi_1' - \phi_2'|\right)^2 + \left(\frac{K_{x0}}{K_{y0}}\right)^2\left(|\kappa'| + \frac{2}{3}b\,|\phi_{\mathrm{c}}'|\right)^2} \tag{2-91}$$

式中，m_{c} 为接地质量块质量；$V_{\mathrm{c}y}$ 为接地质量块侧向滑移速度；$V_{\mathrm{s}y}$ 为轮辋中心滑移速度；$\dot{\psi}_{\mathrm{c}}$ 为接地质量块扭转速度；k_y 为接地质量块与轮辋连接的弹簧刚度；c_y 为接地质量块与轮辋连接的弹簧阻尼；σ_{c} 为接地质量块松弛长度；v 为接地质量块与轮辋中心侧向位移；V_x 为轮心纵向速度；σ_{e} 为接地质量块有效侧偏角输入；a 为接地印迹侧向长度的一半；ρ_z 为轮胎垂向变形；R_0 为轮胎无负载半径。

SWIFT 模型中的刚性环与地面之间的连接属于单点接触，即只有一个接地弹簧连接刚性环和接地质量块。单点接触不能表现出轮胎的包容特性，因此需要等效路面模型来描述轮胎对路面的包容特性。即当轮胎以很低的速度滚过凸块时，表现为轮胎的垂向力和纵向力会发生变化。SWIFT 模型使用串联椭圆凸轮模型描述等效路面，下面将对其进行简要介绍。

如图 2.17 所示，右边有一台阶，每个椭圆只有平移自由度，不可转动，图中描述了椭圆过凸块的过程。椭圆凸轮最低处的路径点代表的等效路面的基本曲线，在后面两点跟随模型中会用到。基本曲线的纵向长度用 x_{step} 表示，可以看出这条基本曲线和椭圆轮心经过的曲线相同，同时与椭圆左上角的曲线相同。

椭圆凸轮的形状可以通过形状参数 a_e、b_e、c_e 来决定，在椭圆凸轮局部坐标系 XOZ 中，椭圆各点的坐标可以通过如下方程表示：

$$\left(\frac{x}{a_e}\right)^{c_e}+\left(\frac{z}{b_e}\right)^{c_e}=1 \tag{2-92}$$

由椭圆的基本性质，l_b 可以通过如下公式计算：

$$l_b=a_e\left[1-\left(1-\frac{|h_{step}|}{b_e}\right)^{c_e}\right]^{\frac{1}{c_e}} \tag{2-93}$$

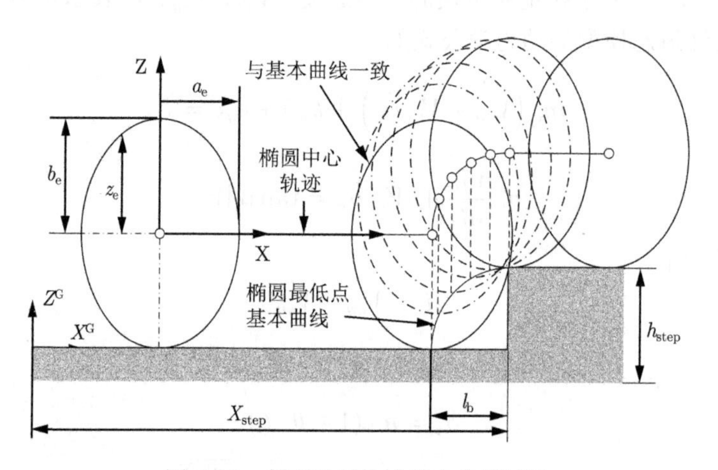

图 2.17 椭圆凸轮生成基本曲线过程

在椭圆凸轮局部坐标系中，椭圆上的点到 X 轴的距离 z_e 可以通过如下公式计算：

$$z_e=\left|b_e\left[1-\left(\frac{|x|}{a_e}\right)^{c_e}\right]^{\frac{1}{c_e}}\right| \tag{2-94}$$

当台阶在大地坐标系中的位置用 X_{step} 确定后，等效路面基本曲线可以用如下分段函数表示：

$$Z=\begin{cases}0, X\leqslant -l_b+X_{step}\\ h_{step}-b_e+\left|b_e\left(1-\left(\dfrac{X-X_{step}}{a_e}\right)^{c_e}\right)^{\frac{1}{c_e}}\right|, -l_b+X_{step}<X\leqslant X_{step}\\ h_{step}, X\geqslant X_{step}\end{cases} \tag{2-95}$$

综上所述，SWIFT 轮胎模型的结构具有如下 4 个特点：

（1）胎体部分采用刚性环理论，胎面部分采用魔术公式，并采用了胎体与接地区域分离的建模方法。采用魔术公式计算侧向力和回正力矩，采用刚性环理论计算纵向力和垂向力。

（2）考虑了带束层质量和转动惯量，在高频范围内假设带束层为一个刚性环，在接地质量块和刚性圈之间引入了残余刚度，垂向刚度、纵向刚度、侧向刚度分别等于各个方向轮胎的静态刚度。

（3）考虑了接地印迹的长度和宽度。

（4）通过有效的路面高度、路面坡度和具有包容特性的轮胎有效滚动半径来描述路面特性，实现轮胎在任意 3D 不平路面的仿真，保证了轮胎动态滑移和振动工况下的仿真精度。

2.2.5　模态参数模型

管迪华教授于 20 世纪 90 年代初提出直接用轮胎试验模态参数建立轮胎模型的思想，形成了系统的参数提取和基础的建模方法[22,23]。直接模态模型与其他结构模型的根本区别在于直接利用轮胎的模态参数进行建模。在直接模态模型中，将轮胎自由悬置下得到的模态参数视为轮胎自身的固有特性参数（包括模态频率、阻尼比和振型系数），而将路面对轮胎的作用（路面形状、摩擦系数）以及工况条件（载荷、速度等）当作模型的约束及输入参数，从而建立不同工况下的轮胎力学模型。

模态参数轮胎模型（Modal Parameter Tire Model，MPTM）将轮胎分为 3 部分：胎体、胎侧和置于胎体外缘的花纹，三者串联组成力学模型[23]。图 2.18为胎体受力变形简图，模态模型中的胎体变形部分描述如下：F_z 为垂直载荷；f_{n} 和 f_{m} 分别为地面作用于胎体单元的法向和切向力，可分解为胎体的径向力和切向力 f_{r} 和 f_{t}；H_z 为轮胎受载后轴心高度；R_0 为轮胎自由半径；θ 为单元与 z 轴的夹角。

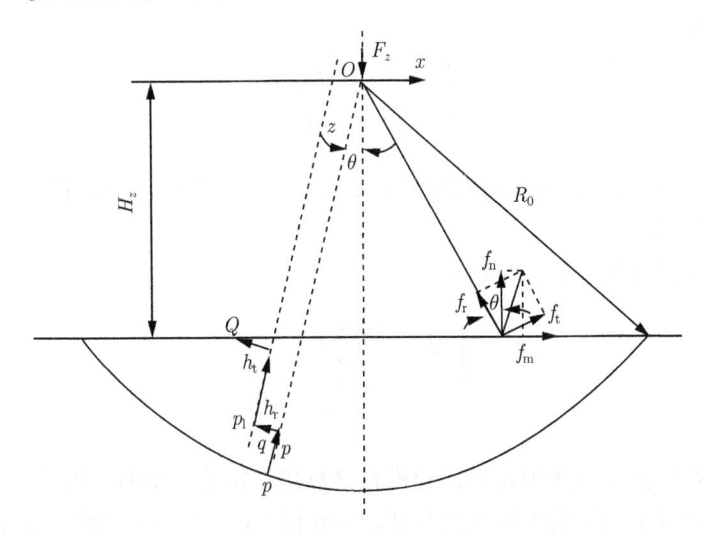

图 2.18　胎体受力及轮胎平面变形示意图

设 c_{r} 和 c_{t} 为胎体径向和切向变形矢量，用胎体模态参数表示为

$$\begin{bmatrix} c_{\mathrm{r}} \\ c_{\mathrm{t}} \end{bmatrix} = \begin{bmatrix} \boldsymbol{H}_{\mathrm{rr}} & \boldsymbol{H}_{\mathrm{tr}} \\ \boldsymbol{H}_{\mathrm{rt}} & \boldsymbol{H}_{\mathrm{tt}} \end{bmatrix} \begin{bmatrix} f_{\mathrm{r}} \\ f_{\mathrm{t}} \end{bmatrix} = \boldsymbol{H} \begin{bmatrix} f_{\mathrm{r}} \\ f_{\mathrm{t}} \end{bmatrix} \tag{2-96}$$

式中，$\boldsymbol{H}$ 为传递矩阵；下标 r 和 t 分别表示径向和切向，如 $\boldsymbol{H}_{\mathrm{rr}}$ 和 $\boldsymbol{H}_{\mathrm{tr}}$ 为径向和切向输入的径向传递矩阵。矩阵元素表示为

$$H_{ji}(\omega) = \sum_{k=1}^{N} \frac{\varphi_{jk}\varphi_{ik}}{K_k - m_k\omega^2 + jC_k\omega} \tag{2-97}$$

式中，j 为力作用点；i 为响应点；φ_{jk}、φ_{ik}、K_k、m_k、C_k 分别为第 k 阶模态的 j 点振型系数、i 点振型系数、模态刚度、模态质量和模态阻尼。模态参数由模态试验分析提取。

模态模型中的胎体变形部分描述如下：轮胎各点变形由胎体、胎侧和花纹变形叠加而成。图 2.18 中胎面一点在载荷作用下变形后移至另一点，其在平面的坐标为

$$\begin{cases} x_Q = (R_0 - p - h_{\mathrm{r}})\sin\theta + (q + h_{\mathrm{t}})\cos\theta \\ z_Q = (R_2 - p - h_{\mathrm{r}})\cos\theta - (q + h_{\mathrm{t}})\sin\theta \end{cases} \tag{2-98}$$

其中，$p = c_{\mathrm{r}} + s_{\mathrm{r}}, q = c_{\mathrm{t}} + s_{\mathrm{t}}$，$s$ 表示胎侧变形，h_{r} 和 h_{t} 分别表示花纹径向和切向变形。

作用在轮胎的径向、切向力矢量为

$$\begin{bmatrix} f_{\mathrm{r}} \\ f_{\mathrm{r}} \end{bmatrix} = \begin{bmatrix} \cos\theta & -\sin\theta \\ \sin\theta & \cos\theta \end{bmatrix} \begin{bmatrix} f_{\mathrm{n}} \\ f_{\mathrm{m}} \end{bmatrix} \tag{2-99}$$

胎面花纹变形为

$$\begin{cases} h_{\mathrm{r}} = f_{\mathrm{r}}/K_{\mathrm{r}} \\ h_{\mathrm{t}} = f_{\mathrm{t}}/K_{\mathrm{t}} \end{cases} \tag{2-100}$$

式中，$K_{\mathrm{r}}, K_{\mathrm{t}}$ 分别为花纹径、切向刚度。

胎侧变形为

$$\begin{cases} s_{\mathrm{r}} = K_{\mathrm{sr}}\boldsymbol{H}_{\mathrm{sr}}f_{\mathrm{r}} \\ s_{\mathrm{t}} = K_{\mathrm{st}}\boldsymbol{H}_{\mathrm{st}}f_{\mathrm{t}} \end{cases} \tag{2-101}$$

式中，K_{sr}、K_{st} 分别为径向、切向胎侧柔度系数，为载荷的函数；$\boldsymbol{H}_{\mathrm{sr}}$、$\boldsymbol{H}_{\mathrm{st}}$ 分别为径向、切向胎侧传递矩阵。

对于静态垂直刚度有整体平衡方程：

$$\begin{cases} F_z = \sum f_z \\ F_x = \sum f_x = 0 \end{cases} \tag{2-102}$$

在管迪华教授提出直接用轮胎试验模态参数建立轮胎模型的思想后，经过多年发展，模态参数模型形成了系统的参数提取和基础的建模方法。先后成功建立了垂直特性模型、侧偏模型和包容模型等，得到了合理的定性结果。在垂直特性（垂直刚度和印迹长度）的计算中达到了很高精度。在各种变化的工况下，均体现了高度的解析性和揭示物理现象的能力。

2.2.6 轮胎模型示例

先通过实验测得某型号轮胎魔术公式（MF）模型的相关参数。2.2.3 节所述轮胎魔术公式模型的一般公式如下：

$$y(x) = D\sin\{C\arctan[B(x + S_{\mathrm{h}})(1 - E) + E\arctan(B(x + S_{\mathrm{h}}))]\} + S_{\mathrm{v}} \tag{2-103}$$

式中，D 为峰值因子；C 为形状因子；B 为刚度因子；E 为曲率因子；S_{h} 为横向补偿量；S_{v} 为纵向补偿量；此处忽略了外倾角的影响。

对于侧向力，x 表示侧偏角，$y(x)$ 表示轮胎侧向力，MF 中各因子的表达如下：

$$\begin{cases} C = a_0 \\ D = a_1 F_z^2 + a_2 F_z \\ B = \dfrac{a_3 \sin[2\arctan(F_z/a_4)]}{CD} \\ E = a_6 F_z + a_7 \\ S_\mathrm{h} = a_9 F_z + a_{10} \\ S_\mathrm{v} = a_{12} F_z + a_{13} \end{cases} \tag{2-104}$$

基于此模型测得的各项参数如表 2.1 所示。

表 2.1　MF 侧向力-侧偏角系数

a_0	a_1	a_2	a_3	a_4	a_6
1.65	−34	1250	3036	12.8	−0.021
a_7	a_9	a_{10}	a_{12}	a_{13}	
0.7739	0.01344	0.00371	1.21356	6.26206	

对于纵向力，x 表示滑移率，$y(x)$ 表示轮胎纵向力，MF 中各因子的表达如下：

$$\begin{cases} C = b_0 \\ D = b_1 F_z^2 + b_2 F_z \\ B = \dfrac{b_3 F_z^2 + b_4 F_z}{CD\mathrm{e}^{b_5 F_z}} \\ E = b_6 F_z^2 + b_7 F_z + b_8 \\ S_\mathrm{h} = b_9 F_z + b_{10} \\ S_\mathrm{v} = 0 \end{cases} \tag{2-105}$$

基于此轮胎模型的各参数如表 2.2 所示。

表 2.2　MF 纵向力-滑移率系数

b_0	b_1	b_2	b_3	b_4	b_5
2.37272	−9.46	1490	130	276	0.0886
b_6	b_7	b_8	b_9	b_{10}	
0.00402	−0.0615	1.2	0.0299	−0.176	

制动/驱动和转向联合工况下的侧向力和纵向力满足附着椭圆，从 MF 中得到的侧向力和纵向力，在联合工况下需要进行修正：

$$F_x = \frac{|\sigma_x|}{\sigma} y(x), F_y = \frac{|\sigma_y|}{\sigma} y(x) \tag{2-106}$$

$$\sigma = \sqrt{\sigma_x^2 + \sigma_y^2}, \sigma_x = \frac{\lambda}{1+\lambda}, \sigma_y = \frac{\tan\alpha}{1+\lambda} \tag{2-107}$$

式中，λ 为滑移率；α 为侧偏角。

车轮沿轮胎平面的速度分量为（以左前轮为例）：

$$V_1 = \cos(\alpha_1)\sqrt{(v_y + a \times \omega_{\mathrm{r}})^2 + (v_x - \omega_{\mathrm{r}} \times \frac{w}{2})^2} \tag{2-108}$$

轮胎所受载荷的单位为 kN，侧偏角的单位为度，滑移率按百分比计。这个轮胎模型的纵向特性、侧偏特性如图 2.19 所示。

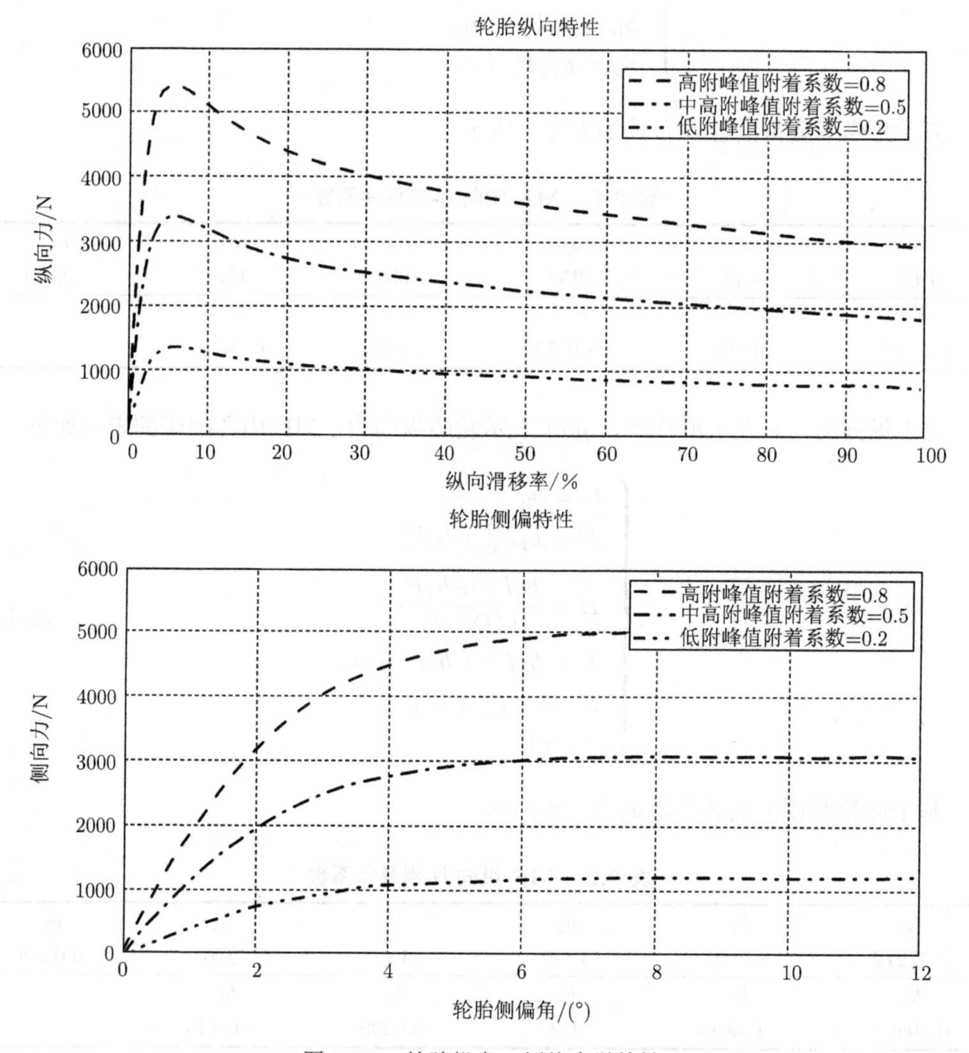

图 2.19 轮胎纵向、侧偏力学特性

2.3 驾驶员模型

驾驶员模型主要有两个作用：① 理解驾驶员对汽车的操纵以及车辆状态的反应；② 对驾驶员建模有助于对车辆系统相关参数的设计和优化以及自动驾驶技术方面提供理论支撑。自 20 世纪中叶以来，驾驶员行为特性模型的发展大致经历了补偿跟随模型和预瞄跟随模型两个阶段。

补偿跟随模型[22] 最早是由美国学者 Mc Ruer 提出的[24,25]，其结构如图 2.20 所示。其中，$H(s)$ 表示驾驶员的控制特性，$G(s)$ 表示汽车的动态特性，r 表示预期轨道的特征量，y 表示行驶轨迹的特征量，ε 为偏差，δ 为转向盘转角。该模型没有考虑驾驶员的前视作用，仅仅依靠当前时刻汽车的运动状态所引起的与预期路径之间的横向偏差进行补偿校正，不适用于高速行驶汽车预瞄跟踪的特点。

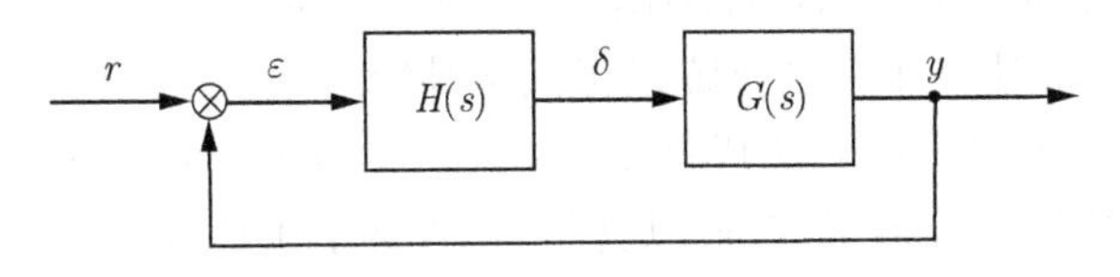

图 2.20　补偿跟随模型

美国学者 Sheridan 在 1966 年提出了最优预瞄控制[26] 的概念，把汽车跟随道路的问题看作是一个由局部最优到整体最优的过程。而最早的驾驶员预瞄跟随模型是日本学者 Kondo 于 1968 年提出的线性预估模型[27]。而作为目前应用最多的最优预瞄控制驾驶员是 MacAdam 于 1981 年提出[28]，此模型正广泛应用于 CarSim 和 TruckSim 仿真软件中。20 世纪 80 年代以来研究人员提出的模型几乎都是预瞄跟随模型。预瞄意即驾驶员总是提前一段距离观测要跟随的道路路径，这种特点最接近于实际驾驶员的控制特性。预瞄跟随模型的结构如图 2.21 所示。图中 $P(s)$ 为预瞄环节，$F(s)$ 为前向校正环节，$B(s)$ 为反馈预估环节，$G(s)$ 仍表示汽车的动态特性，f 为预期轨迹特征量，y 为当前汽车运动轨迹的位置，f_{p} 为被控系统在未来某一时刻要跟随的特征量，y_{p} 为被控系统特征参量的预估值，ε 为两者的偏差，δ 为对汽车施加的控制信息。

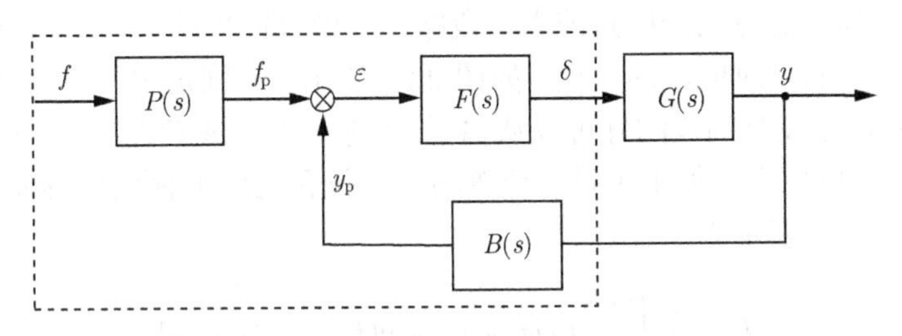

图 2.21　预瞄跟随模型

1981 年日本学者 K. Yoshimoto 在传统的驾驶员模型中引入速度的影响，建立了一个自决策速度的驾驶员预瞄跟随控制模型[29]。模型中假设驾驶员能够准确地感知汽车的运动状态，能够准确地预测出汽车未来要跟随的轨迹，驾驶员根据所要求的行驶轨迹的变化来进行相应的方向控制和速度控制。1982 年，郭孔辉院士在美国 UMTRI 进行学术访问时提出了“预瞄-跟随”理论，并在此基础上提出了“预瞄最优曲率模型”，该模型直接建立了模型参数与汽车操纵特性和驾驶员的基本特性参数之间的关系，概念清楚，计算简单，并可以应用于线性与非线性的汽车模型闭环仿真[30]。1991 年日本学者 Kageyama 等将模糊控制理论引入驾驶员模型，建立了模糊控制驾驶员模型[31,32]。模型考虑到外界环境对驾驶员驾驶行为的影响，引入“风险等级”的概念来表示这一影响。1993 年 Kageyama 等为了更好地描述驾驶员模型中的非线性因素，又建立了基于神经网络的驾驶员-汽车-道路系统模型。整个模型包括三部分：驾驶员轨迹决策神经网络模型、驾驶员轨迹跟随神经网络模型和汽车动力学神经网络模型[32]。2000 年，吉林大学管欣教授团队建立了驾驶员最优预瞄加速度模型[34,35,42]。该模型详细分析了驾驶员的操纵行为特性及驾驶员、汽车和道路三者之间的相互关系。在驾驶员操纵行为特性和汽车动力学响应特性分析的基础上，综合预瞄跟随理论、广义预测控制理论、系统模糊决策理论、非线性系统控制理论中的描述函数法和系统辨识理论，提出了驾驶员稳态预测动态校正假说，并以此建立了一个全面描述驾驶员如何控制汽车加速踏板、制动踏板和转向盘转角的驾驶员方向与速度综合控制模型。2002 年郭孔辉院士等将“预瞄”的概念引进到人工神经网络中，建立了一个预瞄最优人工神经网络模型（POANN）[36,37]。它在汽车驾驶员闭环系统中采用遗传算法代替 BP（误差反向传播）算法、采用理想跟随轨迹中的数据代替试验数据进行最优训练。这样它就避开了 BP 算法不便应用于存在滞后的驾驶员汽车闭环系统中的困难。2002 年德雷塞尔大学（Drexel University）的 Salvucci 等利用 ACT-R 理论对驾驶员的行为进行预测建模[38]，他把驾驶员驾驶汽车的过程看作一个多任务过程，驾驶员的行为分为三部分，即感知前方和后方道路的信息、做出决策、寻找控制变量操纵汽车安全行驶。

随着交通科技的进步，驾驶员因素及其所起的作用被广泛认为是智能运输系统成功发展的关键。进入 21 世纪以来，基于智能驾驶的驾驶员行为模型研究已成为一个新的研究热点[39]。目前基于智能驾驶的驾驶员行为模型主要分为跟驰模型和换道模型两类，各国学者也分别运用神经网络、模糊控制以及自适应控制等理论建立了不少具有实际意义的模型，为智能交通系统的建立提供了理论基础[40]。

2.3.1 单点预瞄转向操纵模型

此部分将基于最优曲率预瞄理论对单点预瞄模型进行详细阐述[41]。驾驶员驾驶车辆时，眼睛一般会瞄着前方的一些点或者一段路径，做最简单的假设，如果驾驶员的眼睛一直瞄着前方某一固定时间段的一点，如图 2.22 所示，该固定时间段为 T，那么驾驶员希望从 t 到 $t+T$ 这段时间段刚好可以从 A 点开到 B 点，或者说到 $t+T$ 时刻时实际到达位置离 B 点距离最小，如果用目标位置与实际位置之间的横向位移差作为目标函数，那么该目标函数可以表示为

$$J \triangleq \frac{1}{T}\int_t^{t+T} \left(f(t+\tau)-y(t+\tau)\right)^2 w(\tau)\mathrm{d}\tau \tag{2-109}$$

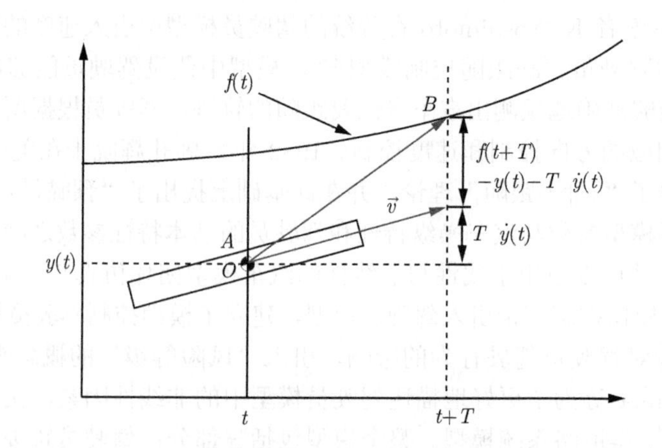

图 2.22 单点预瞄驾驶员转向盘决策示意图

式中，w 为加权因子，如果这些点的权重完全相同，那么 w 可取为 1。并且如果默认终点 T 时刻终点误差最小可以使得目标函数 J 近似取得最小值，那么可以取终点误差为 0 来计算转向盘输入值。

在 $t+T$ 时刻时，车辆的实际位置为

$$y(t+T)=y(t)T\dot{y}(t)+\frac{T^2}{2}\ddot{y}(t) \tag{2-110}$$

因而，我们可以得到一个最优的侧向加速度表达式：

$$\ddot{y}^*(t)=\frac{2}{T^2}\left[f(t+T)-y(t)-T\dot{y}(t)\right] \tag{2-111}$$

在稳态情况下（车速和转向盘转角不变），可以得到最优曲率表达式：

$$\frac{1}{R^*(t)}=\frac{2}{T^2v^2}\left[f(t+T)-y(t)-T\dot{y}(t)\right] \tag{2-112}$$

进而可以得到最优的转向盘转角：

$$\delta_{\mathrm{sw}}^*(t)=\frac{2iL}{T^2v^2}\left[f(t+T)-y(t)-T\dot{y}(t)\right] \tag{2-113}$$

式中，i 为转向系统的转向传动比；v 为车速；L 为车辆前后轴距。

整个过程，其实是假设不存在驾驶员反应之后的情况发生，因此实际转向盘转角 δ_{sw} 与理想最优转向盘转角 δ_{sw}^* 相等，中间通过一个理想环节 I 来表示，如图 2.23 所示。但是在非理想环节中这个理想环节 I 将被滞后环节所取代。因而这个框图可以简化成如图 2.24 所示的实际框图形式。

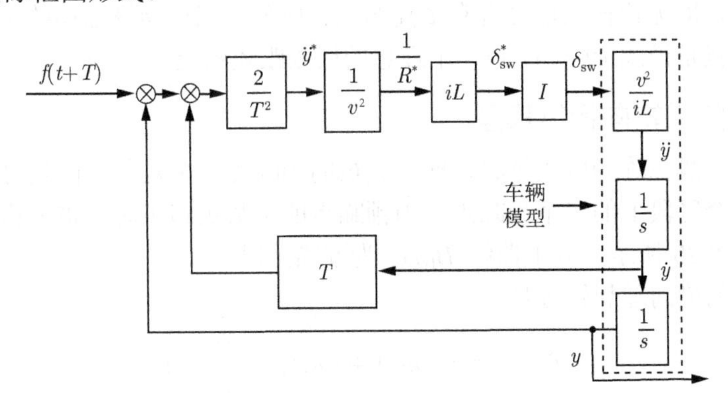

图 2.23　稳态低速情况下的驾驶员-汽车闭环系统框图

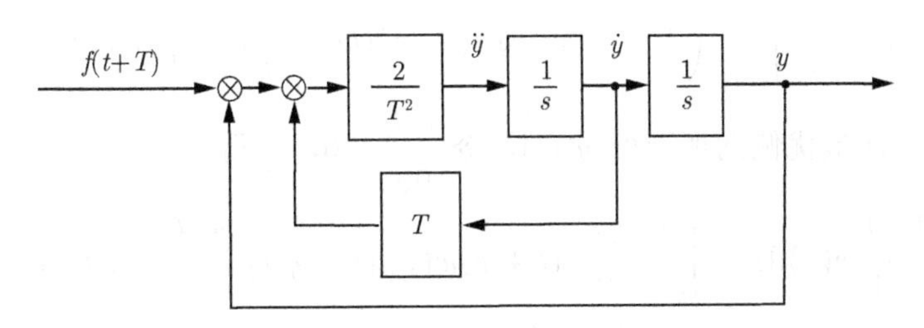

图 2.24　稳态低速情况下的非理想驾驶员-汽车闭环简化系统框图

因而，不难得出汽车横向位移 y 对预期轨道输入 f 的传递函数为

$$\frac{y}{f}(s)=\frac{\mathrm{e}^{Ts}}{\dfrac{T^2}{2}s^2+Ts+1} \tag{2-114}$$

进而可以将该表达式写成更简洁且更易理解的形式：

$$\frac{y}{f}(s)=P(s)\cdot F(s) \tag{2-115}$$

式中，$P(\mathrm{s})=\mathrm{e}^{Ts}$ 称为“预瞄器”，$F(s)=\dfrac{T^2}{2}s^2+Ts+1$ 称为“跟随器”。只有使低频域内满足 $P(s)\cdot F(s)\approx 1$，即“跟随器”传递函数的倒数尽可能接近于“预测器”传递函数，才能使得整个系统达到尽可能好的追随效果。

将“预瞄器”传递函数进行泰勒级数展开得

$$P(s)=1+Ts+\frac{T^2}{2}s^2+\frac{T^3}{3!}s^3+\cdots \tag{2-116}$$

将式 (2-114) 与式 (2-115) 比较可知，“跟随器”的传递函数可为

二阶跟随器：

$$F(s)=\frac{1}{1+Ts+\dfrac{T^2}{2}s^2} \tag{2-117}$$

三阶跟随器：

$$F(s)=\frac{1}{1+Ts+\dfrac{T^2}{2}s^2+\dfrac{T^3}{6}s^3} \tag{2-118}$$

在低频域内，$F(s)^{-1}$ 是 $P(s)$ 的二阶或三阶近似表达式，因为汽车操纵运动是一个“低通滤波器”，即无论输入信号含有多高的频率成分，汽车操纵运动的位移只能有较低频的成分，也就是说式 (2-114) 是一个理想的低频跟随系统。

2.3.2 多点预瞄转向操纵模型

多点预瞄一般也称为区段预瞄，即驾驶员的预瞄点不再是前方固定时段的某一个预瞄点，而是一个区段上的多个预瞄点，当预瞄点的个数足够多时，也就构成了所谓的区段预瞄，如图 2.25 所示，其中曲线 B_0B_n 为预瞄区段。

假设汽车的横向理想轨迹是：

$$y^*(t+\tau)=y(t)+\tau\dot{y}(t)+\frac{\tau^2}{2}\ddot{y}(t) \tag{2-119}$$

将其代入式 (2-109) 中，可得

$$J=\frac{1}{T}\int_t^{t+T}\left(f(t+\tau)-y(t)-\tau\dot{y}(t)-\frac{\tau^2}{2}\ddot{y}(t)\right)^2 w(\tau)\mathrm{d}\tau \tag{2-120}$$

为求最优曲率，即最优侧向加速度 $\ddot{y}^*(t)$，令 $\dfrac{\mathrm{d}J}{\mathrm{d}\ddot{y}}=0$，可得

$$\begin{aligned}\ddot{y}^*(t)\int_t^{t+T}\frac{\tau^4}{4}w(\tau)\mathrm{d}\tau=&\int_t^{t+T}\frac{\tau^2}{2}f(t+\tau)w(\tau)\mathrm{d}\tau-y(t)\int_t^{t+T}\frac{\tau^2}{2}w(\tau)\mathrm{d}\tau-\\&\dot{y}(t)\int_t^{t+T}\frac{\tau^3}{2}w(\tau)\mathrm{d}\tau\end{aligned} \tag{2-121}$$

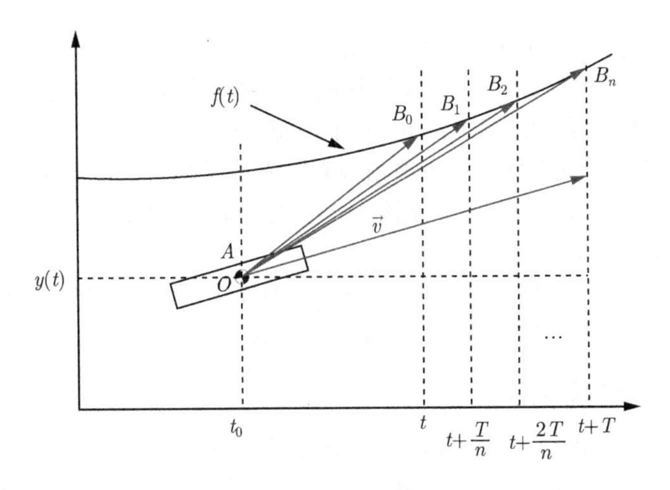

图 2.25　多点预瞄驾驶员转向盘决策示意图

从而可得

$$C_{\ddot{y}}\ddot{y}^* = f_{\mathrm{e}}(t) - y - C_{\dot{y}}\dot{y} \tag{2-122}$$

式中，

$$\begin{cases} C_{\dot{y}} = \displaystyle\int_t^{t+T} \tau^3 w(\tau)\mathrm{d}\tau \Big/ \int_t^{t+T} \tau^2 w(\tau)\mathrm{d}\tau \\ C_{\ddot{y}} = \displaystyle\int_t^{t+T} \frac{\tau^4}{2} w(\tau)\mathrm{d}\tau \Big/ \int_t^{t+T} \tau^2 w(\tau)\mathrm{d}\tau \\ f_{\mathrm{e}}(t) = \displaystyle\int_t^{t+T} \tau^2 f(t+\tau) w(\tau)\mathrm{d}\tau \Big/ \int_t^{t+T} \tau^2 w(\tau)\mathrm{d}\tau \end{cases} \tag{2-123}$$

由式 (2-123) 可得

$$f_{\mathrm{e}}(s)/f(s) = \int_t^{t+T} \tau^2 w(\tau)\mathrm{e}^{\tau s}\mathrm{d}\tau \Big/ \int_t^{t+T} \tau^2 w(\tau)\mathrm{d}\tau \tag{2-124}$$

所以定义“预瞄器” $P(s) = f_{\mathrm{e}}(s)/f(s)$，同理，将 $P(s)$ 进行泰勒级数展开可得如下形式：

$$P(s) = 1 + P_1 s + P_2 s^2 + P_3 s^3 + \cdots \tag{2-125}$$

式中，

$$\begin{cases} P_1 = \displaystyle\int_t^{t+T} \tau^3 w(\tau)\mathrm{d}\tau \Big/ \int_t^{t+T} \tau^2 w(\tau)\mathrm{d}\tau \\ P_2 = \displaystyle\int_t^{t+T} \frac{\tau^4}{2} w(\tau)\mathrm{d}\tau \Big/ \int_t^{t+T} \tau^2 w(\tau)\mathrm{d}\tau \\ P_3 = \displaystyle\int_t^{t+T} \frac{\tau^5}{3!} w(\tau)\mathrm{d}\tau \Big/ \int_t^{t+T} \tau^2 w(\tau)\mathrm{d}\tau \\ P_n = \displaystyle\int_t^{t+T} \frac{\tau^{n+2}}{n!} w(\tau)\mathrm{d}\tau \Big/ \int_t^{t+T} \tau^2 w(\tau)\mathrm{d}\tau \end{cases} \tag{2-126}$$

对照式 (2-126)，式 (2-123) 中的系数 $C_{\dot{y}}$ 与 $C_{\ddot{y}}$ 就是“预瞄器”传递函数 $P(s)$ 泰勒级数展开式的一阶与二阶系数 P_1 与 P_2。

对预瞄-跟随系统理论的要点进行归纳：

（1）一个根据未来输入信息进行跟随控制的系统，总可以看成是由一个“预瞄器”与一个“跟随器”相串联的系统组成，即预瞄-跟随系统。

（2）“预瞄器”传递函数完全由预测未来输入信息的方式所确定，在确定了“预瞄器”传递函数之后，取其 n 阶展开的倒数作为“跟随器”传递函数，从而构成一个理想的“n 阶预瞄-跟随系统”。

（3）阶数 n 过高时会使得 $F(s)=P(s)_n^{-1}$ 增加实部较大的极点，导致系统不稳定，经计算证明，理想的预瞄-跟随系统应取 $n=2\sim 3$。

2.3.3 多目标综合优化模型

实际上，在不同的情况下，驾驶员采用不同的前视时间，前视时间正常时，追随轨道的误差会有所增大，但转向盘的运动量与转动速度都明显减小，汽车的横向加速度也会显著降低。当汽车在一个交通情况简单而路面宽阔的道路上行驶时，汽车轨迹允许有较大的误差。因此驾驶员宁愿会牺牲一点轨迹上的偏差也要满足自身的驾驶舒适性，一方面减小对转向盘操纵的忙碌程度，另一方面减小侧向加速度。所以驾驶员选择前视时间时，应该兼顾多个目标，即：轨道偏差度、转向盘角速度和横向加速度，所以一个综合多目标最优的指标函数应该表述如下[42]，即式 (2-109) 的变形形式：

$$J\triangleq\frac{1}{T}\int_t^{t+T}\left[\left(\frac{E}{\hat{E}}\right)^2+\left(\frac{\dot{\delta}_{\mathrm{sw}}}{\hat{\dot{\delta}}_{\mathrm{sw}}}\right)^2+\left(\frac{\ddot{y}}{\hat{\ddot{y}}}\right)^2\right]\mathrm{d}\tau \tag{2-127}$$

式中，

$$E=f(t+\tau)-y(t)-\tau\dot{y}(t)-\frac{\tau^2}{2}\ddot{y}(t) \tag{2-128}$$

$$\dot{\delta}_{\mathrm{sw}}(t)=\frac{2iL}{T^2v^2}\left[\dot{f}(t+T)-\dot{y}(t)-T\ddot{y}(t)\right] \tag{2-129}$$

将式 (2-128) 与式 (2-129) 代入式 (2-127) 中，再令 $\dfrac{\mathrm{d}J}{\mathrm{d}\ddot{y}}=0$，即可得到区段预瞄方式下的最优解。同理 2.3.2 节，可以求出“预瞄器”的一阶、二阶，以及 n 阶系数，从而可以得到相应的 n 阶预瞄-跟随系统。式 (2-127) 中的 $\hat{E}$、$\hat{\dot{\delta}}_{\mathrm{sw}}$、$\hat{\ddot{y}}$ 分别为对应的“控制值”，一般可以取 $\hat{E}=0.5\mathrm{m}, \hat{\dot{\delta}}_{\mathrm{sw}}=360°/\mathrm{s}, \hat{\ddot{y}}=0.3g$。一般最优预瞄时间 T 取 1~1.4s 较好。

2.3.4 预瞄时间自适应模型

如果车速较低，汽车横向运动没有进入非线性区间，固定预瞄时间驾驶员模型均可获得较好的轨迹跟随效果。当汽车运动在速度较高、轨迹复杂、有边界约束（道路宽度约束）的条件下，固定预瞄时间驾驶员模型往往难以完成驾驶任务。在有边界约束的条件下，速度高于一定值之后，不能求解到满足边界约束的固定的预瞄时间，如图 2.26 所示（仿真条件为：路面峰值附着系数为 0.8，车速为 130km/h 时，采用固定预瞄时间）。取预瞄时间 $T=0.5\mathrm{s}$ 时，轨迹出现振荡；取预瞄时间 $T=0.8\mathrm{s}$ 时，边界约束段的出入口处出现超出边界的情况；取预瞄时间 $T=1.2\mathrm{s}$ 时，大部分边界约束段都出现超出边界的现象。T 取其他值也不能完成驾驶任务。因此，在有边界约束的情况下，为了提高驾驶员模型的适应性，驾驶员模型需要采用自适应的预瞄时间[43,44]。

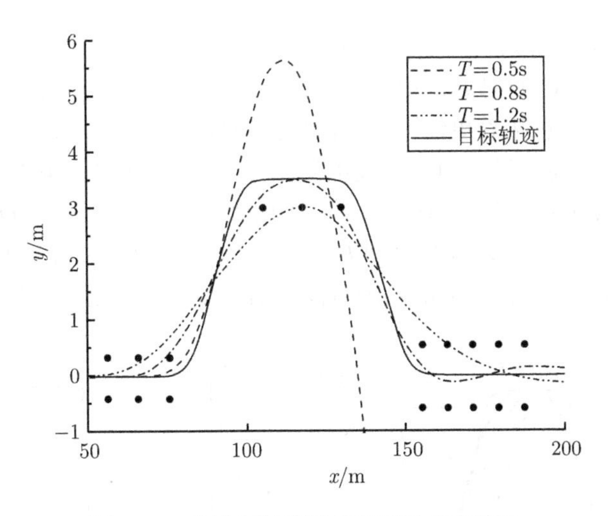

图 2.26 固定不同预瞄时间下的仿真结果

在某一位置处，选取不同的预瞄时间 T，计算在一定时间内的运行轨迹和目标轨迹之间的偏差，边界的距离，时间 $t+T$ 结束时的车身横摆角和对应位置处目标轨迹的切线方向的偏差。其中轨迹偏差的优化函数设计如下：

$$J_1=\int_t^{t+T}(f(t+T)-y(t))^2\mathrm{d}\tau \tag{2-130}$$

为了满足边界（路宽）约束，驾驶员模型需要设计轨迹和边界位置之间距离的优化函数。其目的是通过该优化函数，将车辆约束在远离道路边界的位置，保证汽车安全通过：

$$J_2=\int_t^{t+T}\frac{|(f(t+T)-y(t))/\varDelta|}{1-|(f(t+T)-y(t))/\varDelta|}\mathrm{d}\tau \tag{2-131}$$

式中，$\varDelta$ 为中心线到边界的距离，在非边界约束段，$\varDelta\to+\infty$。

为了减小下一阶段转向控制难度，需要建立 $t+T$ 时刻车身横摆角和对应位置处目标轨迹的切线方向的偏差优化函数：

$$J_3=|\phi_{\mathrm{v}}-\phi_{\mathrm{r}}| \tag{2-132}$$

式中，ϕ_{v} 表示 $t+T$ 时刻车身横摆角；ϕ_{r} 表示 $t+T$ 时刻车所在位置处目标轨迹的切向方向和 x 轴的夹角。

预瞄时间选择时，在一定范围内，预瞄时间越长，车辆越容易保持稳定，但预测计算精度变差。显然，预瞄时间和整车转向运动的动态响应时间特性相关，因此可以采用预瞄时间和整车转向运动响应相关的时间的差值作为优化函数：

$$J_4=(T-T')^2 \tag{2-133}$$

式中，T 为进行推算时所采用的预瞄时间；T' 为与车辆转向响应特性相关的时间。速度高时 T' 可以取到 1s 或更短，速度低时则适当增大。

根据式 (2-130)～式 (2-133)，定义综合优化指标为

$$J=w_1J_1+w_2J_2+w_3J_3+w_4J_4 \tag{2-134}$$

式中，w_1、w_2、w_3、w_4 为权系数，不同的选取方式对应不同的驾驶风格。比如增大 w_1 的取值，意味着更注重轨迹跟随的位置精度；增大 w_2 的取值，表示更注重轨迹远离边界；增大 w_3 的取值，意味着更注重下一阶段的可控性；而增大 w_4 的取值，意味着更注重取较接近的预瞄时间。最后通过迭代优化，可以得到合适的预瞄时间。

图 2.27为 130km/h 速度下的仿真结果，采用固定预瞄时间 $T=0.6\mathrm{s}$ 时，在 120~130m 位置大幅超出边界，采用固定预瞄时间 $t=0.7\mathrm{s}$ 时，在 130m 位置附近超出边界，且 75m 位置附近超出边界。采用自适应的预瞄时间之后，没有超出边界情况。

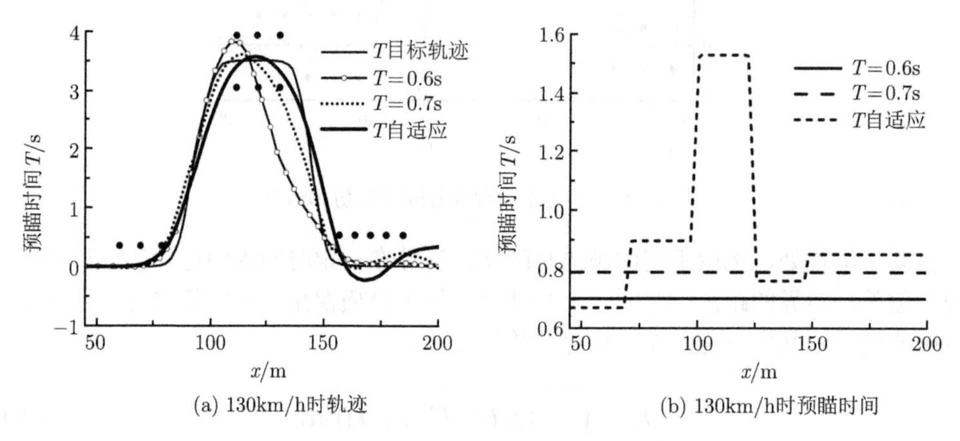

图 2.27 130km/h 的轨迹和预瞄时间

2.3.5 神经网络转向操纵模型

驾驶员一般都是根据前方的轨道信息和车辆反馈的状态信息来驾驶汽车的，但驾驶员实际参照的反馈信息可能会包含更多方面的信息源，比如位移、速度、加速度，以及它们之间的相互耦合关系等。考虑到这种可能性，可以参照人工神经网络的拓扑结构和驾驶员-汽车闭环系统的功能特性构建闭环单层神经网络驾驶员预瞄优化模型[45]，如图 2.28 所示。其中 w_1 为预期轨迹信息输入的权值；w_2 为汽车侧向位置信息输入的权值；w_3 为汽车侧向速度信息输入的权值；w_4 为汽车侧向加速度信息输入的权值。另外，各个权值相互之间并不是完全独立的，它们之间存在以下关系：

$$w_1=-w_2 \tag{2-135}$$

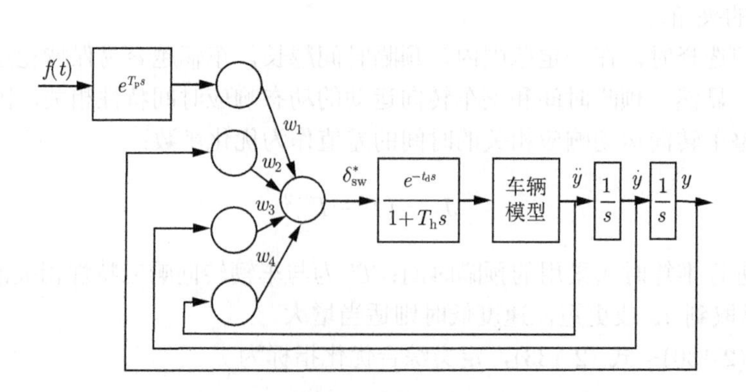

图 2.28 预瞄优化神经网络驾驶员-汽车闭环模型框图

该表达式的关系被称为无静差条件。

如果将线性二自由度角输入车辆模型加入到图 2.29 中，并把预瞄优化人工神经网络驾驶员模型的权值 w_1 作为约数去除各个权值，就可得到如图 2.29 所示的等效预瞄优化人工神经网络驾驶员模型。

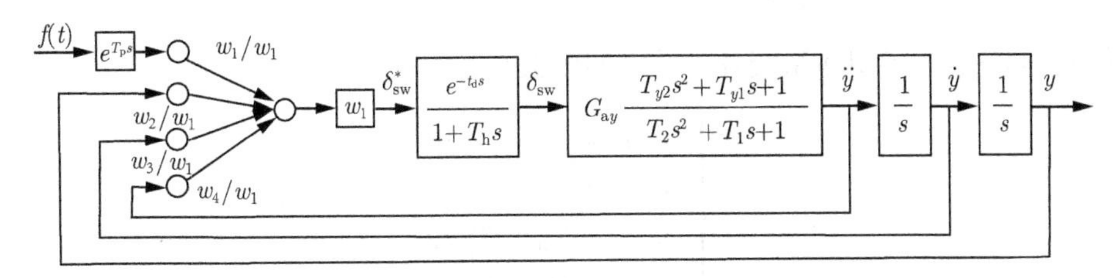

图 2.29　等效预瞄优化人工神经网络驾驶员模型

考虑到驾驶员是根据预瞄道路轨迹信息 f_e 和汽车状态反馈信息 $\ddot{y}$、$\dot{y}$ 和 y，及其对车速 v 和预瞄时间 T_p 的判断，来确定一个最优的汽车侧向加速度 $\ddot{y}^*$，而后由转向系统传动比 i 与汽车的结构参数确定最优的转向盘转角 δ^*_{sw}，故将图 2.29 中 w_1 框分解为 $\dfrac{1}{K_0}$ 和 $\dfrac{1}{G_{ay}}$ 两部分，其中 K_0 为待定参数，G_{ay} 为汽车侧向加速度对转向盘转角的稳态增益。另外，驾驶员模型的之后环节与二自由度车辆模型一起等效为图 2.30 所示的最优转向盘转角 δ^*_{sw} 至实际汽车侧向加速度 $\ddot{y}$ 之间的传递函数 $\dfrac{G_{ay}}{(1+T_{q1}s+T_{q2}s^2+\cdots)}$。

根据图 2.30 所示的驾驶员-汽车闭环系统结构，可以列出驾驶员模型各个参数与汽车状态参量之间的方程：

$$(w_{11}\cdot f_e+w_{22}\cdot y+w_{33}\cdot\dot{y}+w_{44}\cdot\ddot{y})\cdot\frac{1}{K_0}\cdot\frac{1}{G_{ay}}\cdot\frac{G_{ay}}{1+T_{q1}\cdot s+T_{q2}\cdot s^2+\cdots}=\ddot{y}\tag{2-136}$$

式中，w_{11} 和 w_{22} 分别为有效道路输入和车辆行驶轨迹输入的权值。由无静差条件，有：

$$w_1=-w_2=1\tag{2-137}$$

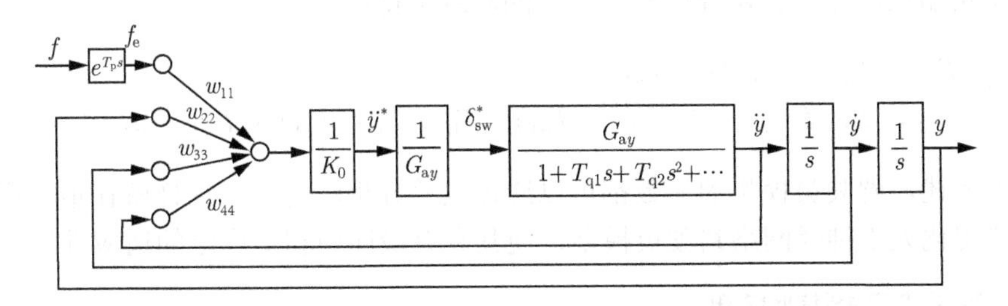

图 2.30　驾驶员建模误差分析法框图

将式 (2-137) 代入式 (2-136) 中，并对式 (2-136) 两边进行拉式变换，得到

$$F^{-1}(s)=\frac{f_e}{y}(s)=1-w_{33}\cdot s+(K_0-w_{44})\cdot s^2+K_0\cdot T_{q1}\cdot s^3+K_0\cdot T_{q2}\cdot s^4\tag{2-138}$$

由预瞄器与跟随器 1~4 阶系数相等列方程组：

$$
\begin{cases}
P_0 - F_0 = 1 - 1 = 0 \\
P_1 - F_1 = T_{\mathrm{p}} + w_{33} = 0 \\
P_2 - F_2 = T_{\mathrm{p}}^2/2 - K_0 + w_{44} = 0 \\
P_3 - F_3 = T_{\mathrm{p}}^3/3! - K_0 \cdot T_{\mathrm{q1}} = 0 \\
P_4 - F_4 = T_{\mathrm{p}}^4/4! - K_0 \cdot T_{\mathrm{q2}} = 0
\end{cases}
\tag{2-139}
$$

从而得到驾驶员-汽车闭环系统各参数之间的关系：

$$
\begin{cases}
w_{11} = -w_{22} = 1 \\
w_{33} = -T_{\mathrm{p}} \\
w_{44} = K_0 - T_{\mathrm{p}}^2/2 \\
K_0 = T_{\mathrm{p}}^3/(6T_{\mathrm{q1}})
\end{cases}
\tag{2-140}
$$

由式 (2-140) 可以看出，驾驶员模型的权值和参数 K_0 与驾驶员的预瞄时间 T_{p} 以及 T_{q1}（包括驾驶员模型的之后环节以及车辆的结构参数）之间有着非常密切的关系。在 T_{q1} 已经确定的情况下，如果把驾驶员预瞄时间 T_{p} 作为待定参数寻找一个最优预瞄时间，驾驶员模型的其他参数都由式 (2-140) 给出，则预瞄优化神经网络驾驶员模型进一步简化为只有一个待定参数的模型。这样既在很大程度上简化了模型，又没有失去原模型的精确度，所以具有广阔的应用前景。在此基础上，由式 (2-139) 的三阶误差和四阶误差等式可以得到确定最优预瞄时间的方法，即驾驶员最优预瞄时间与驾驶员滞后环节和车辆结构参数之间有如下关系：

$$
T_{\mathrm{p}}^* = \frac{4T_{\mathrm{q2}}}{T_{\mathrm{q1}}}
\tag{2-141}
$$

由式 (2-141) 确定的预瞄时间通常偏小。经验说明取 $T_{\mathrm{p}} = T_{\mathrm{p}}^* + 0.1\mathrm{s}$ 可获得更好的跟随效果。图 2.26 中传递函数 $G_{\mathrm{ay}}/(1 + T_{\mathrm{q1}}s + T_{\mathrm{q2}}s^2 + \cdots)$ 是驾驶员模型的滞后环节与二自由度车辆模型的等效表达式，为确定 T_{q1} 和 T_{q2}，列方程如下：

$$
\frac{e^{-t_{\mathrm{d}} \cdot s}}{1 + T_{\mathrm{h}} \cdot s} \cdot G_{\mathrm{ay}} \cdot \frac{T_{y2} \cdot s^2 + T_{y1} \cdot s + 1}{T_2 \cdot s^2 + T_1 \cdot s + 1} = G_{\mathrm{ay}} \cdot \frac{1}{T_{\mathrm{q2}} \cdot s^2 + T_{\mathrm{q1}} \cdot s + 1}
\tag{2-142}
$$

通过长除左端项，并略去拉普拉斯变量 s 的高阶项得：

$$
\begin{cases}
T_{\mathrm{q1}} = T_{\mathrm{h}} + t_{\mathrm{d}} + T_1 - T_{y1} \\
T_{\mathrm{q2}} = T_{\mathrm{h}} \cdot T_1 + t_{\mathrm{d}}^2/2 + (t_{\mathrm{d}} - T_{y1}) \cdot (T_{\mathrm{h}} + T_1 - T_{y1}) + T_2 - T_{y2}
\end{cases}
\tag{2-143}
$$

综上所述，驾驶员模型的参数都可以通过误差分析法得到，这样就在最大程度上简化了预瞄优化人工神经网络驾驶员模型，使其具有最简便和更广泛的适应性应用。

2.3.6 智能驾驶跟驰模型

早在 20 世纪 50 年代，人们就开发了跟车驾驶员模型来评估交通容量和拥挤程度。Pipes[46] 提出了一种线性跟随领队模型，该模型假定驾驶员期望的加速度与领车之间的速度差之间存在线性关系，期望的加速度是在神经肌肉延迟后实现的。Gazis[47] 用非线性方法修改了这种线性跟驰模型。Newell[48] 提出了另一种非线性模型，即期望速度是距离误差的指数函数。前面提到的驾驶员跟驰模型都是将驾驶员的目标描述为零距离误差或零行程率。从直觉上看，驾驶员更倾向于两者兼而有之。这个假设首先在 Helly[49] 的论文中进行了讨论，在 Helly 的模型中，加速度是距离误差和相对速度的函数。Tyler[50] 用线性方法来近似人类的驾驶行为。对距离误差和相对速度的二次函数进行了优化，得到的模型与 Helly 的模型具有相同的形式，期望的距离只是受控车速的函数。后来，Burnham[51] 将驾驶员延迟和非线性车辆动力学纳入 Tyler 模型。除了跟随前车外，Gipps 还提出了安全距离策略[52]，即通过估计前车和后车在制动情况下的运动关系，计算出安全距离。吉林大学贾洪飞等还提出了一种基于驾驶员认知过程的车辆跟驰驾驶员模型[53]，在车辆跟驰过程，驾驶员对交通环境因素的认知过程是通过对一系列信息的加工过程中而形成的，车辆跟驰过程中驾驶员对信息的处理主要包括四个独立加工阶段: 识别前车，理解前车状态，判定、预测前车随后状态和后车决策。

在跟车任务中，驾驶员通常会调节车速，以便即使在前车速度波动的情况下，跟车和前车之间的间距也处于理想的水平。清华大学李克强院士团队提出了一种容错驾驶员跟驰模型[54]，该模型具体形式如下所述：假设驾驶员有一个目标加速度，该目标加速度是相对距离、相对行驶速度和时间间隔的函数。

$$a_{\mathrm{d}}(t)=f_{a_{\mathrm{d}}}(R(t),\dot{R}(t),T_{\mathrm{h}}) \tag{2-144}$$

与大多数现有的模型不同，这种期望状态不会精确地实现，而是会有一些依赖于范围的不确定性。当距离较大时，驾驶员无法准确感知距离，并且有更大的偏离空间。因此，偏差随着距离的增加而增大。这一假设总结如下：

$$\sigma(t)\propto f_{\sigma}(R(t)) \tag{2-145}$$

在式 (2-144) 中，假设期望加速度是距离、行驶速度和/或时间间隔的函数。首先，从一个简单的线性关系方程 (2-146) 开始，该方程受管道模型[55] 的启发。

$$a_{\mathrm{d}}(t)=P\cdot\dot{R}(t) \tag{2-146}$$

式 (2-146) 中的 P 往往不是一个定值，而是一个相对距离 $R(t)$ 的函数，所以上式可有如下表述形式：

$$a_{\mathrm{d}}(t)=P(R(t))\cdot\dot{R}(t) \tag{2-147}$$

函数一般可以表述为一个三次多项式函数形式：

$$P(R(t))=P_3\cdot R^3(t)+P_2\cdot R^2(t)+P_1\cdot R(t)+P_0 \tag{2-148}$$

车辆相对距离的标准差可以用一个二次多项式函数形式表达：

$$\sigma(R(t))=\bar{P}_2\cdot R^2(t)+\bar{P}_1\cdot R(t)+\bar{P}_0 \tag{2-149}$$

人控车辆加速度是由一个平均值为 $a_{\mathrm{d}}(R(t))$ 和标准差 $\sigma(R(t))$ 的随机过程产生的。总体随机驱动模型总结如下：

$$a(t)=f(a_{\mathrm{d}},\sigma) \tag{2-150}$$

本节中的非对称分布形式可采用如下表达形式：

$$f(x|\mu,\sigma)=\sigma^{-1}\cdot\exp\left(\frac{x-\mu}{\sigma}\right)\cdot\exp\left(-\exp\left(\frac{x-\mu}{\sigma}\right)\right) \tag{2-151}$$

在现实中，人类驾驶员除了调节相对速度外，还调节相对距离或车头时距。假设人类驾驶员有一个期望的范围，并将调节车速达到期望的范围。为了捕捉这种行为，式 (2-152) 中加入了一个额外的项：

$$a_{\mathrm{d}}(t) = P(R(t)) \cdot \dot{R}(t) + C \cdot (R(t) - T_{\mathrm{h}} \cdot V_{\mathrm{F}}(t)) \tag{2-152}$$

式中，C 是调节增益常数；T_{h} 是车距时间常数。

2.4 整车动力学建模

2.4.1 广义拉格朗日方程理论

动力学分析的基本理论有牛顿定律、广义拉格朗日方程理论、虚功率原理、高斯原理[56]，其中牛顿定律、广义拉格朗日方程理论有较广泛的使用，本节将首先介绍车辆操稳二自由度、三自由度模型推导过程中所使用的广义拉格朗日方程理论。

1. 达朗贝尔原理

1743 年，法国科学家达朗贝尔提出了一个原理，称为达朗贝尔原理。其数学表达式为

$$F_s + N_s - m_s\ddot{r}_s = 0 \quad (s = 1, 2, \cdots, n) \tag{2-153}$$

式中，F_s 和 N_s 是作用在质点 $P_s(s = 1, 2, \cdots, n)$ 上的主动力和约束反力；$r_s = r_s(t)$ 是质点运动，后来力学家又把 $-m_s\ddot{r}_s$ 称为惯性力，作用在质点 P_s 上。达朗贝尔原理的叙述为：质点系的每一个质点所受的主动力、约束反力、惯性力构成平衡力系。

达朗贝尔原理通过对质点附加惯性力使动力学问题转化为了静力学问题，应用平衡方程求解。这种方法称为动静法，亦称为惯性力法。

2. 达朗贝尔-拉格朗日原理

达朗贝尔-拉格朗日原理：设质点系的质点 $P_s(s = 1, 2, \cdots, n)$ 受主动力 F_s 作用，质点系的约束都是双面理想约束，运动 $r_s = r_s(t)$ 是真实运动的充分必要条件是下式对任意一组虚位移 δr_s 都成立。

$$\sum_{s=1}^{n}(F_s - m_s\ddot{r}_s)\delta r_s = 0 \tag{2-154}$$

式 (2-154) 又称为动力学普遍方程。其可以用标量形式表达为

$$\sum_{s=1}^{n}[(F_{sx} - m_s\ddot{x}_s)\delta x_s + (F_{sy} - m_s\ddot{y}_s)\delta y_s + (F_{sz} - m_s\ddot{z}_s)\delta z_s] = 0 \tag{2-155}$$

实际上，式 (2-155) 并不是一个方程，由于式 (2-154) 对任意虚位移均成立，则式 (2-155) 的方差数等于自由度数，即虚位移 $\delta x_1, \delta y_1, \delta z_1, \cdots, \delta x_n, \delta y_n, \delta z_n$ 中独立的个数。

可以证明达朗贝尔-拉格朗日原理与牛顿第二定律是等价的，这里略去。

3. 广义拉格朗日方程

广义拉格朗日方程又称第二类拉格朗日方程，常简称为拉格朗日方程。其基本思想是将系统的总动能以系统的广义坐标形式表示，然后将其代入动力学普遍方程，进而对

其求偏导数，即可得到系统的运动方程。引入动能函数 T，拉格朗日方程的基本形式可以表示为

$$\frac{\mathrm{d}}{\mathrm{d}t}\left(\frac{\partial T}{\partial \dot{q}_i}\right)-\frac{\partial T}{\partial q_i}=Q_i \quad (i=1,2,\cdots,k) \tag{2-156}$$

式中，q_i 为第 i 个质点的广义坐标；Q_i 为对应于广义坐标 q_i 的广义主动力。

如果质点的主动力都是有势的，引入拉格朗日函数 $L=T-V$（又称动势），其中 V 是质点系的势能，利用势能与广义力的关系：

$$Q_i=-\frac{\partial V}{\partial q_i} \quad (i=1,2,\cdots,k) \tag{2-157}$$

则拉格朗日方程又可以写成式 (2-158)，这是拉格朗日方程的标准形式：

$$\frac{\mathrm{d}}{\mathrm{d}t}\left(\frac{\partial L}{\partial \dot{q}_i}\right)-\frac{\partial L}{\partial q_i}=0 \quad (i=1,2,\cdots,k) \tag{2-158}$$

为方便车辆动力学模型，可将 F_{Q_i} 视为作用于系统的广义外力，则拉格朗日方程的标准形式可以写为式 (2-159)，其中 T、V、D 为系统的总动能、总势能、总耗散能。

$$\frac{\mathrm{d}}{\mathrm{d}t}\left(\frac{\partial T}{\partial \dot{q}_i}\right)-\frac{\partial T}{\partial q_i}+\frac{\partial V}{\partial q_i}+\frac{\partial D}{\partial \dot{q}_i}=F_{Qi} \quad (i=1,2,\cdots,k) \tag{2-159}$$

2.4.2　单自由度模型

1. 单轮行驶模型

为了说明汽车在制动或驱动过程中轮胎的运动状态和纵向控制原理。本节将首先介绍单轮滑移模型的建立与理论推导过程。

设图 2.31 所示单轮模型的质量为 m，车轮的转动惯量为 I_{w}，车轮的旋转角速度为 ω，地面的制动力为 $F_{x\mathrm{b}}$，作用于车轮的制动力矩为 T_μ，忽略空气阻力与滚动阻力，可得单轮模型的运动微分方程如下：

$$F_{x\mathrm{b}}=F_z\mu_{\mathrm{b}} \tag{2-160}$$

$$I_{\mathrm{w}}\frac{\mathrm{d}\omega}{\mathrm{d}t}=F_{x\mathrm{b}}R-T_\mu \tag{2-161}$$

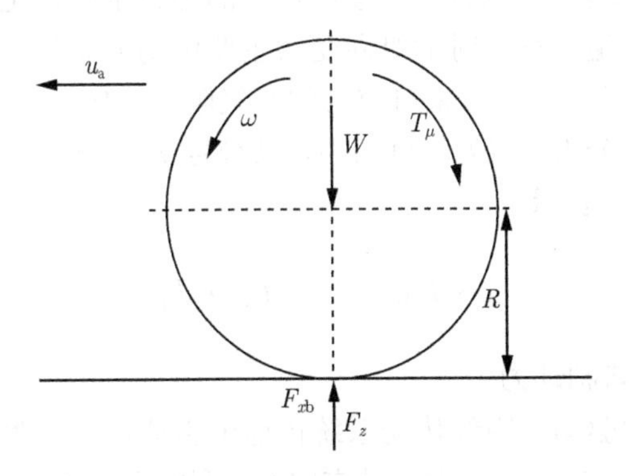

图 2.31　单轮滑移模型

为简化问题以便分析，现假设如下：

（1）车轮抱死速度快，该过程中车速无明显降低；

（2）该模型中垂向力 F_z 为一定值；

（3）以两段直线近似替代轮胎滑移率-附着曲线，即

$$\mu_{\mathrm{b}}=\begin{cases}\mu_{\mathrm{p}}\dfrac{\lambda}{\lambda_{\mathrm{p}}}, 0\leqslant\lambda\leqslant\lambda_{\mathrm{p}}\\[2ex]\mu_{\mathrm{s}}+\dfrac{(1-\lambda)(\mu_{\mathrm{p}}-\mu_{\mathrm{s}})}{1-\lambda_{\mathrm{p}}}, \lambda_{\mathrm{p}}<\lambda\leqslant 1\end{cases} \tag{2-162}$$

（4）制动力矩与制动轮缸压力成正比，即 $T_\mu=p(t)F_{\mathrm{s}}K_{\mathrm{ef}}r_{\mathrm{k}}$，其中 $p(t)$ 为制动轮缸压力，F_{s} 为轮缸面积，K_{ef} 为制动效能因数，r_{k} 为等效作用半径。

求解式 (2-161) 所述微分方程，可得：

当 $0<\lambda\leqslant\lambda_{\mathrm{p}}$ 时：

$$\omega=-\frac{B\omega_0^2}{H^2}\mathrm{e}^{-\frac{H}{\omega_0}t}-\frac{B\omega_0}{H}t+\omega_0+\frac{B\omega_0^2}{H^2} \tag{2-163}$$

$$\dot{\omega}=-\frac{T_0\lambda_{\mathrm{p}}\omega_0}{mgR\mu_{\mathrm{p}}} \tag{2-164}$$

当 $\lambda_{\mathrm{p}}<\lambda\leqslant 1$ 时：

$$\omega=\frac{(1-\lambda_{\mathrm{p}})^2 I_{\mathrm{w}}\omega_0^2 T_0}{(\mu_{\mathrm{p}}-\mu_{\mathrm{s}})^2 m^2 g^2 R^2}-\frac{\mu_{\mathrm{s}}(1-\lambda_{\mathrm{p}})\omega_0}{(\mu_{\mathrm{p}}-\mu_{\mathrm{s}})}+\frac{T_0(1-\lambda_{\mathrm{p}})\omega_0}{(\mu_{\mathrm{p}}-\mu_{\mathrm{s}})mgR}t+\exp\left(\frac{\mu_{\mathrm{p}}-\mu_{\mathrm{s}}}{1-\lambda_{\mathrm{p}}}\frac{mgR}{I_{\mathrm{w}}\omega_0}t\right) \tag{2-165}$$

$$\dot{\omega}=\frac{T_0(1-\lambda_{\mathrm{p}})\omega_0}{(\mu_{\mathrm{p}}-\mu_{\mathrm{s}})mgR}+\frac{\mu_{\mathrm{p}}-\mu_{\mathrm{s}}}{1-\lambda_{\mathrm{p}}}\frac{mgR}{I_{\mathrm{w}}\omega_0}\exp\left(\frac{\mu_{\mathrm{p}}-\mu_{\mathrm{s}}}{1-\lambda_{\mathrm{p}}}\frac{mgR}{I_{\mathrm{w}}\omega_0}t\right) \tag{2-166}$$

式中，T_0 为初始制动力矩，ω_0 为初始旋转角速度。单轮模型中车轮的滑移率、旋转角速度和角加速度是表征车轮运动状态的关键参量和判断依据。

2. 汽车行驶方程

汽车行驶方程是车辆在稳态条件下速度控制的理论基础，是巡航控制、加速减速控制等的关键模型。汽车道路行驶时的纵向受力主要由动力系统、制动系统提供的驱动或制动力，及来自地面的滚动阻力和来自空气的空气阻力，当汽车在坡道上上坡行驶时，还必须克服重力沿坡道的分力，称为坡度阻力，以符号 F_{i} 表示。汽车加速行驶时还需要克服加速阻力，以符号 F_{j} 表示。

$$F_{\mathrm{td}}+F_{\mathrm{tb}}=F_{\mathrm{f}}+F_{\mathrm{w}}+F_{\mathrm{i}}+F_{\mathrm{j}} \tag{2-167}$$

1）汽车的驱动力与制动力

汽车动力源产生的驱动转矩经传动系统传递至驱动轮上，驱动力传递到车轮上后产生地面与车轮反作用力 F_{td}（方向为前进方向），可以表示为

$$F_{\mathrm{td}}=\frac{T_{\mathrm{tq}}i_{\mathrm{g}}i_0\eta_{\mathrm{T}}}{R} \tag{2-168}$$

式中，T_{tq} 为动力源产生的驱动转矩；i_g 为变速器传动比；i_0 为主减速器传动比；η_T 为传动系统机械效率；R 为车轮的有效滚动半径。

汽车制动系统产生的制动力矩 T_{bq} 直接作用在车轮上，该制动力矩将产生地面与车轮反作用力 F_{tb}（方向为前进方向），可以表示为

$$F_{tb}=-\frac{T_{bq}}{R} \tag{2-169}$$

2）滚动阻力

车轮在较小侧偏滚动时，轮胎与路面的接触区域产生法向、切向的相互作用力以及相应的轮胎和支承路面的变形，该变形在轮胎上产生了与行驶方向相反的滚动阻力 F_f，可以由以下公式表示，其中 G 为车辆重力，f 为滚动阻力系数。

$$F_f=Gf \tag{2-170}$$

滚动阻力系数的典型值为 0.01~0.1，其与路面的种类、行驶车速以及轮胎的构造、材料、气压等有关，通常利用试验确定。表 2.3给出了车辆在中低速条件下不同路面滚动阻力系数的大致情况。

表 2.3　滚动阻力系数 f 的取值

路面类型		滚动阻力系数	路面类型	滚动阻力系数
良好的沥青或混凝土路面		0.010~0.018	泥泞土路（雨季或解冻期）	0.100~0.250
一般的沥青或混凝土路面		0.018~0.020	干砂	0.100~0.300
碎石路面		0.020~0.025	湿砂	0.060~0.150
良好的卵石路面		0.025~0.030	结冰路面	0.015~0.030
坑洼的卵石路面		0.035~0.050	压紧的雪道	0.030~0.050
压紧土路	干燥的	0.025~0.035		
	雨后的	0.050~0.150		

滚动阻力系数的经验公式可用于滚动阻力系数估算，但在实际使用中，通常将滚动阻力系数设为常数或与速度相关的简单函数关系，在此不详细分析滚动阻力系数的经验公式。在转弯行驶时，车轮会出现侧偏现象致使车轮滚动阻力大幅增加，因而上述公式通常适用于车辆在直线行驶的分析。

3）空气阻力

汽车空气阻力指空气作用在行驶方向上的阻力，其包括压力阻力与摩擦阻力两部分。压力阻力由汽车行驶产生在车身不同位置的压力在汽车外形表面产生；摩擦阻力由空气的黏性在车身表面产生的切向力合力产生。

在汽车行驶范围内，空气阻力通常与气流相对速度的动压力 $\frac{1}{2}\rho u_r^2$ 成正比，即

$$F_w=\frac{1}{2}C_DA\rho u_r^2 \tag{2-171}$$

式中，C_D 为空气阻力系数，在车速较高、动压较高而相应气体的黏性摩擦较小时，C_D 将保持不变；ρ 为空气密度，一般 $\rho=1.2258\mathrm{N{\cdot}s^2{\cdot}m^{-4}}$；$A$ 为迎风面积，即汽车行驶方向

的投影面积（m^2）；u_r 为相对速度。若考虑无风条件下的车辆运动，以 km/h 表示车辆运动速度，则空气阻力 F_w（N）表示为

$$F_{\mathrm{w}} = \frac{C_{\mathrm{D}} A}{21.15} u_{\mathrm{a}}^2 \tag{2-172}$$

空气阻力系数 C_D 和迎风面积 A 可通过试验测得，不同车型的常见值如表 2.4 所示。

表 2.4 汽车空气阻力系数与迎风面积

车型	迎风面积/(A/m^2)	空气阻力系数 C_D
典型轿车	1.7~2.1	0.20~0.30
货车	3~7	0.6~1.0
客车	4~7	0.5~0.8

4）坡度阻力

车辆处于上坡行驶时，汽车重力沿坡道方向的分力为坡道阻力 F_i，表示为

$$F_{\mathrm{i}} = Gi \tag{2-173}$$

其中，i 为纵坡坡度。

5）加速阻力

车辆加速过程中需克服平移质量和旋转质量的惯性力，加速度平移质量直接产生惯性力，旋转质量产生惯性力偶矩，将旋转质量的惯性力偶矩转化为平移质量的惯性力叠加到平移质量产生的惯性力处，该换算关系以汽车旋转质量换算系数表示。叠加了旋转质量的惯性力偶矩的加速度阻力 F_j（N）可以写作

$$F_{\mathrm{j}} = \delta_{\mathrm{t}} m \frac{\mathrm{d}u}{\mathrm{d}t} \tag{2-174}$$

汽车旋转质量换算系数 δ_t 可由下式计算，或通过试验方式测得。其中 m 为整车质量，I_w 为车轮旋转惯量，R 为车轮有效滚动半径，I_f 为飞轮转动惯量，i_g 为变速器传动比，i_0 为主减速器传动比，η_T 为传动系统机械效率。

$$\delta_{\mathrm{t}} = 1 + \frac{1}{m}\frac{\sum I_{\mathrm{w}}}{R^2} + \frac{1}{m}\frac{I_{\mathrm{f}} i_{\mathrm{g}} i_0 \eta_{\mathrm{T}}}{R^2} \tag{2-175}$$

6）汽车行驶方程

根据上述分析得到的汽车的驱动力与制动力、行驶阻力可以得到汽车行驶方程式为

$$\frac{T_{\mathrm{tq}} i_{\mathrm{g}} i_0 \eta_{\mathrm{T}}}{R} - \frac{T_{\mathrm{bq}}}{R} = Gf + \frac{C_D A}{21.15} u_{\mathrm{a}}^2 + Gi + \delta_{\mathrm{t}} m \frac{\mathrm{d}u}{\mathrm{d}t} \tag{2-176}$$

2.4.3 二自由度模型

1. 二自由度模型的导出

线性二自由度模型为分析车辆操纵稳定性的最基本模型，其常用于驾驶员操纵意图判断、车辆横向稳定性判断等，是汽车转向稳定性控制程序中的关键模型[53]。

在二自由度模型建立时做如下假设：

（1）认为车身仅在平行于地面的平面运动，即车辆沿 Z 轴的位移，绕 Y 轴的俯仰角与绕 Z 轴的侧倾角均为零。

（2）车轮驱动力不大，车辆沿 X 轴的前进速度 u 保持不变。

（3）忽略行驶过程中的回正力矩等作用。

（4）认为侧向车轮的侧偏刚度保持不变。这样，实际汽车即简化成一个具有横摆运动和侧向运动的二自由度模型，又称单车模型、阿克曼模型等。

1）基于牛顿力学原理的二自由度模型推导过程

利用牛顿力学原理进行分析的二自由度模型如图 2.32 所示。

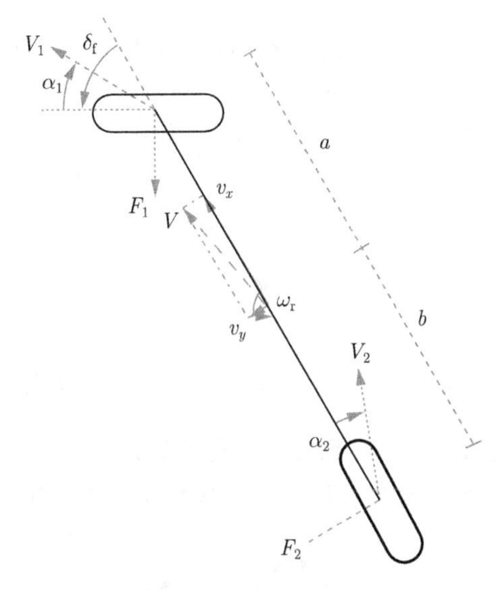

图 2.32　二自由度模型示意图

根据刚体运动的速度换算关系，车辆质心绝对加速度沿车辆 Y 轴分量用下式表示，其中 $\dot{v}$ 为车辆侧向速度大小的变化率。

$$a_y = \dot{v}_y + v_x\omega_r \tag{2-177}$$

前后轴侧偏角 α_1 和 α_2 可以表示为下式，v_x 和 v_y 分别为车辆纵向和侧向运动，a 和 b 分别为车辆前后轴到车辆质心的距离，ω_r 为横摆角速度，δ 为前轮转角，β 为车身侧偏角，定义为车辆质心处侧向速度与纵向速度的比值，即 $\beta = v_y/v_x$。

$$\alpha_1 = \frac{v_y + a\omega_r}{v_x} - \delta_f = \beta + \frac{a\omega_r}{v_x} - \delta_f \tag{2-178}$$

$$\alpha_2 = \beta - \frac{b\omega_r}{v_x} \tag{2-179}$$

车辆外力、外力矩与车轮侧向力的关系式为

$$\begin{cases} \sum F_y = F_{y1}\cos\delta_f + F_{y2} \\ \sum M_z = aF_{y1}\cos\delta_f - bF_{y2} \end{cases} \tag{2-180}$$

考虑到前轮转角较小，且考虑前后车轮的侧偏刚度 $C_{\alpha\mathrm{f}}$ 和 $C_{\alpha\mathrm{r}}$，则车辆外力、外力矩与汽车运动参数的关系式为

$$\sum F_y = C_{\alpha\mathrm{f}}\left(\beta + \frac{a\omega_\mathrm{r}}{v_x} - \delta_\mathrm{f}\right) + C_{\alpha\mathrm{r}}\left(\beta - \frac{b\omega_\mathrm{r}}{v_x}\right) \tag{2-181}$$

$$\sum M_z = aC_{\alpha\mathrm{f}}\left(\beta + \frac{a\omega_\mathrm{r}}{v_x} - \delta_\mathrm{f}\right) - bC_{\alpha\mathrm{r}}\left(\beta - \frac{b\omega_\mathrm{r}}{v_x}\right) \tag{2-182}$$

由此线性二自由度车辆运动微分方程如下式所示，式中 I_z 为车辆绕 z 轴的转动惯量。

$$C_{\alpha\mathrm{f}}\left(\beta + \frac{a\omega_\mathrm{r}}{v_x} - \delta_\mathrm{f}\right) + C_{\alpha\mathrm{r}}(\beta - \frac{b\omega_\mathrm{r}}{v_x}) = m(\dot{v} + v_x\omega_\mathrm{r}) \tag{2-183}$$

$$aC_{\alpha\mathrm{f}}\left(\beta + \frac{a\omega_\mathrm{r}}{v_x} - \delta_\mathrm{f}\right) - bC_{\alpha\mathrm{r}}\left(\beta - \frac{b\omega_\mathrm{r}}{v_x}\right) = I_z\dot{\omega}_\mathrm{r} \tag{2-184}$$

进一步整理可以得到

$$(C_{\alpha\mathrm{f}} + C_{\alpha\mathrm{r}})\beta + \frac{1}{v_x}(aC_{\alpha\mathrm{f}} - bC_{\alpha\mathrm{r}})\omega_\mathrm{r} - C_{\alpha\mathrm{f}}\delta_\mathrm{f} = m(\dot{v}_y + v_x\omega_\mathrm{r}) \tag{2-185}$$

$$(aC_{\alpha\mathrm{f}} - bC_{\alpha\mathrm{r}})\beta + \frac{1}{v_x}(a^2C_{\alpha\mathrm{f}} + b^2C_{\alpha\mathrm{r}})\omega_\mathrm{r} - aC_{\alpha\mathrm{f}}\delta_\mathrm{f} = I_z\dot{\omega}_\mathrm{r} \tag{2-186}$$

2）基于广义拉格朗日方程的二自由度模型推导过程

利用广义拉格朗日方程进行分析的二自由度模型如图 2.33 所示。

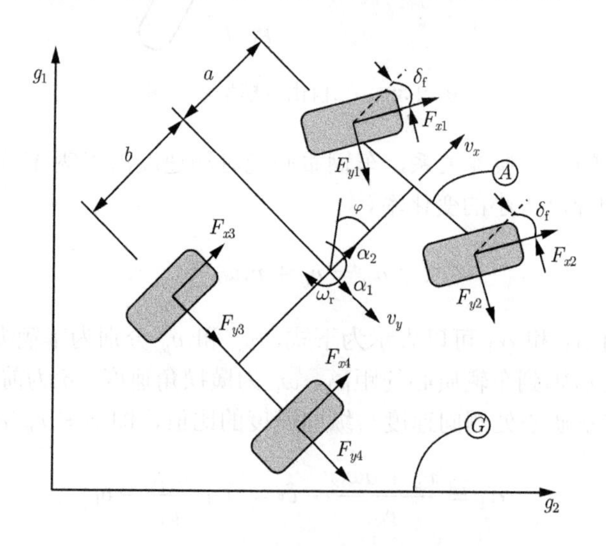

图 2.33 坐标系定义示意图

图 2.33 中，G 为地面惯性坐标系，A 为车身参考系，a_3 和 b_3 均垂直于地面指向下，可知：

$$\boldsymbol{g}_1 = \boldsymbol{a}_1\cos\varphi - \boldsymbol{a}_2\sin\varphi \tag{2-187}$$

$$\boldsymbol{g}_2 = \boldsymbol{a}_1\sin\varphi + \boldsymbol{a}_2\cos\varphi \tag{2-188}$$

$$\boldsymbol{a}_1 = \boldsymbol{g}_1\cos\varphi + \boldsymbol{g}_2\sin\varphi \tag{2-189}$$

$$\boldsymbol{a}_2 = -\boldsymbol{g}_1 \sin\varphi + \boldsymbol{g}_2 \cos\varphi \tag{2-190}$$

车辆在参考系 A 中的线动量和角动量分别为

$$\boldsymbol{L} = mv_x\boldsymbol{a}_1 + mv_y\boldsymbol{a}_2 \tag{2-191}$$

$$\boldsymbol{H} = I_z\omega_\mathrm{r}\boldsymbol{a}_3 \tag{2-192}$$

在参考系 A 中分别求导得

$$\frac{\boldsymbol{L}^A}{\mathrm{d}t} = m\dot{v}_x\boldsymbol{a}_1 + m\dot{v}_y\boldsymbol{a}_2 \tag{2-193}$$

$$\frac{\boldsymbol{H}^A}{\mathrm{d}t} = I_z\dot{\omega}_\mathrm{r}\vec{a}_3 \tag{2-194}$$

根据参考系 A 和参考系 G 的关系得

$$\frac{\boldsymbol{L}^G}{dt} = \frac{\boldsymbol{L}^A}{dt} + \boldsymbol{\Omega}^{GA} \times \boldsymbol{L} = m(\dot{v}_x - v_y\omega_\mathrm{r})\boldsymbol{a}_1 + m(\dot{v}_y + v_x\omega_\mathrm{r})\boldsymbol{a}_2 \tag{2-195}$$

系统方程可以表示为

$$m(\dot{v}_x - v_y\omega_\mathrm{r}) = \sum F_x \tag{2-196}$$

$$m(\dot{v}_y + v_x\omega_\mathrm{r}) = \sum F_y \tag{2-197}$$

$$I_z\dot{\omega}_\mathrm{r} = \sum M_z \tag{2-198}$$

小扰动条件下，$\dot{v}_x$ 视为 0，$v\omega_\mathrm{r}$ 可忽略不计，并假设前轴受力为 $F_{y\mathrm{f}}$，后轴受力为 $F_{y\mathrm{r}}$，就得到了一个两自由度模型：

$$m\left(\dot{v}_y + v_x\omega_\mathrm{r}\right) = F_{y\mathrm{f}} + F_{y\mathrm{r}} \tag{2-199}$$

$$I_z\dot{\omega}_\mathrm{r} = F_{y\mathrm{f}}a - F_{y\mathrm{r}}b \tag{2-200}$$

接下来是轮胎力的推导，假设轮胎力是轮胎侧偏角和垂向载荷的函数，并且侧偏角很小，则轮胎力可以表示为

$$F_y = C_\alpha\alpha \tag{2-201}$$

自行车模型中，前后轮侧向速度分别为

$$v_{y\mathrm{f}} = v_y + a\omega_\mathrm{r} \tag{2-202}$$

$$v_{y\mathrm{r}} = v_y - b\omega_\mathrm{r} \tag{2-203}$$

α 很小时，有 $\tan\alpha \approx \alpha$，则

$$\alpha_\mathrm{f} \approx \frac{v_y + a\omega_\mathrm{r}}{v_x} - \delta_\mathrm{f} \tag{2-204}$$

$$\alpha_\mathrm{r} \approx \frac{v_y - b\omega_\mathrm{r}}{v_x} \tag{2-205}$$

因此，前后轮胎力分别为

$$F_{y\mathrm{f}} = C_{\alpha\mathrm{f}}\alpha_\mathrm{f} \tag{2-206}$$

$$F_{yr}=C_{\alpha r}\alpha_r \tag{2-207}$$

将上式进行整理，得到

$$m(\dot{v}_y+v_x\omega_r)=C_{\alpha f}\delta_f-\frac{C_{\alpha f}+C_{\alpha r}}{v_x}v_y-\frac{aC_{\alpha f}-bC_{\alpha r}}{v_x}\omega_r \tag{2-208}$$

$$I_z\dot{\omega}_r=aC_{\alpha f}\delta_f-\frac{aC_{\alpha f}-bC_{\alpha r}}{v_x}v_y-\frac{a^2C_{\alpha f}+b^2C_{\alpha r}}{v_x}\omega_r \tag{2-209}$$

将 $\boldsymbol{x}=[v_y,\omega_r]^{\mathrm{T}}$ 作为状态变量，将 δ_f 作为输入，得到系统的状态方程：

$$\dot{v}=-\frac{C_{\alpha f}+C_{\alpha r}}{mv_x}v_y-\left(\frac{aC_{\alpha f}-bC_{\alpha r}}{mv_x}+v_x\right)\omega_r+\frac{C_{\alpha f}}{m}\delta_f \tag{2-210}$$

$$\dot{\omega}_r=-\frac{aC_{\alpha f}-bC_{\alpha r}}{I_zv_x}v_y-\frac{a^2C_{\alpha f}+b^2C_{\alpha r}}{I_zv_x}\omega_r+\frac{aC_{\alpha f}}{I_z}\delta_f \tag{2-211}$$

写成标准形式，即

$$\dot{x}=\boldsymbol{A}\boldsymbol{x}+\boldsymbol{B}u \tag{2-212}$$

其中，

$$\boldsymbol{A}=\begin{bmatrix}-\dfrac{C_{\alpha f}+C_{\alpha r}}{mv_x} & -\dfrac{aC_{\alpha f}+bC_{\alpha r}}{mv_x}-v_x\\ -\dfrac{aC_{\alpha f}-bC_{\alpha r}}{I_zv_x} & -\dfrac{a^2C_{\alpha f}+b^2C_{\alpha r}}{I_zv_x}\end{bmatrix},\boldsymbol{B}=\begin{bmatrix}\dfrac{C_{\alpha f}}{m}\\ \dfrac{aC_{\alpha f}}{I_z}\end{bmatrix} \tag{2-213}$$

2. 车辆等速圆周行驶

1）稳态响应

在车辆前轮转角固定输入下车辆的稳态响应为等速圆周行驶，此时 $\dot{v}$ 和 $\dot{\omega}_r$ 为 0，代入式 (2-213) 并联立消去 v 可得到前轮转角输入与稳态横摆角速度的关系

$$\left.\frac{\omega_r}{\delta_f}\right|_s=\frac{v_x/L}{1+\dfrac{m}{L^2}\left(\dfrac{a}{C_{\alpha r}}-\dfrac{b}{C_{\alpha f}}\right)v_x^2}=\frac{v_x/L}{1+Kv_x^2} \tag{2-214}$$

式中，$\left.\dfrac{\omega_r}{\delta_f}\right|_s$ 常称为横摆角速度增益，也称为转向灵敏度，表示稳态横摆角速度与前轮转角的比值；$K=\dfrac{m}{L^2}\left(\dfrac{a}{C_{\alpha r}}-\dfrac{b}{C_{\alpha f}}\right)$ 称为稳定性因数，是表征车辆稳态响应特性的一个重要参数。

2）稳态响应的三种类型

根据 K 的数值，汽车的稳态响应可分为以下三类：

（1）中性转向

当 K=0 时，横摆角速度增益与车速呈线性关系，这种稳态响应称为中性转向，横摆角速度增益与车速的关系如图 2.34 所示。需要注意的是，当车速较小时，$Kv_x^2\to 0$，横摆角速度增益亦近似为 $1/L$。

（2）不足转向

当 $K>0$ 时，横摆角速度增益保持在中性曲线的下方，其先随车速增大而增大，后来又随车速增大而减小。具有这样特性的汽车称为不足转向汽车。K 值越大，横摆角速度增益曲线越低，不足转向量越大。可以证明当车速为 $v_{x\mathrm{ch}}=\sqrt{1/K}$ 时，汽车稳态横摆角速度增益达到最大值。$v_{x\mathrm{ch}}$ 称为特征车速，是表征车辆不足转向特性的重要参数。

（3）过多转向

当 $K<0$ 时，横摆角速度增益保持在中性曲线的上方，随车速增大横摆角速度增益的增加速率增大，呈向上弯曲形式。具有这样特性的汽车称为过多转向汽车。可以证明当车速为 $v_{x\mathrm{ch}}=\sqrt{-1/K}$ 时，汽车稳态横摆角速度增益达到正无穷。$v_{x\mathrm{ch}}$ 称为临界车速，也是表征车辆过多转向特性的重要参数。

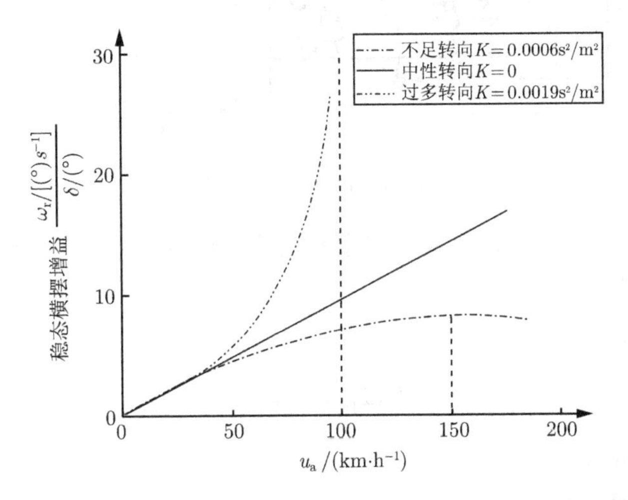

图 2.34　稳态横摆角速度增益曲线

2.4.4　三自由度模型

1. 考虑侧倾自由度的转向盘输入操纵运动

1）基于牛顿力学原理的三自由度模型推导过程

线性二自由度模型认为车身仅在平行于地面的平面运动，忽略了车辆的侧倾运动。在侧倾转向效应较小的情况下，这样的简化模型可以较好地描述车辆运动。但是在侧倾转向效应较大时线性二自由度模型就不够精确了。

将车辆前轮转角作为已知输入时，汽车的运动状态可以用三个广义坐标来表示：航向角 φ、车身侧偏角 β、车身侧倾角 ϕ。在三自由度模型推导时做与线性二自由度模型推导的相同假设：

（1）车轮驱动力不大，车辆沿 X 轴的前进速度 u 保持不变。

（2）忽略行驶过程中的回正力矩等作用。

（3）认为侧向车轮的侧偏刚度保持不变。

由于转向系与悬架系不是绝对刚性的，故在侧向运动作用下，前后轮还会有因侧向力产生的附加的转角 $\Delta\delta_1$ 与 $\Delta\delta_2$。在忽略前后轮对附加转角的惯性的条件下，可以认为它与轮胎侧偏角是同相位的。于是可将附加转角与轮胎侧偏角合在一起看成是有效的侧偏角 α_1 与 α_2。这种附加转角可以简化为与车身的侧倾角成正比，如下式所示。

$$\Delta\delta_i=E_i\phi\quad(i=1,2)\tag{2-215}$$

式中，$E_1=\dfrac{\partial\alpha_1}{\partial\phi},E_2=\dfrac{\partial\alpha_2}{\partial\phi}$，为前、后轮侧倾转向系数。

簧载质量重心处横向绝对加速度在 Y 轴上的投影分析如图 2.35 所示。

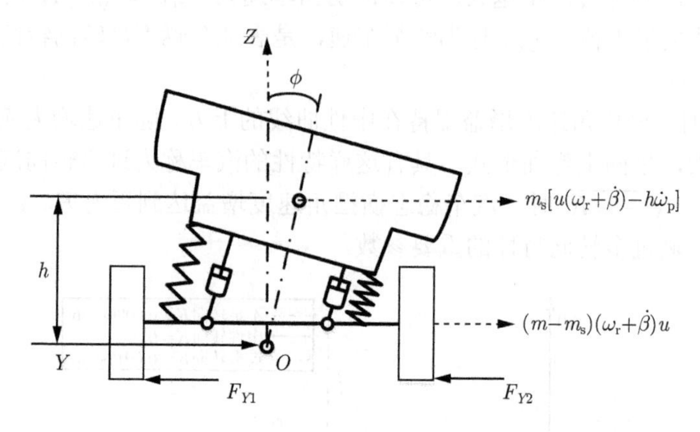

图 2.35 汽车横向分析视图

根据达朗贝尔原理，可以得到绕 Z 轴的力矩平衡方程、沿 Y 轴的力平衡方程、绕 X 轴的力矩平衡方程。

绕 Z 轴力矩平衡方程为

$$I_z\dot{\omega}_r+I_{xz}\dot{\omega}_p=-aF_{Y1}+bF_{Y2} \tag{2-216}$$

式中，ω_p 为侧倾角速度。

沿 Y 轴力平衡方程为

$$(m-m_s)(\omega_r+\dot{\beta})u+m_s[u(\omega_r+\dot{\beta})-h\dot{\omega}_p]=-(F_{Y1}+F_{Y2}) \tag{2-217}$$

即

$$mu(\omega_r+\dot{\beta})-m_sh\dot{\omega}_p=-(F_{Y1}+F_{Y2}) \tag{2-218}$$

绕 X 轴力矩平衡方程为

$$I_{xx}\dot{\omega}_p-m_s[u(\omega_r+\dot{\beta})-h\dot{\omega}_p]h+I_{xz}\dot{\omega}_r=-(D_1+D_2)p-(k_{\phi1}+k_{\phi2}-m_shg)\phi \tag{2-219}$$

式中，I_{xx} 是簧载质量绕车身重心的纵轴的转动惯量，故 $I_{xx}+m_sh^2=I_x$，上式可改写为

$$I_x\dot{\omega}_p-m_shu(\omega_r+\dot{\beta})+I_{xz}\dot{\omega}_r=-(D_1+D_2)p-(k_{\phi1}+k_{\phi2}-m_shg)\phi \tag{2-220}$$

由于

$$\begin{cases}F_{Y1}=C_{\alpha f}\alpha_1\\F_{Y2}=C_{\alpha r}\alpha_2\end{cases} \tag{2-221}$$

前后轮侧偏角的几何关系为

$$\begin{cases}\alpha_1=\beta+\dfrac{a\omega_r}{u}-E_1\phi-\delta_f\\\alpha_2=\beta-\dfrac{b\omega_r}{u}-E_2\phi\end{cases} \tag{2-222}$$

代入式 (2-216)、式 (2-218)、式 (2-220) 中可以得到

$$I_z\dot{\omega}_{\rm r}+I_{xz}\dot{\omega}_{\rm p}=-\frac{C_{\alpha\rm f}a^2+C_{\alpha\rm r}b^2}{u}\omega_{\rm r}+(-aC_{\alpha\rm f}+bC_{\alpha\rm r})\beta+(aE_1C_{\alpha\rm f}-bE_2C_{\alpha\rm r})\phi-aC_{\alpha\rm f}\delta_{\rm f} \tag{2-223}$$

$$mv_x(\omega_{\rm r}+\dot{\beta})-m_{\rm s}h\dot{\omega}_{\rm p}=\frac{-aC_{\alpha\rm f}+bC_{\alpha\rm r}}{u}\omega_{\rm r}-(C_{\alpha\rm f}+C_{\alpha\rm r})\beta+(E_1C_{\alpha\rm f}+E_2C_{\alpha\rm r})\phi+C_{\alpha\rm f}\delta_{\rm f} \tag{2-224}$$

$$I_x\dot{\omega}_{\rm p}-m_{\rm s}hv_x(\omega_{\rm r}+\dot{\beta})+I_{xz}\dot{\omega}_{\rm r}=-(D_1+D_2)p-(k_{\phi1}+k_{\phi2}-m_{\rm s}hg)\phi \tag{2-225}$$

2）基于广义拉格朗日方程的三自由度模型推导过程

基于广义拉格朗日方程理论推导得到的三自由度模型结果上与基于牛顿力学原理的保持一致，其推导过程如下[3]。

首先定义两个坐标系，坐标系 A 为车辆坐标系，其原点 O 定义在车辆的侧倾中心处，将自坐标系原点出发平行于水平面并指向车辆前进方向的轴定义为单位矢量 $\boldsymbol{a}_1$。根据右手螺旋法则，侧向单位矢量与垂直单位矢量分别指向车辆右侧和垂直向下，分别定义为 $\boldsymbol{a}_2$ 和 $\boldsymbol{a}_3$。坐标系 B 固定于车身，包括由三个正交单位矢量 $\boldsymbol{b}_1,\boldsymbol{b}_2$ 和 $\boldsymbol{b}_3$，其与 A 的关系如图 2.36 所示，其中每一矢量与坐标系 A 的各坐标量的转换关系见表 2.5。

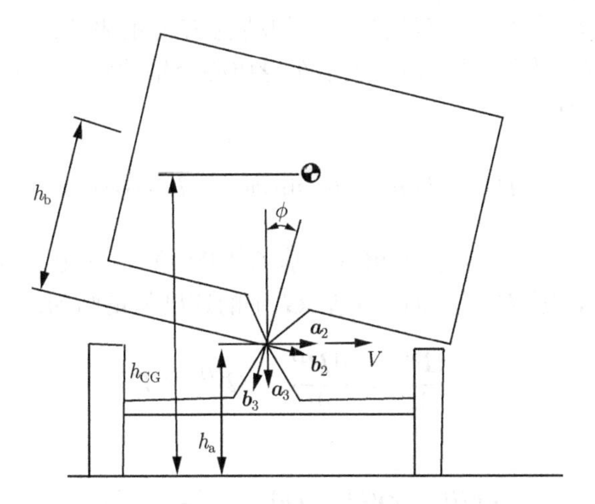

图 2.36 车身坐标、车辆坐标和大地坐标的关系

表 2.5 坐标系 A 和坐标系 B 的换算关系 (其中 ϕ 为 a_3 与 b_3 的夹角)

坐标系	$\boldsymbol{b}_1$	$\boldsymbol{b}_2$	$\boldsymbol{b}_3$
$\boldsymbol{a}_1$	1	0	0
$\boldsymbol{a}_2$	0	$\cos\phi$	$-\sin\phi$
$\boldsymbol{a}_3$	0	$\sin\phi$	$\cos\phi$

定义了坐标系后，再根据参考基 B 相对于参考基 A 的转角（即车身侧倾角 ϕ），就可以写出以车辆的动能 $E_{\rm T}$、势能 $E_{\rm V}$、耗散能 $E_{\rm D}$ 和广义力 $F_{{\rm Q}\phi}$ 表示的拉格朗日方程，形式如下：

$$\frac{\rm d}{{\rm d}t}\left(\frac{\partial E_{\rm T}}{\partial\dot{\phi}}\right)-\frac{\partial E_{\rm T}}{\partial\phi}+\frac{\partial E_{\rm V}}{\partial\phi}+\frac{\partial E_{\rm D}}{\partial\dot{\phi}}=F_{{\rm Q}\phi} \tag{2-226}$$

下面，根据考虑车身侧倾的三自由度车辆模型，分别逐项推导其动能、势能和广义力。

首先，假设车辆由以下三部分组成：

（1）具有质量为 m_{b}、侧倾转动惯量为 $I_{xx\mathrm{b}}$、横摆转动惯量为 $I_{zz\mathrm{b}}$ 的簧载质量（即车身）。

（2）具有质量为 m_{f} 和横摆转动惯量为 $I_{zz\mathrm{f}}$ 的前非簧载质量（包括前轴和前轮）。

（3）具有质量为 m_{r} 和横摆转动惯量为 $I_{zz\mathrm{r}}$ 的后非簧载质量（包括后轴和后轮）。

这里，每一刚体的转动惯量均指绕其自身质心为原点的轴线的转动惯量。

根据上述介绍的车辆三大组成部分，其总动能可分解为相应的下列三项，即簧载质量（车身）的动能 E_{Tb}、前非簧载质量（前车轴）动能 E_{Tf} 和后非簧载质量（后车轴）动能 E_{Tr}，其中每项均包括平动动能项和转功功能项这里，前、后轴的功能 E_{Tf}、E_{Tr} 的表达式可直接写出，分别为

$$E_{\mathrm{Tf}}=\frac{1}{2}m_{\mathrm{f}}\left(u_{\mathrm{f}}^{2}+v_{\mathrm{f}}^{2}\right)+\frac{1}{2}I_{zz\mathrm{f}}r^{2} \tag{2-227}$$

$$E_{\mathrm{Tr}}=\frac{1}{2}m_{\mathrm{r}}\left(u_{\mathrm{r}}^{2}+v_{\mathrm{r}}^{2}\right)+\frac{1}{2}I_{zz\mathrm{r}}r^{2} \tag{2-228}$$

式中，$u_{\mathrm{f}}=u_{\mathrm{r}}=u, v_{\mathrm{f}}=v+ar, v_{\mathrm{r}}=v-br, a$、$b$ 分别表示质心到前、后轴的距离。

由于考虑了车身的侧倾，簧载质量 m_{b} 的动能 E_{Tb} 的表达式更为复杂。由于车身参考基 B 相对于 A 有一转角，若以 h_{b} 表示车身质心至轴的距离，则车身质心相对于参考原点 O 的位置矢量 $\boldsymbol{P}$ 为：

$$\boldsymbol{P}=-h_{\mathrm{b}}\boldsymbol{b}_{3}=h_{\mathrm{b}}\sin\phi\boldsymbol{a}_{2}-h_{\mathrm{b}}\cos\phi\boldsymbol{a}_{3} \tag{2-229}$$

考虑到车辆航向角 ψ（即基 A 相对于基 G 的转角），并记参考基 B 相对于参考基 G 的角速度为 $\boldsymbol{\Omega}^{GB}$，则 $\boldsymbol{P}$ 在地面参考基 $\boldsymbol{G}$ 中的速度矢量则为：

$$\frac{\mathrm{d}\boldsymbol{P}^{G}}{\mathrm{d}t}=\frac{\mathrm{d}\boldsymbol{P}^{B}}{\mathrm{d}t}+\boldsymbol{\Omega}^{GB}\times\boldsymbol{P} \tag{2-230}$$

式中，

$$\boldsymbol{\Omega}^{GB}=\boldsymbol{\Omega}^{GA}+\Omega^{AB}=\dot{\psi}\boldsymbol{a}_{3}+\dot{\phi}\boldsymbol{a}_{1} \tag{2-231}$$

因为这里 $\mathrm{d}\boldsymbol{P}^{B}/\mathrm{d}t=0$，根据表 2.5，并结合参考原点 O 的速度 $ua_{1}+va_{2}$，则式 (2-230) 可写为

$$\frac{\mathrm{d}\boldsymbol{P}^{G}}{\mathrm{d}t}=u_{\mathrm{b}}\boldsymbol{a}_{1}+v_{\mathrm{b}}\boldsymbol{a}_{2}+w_{\mathrm{b}}\boldsymbol{a}_{3} \tag{2-232}$$

式中，u_{b} 为车身前进速度；v_{b} 为车身侧向速度；w_{b} 为车身垂向运动速度。且表达式分别为

$$\left\{\begin{array}{l}u_{\mathrm{b}}=u-h_{\mathrm{b}}\dot{\phi}\sin\phi\\ v_{\mathrm{b}}=v+h_{\mathrm{b}}\dot{\phi}\cos\phi\\ w_{\mathrm{b}}=h_{\mathrm{b}}\dot{\phi}\sin\phi\end{array}\right. \tag{2-233}$$

若将车身质量的平动动能记为 $E_{\mathrm{Tb}-1}$，则有：

$$E_{\mathrm{Tb}-1}=\frac{1}{2}m_{\mathrm{b}}\left(u_{\mathrm{b}}^{2}+v_{\mathrm{b}}^{2}+w_{\mathrm{b}}^{2}\right) \tag{2-234}$$

而车身质量的转动动能项为：

$$E_{\mathrm{Tb-r}}=\frac{1}{2}\left(\boldsymbol{\Omega}^{GB}\right)^{\mathrm{T}}\boldsymbol{I}_{\mathrm{b}}\boldsymbol{\Omega}^{GB} \tag{2-235}$$

式中，$\boldsymbol{I}_{\mathrm{b}}$ 是车身质量的转动惯量阵。在参考基 B 中，$\boldsymbol{I}_{\mathrm{b}}$ 为一常量矩阵，等于：

$$\boldsymbol{I}_{\mathrm{b}}=\begin{pmatrix} I_{11} & -I_{12} & -I_{13} \\ -I_{12} & I_{22} & -I_{23} \\ -I_{13} & -I_{23} & I_{33} \end{pmatrix} \tag{2-236}$$

式中，I_{ii} 分别表示通过车身质心关于矢量 $\boldsymbol{b}_i$ 的转动惯量；I_{ij} 为惯性积。对大多数车辆而言，由于车辆对其中心线的对称性，所以近似有 $I_{12}=I_{23}=0$。由于矩阵在参考基 B 中恒定，因而根据式 (2-231) 和表 2.5，$\boldsymbol{\Omega}^{GB}$ 在参考基 B 内可表达为

$$\boldsymbol{\Omega}^{GB}=\dot{\phi}\boldsymbol{b}_1+\dot{\psi}\sin\phi\boldsymbol{b}_2+\dot{\psi}\cos\phi\boldsymbol{b}_3 \tag{2-237}$$

结合式 (2-235)~ 式 (2-237)，得到车身的转动动能 $E_{\mathrm{Tb-r}}$ 为

$$\begin{aligned} E_{\mathrm{Tb-r}}&=\frac{1}{2}\times\begin{pmatrix} \dot{\phi} \\ \dot{\psi}\sin\phi \\ \dot{\psi}\cos\phi \end{pmatrix}^{\mathrm{T}}\times\begin{pmatrix} I_{11} & 0 & -I_{13} \\ 0 & I_{22} & 0 \\ -I_{13} & 0 & I_{33} \end{pmatrix}\times\begin{pmatrix} \dot{\phi} \\ \dot{\psi}\sin\phi \\ \dot{\psi}\cos\phi \end{pmatrix} \\ &=\frac{1}{2}\left(I_{11}\dot{\phi}^2-2I_{13}\dot{\phi}\dot{\psi}\cos\phi+I_{33}\dot{\psi}^2\cos^2\phi+I_{22}\dot{\psi}^2\sin^2\phi\right) \end{aligned} \tag{2-238}$$

上式主要取决于第二项和第三项，即侧倾转动惯量项和横摆转动惯量项，且两项均为二阶项。虽然第二项（侧倾与横摆的惯性积项）也为二阶项，但它与侧倾转动惯量和横摆转动惯量相比相对较小，因此通常可忽略。而第四项为四阶项（因为当 ϕ 较小时，近似有 $\sin\phi\approx\phi$），因此此项也可忽略不计。

若假定车身侧倾时，悬架仍表现为线性特性，那么悬架的侧倾刚度系数 K_ϕ 和侧倾阻尼系数 C_ϕ 均为常量。若在线性假定条件下，车身相应的势能和耗散能分别为：

$$E_{\mathrm{V}\phi}=\frac{1}{2}K_\phi\phi^2 \tag{2-239}$$

$$E_{\mathrm{D}\phi}=\frac{1}{2}C_\phi\dot{\phi}^2 \tag{2-240}$$

实际上，车辆前、后悬架的侧倾角刚度是包括横向稳定杆在内综合作用的结果，有许多非线性成分。如果考虑悬架作用力是非线性的，则必须包括作用于车身的广义力。由式 (2-226) 可知，实际上可以将势能项对广义坐标求导，然后将其移至方程右边，即令其包含于拉格朗日方程的广义力中。于是车身侧倾势能项 $E_{\mathrm{V}\phi}$ 就可以从总势能 E_{V} 中分离出来，以 $-\partial E\mathrm{V}\phi/\partial\phi$（即等于 $-K_\phi\phi$）的形式被包含在广义力 $F_{\mathrm{Q}\phi}$ 中。同样，对于耗散能 $E_{\mathrm{D}\phi}$ 也可做类似处理，将它以适当的表达形式体现在等式右边的广义力中。

此外，还需考虑由于车辆侧倾时车身质心高度下降所产生的势能变化，表示为

$$E_{\mathrm{Vg}}=-m_{\mathrm{b}}gh_{\mathrm{b}}(1-\cos\phi) \tag{2-241}$$

式中，g 为重力加速度。

广义力 $F_{Q\phi}$ 是取决于参考侧倾轴高度（即参考坐标系原点高度 h_{aO}）的转矩。而对任一车轴而言，其侧倾中心被定义为轮胎接地印迹不发生侧滑的前提下，车身能够绕其发生侧倾转动的点。也就是说除该点之外，车身绕任何其他点（在二维主视图中表现为高度）侧倾时，均会使轮胎接地处产生侧向位移，因而产生轮胎侧向力。车身侧倾角 ϕ 较小的情况下，由车身侧倾引起的轮胎侧向位移 y_ϕ 可由下式给出：

$$y_\phi = \frac{\partial y_{cp}}{\partial \phi}\phi = (h_a - h_{aO})\,\phi \tag{2-242}$$

式中，h_a 为某车轴的侧倾中心高度；h_{aO} 为参考坐标系原点高度（车身质心位置所对应的侧倾中心高度）；y_{cp} 为轮胎接地印迹侧向位移。

对于两轴车辆，车身侧倾转矩的广义力表达式为

$$F_{Q\phi} = (h_{af} - h_{aO})\,F_{yf} + (h_{ar} - h_{aO})\,F_{yr} \tag{2-243}$$

式 (2-242) 中的 $\dfrac{\partial y_{cp}}{\partial \phi}$ 项是一个重要参数，实际上代表着由车身侧倾引起的“轮胎侧向偏移量”（tire lateral offset 或 scrub），从定义式中可看出它表示了当车身侧倾角为零时，轮胎侧向位移与车身侧倾角之间关系曲线的梯度。它是后面将要介绍的几个主要的“悬架导数”（suspension derivatives）之一，详细内容本章忽略。

根据拉格朗日方程，当车辆前进速度为恒定时（即为 u_c），可分别导出侧向速度 v、横摆角速度 r 和车身侧倾角 ϕ 的三个微分方程，结果如下：

$$(m_b + m_f + m_r)(\dot{v} + u_c r) + (am_f - bm_r)\,\dot{r} + m_b h_b \ddot{\phi} = F_{yf} + F_{yr} \tag{2-244}$$

$$(am_f - bm_r)(\dot{v} + u_c r) + I_{zz}\dot{r} + I_{xz}\ddot{\phi} = aF_{yf} - bF_{yr} \tag{2-245}$$

$$I_{xx}\ddot{\phi} + C_\phi\dot{\phi} + (K_\phi - m_b g h_b)\,\phi + m_b h_b(\dot{v} + u_c r) + I_{xz}\dot{r} = d_f F_{yf} + d_r F_{yr} \tag{2-246}$$

式中，I_{xx} 为车辆对于 a_1 轴的侧倾转动惯量，$I_{xx} = I_{xxb} + m_b h_b^2$，$I_{zz}$ 为车辆对于 a_3 轴的横摆转动惯量，$I_{zz} = I_{zbb} + I_{zx} + I_{zx} + m_f a^2 + m_r b^2$；$I_{xz}$ 为侧倾与横摆运动的惯性积；d_f 为单位车身侧倾角引起的前轮胎侧向偏移量，$d_f \approx h_{af} - h_{aO}$；$d_r$ 为单位车身侧倾角引起的后轮胎侧向偏移量，$d_r \approx h_{ar} - h_{aO}$。

需要说明如下：

（1）其中 $am_f - bm_r$ 项代表车辆总质量，即 $m_b + m_f + m_r$，绕车身质心的质量矩，且与坐标系位置有关。尽管运动方程独立于任何特定坐标系，但在不同的坐标系中其表达形式会有所不同。

（2）由于包括了 $\ddot{\phi}$ 项，因而得出的运动方程是二阶的。车身侧倾运动学方程式 (2-246) 中的前三项表示的是一个有阻尼简谐振动系统，表明车辆会绕侧倾轴做侧倾振动。而第三项中的 $K_\phi - m_b g h_b$ 则表示簧载质量和非簧载质量间的总侧倾刚度。

如果假定轮胎侧向力 F_y 相对轮胎的侧偏角和垂向载荷呈线性关系，那么式 (2-244)～式 (2-246) 可写成如下矩阵形式：

$$
\begin{pmatrix} 0 & 0 & m_\mathrm{b}h_\mathrm{b} \\ 0 & 0 & 0 \\ 0 & 0 & I_{xx} \end{pmatrix}\begin{pmatrix} \ddot{v} \\ \ddot{r} \\ \ddot{\phi} \end{pmatrix}+\begin{pmatrix} m & am_\mathrm{f}-bm_\mathrm{r} & 0 \\ am_\mathrm{f}-bm_\mathrm{r} & I_z & 0 \\ m_\mathrm{b}h_\mathrm{b} & 0 & C_\phi \end{pmatrix}\begin{pmatrix} \dot{v} \\ \dot{r} \\ \dot{\phi} \end{pmatrix}+
$$

$$
\begin{pmatrix} \dfrac{C_{\alpha\mathrm{f}}+C_{\alpha\mathrm{r}}}{u_\mathrm{c}} & mu_\mathrm{c}+\dfrac{aC_{\alpha\mathrm{f}}-bC_{\alpha\mathrm{r}}}{u_\mathrm{c}} & 0 \\ \dfrac{aC_{\alpha\mathrm{f}}-bC_{\alpha\mathrm{r}}}{u_\mathrm{c}} & \dfrac{a^2C_{\alpha\mathrm{f}}+b^2C_{\alpha\mathrm{r}}}{u_\mathrm{c}}+(am_\mathrm{f}-bm_\mathrm{r})\,u_\mathrm{c} & 0 \\ \dfrac{d_\mathrm{f}C_{\alpha\mathrm{f}}+d_\mathrm{r}C_{\alpha\mathrm{r}}}{u_\mathrm{c}} & \dfrac{ad_\mathrm{f}C_{\alpha\mathrm{f}}-bd_\mathrm{r}C_{\alpha\mathrm{r}}}{u_\mathrm{c}}+m_\mathrm{b}hu_\mathrm{c} & K_\phi-m_\mathrm{b}gh_\mathrm{b} \end{pmatrix}\cdot \tag{2-247}
$$

$$
\begin{pmatrix} u \\ r \\ \phi \end{pmatrix}=\begin{pmatrix} C_{\alpha\mathrm{f}} \\ aC_{\alpha\mathrm{f}} \\ d_\mathrm{f}C_{\alpha\mathrm{f}} \end{pmatrix}\delta_\mathrm{f}
$$

由上式可见，除了多出的一项 $am_\mathrm{f}-bm_\mathrm{r}$ 外，该矩阵方程的左上角 $[2\times 2]$ 子矩阵均与不带侧倾自由度的车辆二自由度模型的矩阵完全相同。尽管不会用到无实际物理意义的 $\ddot{v}$ 与 $\ddot{r}$ 这两项，但为了满足方程的矩阵结构，还是包含了这两项。

2. 其他三自由度模型

根据刚体运动的速度换算关系，车辆质心绝对加速度沿车辆 X 轴的分量用下式表示：

$$
a_x=\dot{v}_x-v_y\omega_\mathrm{r} \tag{2-248}
$$

在二自由度模型上增加纵向力平衡的关系，则可将二自由度模型扩展到考虑车辆纵向加速度的三自由度模型，如式 (2-249) 所示，式中 $\sum F_x$ 为整车纵向合力，其余符号含义与二自由度模型中保持一致。

$$
\begin{cases} \sum F_x=m(\dot{v}_x-v_y\omega_\mathrm{r}) \\ \sum F_y=C_{\alpha\mathrm{f}}\left(\beta+\dfrac{a\omega_\mathrm{r}}{v_x}-\delta_\mathrm{f}\right)+C_{\alpha\mathrm{r}}\left(\beta-\dfrac{b\omega_\mathrm{r}}{v_x}\right) \\ \sum M_z=aC_{\alpha\mathrm{f}}\left(\beta+\dfrac{a\omega_\mathrm{r}}{v_x}-\delta_f\right)-bC_{\alpha\mathrm{r}}\left(\beta-\dfrac{b\omega_\mathrm{r}}{v_x}\right) \end{cases} \tag{2-249}
$$

除了考虑侧倾自由度和纵向运动的三自由度模型外，视分析问题的关注点，还包含有其他一些三自由度模型，例如考虑转向盘转角到前轮转角的传递关系的模型。此类模型本质上由二自由度演化或由七自由度退化而来，这里不做详尽分析。

2.4.5 七自由度模型

汽车七自由度模型（图 2.37）是在汽车纵向、横向和横摆三自由度模型基础上考虑四个车轮的转动而建立的普适的汽车动力学模型。考虑到四轮独立控制中各车轮的滑移率和侧偏角的值可能不一致：在转向操纵过程中内外侧车轮载荷发生转移；在制动或者加速过程中前后车轮载荷发生转移，因此在转向过程中车轮的垂直载荷是一个时变的参量。此外汽车在实际运动过程中各轮胎和路面之间的附着状态也可能不一致。这些影响因素在两轮模型中难以定量评估，因此需采用四轮模型才能够进一步精确地描述整车在平整路面行驶时的动力学状态。且因制动干预，汽车纵向速度是时变的，故汽车纵向运动的自由度也需要考虑。

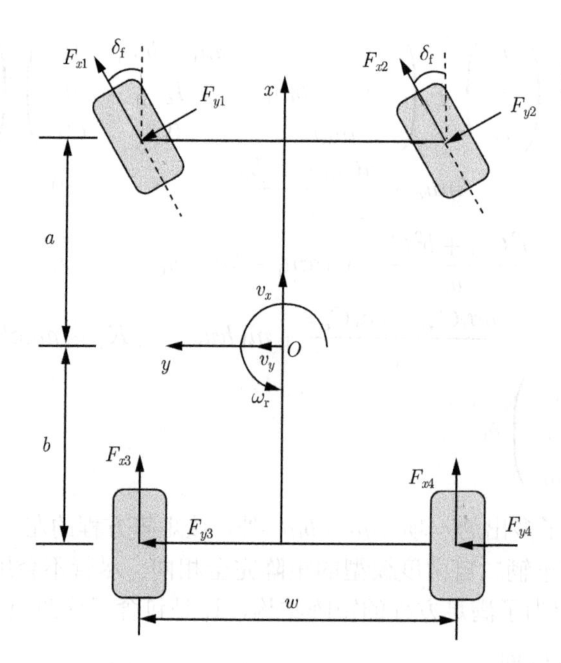

图 2.37 整车七自由度动力学模型

本章在动力学模型建立的过程中做出如下简化和假设：

（1）建立非线性七自由度车辆模型，主要包括横向、纵向、横摆 3 个方向的运动和 4 个车轮的回转运动。

（2）忽略空气阻力的影响，忽略车辆的侧倾运动、仰俯运动以及悬架对车辆的作用。

基于 2.4.4 节所述三自由度汽车模型，结合车轮转动的运动方程得到七自由度整车的纵向运动、横向运动和横摆运动的动力学方程如下。

纵向运动：

$$m\left(\dot{v}_x - v_y\omega_\mathrm{r}\right) = \left(F_{x1}+F_{x2}\right)\cos\delta_\mathrm{f} - \left(F_{y1}+F_{y2}\right)\sin\delta_\mathrm{f} + F_{x3} + F_{x4} \tag{2-250}$$

横向运动：

$$m\left(\dot{v}_y + v_x\omega_\mathrm{r}\right) = \left(F_{y1}+F_{y2}\right)\cos\delta_\mathrm{f} + \left(F_{y3}+F_{y4}\right) + \left(F_{x1}+F_{x2}\right)\sin\delta_\mathrm{f} \tag{2-251}$$

横摆运动：

$$\begin{aligned} I_z\dot{\omega}_\mathrm{r} = &-\left[\left(F_{y1}+F_{y2}\right)a\cos\delta_\mathrm{f} - \left(F_{y1}-F_{y2}\right)\frac{w}{2}\sin\delta_\mathrm{f}\right] + \left(F_{y3}+F_{y4}\right)b - \\ &\left(F_{x1}+F_{x2}\right)a\sin\delta_\mathrm{f} + \left(F_{x1}-F_{x2}\right)\frac{w}{2}\cos\delta_\mathrm{f} + \left(F_{x3}-F_{x4}\right)\frac{w}{2} \end{aligned} \tag{2-252}$$

驱动工况（图 2.38）下各车轮的旋转运动方程为

$$J_1\dot{\omega}_1 = -F_{x1}R_1 - T_\mathrm{b1} + T_\mathrm{d1} \tag{2-253}$$

$$J_1\dot{\omega}_2 = -F_{x2}R_1 - T_\mathrm{b2} + T_\mathrm{d2} \tag{2-254}$$

$$J_2\dot{\omega}_3 = F_{x3}R_2 - T_\mathrm{b3} \tag{2-255}$$

$$J_2\dot{\omega}_4 = F_{x4}R_2 - T_\mathrm{b4} \tag{2-256}$$

式中，各变量下角标 1、2、3、4 分别代表车辆的左前轮、右前轮、左后轮和右后轮；ω_i 为单个车轮的转速；J_1 为单个前轮转动惯量；J_2 为单个后轮转动惯量；R_1 为前轮有效滚动半径；R_2 为后轮有效滚动半径；$T_{\mathrm{d}i}$ 为驱动轮上的驱动力矩；$T_{\mathrm{b}i}$ 为单个车轮上的制动力矩。制动工况下各车轮均不存在驱动力矩，此时各车轮动力学方程形如式 (2-255) 和式 (2-256) 所示，在此不做赘述。

基于上述数学模型所建立的七自由度车辆模型具有如下特点：

（1）反映了整车转向动力学基本特性。

（2）反映了四个车轮的动力学基本特性，尤其是在汽车操纵稳定性调控中的差异性。

（3）存在转向系统影响下的转向输入-响应特性瞬态误差问题。

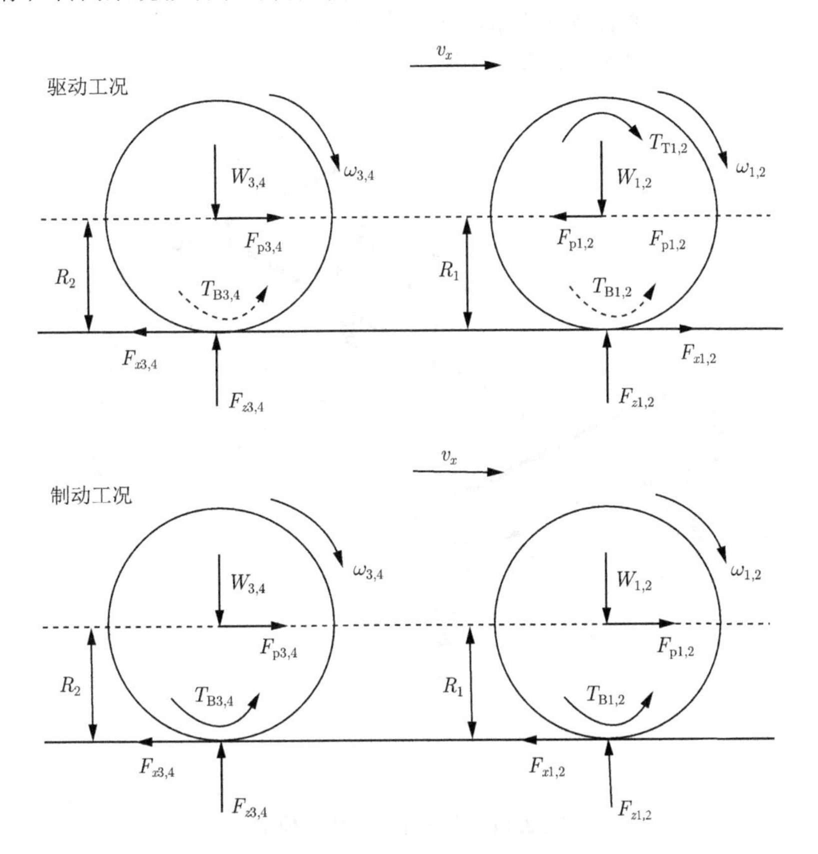

图 2.38 轮胎受力分析

2.4.6 十五自由度模型

在汽车动力学分析与仿真的过程中，人们多数情况下使用的是自由度较少的车辆动力学模型，这些模型存在一定的局限性并且模型精度较依赖于外部对模型参数的输入。七自由度车辆操纵稳定性模型包括车辆纵向运动、侧向运动、横摆运动以及四个车轮的旋转运动，可用于多种行驶工况下的车辆操纵稳定性研究，但其并未考虑地面的不平度激励引起的车身的跳动、俯仰以及侧倾对汽车操纵性能的影响。

在四轮七自由度模型的基础上，进一步考虑车身垂直跳动、侧倾和俯仰、四轮垂直方向的跳动以及为考虑转向系统非线性特性加入的前轮转动等自由度，构成十五自由度车辆模型（图 2.39）。由于加入了悬架模型，整车质量进一步细分为非簧载质量和簧载质量。

根据十五自由度模型，分别推导其动能、势能和广义力。假设车辆由以下三大部分组成：

（1）质量为 m_{s}，横摆转动惯量为 J_z'，侧倾转动惯量为 J_x'，俯仰转动惯量为 J_y' 的簧载质量。

（2）质量为 m_1，单个前轮相对于过自身质心的绕 Y 轴的转动惯量为 J_1，绕 Z 轴的转动惯量为 J_{z1}'' 的单个前簧载质量，即单个前轮。

（3）质量为 m_2，单个前轮相对于过自身质心的绕 Y 轴的转动惯量为 J_2，绕 Z 轴的转动惯量为 J_{z2}'' 的单个后簧载质量，即单个后轮。

推导过程中各变量的含义如表 2.6 所示。

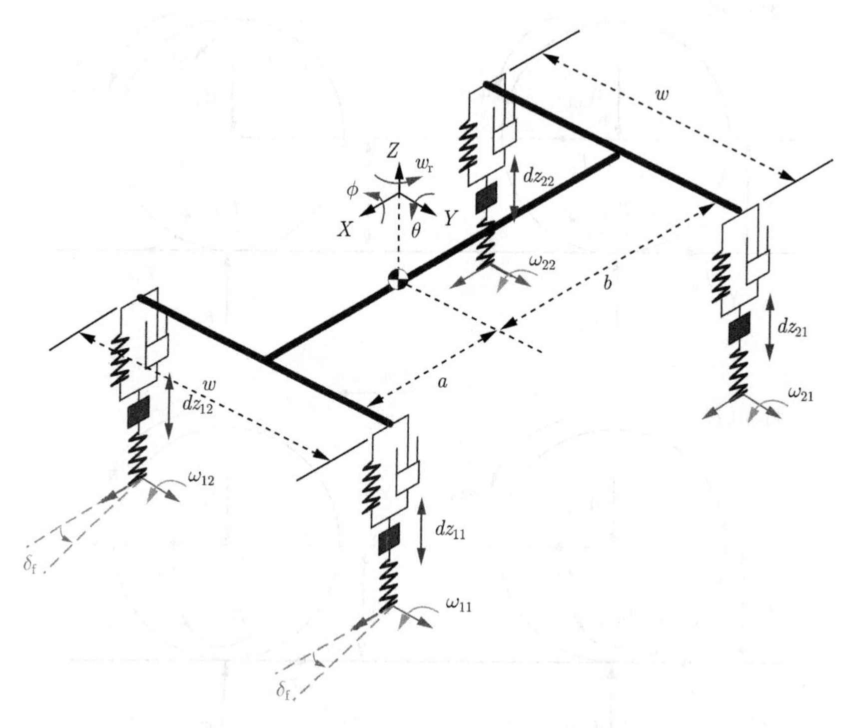

图 2.39 整车十五自由度模型

簧载质量动能如下：

$$
\begin{aligned}
T_1 &= \frac{1}{2}m_{\mathrm{s}}\left[\left(u+e_0\phi\dot{\omega}_{\mathrm{r}}+D_0\dot{\theta}\right)^2+\left(v+D_0\theta\dot{\omega}_{\mathrm{r}}-e_0\dot{\phi}\right)^2+\dot{z}^2\right]+\frac{1}{2}J_x'\dot{\phi}^2+\frac{1}{2}J_y'\dot{\theta}^2+\frac{1}{2}J_z'\dot{\omega}_{\mathrm{r}}^2\\
&= \frac{1}{2}m_{\mathrm{s}}\left[u^2+v^2+\dot{z}^2+\dot{\omega}_{\mathrm{r}}^2(e_0^2\phi^2+D_0^2\theta^2)+D_0^2\dot{\theta}^2+e_0^2\dot{\phi}^2\right]+\\
&\quad m_{\mathrm{s}}\left[ue_0\phi\dot{\omega}_{\mathrm{r}}+vD_0\theta\dot{Y}aw+uD_0\dot{\theta}-ve_0\dot{\phi}+e_0D_0\dot{\omega}_{\mathrm{r}}(\dot{\theta}\phi-\theta\dot{\phi})\right]+\\
&\quad \frac{1}{2}J_x'\dot{\phi}^2+\frac{1}{2}J_y'\dot{\theta}^2+\frac{1}{2}J_z'\dot{\omega}_{\mathrm{r}}^2
\end{aligned}
\tag{2-257}
$$

非簧载质量动能：

$$
T_2=\frac{1}{2}(2m_1+2m_2)(u^2+v^2)+\frac{1}{2}(2J_{z1}''+2J_{z2}'')\dot{\omega}_{\mathrm{r}}^2+\frac{1}{2}m_1(\dot{z}_{11}^2+\dot{z}_{12}^2)+\frac{1}{2}m_2(\dot{z}_{21}^2+\dot{z}_{22}^2)+
$$

$$\frac{1}{2}J_1\dot{\omega}_{11}^2+\frac{1}{2}J_1\dot{\omega}_{12}^2+\frac{1}{2}J_2\dot{\omega}_{21}^2+\frac{1}{2}J_2\dot{\omega}_{22}^2+\frac{1}{2}J_\delta\dot{\delta}^2 \tag{2-258}$$

表 2.6　十五自由度模型变量含义

符号	含义	符号	含义
x	车辆沿 X 轴前进的自由度	y	车辆沿 Y 轴前进的自由度
z	悬置以上结构垂直运动自由度	ω_{r}	横摆运动自由度
θ	悬置以上结构俯仰运动自由度	ϕ	悬置以上结构侧倾运动自由度
z_{ij}	车轮垂直运动自由度	ω_{ij}	车轮旋转运动自由度
δ_{f}	前轮转向自由度	v_x	簧载质量沿 X 轴的速度
v_y	簧载质量沿 Y 轴的速度	$\dot{z}$	簧载质量沿 Z 轴的速度
m	整车质量	m_{s}	悬置以上结构质量
m_1,m_2	单个前后非簧载质量	J_x'	悬置以上质量相对其质心的绕 X 轴的转动惯量（侧倾）
J_y'	悬置以上质量相对其质心的绕 Y 轴的转动惯量 (俯仰)	J_z'	悬置以上质量相对其质心的绕 Z 轴的转动惯量 (横摆)
J_x	整车相对侧倾转动中心的绕 X 轴的转动惯量	J_y	整车相对侧倾转动中心的绕 Y 轴的转动惯量
J_z	整车绕 Z 轴的转动惯量	J_{z1}''	单个前轮相对过自身质心的绕 Z 轴的转动惯量
J_{z2}''	单个后轮相对过自身质心的绕 Z 轴的转动惯量	J_δ	转向系的转动惯量
l	轴距	a,b	悬置以上结构质心至前、后轴的距离
w	前、后轮距	D_0	整车质心至俯仰轴线的距离（质心在俯仰轴线上方）
e_0	整车质心至侧倾轴线的距离（质心在侧倾轴线上方）	R_1,R_2	前、后轮半径
K_1,K_2	单个前、后悬架的刚度	C_1,C_2	单个前、后悬架的阻尼
$K_{\mathrm{b1}},K_{\mathrm{b2}}$	单个前、后轮胎的垂直刚度	C_δ	转向系的阻尼
P_{ij}	各车轮的制动力矩	$T_{\mathrm{F}ij}$	驱动轮驱动力矩
M_δ	转向系上施加的外力矩		

整车总动能：

$$\begin{aligned}T&=T_1+T_2\\&=\frac{1}{2}m(v_x^2+v_y^2)+\frac{1}{2}m_{\mathrm{s}}\dot{z}^2+\frac{1}{2}m_1(\dot{z}_{11}^2+\dot{z}_{12}^2)+\frac{1}{2}m_2(\dot{z}_{21}^2+\dot{z}_{22}^2)+\\&\quad\frac{1}{2}(J_x'+m_{\mathrm{s}}e_0^2)\dot{\phi}^2+\frac{1}{2}(J_y'+m_{\mathrm{s}}D_0^2)\dot{\theta}^2+\frac{1}{2}(J_z'+2J_{z1}''+2J_{z2}''+m_{\mathrm{s}}e_0^2\phi^2+m_{\mathrm{s}}D_0^2\theta^2)\dot{\omega}_{\mathrm{r}}^2+\\&\quad m_{\mathrm{s}}\left[ue_0\phi\dot{\omega}_{\mathrm{r}}+vD_0\theta\dot{\omega}_{\mathrm{r}}+uD_0\dot{\theta}-ve_0\dot{\phi}+e_0D_0\dot{\omega}_{\mathrm{r}}(\dot{\theta}\phi-\theta\dot{\phi})\right]+\\&\quad\frac{1}{2}J_1\dot{\omega}_{11}^2+\frac{1}{2}J_1\dot{\omega}_{12}^2+\frac{1}{2}J_2\dot{\omega}_{21}^2+\frac{1}{2}J_2\dot{\omega}_{22}^2+\frac{1}{2}J_\delta\dot{\delta}^2\end{aligned} \tag{2-259}$$

忽略高阶无穷小量，令：

$$J_x = J_x' + m_{\mathrm{s}} e_0^2 \tag{2-260}$$

$$J_y = J_y' + m_{\mathrm{s}} D_0^2 \tag{2-261}$$

$$J_z = J_z' + 2J_{z1}'' + 2J_{z2}'' \tag{2-262}$$

则整车总动能可简化为

$$\begin{aligned} T = & \frac{1}{2}m(v_x^2 + v_y^2) + \frac{1}{2}m_{\mathrm{s}}\dot{z}^2 + \frac{1}{2}m_1(\dot{z}_{11}^2 + \dot{z}_{12}^2) + \frac{1}{2}m_2(\dot{z}_{21}^2 + \dot{z}_{22}^2) + \\ & \frac{1}{2}J_x\dot{\phi}^2 + \frac{1}{2}J_y\dot{\theta}^2 + \frac{1}{2}J_z\dot{\omega}_{\mathrm{r}}^2 + m_{\mathrm{s}}\left(v_x e_0 \phi \dot{\omega}_{\mathrm{r}} + v_y D_0 \theta \dot{\omega}_{\mathrm{r}} + v_x D_0 \dot{\theta} - v_y e_0 \dot{\phi}\right) + \\ & \frac{1}{2}J_1\dot{\omega}_{11}^2 + \frac{1}{2}J_1\dot{\omega}_{12}^2 + \frac{1}{2}J_2\dot{\omega}_{21}^2 + \frac{1}{2}J_2\dot{\omega}_{22}^2 + \frac{1}{2}J_\delta\dot{\delta}_{\mathrm{f}}^2 \end{aligned} \tag{2-263}$$

单个前悬架，在静平衡状态下的压缩量：

$$Z_{10}' = \frac{b}{2(a+b)} m_{\mathrm{s}} g / K_1 \tag{2-264}$$

单个后悬架，在静平衡状态下的压缩量：

$$Z_{20}' = \frac{a}{2(a+b)} m_{\mathrm{s}} g / K_2 \tag{2-265}$$

单个前轮与地面间，在静平衡状态下的压缩量：

$$Z_{10} = \left[\frac{b m_{\mathrm{s}}}{2(a+b)} + m_1\right] g / K_{\mathrm{b1}} \tag{2-266}$$

单个后轮与地面间，在静平衡状态下的压缩量：

$$Z_{20} = \left[\frac{a m_{\mathrm{s}}}{2(a+b)} + m_2\right] g / K_{\mathrm{b2}} \tag{2-267}$$

系统取静平衡位置为重力势能零点，均指相对平衡位置的位移，向上为正方向。四个车轮和悬架的弹性势能：

$$\begin{aligned} U_{\mathrm{r}} = & \frac{1}{2}K_1(z - z_{11} - a\theta + \frac{1}{2}B_1\phi - Z_{10}')^2 + \frac{1}{2}K_1(z - z_{12} - a\theta - \frac{1}{2}B_1\phi - Z_{10}')^2 + \\ & \frac{1}{2}K_2(z - z_{21} + b\theta + \frac{1}{2}B_2\phi - Z_{20}')^2 + \frac{1}{2}K_2(z - z_{22} + b\theta - \frac{1}{2}B_2\phi - Z_{20}')^2 + \\ & \frac{1}{2}K_{\mathrm{b1}}(z_{11} - Z_{10})^2 + \frac{1}{2}K_{\mathrm{b1}}(z_{12} - Z_{10})^2 + \frac{1}{2}K_{\mathrm{b2}}(z_{21} - Z_{20})^2 + \frac{1}{2}K_{\mathrm{b2}}(z_{22} - Z_{20})^2 \end{aligned} \tag{2-268}$$

整车的重力势能：

$$U_{\mathrm{g}} = [m_{\mathrm{s}} z + m_1(z_{11} + z_{12}) + m_2(z_{21} + z_{22})]\, g \tag{2-269}$$

整车势能：

$$U = U_{\mathrm{r}} + U_{\mathrm{g}} \tag{2-270}$$

四个车轮和悬架及转向系的耗散能：

$$R = \frac{1}{2}C_1(\dot{z} - \dot{z}_{11} - a\dot{\theta} + \frac{1}{2}B_1\dot{\phi})^2 + \frac{1}{2}C_1(\dot{z} - \dot{z}_{12} - a\dot{\theta} - \frac{1}{2}B_1\dot{\phi})^2 + \frac{1}{2}C_2(\dot{z} - \dot{z}_{21} + b\dot{\theta} + \frac{1}{2}B_2\dot{\phi})^2 + \frac{1}{2}C_2(\dot{z} - \dot{z}_{22} + b\dot{\theta} - \frac{1}{2}B_2\dot{\phi})^2 + \frac{1}{2}C_\delta\dot{\delta}_{\mathrm{f}}^2 \tag{2-271}$$

由式 (2-159) 所述广义拉格朗日方程可得簧载质量动力学方程如下：

（1）整车纵向运动

$$\frac{\mathrm{d}}{\mathrm{d}t}\frac{\partial T}{\partial v_x} - \frac{\partial T}{\partial x} + \frac{\partial U}{\partial x} + \frac{\partial R}{\partial u} = F_x \tag{2-272}$$

其中，

$$\frac{\partial T}{\partial v_x} = mv_x + m_{\mathrm{s}}e_0\phi\dot{\omega}_{\mathrm{r}} + m_{\mathrm{s}}D_0\dot{\theta} \tag{2-273}$$

$$\frac{\mathrm{d}}{\mathrm{d}t}\frac{\partial T}{\partial v_x} = m\dot{v}_x + m_{\mathrm{s}}e_0\dot{\phi}\dot{\omega}_{\mathrm{r}} + m_{\mathrm{s}}e_0\phi\dot{\omega}_{\mathrm{r}} + m_{\mathrm{s}}D_0\ddot{\theta} \tag{2-274}$$

$$\frac{\partial T}{\partial x} = 0 \tag{2-275}$$

$$\frac{\partial U}{\partial x} = 0 \tag{2-276}$$

$$\frac{\partial R}{\partial x} = 0 \tag{2-277}$$

广义力如下：

$$F_x = (F_{x11} + F_{x12})\cos\delta_{\mathrm{f}} - (F_{y11} + F_{y12})\sin\delta_{\mathrm{f}} + F_{x21} + F_{x22} \tag{2-278}$$

由此得到十五自由度模型中簧载质量的纵向运动方程如下：

$$m\dot{v}_x + m_{\mathrm{s}}v_y\omega_{\mathrm{r}} + m_{\mathrm{s}}e_0\phi\dot{\omega}_{\mathrm{r}} + m_{\mathrm{s}}D_0\ddot{\theta} = (F_{x11} + F_{x12})\cos\delta_{\mathrm{f}} - (F_{y11} + F_{y12})\sin\delta_{\mathrm{f}} + F_{x21} + F_{x22} \tag{2-279}$$

（2）整车横向运动

$$\frac{\mathrm{d}}{\mathrm{d}t}\frac{\partial T}{\partial v_y} - \frac{\partial T}{\partial y} + \frac{\partial U}{\partial y} + \frac{\partial R}{\partial v_y} = F_y \tag{2-280}$$

其中，

$$\frac{\partial T}{\partial v_y} = mv_y - m_{\mathrm{s}}e_0\dot{\phi} + m_{\mathrm{s}}D_0\theta\omega_{\mathrm{r}} \tag{2-281}$$

$$\frac{\mathrm{d}}{\mathrm{d}t}\frac{\partial T}{\partial v_y} = m\dot{v}_y - m_{\mathrm{s}}e_0\ddot{\phi} + m_{\mathrm{s}}D_0\theta\dot{\omega}_{\mathrm{r}} + m_{\mathrm{s}}D_0\dot{\theta}\omega_{\mathrm{r}} \tag{2-282}$$

$$\frac{\partial T}{\partial y} = 0 \tag{2-283}$$

$$\frac{\partial U}{\partial y} = 0 \tag{2-284}$$

$$\frac{\partial R}{\partial v_y} = 0 \tag{2-285}$$

广义力如下：

$$F_y = (F_{y11} + F_{y12})\sin\delta_{\mathrm{f}} + (F_{y11} + F_{y12})\cos\delta_{\mathrm{f}} + F_{y21} + F_{y22} \tag{2-286}$$

由此得到十五自由度模型中簧载质量的横向运动方程如下：

$$m\dot{v}_y - m_s e_0\ddot{\phi} + m_s D_0\theta\ddot{\omega}_r + m_s D_0\dot{\theta}\dot{\omega}_r = (F_{y11}+F_{y12})\sin\delta_f + (F_{y11}+F_{y12})\cos\delta_f + F_{y21} + F_{y22} \tag{2-287}$$

（3）簧载部分垂向运动

$$\frac{\mathrm{d}}{\mathrm{d}t}\frac{\partial T}{\partial \dot{z}} - \frac{\partial T}{\partial z} + \frac{\partial U}{\partial z} + \frac{\partial R}{\partial \dot{z}} = F_z \tag{2-288}$$

其中，

$$\frac{\partial T}{\partial \dot{z}} = m_s\dot{z} \tag{2-289}$$

$$\frac{\mathrm{d}}{\mathrm{d}t}\frac{\partial T}{\partial \dot{z}} = m_s\ddot{z} \tag{2-290}$$

$$\frac{\partial T}{\partial z} = 0 \tag{2-291}$$

$$\begin{aligned}\frac{\partial U}{\partial z} =& K_1\left(z - z_{11} - a\theta + \frac{1}{2}w\phi - Z'_{10}\right) + K_1\left(z - z_{12} - a\theta - \frac{1}{2}w\phi - Z'_{10}\right) + \\ & K_2\left(z - z_{21} + b\theta + \frac{1}{2}w\phi - Z'_{20}\right) + K_2\left(z - z_{22} + b\theta - \frac{1}{2}w\phi - Z'_{20}\right) + m_s g\end{aligned} \tag{2-292}$$

$$\begin{aligned}\frac{\partial R}{\partial \dot{z}} =& C_1\left(\dot{z} - \dot{z}_{11} - a\dot{\theta} + \frac{1}{2}w\dot{\phi}\right) + C_1\left(\dot{z} - \dot{z}_{12} - a\dot{\theta} - \frac{1}{2}w\dot{\phi}\right) + \\ & C_2\left(\dot{z} - \dot{z}_{21} + b\dot{\theta} + \frac{1}{2}w\dot{\phi}\right) + C_2\left(\dot{z} - \dot{z}_{22} + b\dot{\theta} - \frac{1}{2}w\dot{\phi}\right)\end{aligned} \tag{2-293}$$

广义力如下：

$$F_z = 0 \tag{2-294}$$

整车的运动过程中四个悬架所受的力可记为式 (2-295)，它们是由悬架以上车身的俯仰运动、侧倾运动、垂直运动和四个车轮的垂直运动共同作用而产生的。

$$\begin{cases} F_{s11} = K_1\left(Z - Z_{11} - a\theta + \dfrac{1}{2}w\phi\right) + C_1\left(\dot{Z} - \dot{Z}_{11} - a\dot{\theta} + \dfrac{1}{2}w\dot{\phi}\right) \\ F_{s12} = K_1\left(Z - Z_{12} - a\theta - \dfrac{1}{2}w\phi\right) + C_1\left(\dot{Z} - \dot{Z}_{11} - a\dot{\theta} - \dfrac{1}{2}w\dot{\phi}\right) \\ F_{s21} = K_2\left(Z - Z_{21} + b\theta + \dfrac{1}{2}w\phi\right) + C_2\left(\dot{Z} - \dot{Z}_{21} + b\dot{\theta} + \dfrac{1}{2}w\dot{\phi}\right) \\ F_{s22} = K_2\left(Z - Z_{22} + b\theta - \dfrac{1}{2}w\phi\right) + C_2\left(\dot{Z} - \dot{Z}_{22} + b\dot{\theta} - \dfrac{1}{2}w\dot{\phi}\right) \end{cases} \tag{2-295}$$

由此得到十五自由度模型中簧载质量的垂向运动方程如下：

$$m_s\ddot{z} + F_{s11} + F_{s12} + F_{s21} + F_{s22} = 0 \tag{2-296}$$

（4）整车横摆运动

$$\frac{\mathrm{d}}{\mathrm{d}t}\frac{\partial T}{\partial \dot{\omega}_r} - \frac{\partial T}{\partial \omega_r} + \frac{\partial U}{\partial \omega_r} + \frac{\partial R}{\partial \dot{\omega}_r} = M_z \tag{2-297}$$

其中，

$$\frac{\partial T}{\partial \dot{\omega}_r} = J_z\dot{\omega}_r + m_s v_x e_0\phi + m_s v_y D_0\theta \tag{2-298}$$

$$\frac{\mathrm{d}}{\mathrm{d}t}\frac{\partial T}{\partial \dot{\omega}_{\mathrm{r}}}=J_z\ddot{\omega}_{\mathrm{r}}+m_{\mathrm{s}}\dot{v}_x e_0\phi+m_{\mathrm{s}}v_x e_0\dot{\phi}+m_{\mathrm{s}}\dot{v}_y D_0\theta+m_{\mathrm{s}}v_y D_0\dot{\theta} \tag{2-299}$$

$$\frac{\partial T}{\partial \omega_{\mathrm{r}}}=0 \tag{2-300}$$

$$\frac{\partial U}{\partial \omega_{\mathrm{r}}}=0 \tag{2-301}$$

$$\frac{\partial R}{\partial \omega_{\mathrm{r}}}=0 \tag{2-302}$$

广义力如下：

$$\begin{aligned}M_z=&\frac{w}{2}\left[(-F_{x11}+F_{x12})\cos\delta_{\mathrm{f}}-(-F_{y11}+F_{y12})\sin\delta_{\mathrm{f}}\right]+\frac{w}{2}(-F_{x21}+F_{x22})+\\&a\left[(F_{x11}+F_{x12})\sin\delta_{\mathrm{f}}+(F_{y11}+F_{y12})\cos\delta_{\mathrm{f}}\right]-b(F_{y21}+F_{y22})\end{aligned} \tag{2-303}$$

由此得到十五自由度模型中簧载质量的横摆运动方程如下：

$$\begin{aligned}&J_z\ddot{\omega}_{\mathrm{r}}+m_{\mathrm{s}}\dot{v}_x e_0\phi+m_{\mathrm{s}}v_x e_0\dot{\phi}+m_{\mathrm{s}}\dot{v}_y D_0\theta+m_{\mathrm{s}}v_y D_0\dot{\theta}\\=&\frac{w}{2}\left[(-F_{x11}+F_{x12})\cos\delta_{\mathrm{f}}-(-F_{y11}+F_{y12})\sin\delta_{\mathrm{f}}\right]+\frac{w}{2}(-F_{x21}+F_{x22})+\\&a\left[(F_{x11}+F_{x12})\sin\delta_{\mathrm{f}}+(F_{y11}+F_{y12})\cos\delta_{\mathrm{f}}\right]-b(F_{y21}+F_{y22})\end{aligned} \tag{2-304}$$

（5）簧载部分侧倾运动

$$\frac{\mathrm{d}}{\mathrm{d}t}\frac{\partial T}{\partial \dot{\phi}}-\frac{\partial T}{\partial \phi}+\frac{\partial U}{\partial \phi}+\frac{\partial R}{\partial \dot{\phi}}=M_x \tag{2-305}$$

其中，

$$\frac{\partial T}{\partial \dot{\phi}}=J_x\dot{\phi}-m_{\mathrm{s}}v_y e_0 \tag{2-306}$$

$$\frac{\mathrm{d}}{\mathrm{d}t}\frac{\partial T}{\partial \dot{\phi}}=J_x\ddot{\phi}-m_{\mathrm{s}}\dot{v}_y e_0 \tag{2-307}$$

$$\frac{\partial T}{\partial \phi}=m_{\mathrm{s}}v_x e_0\dot{\omega}_{\mathrm{r}} \tag{2-308}$$

$$\begin{aligned}\frac{\partial U}{\partial \phi}=&\frac{1}{2}wK_1\left(z-z_{11}-a\theta+\frac{1}{2}w\phi-Z'_{10}\right)-\frac{1}{2}wK_1\left(z-z_{12}-a\theta-\frac{1}{2}w\phi-Z'_{10}\right)+\\&\frac{1}{2}wK_2\left(z-z_{21}+b\theta+\frac{1}{2}w\phi-Z'_{20}\right)-\frac{1}{2}wK_2\left(z-z_{22}+b\theta-\frac{1}{2}w\phi-Z'_{20}\right)\end{aligned} \tag{2-309}$$

$$\begin{aligned}\frac{\partial R}{\partial \dot{\phi}}=&\frac{1}{2}wC_1\left(\dot{z}-\dot{z}_{11}-a\dot{\theta}+\frac{1}{2}w\dot{\phi}\right)-\frac{1}{2}wC_1\left(\dot{z}-\dot{z}_{12}-a\dot{\theta}-\frac{1}{2}w\dot{\phi}\right)+\\&\frac{1}{2}wC_2\left(\dot{z}-\dot{z}_{21}+b\dot{\theta}+\frac{1}{2}w\dot{\phi}\right)-\frac{1}{2}wC_2\left(\dot{z}-\dot{z}_{22}+b\dot{\theta}-\frac{1}{2}w\dot{\phi}\right)\end{aligned} \tag{2-310}$$

广义力如下：

$$M_x=0 \tag{2-311}$$

由此得到十五自由度模型中簧载质量的侧倾运动方程如下：

$$J_x\ddot{\phi}-m_{\mathrm{s}}\dot{v}_y e_0-m_{\mathrm{s}}v_x e_0\dot{\omega}_{\mathrm{r}}=-F_{\mathrm{s}11}\frac{1}{2}w+F_{\mathrm{s}12}\frac{1}{2}w-F_{\mathrm{s}21}\frac{1}{2}w+F_{\mathrm{s}22}\frac{1}{2}w \tag{2-312}$$

（6）簧载部分俯仰运动

$$\frac{\mathrm{d}}{\mathrm{d}t}\frac{\partial T}{\partial \dot{\theta}}-\frac{\partial T}{\partial \theta}+\frac{\partial U}{\partial \theta}+\frac{\partial R}{\partial \dot{\theta}}=M_y \tag{2-313}$$

其中，

$$\frac{\partial T}{\partial \dot{\theta}}=J_y\dot{\theta}-m_{\mathrm{s}}v_xD_0 \tag{2-314}$$

$$\frac{\mathrm{d}}{\mathrm{d}t}\frac{\partial T}{\partial \dot{\theta}}=J_y\ddot{\theta}+m_{\mathrm{s}}\dot{v}_xD_0 \tag{2-315}$$

$$\frac{\partial T}{\partial \theta}=m_{\mathrm{s}}v_yD_0\dot{\omega}_{\mathrm{r}} \tag{2-316}$$

$$\begin{aligned}\frac{\partial U}{\partial \theta}=&-aK_1\left(z-z_{11}-a\theta+\frac{1}{2}w\phi-Z'_{10}\right)-aK_1\left(z-z_{12}-a\theta-\frac{1}{2}w\phi-Z'_{10}\right)+\\&bK_2\left(z-z_{21}+b\theta+\frac{1}{2}w\phi-Z'_{20}\right)+bK_2\left(z-z_{22}+b\theta-\frac{1}{2}w\phi-Z'_{20}\right)\end{aligned} \tag{2-317}$$

$$\begin{aligned}\frac{\partial R}{\partial \dot{\theta}}=&-aC_1\left(\dot{z}-\dot{z}_{11}-a\dot{\theta}+\frac{1}{2}w\dot{\phi}\right)-aC_1\left(\dot{z}-\dot{z}_{12}-a\dot{\theta}-\frac{1}{2}w\dot{\phi}\right)+\\&bC_2\left(\dot{z}-\dot{z}_{21}+b\dot{\theta}+\frac{1}{2}w\dot{\phi}\right)+bC_2\left(\dot{z}-\dot{z}_{22}+b\dot{\theta}-\frac{1}{2}w\dot{\phi}\right)\end{aligned} \tag{2-318}$$

广义力如下：

$$M_y=0 \tag{2-319}$$

由此得到十五自由度模型中簧载质量的俯仰运动方程如下：

$$J_y\ddot{\theta}+m_{\mathrm{s}}\dot{v}_xD_0-m_{\mathrm{s}}v_yD_0\dot{\omega}_{\mathrm{r}}=aF_{\mathrm{s}11}+aF_{\mathrm{s}12}-bF_{\mathrm{s}21}-bF_{\mathrm{s}22} \tag{2-320}$$

（7）车轮垂向运动

此处以左前轮为例，其余车轮的拉格朗日方程推导过程与此类似。

$$\frac{\mathrm{d}}{\mathrm{d}t}\frac{\partial T}{\partial \dot{z}_{11}}-\frac{\partial T}{\partial z_{11}}+\frac{\partial U}{\partial z_{11}}+\frac{\partial R}{\partial \dot{z}_{11}}=F_{z11} \tag{2-321}$$

其中，

$$\frac{\partial T}{\partial \dot{z}_{11}}=m_1\dot{z}_{11} \tag{2-322}$$

$$\frac{\mathrm{d}}{\mathrm{d}t}\frac{\partial T}{\partial \dot{z}_{11}}=m_1\ddot{z}_{11} \tag{2-323}$$

$$\frac{\partial T}{\partial z_{11}}=0 \tag{2-324}$$

$$\frac{\partial U}{\partial z_{11}}=-K_1(z-z_{11}-a\theta+\frac{1}{2}w\phi-Z'_{10})+K_{\mathrm{b}1}(z_{11}-Z_{10})+m_1g \tag{2-325}$$

$$\frac{\partial R}{\partial \dot{z}_{11}}=-C_1(\dot{z}-\dot{z}_{11}-a\dot{\theta}+\frac{1}{2}w\dot{\phi}) \tag{2-326}$$

广义力如下：

$$M_y=0 \tag{2-327}$$

由此得到十五自由度模型中非簧载质量（单个左前轮）的垂向运动方程如下：

$$m_1\ddot{z}_{11} - F_{\text{s}11} + K_{\text{b}1}z_{11} = 0 \tag{2-328}$$

（8）车轮转动

此处以左前轮为例，其余车轮的拉格朗日方程推导过程与此类似。

$$\frac{\text{d}}{\text{d}t}\frac{\partial T}{\partial \dot{\omega}_{11}} - \frac{\partial T}{\partial \omega_{11}} + \frac{\partial U}{\partial \omega_{11}} + \frac{\partial R}{\partial \dot{\omega}_{11}} = M_{y11} \tag{2-329}$$

其中，

$$\frac{\partial T}{\partial \dot{\omega}_{11}} = J_1\dot{\omega}_{11} \tag{2-330}$$

$$\frac{\text{d}}{\text{d}t}\frac{\partial T}{\partial \dot{\omega}_{11}} = J_1\ddot{\omega}_{11} \tag{2-331}$$

$$\frac{\partial T}{\partial \omega_{11}} = 0 \tag{2-332}$$

$$\frac{\partial U}{\partial \omega_{11}} = 0 \tag{2-333}$$

$$\frac{\partial R}{\partial \omega_{11}} = 0 \tag{2-334}$$

广义力如下：

$$M_{y11} = -F_{x11}R_1 - P_{11} + T_{\text{F}11} \tag{2-335}$$

由此得到十五自由度模型中非簧载质量（单个左前轮）的转动方程如下：

$$J_1\ddot{\omega}_{11} = -F_{x11}R_1 - \text{sign}(v_x)P_{11} + T_{\text{F}11} \tag{2-336}$$

（9）转向运动

$$\frac{\text{d}}{\text{d}t}\frac{\partial T}{\partial \dot{\delta}_{\text{f}}} - \frac{\partial T}{\partial \delta_{\text{f}}} + \frac{\partial U}{\partial \delta_{\text{f}}} + \frac{\partial R}{\partial \dot{\delta}_{\text{f}}} = M_{\delta} \tag{2-337}$$

其中，

$$\frac{\partial T}{\partial \dot{\delta}_{\text{f}}} = J_{\delta}\dot{\delta}_{\text{f}} \tag{2-338}$$

$$\frac{\text{d}}{\text{d}t}\frac{\partial T}{\partial \dot{\delta}_{\text{f}}} = J_{\delta_{\text{f}}}\ddot{\delta}_{\text{f}} \tag{2-339}$$

$$\frac{\partial T}{\partial \delta_{\text{f}}} = 0 \tag{2-340}$$

$$\frac{\partial U}{\partial \delta_{\text{f}}} = 0 \tag{2-341}$$

$$\frac{\partial R}{\partial \dot{\delta}_{\text{f}}} = C_{\delta_{\text{f}}}\dot{\delta}_{\text{f}} \tag{2-342}$$

广义力为转向系上施加的外力矩 M_{δ}。

由此得到十五自由度模型中转向轮转动的动力学方程如下：

$$J_{\delta}\ddot{\delta}_{\text{f}} + C_{\delta}\dot{\delta}_{\text{f}} = M_{\delta} \tag{2-343}$$

综上所述，整车十五自由度模型的全部动力学方程描述如下：

整车纵向运动：

$$\begin{aligned}&m\dot{v}_x+m_\mathrm{s}v_y\dot{\omega}_\mathrm{r}+m_\mathrm{s}e_0\phi\ddot{\omega}_\mathrm{r}+m_\mathrm{s}D_0\ddot{\theta}\\=&(F_{x11}+F_{x12})\cos\delta_\mathrm{f}-(F_{y11}+F_{y12})\sin\delta_\mathrm{f}+F_{x21}+F_{x22}\end{aligned}\tag{2-344}$$

整车横向运动：

$$\begin{aligned}&m\dot{v}_y-m_\mathrm{s}e_0\ddot{\phi}+m_\mathrm{s}D_0\theta\ddot{\omega}_\mathrm{r}+m_\mathrm{s}D_0\dot{\theta}\dot{\omega}_\mathrm{r}\\=&(F_{y11}+F_{y12})\sin\delta_\mathrm{f}+(F_{y11}+F_{y12})\cos\delta_\mathrm{f}+F_{y21}+F_{y22}\end{aligned}\tag{2-345}$$

簧载部分垂向运动：

$$m_\mathrm{s}\ddot{z}+F_\mathrm{s11}+F_\mathrm{s12}+F_\mathrm{s21}+F_\mathrm{s22}=0\tag{2-346}$$

整车横摆运动：

$$\begin{aligned}&J_z\ddot{\omega}_\mathrm{r}+m_\mathrm{s}\dot{v}_xe_0\phi+m_\mathrm{s}v_xe_0\dot{\phi}+m_\mathrm{s}\dot{v}_yD_0\theta+m_\mathrm{s}v_yD_0\dot{\theta}\\=&\frac{w}{2}\left[(-F_{x11}+F_{x12})\cos\delta_\mathrm{f}-(-F_{y11}+F_{y12})\sin\delta_\mathrm{f}\right]+\frac{w}{2}(-F_{x21}+F_{x22})+\\&a\left[(F_{x11}+F_{x12})\sin\delta_\mathrm{f}+(F_{y11}+F_{y12})\cos\delta_\mathrm{f}\right]-b(F_{y21}+F_{y22})\end{aligned}\tag{2-347}$$

簧载部分俯仰运动：

$$J_y\ddot{\theta}+m_\mathrm{s}\dot{v}_xD_0-m_\mathrm{s}v_yD_0\dot{\omega}_\mathrm{r}=aF_\mathrm{s11}+aF_\mathrm{s12}-bF_\mathrm{s21}-bF_\mathrm{s22}\tag{2-348}$$

簧载部分侧倾运动：

$$J_x\ddot{\phi}-m_\mathrm{s}\dot{v}_ye_0-m_\mathrm{s}v_xe_0\dot{\omega}_\mathrm{r}=-F_\mathrm{s11}\frac{1}{2}w+F_\mathrm{s12}\frac{1}{2}w-F_\mathrm{s21}\frac{1}{2}w+F_\mathrm{s22}\frac{1}{2}w\tag{2-349}$$

车轮垂向自由度：

$$\begin{cases}m_1\ddot{z}_{11}-F_\mathrm{s11}+K_\mathrm{b1}z_{11}=0\\m_1\ddot{z}_{12}-F_\mathrm{s12}+K_\mathrm{b1}z_{12}=0\\m_2\ddot{z}_{21}-F_\mathrm{s21}+K_\mathrm{b2}z_{21}=0\\m_2\ddot{z}_{22}-F_\mathrm{s22}+K_\mathrm{b2}z_{22}=0\end{cases}\tag{2-350}$$

车轮转动自由度：

$$\begin{cases}J_1\dot{\omega}_{11}=-F_{x11}R_1-\mathrm{sign}(v_x)P_{11}+T_\mathrm{F11}\\J_1\dot{\omega}_{12}=-F_{x12}R_1-\mathrm{sign}(v_x)P_{12}+T_\mathrm{F12}\\J_2\dot{\omega}_{21}=-F_{x21}R_2-\mathrm{sign}(v_x)P_{21}\\J_2\dot{\omega}_{22}=-F_{x22}R_2-\mathrm{sign}(v_x)P_{22}\end{cases}\tag{2-351}$$

转向轮转角运动方程：

$$J_\mathrm{s}\ddot{\delta}_\mathrm{f}+C_\mathrm{s}\dot{\delta}_\mathrm{f}=M_\mathrm{s}\tag{2-352}$$

整车十五自由度模型考虑了前后、左右车轮的载荷转移，车身的姿态变化对整车垂直载荷的影响，以及悬架对系统转向特性的影响，可以全面反映汽车在转向制动或者转向加速过程中的动力学特性，适用于仿真研究中的诸多工况。

2.4.7　ADAMS 车辆多体动力学建模

汽车工程技术中大多数实际问题的对象是由多个物体组成的复杂系统，这对动力学问题的研究提出了新的要求，仅靠古典的理论和方法已很难对车辆系统进行全面的运动学和动力学分析。

1. 多体动力学建模的一般方法

多体系统动力学主要包括多刚体系统动力学研究方法和多柔体系统动力学研究方法。

1）多刚体动力学

多刚体系统动力学的研究对象一般为比较复杂的多体系统，其结构和连接方式也是多种多样的，这给建立动力学方程带来很大困难；并且，系统的动力学方程多为高阶非线性方程，所以动力学方程的建立和求解都必须由计算机完成。多刚体系统动力学的研究方法主要有经典力学方法（以牛顿-欧拉方程为代表的矢量力学方法和以拉格朗日方程为代表的分析力学方法）、图论（R-W）方法、凯恩方法、变分方法和旋量方法。

多刚体系统动力学各种方法的数学模型可归纳为纯微分方程组（ODE）和微分代数混合方程组（DAE）两种类型。对于数学模型求解的数值计算方法也有两种，即直接数值方法和符号-数值方法。虽然多刚体系统动力学的方法体系各不相同，但它们共同的特点是采用程式化的方法，利用计算机解决复杂力学系统的分析与综合问题。

2）多柔体动力学

多柔体系统动力学研究可变形体和刚体所组成的系统在经历大范围空间运动时的动力学行为。多刚体系统动力学是将系统中各部件均抽象为刚体，但可计及各部件连接点（铰接点）处的弹性、阻尼等影响；而多柔体系统动力学则在此基础上还要进一步考虑部件的变形。多刚体系统动力学侧重“多体”方面，研究各个物体刚性运动之间的相互作用及其对系统动力学行为的影响；多柔体系统动力学则侧重“柔性”方面，研究柔性体变形与其整体刚性运动的相互作用或耦合，以及这种耦合所导致的独特的动力学效应。变形运动与刚性运动的同时出现及其耦合正是多柔体系统动力学的核心特征。

在汽车工程领域，由于提高车辆的行驶速度、最大限度地减轻车重、降低能耗等要求，使得在高速车辆的操纵稳定性、行驶平顺性分析中必须考虑车身、车架以及转向系统构件的弹性；在传动系统的齿轮、传动轴，发动机的曲轴连杆、配气机构等的动力学分析中，必须采用多柔体动力学模型才能满足精度要求。

以连杆机构动力学为例，最初只做纯刚性连杆分析，后来发展到考虑连杆弹性的运动弹性静力学分析，即将系统动力学方程简化为一个静力学方程来对待，把外力和刚性运动惯性力作为静载荷求出变形，再进一步求机构的位移、速度、加速度以及应力、应变等运动学和动力学参数。后来又进一步发展到运动弹性力学分析（Kineto-elastodynamic Analysis），也就是把系统变形看作在外力和刚性运动弹性力激励下产生的振动。求出弹性变形后，再进行机构的运动学和动力学分析和求解。可见，这种方法仍然忽略了弹性变形对刚性运动的影响。近年来，人们开始采用多柔体系统动力学模型来更精确地对此进行计算分析。

2. ADAMS 环境下的车辆建模

ADAMS（Automatic Dynamic Analysis Mechanical System）是较权威的机械系统仿真设计软件，工程中可利用 ADAMS 交互式图形环境、零件约束、力库等建立机械系统三维参数化模型，并通过对其运动性能进行高精度逼真的仿真分析和比较，研究“虚拟样机”可供选择的多种设计方案。它可自动输出位移、速度、加速度和作用力，其仿真结果可显示为逼真的动画或 *X-Y* 曲线图形。ADAMS 仿真可用于预测机械系统的性能、运动范围、碰撞检测、峰值载荷以及计算有限元的输入载荷，支持 ADAMS 同大多数 CAD、FLEX（柔性模块）及控制设计软件包之间的双向通信。

ADAMS/Car 是 ADAMS 中一个模块，世界五大汽车制造公司 Audi、BMW、Ford、Renault 和 Volvo 形成了一个国际性合作集团共同开发了整车软件设计包。它赋予工程师精确建立整套虚拟样机的能力，其中包括悬架、传动系、发动机、转向机构、制动系统以及其他复杂总成。用户可以在各种不同的道路条件下运行 ADAMS/Car 模型，执行驾驶操作，使车辆在试验跑道上正常行驶，准确模拟汽车的操纵稳定性、乘坐舒适性、安全性及其他各项性能。仿真功能还包括牵引性能控制、ABS 等控制系统。这为汽车工程师提供了前所未有的仿真能力。

ADAMS/Car 提供了两种运行模式——标准模式和模板建模器。在标准模式下，用户可以根据汽车的构造来选择合适的模板，如悬架系统、轮胎系统、转向系统等；若没有合适的模板，可使用模板建模器，根据汽车的具体结构来生成所需的模板。

1）ADAMS/Car 模型结构

在 ADAMS/Car 里模型由 3 级组成：分别是模板（Template）、子系统（Subsystem）和总成（Assembly）。

（1）模板。ADAMS/Car 的一个主要特点就是基于模板。模板定义了车辆模型的拓扑结构。例如，对于前悬架模板，它定义了前悬架包含的刚体数目、刚体之间的连接方式以及与其他总成交换信息的渠道。前两者没有区别，但最后一部分则是基于模板的产品特有的。例如，当前悬架总成装配到整车模型时，需要和转向系、横向稳定杆、车轮以及车身连接，这些交换的信息可以保证它们被准确地装配到一起。ADAMS/Car 的共享数据库里提供了各种悬架、转向系统、动力总成、制动系统、车轮以及车身等模板。当用户创建的总成结构型式与共享数据库中提供的模板相同时，可直接使用它创建相应子系统的。

（2）子系统。子系统是基于模板创建的，也可以认为它是特殊的模板，即对模板的某些数据进行了调整。例如，对于悬架可以是硬点的坐标、零件的质量和惯量值、弹簧和阻尼的特性文件等。

（3）装配总成。一系列子系统加上一个试验台（Test rig）就构成了整车或者悬架装配总成。试验台的作用是给虚拟样机装配模型施加激励。它非常特殊，与模型中的所有子系统都可以进行连接。

2）ADAMS/Car 建模基本过程

ADAMS/Car 建模的过程是自下而上（模板—子系统—整车）进行的。首先，工程师应分析各总成的结构型式，决定是否能够采用 ADAMS/Car 共享数据库中提供的现有模板。如果没有同样型式的模板可以应用，工程师应按照 ADAMS/Car 模板创建的规程，创建该型式子系统的模板。模板中最为关键的则是模型的拓扑结构，一旦确定，在子系统和装配环节中便不能再修改。然后，工程师依据选定或自行创建的模板建立相应的子系统，修改相关硬点坐标及构件的质量和惯量值，使之与建模数据相一致；修改弹簧和减振器特性文件、修改衬套特性文件及相关特性参数值，使之与所创建的系统相匹配。最后，将所有已创建的子系统与试验台装配成目标虚拟样机，试验台的选择依据仿真分析类型，如开环、闭环、准静态等。装配完整车后，就可以利用求解器进行仿真分析，根据分析的结果，使用后处理可对其中的参数结果进行可视化分析，画出对应的变化曲线，得出系统的性能测试指标。根据结果对所设计样机的性能进行评价，根据评价结果对子系统中参数进行调整，重新进行样机的装配和试验，直至获得满意的样机性能评价结果。

一个完整的悬架或整车装配由以下四个层次构成：特性文件、模板文件、子系统文件和装配文件，如图 2.40 所示。研究车辆系统动力学，建立车辆仿真模型，归纳起来有以下几个典型步骤：

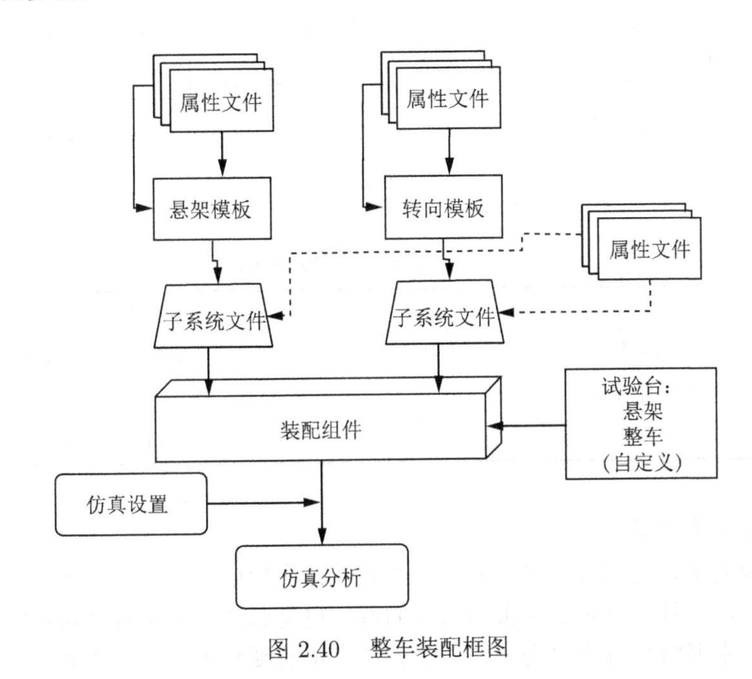

图 2.40　整车装配框图

第一，机械系统的物理抽象，获取模型的运动学（几何定位）参数，建立抽象系统的运动部件、约束，从而建立运动学模型。

第二，校正模型的自由度及正确性。

第三，获得模型的动力学参数，定义模型中部件、铰链与弹性元件及外界条件，建立动力学模型，对动力学模型进行调整与仿真计算。

（1）底盘模型

底盘把整车的其他系统连接起来，不考虑动力系统和车身的具体结构，把传动系统和制动系统都集中于底盘上，把它们简化为刚体，质量集中于底盘，在本书中用一个球形质量块来表示集中质量，球形质量块的大小、位置不重要，只要保证转向系统、悬架等其他零部件与底盘连接时，连接方式和位置都正确就可以，整个底盘与其他系统连接的拓扑结构如图 2.41 所示，可以通过调节球体的属性来修改整车的质量和转动惯量，同时也定义了几个硬点用来确定车轮和车身的位置，相对于全局坐标系的位置坐标如表 2.7 所示。

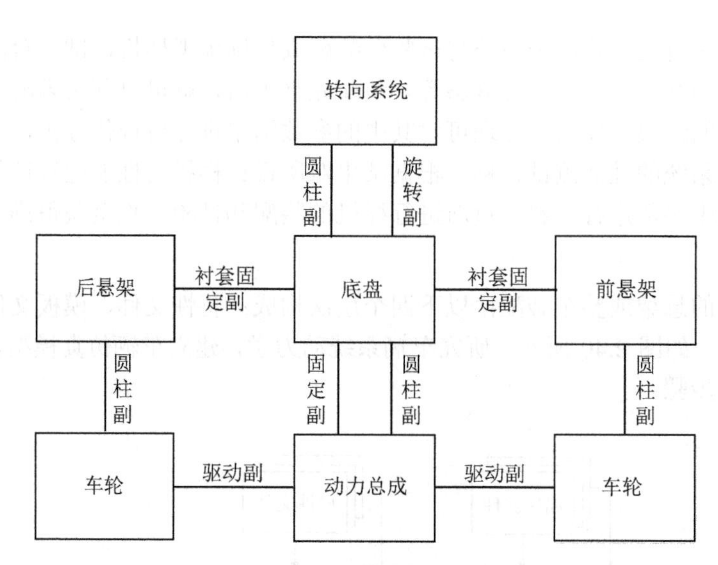

图 2.41 底盘拓扑结构

表 2.7 底盘模型硬点坐标

硬点	坐标
前轮定位点	（267，800，330）
后轮定位点	（2827，800，330）
路径参照点	（1200，0，500）

（2）车身系统模型

车身直接关系到驾驶员乘坐舒适性。平顺性评价指标的车身垂向加速度的测量需要在车身上进行，而且整车质心位置和质量的调节也是通过改变车身来实现的，因而车身建模很重要，本书将车身简化为刚体，其外形定位的硬点坐标和需要测量的地方的硬点坐标如表 2.8 所示。

表 2.8 车身硬点坐标

硬点	坐标
前轮定位点	（267，800，330）
后轮定位点	（2827，800，330）
路径参照点	（0，0，0）
质心位置	（1600，0，360）

（3）动力总成系统模型

动力总成系统在 ADAMS/Car 中的功能是提供车轮驱动转矩，所以不需要实际结构建模，而是将发动机、离合器、变速器三个结构集合在一起，使用函数模板模拟实现其功能。由于发动机激励也是引起汽车振动的激振源之一，为了减小发动机不平衡对车身振动的影响，汽车的发动机动力总成总是通过数个弹性支撑安装在副车架上。动力总成模型的硬点坐标如表 2.9 所示。

表 2.9　动力总成模型硬点坐标

硬点	坐标
发动机前安装点	（0，300，300）
发动机后安装点	（900，200，300）
图形参照点	（1500，−90，510）

（4）转向系统模型

转向系统主要由以下几个刚体组成：转向盘、转向柱、转向中间轴、转向轴、转向齿条、转向器套筒等。转向盘通过旋转副与底盘系统相连，通过圆柱副与转向柱相连；转向柱通过恒速度副与转向中间轴相连；转向中间轴通过恒速度副与转向轴相连；转向轴通过旋转副与转向器套筒相连；转向器套筒通过滑动副与转向齿条相连；转向盘的回转运动通过转向齿条转化为直线运动，齿条带动横拉杆往复运动并与转向节回转实现汽车的转向。转向系统的硬点坐标如表 2.10 所示。

表 2.10　转向系统硬点坐标

硬点	坐标
转向器套筒安装点	（467，350，330）
转向横拉杆内侧点	（467，400，330）
转向中间轴前点	（667，−300，530）
转向中间轴后点	（817，−300，630）
转向柱	（467，−300，330）
转向盘中心	（1167，−300，730）

（5）前后悬架系统模型

本书研究的车辆悬架系统使用了螺旋弹簧式麦弗逊悬架，在虚拟样机模型中，将悬架系统简化为 6 个部分：转向节、横摆臂、螺旋弹簧、空气弹簧、减振器支柱总成、转向横拉杆。横摆臂内端通过旋转副与车身相连，外端通过球形副与转向节下端相连；转向节上端通过棱柱副与减振器支柱总成下端相连，中间部分通过旋转副和球形副分别与轮毂和转向横拉杆相连，减振器活塞杆通过球形副和车身相连，减振器活塞杆与减振器缸筒之间通过圆柱副相连，螺旋弹簧和减振器串在一起，中间还包括一些采用衬套连接的地方，使虚拟模型更加符合实际。在建模过程的主要定位硬点如表 2.11 所示。

（6）轮胎模型

在 ADAMS/Car 中，适合行驶平顺性分析的轮胎主要是 FTire（Flexible ring tire model）柔性环轮胎模型，在使用 FTire 轮胎模型时，需要轮胎属性文件来定义轮胎的特性，定义轮胎的参数如表 2.12 所示。

（7）整车模型的建立

建立整车模型，通过添加橡胶衬套和其他约束元件，即可将上面的子系统进行装配，建立适用于仿真的整车模型，如图 2.42 所示。

表 2.11 螺旋弹簧式麦弗逊悬架硬点坐标

硬点	坐标
下摆臂前点	（67，450，150）
下摆臂外点	（267，750，150）
下摆臂后点	（467，450，150）
弹簧下安装点	（307，650，600）
减振器支柱下安装点	（307，622，600）
副车架前点	（−133，150，150）
副车架后点	（667，150，150）
转向横拉杆内点	（467，400，300）
转向横拉杆外点	（417，750，300）
弹簧上安装点	（324.5，603.8，800）
车轮中心	（267，800，300）

表 2.12 轮胎特性参数

名称	数值	名称	数值
径向刚度/（N/mm）	170	纵向滑移刚度/（N/mm）	50000
侧偏刚度/（N/rad）	−60000	外倾刚度/（N/rad）	−3500
静摩擦系数	0.95	动摩擦系数	0.8

图 2.42 整车装配模型

2.4.8 CarSim 环境下的车辆建模

为了满足车辆动力学模型精度的要求，快速有效地验证轨迹跟踪控制算法，需要建立在具备高精度的前提下，符合整车的动力学模型。普遍的多体动力学仿真软件（ADAMS、SimPack 及 Recurdyn）是基于面向车辆结构的建模方法，比如车辆的悬架结构、转向系结构或者传动系结构等，其模型数据有每个组件的详细的结构参数、部件的质量以及其他参数等信息。由于这些动力学软件的数学模型为微分-代数方程，因此求解会相对困难一些，而且采用变步长积分算法，计算速度也比较慢。软件内部虽然也有车辆的模板，但是缺少相关的数据，因而使用起来并不方便。

CarSim 作为一款专业的车辆动力学软件，其采用的是面向车辆系统的建模方法，并不关心模型的具体结构，只关心模型的性能参数，模型的数据包括每个组件的参数特性以及每个组件的质量及转动惯性等信息，同时其模型方程采用微分方程，求解容易，通常采用定步长积分算法，计算速度比较快，软件内部有很多车辆模型，适用于实时仿真，因而可用于实时仿真系统以及驾驶模拟器。

CarSim 软件的程序主界面包括有三方面的内容：

（1）前处理部分，主要功能为设置模型参数测试条件。

（2）处理部分，主要功能为设置仿真参数、启动计算。

（3）后处理部分，主要功能为显示 3D 动画、绘制仿真计算曲线、导出计算数据；

在 CarSim 软件中，车辆模型的建立主要包括三大模块：车辆的整体建模（包括车辆的外观参数以及各个系统的设定)、车辆工况的设置（包括车速、车辆行驶的挡位以及车辆转向系统的工作状态等)，还有车辆行驶环境的设置（包括路面以及周围场景的设置)。与基于车辆结构所建模型对比，CarSim 中建立的是简化的车辆模型，其将车辆抽象为 10 个部分，对车辆抽象化处理后，CarSim 软件根据车辆特性及仿真初始条件利用求解器求解运算。具体来说 CarSim 车辆模型包括车体、轮胎、转向系统、悬架、制动系统、传动系统和空气动力学等子系统的特性，如图 2.43 所示。

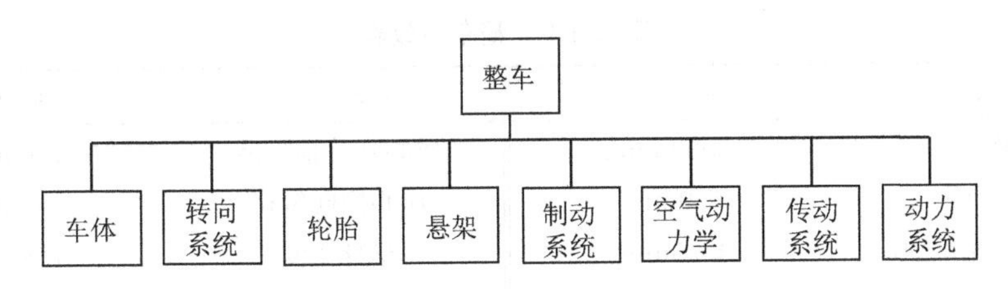

图 2.43 CarSim 整车模型包括的子系统

CarSim 动力学仿真建模过程如下。

如图 2.44 所示为车辆外观参数的设置界面，包括车辆的长、宽、高、轴距等车辆外观参数的设定以及车辆簧载质量等相关参数的设定，将相应的车辆参数输入到对应的位置，车辆参数见表 2.13。

对于车辆的空气动力学的参数设定，将车辆的迎风面积设定为 1.6m^2。

车辆的转向系统与车辆悬架参数对于车辆模型的精确程度有着很重要的影响，两者之间还存在相互作用：转向系统受到悬架绕主销的回正力矩，同时控制着转向轮的运动状态。转向系统的参数包括主销几何参数以及驾驶转向杆系的设置的设定，转向拉杆运动学的设定则通过试验进行标定来获得，此处不进行具体说明，转向系统部分参数如表 2.14 所示。

车辆的悬架对车辆的动力学特性有着至关重要的作用，它用来传递车轮与车体间沿各个方向的力和转矩。车辆悬架部分的参数设置如图 2.45 所示。

车辆与外界环境的交互实现其行驶的功能，主要是由车轮来实现的。其影响着车辆的运动学特性和动力学特性，轮胎部分参数如表 2.15 所示。

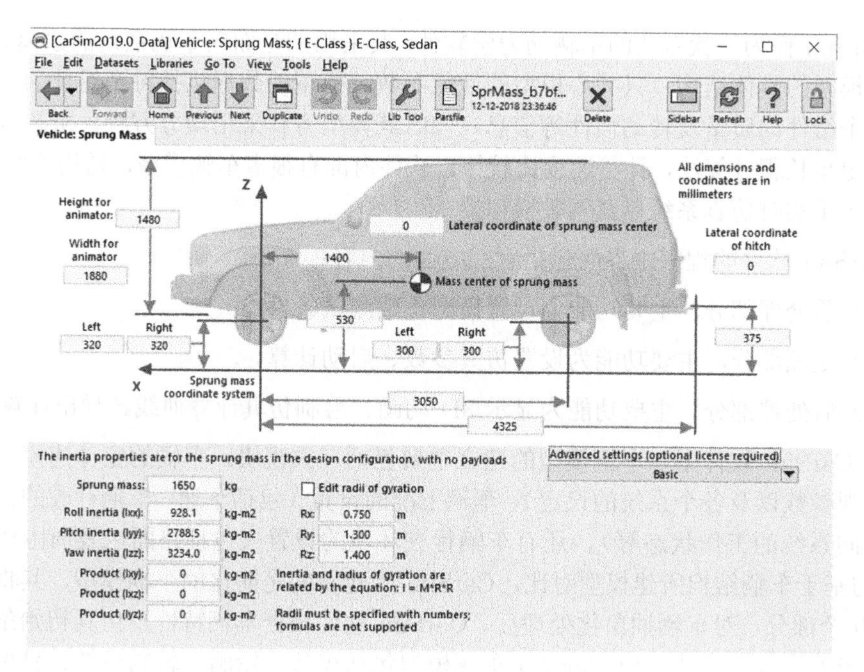

图 2.44 CarSim 整车参数设置界面

表 2.13 整车参数表

参数名称	参数值	参数名称	参数值
轴距	3050mm	质心到前轴距离	1400mm
质心高度	530mm	质心侧向偏移	0mm
车身前轴至尾部距离	4325mm	车身宽度	1880mm
车身高度	1480mm	尾部离地间隙	375mm
整车质量	1650kg	轮胎半径	320mm
前轮距	1582mm	后轮距	1582mm
整车绕 x 轴转动惯量	928.1kg·m^2	整车绕 y 轴转动惯量	2788.5kg·m^2
整车绕 z 轴转动惯量	3234.0kg·m^2		

表 2.14 转向系统部分参数表

参数名称	参数值
轮心处主销侧向偏移	39.5mm
主销内倾角	8°
轮心处主销纵向偏移	−1.0mm
主销后倾角	3.5°

轮胎模型的数学理论是魔术公式。该公式通过组合三角函数来拟合轮胎试验数据，描述轮胎的纵向力 F_x、侧向力 F_y、回正力矩 M_z、翻转力矩 M_x、阻力矩 M_y 与侧偏角 α、滑移率 s 之间的定量关系，以及纵向力与侧向力的联合工作工况，能够表达不同驱动情况时的轮胎特性。魔术公式的一般表达式为

$$f(x) = D\sin\{C\arctan[Bx - E(Bx - \arctan Bx)]\} \tag{2-353}$$

式中，系数 B、C、D 依次由轮胎的垂直载荷和外倾角确定；$f(x)$ 为输出变量，可以是纵向力、侧向力或回正力矩等；x 为输入变量，在不同情况下分别表示轮胎的侧偏角 α 或纵向滑移率 λ；B 为刚度因子；C 为形状因子；D 为峰值因子；E 为曲率因子。如图 2.46 所示为 CarSim 中轮胎的设置界面。

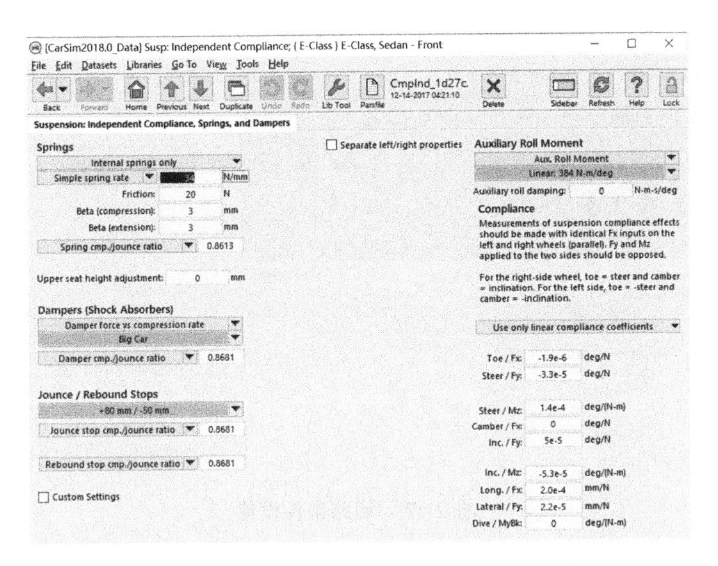

图 2.45 悬架部分参数设置

表 2.15 车轮部分参数表

参数名称	参数值	参数名称	参数值
轮胎宽度	225mm	滚动阻力系数	0.0041
自由滚动半径	364mm	有效滚动半径	353mm

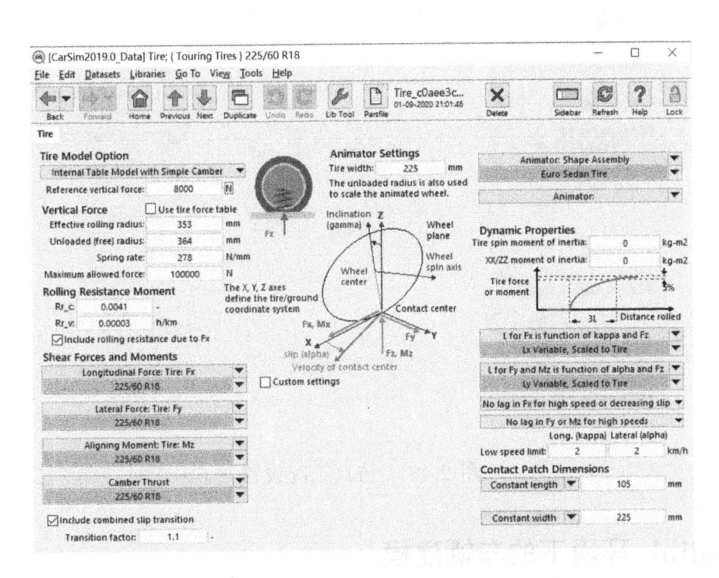

图 2.46 轮胎模型设置

接下来设置 CarSim 中的路面参数，如图 2.47 所示。在该界面内可以设置道路的坡度、路面不平度、附着系数、道路形状、环境动画等。

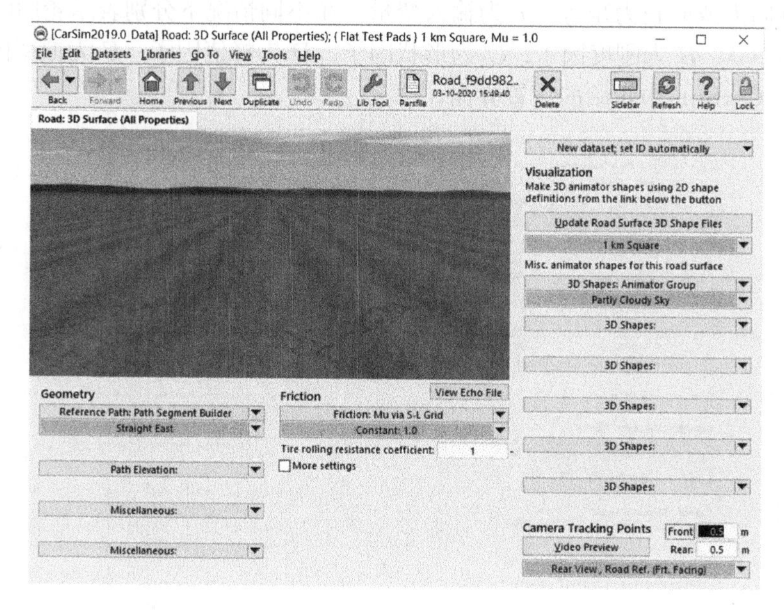

图 2.47 道路条件设置

最后，即可进行 CarSim 环境下的仿真工况的设置（图 2.48）。其中，研究人员可以通过对 CarSim 中所设置车辆的加速踏板开度、转向盘转角、制动主缸压力以及换挡策略等进行调整或给予命令，以使其运动状态及路线符合研究者的操纵意图。

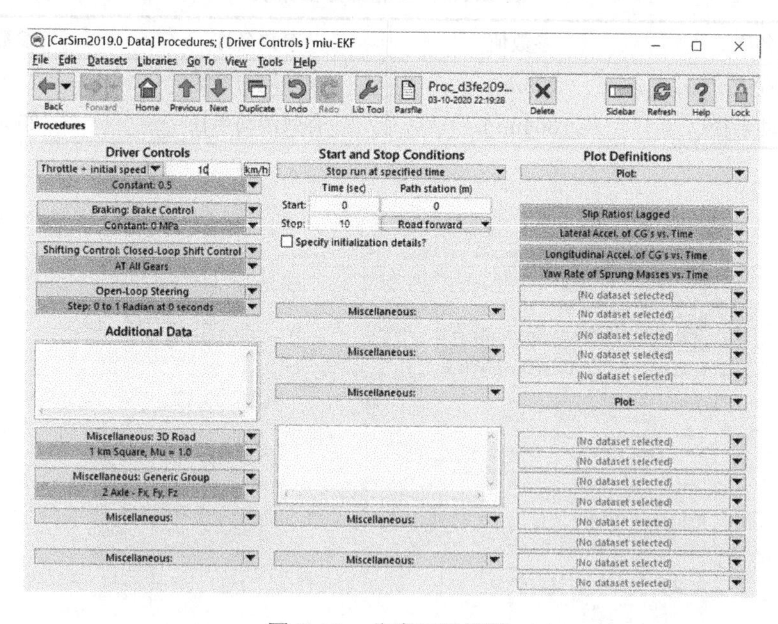

图 2.48 仿真工况设置

2.4.9 Simulink 环境下的车辆建模

MATLAB 是由美国 MathWorks 公司生产的一款数学软件。MATLAB 是矩阵试验室（Matrix Laboratory）的简称，和 Mathematica、Maple 并称为三大数学软件。MATLAB

的数学计算能力十分出色，现如今已在工业生产、机器人控制、模型搭建分析、信号处理和绘制函数等方面展现其强大的性能。

Simulink 是动态系统建模、仿真和综合分析的集成环境。作为 MATLAB 的组成部分，Simulink 能够以模型库的方式针对不同特性的系统进行针对性的调整，能以最形象直观的方式描述各类系统及任务，并进行在线模拟仿真。Simulink 以库的形式涵盖了各类用途的模块，通过不同模块之间的组合搭配实现不同的功能，并且在各个模块之间以信号线的方式连接，每个模块的具体参数可以通过工具箱的形式进行修改，模型的仿真结果以示波器或者绘制函数图形直观地观察。Simulink 是基于图形化的高兼容性环境，由于具备这种特性，使其不仅可用于学术研究，对抽象的数学系统、具体物理对象都可进行模型化表示，因而在医疗、机械、教育、美容、航天、工程建筑等各个领域都有很强的应用价值。通过 Simulink 的解算器采用针对性的算法对不同模块进行计算和分析，Simulink 可以在 MATLAB 的环境下运行各种复杂的算法和仿真各种复杂的系统，可直接利用 M 语言来对 Simulink 模块库中所搭建的模型进行定义、设置属性、仿真命令和绘图分析。

2.4.10　Simulink 车辆模型仿真样例

在 MATLAB 环境下，用 MATLAB/Simulink、Stateflow 建立适用于车辆操纵稳定性研究的十五自由度整车模型，集成车身、悬架、动力系统、制动系统、转向系统、轮胎、控制系统 ECU 等模块，整个系统具有明显的混杂系统特性。

车辆动力学模型的十五自由度包括：整车前进方向、侧向、垂直方向的线运动、俯仰、横摆、侧倾 6 个自由度，每个车轮转动、垂直 2 个自由度共 8 个自由度以及转向轮转向角度 1 个自由度，如图 2.49 所示。

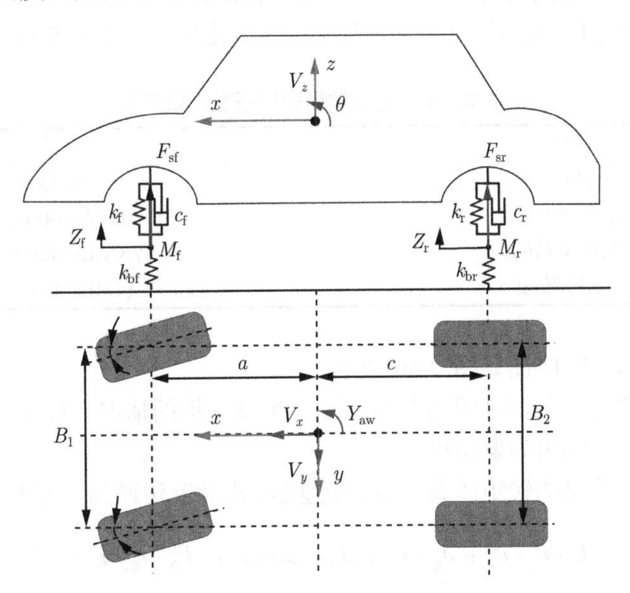

图 2.49　车辆模型自由度示意图

根据这样的自由度分布，并且按照模型模块化的要求，将整车模型分成了如下模块：悬架以上结构动力学模块、悬架模块、轮胎模块、转向系统模块、液压制动系统模块、动力系统模块（发动机模块、传动系统模块）、驾驶员行为模块、控制系统 ECU 模块等。

整个整车模型是一个典型的混杂系统。混杂系统（Hybrid System）是指连续时间系统（Continuous Time System）和离散事件系统（Discrete Event System）并存并交换信息的一种动态系统。通常的混杂系统是分层次表示的，低层次代表的是物理设备及下位控制器，使用微分方程表示的动力学系统；高层次代表的是控制策略及上位控制器，是用接近自然语言的高级语言描述的控制逻辑系统，控制系统 ECU 模块就属于这样的离散事件系统。本节将在 MATLAB 的环境下，利用 Simulink 搭建连续系统模型，利用 Stateflow 搭建离散事件系统模型。

1）轮胎模型构建

根据已有的数据条件，可选用具有拟合精度高，表达式比较统一的魔术公式轮胎模型。魔术公式的具体参数取值见 2.2.5 节内容。

虽然魔术公式存在计算量较大的缺点，经过测试，一般仿真的硬件条件完全能满足魔术公式实时计算的要求。由于魔术公式轮胎模型计算的是轮胎稳态特性，因此适用于低输入频率下的操纵稳定性研究，而对于高输入频率下的响应，则具有局限性，这也是在后续改进过程中所需要注意和完善的问题。

同时，魔术公式也可以计算回正力矩，但因为回正力矩的主要作用在于通过转向盘为驾驶员提供一个反馈力矩，即通常所说的“路感”，它对车辆运动的影响并不大，因此仿真中忽略了回正力矩的影响。

2）发动机模型构建

仿真模型的动力系统模块包括发动机模型和传动系统模型。考虑到该模型通常要在硬件在环的环境下实时运行，因此模型不能太复杂，否则会影响其实时性，故使用二维查表模块来构建发动机模型。

基于发动机试验得到的转速、节气门开度、输出转矩这三个数据建立 Simulink 中的查表模块，以 491Q-E 单点电喷发动机为例，其相关数据示于表 2.16。

表 2.16 动力学模型所用发动机参数

项目	参数
发动机型号	491Q-E
额定功率/转速	70kW/4600r/min
最大转矩/转速	178N.m/3000r/min
怠速时转速	(730±50)r/min

发动机数据的 MAP 图如图 2.50 所示。

数据中出现的转矩负值是因为发生了发动机被反拖的情况。模型中，输入为发动机转速、节气门开度，输出为发动机转矩。

从发动机曲轴输出的转矩经离合器、变速器、传动轴传递到差速器壳，其运动方程为

$$(J_{\mathrm{e}} \cdot i_{\mathrm{g}}^2 \cdot i_{\mathrm{o}}^2 + J_{\mathrm{g}} \cdot i_{\mathrm{o}}^2 + J_{\mathrm{o}}) \cdot \dot{\omega}_{\mathrm{d}} = \eta \cdot T_{\mathrm{p}} \cdot i_{\mathrm{g}} \cdot i_{\mathrm{o}} - T_{\mathrm{d}} \tag{2-354}$$

式中，J_{g} 为变速器齿轮副的转动惯量；J_{o} 为差速器壳的转动惯量；$\dot{\omega}_{\mathrm{d}}$ 为差速器壳的回转角加速度；η 为传动效率；i_{g} 为变速器传动比；i_{o} 为减速器减速比；T_{d} 为经过传动系统传递到两半轴的发动机输出转矩，差速器再将该转矩分配给左右半轴，其分配关系为

$$T_{\mathrm{d}} = T_{\mathrm{d(1)}} + T_{\mathrm{d(2)}} \tag{2-355}$$

$$J_{\mathrm{s}} \cdot \dot{\omega}_{\mathrm{s}} = [T_{\mathrm{d(1)}} - T_{\mathrm{d(2)}}] \cdot r_{\mathrm{s}}/r_{\mathrm{i}}/2 - M_{\mathrm{s}} \tag{2-356}$$

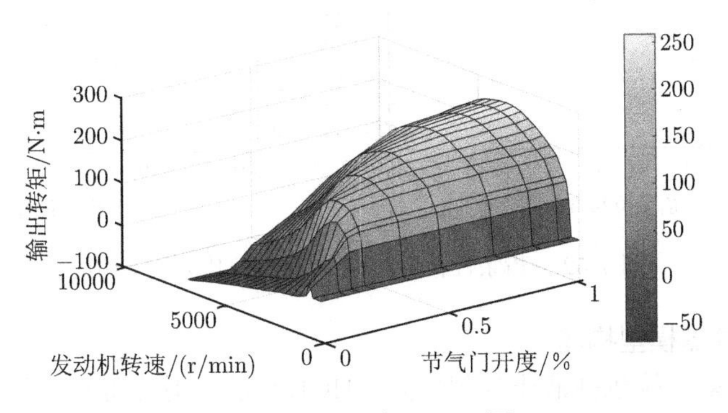

图 2.50　发动机 MAP 图

式中，$T_{\mathrm{d(1)}}$、$T_{\mathrm{d(2)}}$ 分别是分配给左右半轴的驱动转矩；J_{s} 为差速器行星齿轮的转动惯量；$\dot{\omega}_{\mathrm{s}}$ 为差速器行星齿轮的角加速度；r_{s} 为行星齿轮半径；r_{i} 为半轴输入端半径；M_{s} 为差速器摩擦阻力矩。其中，

$$\dot{\omega}_{\mathrm{s}} = \frac{r_{\mathrm{t}}}{2r_{\mathrm{s}}}[\dot{\omega}(1,1) - \dot{\omega}(1,2)] \tag{2-357}$$

$$\dot{\omega}_{\mathrm{d}} = \frac{1}{2}[\dot{\omega}(1,1) + \dot{\omega}(1,2)] \tag{2-358}$$

利用 MATLAB/Stateflow 搭建了控制模块实现车辆的控制。Stateflow 是 MATLAB 中利用有限状态机（Finite State Machine）理论对事件驱动系统进行建模和仿真的可视化设计工具，它可以应用于复杂控制逻辑设计，可以方便地实现各种状态之间的切换，并且可以很方便地进行可视化调试。

整个 Stateflow 模块利用输入脉冲信号作为时钟信号，利用输入脉冲的上下降沿作为触发来进行更新，因此，可以方便地改变脉冲信号的频率来改变整个控制算法的运行周期。算法中各状态之间利用各种显性事件以及条件语句产生的隐形事件进行驱动。

3）转向系统模型构建

车辆转向系统的建立可简化为两部分，分别是驾驶员转向盘转角输入到齿轮齿条转向器齿条位移的传动比和由齿条位移到左/右前轮转角的传动比。两者的传动比曲线如图 2.51 和图 2.52 所示。

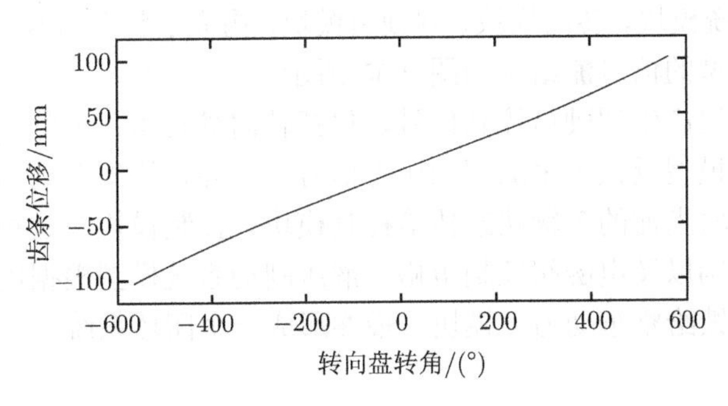

图 2.51　转向盘转角至齿条位移传动关系曲线

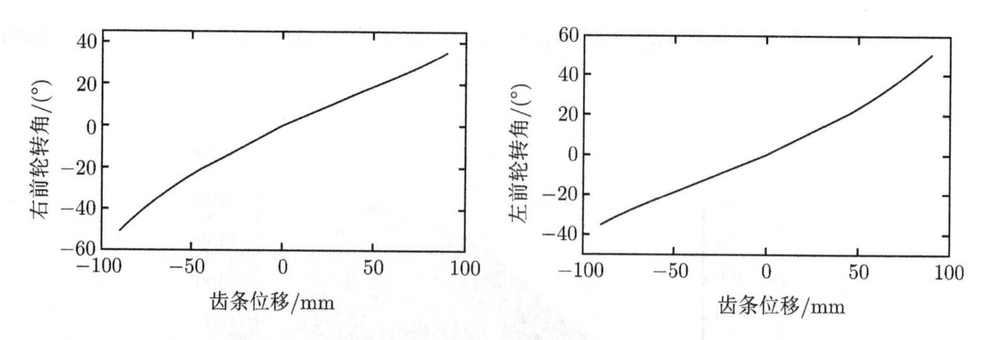

图 2.52 齿条位移至左/右前轮转角传动关系曲线

4）液压制动器模型构建

整个液压制动系统包括液压控制单元（HCU）以及制动器两部分，HCU 在模型中简化为增减压阀状态控制，每个液压制动通道通过增减压阀的状态组合来实现增压、保压、减压三种压力调节。这样控制模块就可以通过输出电磁阀控制信号来进行压力调节。电磁阀的组合方式与压力调节的关系如表 2.17 所示。

表 2.17 电磁阀组合方式与压力调节关系

增压阀	减压阀	压力调节
打开	关闭	增压
关闭	关闭	保压
关闭	打开	减压

液压制动系统模型如图 2.53 所示，主要由主缸模块、阀体模块、轮缸模块等组成，该模型一般用于制动系统的闭环仿真。由于该液压制动系统模型较复杂，在实际的液压制动力控制策略开发过程中，一般将其简化为一阶积分器，如图 2.54 所示，考虑到液压系统的特性，增加了一阶惯性环节作为滞后环节，并加入了比例环节，用以调节制动力矩的大小。以左前轮制动器为例，图 2.54 中 DP 为制动力矩增加速率的数值，TB 为滞后时间。因为存在最大制动力矩，因此在积分环节处加上了饱和极限。控制模块产生增减压阀的开断，然后仿真系统经过对增减压阀开断信号组合的译码，生成制动器模型的输入信号。

整车动力学模型、整车力分析模型、动力系统模型构成了整车动力模块，加上控制模块、液压制动系统模块、转向模块、驾驶员模块，构成了整个仿真系统的核心模型。整个仿真平台核心模型的信号流结构如图 2.55 所示。

驾驶员行为模块产生驾驶员控制信号，包括转向盘转角、节气门开度等。这些信号加上液压制动系统模型反馈过来的制动压力信号，一并传给整车动力学模块。整车动力学模块经过计算，将当前的车辆状态传给控制模块。控制模块经过相应算法的计算及判断，给出节气门控制以及电磁阀控制策略。液压制动系统模型根据电磁阀控制策略计算当前制动压力，反馈给整车动力学模块，最终形成一个闭环系统。

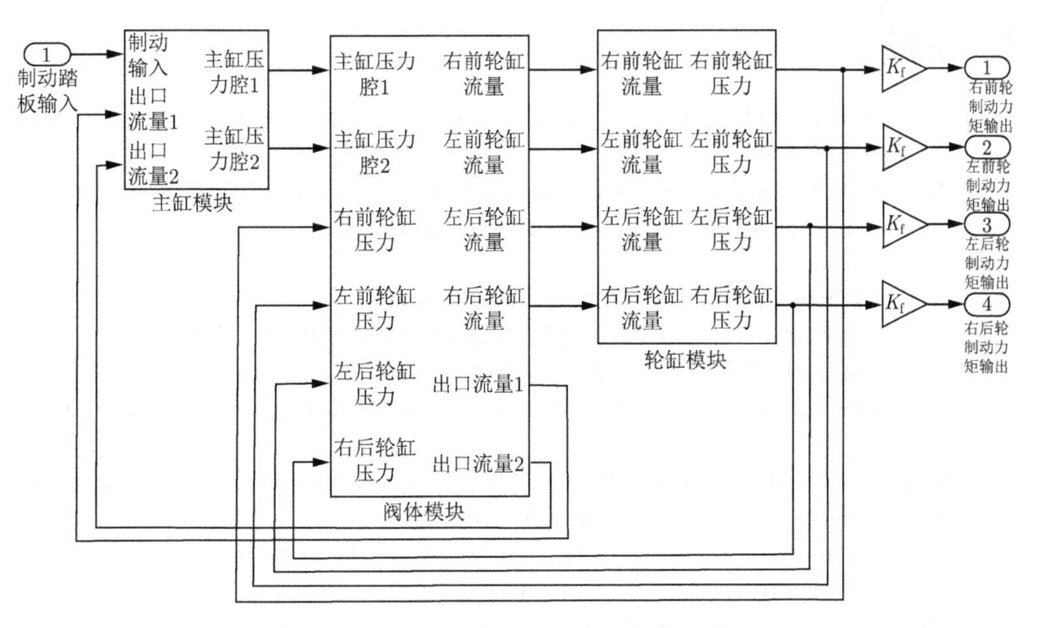

图 2.53　液压制动系统模型

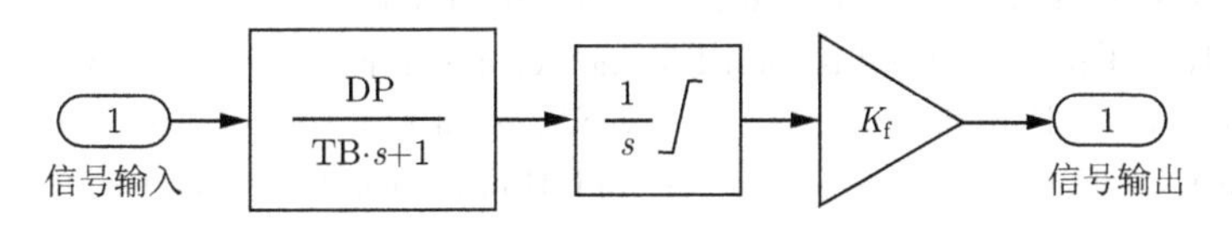

图 2.54　液压制动系统简化模型

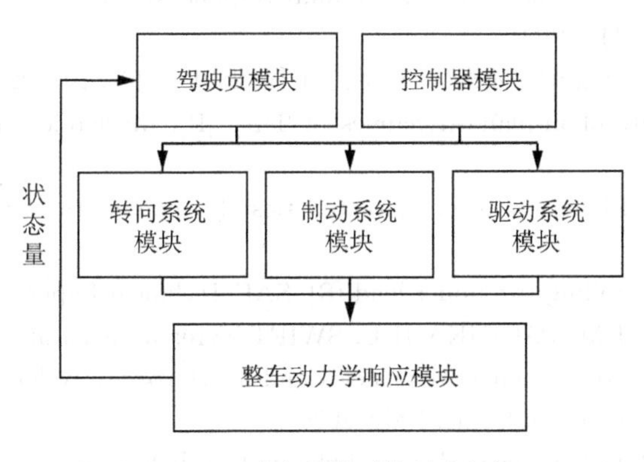

图 2.55　动力学模型信号流结构

2.5　本章小结

本章分别从“人–车–路”闭环系统中的轮胎模型、驾驶员模型，以及车辆自身的动力学建模进行讨论。总结并分析了汽车动力学分析过程中常用的几种轮胎模型、驾驶员模型和车辆动力学模型，读者可以按照自己的研究需求选择运用合适的分析模型，以降低计算难度，提升问题研究的准确性。此外，本章还简要介绍了汽车动力学研究中常用的三种仿真软件，并列举了相关样例供读者参考学习。

参考文献

[1] PACEJKA H B, BAKKER E. The magic formula tyre model [J]. Vehicle system dynamics, 1992, 21(Sup1): 1-18.

[2] CHENG S, LI L, YAN B, et al. Simultaneous estimation of tire side-slip angle and lateral tire force for vehicle lateral stability control [J]. Mechanical systems and signal processing, 2019, 132: 168-182.

[3] 喻凡. 汽车系统动力学 [M]. 北京：机械工业出版社, 2016.

[4] 靳贻斌. 基于轮胎变参数刷子模型的总力方向研究 [D]. 长春：吉林大学，2015.

[5] 李亮. 汽车动力学稳定性控制系统状态观测和控制方法研究 [D]. 北京：清华大学，2008.

[6] 危银涛，冯希金，冯启章，等. 轮胎动态模型研究的进展 [J]. 汽车安全与节能学报，2014，5(4)：311-323.

[7] BAKKER E, PACEJKA H B, LIDNER L. A new tire model with an application in vehicle dynamics studies [J]. SAE transactions, 1989: 101-113.

[8] 郭孔辉. UniTire 统一轮胎模型 [J]. 机械工程学报，2016，52(12)：90-99.

[9] GUO K, LU D, CHEN S, et al. The UniTire model: a nonlinear and non-steady-state tyre model for vehicle dynamics simulation [J]. Vehicle system dynamics, 2005, 43(Sup1): 341-358.

[10] DUGOFF H, FANCHER P S, SEGEL L. Tire performance characteristics affecting vehicle response to steering and braking control inputs [R]. 1969.

[11] WIEGNER P. Über den Einfluss von Blockierverhinderern auf das Fahrverhalten von Personenkraftwagen bei Panikbremsungen [M]. Verlag nicht ermittelbar, 1974.

[12] UFFELMANN F. Berechnung des Lenk-und Bremsverhaltens von Kraftfahrzeugzügen auf rutschiger Fahrbahn [M]. 1980.

[13] PACEJKA H B. Tire and vehicle dynamics [M]. Amsterdam: Elsevier, 2005.

[14] PACEJKA H B. Approximate dynamic shimmy response of pneumatic tires [J]. Vehicle System Dynamics, 1973, 2(1): 49-60.

[15] 危银涛，管迪华. 关于轮胎的圈模型 [J]. 汽车工程, 2001, 23(4): 217-221.

[16] GONG S. A study of in-plane dynamics of Tires [R]. Mechanical maritime and materials engineering, 1993.

[17] TIELKING J T . Plane vibration characteristics of a pneumatic tire model [J]. SAE Paper, 1965, 1.

[18] CLARK S K. The rolling tire under load [R]. SAE Technical Paper, 1965.

[19] VAN OOSTEN J J M, PACEJKA H B. SWIFT-Tyre: an accurate tyre model for ride and handling studies also at higher frequencies and short road wavelengths [C]//15th ADAMS European User Conference. Rome, Italy. 2000.

[20] MAURICE J P. Short wavelength and dynamic tyre behaviour under lateral and combined slip conditions [D]. Delft: Delft University of Technology, 2000.

[21] ZEGELAAR P W A. The dynamic response of tyres to brake torque variations and road unevennesses [D]. Delft: Delft University of Technology, 1998.

[22] GUAN D, LIU D, YU L. The tire experimental modal analysis & probe to establish tire model by using modal parameters [J]. Dynamics of Vehicles on Road Rails. U, 1993, 29.

[23] 管迪华，李宝江. 轮胎模态参数模型及滚动阻力模拟 [J]. 清华大学学报 (自然科学版)，2011，51(05)：706-709.

[24] 管欣. 驾驶员方向控制模型及闭环驾驶安全性预测方法的研究 [D]. 长春：吉林工业大学，1992.

[25] MCRUER D T, JEX H R. A review of quasi-linear pilot models [J]. IEEE Transactions on Human Factors in Electronics, 1967 (3): 231-249.

[26] SHERIDAN T B. Three models of preview control [J]. IEEE Transactions on Human Factors in Electronics, 1966 (2): 91-102.

[27] KONDO M, AJIMINE A. Driver's sight point and dynamics of the driver-vehicle-system related to it[R]. SAE Technical Paper, 1968.

[28] MACADAM C C. Application of an optimal preview control for simulation of closed-loop automobile driving [J]. IEEE Transactions on systems, man, and cybernetics, 1981, 11(6): 393-399.

[29] YOSHIMOTO K. A self-paced preview tracking control model of an automobile driver [R]. 1981.

[30] GUO K H. A study of method for modelling closed-loop vehicle directional control [R]. report in UMTRI, 1982.

[31] KAGEYAMA I, PACEJKA H B. On a new driver model with fuzzy control [J]. Vehicle System Dynamics, 1992, 20(Sup1): 314-324.

[32] KAGEYAMA I, OWADA Y. An analysis for a riding contract algorithm for two wheeled vehicle with a neural network modeling [M]. Vehicle System Dynamics Supplement, Swets & Zeitlinger, 1996, 317-326.

[33] 张立存. 汽车驾驶员控制行为统一决策模型的研究 [D]. 长春：吉林大学，2007.

[34] GAO Z H, GUAN X, GUO K H, et al. Driver fuzzy decision model of vehicle preview course [J]. Natural science journal of Jilin University of technology, 2000, 30(1): 7-10.

[35] 管欣，高振海, 郭孔辉. 汽车预期轨迹驾驶员模糊决策模型及典型路况仿真 [J]. 汽车工程，2001，30(1): 13-17, 20.

[36] GAO Z H, GUAN X, GUO K H. Driver directional control model and the application in the research of intelligent vehicle [J]. China Journal of Highway and Transport, 2000, 13(3).

[37] GUO K, PAN F, CHENG Y, et al. Driver model based on the preview optimal artificial neural network [J]. AVEC proceedings, 2002: 677-682.

[38] SALVUCCI D D, BOER E R, LIU A. Toward an integrated model of driver behavior in cognitive architecture [J]. Transportation Research Record, 2001, 1779(1): 9-16.

[39] 刘雁飞. 驾驶员行为建模研究 [D]. 杭州：浙江大学，2007.

[40] 刘晋霞. 汽车驾驶员模型的研究现状及发展趋势 [J]. 汽车科技，2010(5): 19-24.

[41] 高振海, 管欣, 郭孔辉. 预瞄跟随理论和驾驶员模型在汽车智能驾驶研究中的应用 [J]. 交通运输工程学报, 2002(2): 63-66.

[42] GUAN H, ZHANG L C, GAO Z H. Research of driver optimal preview acceleration integrated decision model [J]. Journal of Jilin University-Engineering and Technology Edition, 2006, 36(Suppl 1): 172-176.

[43] 郭孔辉. 汽车操纵动力学原理 [M]. 南京：江苏科学技术出版社，2011.

[44] 李红志，李亮，宋健，等. 预瞄时间自适应的最优预瞄驾驶员模型 [J]. 机械工程学报，2010(20): 106-111.

[45] ZHUANG D, YU F, LI D. An optimal preview ANN driver model based on error elimination algorithm [R]. SAE Technical Paper, 2005.

[46] PIPES L A. An operational analysis of traffic dynamics [J]. Journal of applied physics, 1953, 24(3): 274-281.

[47] GAZIS D C, HERMAN R, ROTHERY R W. Nonlinear follow-the-leader models of traffic flow [J]. Operations research, 1961, 9(4): 545-567.

[48] NEWELL G F. Nonlinear effects in the dynamics of car following [J]. Operations research, 1961, 9(2): 209-229.

[49] HELLY W. Simulation of bottlenecks in single-lane traffic flow [J]. 1959: 207-238.

[50] TYLER J. The characteristics of model-following systems as synthesized by optimal control [J]. IEEE Transactions on Automatic Control, 1964, 9(4): 485-498.

[51] BURNHAM G, SEO J, BEKEY G. Identification of human driver models in car following [J]. IEEE transactions on Automatic Control, 1974, 19(6): 911-915.

[52] GIPPS P G. A behavioural car-following model for computer simulation [J]. Transportation Research Part B: Methodological, 1981, 15(2): 105-111.

[53] 贾洪飞，唐明，李莉. 基于驾驶员认知过程的车辆跟驰模型的建立 [J]. 公路交通科技，2008, 25(2): 123-126.

[54] YANG H H, PENG H. Development of an errorable car-following driver model [J]. Vehicle System Dynamics, 2010, 48(6): 751-773.

[55] 李俊峰，张雄. 理论力学 [M]. 北京：清华大学出版社，2010.

[56] 余志生. 汽车理论 [M]. 北京：机械工业出版社，2009.

第3章　汽车动力学全局状态观测

3.1　本章概述

本章主要针对车辆动力学全局状态的观测问题进行了深入讨论。首先，车辆运动主要由四个车轮与路面接触的轮胎印迹传递的轮胎力所决定，轮胎力的准确获取是底盘动力学稳定性等各项性能的决定性因素。然而，轮胎非线性特性给其观测带来巨大挑战，本章将针对轮胎力观测问题进行分析，从集成观测架构、算法逻辑与设计、试验平台搭建和试验验证等方面进行详细论述。

再者，整车运动姿态包括纵向车速、车身侧偏角、侧倾角及横摆运动等车辆动力学状态，是车辆动力学性能的表征指标和动力学控制的重要变量。车辆在极限工况下的强非线性特性是上述整车动力学状态估计面临的主要难题，本章针对各个状态量逐一从动力学模型、观测算法设计、试验验证结果等方面进行分析。

此外，车辆动力学的控制需要准确的道路信息，包括路面附着系数、道路纵坡和侧坡等。汽车实际行驶过程中，道路状况的复杂性给上述状态量的估计带来困难，本章也针对这一难题进行了讨论。

3.2　集成观测架构

目前在汽车动力学控制方面，多数情况下使用的是自由度较少的车辆动力学模型，在整车性能分析过程中存在一定的局限性并且模型精度较依赖于实车的试验数据。为了对汽车性能进行全面准确的预测以及优化，现有汽车底盘域内集成了越来越多的诸如转向盘转角传感器、轮速传感器、IMU 等传感器，域控制器能够对传感器信息接收处理输入给十五自由度车辆动力学模型，通过十五自由度车辆动力学模型解算，对整车动力学状态参量估计，提取出车辆动力学稳定性等映射的相应自由度（纵向、横向、横摆、侧倾、俯仰），进行关键状态量的解算（车辆质心侧偏角、侧倾角、轮胎滑移率、车轮角加速度），根据识别出的车辆动力学状态与理想状态偏差，进行面向智能网联汽车的底盘域集成控制，如图 3.1 和图 3.2 所示。

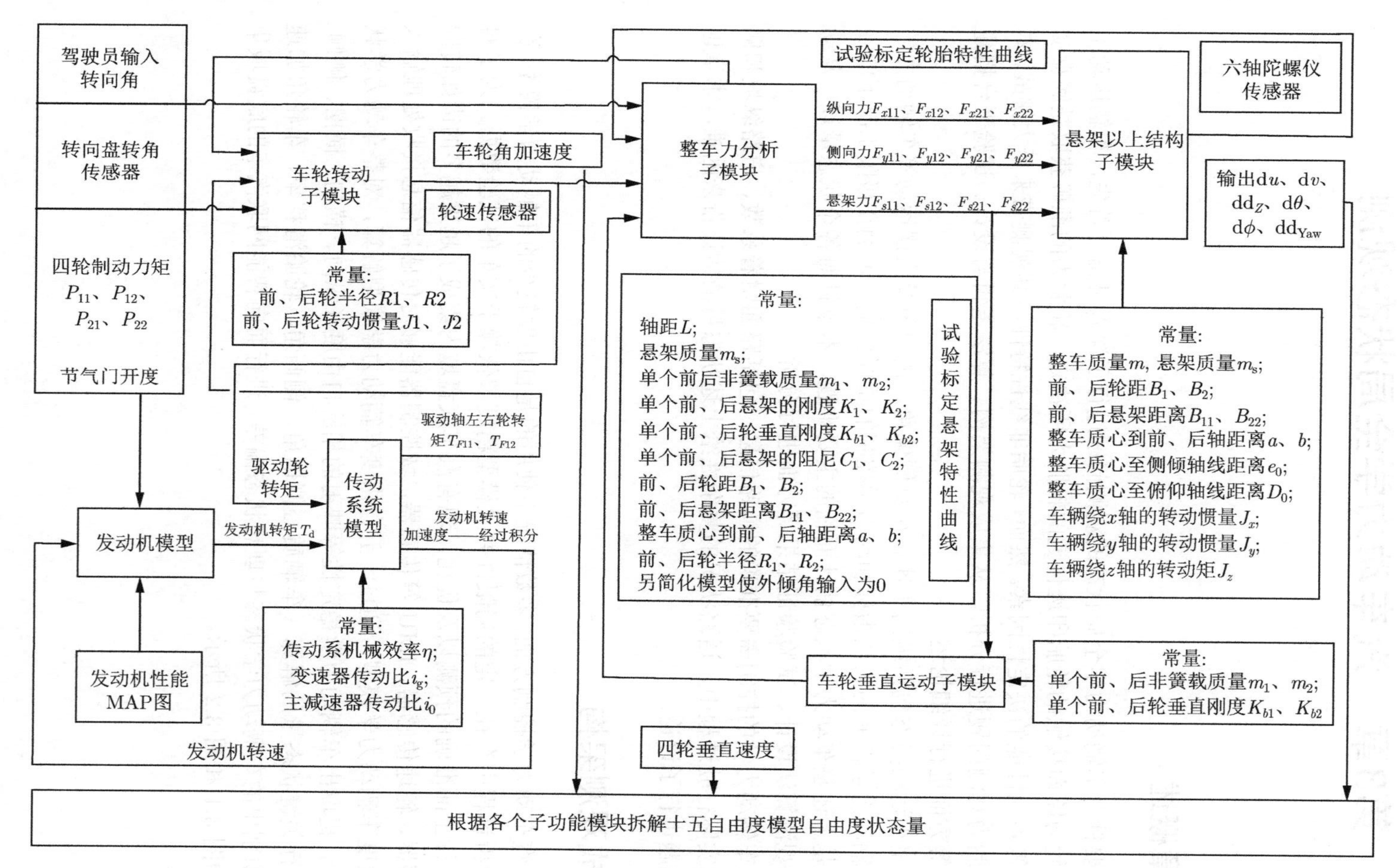

图 3.1 车辆动力学参数模型解算框架

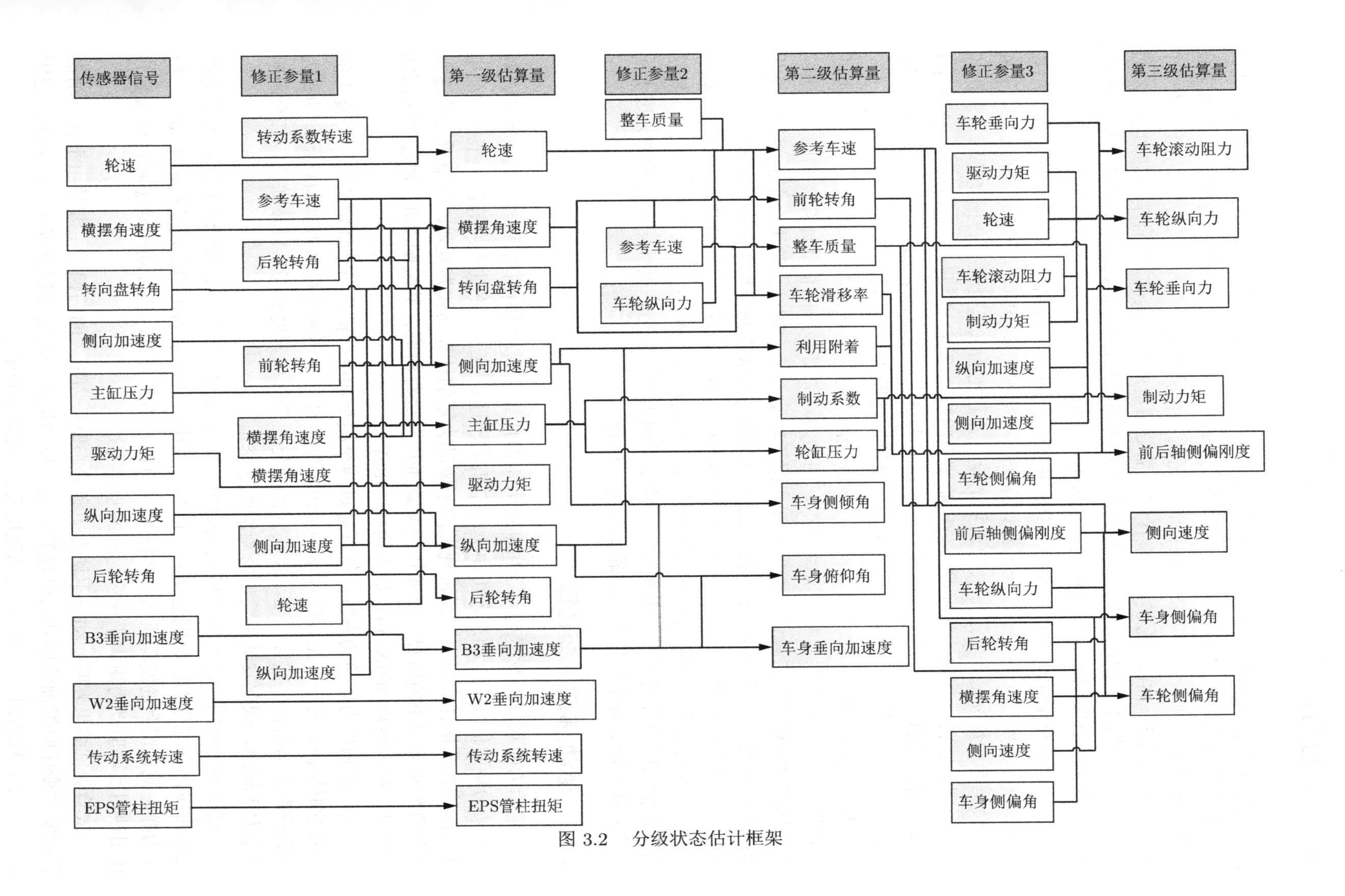

图 3.2 分级状态估计框架

3.3 轮胎力解算

轮胎力在线观测是汽车动力学状态观测中的重要环节[1]。汽车动力学控制的主要外力来自于轮胎与路面之间的摩擦，且汽车动力学控制性能主要依赖于这些动力学状态变量的精准观测和四轮滑移率的精确控制。因此，轮胎力对于汽车动力学控制而言是一个至关重要的因素。然而，轮胎力的直接测量需要昂贵的测量仪器，并且车辆动力学非线性特性、车辆参数不确定性、未知的关键变量及传感器噪声对其观测造成了很大的困难[2]。因此，准确并且实用的轮胎力观测器是必不可少的。

如何获取车辆轮胎力在以往研究文献中被广泛讨论。总结而言，获取各方向轮胎力的方法可分为两种，一是搭建观测器计算法；二是物理或经验轮胎模型计算法[3]。然而轮胎模型的参数标定需要进行大量重复试验，并且轮胎气压变化、磨损老化等多种因素均会影响轮胎特性，导致物理或经验轮胎模型的精度下降。因此，轮胎力观测算法估计是最实用有效的一种方法。目前已有一些研究人员专注于车辆轮胎力的估算研究，例如，扩展卡尔曼滤波轮胎力观测器及无迹卡尔曼滤波轮胎力观测器等[4,5]。

本节首先详细地介绍了各向轮胎力集成观测的总体架构，在此基础上，给出轮胎力观测的算法逻辑，主要包括：驱动力矩、制动力矩关键参数的估计计算；垂向力、纵向力及侧向力的观测算法设计；然后详细介绍了轮胎六分力测试试验平台车的搭建，给出算法的实车测试结果分析。本章提出的各向轮胎力集成观测架构采用分层结构，主要包括四个子模块：基于量产车型的车载传感器测量信号，通过关键参数估计对制动力矩和驱动力矩进行估计；直接利用车辆测量信号对垂向轮胎力进行估计计算；基于 PID 算法设计轮胎纵向力观测器；利用观测出的轮胎垂向力和纵向力，设计侧向轮胎力无迹卡尔曼滤波观测器对每个车轮的侧向轮胎力进行估计。

3.3.1 驱动/制动力矩估算

轮胎力的观测涉及驱动力矩和制动力矩的估算，制动力矩的估算参见 4.3.3 节，对于驱动力矩的估算，电动汽车可由驱动电机的转速、电压、驱动电流等信号根据驱动电机工作特性直接计算得出。而常规燃油车驱动力矩的计算则较为复杂，本节重点论述常规燃油车驱动力矩的估算。下面针对某款乘用车进行研究，其装配 2.0T 涡轮增压汽油发动机，最大转矩 260N·m，最大功率 110kW。

发动机输出力矩的动态特征可以通过两个模型加以分析，一个是定节气门开度下的输出力矩特征，另一个是定转速下的输出力矩特征。上述两个模型得到的只是发动机力矩的静态输出特征，实际上发动机转速的变化、节气门开度的滞后以及惯性等都会影响动态力矩输出，因此发动机输出力矩需经过修正[6]。

发动机转速的变化对发动机驱动力矩的影响如图 3.3 所示。图 3.3上部分为发动机转速曲线，下部分为发动机驱动力矩曲线，其中实线所示为实测的发动机输出力矩，虚线为静态测试得到的发动机 MAP 图输出力矩。由此可见，当发动机减速时转动惯量的作用使得实际驱动力矩大于对应的静态驱动力矩。

试验测试结果表明：动态驱动力矩和静态驱动力矩之间的偏差主要是由于在发动机转速发生变化时燃油喷射补偿引起的。引入发动机转动加速度修正因子 κ，如果加速则 $\kappa < 0$，如果减速则 $\kappa > 0$。κ 是加速度变化量的线性函数：

$$\kappa = \kappa \left(\frac{\mathrm{d}\omega(t)}{\mathrm{d}t} \right) \tag{3-1}$$

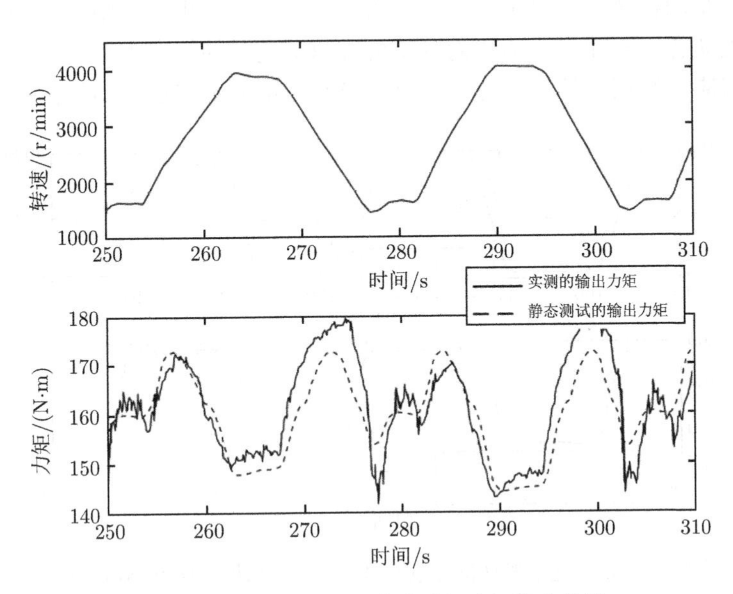

图 3.3　70% 节气门开度发动机力矩输出特性

基于静态输出特性试验参数，采用加速度修正因子修正后得到的输出力矩和实测的动态力矩高度吻合，上下偏差小于 5%，如图 3.4 所示。

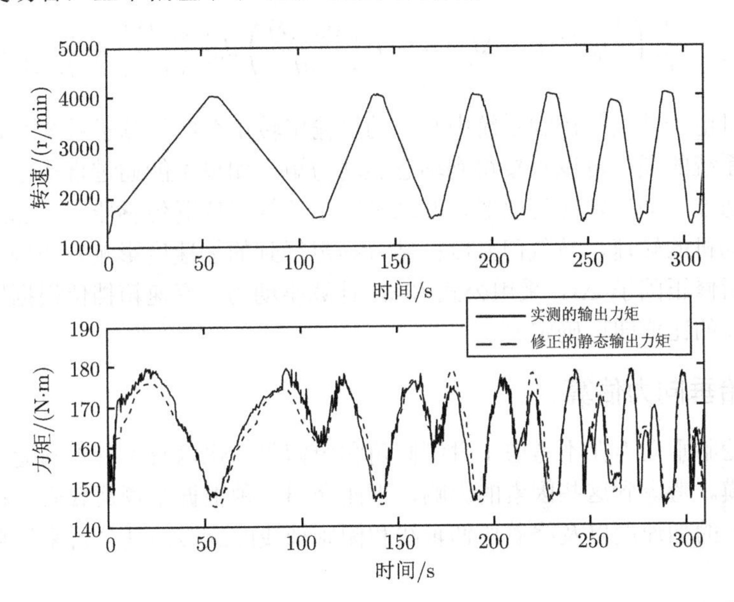

图 3.4　通过补偿之后的发动机定节气门力矩输出特性

在给定的转速条件下，节气门开度发生变化时其变化的滞后影响到力矩的输出。考虑到节气门驱动直流电机的负载特性，将时间滞后因素表述为节气门开度变化的线性函数：

$$\Delta t = \xi \cdot \frac{\mathrm{d}\alpha}{\mathrm{d}t} \tag{3-2}$$

图 3.5 所示为通过节气门开度滞后时间因素修正得到的动态力矩输出和静态标定的力矩输出之间的对比。图 3.5 中实线为转矩，点画线为节气门开度。上图为实际的节气门开度变化和发动机转速变化条件，下图为发动机力矩输出，其中实线为发动机转速恒定时的发动机动态力矩输出，虚线为发动机转速恒定时的静态力矩输出。可见通过发动机节气门时间滞后修正后的动态力矩输出和静态力矩输出相近，偏差在 3% 以内。

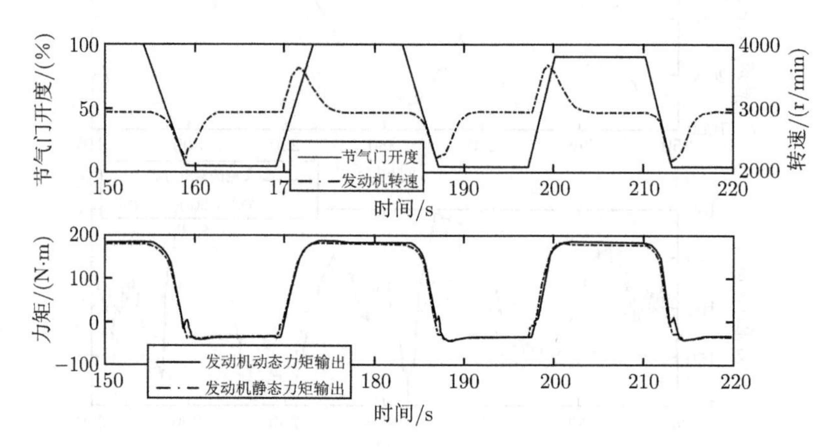

图 3.5 定转速下发动机力矩输出特性（发动机转速 2900 r/min）

基于上述定转速力矩输出模型和定节气门力矩输出模型，考虑加速度修正因子 κ，以及节气门时间滞后修正因子 Δt，可以基于实际标定得到的静态输出力矩参数估算发动机动态条件下的力矩输出。驱动轮驱动力矩输入估算模型为

$$F_{dij}=\frac{1}{R}\left(\frac{1}{2}\eta_{\mathrm{e}}T_{\mathrm{e}}^{\mathrm{s}}(t-\Delta t)i_{\mathrm{g}}i_0-\kappa\left(\frac{\mathrm{d}\omega_{\mathrm{e}}(t)}{\mathrm{d}t}\right)J_{\mathrm{e}}\frac{\mathrm{d}\omega_{\mathrm{e}}(t)}{\mathrm{d}t}\right)+\frac{J_{\mathrm{w}}}{R^2}\frac{\mathrm{d}}{\mathrm{d}t}V_{w_{ij}} \tag{3-3}$$

若发动机电子节气门控制系统中有发动机输出转矩在线估算子系统 [7]，通过和电子节气门控制系统的通信可以直接得到动态驱动力矩。如果不能通过直接通信得到相关参数，则可以通过发动机转速传感器、发动机电子节气门位置传感器以及加速踏板位置传感器得到发动机的转速、节气门开度；结合标定得到的加速度影响修正因子 κ，以及节气门时间滞后修正因子 Δt，采用公式 (3-3) 计算驱动力。变速箱挡位根据发动机转速和前轮转速之间的比值即可确定 [8]。

3.3.2 轮胎垂向力估算

通常，轮胎垂向力在不考虑车身侧倾角和俯仰角变化以及车身垂向运动的影响的情况下进行建模。考虑到这些因素的影响，下面介绍一种根据车辆簧载质量在纵向、侧向和垂向方向上的加速度以及绕着俯仰轴线和侧倾轴线的旋转运动分析来计算轮胎垂向力的方法 [5]。

图 3.6 描绘了车辆俯仰平面中簧载质量的轮胎力和加速度分量。作用在前后轴上的垂向力由下式给出：

$$F_{z\mathrm{f}}=-m\frac{H_{\mathrm{COG}}}{L}\left(a_{x,\mathrm{m}}\cos\theta_{\mathrm{v}}+a_{z,\mathrm{m}}\sin\theta_{\mathrm{v}}\right)-m\frac{L_{\mathrm{r}}}{L}\left(a_{x,\mathrm{m}}\sin\theta_{\mathrm{v}}+a_{z,\mathrm{m}}\cos\theta_{\mathrm{v}}\right) \tag{3-4}$$

$$F_{z\mathrm{r}}=m\frac{H_{\mathrm{COG}}}{L}\left(a_{x,\mathrm{m}}\cos\theta_{\mathrm{v}}+a_{z,\mathrm{m}}\sin\theta_{\mathrm{v}}\right)-m\frac{L_{\mathrm{f}}}{L}\left(a_{x,\mathrm{m}}\sin\theta_{\mathrm{v}}+a_{z,\mathrm{m}}\cos\theta_{\mathrm{v}}\right) \tag{3-5}$$

式中，$a_{z,\mathrm{m}}$ 是重心的垂向加速度实测值；L_{f} 和 L_{r} 分别是质心与前后轴之间的距离；H_{COG} 是质心的离地高度。

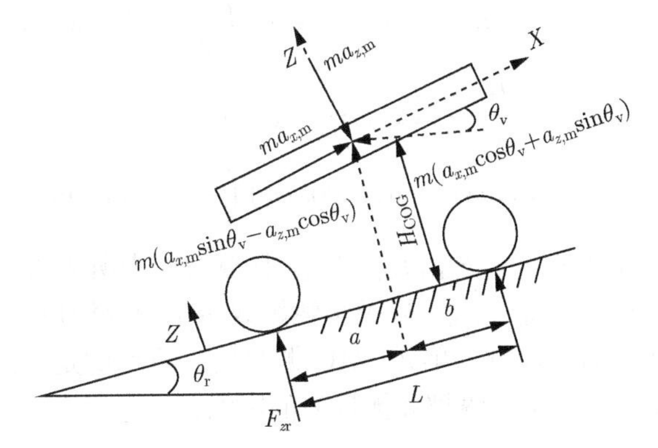

图 3.6 车辆俯仰平面模型（车辆侧视图）

基于此可以计算出车辆前后轴上的有效质量，定义如下：

$$m_{\mathrm{v,f}}=\frac{F_{z\mathrm{f}}}{g},\quad m_{\mathrm{v,r}}=\frac{F_{z\mathrm{r}}}{g} \tag{3-6}$$

图 3.7 给出了在侧倾平面上的簧载质量（后视图）以及由于车辆的侧向运动而作用在簧载质量上的力。这样，基于侧倾平面模型和动力学方程式可用于单独计算每个车轮的垂向轮胎力。

作用在右后轮胎上的垂向力可通过计算左后轮胎接触点处的力矩平衡来计算：

$$\sum M_{\mathrm{rl}}=0\rightarrow F_{z\mathrm{rr}}=-\frac{m_{\mathrm{v,r}}H_{\mathrm{COG}}}{w}(a_{y,\mathrm{m}}\cos\phi_{\mathrm{v}}-a_{z,\mathrm{m}}\sin\phi_{\mathrm{v}})-\frac{m_{\mathrm{v,r}}}{w}(a_{y,\mathrm{m}}\sin\phi_{\mathrm{v}}+a_{z,\mathrm{m}}\cos\phi_{\mathrm{v}})\left(\frac{w}{2}-H_{\mathrm{RC}}\sin\phi_{\mathrm{v}}\right) \tag{3-7}$$

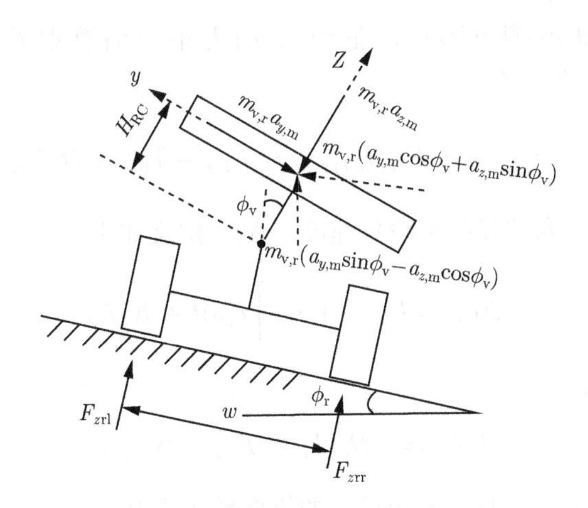

图 3.7 车辆侧倾平面模型（车辆后视图）

$F_{z\mathrm{rl}}$、$F_{z\mathrm{fr}}$、$F_{z\mathrm{fl}}$ 可以以同样的方式计算得到：

$$F_{z\mathrm{rl}}=\frac{m_{\mathrm{v,r}}H_{\mathrm{COG}}}{w}(a_{y,\mathrm{m}}\cos\phi_{\mathrm{v}}-a_{z,\mathrm{m}}\sin\phi_{\mathrm{v}})-\frac{m_{\mathrm{v,r}}}{w}(a_{y,\mathrm{m}}\sin\phi_{\mathrm{v}}+a_{z,\mathrm{m}}\cos\phi_{\mathrm{v}})\left(\frac{w}{2}+H_{\mathrm{RC}}\sin\phi_{\mathrm{v}}\right) \tag{3-8}$$

$$F_{z\mathrm{fr}} = -\frac{m_{\mathrm{v,f}} H_{\mathrm{COG}}}{w}\left(a_{y,\mathrm{m}}\cos\phi_{\mathrm{v}} - a_{z,\mathrm{m}}\sin\phi_{\mathrm{v}}\right) - \frac{m_{v,\mathrm{r}}}{w}\left(a_{y,\mathrm{m}}\sin\phi_{\mathrm{v}} + a_{z,\mathrm{m}}\cos\phi_{\mathrm{v}}\right)\left(\frac{w}{2} - H_{R_{\mathrm{c}}}\sin\phi_{\mathrm{v}}\right) \tag{3-9}$$

$$F_{z\mathrm{fl}} = \frac{m_{\mathrm{v,f}} H_{\mathrm{COG}}}{w}\left(a_{y,\mathrm{m}}\cos\phi_{\mathrm{v}} - a_{z,\mathrm{m}}\sin\phi_{\mathrm{v}}\right) - \frac{m_{\mathrm{v,r}}}{w}\left(a_{y,\mathrm{m}}\sin\phi_{\mathrm{v}} + a_{z,\mathrm{m}}\cos\phi_{\mathrm{v}}\right)\left(\frac{w}{2} + H_{\mathrm{RC}}\sin\phi_{\mathrm{v}}\right) \tag{3-10}$$

式中，车轮的垂向轮胎力为 $F_{z\mathrm{rr}}, F_{z\mathrm{rl}}, F_{z\mathrm{fr}}, F_{z\mathrm{fl}}$，计算这些力所需的变量是车辆质心纵向、侧向和垂向加速度（$a_{x,\mathrm{m}}, a_{y,\mathrm{m}}, a_{z,\mathrm{m}}$）以及车辆簧载质量的俯仰角 θ_{v} 和侧倾角 ϕ_{v}。各向加速度是由与车身连接的惯性测量单元 IMU 测量的。重要的是要注意 $a_{x,\mathrm{m}}$ 和 $a_{y,\mathrm{m}}$ 包括重力、车身和道路角度（道路纵坡和侧坡）的影响：

$$a_{y,\mathrm{m}} = v_y + \omega_{\mathrm{r}} v_x + g\sin\left(\phi_{\mathrm{v}} + \phi_{\mathrm{r}}\right) \tag{3-11}$$

$$a_{x,\mathrm{m}} = v_x + \omega_{\mathrm{r}} v_y + g\sin\left(\theta_{\mathrm{v}} + \theta_{\mathrm{r}}\right) \tag{3-12}$$

3.3.3 轮胎纵向力观测

本节介绍一种基于车轮动力学模型的轮胎纵向力 PID 观测器 [9]。该观测器的输入为作用在每个车轮上的驱动/制动力矩和测得的每个车轮的角速度。

车轮旋转动力学方程为

$$I_{\omega ij}\dot{\omega}_{ij} = T_{\mathrm{d}ij} - T_{\mathrm{b}ij} - R_{\mathrm{e}} F_{xij}, i = f, r\ ;\ j = l, r \tag{3-13}$$

式中，$T_{\mathrm{d}ij}$ 和 $T_{\mathrm{b}ij}$ 分别是车轮驱动力矩和制动力矩；$\dot{\omega}_{ij}$ 为角速度的时间导数；R_{e} 是介于轮胎未变形半径和静态负载半径之间的有效轮胎半径；$I_{\omega ij}$ 为车轮绕其旋转轴的转动惯量；F_{xij} 是轮胎的纵向力。

考虑到车轮角速度测量噪声、驱动/制动力矩的估算误差以及系统不确定性，式 (3-13) 可以写为如下形式：

$$I_{\omega ij}\dot{\omega}_{ij} = T_{\mathrm{d}ij} - T_{\mathrm{b}ij} - R_{\mathrm{e}} F_{xij} I_{\omega ij}\dot{\hat{\omega}}_{ij} = T_{\mathrm{d}ij} - T_{\mathrm{b}ij} - R_{\mathrm{e}}\hat{F}_{xij} + \Delta e_{\omega} \tag{3-14}$$

式中，$e_{\omega} = \omega - \hat{\omega}$，$\hat{\omega}$ 为估算的车轮角速度。Δe_{ω} 定义如下：

$$\Delta e_{\omega} = K_p e_{\omega} + K_t \int e_{\omega}\mathrm{d}t + K_d \dot{e}_{\omega} \tag{3-15}$$

根据式 (3-14) 得

$$I_{\omega}\dot{e}_{\omega} = -R_{\mathrm{e}}(F_x - \hat{F}_x) - \Delta(e_{\omega}) \tag{3-16}$$

定义以下 Lyapunov 函数以证明设计的纵向轮胎力观测器的稳定性，并根据稳定性分析给出估算的纵向轮胎力数学表达：

$$V = \frac{1}{2}e_{\omega}^2 \tag{3-17}$$

$$\dot{V} = e_{\omega}\dot{e}_{\omega} = -\frac{1}{I_{\omega}}e_{\omega}\left[R_{\mathrm{e}}\left(F_x - \hat{F}_x\right) + \Delta(e_{\omega})\right] = -\frac{K_0}{I_{\omega}}e_{\omega}^2 \tag{3-18}$$

由于 K_0 为正数，因此 $\dot{V} \leqslant 0$ 必然成立，e_ω 和 $F_x - \hat{F}_x$ 都将收敛为零，最终估算的纵向轮胎力变为：

$$\hat{F}_x = F_{x,0} + \frac{1}{R_\mathrm{e}}\left[(K_p - K_0)e_\omega + K_i\int e_\omega \mathrm{d}t + K_d\dot{e}_\omega\right] \tag{3-19}$$

式中，$F_{x,0}$ 为纵向轮胎力观测器的初始值，该初始值可以选择为初始驱动力矩除以有效轮胎半径。

3.3.4 轮胎横向力观测

本节介绍一种轮胎侧向力观测算法，该算法输入量有上文中观测得到的垂向和纵向轮胎力、传感器测量的转向盘转角、车辆侧倾角、俯仰角、横摆角速度、纵向和侧向加速度。轮胎侧向力观测器首先观测出作用在前后轴上的侧向力，然后根据左右车轮的载荷按照比例分配给左右车轮，这样观测出每个车轮的侧向轮胎力。

设计基于纵向和侧向加速度以及横摆力矩角速度信号的随机游走模型 [4]，定义观测器状态空间为

$$x_1 = F_{y\mathrm{f}} - \hat{F}_{y\mathrm{f,temp}} = (F_{y\mathrm{fl}} + F_{y\mathrm{fr}}) - \left(\hat{F}_{y\mathrm{fl}} + \hat{F}_{y\mathrm{fr}}\right) \tag{3-20}$$

$$x_2 = F_{y\mathrm{r}} - \hat{F}_{y\mathrm{r,temp}} = (F_{y\mathrm{rl}} + F_{y\mathrm{rr}}) - \left(\hat{F}_{y\mathrm{rl}} + \hat{F}_{y\mathrm{rr}}\right) \tag{3-21}$$

$$X = \begin{bmatrix} x_1 & x_2 \end{bmatrix}^\mathrm{T} \tag{3-22}$$

式中，$F_{y\mathrm{rr}}$、$F_{y\mathrm{rl}}$、$F_{y\mathrm{fr}}$ 和 $F_{y\mathrm{fl}}$ 是实际侧向轮胎力值；$\hat{F}_{y\mathrm{rr}}$、$\hat{F}_{y\mathrm{rl}}$、$\hat{F}_{y\mathrm{fr}}$ 和 $\hat{F}_{y\mathrm{fl}}$ 是侧向轮胎力估算值；$F_{y\mathrm{f}}$ 和 $F_{y\mathrm{r}}$ 是作用在前后轴上的侧向力。$\hat{F}_{y\mathrm{f,temp}}$ 和 $\hat{F}_{y\mathrm{r,temp}}$ 从下列式子得到：

$$\hat{F}_{y\mathrm{f,temp}} = \frac{\hat{F}_{z\mathrm{fl}} + \hat{F}_{z\mathrm{fr}}}{\hat{F}_{z\mathrm{fl}} + \hat{F}_{z\mathrm{fr}} + \hat{F}_{z\mathrm{rl}} + \hat{F}_{z\mathrm{rr}}} m a_{y,\mathrm{m}} \tag{3-23}$$

$$\hat{F}_{y\mathrm{r,temp}} = \frac{\hat{F}_{z\mathrm{rl}} + \hat{F}_{z\mathrm{rr}}}{\hat{F}_{z\mathrm{fl}} + \hat{F}_{z\mathrm{fr}} + \hat{F}_{z\mathrm{rl}} + \hat{F}_{z\mathrm{rr}}} m a_{y,\mathrm{m}} \tag{3-24}$$

新状态空间不含有动力学方程，因此视其为随机信号：

$$\dot{X}(t) = I_{2\times2}w(t) \tag{3-25}$$

式中，$w(t)$ 是过程噪声的向量；$I_{2\times2}$ 是单位矩阵。根据车辆动力学模型，纵向和侧向加速度及横摆角速度均与轮胎力相关，如下式所示：

$$a_{x,\mathrm{m}} = \frac{1}{m}\left(F_{x\mathrm{f}}\cos\delta_\mathrm{f} + F_{x\mathrm{r}} - F_{y\mathrm{f}}\sin\delta_\mathrm{f}\right) \tag{3-26}$$

$$a_{y,\mathrm{m}} = \frac{1}{m}\left(F_{y\mathrm{r}} + F_{y\mathrm{f}}\cos\delta_\mathrm{f} + F_{x\mathrm{f}}\sin\delta_\mathrm{f}\right) \tag{3-27}$$

$$\dot{\omega}_\mathrm{r} = \frac{1}{I_z}\left(\left(F_{y\mathrm{f}}\cos\delta_\mathrm{f} + F_{x\mathrm{f}}\sin\delta_\mathrm{f}\right)L_\mathrm{f} - F_{y\mathrm{r}}L_\mathrm{r}\right) \tag{3-28}$$

式中，前轮转角 δ_f 是输入；ω_r 是横摆角速度；I_z 是绕 z 轴的转动惯量；$F_{x\mathrm{f}}$ 和 $F_{x\mathrm{r}}$ 分别为

$$F_{x\mathrm{f}} = F_{x\mathrm{fl}} + F_{x\mathrm{fr}} \tag{3-29}$$

$$F_{x\mathrm{r}}=F_{x\mathrm{rl}}+F_{x\mathrm{rr}} \tag{3-30}$$

测量方程 y 可以基于新定义的状态空间变量以状态空间形式来表示：

$$y=\begin{bmatrix} ma_{x,\mathrm{m}}-\left(F_{x\mathrm{f}}\cos\delta_{\mathrm{f}}+F_{x\mathrm{r}}-\hat{F}_{y\mathrm{f,temp}}\sin\delta_{\mathrm{f}}\right) \\ ma_{y,\mathrm{m}}-\left(F_{y\mathrm{f,temp}}\cos\delta_{\mathrm{f}}+\hat{F}_{y\mathrm{r,temp}}+F_{x\mathrm{f}}\sin\delta_{\mathrm{f}}\right) \\ I_z\dot{\omega}_{\mathrm{r}}-\left(\hat{F}_{y\mathrm{f,temp}}\cos\delta_{\mathrm{f}}+F_{x\mathrm{f}}\sin\delta_{\mathrm{f}}L_{\mathrm{f}}-\hat{F}_{y\mathrm{r,temp}}L_{\mathrm{r}}\right) \end{bmatrix}+v(t)=H(X,U)+v(t) \tag{3-31}$$

式中，$v(t)$ 是测量噪声。假定对轮胎纵向力的观测精度足够高，即 $F_{xij}=\hat{F}_{xij}$。这样，基于式 (3-22) ~ 式 (3-33)，$H(X,U)$ 可转化为如下形式：

$$H(X,U)=\begin{bmatrix} -x_1\sin\delta_{\mathrm{f}} \\ x_1\cos\delta_{\mathrm{f}}+x_2 \\ x_1\cos\delta_{\mathrm{f}}L_{\mathrm{f}}-x_2L_{\mathrm{r}} \end{bmatrix} \tag{3-32}$$

因此，状态方程和测量方程的离散形式可以总结为

$$X(k+1)=I_{2\times2}X(k)+I_{2\times2}w(k) \tag{3-33}$$

$$y(k)=H(X(k),\delta(k))+v(k) \tag{3-34}$$

假设 δ 是随时间变化的参数。因此，方程 (3-32) 可以重新整理如下：

$$H(X)=CX=\begin{bmatrix} -\sin\delta_{\mathrm{f}} & 0 \\ \cos\delta_{\mathrm{f}} & 1 \\ L_{\mathrm{f}}\cos\delta_{\mathrm{f}} & -L_{\mathrm{r}} \end{bmatrix}\begin{bmatrix} x_1 \\ x_2 \end{bmatrix} \tag{3-35}$$

根据式 (3-33) 和式 (3-35)，可观测性矩阵 [10] 定义为

$$O=\begin{bmatrix} C^{\mathrm{T}} & A^{\mathrm{T}}C^{\mathrm{T}} \end{bmatrix} \tag{3-36}$$

式中，$A=I_{2\times2}$。根据可观测性标准 [11]，对任意 δ_{f} 而言，式 (3-33) 和式 (3-34) 所示的系统都是可观测的。

3.4 整车运动姿态观测

3.4.1 参考车速观测

滑移率是汽车动力学控制算法中的重要参数，即便在不以滑移率为控制对象的控制算法中，滑移率计算的准确性也直接影响控制效果。滑移率通过车速和轮速计算得到，由于轮速直接通过传感器测量，因此滑移率计算准确与否主要依赖车速计算的准确。传统汽车中车速一般不能直接获得，只能按照一定的算法估算得到，因此也称为参考车速。参考车速算法的研究一直是汽车动力学研究中的热点和难点。

车体速度的获取主要可以分为直接法和间接法两种。其中直接法是通过接触式或非接触式的车速传感器直接测量获得 [12,13]，例如光电传感器、多普勒雷达等，但由于成本过高或使用条件要求严格，在汽车上应用较少。

间接法是通过汽车具备的传感器或者添加低成本的传感器所获得的信号估算得到。例如最大轮速法、斜率法、自适应斜率法、递推法、数值解析法，或是利用车体加速度（需要添加车体加速度传感器）的模糊估计法、Kalman 滤波法、最小二乘法等 [14,15]。间接法在硬件的可实现性上满足车辆动力学计算的需要，但往往有估计精度低或者计算量大的缺点。

1. 总体思路

参考车速计算的主要要求有：兼顾准确性和计算量、在硬件上最好不增加成本或增加的成本可接受、控制算法简单可靠性高。基于以上要求，本书根据大量研究和实践，提出了双层结构的参考车速算法，如图 3.8 所示。

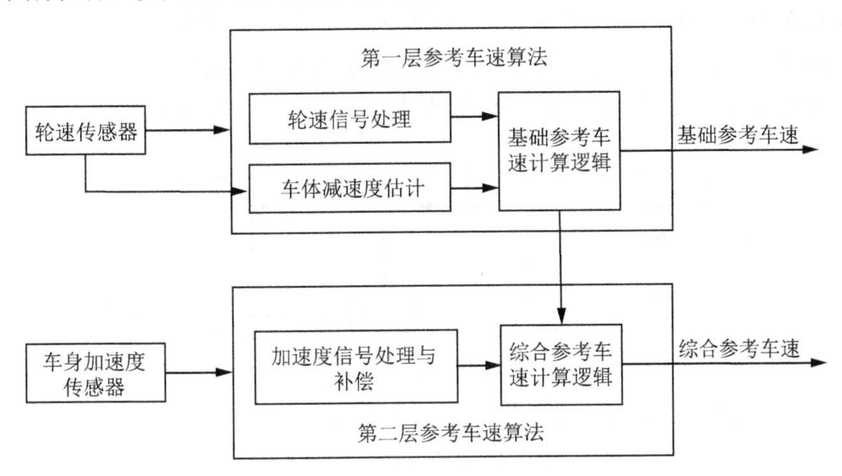

图 3.8　双层结构的参考车速算法示意图

所谓双层结构是指：第一层为基础参考车速算法，根据四路轮速估计参考车速；第二层为综合参考车速算法，需要借助额外的车身加速度信号（通过添加车身纵向加速度传感器得到），并结合第一层得到的参考车速进行综合估计，可以获得更为精确的估计车速。第一层的基础算法相对独立，普遍性更强，在无车身加速度传感器或加速度传感器故障的情况下，可以单独使用。

在某些具备车身加速度传感器的车辆中（例如某些越野车装配有加速度传感器），第二层综合算法以基础算法的结果为基础，进一步引入车身加速度信号，可以获得更精确的参考车速，从而提高车辆动力学的控制质量。

2. 基础参考车速计算

首先进行基础参考车速算法的研究，基础参考车速算法主要根据来自轮速传感器的四路轮速信号信息进行估算。算法的依据是，在不制动或者制动初期，轮速变化缓慢，滑移率小，可以用轮速近似代替车速；但是当车轮有抱死趋势时，轮速和车速发生分离，这时需要以分离临界点的轮速为初值，以估计的车身减速度为斜率进行线性外插，计算得到参考车速，算法中的关键在于分离点和插值斜率的选择。

按照上述思路，研究得到的基础参考车速计算逻辑如图 3.9 所示。

基础参考车速算法的流程为：

（1）在四个车轮的轮速中提取选择轮轮速信息。

（2）选择轮轮速进一步计算得到参考轮速和参考轮速斜率。

（3）根据路面识别结果确定分离点和插值斜率。

（4）通过参考轮速、参考轮速斜率、分离点和插值斜率估算参考车速。

1）参考轮速和参考轮速斜率的计算

选择一个最接近车速的轮速，以其为基础进行分离插值计算可以提高参考车速计算的准确性。由于车辆运动过程千变万化，最接近车速的车轮也是在时刻变化的，所以如果固定以某一个车轮轮速为基础进行参考车速计算是不合理的。因此本书提出了根据四个车轮轮速信息生成一条“虚拟”的选择轮轮速的方法，以选择轮轮速为基础进行参考车速的计算。所谓“虚拟”是指选择轮轮速实际是不存在的，只是为了计算需要人为给定。

一般情况下，汽车制动过程中，四个车轮的轮速总是小于或等于车速，因此最大的轮速更接近车速。但是当驱动的时候，如果驱动轮打滑，会出现驱动轮轮速大于车速的情况，此时从动轮轮速更接近实际车速。另外由于齿圈和轮速传感器的振动、电磁干扰等情况，轮速计算可能引入误差，导致车速计算偏大，超过实际车速。

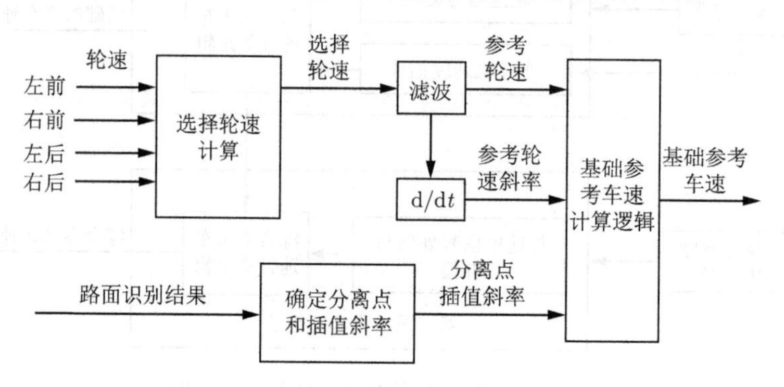

图 3.9 第一层基础参考车速计算方法

因此在 ABS 不工作（指 ABS 尚未开始控制制动压力）时，从动轮轮速更接近实际车速，选择第三大轮速作为选择轮轮速；当 ABS 工作时，考虑轮速计算可能引入的误差，不选最大轮速而选择第二大轮速作为选择轮轮速。

参考轮速及参考轮速斜率的计算方法如下：

（1）每个计算周期将四个轮速比较排序。

（2）ABS 不工作时，选择第三大轮速，ABS 工作时选择第二大轮速，形成选择轮轮速。

（3）选择轮轮速滤波得到参考轮速。

（4）参考轮速直接差分得到参考轮速斜率。

2）分离点和插值斜率的确定

在正常行驶和轻微制动情况下，可以取参考车速等于参考轮速；在强制动情况下，当参考轮速的斜率大于路面所能提供的最大制动减速度时候，说明参考轮速与实际车速开始分离，参考轮速已经偏离实际车速，此时参考车速应该按照车体减速度进行插值计算，如图 3.10 所示。

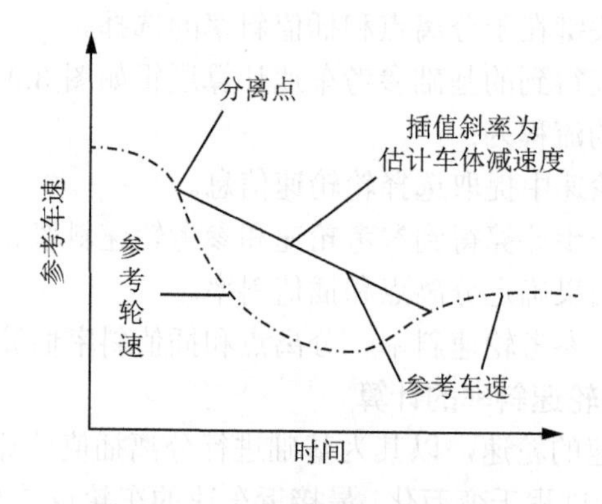

图 3.10 参考车速的分离与插值

分离点和插值斜率的选择显然与路面附着情况有关，路面附着系数越低，车体减速度越小（绝对值小），分离点对应的轮减速应该越小，而且插值斜率也应该越小。因此需要根据路面识别结果估计车体减速度，四个车轮有不同的估计路面附着系数，对应着对开、对接等路面工况，但车体减速度只有一个。根据分析和试验，本书确定了车体减速度的估计方法如下。

将路面简化为单一附着、对接路面、对开路面工况三种情况。其中在对接路面的附着系数跃变处时车辆前后轮识别所得到的路面附着系数不同，但此过程很短，可以忽略，因此大多数工况前后轮识别结果是一致的，所以在车体减速度的估计中以前轮附着状况的识别结果为准。这样，路面情况可以进一步简化为单一附着路面和对开路面情况，即可以用两个前轮的路面识别结果为准进行车体减速度的估计。车体减速度的估计如下：

$$\hat{a} = -\frac{\mu_{\text{fl}} + \mu_{\text{fr}}}{2} g \tag{3-37}$$

式中，$\hat{a}$ 为估计的车体减速度；μ_{fl}、μ_{fr} 为左前轮、右前轮的路面附着识别结果。

如果两个前轮都识别为高附着路面，那么车体减速度（绝对值）较大；如果两个前轮识别为低附着路面，车体减速度（绝对值）小；如果一侧为高附着路面、另一侧为低附着路面，另则车体减速度适中。

得到车体减速度之后，需要根据估计的车体减速度进一步确定分离点和插值斜率。在参考车速算法的实际应用中发现，由于逻辑门限值方法的路面识别结果对于路面划分较为粗糙，车体减速度的估计可能有一定的误差，所以在计算时不能完全以估计的车体减速度作为插值斜率。如果误差引起估计减速度（绝对值）偏小使插值斜率偏小，会有计算的参考车速大于实际车速的情况发生，进而引起滑移率计算偏大、ABS 控制减压过度、制动强度偏小的不安全情况的产生。因此，在实际车辆动力学控制系统的参考车速使用中，采用保守的处理方式，即得到的参考车速一般小于实际车速，首先保证安全性。

因此在分离点和插值斜率的选取上偏保守，即选取的插值斜率（绝对值）一般大于估计的车体减速度（绝对值）。根据实车标定，本书选用的分离点和插值斜率与估计的车体减速度的关系如图 3.11 所示。

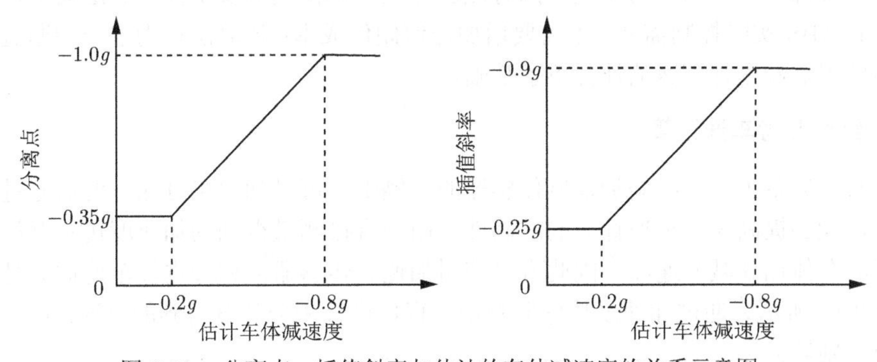

图 3.11　分离点、插值斜率与估计的车体减速度的关系示意图

3）分离、插值与恢复

按照上述算法得到了参考轮速、参考轮速斜率、分离点和插值斜率，然后可以进一步计算参考车速，具体算法如下。

（1）参考车速计算开始时，首先令参考车速等于参考轮速。

（2）每周期实时监控参考轮速斜率，当参考轮速斜率小于分离点时，参考车速由插值得到。

（3）参考车速持续插值过程，直到参考轮速再次大于参考车速时，插值结束，令参考车速等于参考轮速，计算流程再次从头开始。

另外，当 ABS 控制结束时，退出参考车速计算，重新将参考车速赋值为参考轮速。综上，按照计算选择轮轮速、参考轮速、估计车体减速度、确定分离点和插值斜率的方法得到了基础参考车速。为了验证基础参考车速算法，将上述算法编程转化为控制程序编译后下载到控制器中，进行实车试验，并将控制器实时计算的参考车速和轮速信息通过串口发送到上位机，采样周期为 10ms；同时通过五轮仪采集实际车速作为对比。以部分实车数据为例进行说明。

图 3.12 所示为车辆在高附着路面上进行 ABS 制动的情况，初速为 60km/h，控制器中实时计算的参考车速和对比的实际车速如图所示。由图 3.12 可知，基础参考车速略小于实际车速，但基本吻合，可以满足 ABS 控制需要。

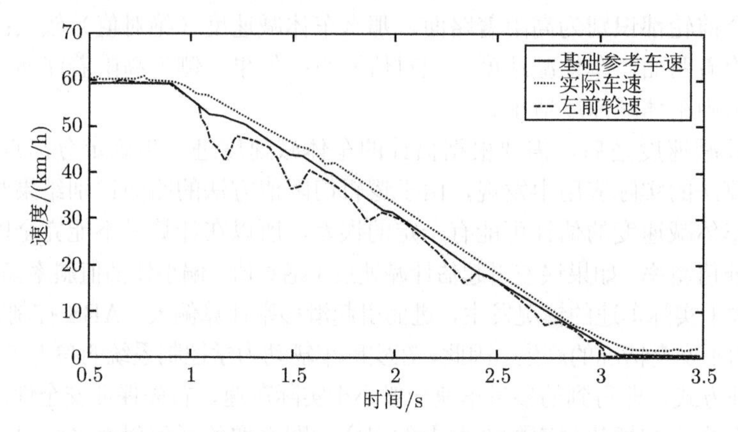

图 3.12　高附着路面上制动时的基础参考车速计算

综上所述，得到了通过四个车轮轮速估计车速的基础参考车速算法，该算法特点为：能够较为准确地计算出参考车速，同时能够保证车辆控制的安全性；算法简单，计算量小，适于 ABS 实时控制需要；不需要增加任何硬件成本；该算法也为进一步通过车身加速度传感器信号进行车速估计打下了基础。

3. 综合参考车速计算

在某些装备了车身纵向加速度传感器的车辆中，可以利用车身加速度信号进行车速的估计，能够提高参考车速计算的准确性。由于直接测量得到的加速度传感器值不能表征真正的车体加（减）速度，因此直接使用加速度传感器值积分进行车速估算是不可行的，图 3.13 所示为通过加速度传感器测量值直接进行积分计算得到的车速，可见其与实际车速差别较大。

经过零点修正和坡度补偿的加速度传感器值的积分可以在一定程度上表征车速；上节通过四个车轮轮速估计得到的基础参考车速也在一定程度上表征车速；为保证车速估计的准确性和可靠性，可以假设车速是上述两个参考车速加权后的线性叠加，两个参考车速的权系数是时变的，与各自的可信度相关，例如基础参考车速源自参考轮速，如果参考轮速斜率较大，参考车速需要插值得到，可以认为此时的基础参考车速可信度低，其相应的权系数变小；两个参考车速的权系数按照一定的算法得到。

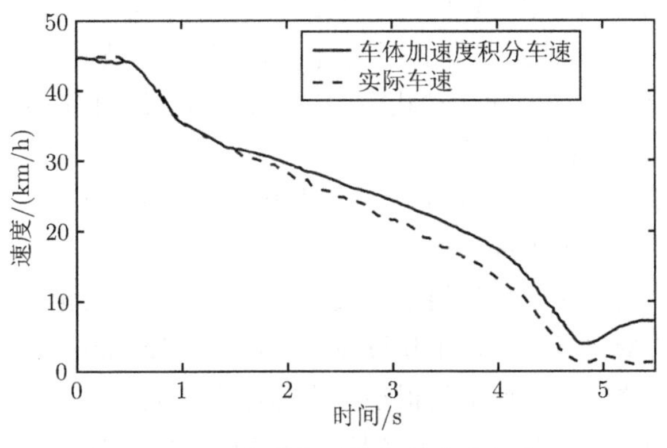

图 3.13　车体加速度积分参考车速

为了建立参考车速的估计模型，引入可信度系数的概念，可信度系数为不大于 1 的正数，表示其对应的参考车速可以信任的程度，可信度系数是时变的，按照一定的条件计算得出。综合参考车速的估计模型为

$$V_{\mathrm{ref}}=\frac{k_{\mathrm{e}}k_{\mathrm{w}}V_{\mathrm{ref}}^{w}+k_{\mathrm{a}}V_{\mathrm{ref}}^{a}}{k_{\mathrm{e}}k_{\mathrm{w}}+k_{\mathrm{a}}} \tag{3-38}$$

式中，V_{ref}^{w} 为基础参考车速；V_{ref}^{a} 为补偿后的车体加速度积分得到的参考车速；V_{ref} 为综合参考车速；k_{w} 为基础参考车速的可信度系数；k_{a} 为补偿后的车体加速度积分参考车速的可信度系数；k_{e} 为调整系数。

1）车体加速度积分参考车速的算法

对于单片机采样转换单位后获得的车体加速度信号值，需要进一步处理和补偿才能使用。处理主要分为滤波和零点补偿两个阶段，滤波是为了滤去高频噪声，零点补偿是为了修正路面坡度、安装误差等因素对加速度信号的影响。

首先对加速度信号进行滤波，一般采用低通滤波器进行滤波处理。制动过程滤波前后的加速度信号对比如图 3.14 所示，滤波后的信号已经比较平滑，满足使用需要。

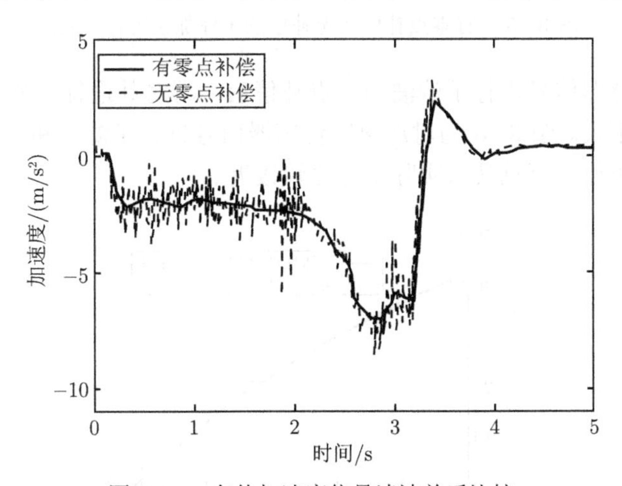

图 3.14　车体加速度信号滤波前后比较

然后对加速度信号进行零点补偿，补偿的思路为：车辆匀速运动的时候，实际车体

加速度应为零，但加速度传感器采样值不一定为零，例如车辆匀速上坡的时候，此时的加速度采样值包含安装误差和上坡坡度成分。根据上述思路，可以将车辆匀速运动状态时的加速度采样值作为零点补偿，此补偿包含了制造、安装误差及坡度补偿。具体算法如下：

首先确认车辆是否处在匀速运动状态，方法为在连续一段时间内（例如 2s），判断 ABS 是否完全满足以下条件：

（1）ABS 处于没有“进入”的阶段（尚未开始控制压力）。

（2）参考车速在规定范围内。

（3）每个车轮的轮加速度变化很小，最大变化量不超过设定的值（例如 $0.5g$）。

（4）参考车速的变化量很小，不超过设定的值（例如 2km/h）。

（5）加速度传感器的采样值变化很小，不超过设定值。

确认车辆处于匀速运动状态后，将本阶段的加速度传感器采样平均值作为零点补偿。上述加速度零点补偿算法需要连续、实时进行。

在实车的参考车速计算过程中加入上述零点补偿程序，并将计算得到的车体加速度值输出，同时将未做零点补偿的车体加速度值一并输出。例如在某上坡进行制动时，其计算数据如图 3.15 所示。由数据可知，如果不进行零点补偿，其得到的车体加速度要比实际的小，不准确。如果采用上述补偿方法，则补偿后的值符合实际情况。

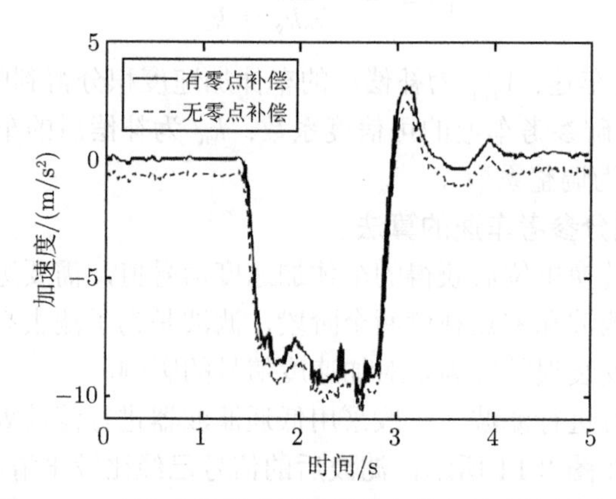

图 3.15　有零点补偿或无补偿的车体加速度计算对比

对加速度传感器信号进行了滤波和零点补偿后，再对其进行积分获得的参考车速就与实际车速相差不大。图 3.16 为对加速度传感器信号进行了滤波和零点补偿后，再进行积分得到的估计车速，可见其与实际车速比较接近。

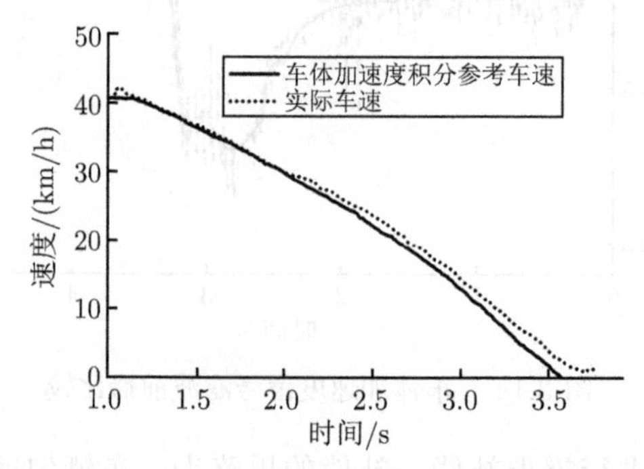

图 3.16　滤波和零点补偿后的车体加速度积分参考车速

2）可信度系数与调整系数的确定

基础参考车速的可信度系数由参考轮速的斜率和滑移率确定。基础参考车速由参考轮速插值得到，参考轮速的斜率越大，说明参考轮速与车速分离得越大，同时计算得到的基础参考车速也与车速有一定的分离，此时基础参考车速的可信度低；同理参考轮速滑移率大，说明参考轮速与实际车速的分离大，而按照保守的斜率插值得到的基础参考车速与车速分离也大，因此可信度低。按照这样的规则根据实车数据标定可信度系数 k_w。

车体加速度积分参考车速的可信度系数由加速度传感器测量值与估计车体减速度的差值的绝对值确定，差值的绝对值越大，表示车体加速度积分参考车速越不可信。这里的估计车体减速度是通过轮速计算得到的，由于轮速中包含车速信息，因此可以对前文得到的选择轮轮速进行低通滤波（由于实际车速的频率很低，所以设置较低的截止频率），其滤波值可以作为车体减速度的估计值。按照上述规则，通过实车试验标定可信度系数 k_a。

另外，基础参考车速计算比较保守，一般情况下小于车体加速度积分参考车速，所以当基础参考车速大于车体加速度积分参考车速时，说明车体加速度积分参考车速的计算有问题，这时可认为其可信度系数为零。

调整系数 k_e 表示估算的综合参考车速的保守程度，k_e 为不小于 1 的数，其数值越大，表示综合参考车速的计算中基础参考车速所占的比重越大，加速度积分参考车速的贡献越小。调整系数 k_e 可以根据路面附着系数的不同来调整，例如高附着路面制动时，更看中制动强度，k_e 可以取得大些，保证计算的安全性；在低附着路面上制动时，制动的稳定性相对更重要，k_e 可以小些，则控制更平稳。调整系数根据实际控制需要通过实车标定得到。

3）综合参考车速算法

按照上述算法在控制器中构建综合参考车速的算法程序，算法流程如图 3.17 所示。

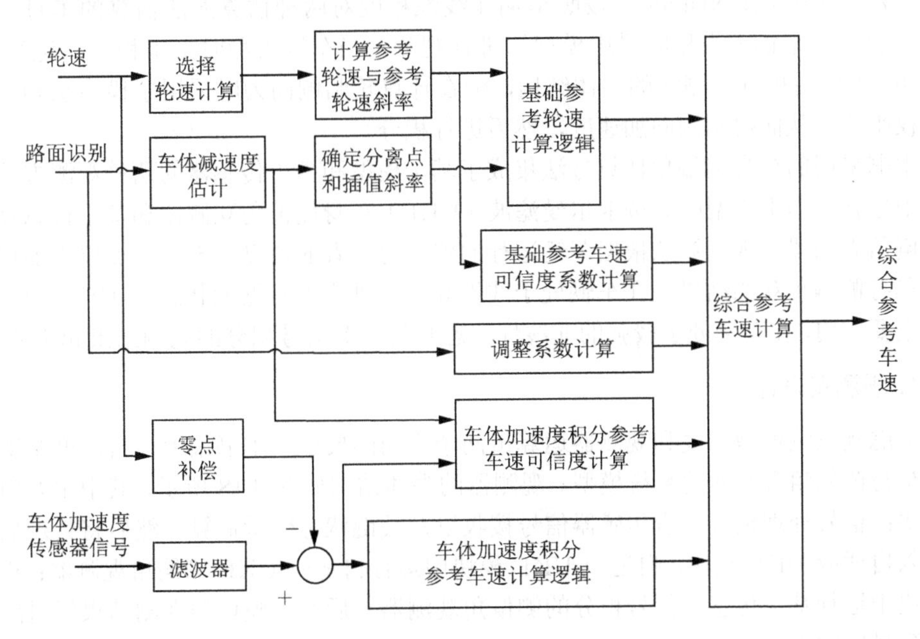

图 3.17　综合参考车速算法流程框图

3.4.2 车身侧偏角观测

车身侧偏角观测是车辆动力学稳定性控制中的一个重要问题 [16,17]。车身侧偏角直接反映了车辆运动的非线性程度和转向跟随特性，同时也直接反映了车辆侧向附着的利用情况。驾驶员对较大的车身侧偏角十分敏感，较大的车身侧偏角会使车辆侧向力迅速降低，失去转向能力，从而会使驾驶员惊慌导致过激操作。车身侧偏角的观测方法大体上可以分为两类，一类是基于模型的观测方法 [18-21]，另一类是基于传感器测量的积分观测方法 [22,23]。

基于模型的观测方法其基本思想是建立车辆的动力学模型，根据动力学模型直接得到车身侧偏角的理论值作为其估计值，例如根据二自由度车辆模型容易得出车身侧偏角的表达式为

$$\beta = -\frac{m\dot{v}_y + (C_{\alpha\mathrm{f}}a - C_{\alpha\mathrm{r}}b)\omega_\mathrm{r}/v_x - C_{\alpha\mathrm{f}}\delta_\mathrm{f}}{C_{\alpha\mathrm{f}} + C_{\alpha\mathrm{r}}} \tag{3-39}$$

其中，a 为质心至前轴的距离；b 为质心至后轴的距离；$C_{\alpha\mathrm{f}}$ 和 $C_{\alpha\mathrm{r}}$ 为前后轴的侧偏刚度；δ_f 为前轮转角；ω_r 为车身横摆角速度。按照更加复杂的车辆模型也可以同理推得车身的侧偏角。模型法观测的优点是在线性区域的观测精度高，而且不受到传感器误差的影响。不足之处是准确性受到模型的限制，车辆模型中的参数受到车辆载荷、载荷分布、轮胎特性、轮胎磨损等多种因素影响，而且当车辆进入强非线性区域之后模型的误差显著增大。

基于传感器测量的积分观测方法的基本思想是通过传感器测得侧向加速度信号，然后通过积分得到侧向速度，最后用 $\beta = \arctan(v_y/v_x)$ 得到车身侧偏角。积分法的优点是不需要依赖于精确的车辆模型，对于环境变化的鲁棒性也比较高，但是通常存在经过一段时间的观测之后产生累计误差的问题，所以需要判断车身侧偏角为零的点进行零点校正。

考虑到上述两种观测方法优缺点的互补性，很多研究采用两种方法结合的侧偏角观测方法。Akitaka Nishio[24] 按照车辆非线性程度对两种估算方法估算的车身侧偏角进行结合，当车辆未失稳时采用模型法进行观测，当车辆失稳时采用积分法进行观测。Fukada[25] 采用积分观测法的整体结构，但在计算轮胎侧向力时采用了模型法和积分法的加权平均，从而得到侧向加速度，然后进行积分。

本书采用的车身侧偏角估算方法集成了基于模型和基于传感器的两种观测方法，观测器中包含了基于模型的无迹卡尔曼滤波（UKF）车身侧偏角观测器和基于传感器的车身侧偏角观测器，观测算法根据车辆运行的状态对二者的估算结果进行加权叠加得到最终的车身侧偏角观测结果。在车辆处于线性和非线性程度较低的状态时 UKF 的观测结果起主要作用，在车辆处于较强的非线性状态时传感器信号积分的观测结果起主要作用。

1. 观测器设计

考虑到系统模型精度和观测器运算量两个方面的要求，本书采用二自由度车辆模型作为车身侧偏角观测器的系统模型。观测器的整体结构如图 3.18 所示，其中主要包含三个模块：信号处理模块负责传感器信号接收以及关键状态变量估算，然后将处理后的信号输入自适应 UKF 模块；自适应 UKF 模块中运行自适应 UKF 侧偏角观测器；积分修正模块中运行基于传感器信号积分的侧偏角观测器，后两个模块的观测结果经过融合处理得到最终的观测结果。

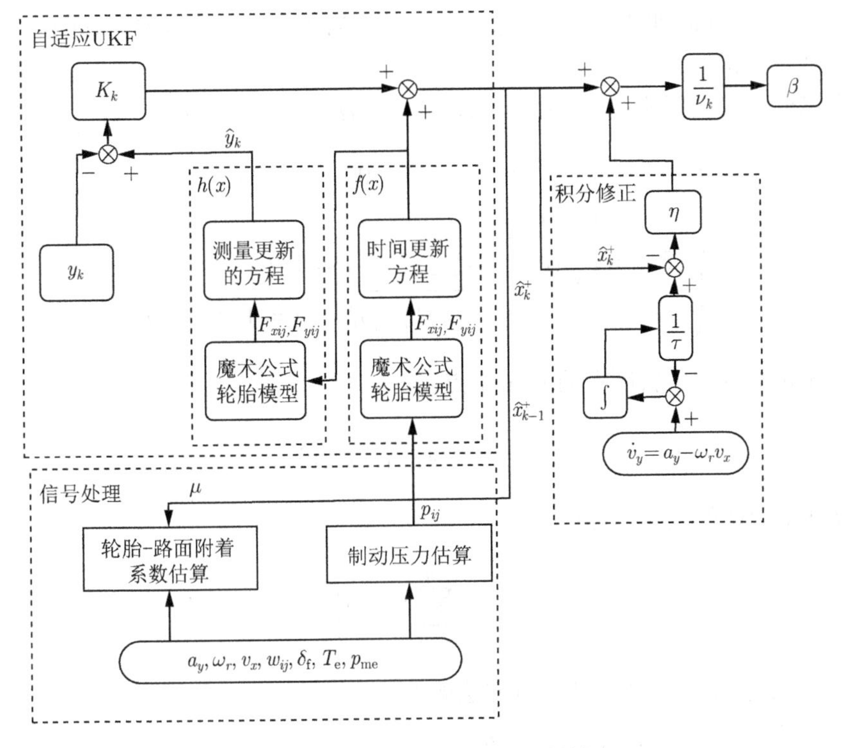

图 3.18 车身侧偏角观测器结构图

UKF 观测器的建立按照如下几个步骤完成：

（1）将系统模型写成如下的离散迭代形式：

$$\begin{cases} x_{k+1} = f(x_k, u_k, t_k) + w_k \\ y_k = h(x_k, t_k) + \iota_k \end{cases} \tag{3-40}$$

式中，$x = [v_y, \omega_r]^T$ 为系统状态变量；$y = [a_y, \omega_r]^T$ 为系统观测变量；w_k 和 ι_k 为模型噪声和观测噪声，二者都假设为高斯白噪声，即满足 $w_k \sim (0, Q_k), \iota_k \sim (0, R_k)$。根据系统模型可以得到 $f(\cdot)$ 的形式为

$$\begin{cases} v_{y,k+1} = v_{y,k} + [(F_{xfl} + F_{xfr})\sin\delta + (F_{yfl} + F_{yfr})\cos\delta + \\ F_{yrl} + F_{yrr} - mv_{x,k}\omega_{r,k}]\,\mathrm{d}t/m \\ \omega_{r,k+1} = \omega_{r,k} + [(F_{yfl} + F_{yfr})a\cos\delta + (F_{yfl} - F_{yfr})w\sin\delta/2 - (F_{yrl} + F_{yrr})b + \\ (F_{xfl} + F_{xfr})a\sin\delta - (F_{xfl} - F_{xfr})\cos\delta w/2 - (F_{xrl} - F_{xrr})w/2]\,\mathrm{d}t/I_z \end{cases} \tag{3-41}$$

$h(\cdot)$ 的形式为

$$a_{y,k} = [(F_{xfl} + F_{xfr})\sin\delta + (F_{yfl} + F_{yfr})\cos\delta + F_{yrl} + F_{yrr} - mv_{x,k}\omega_{r,k}]/m \tag{3-42}$$

初始状态选为车辆静止时，即 $x_0 = [0, 0]^T$，车身侧偏角与观测器状态变量的关系为 $\beta_k = \arctan(v_{y,k}/v_{x,k}) \approx v_{y,k}/v_{x,k}$。

（2）初始化均值和协方差矩阵

按照下式进行初始化：

$$\begin{cases} \hat{x}_0^+ = E(x_0) \\ P_0^+ = E[(x_0 - \hat{x}_0^+)(x_0 - \hat{x}_0^+)^T] \end{cases} \tag{3-43}$$

式中，$\hat{x}_0^+$ 为 $k=0$ 时期望均值的后验估计；P_0^+ 为 $k=0$ 时协方差矩阵的后验估计。

（3）时间更新

首先选取时间更新所需的 sigma 点，选取方法如下式所示：

$$\begin{cases} \hat{x}_{k-1}^{(i)} = \hat{x}_{k-1}^{+} + \tilde{x}^{(i)}, \quad i = 0, 1, \cdots, 2n \\ \tilde{x}^{(i)} = 0, \quad i = 0 \\ \tilde{x}^{(i)} = (\sqrt{(n+\kappa)P_{k-1}^{+}})_i^{\mathrm{T}}, \quad i = 1, 2, \cdots, n \\ \tilde{x}^{(n+i)} = -(\sqrt{(n+\kappa)P_{k-1}^{+}})_i^{\mathrm{T}}, \quad i = 1, 2, \cdots, n \end{cases} \tag{3-44}$$

然后用系统状态方程更新所有的 sigma 点：

$$\hat{x}_k^{(i)} = f(\hat{x}_{k-1}^{(i)}, u_k, t_k) \tag{3-45}$$

接着计算期望均值的先验估计值：

$$\hat{x}_k^- = \sum_{i=0}^{2n} W^{(i)} \hat{x}_k^{(i)} \tag{3-46}$$

式中，W^i 为加权平均系数，其取值方法如下：

$$\begin{cases} W^{(0)} = \dfrac{\kappa}{n+\kappa} \\ W^{(i)} = \dfrac{1}{2(n+\kappa)} \ (i = 1, 2, \cdots, 2n) \end{cases} \tag{3-47}$$

式中，$\kappa \neq -n$ 为调整系数，其作用是降低期望均值协方差矩阵的高阶误差。最后计算协方差矩阵的先验估计值如下：

$$P_k^- = \sum_{i=0}^{2n} W^{(i)} (\hat{x}_k^{(i)} - \hat{x}_k^-)(\hat{x}_k^{(i)} - \hat{x}_k^-)^{\mathrm{T}} + Q_{k-1} \tag{3-48}$$

（4）测量更新

首先计算测量更新需要的 sigma 点，选取方法如下：

$$\begin{cases} \hat{x}_k^{(i)} = \hat{x}_k^- + \tilde{x}^{(i)}, \quad i = 0, 1, \cdots, 2n \\ \tilde{x}^{(i)} = 0, \quad i = 0 \\ \tilde{x}^{(i)} = (\sqrt{(n+\kappa)P_k^-})_i^{\mathrm{T}}, \quad i = 1, 2, \cdots, n \\ \tilde{x}^{(n+i)} = -(\sqrt{(n+\kappa)P_k^-})_i^{\mathrm{T}}, \quad i = 1, 2, \cdots, n \end{cases} \tag{3-49}$$

然后用系统观测方程更新所有的 sigma 点：

$$\hat{y}_k^{(i)} = h(\hat{x}_k^{(i)}, t_k) \tag{3-50}$$

接着计算测量估计值：

$$\hat{y}_k = \sum_{i=1}^{2n+1} W^{(i)} \hat{y}_k^{(i)} \tag{3-51}$$

然后计算测量估计的协方差矩阵：

$$P_y=\sum_{i=0}^{2n}W^{(i)}(\hat{y}_k^{(i)}-\hat{y}_k)(\hat{y}_k^{(i)}-\hat{y}_k)^{\mathrm{T}}+R_k \tag{3-52}$$

之后计算状态变量与测量变量之间的协方差矩阵：

$$P_{xy}=\sum_{i=0}^{2n}W^{(i)}(\hat{x}_k^{(i)}-\hat{x}_k^{-})(\hat{y}_k^{(i)}-\hat{y}_k)^{\mathrm{T}} \tag{3-53}$$

最后计算反馈矩阵、期望均值的后验估计值以及状态变量协方差矩阵的后验估计值：

$$\begin{cases}K_k=P_{xy}P_y^{-1}\\ \hat{x}_k^{+}=\hat{x}_k^{-}+K_k(y_k-\hat{y}_k)\\ P_k^{+}=P_k^{-}-K_kP_yK_k^{\mathrm{T}}\end{cases} \tag{3-54}$$

观测器中的模型噪声和测量噪声的方差是未知量，它们反映了模型参数和测量信号的可信度，在观测过程中可以根据系统所处状态对其进行动态调整。本书采用了噪声信号方差值的动态修正方法，方差矩阵设置如下：

$$\begin{cases}Q=\begin{bmatrix}q_{11} & 0\\ 0 & q_{22}\end{bmatrix}\\ \\ R=\begin{bmatrix}r_{11} & 0\\ 0 & r_{22}\end{bmatrix}\end{cases} \tag{3-55}$$

$$\begin{cases}q_{11}=c_{q_{a1}}\left|a_y\right|+c_{q_{a2}}(\sum\limits_{i,j}\left|\lambda_{ij}\right|)+c_{q_{a3}}\left|\omega_z\right|+d_{q_a}\\ q_{22}=c_{q_{b1}}\left|a_y\right|+c_{q_{b2}}(\sum\limits_{i,j}\left|\lambda_{ij}\right|)+c_{q_{b3}}\left|\omega_z\right|+d_{q_b}\\ r_{11}=(1+c_t)[c_{r_{a1}}(d_{r_{a1}}-\left|a_y\right|)+c_{r_{a2}}(d_{r_{a2}}-\left|\omega_z\right|)]\\ r_{22}=d_{r_{b1}}\end{cases} \tag{3-56}$$

式中，系数 $c_{q_{ai}}$、$c_{q_{bi}}$、$c_{r_{ai}}$、d_{q_a}、d_{q_b}、$d_{r_{ai}}$、$d_{r_{b1}}$、c_t 均为正值，并通过试验标定参数。从式 (3-57) 的形式可以看出，系统模型噪声方差矩阵的对角线数值与车辆的侧向加速度、车轮滑移率的和以及横摆角速度呈正相关关系，测量噪声方差矩阵的对角线数值与车辆侧向加速度、横摆角速度呈负相关关系。即认为随着车辆运动非线性程度的增加，系统模型的不确定性提高，置信度逐渐降低，测量信号的置信度则逐渐提高，这正是根据车辆模型与 ESC 传感器信号的特点设计得到的。

上述 UKF 观测器的实现步骤中最困难的一步就是计算状态变量的后验方差矩阵 P_k^{+} 的 Cholesky 分解因子。Cholesky 分解要求在每一个计算周期都保持正定，一旦 P_k^{+} 出现非正定的取值，计算就无法继续进行。为了保证 P_k^{+} 的正定性，本书采用了一种强跟踪发散抑制方法来保证算法的稳定性。具体来讲，首先设定判断条件式 (3-57) 来提前预测计算发散的可能性。当不等式 (3-57) 成立时则认为可能发生计算发散，此时按照式 (3-58) 对状态方差的先验矩阵 P_k^{+} 进行修正，保证计算的进行。

$$Y_{\mathrm{err}}^{\mathrm{T}}Y_{\mathrm{err}}\leqslant S\cdot\mathrm{tr}E(Y_{\mathrm{err}}Y_{\mathrm{err}}^{\mathrm{T}}) \tag{3-57}$$

$$P_k^- = \rho_k \sum_{i=0}^{2n} W^{(i)}(\hat{x}_k^{(i)} - \hat{x}_k^-)(\hat{x}_k^{(i)} - \hat{x}_k^-)^{\mathrm{T}} + Q_{k-1} \tag{3-58}$$

式中，$S(S \geqslant 1)$ 是门限系数；$Y_{\mathrm{err}} = y_k - \hat{y}_k$ 是测量估计偏差；修正系数 ρ_k 按照下式计算：

$$\begin{aligned}
&\rho_k = \begin{cases} \rho_0, & \rho_0 \geqslant 1 \\ 1, & \rho_0 < 1 \end{cases} \\
&\rho_0 = \frac{N_k}{M_k} \\
&N_k = \mathrm{tr}(C_{0,k} - R)^{\mathrm{T}} \\
&M_k = \mathrm{tr}\left(\sum_{i=0}^{2n} W^{(i)}(\hat{y}_k^{(i)} - \hat{y}_k)(\hat{y}_k^{(i)} - \hat{y}_k)^{\mathrm{T}}\right) \\
&C_{0,k} = \begin{cases} Y_{\mathrm{err}}Y_{\mathrm{err}}^{\mathrm{T}}, & k = 1 \\ \dfrac{\beta C_{0,k} + Y_{\mathrm{err}}Y_{\mathrm{err}}^{\mathrm{T}}}{1+\beta}, & k > 1 \end{cases}
\end{aligned} \tag{3-59}$$

式中，tr() 为计算矩阵的迹的函数；$\beta(\beta \leqslant 1)$ 为遗忘因子，起到对修正系数 $\beta\rho_k$ 滤波的作用。

2. 观测器修正

基于传感器信号积分的车身侧偏角观测方法在时间尺度短、信号幅值大的情况下可取得较好的估算结果。鉴于此种特点，本书采用基于传感器信号积分的观测方法作为 UKF 观测器的补充和修正，用以补偿模型参数和环境变化造成的观测误差 [34]。

根据车辆侧向动力学方程可得车辆侧向运动速度的微分可以表示为

$$\dot{v}_y = a_y - \omega_{\mathrm{r}} v_x \tag{3-60}$$

其中，车辆质心侧向速度和侧偏角可由式 (3-61) 计算得到：

$$\begin{cases} v_y = \displaystyle\int (a_y - \omega_{\mathrm{r}} v_x)\mathrm{d}t \\ \beta = \arctan\left(\dfrac{v_y}{v_x}\right) \approx \dfrac{v_y}{v_x} \end{cases} \tag{3-61}$$

这样，UKF 观测器得到的侧偏角观测结果就可以修正为如下形式：

$$\beta = \beta_{\mathrm{UKF}} + \eta(\beta_{\mathrm{INT}} - \beta_{\mathrm{UKF}}) \tag{3-62}$$

式中，β_{UKF}、β_{INT} 分别代表 UKF 观测算法和信号积分观测算法得到的车身侧偏角观测值，η 为动态调节的权重系数，其计算方法如下式所示：

$$\eta = \begin{cases} 0, e < e_1 \\ k_\eta \left(\dfrac{e - e_1}{e_2 - e_1}\right)^2, e_1 < e < e_2 \\ k_\eta, e_2 < e \end{cases}, e = \frac{1}{t_0 s + 1}|\dot{v}_y| \tag{3-63}$$

式中，e 是车辆质心侧向速度微分的一阶滞后信号，它代表了车辆运动状态的非线性程度，当 e 较小时认为 UKF 的观测结果更可信，相反认为信号积分的观测结果更可信。e_1 和 e_2 分别是与车辆固有特性相关的门限。k_η 为 η 的上限值，通常设定小于 1。

为了说明参变量 e 选取的合理性，下面结合一个斜阶跃转向仿真试验进行分析。仿真中车辆以 80km/h 的速度在高附着路面上直线行驶，在 $t=0$ 时刻给车辆输入斜率为 3.75°/s 的斜阶跃转向输入。图 3.19 展示了这一过程中轮胎侧偏角、轮胎力以及车辆侧向速度的变化趋势。从图 3.19 可以看出，在试验过程中车轮状态大致可以分为三个阶段，第一阶段在 0~5s，此阶段轮胎侧偏刚度接近常数，轮胎力与侧偏角呈线性关系，此时轮胎处于线性区域；第二阶段在 5~15s，此阶段轮胎侧偏刚度逐渐降低，轮胎力仍随着侧偏角增大而增大，此时轮胎处于部分非线性区域；第三阶段在 15s 之后，此阶段轮胎侧偏刚度接近于零，轮胎侧偏角仍在继续增大，但轮胎侧向力反而有小幅下降，此时轮胎处于完全非线性区域。

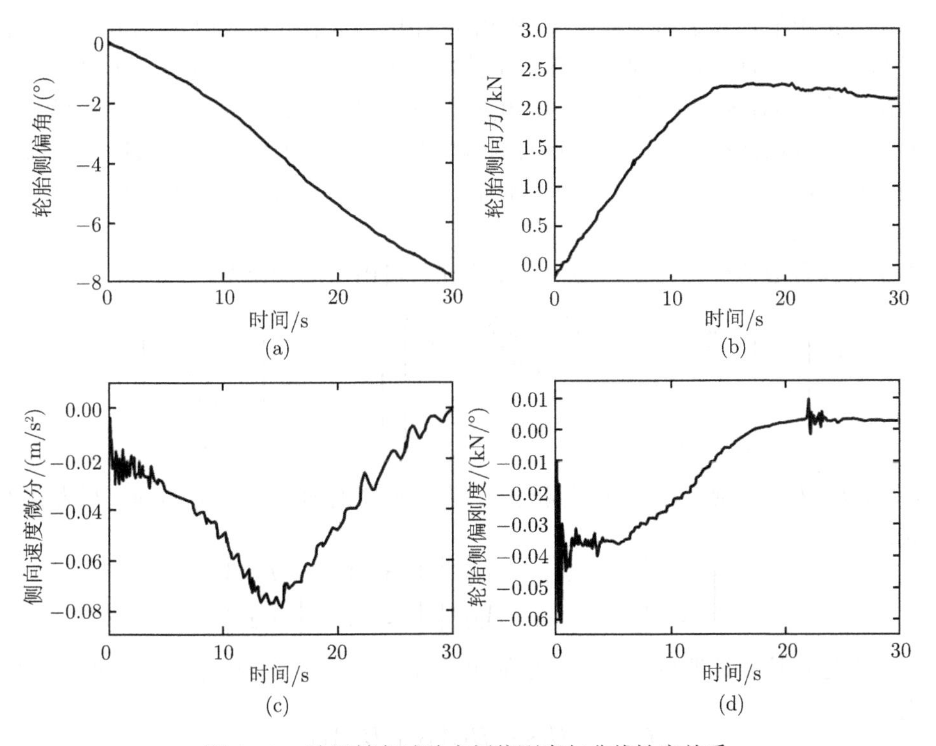

图 3.19 阶跃转角试验中侧偏刚度与非线性度关系

从图 3.19 中可以看到在 0~5s 的轮胎线性区域中，轮胎侧偏刚度和车辆侧向速度微分都保持在小范围内波动；在 5~15s 的轮胎非线性区域中，车辆侧向速度微分的绝对值逐渐增加；在 15s 附近达到极值，在 15s 之后的轮胎完全非线性区域中车辆侧向速度微分的绝对值从峰值逐渐降低到 0。因此用车辆质心侧向速度微分来表征车辆非线性程度是较为合理的。

两个门限 e_1 和 e_2 的选择方法也可以从图 3.19 中直观地得到，e_1 应该选在轮胎线性区域与部分非线性区域分界点附近，即图 3.19 中 $t=5$s 附近，e_2 应该选在轮胎力达到峰值之前，即图 3.19 中 $t=15$s 之前。虽然在轮胎完全非线性区域中车辆侧向速度微分的绝对值会降低，但此时车轮已经进入完全侧滑的状态，ESC 的控制效果保证了正常工作情况下车轮不会进入这个区域，但如果车轮进入此区域说明 ESC 的控制已经失效，侧偏角的估算也失去了意义。

基于传感器信号积分方法的另一个需要解决的重要问题是噪声的积分累积。加速度传感器在实际使用中产生的噪声往往不符合高斯白噪声的形式，也就是说其均值可能不为零，积分累积误差因此产生。本书采用两种方法解决积分累积误差问题。首先在侧向速度积分公式中加入一个阻尼项来抑制积分漂移，另外根据横摆角速度信息在合适的时间对积分进行归零解决长时间积分带来的误差。

增加阻尼项的侧向速度微分公式的连续形式和离散形式可分别写为

$$v_y=\int\left(a_y-\omega_{\rm r}v_x-\frac{v_y}{\tau}\right){\rm d}t \tag{3-64}$$

$$v_{y,k+1}=v_{y,k}+\left(a_{y,k}-\omega_{{\rm r},k}v_{x,k}-\frac{v_{y,k}}{\tau}\right){\rm d}t \tag{3-65}$$

为了验证阻尼项对于积分累积误差的消除作用，本书分别应用式 (3-61) 与式 (3-64) 对一组实车试验数据进行侧偏角估算，试验数据来自于一组压实雪面的转向试验，真实侧偏角由双天线 GPS 设备测得。图 3.19(a) 显示了两种方法的估算结果的差异。从估算结果曲线可以看出两种积分方法得到的侧偏角曲线形状相似，但不含阻尼项的积分结果随时间进行逐渐向下偏移，带有阻尼项的积分结果与真实值较为接近。说明积分阻尼项对于抑制积分累积误差具有明显的效果。

为了寻找合适的积分归零时刻，首先研究二自由度车辆模型：

$$\begin{bmatrix}\dot\beta\\ \dot\omega_{\rm r}\end{bmatrix}=\begin{bmatrix}\dfrac{k_1+k_2}{mv_x} & \dfrac{ak_1-bk_2}{mv_x^2}-1\\ \dfrac{ak_1-bk_2}{I_z} & \dfrac{a^2k_1+b^2k_2}{v_xI_z}\end{bmatrix}\begin{bmatrix}\beta\\ \omega_{\rm r}\end{bmatrix}+\begin{bmatrix}-\dfrac{k_1}{mv_x}\\ -\dfrac{ak_1}{I_z}\end{bmatrix}\delta_{\rm f} \tag{3-66}$$

式中，k_1、k_2 为车辆前后轴等效侧偏刚度。为了形式的简洁，将式 (3-66) 写为式 (3-67) 的形式：

$$\begin{bmatrix}\dot\beta\\ \dot\omega_{\rm r}\end{bmatrix}=\begin{bmatrix}A_{11} & A_{12}\\ A_{21} & A_{22}\end{bmatrix}\begin{bmatrix}\beta\\ \omega_z\end{bmatrix}+\begin{bmatrix}B_1\\ B_2\end{bmatrix}\delta \tag{3-67}$$

对状态进行拉普拉斯变换，并经过简单计算可以得到车身侧偏角与横摆角速度的表达式为

$$\begin{cases}\beta=\dfrac{B_1s-B_1A_{22}+B_2A_{12}}{s^2-T_As+D_{\rm A}}\delta_{\rm f}\\ \omega_{\rm r}=\dfrac{B_2s-B_2A_{11}+B_1A_{21}}{s^2-T_{\rm A}s+D_{\rm A}}\delta_{\rm f}\end{cases} \tag{3-68}$$

其中，s 为拉普拉斯算子，$T_{\rm A}=A_{11}+A_{22}, D_{\rm A}=A_{11}A_{22}-A_{12}A_{21}$；用 ${\rm j}\Omega$ 代替 s 可以得到车身侧偏角和横摆角速度瞬态响应的相角分别为

$$\begin{cases}\psi_\beta=\arctan\dfrac{B_1\Omega}{B_2A_{12}-B_1A_{22}}-\arctan\dfrac{-T_A\Omega}{D_A-\Omega^2}\\ \psi_{\omega_{\rm r}}=\arctan\dfrac{B_2\Omega}{B_1A_{21}-B_2A_{11}}-\arctan\dfrac{-T_A\Omega}{D_A-\Omega^2}\end{cases} \tag{3-69}$$

在零点对上式进行泰勒级数展开并保留一阶项可以得到车身侧偏角相对于横摆角速度响应的时间滞后量为

$${\rm d}T=\frac{\psi_{\omega_{\rm r}}-\psi_\beta}{\Omega}\approx\frac{B_2}{B_1A_{21}-B_2A_{11}}-\frac{B_1}{B_2A_{12}-B_1A_{22}} \tag{3-70}$$

根据以上分析，可以采用车辆横摆角速度的一阶滞后信号决定车身侧偏角的积分归零时刻。其中时间因子采用 dT。由于二自由度车辆模型仅在车辆非线性程度较小时有效，故实际操作中积分归零只在非线性度因子 e 低于一定的限值时起作用。图 3.20(b) 显示了一组压实雪面实车转向试验中的侧偏角信号与经过一阶滞后的横摆角速度信号之间的关系。从图 3.20(b) 中可以看出两条曲线的零点较为吻合，二者零点最大的偏差出现在 12s 附近，此时横摆角速度信号为零，侧偏角信号为 0.01rad，偏差值在接受范围之内。

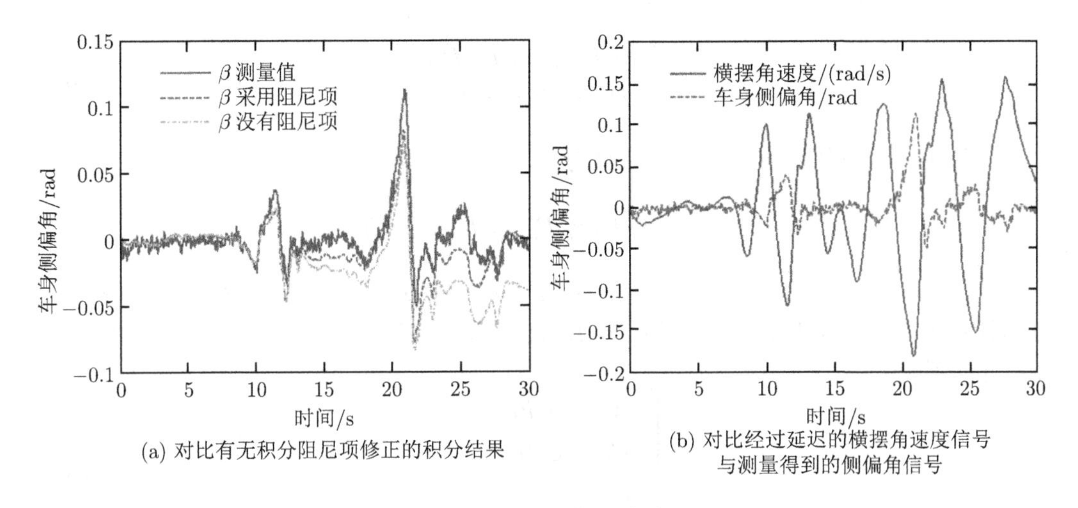

(a) 对比有无积分阻尼项修正的积分结果

(b) 对比经过延迟的横摆角速度信号与测量得到的侧偏角信号

图 3.20　积分修正效果

3. 观测器稳定性分析

为进行稳定性分析，首先定义估计偏差如下：

$$\begin{cases} \varepsilon_{x\_k} = x_k - \hat{x}_k \\ \varepsilon_{x\_k}^- = x_k - \hat{x}_k^- \end{cases} \tag{3-71}$$

对式 (3-40) 和式 (3-46) 进行泰勒展开并用上式进行替换，得到

$$\varepsilon_{x\_k}^- = F_k \varepsilon_{x\_k-1} + \Delta(\varepsilon_{x\_k-1}^2) + w_k \tag{3-72}$$

式中，$F_k = \left(\dfrac{\partial f(x,u,t)}{\partial x}|_{x=\hat{x}_{k-1}}\right)$，$\Delta(\varepsilon_{x\_k-1}^2)$ 代表二阶及更高阶余项。定义对角矩阵 $\boldsymbol{\eta}_k = \mathrm{diag}(\eta_{1,k}, \eta_{2,k})$，使得其满足：

$$\boldsymbol{\eta}_k F_k \varepsilon_{x\_k-1} = F_k \varepsilon_{x\_k-1} + \Delta(\varepsilon_{x\_k-1}^2) \tag{3-73}$$

这样，式 (3-74) 可以写为

$$\varepsilon_{x\_k}^- = \eta_k F_k \varepsilon_{x\_k-1} + w_k \tag{3-74}$$

类似地，可以将测量误差写为

$$\varepsilon_{y\_k} = \zeta_k H_k \varepsilon_{x\_k-1} + w_k \tag{3-75}$$

式中，$H_k = \left(\left.\dfrac{\partial h(x,t)}{\partial x}\right|_{x=\hat{x}_{k-1}}\right)$；$\boldsymbol{\zeta}_k = \mathrm{diag}(\zeta_{1,k}, \zeta_{2,k})$。这样，系统状态协方差矩阵就可以表示为

$$P_k^- = \eta_k F_k P_{k-1}^+ F_k^{\mathrm{T}} \eta_k + \boldsymbol{\Xi}_k \tag{3-76}$$

式中，$\Xi_k = P_k^- - \eta_k F_k P_{k-1}^+ F_k^{\mathrm{T}}, \eta_k = Q_k + \delta P_k + \Delta P_k$，$\delta P_k$ 是真实系统状态协方差矩阵与计算值之差，ΔP_k 为 $\eta_k F_k P_{k-1}^+ F_k^{\mathrm{T}} \eta_k$ 和 $E(\eta_k F_k \varepsilon_{k-1} \varepsilon_{k-1}^{\mathrm{T}} F_k^{\mathrm{T}} \eta_k)$ 之差。为了简化符号，引入矩阵 $\gamma_k \in \mathbf{R}^{2\times 2}$，其定义如下：

$$\begin{cases} \gamma_k H_k^{\mathrm{T}} \zeta_k = P_k^- P_{xy} \\ P_{xy} = P_k \gamma_k H_k^{\mathrm{T}} \zeta_k \end{cases} \tag{3-77}$$

类似地，测量值协方差矩阵可以写为

$$P_y = \zeta_k H_k \gamma_k^{\mathrm{T}} P_k^- \gamma_k H_k^{\mathrm{T}} \zeta_k + \Sigma_k \tag{3-78}$$

式中，$\Sigma_k = P_y - \zeta_k H_k \gamma_k^{\mathrm{T}} P_k^- \gamma_k H_k^{\mathrm{T}}, \zeta_k = R_k + \delta P_y + \Delta P_y$，$\delta P_y$ 为真实测量值协方差矩阵与计算值之差，ΔP_y 为 $\zeta_k H_k \gamma_k^{\mathrm{T}} P_k^- \gamma_k H_k^{\mathrm{T}} \zeta_k$ 与 $E(\zeta_k F_k \varepsilon_{k-1} \varepsilon_{k-1}^{\mathrm{T}} F_k^{\mathrm{T}} \zeta_k)$ 之差。另外定义下列矩阵符号：

$$\begin{cases} A_k = \eta_k F_k \\ B_k = \zeta_k H_k \\ C_k = I - K_k \zeta_k H_k \\ G_k = \zeta_k H_k \gamma_k^{\mathrm{T}} \end{cases} \tag{3-79}$$

将这些符号代入式 (3-40)、式 (3-54) 和式 (3-71) 中，观测误差可以写为

$$\varepsilon_{x\_k} = A_k \varepsilon_{k-1} - K_k B_k A_k \varepsilon_{x\_k-1} + C_k w_k - K_k \iota_k \tag{3-80}$$

$$K_k = P_k^- G_k^{\mathrm{T}} (G_k P_k^- G_k^{\mathrm{T}} + \Sigma_k)^{-1} = P_k^+ G_k^{\mathrm{T}} \Sigma_k^{-1}, P_k^- = A_k P_{k-1}^+ A_k^{\mathrm{T}} + \Xi_k, P_k^+ = (I - K_k G_k) P_k^- \tag{3-81}$$

保证 UKF 稳定性的定理可描述如下：对于式 (3-40) 所描述的非线性系统以及式 (3-44) ~ 式 (3-54) 描述的 UKF 观测器，如果对于任何 k 值满足以下约束条件：

$$\begin{aligned} & a_{\min}^2 I \leqslant A_k A_k^{\mathrm{T}} \leqslant a_{\max}^2 I, B_k B_k^{\mathrm{T}} \leqslant b_{\max}^2 I, C_k C_k^{\mathrm{T}} \leqslant c_{max}^2 I \\ & g_{\max}^2 I \geqslant G_k G_k^{\mathrm{T}} \geqslant g_{\min}^2 I, (G_k - B_k)(G_k - B_k)^{\mathrm{T}} \leqslant (g_{\max} - b_{\min})^2 I \\ & p_{\min} I \leqslant P_k^+ \leqslant p_{\max} I, Q_k \leqslant q_{\max} I, R_k \leqslant r_{\max} I \\ & \Xi_{\min} I \leqslant \Xi_k \leqslant \Xi_{\max} I, \Sigma_k > \Sigma_{\min} I \end{aligned} \tag{3-82}$$

其中，

$$\begin{aligned} & \Sigma_{\min} = \max(\Sigma_1, \Sigma_2) \\ & \Sigma_1 = a_{\max}^2 (g_{\max} - b_{\min})^2 (p_{\max} + p_{\max}^2 a_{\max}^2 \Xi_{\min}^{-1}) \\ & \Sigma_2 = b_{\max}^2 (a_{\max}^2 p_{\max} + \Xi_{\max}) - g_{\min}^2 (a_{\min}^2 p_{\min} + \Xi_{\min}) \end{aligned}$$

那么就存在实数 $\mu_{\max} > 0$ 和 $0 < \lambda_{\max} \leqslant 1$ 使得关于观测偏差的不等式 (3-83) 成立。

$$E\left\{\|\varepsilon_{x\_k}\|^2\right\} \leqslant \frac{p_{\max}}{p_{\min}} E\left\{\|\varepsilon_{x\_0}\|^2\right\} (1 - \lambda_{\min})^k + \frac{\mu_{\max}}{p_{\min}} \sum_{i=1}^{k-1} (1 - \lambda_{\min})^i \tag{3-83}$$

对于一个能量有限的物理系统，前五个条件客观上总是成立。条件 $Q_k \leqslant q_{\max}I$ 和 $R_k \leqslant r_{\max}I$ 也容易满足，因为 Q 和 R 均是人为给出。条件 $\Xi_k \leqslant \Xi_{\max}I$ 和 $P_k^+ \leqslant p_{\max}I$ 在有限时间范围内也是自然成立。定理中最重要的条件是 $\Xi_{\min}I \leqslant \Xi_k, \Sigma_k > \Sigma_{\min}I, p_{\min}I \leqslant P_k^+$。根据 Ξ_k 的表达式可以看出，如果 Q 的对角元素足够大则可以满足条件 $\Xi_{\min}I \leqslant \Xi_k$，类似地，足够大的 R 的对角元素可以保证条件 $\Sigma_k > \Sigma_{\min}I$ 得到满足。在 UKF 算法中由于需要保证每个周期都有正定的 P_k^+，在此前提下 $p_{\min}I \leqslant P_k^+$ 可以得到保证。

基于传感器信号积分的观测修正也需要稳定性的讨论。考虑到传感器信号可能存在的误差，假设侧向加速度传感器的偏差为 $e_{\dot{v}}$。此时侧向速度微分可以表示为 $\dot{\hat{v}}_y = \dot{v}_y + e_{\dot{v}}$。其中，$\dot{v}_y$ 为侧向速度微分真实值，$\dot{\hat{v}}_y$ 为侧向速度微分测量值。对常数项 $e_{\dot{v}}$ 的积分导致了观测的发散。加入阻尼项 v_y/τ 之后的侧向速度微分可以表示为

$$\dot{\hat{v}}_y - \dot{v}_y = -\frac{1}{\tau}(\hat{v}_y - v_y) + e_{\dot{v}} - \frac{v_y}{\tau} \tag{3-84}$$

考虑到实际应用的情形中 $e_{\dot{v}}$ 和 v_y 都是有界的，因此上式最后两项的和也是有界的，即：

$$\left| e_{\dot{v}} - \frac{v_y}{\tau} \right| \leqslant e_{\max}\,(e_{\max} > 0) \tag{3-85}$$

根据一阶系统特性可知 $\hat{v}_y - v_y$ 不会发散，且以 $\tau e_{\max}$ 为上界。在式 (3-83) 中，$1/\tau$ 起到反馈增益的作用，即当 $\tau \to +\infty$ 时，传感器偏差不会受到抑制，更小的 τ 值会起到更强的发散抑制作用，但同时也会过滤真实侧向速度信号的波动，当 $\tau \to 0^+$ 时，积分值会发生剧烈抖动。最优的 τ 值取决于传感器信号误差的幅值。

3.4.3　车身侧倾角观测

车身侧倾角和侧倾角速度是直接表征汽车侧倾运动的两个状态量，其变化规律直接引起侧倾运动和侧翻危险。所以，对车身侧倾角和侧倾角速度的精确获取在防侧翻控制问题中尤为重要。在具有六轴 IMU（Inertial Measurement Unit，惯性测量单元）的系统中，车身的侧倾角速度可以通过角度传感器测量 [26]，车身的侧倾也会导致 IMU 测的侧倾方向上的重力的分量增大，因此通过合适的滤波算法可较容易得到车身侧倾角及侧倾角速度。但在一些成本受限的车辆上，其往往仅装配有两轴 IMU（可测车辆侧向加速度和横摆角速度），所以车身侧倾角和侧倾角速度需要通过估算算法进行观测得到 [27,28]。

对于基于 ESC 硬件的防侧翻控制系统，侧倾角和侧倾角速度的获取只能通过构建模型观测器进行估算得到。根据侧倾动力学方程可知，侧向加速度是产生侧倾角的主要原因，通过测量得到的侧向加速度可以观测得到汽车侧倾角和侧倾角速度。若忽略悬架的阻尼，则可以得到侧倾角和侧向加速度的线性对应关系，如式 (3-86) 所示 [29]：

$$\varphi = (ma_y h \cos\phi_{\mathrm{v}} + mgh \sin\phi_{\mathrm{v}})/K_\varphi = \frac{mh}{K_\varphi} a_{y,\mathrm{m}} \tag{3-86}$$

在实际应用中，对应比例系数可由实车标定得到。但这种简单的对应关系并不能反映实际的侧倾响应，由侧向加速度到侧倾角的响应为二阶惯性环节，由于阻尼的存在，侧倾角的响应会出现超调性，而这种超调性会在很大程度上触发汽车的侧翻危险。根据侧向加速度和侧倾角之间的传递函数关系可以在一定程度上提高侧倾角观测的精度 [27]，如

式 (3-86) 所示，但这种方法一方面受模型参数的影响，另一方面受测量侧向加速度信号噪声和偏差的影响。在大量的研究中，通常采用构建观测器的方法对侧倾角和侧倾角速度进行估算。Choi SB 通过李雅普诺夫函数设置反馈增益矩阵实现对侧倾角的观测 [30]，Doumiati M 等指出卡尔曼滤波可以很好地实现侧倾角的观测 [31]。

$$\phi_{\mathrm{v}}=\frac{mh}{I_z s^2+C_\phi s+K_\phi}a_{y,\mathrm{m}} \tag{3-87}$$

1. 系统模型建立

车辆侧倾的动力学等式如式 (3-88) ～ 式 (3-91) 所示。

$$mv_x(\dot{\beta}+\omega_{\mathrm{r}})=(F_{x\mathrm{fl}}+F_{x\mathrm{fr}})\sin\delta_{\mathrm{f}}+(F_{y\mathrm{fl}}+F_{y\mathrm{fr}})\cos\delta_{\mathrm{f}}+F_{y\mathrm{rl}}+F_{y\mathrm{rr}} \tag{3-88}$$

$$\begin{aligned}I_z\dot{\omega}_{\mathrm{r}}=&(F_{y\mathrm{fl}}+F_{y\mathrm{fr}})a\cos\delta_{\mathrm{f}}+(F_{y\mathrm{fl}}-F_{y\mathrm{fr}})w/2\cdot\sin\delta_{\mathrm{f}}-(F_{y\mathrm{rl}}+F_{y\mathrm{rr}})b+\\&(F_{x\mathrm{fl}}+F_{x\mathrm{fr}})a\sin\delta_{\mathrm{f}}-(F_{x\mathrm{fl}}-F_{x\mathrm{fr}})w/2\cdot\cos\delta_{\mathrm{f}}-(F_{x\mathrm{rl}}-F_{x\mathrm{rr}})w/2\end{aligned} \tag{3-89}$$

$$I_{xO}\ddot{\phi}_{\mathrm{v}}=ma_yh_O\cos\phi_{\mathrm{v}}+mgh_O\sin\phi_{\mathrm{v}}-K_\phi\phi_{\mathrm{v}}-C_\phi\dot{\phi}_{\mathrm{v}} \tag{3-90}$$

$$I_{xO'}\ddot{\phi}_{\mathrm{v}}=ma_yh_{O'}\sin\xi-mgh_{O'}\cos\xi-K_\phi\phi_{\mathrm{v}}-C_\phi\dot{\phi}_{\mathrm{v}} \tag{3-91}$$

根据上述等式构建考虑侧偏角、横摆角速度、侧倾角和侧倾角速度四个自由度的汽车模型。其状态方程如式 (3-92) 所示。

$$\begin{cases}\dot{x}=f_{\mathrm{r}}(x,u)+w\\ y=h_{\mathrm{r}}(x,u)+v\end{cases} \tag{3-92}$$

其中，$x=\begin{bmatrix}\beta & \omega_{\mathrm{r}} & \phi_{\mathrm{v}} & \dot{\phi}_{\mathrm{v}}\end{bmatrix}^{\mathrm{T}}, y=\begin{bmatrix}a_{y,\mathrm{m}} & \omega_{\mathrm{r}}\end{bmatrix}^{\mathrm{T}}, u=\delta_{\mathrm{f}}$。

当车轮未离地时：

$$f_{\mathrm{r}}(x,u)=\begin{bmatrix}\dfrac{(F_{x\mathrm{fl}}+F_{x\mathrm{fr}})\sin\delta+(F_{y\mathrm{fl}}+F_{y\mathrm{fr}})\cos\delta_{\mathrm{f}}+F_{y\mathrm{rl}}+F_{y\mathrm{rr}}}{mv_x}-\omega_{\mathrm{r}}\\ \dfrac{\begin{array}{c}(F_{y\mathrm{fl}}+F_{y\mathrm{fr}})a\cos\delta_{\mathrm{f}}+(F_{y\mathrm{fl}}-F_{y\mathrm{fr}})w/2\cdot\sin\delta_{\mathrm{f}}-(F_{y\mathrm{rl}}+F_{y\mathrm{rr}})b+\\(F_{x\mathrm{fl}}+F_{x\mathrm{fr}})a\sin\delta_{\mathrm{f}}-(F_{x\mathrm{fl}}-F_{x\mathrm{fr}})w/2\cdot\cos\delta_{\mathrm{f}}-(F_{x\mathrm{rl}}-F_{x\mathrm{rr}})\cdot w/2\end{array}}{I_z}\\ \dot{\phi}_{\mathrm{v}}\\ \dfrac{\begin{array}{c}((F_{x\mathrm{fl}}+F_{x\mathrm{fr}})\sin\delta_{\mathrm{f}}+(F_{y\mathrm{fl}}+F_{y\mathrm{fr}})\cos\delta_{\mathrm{f}}+F_{y\mathrm{rl}}+F_{y\mathrm{rr}})h_O\cos\phi_{\mathrm{v}}+\\mgh_O\sin\phi_{\mathrm{v}}-K_\phi\phi_{\mathrm{v}}-C_\phi\phi_{\mathrm{v}}\end{array}}{I_{xO}}\end{bmatrix} \tag{3-93}$$

$$h_{\mathrm{r}}(x,u)=\begin{bmatrix}\dfrac{(F_{x\mathrm{fl}}+F_{x\mathrm{fr}})\sin\delta_{\mathrm{f}}+(F_{y\mathrm{fl}}+F_{y\mathrm{fr}})\cos\delta_{\mathrm{f}}+F_{y\mathrm{rl}}+F_{y\mathrm{rr}}}{m}+g\sin\phi_{\mathrm{v}}\\ \omega_{\mathrm{r}}\end{bmatrix} \tag{3-94}$$

当车轮离地时：

$$f_{\mathrm{r}}(x,u)=\begin{bmatrix}\dfrac{(F_{x\mathrm{fl}}+F_{x\mathrm{fr}})\sin\delta_{\mathrm{f}}+(F_{y\mathrm{fl}}+F_{y\mathrm{fr}})\cos\delta_{\mathrm{f}}+F_{y\mathrm{rl}}+F_{y\mathrm{rr}}}{mv_x}-\omega_{\mathrm{r}}\\ \dfrac{\begin{array}{l}(F_{y\mathrm{fl}}+F_{y\mathrm{fr}})a\cos\delta_{\mathrm{f}}+(F_{y\mathrm{fl}}-F_{y\mathrm{fr}})w/2\cdot\sin\delta_{\mathrm{f}}-(F_{y\mathrm{rl}}+F_{y\mathrm{rr}})b+\\(F_{x\mathrm{fl}}+F_{x\mathrm{fr}})a\cdot\sin\delta_{\mathrm{f}}-(F_{x\mathrm{fl}}-F_{x\mathrm{fr}})w/2\cdot\cos\delta_{\mathrm{f}}-(F_{x\mathrm{rl}}-F_{x\mathrm{rr}})\cdot w/2\end{array}}{I_z}\\ \dot{\phi}_{\mathrm{v}}\\ \dfrac{\begin{array}{l}((F_{x\mathrm{fl}}+F_{x\mathrm{fr}})\sin\delta_{\mathrm{f}}+(F_{y\mathrm{fl}}+F_{y\mathrm{fr}})\cos\delta_{\mathrm{f}}+F_{y\mathrm{rl}}+F_{y\mathrm{rr}})h_{O'}\sin\xi+\\mgh_{O'}\cos\xi-K_{\phi}\phi_{\mathrm{v}}-C_{\phi}\phi_{\mathrm{v}}\end{array}}{I_{xO'}}\end{bmatrix}\tag{3-95}$$

$$h_{\mathrm{r}}(x,u)=\begin{bmatrix}\dfrac{(F_{x\mathrm{fl}}+F_{x\mathrm{fr}})\sin\delta_{\mathrm{f}}+(F_{y\mathrm{fl}}+F_{y\mathrm{fr}})\cos\delta_{\mathrm{f}}+F_{y\mathrm{rl}}+F_{y\mathrm{rr}}}{m}+g\sin\phi_{\mathrm{v}}\\ \omega_{\mathrm{r}}\end{bmatrix}\tag{3-96}$$

对式 (3-94) 进行离散化可得到离散化的状态方程：

$$\begin{cases}x_k=x_{k-1}+f_{\mathrm{r}}(x_{k-1},u_{k-1})\Delta T+w_{k-1}\\ y_k=h_{\mathrm{r}}(x_k,u_k)+v_k\end{cases}\tag{3-97}$$

2. 观测器设计

在扩展 Kalman 滤波 (EKF) 过程中需要对 f_{r}、h_{r} 求偏导数得到雅克比矩阵。雅克比矩阵是一种近似化求解方法，其精度是一阶的。而针对非线性问题的无迹变换（UT）是一种比一阶更高精度的处理方法。无迹卡尔曼滤波方法的一般过程如下：

（1）选取 $2L+1$ 个 sigma 点，选取的准则为：其平均值为 $\hat{x}_{k-1}$，协方差为 P_{k-1}。

$$\chi_{k-1}^{i}=\begin{cases}\hat{x}_{k-1}, & i=0\\ \hat{x}_{k-1}+(\sqrt{(L+\kappa)P_{k-1}})_i, & i=1,2,\cdots,L\\ \hat{x}_{k-1}-(\sqrt{(L+\kappa)P_{k-1}})_i, & i=L+1,\cdots,2L\end{cases}\tag{3-98}$$

$$W_i^m=\begin{bmatrix}\dfrac{\kappa}{L+\kappa} & \dfrac{1}{2(L+\kappa)} & \cdots & \dfrac{1}{2(L+\kappa)}\end{bmatrix}\tag{3-99}$$

$$W_i^c=\begin{bmatrix}\dfrac{\kappa}{L+\kappa}+1-r^2+s & \dfrac{1}{2(L+\kappa)} & \cdots & \dfrac{1}{2(L+\kappa)}\end{bmatrix}\tag{3-100}$$

其中 $\kappa=r^2L-L$ 为规模参数，r 确定了 sigma 点围绕 $\hat{x}_{k-1}$ 点的传播，常取一个很小的正值。s 用来体现 x 的分布，对于高斯噪声其最优值为 2。

（2）根据得到的 sigma 点，求状态量的先验值和先验协方差。

$$\chi_{k,k-1}^{i}=\chi_{k-1}^{i}+f_{\mathrm{r}}(\chi_{k-1}^{i},u_{k-1})\Delta T\tag{3-101}$$

$$\hat{x}_k^-=\sum_{i=0}^{2L}w_i^{\mathrm{m}}\chi_{k,k-1}^{i}\tag{3-102}$$

$$P_k^-=\sum_{i=0}^{2L}w_i^{\mathrm{c}}(\chi_{k,k-1}^{i}-\hat{x}_k^-)(\chi_{k,k-1}^{i}-\hat{x}_k^-)^{\mathrm{T}}+Q_k\tag{3-103}$$

（3）根据测量值，对先验值进行反馈修正，得到状态量的后验值及其协方差。

$$\hat{y}_k^- = \sum_{i=0}^{2L} w_i^{\mathrm{m}} h_{\mathrm{r}}(\chi_{k-1}^i) \tag{3-104}$$

$$\begin{aligned} P_{xy} &= \sum_{i=0}^{2L} w_i^{\mathrm{c}}(\chi_{k,k-1}^i - \hat{x}_k^-)(h_{\mathrm{r}}(\chi_{k-1}^i) - \hat{y}_k^-)^{\mathrm{T}} \\ P_y &= \sum_{i=0}^{2L} w_i^{\mathrm{c}}(h_{\mathrm{r}}(\chi_{k-1}^i) - \hat{y}_k^-)(h_{\mathrm{r}}(\chi_{k-1}^i) - \hat{y}_k^-)^{\mathrm{T}} \end{aligned} \tag{3-105}$$

$$\hat{x}_k = \hat{x}_k^- + K_k(y_k - \hat{y}_k^-), P_{xy}P_y^{-1} \tag{3-106}$$

$$P_k = P_k^- - K_k P_y K_k^{-1} \tag{3-107}$$

式中，$\hat{x}_k$ 为车身状态量 x 在 k 时刻的观测估算值，其协方差的分布为 P_k。按照以上的三个步骤重复进行，则可以实时地得到每个时刻的状态量估算值。

3. 车轮离地判断

当车轮离地时测量将表现出与未离地状态不同的模型，为了准确地选取未离地和离地的汽车模型，需要准确的判断车轮的离地状态。有学者采用单侧车轮离地时的侧倾角来作为车轮离地的标志，但车轮离地时，侧倾角往往会因为工况的不同而在车轮离地时不同。所以单一地依靠侧倾角来判断车轮是否离地存在一定的不足。本节采用车轮离地时车轮轮速相比于未离地时会发生明显的变化的原理来判断车轮离地。如图 3.21 所示，在第 2s 和第 3s 附近，右后轮和左后轮分别出现了离地现象，导致此时相应的轮速出现异常，保持在一定范围内的稳定。这种车轮轮速的异常可以用来作为车轮离地的判断依据，而不用考虑具体的工况。

当车轮未离地，左右两侧的车轮轮速的名义值为

$$\begin{cases} V_{x\mathrm{fl}} = V_{x\mathrm{rl}} = V_x - \omega_{\mathrm{r}} \cdot w/2 \\ V_{x\mathrm{fr}} = V_{x\mathrm{rr}} = V_x + \omega_{\mathrm{r}} \cdot w/2 \end{cases} \tag{3-108}$$

左右车轮的名义轮速偏差为

$$e_{\mathrm{no}} = V_{x\mathrm{rr}} - V_{x\mathrm{rl}} = \omega_{\mathrm{r}} \cdot w \tag{3-109}$$

而左右车轮轮速的实际偏差可由轮速传感器测量得到的轮速信号求得：

$$e = (w_{\mathrm{rr}} - w_{\mathrm{rl}}) \cdot R \tag{3-110}$$

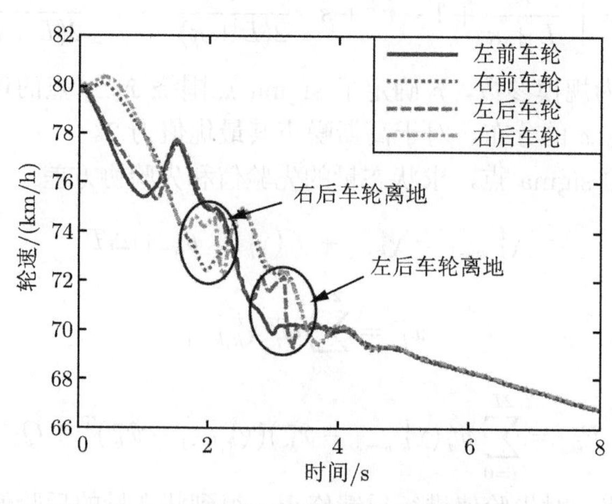

图 3.21　有车轮离地时的四个车轮的轮速响应

由式 (3-109) 和式 (3-110) 知，名义轮速偏差是一个关于横摆角速度的量，而实际轮速偏差是关于轮速的量，那么通过比较两种偏差的偏离程度，则可得到车轮的离地状态。其判断逻辑如式 (3-111) 所示。

$$\begin{cases} |e - e_{\text{no}}| \geqslant e_{\text{th}} & \text{车轮离地} \\ |e - e_{\text{no}}| < e_{\text{th}} & \text{车轮未离地} \end{cases} \tag{3-111}$$

3.5　道路信息观测

3.5.1　基于轮胎动力学的轮胎–路面附着观测

轮胎–路面附着系数的识别对汽车动力学状态观测和稳定性控制起着至关重要的作用 [32]。路面识别的本质是通过观测轮胎力、轮胎滑移率、侧偏角等参数的变化，直接或间接获得轮胎–路面之间的附着系数，现有路面附着系数分为基于试验（Experiment-based）和基于模型（Model-based）的识别方法 [33]。高精度、快收敛、低成本的路面附着识别是 ESC 控制的重点和难点，基于试验的路面附着估计依赖于高精度的视觉传感器和位置传感器，在轮胎纵向力很小的情况下可以有效识别，但是成本高昂、试验难度高 [34]。与试验方法相比，基于轮胎模型和动力学模型的估计方法仅利用车辆已有低成本传感器对路面附着条件变化引起的整车及车轮动态响应进行观察并推测，即可完成对附着系数的实时观测，本节主要讨论基于纵向动力学响应的路面附着观测方法。

纵向动力学响应识别路面需要根据轮胎力获得路面附着系数，通过车轮转速，车速计算得到车轮的滑移率。根据定义建立整车的单轮动力学模型，计算公式如下：

$$F_x = \mu F_z \tag{3-112}$$

$$\dot{\omega} = \frac{1}{I_{\text{w}}}\left(T_{\text{m}} - F_x R\right) \tag{3-113}$$

$$\lambda = \begin{cases} \dfrac{\omega R - u_{\text{w}}}{\omega R}, & u_{\text{w}} < \omega R \\ \dfrac{u_{\text{w}} - \omega R}{u_{\text{w}}}, & u_{\text{w}} \geqslant \omega R \end{cases} \tag{3-114}$$

式中，F_x 为轮胎所受纵向力；F_z 为轮胎所受垂直载荷；w 为车轮角速度；R 为车轮滚动半径；T_{m} 为车轮所受的驱动、制动力矩；I_{w} 为车轮转动惯量；λ 为车轮滑移率；u_{w} 为车轮中心的纵向速度。

路面附着系数即轮胎纵向力与垂直载荷的比值，附着系数决定了轮胎力的峰值，由此可以确定车辆动力学的稳定边界。过高的路面附着估计值，计算得到的车辆名义横摆角速度偏高，则不能检测到车辆的非线性特征，导致控制动作滞后；过低的路面附着估计，计算得到的车辆名义横摆角速度偏低，控制车辆在还未出现非线性特征时即触发控制，降低了车辆的动力性和乘员的驾乘舒适度 [34]。李亮团队 [35] 在路面附着估算中分析了 Rill 模型、魔术公式模型、Piecewise 线性模型、Burckhardt 模型、Dahl 模型和 LuGre 模型。上述方法都是以曲线斜率为依据的路面识别方法。F. Gustafsson [36] 最早提出了基于小滑移率区间曲线斜率的路面附着识别方法，利用附着系数和滑移率之间的近似线性关系，根据估计出的曲线斜率识别不同的路面附着系数。Rajamani R [37] 利用递推最小二乘法（进行了滑移率估计，试验结果表明该方法可以识别不同路面的附着系数。Ghandour[38] 首先基于 Dugoff 模型建立车轮侧向力、垂向力、侧偏角、侧偏刚度的观测模型。

3.5.2 基于转向动力学的整车附着观测

在路面附着估计领域，大部分研究集中在车辆制动下的路面附着观测，而针对转向工况下的路面附着观测却少有研究。然而随着电子技术的广泛应用，车辆主动安全越来越要求车辆能准确且实时地获取各工况下车辆的运动状态和路面附着信息。相较于纵向行驶工况下的路面附着观测，转向工况下的路面附着观测显得更为困难。因为转向过程中，轮胎与地面之间的纵向力和横向力互相影响，仅仅通过研究轮胎与地面之间的动态关系实现路面附着的精确观测具有一定的局限性。此时，需要结合一些其他的观测量实现对路面附着系数的精确观测。大多数路面附着观测的原理是通过建立整车和轮胎的动力学模型，通过观测整车的运动状态及轮胎力等参数的变化，与路面附着系数建立内在联系，构造相应的路面附着观测器。所以路面附着观测的算法主要是以动力学模型与观测器相结合的方法。但也有少量的研究是通过激光或声波等传感器检测采集路面粗糙度、湿滑状况等路面信息或轮胎噪声、胎面变形等轮胎响应状况来进行路面附着观测的。

本书采用基于横摆角速度偏差和侧向加速度偏差的车辆非线性度双表征量法，根据非线性度与路面附着利用率的关系得出附着估算偏差的补偿算法。算法通过实车测试，在 ESC 控制循环验证中具有高精度、高时效等优点。

1. 模型建立

二自由度车辆模型反映了车辆在转向过程中的横向运动与横摆运动特征，可以简明清晰地解释车辆横向运动的基本原理。考虑到附着观测的精度和实时性，本书采用二自由度车辆模型。由 2.4.3 节可知，线性二自由度车辆运动微分方程为

$$\begin{cases} (C_{\alpha\text{f}}+C_{\alpha\text{r}})\beta+\dfrac{1}{v_x}(aC_{\alpha\text{f}}-bC_{\alpha\text{r}})\omega_\text{r}-C_{\alpha\text{f}}\delta_\text{f}=m(\dot{v}_y+v_x\omega_\text{r}) \\ (aC_{\alpha\text{f}}-bC_{\alpha\text{r}})\beta+\dfrac{1}{v_x}(a^2C_{\alpha\text{f}}-b^2C_{\alpha\text{r}})\omega_\text{r}-aC_{\alpha\text{f}}\delta_\text{f}=I_z\dot{\omega}_\text{r} \end{cases} \tag{3-115}$$

由式 (3-115) 容易得到二自由度模型的横摆角速度响应如下：

$$\omega_\text{r}=\frac{B_2s-B_2A_{11}+B_1A_{21}}{s^2-T_\text{A}s+D_\text{A}}\delta_\text{f} \tag{3-116}$$

其中，$A_{11}=\dfrac{C_{\alpha\text{f}}+C_{\alpha\text{r}}}{mv_x}$，$A_{12}=\dfrac{aC_{\alpha\text{f}}-bC_{\alpha\text{r}}}{mv_x^2}-1$，$A_{21}=\dfrac{aC_{\alpha\text{f}}-bC_{\alpha\text{r}}}{I_z}$，$A_{22}=\dfrac{a^2C_{\alpha\text{f}}+b^2C_{\alpha\text{r}}}{v_xI_z}$，$B_1=-\dfrac{C_{\alpha\text{f}}}{mv_x}$，$B_2=-\dfrac{aC_{\alpha\text{f}}}{I_z}$，$T_A=A_{11}+A_{22}$，$D_A=A_{11}A_{22}-A_{12}A_{21}$。

二自由度模型表明横摆角速度与转角输入为二阶微分关系。如果忽略动态响应过程，则可以得到其稳态响应值为

$$\omega_\text{rnom}=\frac{v_x/L}{1+\dfrac{mv_x^2}{L^2}\left(\dfrac{a}{C_{\alpha\text{r}}}-\dfrac{b}{C_{\alpha\text{f}}}\right)}\delta_\text{f} \tag{3-117}$$

由于二自由度车辆模型与实际车辆在轮胎线性区域的响应特性相符，故可以将式 (3-117) 作为车辆的状态名义值，即认为二自由度车辆模型的稳态响应值即为驾驶员期望的车辆响应。

2. 非线性度表征

路面附着系数为最大轮胎力与轮胎垂向载荷的比值。轮胎–路面附着系数可以分成两部分：利用附着系数 μ_a（即轮胎力与垂向力的比值）和附着系数余量 μ_m。表达式如下所示：

$$\mu = \mu_\mathrm{a} + \mu_\mathrm{m} \tag{3-118}$$

利用车辆的加速度传感器可得车辆纵向加速度 a_x 和侧向加速度 a_y，进而可以得出车辆在 XY 平面内所受到的轮胎力合力为 $m\sqrt{a_x^2+a_y^2}$，则此时的利用附着系数为 $\mu_\mathrm{a}=\sqrt{a_x^2+a_y^2}/g$。附着估算的难点在于如何估算 μ_m。建立非线性度表征值 $\Delta\gamma$，同时建立附着余量 μ_m 与 $\Delta\gamma$ 的经验函数 $\mu_\mathrm{m}=f(\Delta\gamma)$，前轮转角很小时，前轮驱动或制动力在横向的分力通常较小，为了简化计算，忽略其在横向方向的分力。

轮胎–路面附着系数的估算值如下：

$$\mu = \frac{a_y}{g} + f(\Delta\gamma) \tag{3-119}$$

根据二自由度车辆模型可以看出非线性度表征值实际上为两个等效前轮转角的差值即

$$\Delta\gamma = \delta_\mathrm{nom} - \delta_\mathrm{f} \tag{3-120}$$

其中

$$\delta_\mathrm{nom} = \left[1+\left(\frac{v_x}{v_\mathrm{c}}\right)^2\right]\frac{\omega_\mathrm{rnom}L}{v_x} \tag{3-121}$$

$$\delta_\mathrm{f} = \left[1+\left(\frac{v_x}{v_\mathrm{c}}\right)^2\right]\frac{\omega_\mathrm{r}L}{v_x} \tag{3-122}$$

这两个等效转角是将横摆角速度分别确定为名义横摆角速度和实际横摆角速度之后按照二自由度车辆模型反算出对应的前轮转角。

$$\Delta\gamma = \left[1+\left(\frac{v_x}{v_\mathrm{c}}\right)^2\right]\frac{(\omega_\mathrm{rnom}-\omega_\mathrm{r})L}{u}\mathrm{sign}(\omega_\mathrm{r}) \tag{3-123}$$

μ_m 与 $\Delta\gamma$ 的函数关系如图 3.22 所示，即认为等效转角偏差较小时，附着余量较大，等效转角偏差较大时，附着余量较小，且二者基本呈线性关系。

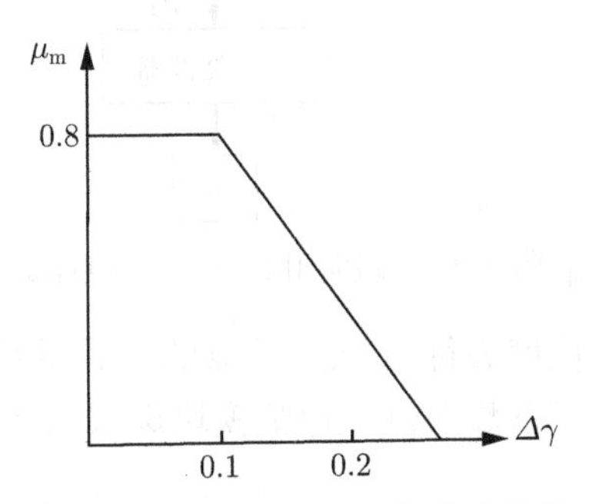

图 3.22 μ_m 与 $\Delta\gamma$ 的函数关系图

上述方法较好地描述了附着余量随着车辆运动状态变化的特征。非线性度表征值实际上是用横摆角速度偏差反映轮胎力的期望值与实际值的偏差，这与附着余量的物理意义对应，且实现方案简单，是一种较为可行的附着估计算法。

3. 观测器设计

本书构建了如图 3.23 所示的轮胎–路面附着系数估算算法。该算法仍然遵循将轮胎–路面附着系数分为利用附着系数和附着系数余量的基本思路。利用附着系数根据纵向加速度和侧向加速度测量值计算得到，即 $\mu_{\mathrm{a}}=\sqrt{a_x^2+a_y^2}/g$，附着系数余量设计为关于两个非线性度表征值的分段函数，如式 (3-124) 和式 (3-125) 所示。在轮胎线性区域随着利用附着系数提高，非线性度变化不明显，故附着余量曲线的斜率也较小。分段曲线的第二段为轮胎部分非线性区域，在此区域中附着余量随着非线性度表征值的增加线性减小。曲线第三段为轮胎特性的完全非线性区域，段中随着非线性度表征值的增加附着余量只有少量减小，且接近于零，利用附着系数已经接近于实际轮胎–路面附着系数。曲线第四段中附着余量保持为零。

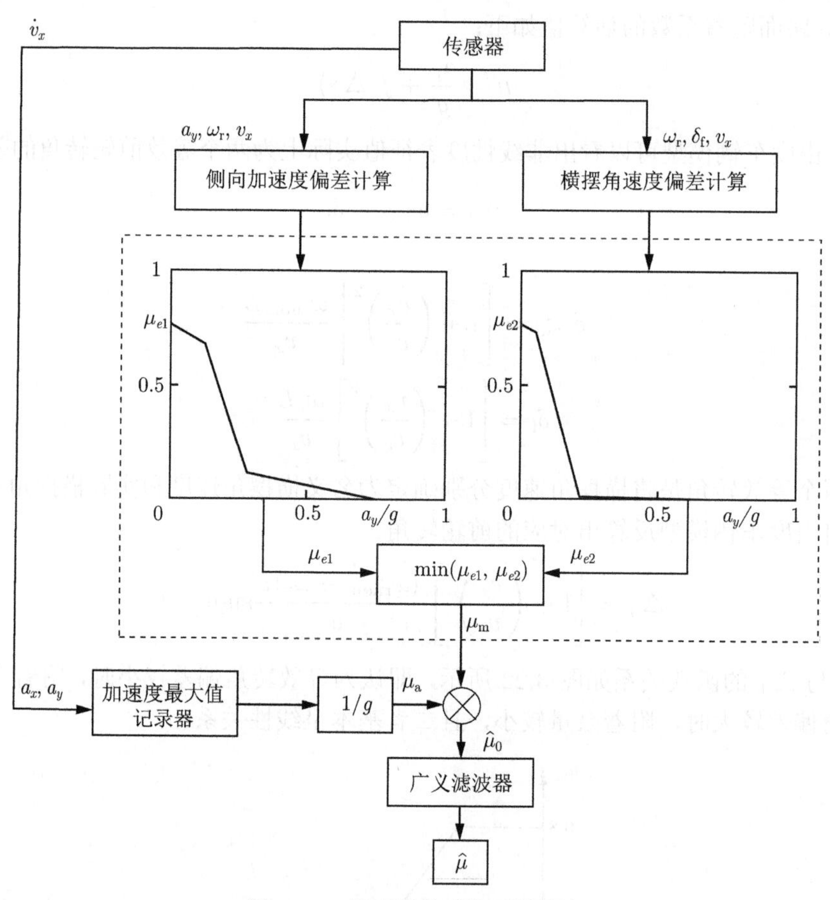

图 3.23 路面附着系数观测算法

式 (3-124) 为根据非线性度表征值 a_{ny} 计算的附着系数余量，式 (3-125) 为根据非线性度表征值 ω' 计算的附着系数余量。仲裁模块选取二者中的较小者作为最终的附着系数余量用于附着估计。

$$\mu_{e1}=\begin{cases}0.7-0.667a_{ny}, & 0\leqslant a_{ny}<0.15\\ 1.13-3.533a_{ny}, & 0.15\leqslant a_{ny}<0.3\\ 0.112-0.14a_{ny}, & 0.3\leqslant a_{ny}<0.8\\ 0, & a_{ny}\geqslant 0.8\end{cases} \tag{3-124}$$

$$\mu_{e2}=\begin{cases}0.7-0.3\omega', & 0\leqslant\omega'<0.1\\0.8325-1.625\omega', & 0.1\leqslant\omega'<0.5\\0.03-0.02\omega', & 0.5\leqslant\omega'<1.5\\0, & \omega'\geqslant1.5\end{cases}\tag{3-125}$$

用实时测量的侧向加速度和纵向加速度值计算利用附着系数会引起一定的估算偏差。例如在车辆发生较大的过多转向特别是发生后轴侧滑的情况时，侧向加速度会迅速降低，而此时的横摆角速度偏差和侧向速度微分仍然比较大，导致估算得到的附着系数产生较大偏差。另外，由于加速度的信号波动频繁，计算得到的利用附着系数也会产生频繁波动，这对于附着系数的进一步计算较为不利。针对上述异常情况本书采用加速度最大值记录器记录一段时间内的最大的加速度值用于计算利用附着系数，该方法有利于附着估计结果的平滑稳定并且可以避免上述误差发生。经过最大值记录器处理之后，车辆利用附着系数变为

$$\mu_{\mathrm{a}}=\max(\sqrt{a_x^2+b_y^2})_{t=k-T_1,\cdots,k}\tag{3-126}$$

在 ESC 控制过程中由于主动压力的干预导致车辆的加速度发生剧烈抖动，此时的利用附着系数也随之降低，而此时的横摆角速度偏差和侧向速度微分并没有迅速降低，导致非线性度表征值仍然较大，计算得到的附着余量仍比较小，最终得到的附着系数估算值也在 ESC 控制动作之后发生较大幅度的下跳。在 ESC 控制中应该尽量避免控制过程中的附着下跳，以免造成名义值持续减小导致的误干预。事实上，当车辆不需要 ESC 介入干预时，精确的附着估计是没有必要的，此时只需将附着估算值保持在高于实际附着系数的数值即可避免误干预，过高的附着估计值不会对 ESC 的功能产生影响。准确的附着估计值只有在 ESC 介入干预之后才有实际的意义，所以附着估算值只要在 ESC 介入控制之前达到真实附着系数即可。

为解决上述问题，采用图 3.23 中的广义滤波器的方法控制附着系数估算值的变化。附着系数的估算值在当横摆角速度偏差和车身侧偏角达到一定的门限之后允许下跳，在 AYC 主动压力干预过程中则要避免频繁的下跳。对于附着系数的上升，通常是因为产生了较大的加速度信号导致利用附着系数升高，而加速度信号的上升可以认为是较为可信的信号，所以广义滤波器并没有限制附着估计值的上升。广义滤波器的逻辑流程如图 3.24 所示。其中判断是否允许附着下跳的条件中，横摆角速度门限和侧偏角门限设置如式 (3-127)~ 式 (3-131) 所示。

$$\mathrm{cond}(\omega_{\mathrm{r}},\beta)=\mathrm{cond}(\omega_{\mathrm{r}})||\mathrm{cond}(\beta)\tag{3-127}$$

$$\mathrm{cond}(\omega_{\mathrm{r}})=\mathrm{cond}_{\mathrm{over}}(\omega_{\mathrm{r}})||\mathrm{cond}_{\mathrm{under}}(\omega_{\mathrm{r}})\tag{3-128}$$

其中，$\mathrm{cond}(\cdot)$ 表示算子，其定义为

$$\mathrm{cond}_{\mathrm{under}}(\omega_{\mathrm{r}})=\begin{cases}(\omega_{\mathrm{r}}(\omega_{\mathrm{rnom}}-\omega_{\mathrm{r}})>0)\&\&\\((|\omega_{\mathrm{rnom}}-\omega_{\mathrm{r}}|>\omega_{\mathrm{rthr\_under1}})||\\((|\omega_{\mathrm{rnom}}-\omega_{\mathrm{r}}|>\omega_{\mathrm{rthr\_under2}})\&\&\\(|\dot{\omega}_{\mathrm{rnom}}-\dot{\omega}_{\mathrm{r}}|>\dot{\omega}_{\mathrm{rthr\_under}})\&\&\\(\omega_{\mathrm{rnom}}-\omega_{\mathrm{r}})(\dot{\omega}_{\mathrm{rnom}}-\dot{\omega}_{\mathrm{r}})>0))\end{cases}\tag{3-129}$$

$$
\mathrm{cond}_{\mathrm{over}}(\omega_{\mathrm{r}}) = \begin{cases} (\omega_{\mathrm{r}}(\omega_{\mathrm{rnom}} - \omega_{\mathrm{r}}) < 0)\&\& \\ ((|\omega_{\mathrm{rnom}} - \omega_{\mathrm{r}}| > \omega_{\mathrm{rthr\_over1}})|| \\ ((|\omega_{\mathrm{rnom}} - \omega_{\mathrm{r}}| > \omega_{\mathrm{rthr\_over2}})\&\& \\ (|\dot{\omega}_{\mathrm{rnom}} - \dot{\omega}_{\mathrm{r}}| > \dot{\omega}_{\mathrm{rthr\_over}})\&\& \\ (\omega_{\mathrm{rnom}} - \omega_{\mathrm{r}})(\dot{\omega}_{\mathrm{rnom}} - \dot{\omega}_{\mathrm{r}}) > 0)) \end{cases} \tag{3-130}
$$

$$
\mathrm{cond}(\beta) = \begin{cases} \beta\dot{\beta} > 0 \\ |\beta| > \beta_{\mathrm{thr}} \end{cases} \tag{3-131}
$$

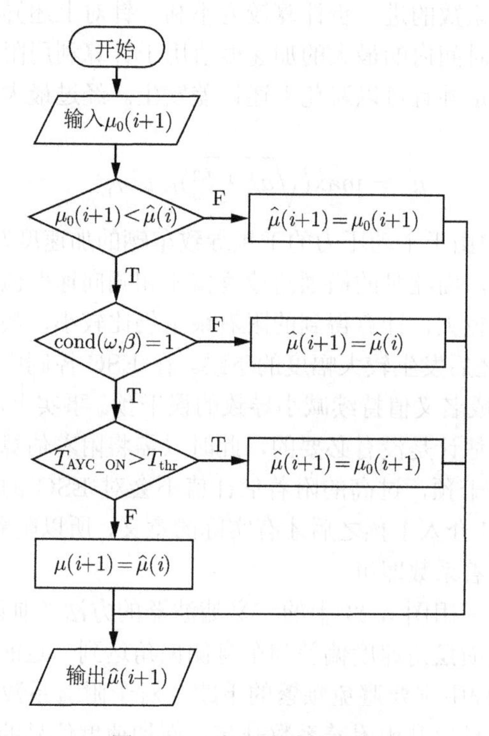

图 3.24 广义滤波器逻辑

3.5.3 道路纵坡估计

道路纵向坡度信息在底盘电控系统中也是一个重要参数，在坡道起步辅助系统（HAC）、电子驻车制动系统（Electronic Park Brake, EPB）、自动车辆保持系统（Automatic Vehicle Hold, AVH）中，计算汽车静止起步过程中所需的起步转矩值以及满足当前坡度驻车要求的最小驻车压力值，均需要利用纵向坡度信息。机械式自动变速器（Automatic Mechanical Transmission, AMT）需要利用纵向坡度信息，来设计并选取最优换挡控制策略 [39]，以及计算车辆行驶所需的最小变速器输出转矩 [40]。电动汽车在坡道路面行驶时，所受到的坡度阻力加大了电机负载，根据纵向坡度信息来分析由坡道因素引起的负载增加对电池组热特性的影响程度 [41]。在利用 GPS 等传感器测量车辆精确位置时，不同道路坡度引起的测量偏差大小不同，需要根据坡度信息进行相应的补偿处理 [42]。在 AYC 中，纵向坡度值是计算纵向速度约束的关键参量 [43]。可见，纵向坡度信息在汽车底盘电控领域是不可或缺的参量，许多学者对此都进行了深入研究。

1. 基于加速度传感器的道路纵坡估计

实车控制系统中，发动机输出转矩使驱动轮产生驱动力、车轮受力开始运动、液压控制单元受控实现主动制动等情况，均会产生延迟现象，且程度不同。因此为了更加精确地计算纵向坡度值，利用纵向动力学方法估算坡度时，需要对所有输入信号进行时间同步处理。由于各输入量均是周期性采集和计算的，因此将各输入量根据延迟大小，选取不同整数周期之前的值进行同步处理，即进行不同周期数的延迟处理。

作用在每个驱动车轮上的驱动力矩为

$$T_{\mathrm{d}}(\tau_{\mathrm{e}})=\frac{T_{\mathrm{e}}(\tau_{\mathrm{e}})i_0 i_{\mathrm{g}}\eta_{\mathrm{T}}}{2} \tag{3-132}$$

$$T_{\mathrm{e}}(\tau_{\mathrm{e}})=T_{\mathrm{t}}(\tau_{\mathrm{e}})-T_{\mathrm{m}}(\tau_{\mathrm{e}})-J_{\mathrm{e}}\dot{\omega}_{\mathrm{e}}(\tau_{\omega\mathrm{e}}) \tag{3-133}$$

式中，τ_{e} 为发动机转矩延迟处理时间常数；$\tau_{\omega\mathrm{e}}$ 为发动机转速延迟处理时间常数；$T_{\mathrm{e}}(\tau_{\mathrm{e}})$ 为处理后的发动机净输出转矩；$T_{\mathrm{m}}(\tau_{\mathrm{e}})$ 为处理后的发动机摩擦损失力矩；$T_{\mathrm{t}}(\tau_{\mathrm{e}})$ 为处理后的发动机指示转矩；$\dot{\omega}_{\mathrm{e}}(\tau_{\omega\mathrm{e}})$ 为处理后的发动机曲轴角加速度；T_{t} 和 T_{m} 由发动机控制系统计算并发出。

利用滚动阻力系数 f 计算四个车轮轮滚动阻力矩：

$$T_{\mathrm{f}1j}(\tau_{\mathrm{u}})=\frac{mgb-mh_{\mathrm{g}}\dot{u}(\tau_{\mathrm{u}})}{2L}fR_1 \tag{3-134}$$

$$T_{\mathrm{f}2j}(\tau_{\mathrm{u}})=\frac{mga+mh_{\mathrm{g}}\dot{u}(\tau_{\mathrm{u}})}{2L}fR_2 \tag{3-135}$$

式中，τ_{u} 为速度延迟处理时间常数；$T_{\mathrm{f}1j}(\tau_{\mathrm{u}})$ 和 $T_{\mathrm{f}1j}(\tau_{\mathrm{u}})$ 为延迟处理后的前后轮滚动阻力矩；R_1 为前轮半径；R_2 为后轮半径。

作用在整车上的空气阻力：

$$F_{\mathrm{w}}(\tau_{\mathrm{u}})=\frac{C_{\mathrm{D}}A}{21.15}v_x^2(\tau_{\mathrm{u}}) \tag{3-136}$$

式中，$F_{\mathrm{w}}(\tau_{\mathrm{u}})$ 为延迟处理后的空气阻力。

四个车轮上作用的制动力矩：

$$T_{\mathrm{bfl}}(\tau_{\mathrm{b}})=2P_{\mathrm{fl}}(\tau_{\mathrm{b}})S_1\phi_{\mathrm{b}1}r_1 \tag{3-137}$$

$$T_{\mathrm{bfr}}(\tau_{\mathrm{b}})=2P_{\mathrm{fr}}(\tau_{\mathrm{b}})S_1\phi_{\mathrm{b}1}r_1 \tag{3-138}$$

$$T_{\mathrm{brl}}(\tau_{\mathrm{b}})=2P_{\mathrm{rl}}(\tau_{\mathrm{b}})S_2\phi_{\mathrm{b}2}r_2 \tag{3-139}$$

$$T_{\mathrm{brr}}(\tau_{\mathrm{b}})=2P_{\mathrm{rr}}(\tau_{\mathrm{b}})S_2\phi_{\mathrm{b}2}r_2 \tag{3-140}$$

式中，τ_{b} 为制动压力延迟处理时间常数；$T_{\mathrm{bfl}}(\tau_{\mathrm{b}})$、$T_{\mathrm{bfr}}(\tau_{\mathrm{b}})$、$T_{\mathrm{brl}}(\tau_{\mathrm{b}})$ 和 $T_{\mathrm{brr}}(\tau_{\mathrm{b}})$ 为处理后的四轮制动力矩；$P_{\mathrm{fl}}(\tau_{\mathrm{b}})$、$P_{\mathrm{fr}}(\tau_{\mathrm{b}})$、$P_{\mathrm{rl}}(\tau_{\mathrm{b}})$ 和 $P_{\mathrm{rr}}(\tau_{\mathrm{b}})$ 为处理后的四轮制动压力；$\phi_{\mathrm{b}1}$ 和 $\phi_{\mathrm{b}2}$ 分别为前、后制动系统轮缸摩擦片摩擦系数；r_1 和 r_2 分别为前、后制动系统轮缸摩擦片有效半径；S_1 和 S_2 分别为前、后制动系统轮缸活塞截面积。

由于各单元延迟时间长短各异，需通过实车标定确定各延迟处理时间常数 τ_{e}、$\tau_{\omega\mathrm{e}}$、τ_{u} 和 τ_{b} 的合适值。

车辆行驶过程中，非驱动轮为自由滚动状态。利用两从动轮轮速取平均的方法来计算整车车速：

$$v_x = \frac{(\omega_{\rm rl} + \omega_{\rm rr})R_2}{2} \tag{3-141}$$

采用整车车速差分法计算纵向加速度。同时，由于轮速信号波动较剧烈，相邻周期之间的差值很难真实反映加速度值，因此采用隔周期采样的方式，进行差分运算，得到加速度值：

$$\dot{v}_x^n = \frac{v_x^n - v_x^{n-\kappa}}{\kappa \cdot T} \tag{3-142}$$

式中，n 为某一个确定的计算周期；κ 为时间间隔数；T 为车速计算周期时间。κ 值的选取需由实际轮速信号质量而定。

由于搭载加速芯片的 ESC EHCU 安装在发动机舱内，因此车身振动会使加速度信号带有大量噪声。因此，需要对原始传感器信号进行滤波处理。实车控制系统中采用的是一阶惯性滤波法，其离散衍化式运算量小，易于在 ECU 中应用，且实时性强。具体表达式如下：

$$a_{\rm sxf}^n = \sum (a_{\rm sx}^n - a_{\rm sxf}^{n-1}) \times \vartheta \tag{3-143}$$

$$a_{\rm sxf}^n = \sum (a_{\rm sx}^n - a_{\rm sxf}^{n-1}) \times \vartheta \tag{3-144}$$

式中，n 为某一个确定的计算周期；$a_{\rm sx}^n$ 为由纵向加速度传感器得到的纵向加速度信号；$a_{\rm sxf}^n$ 为 $a_{\rm sx}^n$ 的滤波值；ϑ 为滤波系数。

ϑ 与该滤波器截止频率和信号采样频率有关，其表达式如下：

$$f_{\rm c} = \frac{\vartheta \cdot f_{\rm s}}{2\pi} \tag{3-145}$$

式中，$f_{\rm c}$ 为信号截止频率，$f_{\rm s}$ 为信号采样频率。

本书所选取的这两种基本纵向坡度方法简称为加速度传感器坡度法和纵向动力学坡度法，二者均具有结构简单、ECU 运算能力需求低、所需变量易得到、未加入额外硬件等优点，易于应用于实车电控系统中。根据二者各自较为准确的计算区域，设计置信因子，通过置信因子对两种基本方法所计算的坡度值进行加权处理，来计算融合后的纵向坡度初值，再利用所设计的广义迟滞滤波方法，对坡度初值进行滤波处理，完成纵向坡度估算过程。图 3.25 为本书所提出的坡度算法结构图。

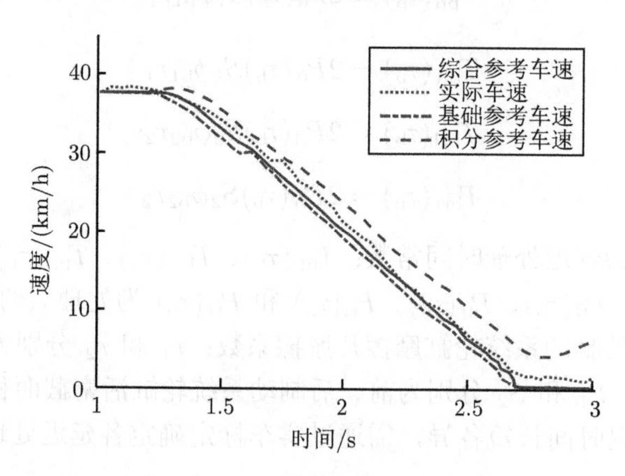

图 3.25　纵向坡度估算方法结构图

车辆在坡道上静止时，由传感器得到的信号大小等于重力加速度沿路面向下的分解值。

$$a_{\mathrm{sxf}} = g\sin\theta \tag{3-146}$$

则加速度传感器坡度法所计算的坡度值为

$$i_{\mathrm{s}} = \tan\left(\arcsin\frac{a_{\mathrm{sxf}}}{g}\right) \tag{3-147}$$

2. 基于纵向动力学的道路纵坡估计

汽车在坡道上行驶时，汽车驱动力与行驶阻力平衡，通过纵向动力学方法得到车辆所受到的坡度阻力，进而得到纵向动力学坡度法计算的纵向坡度值。

由整车行驶方程式可得汽车坡道行驶时，所受到的坡道阻力为

$$\begin{aligned}F_i = &\frac{2T_{\mathrm{d}} - T_{\mathrm{bfl}} - T_{\mathrm{bfr}} - I_{\mathrm{w}}\dot{\omega}_{\mathrm{fl}} - I_{\mathrm{w}}\dot{\omega}_{\mathrm{fr}} - T_{\mathrm{ffl}} - T_{\mathrm{ffr}}}{R_1} - \\ &\frac{T_{\mathrm{brl}} + T_{\mathrm{brr}} + I_{\mathrm{w}}\dot{\omega}_{\mathrm{rl}} + I_{\mathrm{w}}\dot{\omega}_{\mathrm{rr}} + T_{\mathrm{frl}} + T_{\mathrm{frr}}}{R_2} - F_{\mathrm{w}} - m\dot{v}_x\end{aligned} \tag{3-148}$$

考虑延迟同步处理后，得到坡道阻力为

$$\begin{aligned}F_i(\tau) = &\frac{[T_{\mathrm{t}}(\tau_{\mathrm{e}}) - T_{\mathrm{m}}(\tau_{\mathrm{e}}) - J_{\mathrm{e}}\dot{\omega}_{\mathrm{e}}(\tau_{\omega\mathrm{e}})]\, i_0 i_{\mathrm{g}}\eta_{\mathrm{T}} - I_{\mathrm{w}}\dot{\omega}_{\mathrm{fl}}(\tau_{\mathrm{u}})}{R_1} - \\ &\frac{I_{\mathrm{w}}\dot{\omega}_{\mathrm{fr}}(\tau_{\mathrm{u}}) + 2P_{\mathrm{fl}}(\tau_{\mathrm{b}})S_1\phi_{\mathrm{b1}}r_1 + 2P_{\mathrm{fr}}(\tau_{\mathrm{b}})S_1\phi_{\mathrm{b1}}r_1}{R_1} - \\ &\frac{\dfrac{mgb - mh_{\mathrm{g}}\dot{u}(\tau_{\mathrm{u}})}{L}fR_1}{R_1} - \frac{\dfrac{mga + mh_{\mathrm{g}}\dot{u}(\tau_{\mathrm{u}})}{L}fR_2}{R_2} - \\ &\frac{2P_{\mathrm{rl}}(\tau_{\mathrm{b}})S_2\phi_{\mathrm{b2}}r_2 + 2P_{\mathrm{rr}}(\tau_{\mathrm{b}})S_2\phi_{\mathrm{b2}}r_2}{R_2} - m\dot{u}(\tau_{\mathrm{u}}) - \\ &\frac{I_{\mathrm{w}}\dot{\omega}_{\mathrm{rl}}(\tau_{\mathrm{u}}) + I_{\mathrm{w}}\dot{\omega}_{\mathrm{rr}}(\tau_{\mathrm{u}})}{R_2} - \frac{C_{\mathrm{D}}A}{21.15}v_x^2(\tau_{\mathrm{u}})\end{aligned} \tag{3-149}$$

根据计算得到的坡道阻力，得出纵向动力学坡道法所估算的纵向坡度值为

$$i_{\mathrm{c}} = \tan\left(\arcsin\frac{F_i(\tau)}{mg}\right) \tag{3-150}$$

3. 道路纵坡估计融合

为了充分利用两种方法各自准确的计算区域，避开二者计算误差较大的区域，引入两种方法的坡度置信因子，表征其计算值在当前工况下的准确程度，置信因子越大，表明该方法计算准确性越高。设定纵向动力学坡度法置信因子 B_{c}，加速度传感器坡度法置信因子为 B_{s}。

利用一组试验曲线来说明两种坡度估算方法各自准确性较大的范围。图 3.26 所示试验曲线的工况为汽车在 10% 坡度道路上起步、加速、减速、停车过程。不难看出，在车辆静止时，加速度传感器坡度法计算的纵向坡度值精度较高，纵向动力学坡度法计算的纵向坡度精度较低，此时设置较大的加速度传感器坡度法置信因子 B_{c} 和较小的纵向动力学坡度法置信因子 B_{s}。随着整车纵向速度的变化，及产生了纵向加、减速度时，加

速度传感器坡度法估算值出现明显偏差，而纵向动力学坡度法估算值更接近于实际坡度值。归纳置信因子计算基本思路：$u=0$ 时，$i_{\rm s}$ 准确度高，$B_{\rm s}$ 大，$i_{\rm c}$ 准确度低，$B_{\rm c}$ 小；u 大于 0 时，$i_{\rm c}$ 准确度高，$B_{\rm c}$ 大，$i_{\rm s}$ 准确度低，$B_{\rm s}$ 小。

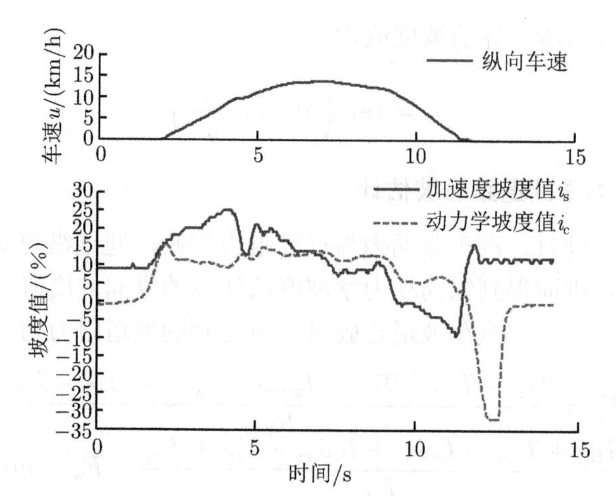

图 3.26 两种坡度估算方法置信因子分析

如图 3.27 所示，根据实车调试与试验曲线分析，设定两种坡度估算方法置信因子周期变化量 $\Delta B_{\rm s}$、$\Delta B_{\rm c}$ 与整车纵向速度 u 之间有如下关系：

$$\begin{cases} \Delta B_{\rm s}^n = -k_{\rm s}(u^n - m_{\rm s}) \\ \Delta B_{\rm c}^n = k_{\rm c}(u^n - m_{\rm c}) \end{cases} \tag{3-151}$$

式中，$k_{\rm s}$ 和 $k_{\rm c}$ 为线性参数，反映了两置信因子变化速率；$m_{\rm s}$ 和 $m_{\rm c}$ 为拐点参数，体现了两种估算方法计算精度增减切换的时刻。两个参数由实车调试确定。通过实车调试与分析，总结如下经验：若线性参数过大或拐点参数过小，由纵向加速度特性计算的坡度值还未达到准确区域，但其置信因子已经偏大，会导致融合计算的坡度初值突变，精度变差；若线性参数过小或拐点参数过大，由加速度传感器信息计算的坡度值已经脱离准确区域，但其置信因子还未减小，导致融合计算的坡度初值与实际值偏差较大。经过实车试验标定，此处选取 $k_{\rm s}=10, k_{\rm c}=9, m_{\rm s}=0.4, m_{\rm c}=0.6$。

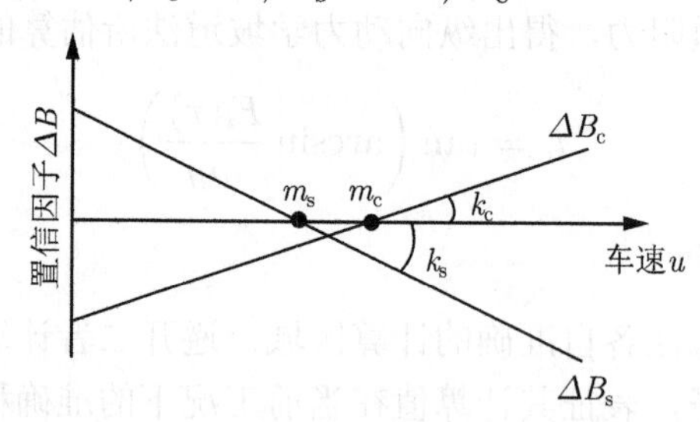

图 3.27 $\Delta B_{\rm s}$、$\Delta B_{\rm c}$ 与车速 u 之间的关系

将两方法的置信因子增量进行累加处理，得到两种方法第 n 个周期的置信因子。两种方法的置信因子与车速的关系如图 3.28 所示。

$$\begin{cases} B_{\rm s}^n = 100 & B_{\rm s}^n > 100 \\ B_{\rm s}^n = \sum\limits_{k=1}^{n} \Delta B_{\rm s}^k & 0 < B_{\rm s}^n < 100 \\ B_{\rm s}^n = 0 & B_{\rm s}^n < 0 \end{cases} \tag{3-152}$$

$$\begin{cases} B_{\mathrm{c}}^{n}=100 & B_{\mathrm{c}}^{n}>100 \\ B_{\mathrm{c}}^{n}=\sum_{k=1}^{n}\Delta B_{\mathrm{c}}^{k} & 0<B_{\mathrm{c}}^{n}<100 \\ B_{\mathrm{c}}^{n}=0 & B_{\mathrm{c}}^{n}<0 \end{cases} \tag{3-153}$$

根据两种方法计算的坡度值和两种方法各自的置信因子得出第 n 个周期的综合坡度初值 i_{r}^{n}：

$$i_{\mathrm{r}}^{n}=\frac{B_{\mathrm{c}}^{n}\cdot i_{\mathrm{c}}^{n}+B_{\mathrm{s}}^{n}\cdot i_{\mathrm{s}}^{n}}{100} \tag{3-154}$$

为了尽量得到较为平滑的估算值，避免由其造成不必要的状态切换，本书利用广义迟滞滤波器对计算得到的纵向坡度初始值进行滤波处理。设定经过滤波处理后的纵向坡度为 i_{u}，所用到的迟滞滤波方法表达式如下：

$$i_{\mathrm{u}}^{n}=i_{\mathrm{u}}^{n-1}+\varDelta^{n} \tag{3-155}$$

$$\varDelta^{n}=\begin{cases} \delta, & S_{i}^{n-1}>\zeta \\ 0, & \zeta>S_{i}^{n-1}>-\zeta \\ -\delta, & S_{i}^{n-1}<-\zeta \end{cases} \tag{3-156}$$

$$S_{i}^{n}=\begin{cases} \left[\sum_{k=m}^{n}\left(i_{\mathrm{r}}^{k}-i_{\mathrm{u}}^{k}\right)\right]\times Q, & \varDelta^{n}=0 \\ 0, & \varDelta^{n}\neq 0 \end{cases} \tag{3-157}$$

式中，n 为某一确定计算周期；m 为 $S_i=0$ 后下一周期；δ 为 1 个计算周期内的坡度变化量；Q 为衰减因子；$\varDelta$ 和 S_i 为过渡参量；ζ 为坡度变化阈值参数。

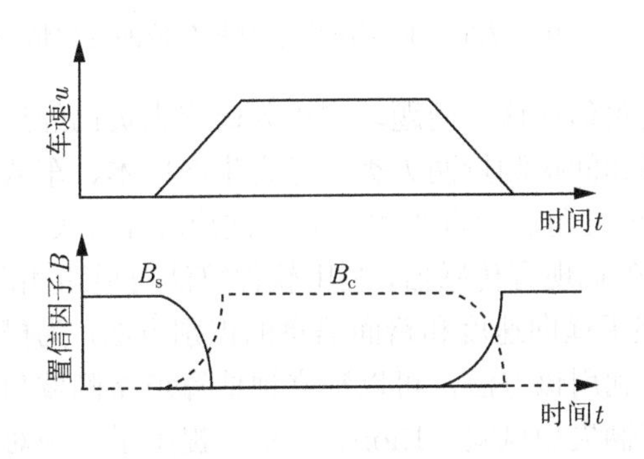

图 3.28 两种坡度估算方法置信因子与车速的关系

坡度变化量决定了所估算坡度值的最小精度，该值越小，所估算坡度值的最小精度越高，但会造成更大的估算延迟，增加了钝化性。所以当符合控制系统所要求的最小精度标准的情况下，采用更大的坡度变化量，以提高估算方法的快速性。本书提出的 TCS 控制系统对纵向坡度设定的最小精度标准为不大于 1%，因此将 δ 设为 1。坡度变化阈值参数体现了本滤波方法对信号的平整强度，即滤波强度，ξ 越大滤波强度越高，滤波后的值波动越小，同样会造成更大的估算延迟，增加了钝化性，通过实际调试，ξ 取为 200。采用偏差积分的方法都容易受到误差积累的影响，降低了估算精确性，因此需要对积分值进行衰减处理。加入衰减因子 Q 以达到上述处理目标。Q 越小，效果越明显，但是带来了更大的延迟，很可能出现积分值无法穿越坡度变化阈值参量 ξ 的现象，如图 3.29 所示。Q 需要和阈值 ξ 配合选取，此处 Q 设为 0.99。三个参数是相互配合的，若想得到合适的取值需在实际中进行反复调试。

3.5.4 道路侧坡估计

道路坡度对车辆安全行驶有很大影响，目前很多学者对道路坡度估计进行了研究，然而多数集中在对纵向坡度的估计，很少有关于侧向坡度估计的研究。车辆电控系统大多根据车辆行驶状态以及行驶工况来实施相应的控制逻辑，而道路侧向坡度角的准确估计直接影响基于车载传感器对车辆自身行驶状态的准确估算以及控制系统在较大侧向坡度下的控制稳定性。另外，一些关于车辆稳定性控制和状态评估的研究是基于已知的道路侧向坡度角进行的。因此，对于道路侧向坡度角的估计至关重要。

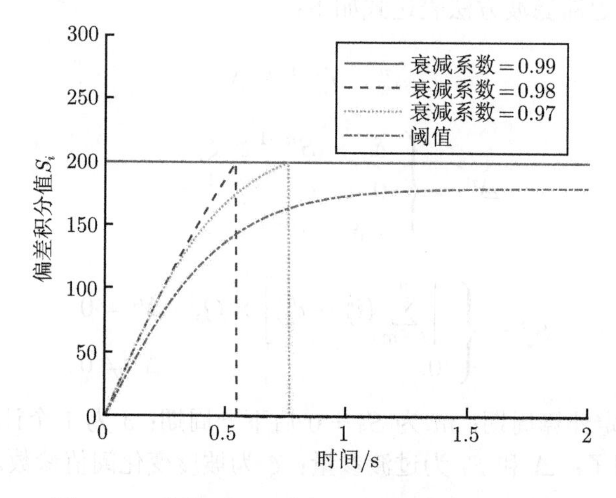

图 3.29　选取不同衰减因子时积分值的变化情况

针对道路侧向坡度角估计这一问题，国内外研究人员已经进行了相关研究。从整体上，可以分为直接测量和间接测量两大类。考虑生产成本、车载传感器的测量精度等多方面原因，对道路侧向坡度角进行直接测量适合试验研究阶段，难以配置在量产车上。因此，多数研究都是基于车辆现有传感器，利用软件算法对道路侧向坡度进行估计。Tseng. H[44] 提出了一种不依赖于横向速度和路面信息的识别方法，为横向动力学和路面扰动的解耦提供了理论依据。利用该方法，可以独立地估算道路侧坡角度，并将其输入到侧向速度估计器中，降低车辆失稳风险。Riofrio. A[46] 提出了一种对道路侧坡进行综合估算的方法，并设计了防侧翻控制器，考虑扰动，利用线性二次型调节器进行优化控制，提高了控制的鲁棒性。余贵珍等 [47] 提出了一种实时滚动预测方法，用来估算道路侧倾角和车辆质心侧偏角。Ryu. J[48] 建立了干扰观测器，利用 GPS 和 INS 传感器分别估计道路侧坡角度和车身侧倾角。

道路侧向坡度角如图 3.30 所示。车体侧向加速度通常采用加速度计进行测量，且通常安装在车体上，根据二自由度自行车模型推导出道路侧向坡度计算表达式。

考虑道路侧坡的车辆二自由度运动微分方程如下：

$$\begin{cases} \dot{v}_y = (F_{y\mathrm{f}} + F_{yr})/m - v_x r + g\sin\varphi_{\mathrm{bank}} \\ \dot{\omega}_{\mathrm{r}} = (aF_{yr} - bF_{y\mathrm{f}})/I_z \end{cases} \tag{3-158}$$

改写为状态空间形式：

$$\begin{bmatrix} \dot{v}_y \\ \dot{\omega}_{\mathrm{r}} \end{bmatrix} = \begin{bmatrix} A_{11} A_{12} \\ A_{21} B_{22} \end{bmatrix} \begin{bmatrix} v_y \\ \omega_{\mathrm{r}} \end{bmatrix} + \begin{bmatrix} B_1 \\ B_2 \end{bmatrix} \delta_{\mathrm{f}} + \begin{bmatrix} E_1 \\ E_2 \end{bmatrix} \sin \varphi_{\mathrm{bank}} \tag{3-159}$$

其中

$$A_{11} = -\frac{c_{\alpha\mathrm{f}} + c_{\alpha\mathrm{r}}}{m v_x}, A_{12} = -u - \frac{c_{\alpha\mathrm{f}} a - c_{\alpha\mathrm{r}} b}{m v_x}$$

$$A_{21} = -\frac{c_{\alpha\mathrm{f}} a - c_{\alpha\mathrm{r}} b}{I_z v_x}, A_{22} = -\frac{c_{\alpha\mathrm{f}} a^2 - c_{\alpha\mathrm{r}} b^2}{I_z v_x}$$

$$B_1 = \frac{c_{\alpha\mathrm{f}}}{m}, B_2 = \frac{c_{\alpha\mathrm{f}} a}{I_z}, E_1 = g, E_2 = 0$$

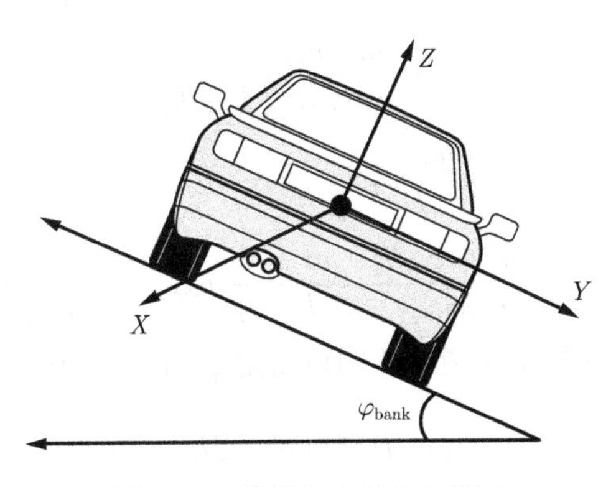

图 3.30　道路侧向坡度角描述

将前轮转角和道路侧坡倾角视为输入，横摆角速度和侧向加速度视为输出，根据式 (3-159) 推导出输入与输出之间的传递函数。道路侧向坡度动态估计流程如图 3.31 所示。

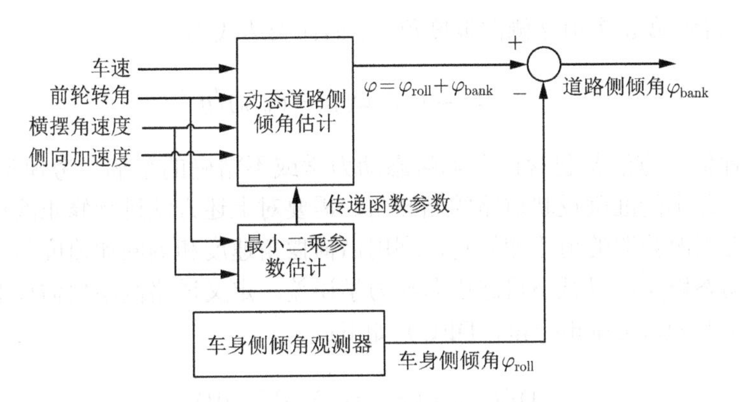

图 3.31　道路侧向坡度估计流程

前轮转角与横摆角速度的传递函数为:

$$H_{\delta_{\mathrm{f}} \to \omega_{\mathrm{r}}} = \frac{v_x}{L + k v_x^2} \cdot \frac{1 + b_{\delta \mathrm{r}_1} s}{1 + a_1 s + a_2 s^2} \tag{3-160}$$

前轮转角与侧向加速度的传递函数为

$$H_{\delta_{\mathrm{f}} \to a_y} = \frac{v_x^2}{L + k v_x^2} \cdot \frac{1 + b_{\delta a 1} s + b_{\delta a 2} s^2}{1 + a_1 s + a_2 s^2} \tag{3-161}$$

道路侧坡角与横摆角速度的传递函数为

$$H_{\varphi_{\text{bank}}\to\omega_{\text{r}}}=\frac{v_x\cdot kg}{L+kv_x^2}\cdot\frac{1}{1+a_1s+a_2s^2} \tag{3-162}$$

道路侧坡角与侧向加速度的传递函数为

$$H_{\varphi_{\text{bank}}\to a_y}=\frac{v_x^2\cdot kg}{L+kv_x^2}\cdot\frac{1+b_{\varphi a1}s+b_{\varphi a2}s^2}{1+a_1s+a_2s^2}-g \tag{3-163}$$

式中：

$$a_1=\frac{(c_{\alpha\text{f}}+c_{\alpha\text{r}})I_z+(c_{\alpha\text{f}}a^2+c_{\alpha\text{r}}b^2)m}{c_{\alpha\text{f}}c_{\alpha\text{r}}L}\cdot\frac{v_x}{L+kv_x^2}$$

$$a_2=\frac{mI_zv_x}{c_{\alpha\text{f}}c_{\alpha\text{r}}L}\cdot\frac{v_x}{L+kv_x^2}$$

$$b_{\delta\text{r}1}=\frac{ma}{C_{\alpha\text{f}}L}v_x,b_{\delta\text{a}1}=\frac{b}{u},b_{\delta\text{a}2}=\frac{I_z}{C_{\alpha\text{r}}L}$$

$$b_{\phi\text{a}1}=\frac{c_{\alpha\text{f}}a^2+c_{\alpha\text{r}}b^2}{c_{\alpha\text{f}}c_{\alpha\text{r}}}\cdot\frac{m}{Lk}\cdot\frac{1}{v_x},b_{\phi\text{a}2}=\frac{I_z}{c_{\alpha\text{f}}c_{\alpha\text{r}}}\cdot\frac{m}{Lk}$$

根据横摆角速度得到第 1 个道路侧向坡度角 $\hat{\varphi}_1$ 估计表达式为

$$\sin\hat{\varphi}_1=H_{\varphi\to\text{r}}^{-1}(\omega_{\text{r}}-H_{\delta_{\text{f}}\to\omega_{\text{r}}}\delta_{\text{f}}) \tag{3-164}$$

根据侧向加速度得到第 2 个道路侧向坡度角 $\hat{\varphi}_2$ 估计表达式为

$$\sin\hat{\varphi}_2=H_{\varphi\to a_y}^{-1}(a_y-H_{\delta_{\text{f}}\to a_y}\delta_{\text{f}}) \tag{3-165}$$

假设 $\dot{v}=0$，得到第 3 个道路侧向坡度角 $\hat{\varphi}_3$ 估计表达式为

$$\sin\hat{\varphi}_3=(v_x\cdot\omega_{\text{r,m}}-a_{y,\text{m}})/g \tag{3-166}$$

上述三种估计方法都包含由车辆瞬态动力学或不精确的车辆参考模型引起的误差，这些估计算法并不能准确反映道路的侧倾角，需要对上述方法进行修正改进。基于得到的第三个稳态工况获取的道路侧倾角，利用由横摆角速度和侧向加速度估计的侧坡道路侧坡角进行动态修正，以减小瞬态横向动力学误差。定义道路侧倾角估计的动态因子系数（Dynamic Factor Coefficient，DFC）如下：

$$\text{DFC}=f\left(\hat{\varphi}_1,\hat{\varphi}_2,\hat{\varphi}_3,\text{d}\hat{\varphi}_3/\text{d}t\right) \tag{3-167}$$

最终计算的道路侧向坡度角如下：

$$\hat{\varphi}_{\text{final}}=\hat{\varphi}_3\cdot\max\left[1,|\text{DFC}|\right] \tag{3-168}$$

在工程实际中，一般首先需要判断出车辆是否行驶在较大侧坡道路上，之后再根据经验进行工程化估算。汽车在较大侧坡倾角道路上行驶时的操纵特征一般如下：

（1）$-\delta_0\leqslant\delta_y\leqslant\delta_0$。

（2）$-\Delta\delta_0\leqslant\Delta\delta\leqslant\Delta\delta_0$且$\delta^{\tau}\delta^{\tau+t}\geqslant 0$。

（3）当 $|\delta| \to 0$ 时，$\hat{\dot{v}}_y \to 0$且$|a_y| \geqslant a_{y0}$。

式中，δ_y 表示转向盘转角输入；δ_0 为转向盘转角输入的监控阈值；$\Delta\delta$ 为相邻的控制周期内转向盘转角变化量；$\Delta\delta_0$ 为转向盘转角变化量监控阈值；δ^{τ} 为时刻 τ 的转向盘的转角；$\delta^{t+\tau}$ 为时刻 $t+\tau$ 的转向盘的转角；$\hat{\dot{v}}_y$ 为估计的侧向加速度；a_y 为侧向加速度测量值；a_{y0} 为侧向加速度进入阈值。上述阈值值通过试验标定得到。

上述判断条件可以表述如下：当转向盘在一定范围内变化且转向盘角速度较小时，如果转向盘在相邻的监控周期内没有改变方向，但当转向盘经过中间位置时，估计的横向加速度较小且横向加速度传感器测量值的绝对值大于设定的阈值时，即认为车辆行驶在侧坡上。此时，道路侧坡由下式进行：

$$g\sin\hat{\varphi}_{\text{bank}} = a_y + \hat{\dot{v}}_x - k_{\text{bank}}\hat{\dot{v}}_y \tag{3-169}$$

式中，$\hat{\varphi}_{\text{bank}}$ 为估计的道路侧坡角；$k_{\text{bank}} \in [0,1]$，表示横向加速度估计值修正系数；$\hat{\dot{v}}_y$ 绝对值越小则 k_{bank} 值越大。

3.6 试验验证

3.6.1 试验设备介绍

1. 汽车轮胎六分力仪

汽车轮胎六分力传感器（WFT）是车辆测试其动力学特性参数的重要设备，主要测量汽车运行过程中每个车轮所承受的相关的动态载荷（如汽车轴荷、侧向力、纵向力、制动力矩等）。这样，可以实现以下功能：对汽车底盘关键系统进行研究，如对制动防抱死系统、汽车悬架和轮胎动态特性的研究；评价汽车动态性能，如加速、制动、胎面磨损、计算机模型验证和悬架特性动态测量等；进行路谱数据采集，运用采集到的数据和设备软件进行路谱再现，实现试验室内道路测试的模拟测试；动态测量整车部分参数 (质心高度、转动惯量等)。轮胎六分力传感器如图 3.32 所示。

图 3.32　轮胎六分力传感器

轮胎六分力传感器对于轮胎各个方向力的测量是由电阻应变片测量完成的，应变片测量是通过测量弹性体的应变来实现测力功能。传感器弹性体采用八梁轮辐式结构的弹性体，在车轮承受载荷时，在每个梁上产生对应的变形，在不同梁的不同位置贴上电阻式应变片，并按一定的组合组成电桥电路，则每个电桥的差分输出即可对应一维载荷，并实现各维载荷的近似解耦。

基于华晨尊驰试验车搭建全工况动力学状态观测平台试验车，如图 3.33 所示。试验平台上安装的传感器主要包括：

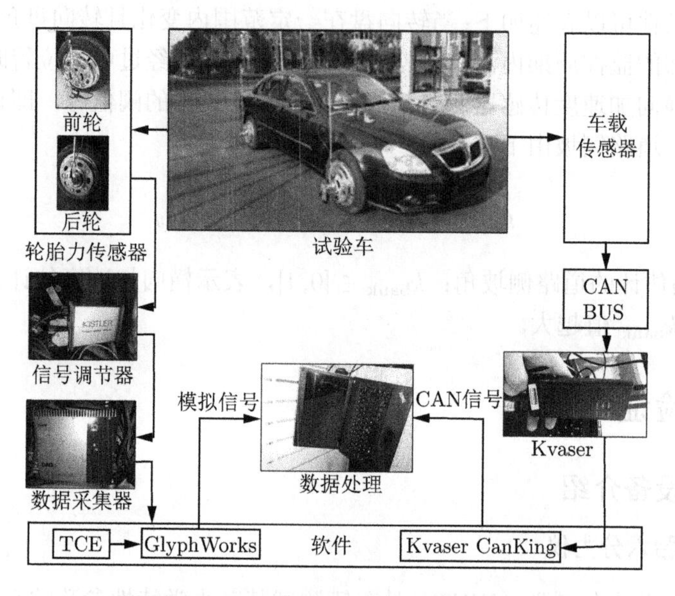

图 3.33　全工况动力学状态观测平台

（1）轮胎六分力传感器，用以测量车辆运行过程中四个车轮的纵向、侧向、垂向力及力矩。

（2）SFⅡ 双轴速度光学测量仪，用以测试车辆运行过程中转向轮的纵向速度和侧向速度。

（3）车载陀螺仪，用以测量车辆纵向加速度、侧向加速度和横摆角速度。

（4）转向盘转角传感器，用以测量车辆行驶过程中的转向盘转角。

（5）轮速传感器，用以测量四个车轮的轮速。

全工况测量平台轮胎六分力传感器经过信号调节器和数据采集器处理采集，经过 TCE 软件和 GlyphWorks 软件进行测试和处理，通过 Kvaser 信号采集器采集整车 CAN 信号。

2. 差分定位系统

车身侧偏角采用双天线 GPS 设备测量。图 3.34 显示了双天线 GPS 的原理和解析方法。DGPS 包括一个基站和两个移动站，基站安装在地面上固定不动，移动站安装于车顶。在图 3.34 中，A 和 B 代表了安装于车辆 x 轴线方向的两个移动站，移动站每个采样周期与卫星 S 通信接收各自的经纬度信息。利用基站 C 的辅助校正，移动站 A 和 B 的速度和位置信息可以进一步提高。DGPS 的位置精度可以达到 2cm。O 点代表了地球坐标系的原点位置，通常选为 A 点的初始位置。

通过式 (3-170) 可以计算得到车辆的航向角 ϕ，同时 DGPS 可以测得车辆速度和正北方向的夹角。最后利用式 (3-171) 计算得到车身侧偏角，式中提到的姿态定义如图 3.34(c) 所示。当车辆质心速度在车辆 x 轴右侧时，式 (3-171) 计算的侧偏角需要乘以 -1。

$$\phi = \arctan \frac{|y_\text{A} - y_\text{B}|}{|x_\text{A} - x_\text{B}|} \tag{3-170}$$

$$\begin{cases} \beta = \dfrac{\pi}{2} - \phi - \varphi, \text{第一象限} \\ \beta = \dfrac{\pi}{2} + \phi - \varphi, \text{第二象限} \\ \beta = \dfrac{3\pi}{2} - \phi - \varphi, \text{第三象限} \\ \beta = \dfrac{3\pi}{2} + \phi - \varphi, \text{第四象限} \end{cases} \tag{3-171}$$

(a) 试验车与冰面试验场地

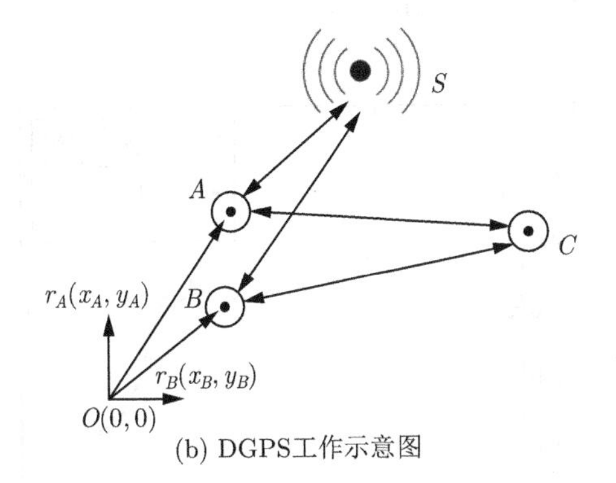

(b) DGPS工作示意图

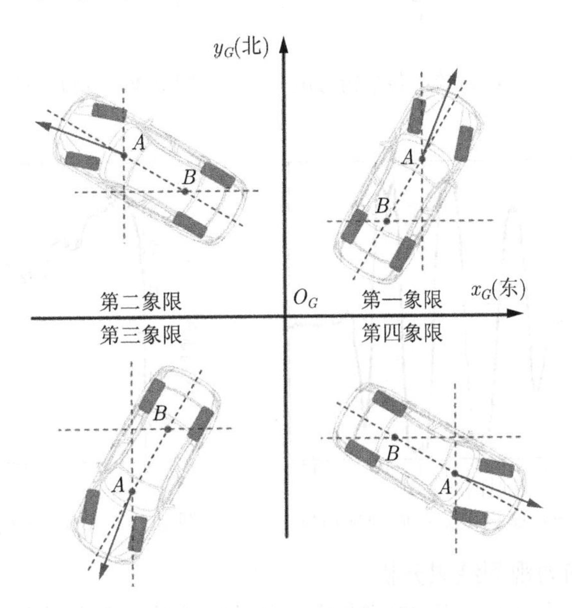

(c) 不同姿态下的侧偏角计算

图 3.34　试验车与双天线 GPS 设备

3.6.2　轮胎力估算验证

1. 参数调整

上述观测算法在试验之前，需要对观测算法中的增益进行调整。本节将讨论观测器增益调整过程。对于每个车轮的纵向轮胎力观测问题而言，使用相同参数的观测算法进行观测。基于上节中讨论的 Lyapunov 稳定性标准给出了计算每个观测器增益的范围。试验测试中使用的观测器增益为 $K_{\rm p}=100, K_{\rm i}=1, K_{\rm d}=0.001$。

2. 试验结果分析

如图 3.35 ~ 图 3.38 所示，试验车以 55km/h 的恒定速度进行稳态回转操作。试验过程中，车辆侧向加速度值在 $-7.83{\rm m/s^2} \leqslant a_{y,{\rm m}} \leqslant 8.94{\rm m/s^2}$ 范围内波动，因此，可以评价轮胎非线性区域的观测性能。此外，试验测试开始阶段，车辆以 $a_{x,{\rm m}}=4.75{\rm m/s^2}$ 的加速度进行加速，而在测试进行到 12s 和 16s 之间对车辆各个车轮施加制动力矩，纵向减速度为 $-6.05{\rm m/s^2}$。

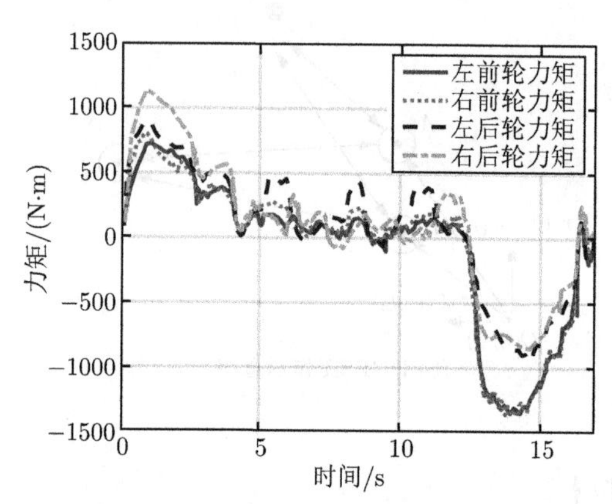

图 3.35 稳态回转操纵试验：各车轮力矩

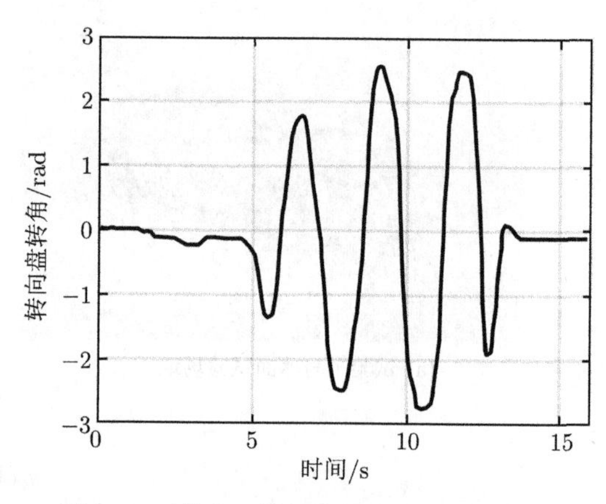

图 3.36 稳态回转操纵试验：转向盘转角

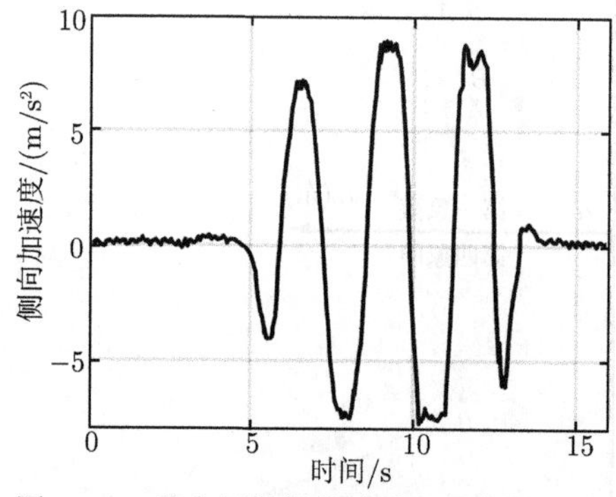

图 3.37 稳态回转操纵试验：侧向加速度

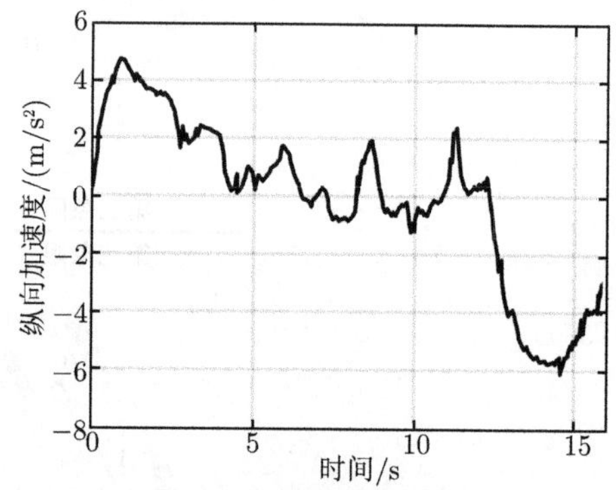

图 3.38 稳态回转操纵试验：纵向加速度

1）轮胎纵向力观测结果分析

图 3.39 描述了在稳态回转试验过程中纵向轮胎力观测算法性能分析。图中试验观测曲线表明，纵向轮胎力观测算法在观测轮胎纵向力时精度高，并且收敛速度快。但是，在某些区间中，轮胎纵向力实际值与估算值之间出现差异，主要原因是未对滚动阻力和空气阻力进行建模。不过，如表 3.1 所示，纵向轮胎力观测算法性能满足需求，四个车轮的 NRMS 误差在 4.44% 和 7.07% 之间。

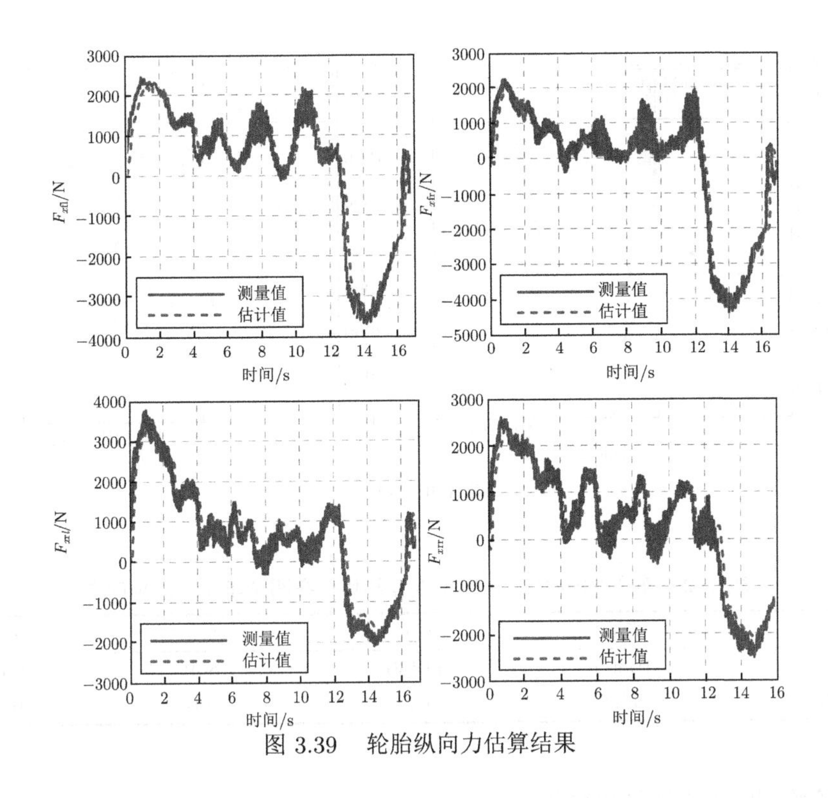

图 3.39　轮胎纵向力估算结果

表 3.1　NRMS 误差和作用在四个车轮上的最大纵向力

	$F_{x\mathrm{fl}}$	$F_{x\mathrm{fr}}$	$F_{x\mathrm{rl}}$	$F_{x\mathrm{rr}}$
max /N	3986.7	4691.3	3710.3	2799.7
NRMS/%	5.16	4.44	7.07	6.67

2）轮胎垂向力观测结果分析

图 3.40 描绘了计算出的垂向轮胎力与实际测量值的关系。结果表明，计算出的轮胎垂向力与轮胎六分力实际测得的垂向力匹配。但是，车辆惯性参数（例如重心位置）的不确定性也造成一定的垂向力观测误差。NRMS 误差和最大法向力绝对值列于表 3.2，四个车轮的垂向力 NRMS 误差均小于 7%。

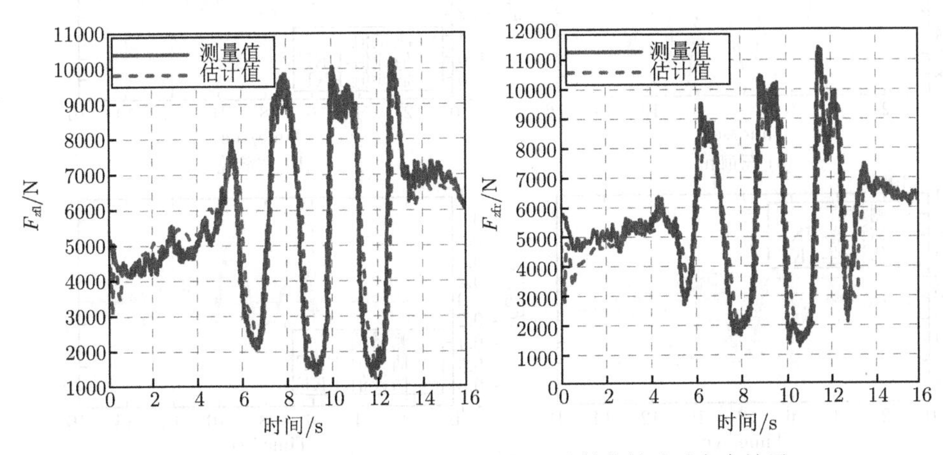

图 3.40　基于整车陀螺仪估算的轮胎垂向力结果

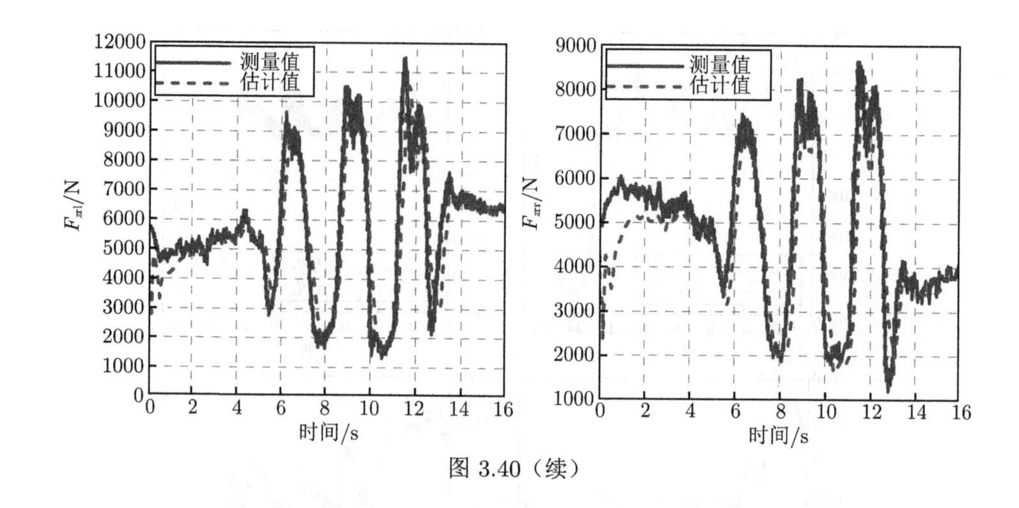

图 3.40（续）

表 3.2 轮胎垂向力 NRMS 误差和作用在四个车轮上的垂向力

	F_{zfl}	F_{zfr}	F_{zrl}	F_{zrr}
max /N	10305	11436	7859	8645
NRMS/%	5.37	5.17	7.00	6.80

3）轮胎侧向力观测结果分析

图 3.41 给出了侧向轮胎力观测值和实际测量值对比结果。该图结果表明，EKF 和 UKF 的性能相近。表 3.3 给出了作用在每个车轮上的最大侧向力和 NRMS 误差，实际值和观测值之间的 NRMS 误差在 7.2% 和 13.54% 之间。由于车辆在侧向受各种因素干扰，因此有许多因素会导致观测误差增大。车轮外倾角是其中一项因素，测试车辆的车轮具有正外倾角。车辆惯性参数的不确定性也是观测误差的另一个来源。

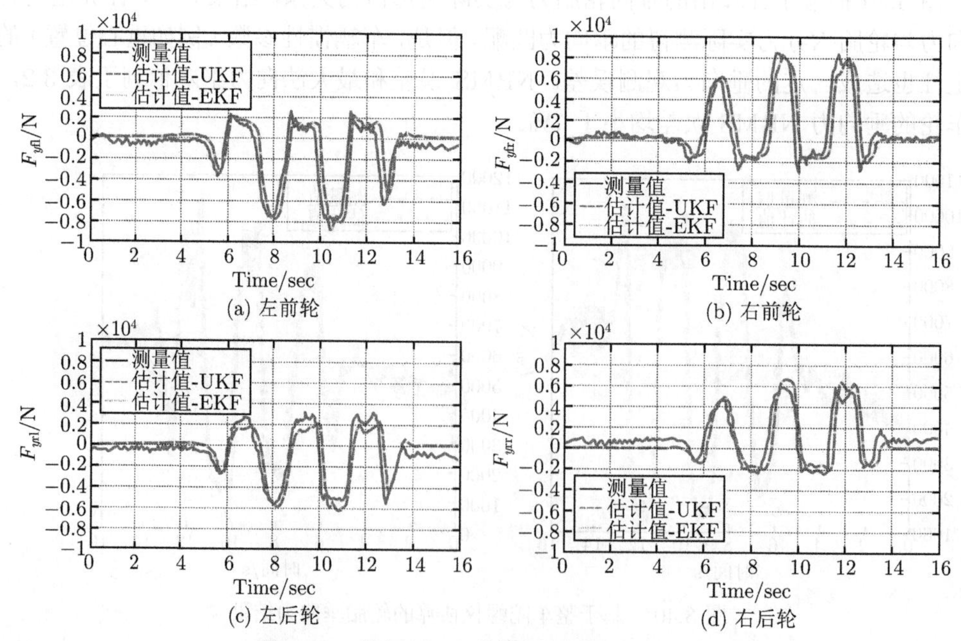

(a) 左前轮 (b) 右前轮 (c) 左后轮 (d) 右后轮

图 3.41 使用 UKF 估算侧向轮胎力的结果

表 3.3 轮胎侧向力 NRMS 误差和作用在四个车轮上的最大侧向力

	F_{yfl}	F_{yfr}	F_{yrl}	F_{yrr}
max /N	7993.9	9089.3	4884.6	7420.3
NRMS/%	9.3	7.2	13.54	11.25

3.6.3 整车运动姿态观测验证

1. 参考车速观测验证

对综合参考车速算法进行实车试验验证。将控制器实时计算的参考车速通过串口输出到上位机，同时通过五轮仪采集得到的实际车速进行对比。图 3.42 所示为在高附着路面上进行制动时综合参考车速和实际车速的对比情况，可见综合参考车速十分接近实际车速，计算准确。

为了充分验证综合参考车速计算的可靠性，考虑两种特殊情况：基础参考车速偏差大、可信度低的情况；车体加速度积分偏差大、可信度低的情况。在某次低附着路面（制动后期过渡到高附着路面）制动中，人为将 ABS 控制效果变差，使四个车轮均有较大的抱死趋势，这样计算得到的参考轮速与实际车速有比较大的偏离，从而得到的基础参考车速与实际车速偏差变大。该工况实车试验获得的基础参考车速、车体加速度参考车速和综合参考车速对比如图 3.43 所示。可见，虽然基础参考车速偏差大，但综合参考车速算法能够及时识别，进而将基础参考车速的可信度系数降低，仍然可以得到相对准确的综合参考车速。

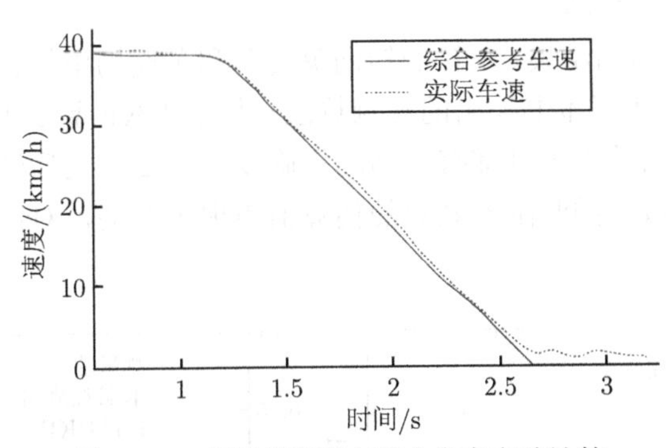

图 3.42 高附着路面上综合参考车速计算

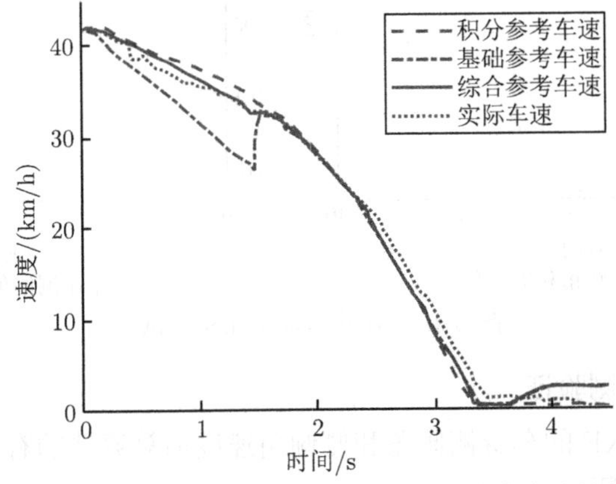

图 3.43 基础车速可信度低工况的综合参考车速计算

车辆在某高附着的上坡制动，人为地将加速度信号的零点修正程序屏蔽，相当于制造了一种加速度积分车速可信度低的工况。该工况实车试验获得的基础参考车速、车体加速度参考车速和综合参考车速对比如图 3.44 所示。可见，虽然加速度信号可信度低，但综合参考车速算法能够及时判断出加速度信号可信度低并降低其可信度系数，所以仍然可得到相对准确的综合参考车速。

综上所述，引入可信度系数概念进行综合参考车速计算，可以适应不同的参考车速计算工况，实车试验表明，该方法计算准确、计算量小，可以满足车辆动力学实时控制的需要。

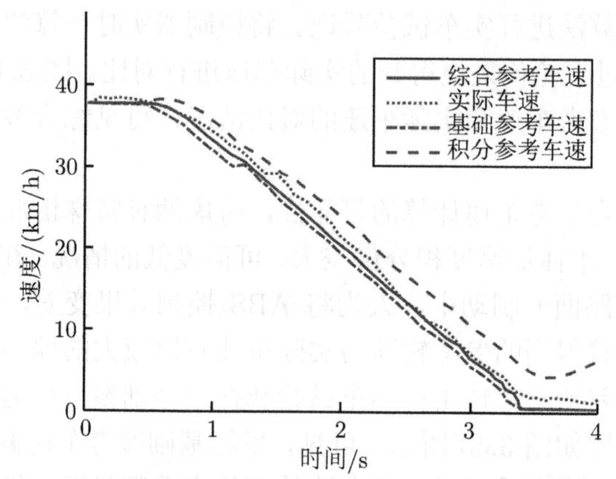

图 3.44 加速度积分车速可信度低工况的综合参考车速计算

2. 质心侧偏角观测验证

图 3.45 给出了试验的结果。车辆的转向盘转角和车速均由驾驶员控制，如图 3.45(a) 所示。图 3.45(b) 中对比了本书提出的观测算法与标准 UKF 算法的观测结果。在侧偏角较小的情况下，二者相差不大且都有较高的精确度，在 20s 之后转向操作较为激烈，车辆运动进入非线性区域，同时附着系数的估算值出现了波动，对侧偏角的观测造成了一定的影响。

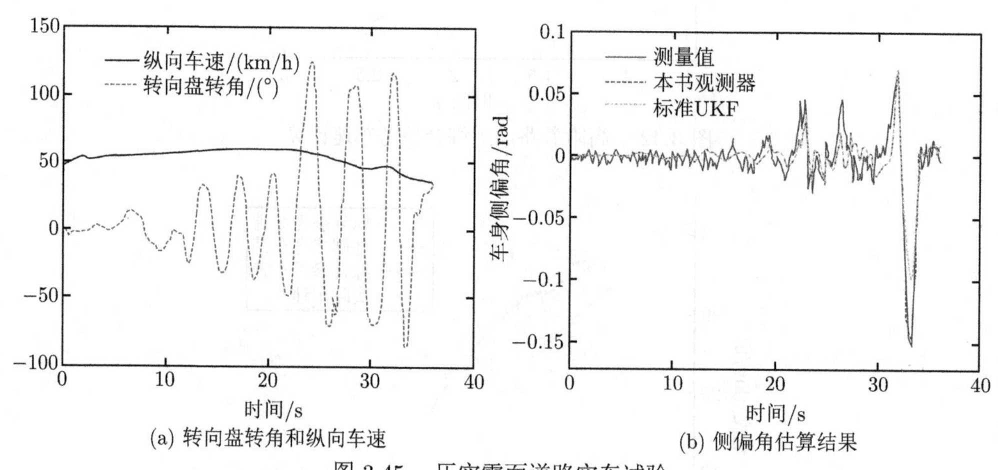

(a) 转向盘转角和纵向车速 (b) 侧偏角估算结果

图 3.45 压实雪面道路实车试验

3. 车身侧倾角观测验证

为了验证基于 UKF 的车身侧倾角和侧倾角速度估算算法的有效性，进行了 CarSim-Simulink 联合仿真验证。

仿真工况设置为路面附着系数 0.8，初速度 90km/h，最大转角 90° 的正弦输入试验，此仿真试验主要为了验证车辆在未出现车轮离地时，基于 UKF 的侧倾角和侧倾角速度观测算法的效果。如图 3.46、图 3.47和图 3.48、图 3.49 所示，基于 UKF 估算算法估算得到的车身侧偏角、侧倾角和侧倾角速度和 CarSim 输出的信号相比，其估算精度都较高。而在此工况下，车身侧偏角达到了 10° 左右，车轮轮胎已进入非线性区，说明 UKF 针对非线性问题的确具有比较好的估算效果。由于此工况的路面附着系数仅为 0.8，导致侧向加速度也在 $0.8g$ 左右，侧倾角比较小，车轮未出现离地。

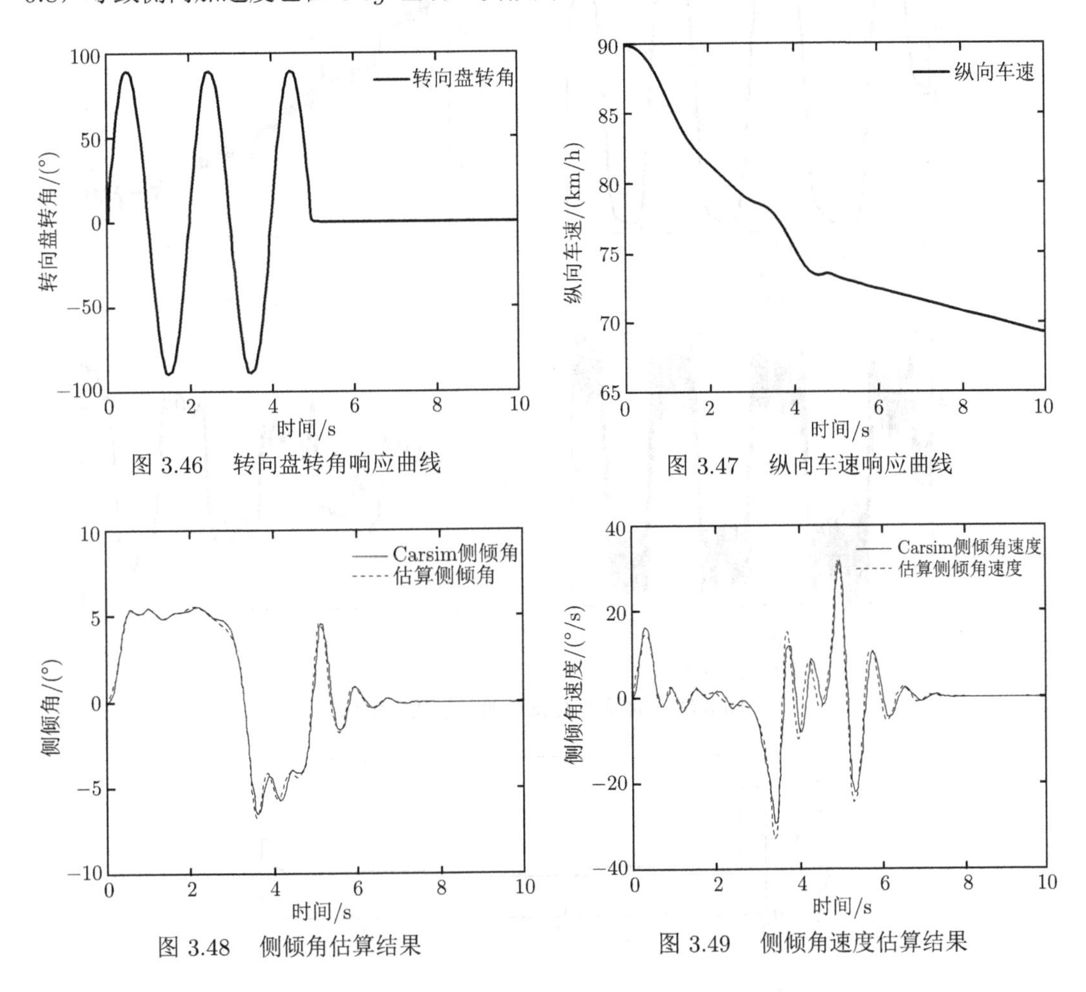

图 3.46　转向盘转角响应曲线

图 3.47　纵向车速响应曲线

图 3.48　侧倾角估算结果

图 3.49　侧倾角速度估算结果

3.6.4　道路信息观测验证

1. 基于转向动力学的路面附着观测验证

为了验证上述附着观测算法，在试验场进行实车试验验证，试验车辆为吉利远景 1.8L 手动挡轿车。图 3.50为在压实雪面道路中，车辆蛇形行驶试验中状态信息图。图 3.51为路面附着系数观测结果与 ESC 控制状态图。可以看出，附着观测值一直维持在 0.25 左右，这与雪面条件下的真实轮胎–路面附着系数较为接近。初始情况下估算附着系数为 0.8，由于车辆没有出现失稳趋势，$\mathrm{cond}(\omega_{\mathrm{r}},\beta)$ 在开始阶段为 0，但 $\mathrm{cond}(\omega_{\mathrm{r}},\beta)=1$ 时观测器采用此时的利用附着系数与附着系数余量之和作为估算附着系数，估算附着系数从 0.8 跳变至 0.19。随后在控制过程中，由于利用附着系数的上升，附着系数又上升到 0.26。

在 1.89~4.5s，由于 $\mathrm{cond}(\omega_\mathrm{r},\beta)=0$，此时 ESC 控制不会介入，附着系数估算值不会发生下跳，当下一次出现 $\mathrm{cond}(\omega_\mathrm{r},\beta)=1$ 时附着系数估算值继续识别附着系数的向下突变。由于相对于 ESC 控制介入的条件来说是相对宽松的条件，所以 $\mathrm{cond}(\omega_\mathrm{r},\beta)=1$ 的判断保证了在 ESC 介入控制之前附着系数估算值能够及时识别较低的轮胎–路面附着系数，同时保证附着系数估算值的稳定平滑。

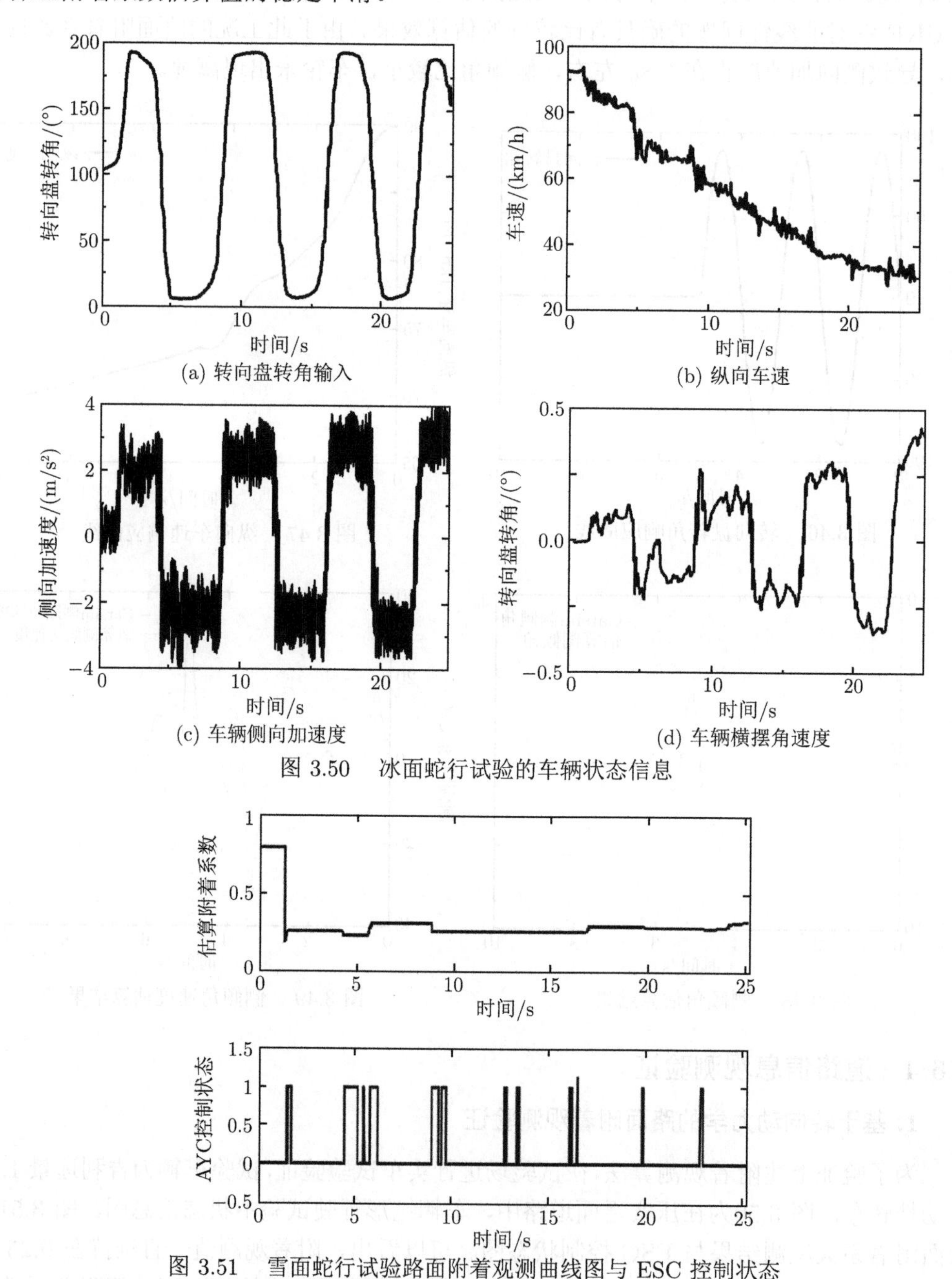

(a) 转向盘转角输入

(b) 纵向车速

(c) 车辆侧向加速度

(d) 车辆横摆角速度

图 3.50 冰面蛇行试验的车辆状态信息

图 3.51 雪面蛇行试验路面附着观测曲线图与 ESC 控制状态

2. 道路坡度估计验证

图 3.52 实车试验条件为：在 10% 坡度路面上，汽车由静止状态起步加速，行驶一段时间后，仍停止在 10% 坡度路面上。本工况为了测试在相同坡道路面上不同驾驶操作

条件下坡度估算的效果。由试验曲线可以看出本书提出的纵向坡度估算方法所计算的纵向坡度值在汽车加速、滑行、减速、停车全过程中，一直维持在 10% 左右，偏差不大于 1%。说明在驾驶员变换操作、车辆状态不断改变工况下，坡度估算未受影响，鲁棒性较高。

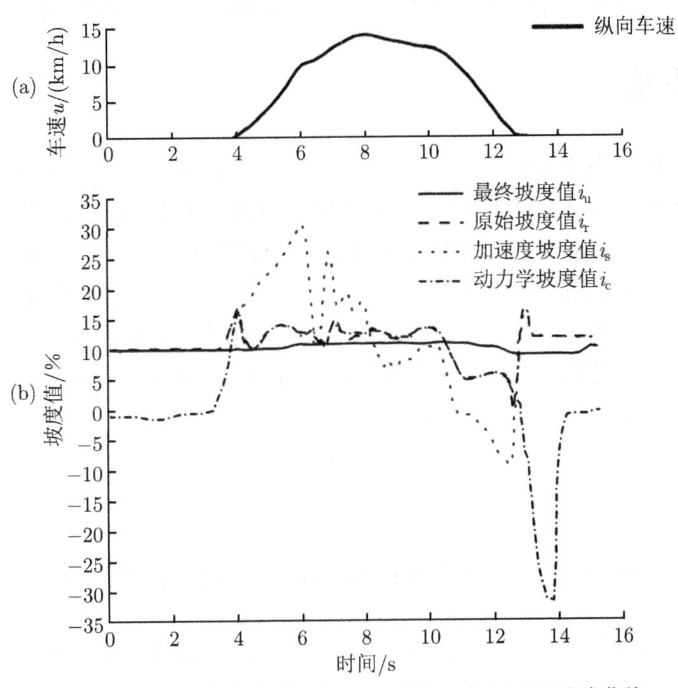

图 3.52　10% 坡度路面上起步、行驶、停止工况试验曲线

图 3.53 实车试验条件为：汽车在水平路面上由静止状态起步、加速，行驶过 13% 坡度路面，再行驶过 6% 坡度路面，最后驶入并停止在 11% 坡度路面上。通过试验曲线

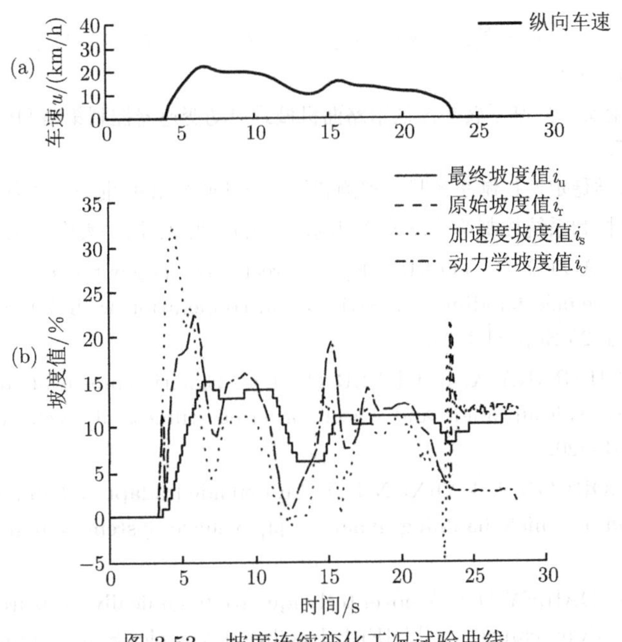

图 3.53　坡度连续变化工况试验曲线

可以看出，汽车在水平路面静止时，所估算的坡度值为 0，汽车行驶至 13% 坡度路面上时，所估算的坡度值变化至 13% 左右，汽车又驶入 6% 坡度路面上，所估算的坡度值变化至 6% 左右，最后汽车进入并停止在 11% 坡度路面上，所估算的坡度值变化至 11% 左右。表明所提出的坡度估算方法可以及时、准确地跟随路面坡度变化。

3.7 本章小结

本章针对车辆动力学全局状态观测进行了探讨。首先，基于十五自由度车辆动力学模型提出了状态参数集成观测架构。采用分层架构设计了各向轮胎力集成观测器，并基于轮胎六分力搭建了试验平台车，对观测算法进行了验证。在整车运动姿态观测方面，考虑车辆在极限工况下的强非线性特性，分别对参考车速、质心侧偏角和车身侧倾角等参数设计观测器进行观测，并进行实车试验验证。在道路信息观测方面，分别基于轮胎动力学和转向动力学对轮胎–路面附着系数进行了观测，考虑实际道路状况的复杂性，设计观测器对道路纵坡和侧坡进行了观测。

参考文献

[1] 李亮, 朱宏军, 陈杰, 等. 用于汽车稳定性控制的路面附着识别算法 [J]. 机械工程学报, 2014, 50(2): 132-138.

[2] 李仲兴, 李颖, 周孔亢, 等. 纯电动汽车不同行驶工况下电池组的温升研究 [J]. 机械工程学报, 2014, 50(16):180-185.

[3] 平先尧, 李亮, 程硕, 等. 四轮独立驱动汽车多工况路面附着系数识别研究 [J]. 机械工程学报, 2020, 55(22): 80-92.

[4] 项承赛, 夏群生, 何乐. ABS 控制量的计算研究 [J]. 汽车技术, 2001, 1: 10-13.

[5] 王玉海, 宋健, 李兴坤. 驾驶员意图与行驶环境的统一识别及实时算法 [J]. 机械工程学报, 2006, 42(4): 206-212.

[6] 王震坡, 丁晓林, 张雷. 四轮轮毂电机驱动电动汽车驱动防滑控制关键技术综述 [J]. 机械工程学报, 2020, 55(12): 99-120.

[7] 李磊, 宋健, 黄全安, 等. 基于转矩的低附路面机械式自动变速器控制策略 [J]. 机械工程学报, 2012, 48(4): 103-107.

[8] 李亮. 汽车动力学稳定性控制系统状态观测和控制方法研究 [D]. 北京: 清华大学, 2008.

[9] 陈杰. 电子稳定控制系统控制策略及关键问题研究 [D]. 北京: 清华大学, 2017.

[10] MASATO A, NAOTO O, YOSHIO K. A direct yaw moment control for improving limit performance of vehicle handling-comparison and cooperation with 4 WS [J]. Vehicle System Dynamics, 1996, 25(Sup1): 3-23.

[11] BAFFET G, CHARARA A, LECHNER D, et al. Experimental evaluation of observers for tire-road forces, sideslip angle and wheel cornering stiffness [J]. Vehicle System Dynamics, 2008, 46(6): 501-520.

[12] MATT C B, GORDON T J, DIXON P J. An extended adaptive kalman filter for real-time state estimation of vehicle handling dynamics [J]. Vehicle System Dynamics, 2000, 34(1): 57-75.

[13] CATHEY F W, DAILEY D J. A novel technique to dynamically measure vehicle speed using uncalibrated roadway cameras [C]//IEEE Intelligent Vehicles Symposium, 2005, 777-782.

[14] CHEN J, SONG J, LI L, et al. A novel pre-control method of vehicle dynamics stability based on critical stable velocity during transient steering maneuvering [J]. Chinese Journal of Mechanical Engineering, 2016, 29(3): 475-485.

[15] CHEN Y, WANG J M. Vehicle-longitudinal-motion-independent real-time tire-road friction coefficient estimation [C]//49th IEEE Conference on Decision and Control (CDC), IEEE, 2010: 2910-2915.

[16] CHENG S, LI L, YAN B J. Simultaneous estimation of tire side-slip angle and lateral tire force for vehicle lateral stability control [J]. Mechanical Systems and Signal Processing, 2019, 132: 168-182.

[17] CHERIAN V, SHENOY R, STOTHERT A, et al. Model-based design of a suv anti-rollover control system [R]. Technical report, SAE Technical Paper, 2008.

[18] CHO W, YOON J, YIM S, et al. Estimation of tire forces for application to vehicle stability control [J]. IEEE Transactions on Vehicular Technology, 2009, 59(2): 638-649.

[19] CHOI S B. Practical vehicle rollover avoidance control using energy method [J]. Vehicle System Dynamics, 2008, 46(4): 323-337.

[20] FARRELLY J, WELLSTEAD P. Estimation of vehicle lateral velocity [C]//Proceeding of the 1996 IEEE International Conference on Control Applications IEEE International Conference on Control Applications held together with IEEE International Symposium on Intelligent Contro. IEEE, 1996: 552-557.

[21] FUKADA Y. Slip-angle estimation for vehicle stability control [J]. Vehicle System Dynamics, 1999, 32(4-5): 375-388.

[22] YU G, LI H, WANG P, et al. Real-time bus rollover prediction algorithm with road bank angle estimation [J]. Chaos, Solitons & Fractals, 2016, 89: 270-283.

[23] FREDRIK G. Estimation and change detection of tire-road friction using the wheel slip [C]//Proceedings of Joint Conference on Control Applications Intelligent Control and Computer Aided Control System Design. IEEE, 1996: 99-104.

[24] NISHIO A, Tozu K, YAMAGUCHI H, et al. Development of uehicle stability controlsystem based on velicle sideslip angle estimation [C]//SAE Transactions, 2001: 115-122.

[25] FUKADA Y. Slop-angle estimation for vehicle stability control [J]. Vehicle System Dynamulcs, 1999, 32(4-5): 375-388.

[26] HARRY H, Hedrick J K, Rhode S, et al. Tire force estimation for a passenger vehicle with the unscented kalman filter [C]//IEEE Intelligent Vehicles Symposium Proceedings. IEEE, 2014: 814-819.

[27] HARVEY A L, COHEN H A. Vehicle speed measurement using an imaging method [C]//IEEE Proceedings of IECONI, 1730-1733.

[28] JO K, LEE M, SUNWOO M. Road slope aided vehicle position estimation system based on sensor fusion of gps and automotive onboard sensors [J]. IEEE Transactions on Intelligent Transportation Systems, 2015, 17(1): 250-263.

[29] KAMINAGA M. Vehicle body slip angle estimation using an adaptive observer [C]//Proc. AVEC' 1998: 98, 207-212.

[30] CHOI S B, PARK D W, JAYASURIYA S. A tome-varying sloding surface for fast and robust tracking control of second-order uncertain systems [J]. Automatica, 1994, 30(5): 899-904.

[31] DOUMIATI M, CHARARA A, VICTORINO A, et al. Vehicle dymamics estimation tesing kalman filtering: experimental validation [M]. John Wiley & Sons, 2012.

[32] LI L, SONG J, Li H Z, et al. Comprehensive prediction method of road friction for vehicle dynamics control [C]//Proceedings of the Institution of Mechanical Engineers, Part D: Journal of Automobile Engineering, 2009, 223(8): 987-1002.

[33] KHALEGHIAN S, EMANI A, TAHERI S. A technical survey on tire-road friction estiuation [J]. Friction, 2017, 5(2): 123-146.

[34] RAJAMANI R, PIYABONGKARN D, TSOURAPAS V, et al. Real-time estimation of roll angle and cg height for active rollover prevention applications [C]//In 2009 American Control Conference, 433-438. IEEE, 2009.

[35] LI L, YANG K, JIA G, et al. Comprehensiue tire-road friction coetficient estimation based on signal fusion method under complex maneuvering operations [J]. Mechanical System and Signal Processing, 2015, 56: 259-276.

[36] GUSTAFSSON F, KARLSSON R. Estimation based on Quantized Observations [J]. IFAC Proceedings Volumes, 2009, 42(10): 78-83.

[37] RAJAMANI R, PIYABONGKRAN N, LEW J, et al. Tire-road friction coefficient estimation [J]. IEEE Control Systems Magazine, 2010, 30(4): 54-69.

[38] GHANDOUR R, VICTORINO A, et al. A vehicle skid indicator based on maximum fction estimation [J]. IFAC Proceedings Volumes, 2011, 44(1): 2272-2277.

[39] ANDRES R, SUSANA S, MARIA JESUS L B, et al. A LQR-based controller with estimation of road bank for improving vehicle lateral and rollover stability via active suspension [J]. Sensors, 2017, 17(10): 2318.

[40] RYU R, GERDES JC. Estimation of vehicle roll and road bank angle [C]//Proceedings of the 2004 American control conference, volume 3, IEEE, 2004: 2110-2115.

[41] YASUJI S, SHIMADA K, TATSUHIRO T. Improvement of vehicle maneuverability by direct yaw moment control [J]. Vehicle System Dynamics, 1993, 22(5-6): 465-481.

[42] SIMON D. Optimal state estimation: Kalman, H infinity, and nonlinear approaches [M]. New York: John Wiley & Sons, 2006.

[43] TSENG H E. Dynamic estimation of road bank angle [J]. Vehicle System Dynamics, 2001, 36(4-5): 307-328.

[44] TSENG H E, ASHRAFI B, MADAU D, et al. The development of vehicle stability control at ford [J]. IEEE/ASME Transactions on Mechatronics, 1999, 4(3): 223-234.

[45] VAN ZANTEN A T, et al. Evolution of electronic control systems for improving the vehicle dynamic behavior [C]//Proceedings of the 6th International Symposium on Advanced Vehicle Control, volume 2, Citeseer, 2002.

[46] RIOFRIO A, SANZ S, BOADA M J L, et al. A LQR-based controller with estimation of road bank for improving vehicle lateral and rollover staloility via activate suspension [J]. Sensors, 2017, 17(10): 2318.

[47] YU G, LI H, WANG P, et al. Real-time bus rollover prediction algorithm with road bank angle estimation [J]. Chaos, Solitons & Fractals, 2016, 89: 270-283.

[48] RYU J H, GANKHUYA G G, CHONG K T. Nasigation system heading and position accurary improvement through GPS and INS data fusion [J]. Journal of Sensors, 2016: 7942963.

第4章 汽车主动安全控制技术

4.1 本章概述

汽车的安全性能分为主动安全性能和被动安全性能，其中，主动安全性能是指车辆防止事故发生的能力，而被动安全性能是指车辆在事故发生时大幅减低碰撞强度的功能。主动安全控制技术与先进驾驶辅助系统的目标基本一致，即提高车辆的主动安全性能。不同之处在于：先进驾驶辅助系统主要是利用计算机视觉和传感器技术为驾驶员提供车辆的工作情形与车外环境变化等相关性息，预先警告可能发生的危险状况，让驾驶员提早采取应对措施，或进一步介入车辆控制，采取一些主动应对措施；而主动安全控制技术则通过各种检测和辅助操控，在事故发生前采取应对措施，避免事故发生，以提高车辆的主动安全性能。前者关键词在于辅助，而后者关键词在于控制。通过对制动、驱动、转向及悬架的控制，主动安全控制技术旨在使得车辆的制动、驱动、转向及悬架的性能尽量达到最优的程度，以提升车辆的稳定性和舒适性，减少行车时产生的偏差。常见的主动安全控制系统包括防抱死制动系统（ABS）、牵引力控制系统（TCS）、电子制动力分配系统（EBD）、电子差速系统（EDS）、电子稳定性控制程序（ESP）、主动前轮转向系统（AFS）、防侧翻控制系统（ARS）、主动悬架控制系统（ASS）等。

本章主要针对其中几种进行较为详细的介绍，包括系统工作原理、系统控制方法以及实车试验结果等。其中，4.2 节主要对制动动力学及 ABS 进行介绍；4.3 节主要对驱动力学及 TCS 进行介绍；4.4 节主要对转向系统及 AFS 进行介绍；4.5 节主要对车辆操纵稳定性及 ARS 进行介绍；4.6 节主要对车辆垂向动力学和 ASS 进行介绍。

4.2 制动动力学与制动防抱死控制

4.2.1 ABS 基本工作原理与控制目标

车辆制动过程中，车轮的运动过程实际上是一个从纯滚动到抱死拖滑渐变的过程。开始制动时，车轮接近于单纯的滚动，可以认为

$$u_{\mathrm{r}} \approx r_{\mathrm{r0}} w_{\mathrm{r}} \tag{4-1}$$

式中，u_{r} 为车轮中心的速度（m/s）；r_{r0} 为没有地面制动力时的车轮滚动半径（m）；w_{r} 为车轮滚动的角速度（rad/s）。

随着制动强度的加大，轮胎不只是单纯的滚动，胎面与地面发生一定程度的相对滑动，即车轮处于边滚边滑的状态，此时 $u_{\mathrm{r}} > r_{\mathrm{r0}} w_{\mathrm{r}}$。随着制动强度的增加，滑动成分的比例越来越大，直至车轮抱死 w_{r}=0。一般用滑移率来说明这个过程中滑动成分的多少，其定义为

$$\lambda_{\mathrm{b}} = \frac{u_{\mathrm{r}} - r_{\mathrm{r0}} w_{\mathrm{r}}}{u_{\mathrm{r}}} \times 100\% \tag{4-2}$$

定义地面制动力与垂直载荷之比为制动力系数 φ_b，则在不同滑移率时，φ_b 的数值不同。$\lambda_b = 100\%$ 的制动力系数称为滑动附着系数 φ_s。制动力系数的最大值称为峰值附着系数 φ_p，一般出现在 $\lambda_b = 10\% \sim 30\%$。此时，汽车可获得最短的制动距离。同时，横向制动力系数仍可保持一较大值，车辆仍具有方向操纵能力。也就是说在此范围内，车辆具有最佳的制动性能。ABS 的控制目标就是将滑移率控制在最佳滑移率附近，以获得最大制动力。

4.2.2 ABS 液压制动系统工作原理

ABS 液压制动系统组成如图 4.1 所示，主要包括制动主缸、液压控制单元（HCU）、制动管路（包括制动硬管和制动软管）和制动轮缸。在进行 ABS 制动时，驾驶员所施加的踏板力传递到制动主缸的后缸活塞杆上，推动前、后缸两个活塞向前运动，将制动液压入制动管路。制动液通过液压控制单元后，流经由制动硬管和制动软管组成的制动管路，进入制动轮缸。

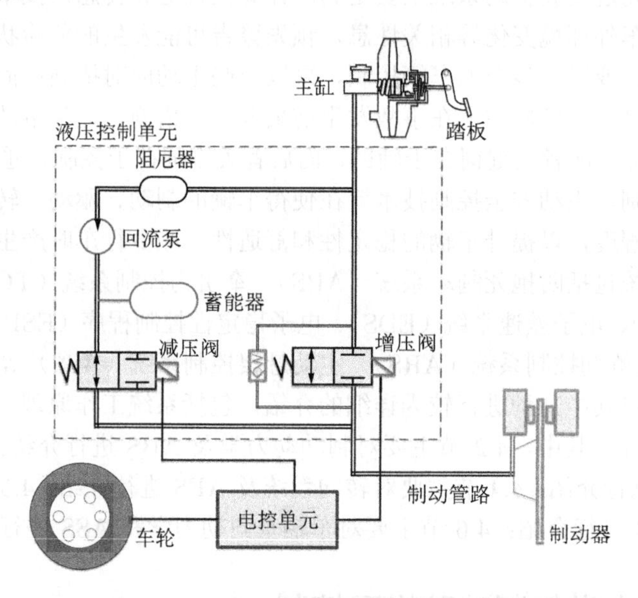

图 4.1 ABS 液压制动系统原理图

HCU 的结构原理图如图 4.1 中虚框所示。增压阀和减压阀均为二位二通的电磁阀，其中增压阀为常开阀，减压阀为常闭阀，每个制动轮缸都由一套独立的增、减压阀对自身的制动压力进行调节。ABS 通过对电磁线圈施加控制信号来控制增压阀和减压阀的通断，以实现增压、保压和减压的防抱死控制过程：

（1）在增压阶段，增、减压阀上均无控制信号，增压阀打开，减压阀关闭，由制动主缸过来的制动液不能进入减压回路，而是通过增压阀阀口进入相应的制动管路，并经过制动软管进入制动轮缸，使制动压力不断升高。

（2）在保压阶段，只对增压阀施加电信号使其关闭，这样便切断了制动轮缸与制动主缸之间的联系，使其内部压力保持不变。

（3）在减压阶段，对增、减压阀同时施加电信号，增压阀关闭，减压阀打开，各制动分泵与减压回路相连通，轮缸中的制动液便通过减压阀阀口进入弹簧活塞式蓄能器，实现制动压力的降低。此时，如果 ABS 制动已经结束，蓄能器中的制动液会在回油泵的作用下随制动踏板的抬起排回制动主缸；如果 ABS 制动还未结束，制动液会在回油泵和增压阀之间聚积成一高压区域，等增压阀打开时再次进入轮缸。在回油泵和制动主缸之间，阻尼器起降低液压脉动和噪声的作用。

4.2.3 ABS 逻辑门限控制算法

ABS 控制器模型是为 HCU 的增压阀和减压阀提供控制信号，实现 ABS 增压、保压和减压的防抱死控制循环。在此模块中所采用的控制方法为逻辑门限控制法，这是一种以轮加速度和滑移率为控制参数的综合控制方法。由于在实车匹配过程中，以滑移率作为控制参数是较为方便和理想的，但实际过程中不可能准确获取路面信息，确定最佳滑移率的数值，也不可能完全地用参考车速代替实际车速计算出准确的滑移率；而轮速可以通过传感器测得，进行微分后便可得到车轮加速度，但单独以轮加速度作为参考也会受到一定的限制，尤其是在路面附着系数突变的情况下，制动压力不能及时降低下来，可能导致车轮抱死，所以，综合考虑轮加速度和滑移率两种控制参数要比单独使用一种更能有效地提高控制精度。

设定三个轮加速度参考门限，分别为 $-a$、$+a$ 和 $+A$，滑移率参考门限 λ_1。各个参考门限说明如表 4.1 所示。

表 4.1　控制器参考门限说明

参考门限	参考门限说明
$-a$	减压门限，为负值，轮加速度小于此门限值时输出 1，否则为 0
$+a$	保压门限，为正值，轮加速度大于此门限值时输出 1，否则为 0
$+A$	补偿增压门限，为正值，轮加速度大于此门限值时输出 1，否则为 0
λ_1	滑移率门限，为正值，滑移率大于此门限值时输出 1，否则为 0

在模型进行运算的过程中，根据轮加速度和滑移率的数值与门限值的比较结果来确定输出值是 1 还是 0，再将四个输出值组成一个四位数，根据控制策略定义每个四位数所对应的增压阀和减压阀的状态，其对应关系如表 4.2 和表 4.3 所示。

在 ABS 控制器中，包含一个阶梯增压控制模块，设置这个模块主要是由于实际的 ABS 控制是存在迟滞效应的，这直接导致了系统有可能出现增压过度的现象，而致使车轮抱死。所以，可以采用阶梯增压的方法来避免过度增压的出现。所谓阶梯增压就是指增压保压交替进行的一种增压速率可控的缓增压方式，根据实车匹配时所采用的阶梯增压参数，设定每次交替的周期为 85ms，其中增压 5ms，保压 80ms。

表 4.2　控制策略参数对照表（高附路面）

$-a$	λ_1	$+a$	$+A$	状态	增压阀	减压阀
0	0	0	0	增压	0	0
0	0	1	0	保压	1	0
0	0	1	1	增压	0	0
0	1	0	0	减压	1	1
0	1	1	0	保压	1	0
0	1	1	1	增压	0	0
1	0	0	0	保压	1	0
1	1	0	0	减压	1	1

表 4.3 控制策略参数对照表（低附路面）

$-a$	λ_1	$+a$	$+A$	状态	增压阀	减压阀
0	0	0	—	增压	0	0
0	0	1	—	保压	1	0
0	1	0	—	减压	1	1
0	1	1	—	保压	1	0
1	0	0	—	减压	1	1
1	1	0	—	减压	1	1
1	0	0	0	保压	1	0
1	1	0	0	减压	1	1

ABS 控制器模块的输入参量为轮加速度、滑移率和四个参考门限值，输出为增压阀和减压阀的控制信号。由于四个车轮在四通道 ABS 制动过程中是单独控制的，所以每个 ABS 控制器集成模块只对一个车轮进行控制，这样也便于控制参数和各门限值的调整与匹配。

4.2.4 试验测试分析

ABS 在应用于新车型前，必须通过充分的道路试验，调整控制算法中的参数，使之在各种工况下均有良好的控制效果。充分严格的道路试验是 ABS 产业化的重要步骤，是对 ABS 的全面考核。在完成 ABS 的开发和匹配工作之后，进行全面的道路试验、性能测试、可靠性试验以及特殊工况适应性试验等，对 ABS 的各项性能进行充分的验证。

1. ABS 典型工况试验

ABS 的典型工况试验主要包括高附着路面试验、低附着路面试验、对开路面试验、对接路面试验等。其中，低附着路面是根据天气情况采用两种方法人工制造的，在冬天（气温低）用洒水造冰的方法，在气温相对高时，用地板革洒洗涤液水的方式，经过测算，两种方法获得的低附着路面的附着系数均在 0.2 以内。

1）高附着路面试验

在高附着路面上进行各种初速 ABS 制动试验，大量试验表明，装有 ABS 的车辆在高附着路面制动时，制动过程平稳，ABS 动作柔和，方向稳定，压力调节合理，ABS 控制效果好。如图 4.2 所示为车辆以初速 60km/h 在高附着路面上制动的典型试验结果（仅以两前轮为例）。图 4.3 所示为车辆以初速 100km/h 在高附着路面上制动的典型试验结果（仅以两前轮为例）。

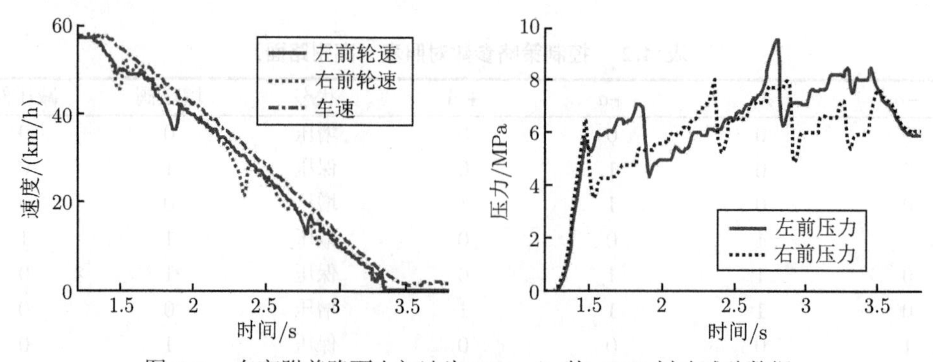

图 4.2 在高附着路面上初速为 60km/h 的 ABS 制动试验数据

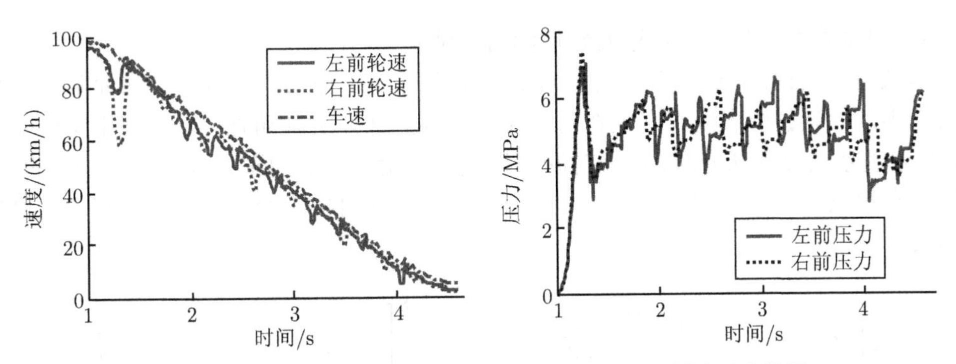

图 4.3　在高附着路面上初速为 100km/h 的 ABS 制动试验数据

2）低附着路面试验

在低附着路面上进行各种初速 ABS 制动试验。试验表明，ABS 在低附着路面上制动时，制动平稳，压力调节合理，四个车轮均没有抱死，汽车不甩尾侧滑，驾驶员可以通过调整转向盘改变车身前进方向，ABS 控制效果好。图 4.4 所示为车辆以初速 40km/h 在低附着路面上制动的典型试验结果。

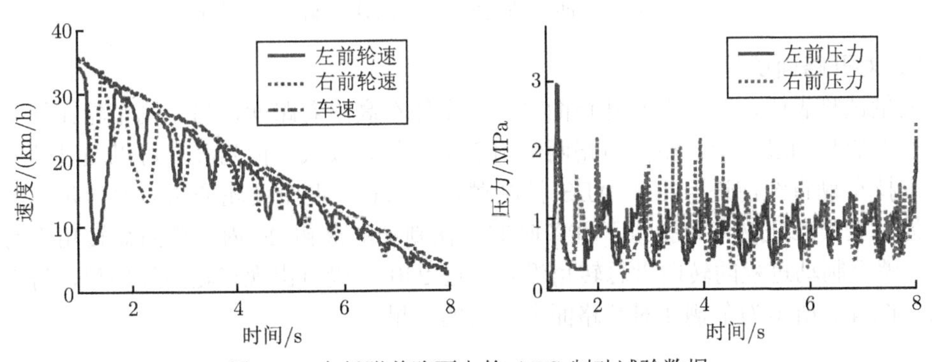

图 4.4　在低附着路面上的 ABS 制动试验数据

3）对接路面（从低附着过渡到高附着）试验

本试验主要检测 ABS 控制逻辑在附着系数突然变高时能否及时增压。试验表明，车辆在路面附着系数由高跃变为低的路面上制动时，能够及时识别路面附着状况，控制逻辑能够及时增压适应高附着路面的压力水平，在附着系数跃变处明显感觉到车身减速度突然变大，整个制动过程平稳，车轮均无抱死，方向稳定性好。图 4.5 所示为车辆在对接路面（低到高）制动的典型试验结果。

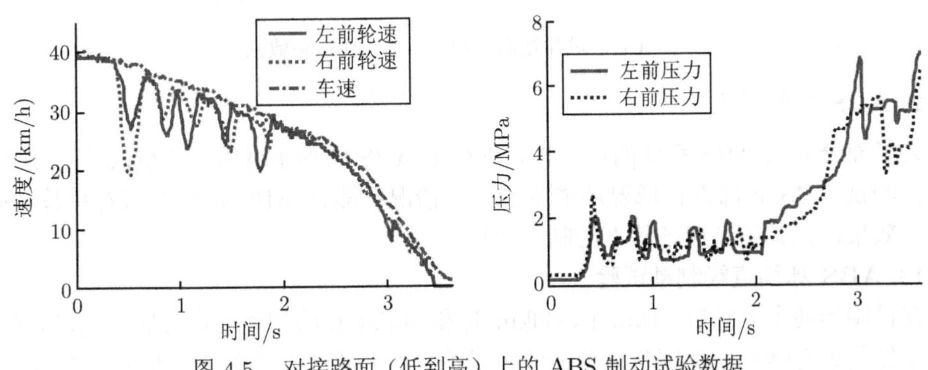

图 4.5　对接路面（低到高）上的 ABS 制动试验数据

4）对接路面（从高附着过渡到低附着）试验

本试验主要检测 ABS 控制逻辑能否及时降低制动压力水平以适应路面附着系数的突然变小。大量试验表明，车辆在对接路面（高到低）上制动时，能识别出路面附着情况，在附着系数发生跃变时，能及时减压以适应低附着路面的压力水平，制动过程中，车轮均没有抱死，方向稳定性好。图 4.6 所示为车辆在对接路面（高到低）制动的典型试验结果。

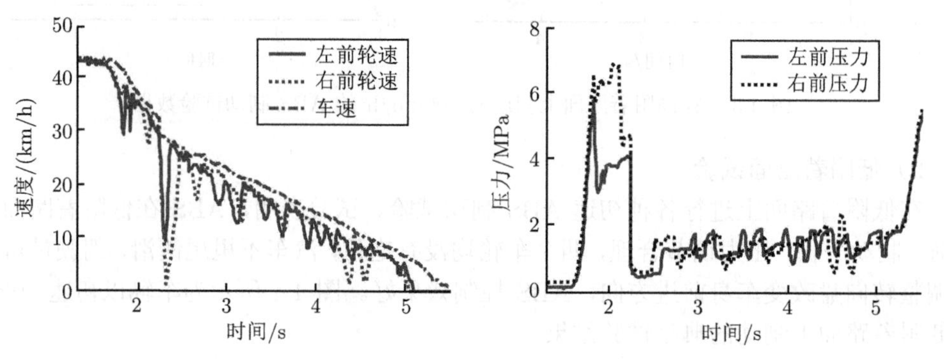

图 4.6　对接路面（高到低）上的 ABS 制动试验数据

5）对开路面试验

大量试验表明，车辆在对开路面（一侧车轮在高附着路面，另一侧车轮在低附着路面上）上的制动过程中，虽然道路两侧附着系数差异较大，但驾驶员可以通过调整转向盘来维持车辆直线前进，由于 ABS 控制逻辑的修正，两个前轮的压力差异是逐步升高的，为驾驶员修正转向盘提供了准备时间，在制动的最初 2s 内，转向盘转角没有超过 120°，整个制动过程的转向盘总转角没有超过 240°，没有出现车轮抱死现象，符合法规要求。图 4.7 所示为车辆在对开路面上制动的结果。

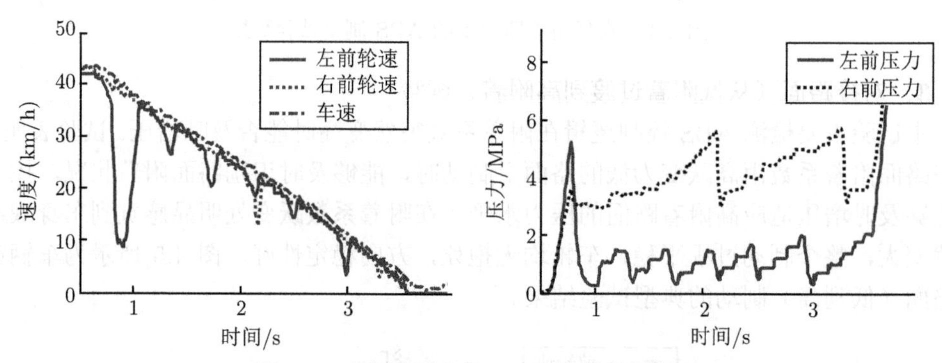

图 4.7　对开路面上的 ABS 制动试验数据

2. ABS 冬季试验

为了充分测试 ABS 系统的可靠性，进行了 ABS 的冬季试验。冬季试验的主要目的在于：测试 ABS 各部件在低温环境下的工作情况；测试 ABS 在极低附着系数（冰面）的制动效果，尤其是高速条件下的制动效果。

1）ABS 冰面直线制动试验

在试验场地上分别以 40km/h、60km/h 和 80km/h 的初速度进行应急制动，观测被试车车轮是否有抱死，车辆是否跑偏或者横摆，并利用采集系统采集信号分析各车轮的运动情况。试验证明车辆在冰面上制动时，从低速到高速都能有较好的 ABS 控制效果，车辆能保持直线行驶，制动过程平稳，车轮不抱死，车辆无侧滑甩尾等现象。图 4.8 所示为车辆以初速 60km/h 在冰面进行 ABS 制动的典型试验结果。

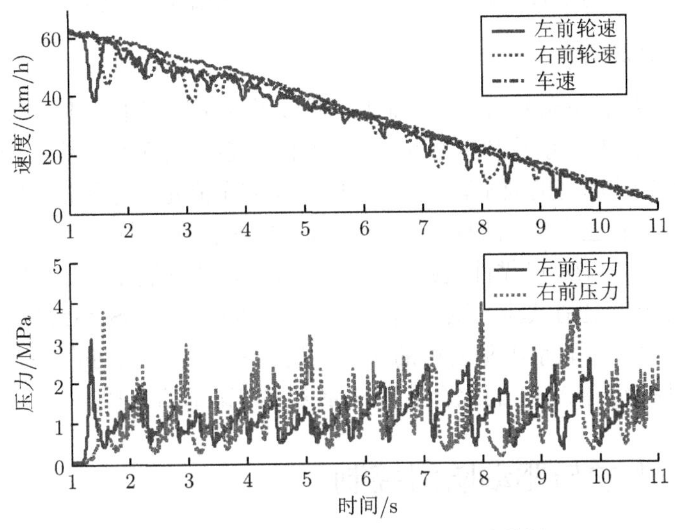

图 4.8　在冰面上的 ABS 制动试验数据

2）ABS 的冰面制动变线试验

在冰面上进行了制动变线试验，制动过程中，ABS 控制效果稳定，使滑移率保持在临界滑移率附近，可以获得较大的侧向附着系数，因此在冰面上制动调整方向时，路面可以提供足够的侧向力，保证车辆按照预定的轨道变线。

综上，本课题组研究的 ABS 经过冬季试验的测试，得到以下结论：

（1）在附着系数极低的冰面试验过程中，以不同的初速应急制动，车辆无抱死拖滑、无失稳侧偏，满足 ABS 的可靠性要求。

（2）整套 ABS 处于较低温度下均能工作正常，验证了电子控制单元、压力控制单元、ABS 电机和各传感器满足低温工况工作的要求。

3. ABS 特殊工况试验

为了验证 ABS 的控制效果和可靠性，需进行 ABS 特殊工况的适应性试验，主要包括不平路面制动试验、转弯制动试验、上下坡制动试验、过沟坎制动试验等。

1）不平路面制动试验

试验车在不平路面上制动时，ABS 能有效消除轮速波动带来的影响，制动过程平稳，车轮不抱死，且能保证足够的制动强度。

2）转弯制动试验

车辆在转弯制动时，ABS 能及时识别出转弯状态，对滑移率计算进行合理补偿，所控制的内侧车轮压力水平低，外侧车轮压力水平高，制动时车辆能按照驾驶员的意图进行转弯，同时制动强度足够。

3）上下坡制动试验

对试验车在坡道上的制动适应性进行了验证，试验数据证明，本书研究的 ABS 在坡道上控制效果良好，车轮均不抱死，制动强度足够，制动稳定性好。

另外对 ABS 在过沟坎制动工况进行了试验，ABS 能够有效防止误进入 ABS。

为了进一步测试 ABS 的可靠性，在山区路况下进行了 ABS 试验，上下坡、多弯、路面不平等特殊复杂工况结合在一起，对 ABS 的可靠性和适应性是巨大的考验。经过大量试验证明，所研究的 ABS 在上述山区工况中工作稳定，控制效果良好，可靠性很高。

4. ABS 可靠性试验

在经过 ABS 匹配和充分的试验验证后，通过了国家法规中关于 ABS 一般要求检查、冷态制动效能测试、附着系数利用率测试、高低附着系数路面制动特征校核、对接对开和碎石路面制动等测试项目的要求，所研发的 ABS 完全满足国家标准 GB/T13594—2003 的各项技术要求。在通过国家法规的鉴定后，对 ABS 的可靠性进行了充分的考核。相继完成了 30000km 的 ABS 可靠性道路试验、80000km 的安装 ABS 整车的可靠性试验和多次 3000km 的专项遏制试验。试验结果表明：所匹配的 ABS 系统性能与可靠性良好。

同时为了对比，对北京奔驰公司的原装大切诺基进行了相同的试验项目，试验结果证明，本课题组研究的 ABS 的综合性能与原装大切诺基的 ABS 的性能相当。

4.3 驱动动力学与驱动防滑控制

牵引力控制系统（TCS）作为 ESC 的子功能，是属于汽车运动学控制的核心研究问题之一。相关零部件供应商、高校都正在开展相关的研究课题。博世公司与福特公司在 TCS 控制系统研究领域有着多年的经验，两个公司生产的 TCS 控制系统在结构与功能上均相近，实现了 TCS 控制系统的产业化，并针对发动机输出转矩控制、制动压力控制以及驾驶员的舒适性等方面不断推动其品质优化升级。对于 TCS 控制系统的研究主要集中在车辆重要参数测量以及控制策略开发上。开发研究的关注点主要集中在提出更加先进、精准的控制策略，并将其应用在发动机输出转矩控制与主动制动压力控制上。

4.3.1 TCS 基本原理与控制目标

牵引力控制系统（TCS）和防抱死制动系统（ABS）都利用轮胎与路面之间的附着力特性，通过调整车轮的转动状态，使车轮在纵向和横向均保持较高的附着力，它们属于车辆纵向动力学范畴。为了保证较高的制动强度与横向稳定性，车辆在紧急制动时会使用 ABS 以保证制动滑移率在理想范围之内。类似地，为了保证较高的驱动能力与横向稳定性，车辆在强驱动时会使用 TCS 以保证驱动滑移率在稳定范围之内。由此可见，两者都是通过调节车辆纵向性能，达到调节车辆横向安全性能的目的。驱动滑转率和制动滑移率合称滑转率，如式(4-3) 所示。

$$\begin{cases} \lambda_{\mathrm{b}} = \dfrac{u_{\mathrm{r}} - r_{\mathrm{r0}} w_{\mathrm{r}}}{u_{\mathrm{r}}}, & u_{\mathrm{r}} > r_{\mathrm{r0}} w_{\mathrm{r}}, w_{\mathrm{r}} \neq 0 \\ \lambda_{\mathrm{d}} = \dfrac{r_{\mathrm{r0}} w_{\mathrm{r}} - u_{\mathrm{r}}}{r_{\mathrm{r0}} w_{\mathrm{r}}}, & u_{\mathrm{r}} < r_{\mathrm{r0}} w_{\mathrm{r}}, w_{\mathrm{r}} \neq 0 \end{cases} \tag{4-3}$$

制动滑移问题和驱动滑转问题都可以通过轮胎与路面的附着特性来解决。在车辆行驶过程中所受外力中，除去行驶阻力，大部分为地面附着力。从这个角度来看，车辆的驱动、制动性能以及横向稳定性均会受到轮胎–路面附着特性的影响 [1]。道路附着系数与滑移率/滑转率的关系曲线如图 4.9 所示。

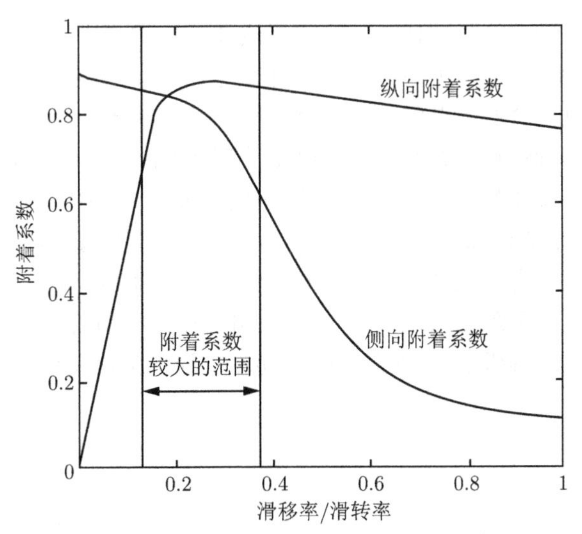

图 4.9　道路附着系数与滑移率/滑转率关系曲线

由图 4.9 可以看出，使轮胎–路面纵向附着系数处于峰值附近的车轮滑动率理想范围为 12%～32%，因此，在此区间内，路面可以给车轮提供较大的纵向力与驱动力，与此同时，在此范围内，车辆的横向附着系数还没有进入急速下降区域，此时车辆仍然具有较高的侧向力。但是在实际车辆控制环节中，车辆会出现因控制超调而导致的滑动率急速增长，于是侧向附着系数会进入急速下降区域的现象。为避免此现象，应当把滑动率控制在纵向附着系数峰值之前，以保证车辆不会因侧向力不足而侧滑。综上所述，TCS 控制系统的设计目标就是将滑转率控制在 12%～20%。

4.3.2　TCS 调控方式

TCS 控制系统有两种主要方法来对车辆进行调控：发动机输出转矩控制和驱动轮主动制动压力控制。TCS 控制系统基于当前车辆状态选择 TCS 介入时机，计算出发动机输出转矩目标值和驱动轮制动压力目标值，并通过执行器实现这两个目标值，从而实现车辆状态控制的目的，使车辆运行于安全状态之内。

对发动机输出转矩调控方法为：TCS 控制系统通过计算得到发动机目标输出转矩，通过车载 CAN 总线向发动机管理系统（EMS）发送目标转矩请求，EMS 在接收到该请求后调节发动机输出转矩以达到目标转矩值。对发动机输出转矩进行调控的目的是限制整车驱动力以减少可能出现的打滑情况，同时，在打滑被抑制后，当出现车辆需要加速时，使车辆可以获得充足的驱动力。

主动制动压力控制实现方法为：TCS 系统通过计算得到驱动轮的目标制动压力，接着利用 TCS 系统中压力控制模型确定输出给执行机构操作命令，最后电子控制单元接收命令以控制 HCU 执行操作，以达到目标压力控制。主动制动压力调控的主要目的是施加阻力给打滑的车轮以减轻其打滑程度，同时在对开路面上对低附着侧车轮施加主动制动，配合发动机转矩提升高附着侧车轮的驱动力，进而显著提高车辆的动力性。由此可见，发动机转矩与主动制动压力经常同时作用于车辆。若两者之间没有较好的配合，则极容易出现车轮打滑被过度抑制以及发动机转矩与制动压力对耗等现象，由此会对 TCS 控制能力造成消极影响，并且还可能造成能源浪费。

图 4.10 为液压控制单元（HCU）内部组成和工作原理 [2]。制动系统液压管路布置形式主要包括 X 型和 H 型，两种形式均具有 2 个回路，分别由 1 个主缸腔室提供制动液。在 HCU 内部具有 12 个电磁阀、1 个电机、2 个柱塞泵，其中每个回路具有 1 个限压阀（图 4.10 中的阀 1、阀 2 所示）和 1 个吸入阀（图 4.10 中的阀 3、阀 4 所示）以及 1 个柱塞泵，4 个车轮各自拥有 1 个增压阀（图 4.10 中的阀 5 ～ 阀 8 所示）和 1 个减压阀（图 4.10 中的阀 9 ～ 阀 12 所示）。其中，增压阀和限压阀断电状态为打开，减压阀和吸入阀断电状态为关闭。电机和柱塞泵作为主动增、减压过程的动力源。此外，还包括 2 个蓄能器、2 个阻尼器以及 8 个单向阀，柱塞泵和蓄能器均具有吸收波动的功能，在 ABS 减压时，蓄能器还可以暂存由制动轮缸流回的制动液，使制动轮缸压力迅速降低。

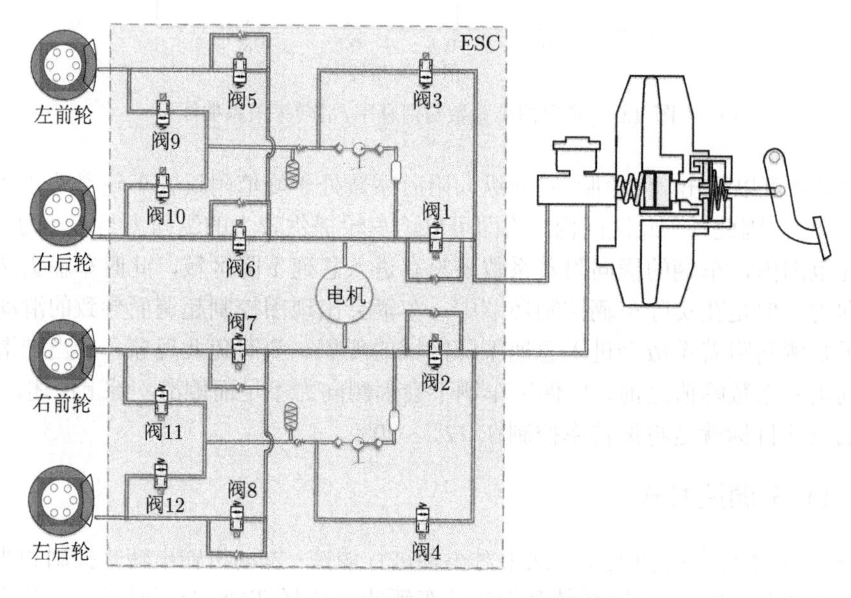

图 4.10　液压控制单元工作原理示意图

单个车轮进行增压时，阀和电机的动作情况为：关闭车轮所在支路的限压阀（阀通电），打开所在支路的吸入阀（阀通电），关闭所在支路另一侧车轮的增压阀（阀通电），同时调节电机转速，使柱塞泵按照需求量往复运动，将制动液由储液罐泵入制动轮缸中，至此实现主动增压过程。单个车轮进行保压时，关闭车轮所在支路的限压阀（阀通电），关闭所在支路的吸入阀（阀断电），关闭所在支路另一侧车轮的增压阀（阀通电），使制动液保持在制动轮缸中，至此实现保压过程。单个车轮进行减压时，打开车轮所在支路的限压阀（阀断电），关闭所在支路的吸入阀（阀断电），关闭所在支路另一侧车轮的增压阀（阀通电），由于制动轮缸压力高于制动主缸压力，这时制动轮缸中的制动液就会流向压力较低的制动主缸中，至此实现减压过程。在保压和减压过程中，关闭所在支路另一侧车轮的增压阀（阀通电）是为了防止高压的制动液流向该侧车轮的制动轮缸中，而造成该侧车轮制动压力上升现象的出现。主动制动压力控制在 TCS 中主要有两方面作用：一是在纯低附着路面上，两侧车轮均发生打滑现象，此时可以在打滑车轮上施加主动制动压力，配合发动机转矩的调节，降低两驱动轮轮速，抑制打滑程度，使两驱动轮车轮滑转率维持在理想区域内；二是在对开附着路面上，低附着侧车轮滑转剧烈，使得驱动负载较小，发动机输出转矩较小，差速器平均分配发动机转矩，使得高附着侧车轮所受转矩同样较小，整车动力性不足，造成高附着侧路面附着利用不充分的现象。此时，可以在低附着侧驱动轮上施加主动制动，增加驱动负载，提高发动机输出转矩，以利用高附着侧路面附着，提高整车动力性。

4.3.3　TCS 控制算法

1. TCS 控制器总体架构

如图 4.11 所示，本章节中的 TCS 控制系统包括道路参量观测系统、制动压力控制器和发动机转矩控制器三个部分。道路状态参量观测系统主要包括：两驱动轮轮胎–路面附着系数估算；道路纵向坡度估算；对开附着–均一附着路面识别。本书的上一章节中已对该部分内容进行了阐述。同时，基于道路参量观测值的道路纵向坡度、轮胎–路面附着信息计算发动机转矩和制动压力的限制值。

在发动机的转矩控制器中，通过计算获得的目标转矩由 PID 转矩、基准转矩和外加转矩组成。将目标转矩值发送给发动机管理系统以实现转矩控制的目的，基于增量式变参数 PID 控制器，以两驱动轮真实和目标滑转速度之差为输入量来得到输出转矩值。为了提高 PID 转矩输出值的收敛速度，设立基准转矩作为增量式 PID 转矩的基准。同时，为了避免由于路面情况变化而导致的 PID 输出转矩不能及时收敛的问题，设立外加转矩作为 PID 转矩的补充。

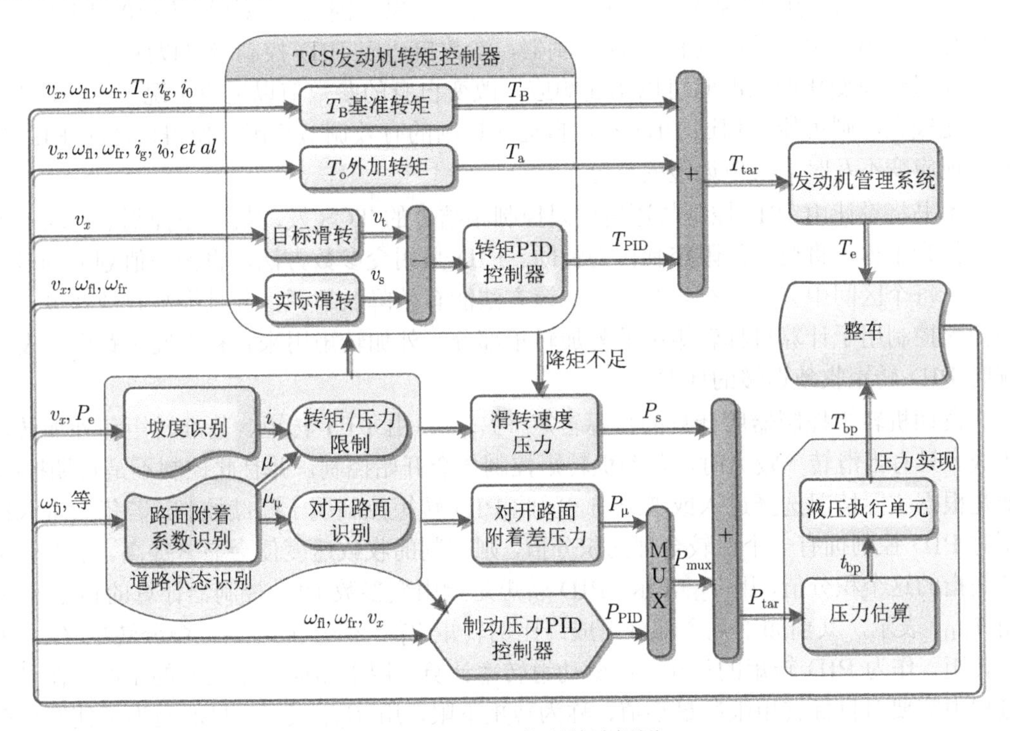

图 4.11　TCS 控制算法框图

主动制动控制器由上层压力控制和底层压力控制构成。上层压力控制用于计算各驱动轮制动压力的目标值。底层压力控制计算 HCU 控制指令，以实现目标制动压力。主动制动目标压力包含：用于对开附着路面的附着差制动压力、弥补附着估算偏差的低附着滑转制动压力以及补偿降转矩不足的制动压力；用于均一附着路面的 PID 制动压力和补偿降转矩不足的制动压力。底层压力控制基本逻辑为：根据已经标定的压力模型对轮缸制动压力进行估算，基于当前目标与估算的轮缸制动压力之间的差值，基于已标定的压力模型选取合适的 HCU 控制命令，驱动 HCU 电磁阀与电机动作以实现目标制动压力。

2. TCS 发动机转矩控制算法

TCS 发动机转矩控制器的两个关键点是：控制方法的选取以及目标值的计算。以往的一些学者采用了不同的控制方法：Li 等 [3] 采用自适应 PID 方法来控制车轮滑转率；Kabganian 等 [4] 采用滑模控制算法来调节发动机节气门，进而控制车轮滑转率。目前的 TCS 控制系统产品中，绝大多数使用逻辑门限控制方法的，较少数使用 PID 控制方法。由于二者计算量较小，因此常常运用在现实的控制系统中。但这两种算法也存在缺点：使用逻辑门限控制方法时，若想要达到较为细致的控制效果并且涵盖现实中所有的工况，则需要设计复杂的控制逻辑并进行大量且烦琐的实车标定试验，而且这样设计的控制系统主观感受较差；传统 PID 控制器由于其使用简单，计算量小，超过 90% 的工业产品都在应用 PID 作为基本控制器 [5]，传统 PID 控制器设计的 TCS 控制系统，在对象简单、控制单一的状态下的确可以获得很好的控制效果，但若处于工况多变、被控对象复杂的情况下时，单纯依赖 PID 控制难以达到较好的控制效果。汽车行驶过程中，由于行驶路况、工况复杂，驾驶员操作多变，当出现路面突发事件时，单纯依赖传统的 PID 控制，经常会出现反应不及时、收敛迟缓的现象。因此单独使用传统的 PID 控制器可行性较小。相对于传统的 PID 控制器，参数自适应 PID 控制器可以应对上述问题，其在面对快速变化的工况时可以迅速响应，改变自身的参数值以适应工况 [6,7]。但若工况变化较大，则可能会超过 PID 参数自适应控制的有效调节范围，使得自适应 PID 控制出现应变不及时、收敛迟缓的问题。

本书将设计由 PID 控制与逻辑门限控制相结合的 TCS 发动机转矩控制器，以 PID 控制作为主体，将逻辑门限控制作为辅助。PID 采用变参数方法，将偏差值划分为多个区间，每个区间中分别进行参数标定。该方法能有效降低超调，并且提高收敛速度。逻辑门限控制用于计算目标转矩中的外加转矩部分。外加转矩用来弥补当发生路面突发情况时 PID 转矩收敛迟缓的问题。

发动机转矩控制器所计算的目标转矩（T_{tar}），由 PID 转矩、基准转矩和外加转矩组成。只有当滑转率较大时，发动机转矩控制才会开始控制，并且此控制不是长期控制，而是根据实际情况选择进入或者退出，因此 PID 转矩控制属于断续控制，若每次进入控制时 PID 控制拥有一个比较合理的积分值，则控制的收敛速度便会显著提高。基准转矩就是指的这个积分值，用 T_{B} 表示。PID 转矩是指由变参数 PID 控制器计算的转矩部分，用 T_{PID} 表示，其由如下几个部分组成：比例转矩 T_{P}、积分转矩 T_{I}、微分转矩 T_{D}。外加转矩，作为 PID 转矩的补充，由驱动滑转率计算，用于路面发生突变的工况。在设计过程中需要对目标转矩限制最小值，称为转矩下限，用 T_{lim} 表示，目的是为了使汽车在起步后拥有一定的加速能力，并且降转矩过程中防止使发动机熄火。

发动机转矩控制器所计算的目标转矩表达式为：

$$T_{\text{tar}}=\begin{cases}T_{\text{B}}+T_{\text{PID}}+T_{\text{a}}, & T_{\text{tar}}\geqslant T_{\text{lim}}\\ T_{\text{lim}}, & T_{\text{tar}}>T_{\text{lim}}\end{cases} \tag{4-4}$$

在 TCS 控制过程中 PID 转矩与外加转矩均实时计算。在 TCS 开始控制之前，系统计算出基准转矩并作为 PID 转矩进入控制时的标准值，该值进入控制后便不会重新计算，直到退出 TCS 控制后，该值重新开始计算。下面将对三者及目标转矩下限的计算方法进行介绍。

1）基准转矩计算

作为 PID 转矩进入控制时的初始积分值，基准转矩应当尽量设定在使驱动轮获得当前路面状态下最大驱动力的转矩值周围。可以通过车轮出现较大滑转时刻的发动机净输出转矩值或者路面所提供的地面作用力来计算此值。本书中将二者相互结合，通过当前的工况与二者计算值的合理性设定不同的加权系数，以计算基准转矩值。

前者为 T_{B1}，当滑转率超过发动机转矩控制介入门限时，采集发动机净输出转矩值，并进行延迟和滤波处理获得该值。后者为 T_{B2} ，可以运用纵向动力学方程、控制系统估算的路面附着系数，计算当前车辆所处路面能够提供的最大驱动力，再反过来计算出发动机转矩值，得到 T_{B2}。

当车轮的滑转率超过发动机转矩控制介入门限时，发动机净输出转矩已经大于当前路面所需要的最大值，再考虑发动机转矩传递到车轮及车轮出现打滑均存在一定延迟，因此需要对当前的发动机净输出转矩进行延迟处理。同时由于转矩信号存在噪声，因此需要进行滤波处理。假设 TCS 控制进入转矩控制的时间为第 k 个运算周期，则所计算的 T_{B1} 为

$$T_{\mathrm{B1}} = \frac{1}{1+\tau s}T_{\mathrm{e}}^{k-n} \tag{4-5}$$

式中，T_{e}^{k-n} 为第 $k-n$ 个运算周期的发动机净输出转矩值。

通过两个前轮所处路面的附着系数 μ_{fl}、μ_{fr} 可以计算出路面所能提供的地面作用力 $F_{x\mathrm{m}}$ 为

$$F_{x\mathrm{d}} = \mu_{\mathrm{fl}}F_{z\mathrm{fl}} + \mu_{\mathrm{fr}}F_{z\mathrm{fr}} \tag{4-6}$$

当发动机净输出转矩为 T_{B2} 时，可以提供与上述地面作用力相等的驱动力，T_{B2} 的表达式为

$$T_{\mathrm{B2}} = \frac{F_{x\mathrm{d}}r_{\mathrm{r0}}}{i_{\mathrm{g}}i_0\eta_{\mathrm{T}}} \tag{4-7}$$

用路面附着置信度参量 C_μ 来表示计算出的路面附着系数的可信程度。通过轮胎与路面之间附着系数的计算可以得到 T_{B2}，只有在路面附着置信度超过一定的值的时候，T_{B2} 的计算值才能准确。因此，引入置信度 C_{B2}，以表示 T_{B2} 计算的可信程度，基于两轮驱动轮的路面附着置信度来计算 C_{B2}：

$$C_{\mathrm{B2}} = \frac{C_{\mu\mathrm{fl}} + C_{\mu\mathrm{rf}}}{2} \tag{4-8}$$

将 T_{B1}、T_{B2} 的权重系数分别设为 Q_{T}、$1-Q_{\mathrm{T}}$。设置两种方法所计算的转矩值下限为：附着系数为 0.2 的路面上所能提供的最大驱动力，用 $T_{\mathrm{B\,lim}}$ 表示提供该驱动力的发动机转矩值，基于 C_{B2}、T_{B1}、T_{B2} 及 $T_{\mathrm{B\,lim}}$，计算出 Q_{T}：

$$Q_{\mathrm{T}} = \begin{cases} 0, & C_{\mathrm{B2}} < C_{\mathrm{T}} \\ 1, & (C_{\mathrm{B2}} \geqslant C_{\mathrm{T}})\&(T_{\mathrm{B1}} < T_{\mathrm{Blim}})\&(T_{\mathrm{B2}} \geqslant T_{\mathrm{Blim}}) \\ 0, & (C_{\mathrm{B2}} \geqslant C_{\mathrm{T}})\&(T_{\mathrm{B1}} \geqslant T_{\mathrm{Blim}})\&(T_{\mathrm{B2}} < T_{\mathrm{Blim}}) \\ C_{\mathrm{B2}}/2, & (C_{\mathrm{B2}} \geqslant C_{\mathrm{T}})\&(T_{\mathrm{B1}} \geqslant T_{\mathrm{Blim}})\&(T_{\mathrm{B2}} \geqslant T_{\mathrm{Blim}}) \end{cases} \tag{4-9}$$

其中，C_{T} 为 C_{B2} 的门限值，需实车标定，此处设定为 0.8。

根据各自的加权系数得到基准转矩表达式：

$$T_{\mathrm{B}}=\max\{[T_{\mathrm{B1}}(1-Q_{\mathrm{T}})+T_{\mathrm{B2}}Q_{\mathrm{T}}],T_{\mathrm{Blim}}\} \tag{4-10}$$

2）PID 转矩计算

一般情况下，为了使车辆的横向、纵向附着系数被充分利用，TCS 控制的目标为控制两驱动轮的滑转率在理想范围之内（12%~20%）。但 TCS 控制多作用于汽车起步加速阶段，此状态下车辆车速比较低，因此极小的车轮转速波动都会引起计算出的滑转率出现较大幅的波动，若此时仍然将目标滑转率设定为 12%~20%，在实际的工况中则很难实现，并且易出现控制超调情况，此时车辆若处于坡道或者对开路面工况时，则极易导致发动机熄火。在车辆刚起步速度较低时，车辆应当保持较高的驱动轮滑转速度，并且使发动机维持在比较稳定的转速范围内，以此预防发动机因不稳定运行而熄火的问题。在坡道对开路面上，车辆起步需要克服一部分重力分量，因此起步加速需要更大的发动机输出转矩，发动机转速高时方便发挥其峰值驱动力。由此，此处设计了两驱动轮目标滑转速度和这一概念来代替目标滑转率作为 PID 控制目标。

设定目标滑转速度和的原理为：车辆处于低速情况下，滑转速度保持为初始常值；随车速逐渐增加，滑转速度逐渐减少；当车速超过最小限制值之后，使车速与滑转速度呈现一定比例，即可保证车轮滑转率处于理想范围内。目标滑转速度和与纵向速度关系曲线如图 4.12 所示。

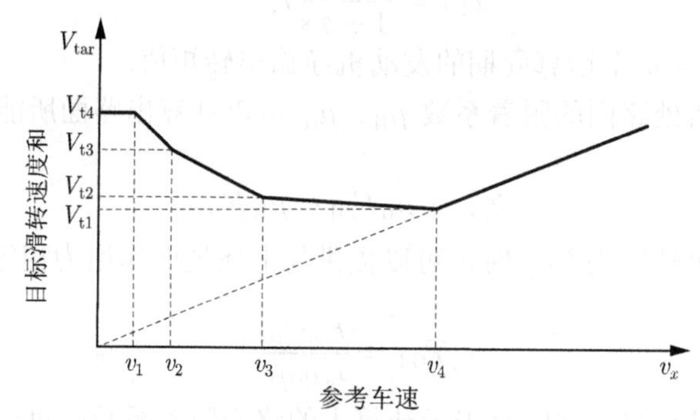

图 4.12 目标滑转速度和与纵向速度之间的关系

PID 转矩表达式为

$$T_{\mathrm{PID}}(t)=K_{\mathrm{p}}e(t)+K_{\mathrm{i}}\int_0^t e(t)\mathrm{d}t+K_{\mathrm{d}}\frac{\mathrm{d}e(t)}{\mathrm{d}t} \tag{4-11}$$

其中，

$$e(t)=V_{\mathrm{tar}}-V_{\mathrm{s}} \tag{4-12}$$

式中，V_{s} 为两驱动轮实际滑转速度之和；K_{p} 为比例系数；K_{d} 为微分系数；K_{i} 为积分系数。

PID 控制算法三个参数的选取思路为：为减少比例项对控制可能造成的超调影响，当实际值接近目标输出值时，降低比例系数。同时，为提高收敛速度，适当增加积分系数，使积分部分效果增强；当实际值与目标值偏差较大时，应当提高比例系数，加速系统收敛。与此同时，为避免积分部分累积过多偏差而产生超调的现象，应当降低积分系数取值。PID 控制算法各参数取值需根据不同路况、工况特性，进行多次实车试验，并通过多次标定获得。为了减少控制过程中的超调现象，加速 PID 控制的收敛，实际系统中采用的 K_{P}、K_{D}、K_{I} 参数值如表 4.4 所示。表中 E_{r1} 与 E_{r2} 为参数变化分界点，其值在实际调试中确定。

表 4.4 实际系统中所采用的控制参数值

偏差 e	比例系数 K_{P}	积分系数 K_{I}	微分系数 K_{D}
$e > E_{\mathrm{r2}}$	4.62	0.03	0.11
$E_{\mathrm{r1}} < e \leqslant E_{\mathrm{r2}}$	2.21	0.06	0.35
$-E_{\mathrm{r1}} \leqslant e \leqslant E_{\mathrm{r1}}$	0.15	0.11	0.63
$-E_{\mathrm{r2}} \leqslant e < -E_{\mathrm{r1}}$	2.21	0.06	0.35
$e < -E_{\mathrm{r2}}$	4.62	0.03	0.11

3）外加转矩设计

当路面状态发生变化时，如从高附着到低附着路面的对接路面，PID 控制存在应变不及时的问题，无法快速调控至控制目标，进而影响整体控制效果。外加转矩不能在其他情况下干预，应当是针对这些特殊进行的补充，否则影响 TCS 整体控制效果。由此可见，实车控制中最重要的两个点为：准确识别特殊路面；进行外加转矩调整。

外加转矩所应用的路面突变工况包括：由低附着到高附着对接路面和由高附着到低附着对接路面。

低附着到高附着对接路面时的判断依据包括：

（1）两侧驱动轮轮胎–路面附着系数估算值反映出路面由低附着向高附着变化情况。

（2）两侧驱动车轮的打滑程度骤降至较小值，并持续一定时间。

（3）当前所计算的基准转矩与 PID 转矩中的 I 转矩部分之和，反映当前转矩总体水平，该值小于反映路面驱动能力的 T_{B2}，即 T_{B} 与 T_{I} 之和远小于 T_{B2}。

高附着到低附着对接路面时的判断依据包括：

（1）两侧驱动轮轮胎–路面附着系数估算值反映出路面由高附着向低附着变化情况。

（2）两侧驱动车轮的打滑程度骤升至较大值，并持续一定时间。

（3）当前所计算的基准转矩与 PID 转矩中的 I 转矩部分之和，该值大于反映路面驱动能力的 T_{B2}，即 T_{B} 与 T_{I} 之和远大于 T_{B2}。

基于上述分析，不同滑转速度状态下，设置不同的外加转矩变化值，接着将变化数值累加得到外加转矩值。在实际控制过程中，当外加转矩退出 TCS 控制时，其值会被清零，因此不会影响 TCS 的正常控制。为防止实际中可能存在的因信号波动而导致的错误干预，满足上面的判断依据一定时间后，才可进行外加转矩值的计算。外加转矩变化量的计算公式如下：

$$\Delta T_{\mathrm{a}}{}^{k}=\begin{cases}-a_1 & (V_1<V_{\mathrm{s}}<V_2)\&(\mu_{\mathrm{fl}}^{k}+\mu_{\mathrm{fr}}^{k}<\mu_{\mathrm{fl}}^{k-n}+\mu_{\mathrm{fr}}^{k-n}-\Delta\mu)\&(T_{\mathrm{B}}+T_{\mathrm{I}}>T_{\mathrm{B2}}+\Delta T_1)\\ -a_2 & (V_2<V_{\mathrm{s}}<V_3)\&(\mu_{\mathrm{fl}}^{k}+\mu_{\mathrm{fr}}^{k}<\mu_{\mathrm{fl}}^{k-n}+\mu_{\mathrm{fr}}^{k-n}-\Delta\mu)\&(T_{\mathrm{B}}+T_{\mathrm{I}}>T_{\mathrm{B2}}+\Delta T_2)\\ -a_3 & (V_3<V_{\mathrm{s}}<V_4)\&(\mu_{\mathrm{fl}}^{k}+\mu_{\mathrm{fr}}^{k}<\mu_{\mathrm{fl}}^{k-n}+\mu_{\mathrm{fr}}^{k-n}-\Delta\mu)\&(T_{\mathrm{B}}+T_{\mathrm{I}}>T_{\mathrm{B2}}+\Delta T_3)\\ b_1 & (V'_1<V_{\mathrm{s}}<V'_2)\&(\mu_{\mathrm{fl}}^{k}+\mu_{\mathrm{fr}}^{k}>\mu_{\mathrm{fl}}^{k-n}+\mu_{\mathrm{fr}}^{k-n}+\Delta\mu)\&(T_{\mathrm{B}}+T_{\mathrm{I}}<T_{\mathrm{B2}}-\Delta T'_1)\\ b_2 & (V'_2<V_{\mathrm{s}}<V'_3)\&(\mu_{\mathrm{fl}}^{k}+\mu_{\mathrm{fr}}^{k}>\mu_{\mathrm{fl}}^{k-n}+\mu_{\mathrm{fr}}^{k-n}+\Delta\mu)\&(T_{\mathrm{B}}+T_{\mathrm{I}}<T_{\mathrm{B2}}-\Delta T'_2)\\ b_3 & (V'_3<V_{\mathrm{s}}<V'_4)\&(\mu_{\mathrm{fl}}^{k}+\mu_{\mathrm{fr}}^{k}>\mu_{\mathrm{fl}}^{k-n}+\mu_{\mathrm{fr}}^{k-n}+\Delta\mu)\&(T_{\mathrm{B}}+T_{\mathrm{I}}<T_{\mathrm{B2}}-\Delta T'_3)\end{cases}$$

式中，a_1、a_2、a_3、b_1、b_2、b_3 为外加转矩变化量，取值满足 $a_1<a_2<a_3$、$b_3<b_2<b_1$；

V_1、V_2 、V_3、V_4 、V_1'、V_2' 、V_3'、V_4' 为速度阈值，取值满足 $V_1 < V_2 < V_3 < V_4$、$V_1' < V_2' < V_3' < V_4'$；$k$ 表示某一确定周期；$k-n$ 表示较第 k 个周期提前 n 个周期，用于表示相对第 k 个周期作 n 个周期的延迟处理；$\Delta\mu$ 为附着条件阈值；ΔT_1、ΔT_2、ΔT_3 为高到低转矩阈值，取值满足 $\Delta T_1 < \Delta T_2 < \Delta T_3$，$\Delta T_1'$、$\Delta T_2'$、$\Delta T_3'$ 为低到高转矩门限，取值关系 $\Delta T_3' < \Delta T_2' < \Delta T_1'$。上述阈值在实际调试中确定。

累积外加转矩变化量得到外加转矩表达式如下：

$$T_{\mathrm{a}} = \sum_{i=1}^{k} \Delta T_{\mathrm{a}}{}^{i} \tag{4-13}$$

4. 发动机转矩请求下限设计

当车辆在坡道对开路面起步时，此时发动机输出转矩的最小值应当能够克服坡道阻力。根据上述原则计算目标转矩的下限约束如下：

$$T_{\mathrm{lim}} = \frac{mgiR}{i_{\mathrm{g}} i_0} \tag{4-14}$$

则目标转矩表示为

$$T_{\mathrm{tar}} = \max\left\{T_{\mathrm{B}} + T_{\mathrm{PID}} + T_{\mathrm{a}}, T_{\mathrm{lim}}\right\} \tag{4-15}$$

若发动机转矩已经达到最小值，并且驱动轮仍有大幅度滑转时，需施加制动压力以减小车轮打滑程度，这部分的目标压力称为转矩不足补偿压力，下一节中将介绍具体计算方法。

设定目标滑转速度和的原理为：车辆处于低速情况下，滑转速度保持为初始常值；随车速逐渐增加，滑转速度逐渐减小；当车速超过最小限制值之后，使车速与滑转速度呈现一定比例，即可保证车轮滑转率处于理想范围内。目标滑转速度和与纵向速度关系曲线如图 4.12 所示。

3. TCS 主动制动压力控制算法

TCS 主动压力控制多采用逻辑门限法，基于经验设定不同的驱动轮滑转率和轮加速度干预门限以及制动压力干预强度，根据当前驱动轮打滑情况，选取适当制动压力干预强度以直接控制 HCU 实现制动压力增压、保压、减压动作，以达到控制目标。这种方法只有在针对每种工况设计大量的控制门限以及复杂的控制状态跳转逻辑情况下，才能达到良好的控制效果，因此调试复杂、标定任务量大。并且直接控制制动执行机构不利于拥有多个系统的制动控制协调工作。除此之外，另一种方法是使用制动压力分层控制策略，制动压力控制任务由两部分组成：第一部分是基于车辆与道路状态，计算所需求的目标制动压力值；第二部分是基于 HCU 和制动系统的工作特性，发送合适的 HCU 控制指令以得到所需的制动压力，最终完成目标压力控制。这种方法有利于定量描述所需制动压力的调节过程，提高控制准确性、实时性，并且对制动压力实现进行封装有利于执行机构被多系统共用时的协调控制。因此此处采用分层控制策略，设计了基于目标制动压力计算与实现的实车控制方法。

许多学者均对 TCS 目标制动压力计算有深入研究。在 TCS 制动压力控制中，基于对路面附着精确的估算，计算出实现控制目标所需的制动压力，控制效果比较好，但是这种方法需要十分精确的道路附着估计，当车辆处于复杂路面工况时，控制系统很难对路面附着进行及时且精准的估计 [8]。博世公司利用 PI 控制器计算了驱动滑转时的主动制动目标压力 [9]。

这里设计的 TCS 控制器，对对开路面与均一附着路面采用了不同的控制方法，因此分别对两种路面设置了独立的目标压力。对于对开附着路面，设计了克服两侧附着差异保证高附着车轮得到充足动力性的附着差压力；设计了抑制低附着侧车轮较大滑转，配合发动机转矩调节低附着侧车轮滑转速度的低附着滑转压力。对于均一附着路面，设计了利用 PID 控制减少两侧滑转速度差，保持两侧车轮同步滑转的 PID 压力。若在发动机输出转矩降低至最小值时，驱动轮仍然有较大的滑转，则加入降转矩不足的补偿压力。当车辆处于均一路面时，该压力加到两侧车轮，当车辆处于对开路面时，该压力加到低附着侧车轮。在计算得到两种路面上的各自目标制动压力初始值之后，再基于发动机输出转矩、路面附着条件和驱动轮打滑程度对目标制动压力初值的上限进行约束，以此得到各驱动轮制动压力目标值。

1）TCS 主动制动压力控制整体结构

TCS 主动制动压力主要由两个部分组成：上层压力控制、底层压力控制。各个车轮所需的制动压力初始值、上限值以及目标值由上层控制计算。上层控制所计算的制动压力目标值由底层控制实现。目标压力的实现流程为：首先，测试不同增压、减压模式下的压力变化速率，建立制动压力标定模型，该模型可用于对制动轮缸实际压力进行估算，还可以用于根据本周期压力增减量需求得到本个周期 HCU 控制指令。其次，下层压力控制根据制动压力目标值与制动压力估算值之间的偏差得出本周期制动压力增减量需求，再利用制动压力标定模型得到本周期 HCU 控制指令。最后，实车控制器 ECU 根据 HCU 控制指令驱动其产生相应动作，以达到制动压力控制目标。制动压力控制器结构图如图 4.13 所示。

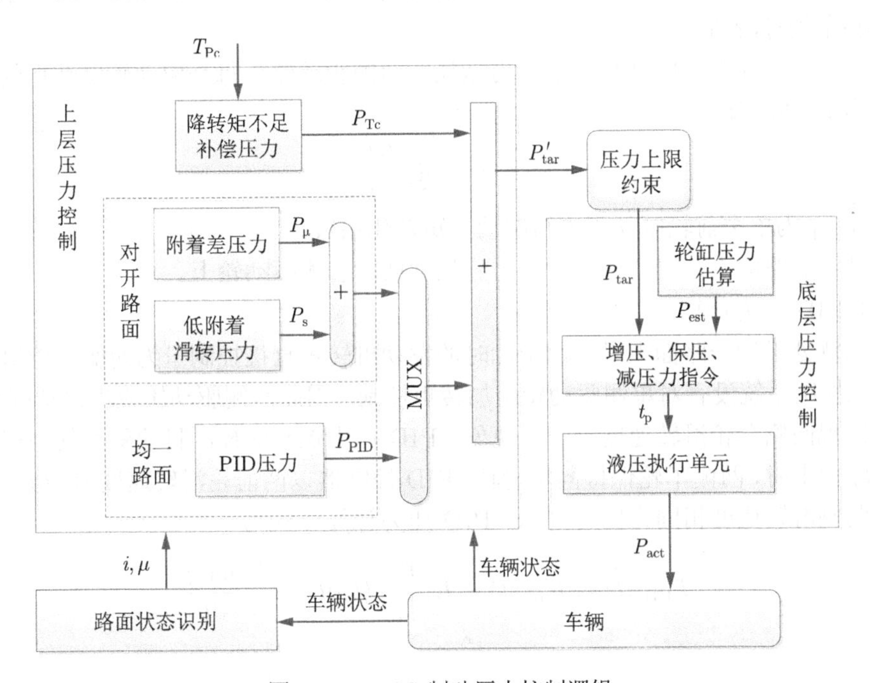

图 4.13 TCS 制动压力控制逻辑

目标制动压力是指基于车辆状态，主动制动压力控制器实时计算的各车轮主动制动压力的目标值。

当车辆处于对开路面上时，目标制动压力主要由三个部分组成：附着差压力、低附着滑转压力以及降转矩不足的补偿压力。其中附着差压力用于处理两侧驱动轮所处路面的附着差异，其作用为增加低附着侧车轮负载，并且通过调配发动机转矩提升此侧转矩大小，随之使高附着侧车轮被作用的转矩值增加，增强了整车的动力性。低附着滑转压力与发动机转矩相配合，以调节低附着侧车轮滑转率，确保低附侧着车轮的横向稳定性。

当车辆处于均一路面上时，目标制动压力主要由两个部分组成：PID 压力、降转矩不足的补偿压力。其中 PID 压力是指通过 PID 控制策略，将两侧驱动轮的滑转速度之差作为输入量，以两侧驱动轮同步滑转为控制目标，来计算得到的主动制动压力，其施加在滑转速度较大的驱动轮上。降转矩不足的补偿压力为两种路面所共有，指的是发动机输出转矩被下限约束后，为防止车轮过度滑转而所需要的制动压力。当车辆处于对开路面上时，其施加在低附着侧车轮上，当车辆处于均一路面上时，其等量施加给两驱动轮。

2）上层目标压力计算

当车辆分别处于对开路面与均一附着路面上时，上层压力控制所计算的目标制动压力初值 P'_{tar} 的组成是不同的，在对开路面上，P'_{tar} 由三部分组成：附着差压力 P'_{μ}、降转矩不足补偿压力 P_{Tc} 和低附着滑转压力 P_{s}，P'_{tar} 的值为这三者之和；在均一路面上 P'_{tar} 由两部分组成：PID 压力 P_{PID} 和降转矩不足补偿压力 P_{Tc}，其值为这两者之和。接着，再利用目标压力上限 $P_{\text{T lim}}$ 与约束目标压力初值 P'_{tar} 计算得到最终目标压力 P_{tar}。

（1）降转矩不足补偿压力计算

降转矩不足压力主要工作范围为：车辆在低附着路面强驱动起步时，驱动轮产生较大滑转，TCS 控制系统此时降低发动机输出转矩以减弱车轮打滑趋势，当由于存在转矩下限，因此无法抑制过度打滑，此时，便需要利用施加制动压力辅助发动机转矩输出控制，抑制车轮打滑情况。

均一附着路面上，降转矩补偿压力施加于两侧驱动轮，每个驱动轮所获得的降转矩补偿压力值 P_{Tc} 为

$$P_{\text{Tc}} = \frac{T_{\text{Pc}} i_{\text{g}} i_0}{2K_{\text{PTf}}} \tag{4-16}$$

式中，K_{PTf} 为单个前轮制动压力与制动力矩转化系数。

对开附着路面上，降转矩补偿压力施加于低附着侧驱动轮上。

（2）PID 压力计算

当车辆处于均一路面上时，由于此时的发动机转矩直接控制量为两驱动轮滑转速度和，因此控制系统没有对单侧驱动轮施加转矩控制，因此两侧驱动轮应当保持同步滑转，以防止出现两侧车轮滑转速度不一致现象。PID 压力控制的控制目的就是使当车辆行驶平均一路面上时，两侧车轮保持同步滑转。PID 控制器以两前轮滑转速度差为输入量，以使前轮两侧滑转速度相同为控制目标。PID 压力计算公式为

$$P_{\text{PID}}(t) = K_{\text{p}} e(t) + K_{\text{i}} \int_0^t e(t)\mathrm{d}t + K_{\text{d}} \frac{\mathrm{d}e(t)}{\mathrm{d}t} \tag{4-17}$$

其中，

$$e(t) = V_{\text{sfl}} - V_{\text{sfr}} \tag{4-18}$$

PID 三个主要参数需通过实车试验进行标定和调整。

可以看出，计算出的 PID 压力值存在负数。当压力值为正值时，左侧驱动轮为所计算的值，而右侧车轮 PID 压力值为 0；当 PID 压力值为负值时，左侧压力值为 0，而右侧 PID 压力值为所计算的压力值的绝对值。

（3）附着差压力计算

当车辆行驶在对开路面上时，由于此时低附着侧车轮所需要的驱动力较小，所以经平衡式差速器分配到高附着侧的驱动力同样小，导致高附着侧路面附着系数无法被充分利用，使车辆整体动力性变差。为了提高高附着侧路面附着系数利用率，此时需要在低附着侧车轮施加合适的制动压力，通过提高低附着侧车轮的驱动转矩，来提高高附着侧车轮的驱动转矩，因此高附着侧车轮的路面附着系数便得到了提高，从而提升了车辆的整体动力性。具体过程如图 4.14 所示。

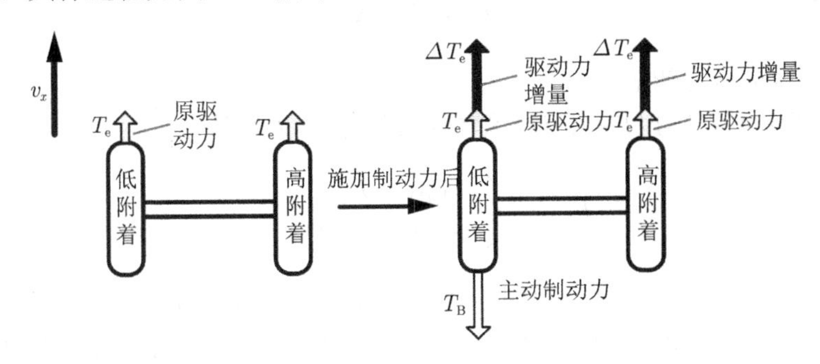

图 4.14　主动制动在对开路面上的作用机理

两侧车轮对于驱动力大小的不同需求由两侧车轮所处路面的附着系数差异决定。因此两侧车轮的附着系数差异可以用来计算低附着侧车轮所需要的制动压力值，该值称为附着差压力。根据道路状态变量估计中得到的两驱动轮的轮胎–路面附着系数为 $\mu_{\rm fl}$、$\mu_{\rm fr}$，由此计算附着差压力 P_μ 为

$$P_\mu = \frac{|\mu_{\rm fl}F_{z\rm fl} - \mu_{\rm fr}F_{z\rm fr}| \cdot R}{K_{\rm PTf}} \tag{4-19}$$

式中，$K_{\rm PTf}$ 为前轮轮缸压力与力矩换算参量。

（4）低附着滑转压力计算

若仅仅依靠附着差压力进行低附着侧制动压力控制，则难以达到好的控制效果，并且在路面状况发生突然变化时难以及时应对，其原因是因为两驱动轮的路面附着系数估算存在误差，这些误差会导致控制能力下降。为解决这一问题，需要根据低附着侧打滑的程度设定压力修正值。此值即为低附着滑转压力 $P_{\rm s}$，依据目标与实际滑转速度的差值不同，设计了不同的低附着滑转压力变化量，再对低附着滑转压力变化量进行累加便可得到最终低附着滑转压力。此值的设定方法可以使配合发动机转矩调节低附着侧车轮滑转速度这一目标得到满足，使低附着侧车轮拥有一定的横向附着能力，进而使得当车辆行驶于对开路面上且两侧地面纵向力不一致时，仍具有一定的横向稳定性。

基于目标与实际滑转速度和的偏差值不同，设置了 7 个偏差区间以及压力变化量。低附着滑转压力变化量 $\Delta P_{\rm s}$ 的表达式为

$$\Delta P_{\rm s} = \begin{cases} -\Delta p_3, & -E_4 \leqslant e < -E_3 \\ -\Delta p_2, & -E_3 \leqslant e < -E_2 \\ -\Delta p_1, & -E_2 \leqslant e < -E_1 \\ 0, & -E_1 \leqslant e < E_1 \\ \Delta p_1, & E_1 \leqslant e < E_2 \\ \Delta p_2, & E_2 \leqslant e < E_3 \\ \Delta p_3, & E_3 \leqslant e < E_4 \end{cases} \tag{4-20}$$

式中，

$$e = V_{\text{tar}} - V_{\text{s}} \tag{4-21}$$

式中，E_1、E_2 、E_3、E_4 为滑转速度偏差阈值，取值满足 $E_1 < E_2 < E_3 < E_4$；Δp_1、Δp_2、Δp_3 为压力变化值，取值满足 $\Delta p_1 < \Delta p_2 < \Delta p_3$。阈值和变化值在实际调试中确定。

将变化量累加，得到低附着滑转压力 P_{s}：

$$P_{\text{s}} = \sum \Delta P_{\text{s}} \tag{4-22}$$

（5）计算目标压力初值

基于两种路面各部分目标压力，综合得到目标压力初值：

$$P'_{\text{tar}} = \begin{cases} P_{\text{PID}} + P_{\text{Tc}} \\ P_{\mu} + P_{\text{s}} + 2P_{\text{Tc}} \end{cases} \tag{4-23}$$

当车辆处于均一路面上时，两侧驱动轮的目标压力初值均为 P'_{tar}；当车辆处于对开附着路面上时，低附着侧驱动轮目标压力初值为 P'_{tar}，高附着侧驱动轮压力为初始值 0。

实际的车辆控制过程中，由于增压过快会导致较大的冲击，对驾驶舒适性造成影响，所以应当限制目标压力初始值的增长速率。

3）目标压力上限计算

当车轮处于附着系数较小的路面上时，即使是较小的主动压力的变化都会使车轮转速大幅波动，并且考虑到制动压力本身具有的延迟特性，若不限制上限以约束目标压力，则极容易出现因压力过大而导致的发动机熄火情况，当车辆处于坡道对开路面上时，这种情况更容易发生且极为危险。由此，本书基于对车轮打滑状态、发动机转矩、道路工况这几种因素的考虑，设计了两侧驱动轮的目标压力上限。

目标压力上限由驱动能力压力上限、滑转能力压力上限组成。为防止发动机因制动压力过大而导致的熄火情况，施加给车轮的制动力矩与道路坡度阻力矩之和应当小于发动机当前的输出转矩，此时将对制动压力的限制定义为驱动能力压力上限 T_{lim}。驱动能力上限的表达式为

$$P_{\text{Tlimfl}} = P_{\text{Tlimfr}} = \frac{T_{\text{e}} i_{\text{g}} i_0 - mgiR}{2K_{\text{PTf}}} \tag{4-24}$$

式中，P_{Tlimfl}、P_{Tlimfr} 为两侧驱动轮驱动能力压力上限；i 为所估算的纵向坡度；T_{e} 为发动机净输出转矩。

当车辆行驶于对开附着路面上时，若没有对低附着侧施加压力，发动机的输出力矩会很小，根据驱动压力上限的设计，此时计算出的驱动压力下限会很低，因此无法施加克服附着差异的附着差压力给低附着侧车轮。其实，压力上限可以在滑转速度较高时提高，此时并不会出现因发动机转速过低而导致熄火情况。基于驱动轮各自滑转速度的大小设计了驱动轮各自滑转能力压力上限，用 $P_{\text{s lim}}$ 表示。为了简单易用，将滑转能力压力上限与滑转速度的关系进行线性化处理，且滑转能力压力上限具有最大值：

$$P_{\text{slimfl}} = \max(P_{\text{Tlimfl}}, P_{\text{slimfl}}) \tag{4-25}$$

$$P_{\text{slimfr}} = \min(V_{\text{sfr}} k_{\text{sp}}, P_{\text{smax}}) \tag{4-26}$$

通过制动压力上限约束，得出两驱动轮目标压力值：

$$P_{\text{tarfl}} = \min(P'_{\text{tarfl}}, P_{\text{limfl}}) \tag{4-27}$$

$$P_{\text{tarfr}} = \min(P'_{\text{tarfr}}, P_{\text{lim fr}}) \tag{4-28}$$

4. TCS 底层压力实现

目标压力由 TCS 底层压力控制实现，以达到制动压力控制目标。基本控制逻辑由以下几个部分组成：①对 HCU 增压减压特性进行测试，根据 HCU 控制指令与增压减压速率之间的关系，可以获得制动压力标定模型；②依据 HCU 控制指令和制动压力模型进行轮缸制动压力估算；③计算目标制动压力和轮缸估算压力之间的差值，基于制动压力标定模型选取比较合适的 HCU 控制指令；④基于 HCU 控制指令驱动 HCU 执行相应操作，实现目标压力控制。

车辆静止起步与加速工况为 TCS 的主要作用范围，这个过程中车辆与外界环境的干扰小，对车辆控制的舒适性要求高。过大或过快增压都会在主动压力控制时对驾驶员造成大量噪声和冲击，降低了驾驶员的舒适性，并影响 TCS 的控制效果。由此，进行制动压力控制的过程中，在保证增压即时性的大前提下，要适当地选择缓慢增压方式，避免驾驶员因过快增压而感到不适。

本书中设计的 TCS 控制系统中，上层压力控制运算周期为 10ms，而 HCU 执行一次操作的周期为 1ms，因此可以通过在一个上层压力控制运算周期内，也就是 10ms 内，设置多个不同的 HCU 增压周期、保压周期个数来调整一个上层压力控制运算周期内的增压速率。考虑到制动液特性、电磁阀开关特性等因素的影响，通过台架和实车试验对 HCU 增压特性进行标定。在实际的增压速率标定过程中，为更好地拟合曲线，会将实际压力分为多个区间，每个区间单独进行标定。如图 4.15 所示，将实际压力分为两个区间，区间之间的连接点用 P_0 表示。进行减压标定时，采用相同形式标定减压模式。

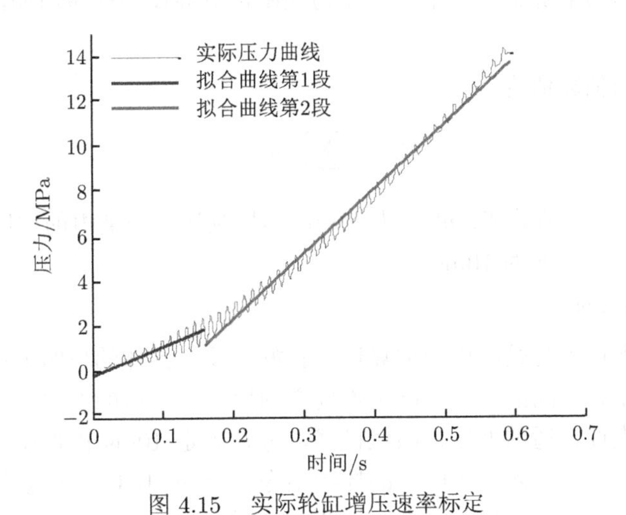

图 4.15　实际轮缸增压速率标定

1）轮缸制动压力估算

利用已知的压力变化估算当前轮缸的实际压力水平称为轮缸压力估算。设当制动压力大于区间之间的连接点 P_0 时，这三种模式的增压速率为 $u_{1,30}$、$u_{1,60}$、$u_{1,100}$，当制动压力小于区间之间的连接点 P_0 时，分别为 $u_{2,30}$、$u_{2,60}$、$u_{2,100}$。图 4.16 表示了不同增压模式在不同压力区间的速率大小对比。

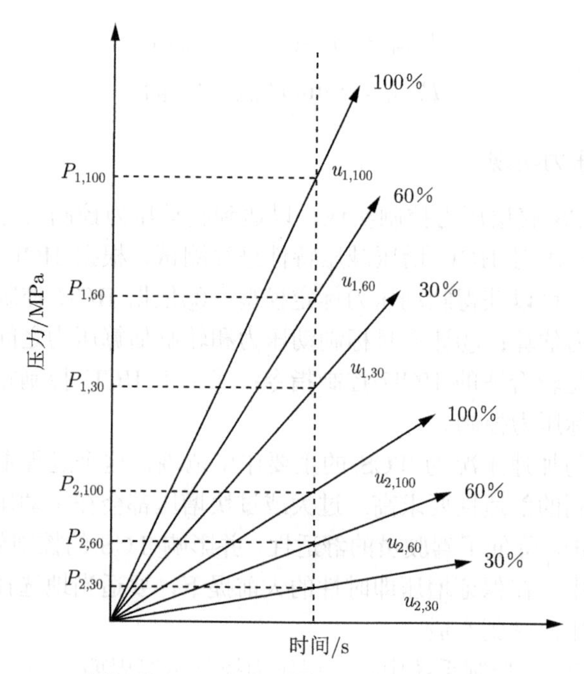

图 4.16　三种增压模式增压速率示意图

同理，设三种减压模式的减压速率，当制动压力大于区间连接点 P_0 时，分别为 $u'_{1,30}$、$u'_{1,60}$、$u'_{1,100}$；当制动压力小于区间连接点 P_0 时，分别为 $u'_{2,30}$、$u'_{2,60}$、$u'_{2,100}$。轮缸制动压力估算基本逻辑为：基于上一个压力控制运算周期所使用的增压、减压模式，以及该模式下的增压、减压速率来计算得到压力的变化量，接着对压力变化量进行累加便可以得到轮缸制动压力估算值。若上一个压力控制运算周期为保压周期，制动压力变化量为 0。

轮缸制动压力估算值为

$$P_{\text{est}} = \sum T_0 \cdot u^{t-1} \tag{4-29}$$

式中，P_{est} 为轮缸压力估算值；u^{t-1} 为上一压力控制运算周期内的增压减压速率；T_0 为压力控制运算周期，此处为 10ms。

2）目标压力实现

目标压力实现过程与轮缸压力估算过程正好相反，具体的思路为：基于本周期目标压力与轮缸估算压力之间的差值，确定本周期内增压、减压的变化量，基于制动压力标定模型，反过来查询合适的增压、减压模式，分别确定 10ms 内增压、减压时间，以此得到本周期内 HCU 的电磁阀和电机的控制指令。驱动 HCU 的电磁阀与电机工作，产生合适的主动制动力以实现目标压力，如图 4.17 所示。

目标与估算压力的偏差表达式为

$$e_{\text{P}} = \text{sign}\{P_{\text{tar}} - P_{\text{est}}\} \cdot (P_{\text{tar}} - P_{\text{est}}) \tag{4-30}$$

若本周期目标压力大于轮缸估算压力，则本周期的控制方式为增压或者保压方式，依

据 e_P 选取增压模式：

$$\begin{cases} u_\mathrm{P}=u_{i,100},t_\mathrm{inc}=1\cdot T_0, & u_{i,100}\cdot T_0<e_\mathrm{P} \\ u_\mathrm{P}=u_{i,60},t_\mathrm{inc}=0.6\cdot T_0, & u_{i,60}\cdot T_0<e_\mathrm{P}<u_{i,100}\cdot T_0 \\ u_\mathrm{P}=u_{i,30},t_\mathrm{inc}=0.3\cdot T_0, & u_{i,30}\cdot T_0<e_\mathrm{P}<u_{i,60}\cdot T_0 \\ u_\mathrm{P}=0,t_{inc}=0, & e_\mathrm{P}<u_{i,30}\cdot T_0 \end{cases} \tag{4-31}$$

式中，u_P 表示本周期所采用的增压模式，当 $u_\mathrm{P}=0$ 时，说明此时为保压模式；t_inc 表示本周期内增压的时间；$i=1,2$。

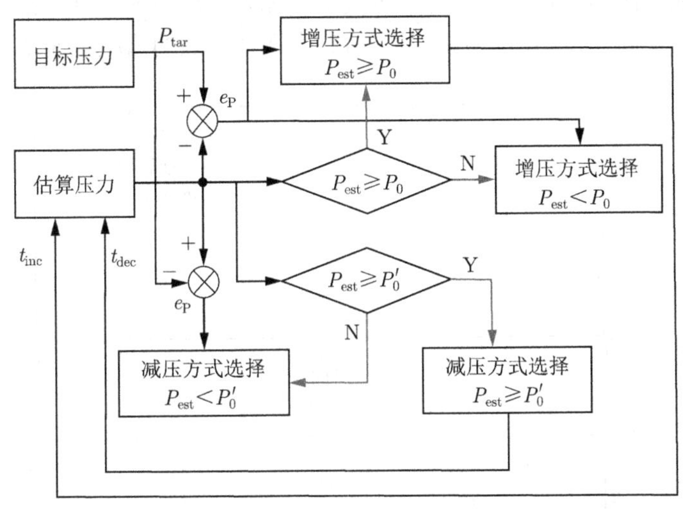

图 4.17　底层压力实现逻辑图

若本周期目标压力小于轮缸估算压力，则本周期的控制方式为减压或者保压方式，依据 e_P 选取减压模式：

$$\begin{cases} u_\mathrm{P}'=u_{i,100}',t_\mathrm{dec}=1\cdot T_0', & u_{i,100}'\cdot T_0'<e_\mathrm{P} \\ u_\mathrm{P}'=u_{i,60}',t_\mathrm{dec}=0.6\cdot T_0', & u_{i,60}'\cdot T_0'<e_\mathrm{P}<u_{i,100}'\cdot T_0' \\ u_\mathrm{P}'=u_{i,30}',t_\mathrm{dec}=0.3\cdot T_0', & u_{i,30}'\cdot T_0'<e_\mathrm{P}<u_{i,60}'\cdot T_0' \\ u_\mathrm{P}'=0,t_\mathrm{dec}=0, & e_\mathrm{P}<u_{i,30}'\cdot T_0' \end{cases} \tag{4-32}$$

式中，u_P' 表示表示本周期所采用的减压模式，当 $u_\mathrm{P}'=0$ 时，说明此时为保压模式；t_dec 表示本周期内减压的时间；$i=1,2$。

在增压、减压模式中，1 个控制周期之内除去增压、减压的时间之外，剩下的时间中电磁阀控制方式均为保压方式，保压的总时间为

$$t_\mathrm{hold}=\begin{cases} T_0-t_\mathrm{inc} \\ T_0-t_\mathrm{dec} \end{cases} \tag{4-33}$$

图 4.18 中展示了 TCS 主动制动压力控制器中底层压力控制实车试验数据曲线。试验的工况为驾驶员在坡道对开路面上从静止开始起步，路面左右分别为低附着路面和高附着路面。图 4.18（a）中展示了车辆四车轮轮速与整车纵向速度曲线图，由图中可以看出，车辆左侧车轮在大约 2s 开始出现打滑现象，但在 TCS 发动机转矩与制动压力的共

同控制之下，仍然维持了合适的滑转速度，车辆起步较为顺利。由图 4.18（b），可以看到，低附着侧驱动轮的目标压力值和实际压力值基本相同，说明了所设计的底层压力控制具有较高精度。

在实际的车辆控制过程中，由于制动系统内部存在间隙，且制动液具有黏滞特性，因此会导致主动制动增压延迟。这种现象容易发生在初次增压时，当轮缸压力建立后这种现象会逐渐减小。因此，在实际的控制过程中，加入增压延迟补偿修正，以降低 TCS 控制过程中增压延迟问题对控制效果的不利影响。同时，由于在不同温度环境下，制动液表现的特性不尽相同，因此还需要考虑制动增减压速率受温度变化的影响。为此，将温度划分为多个独立区间，在制动压力标定模型中加入温度输入量这一维度。在车辆控制环境中，通过车载温度传感器得到的温度信息来选择合适的增减压速率。

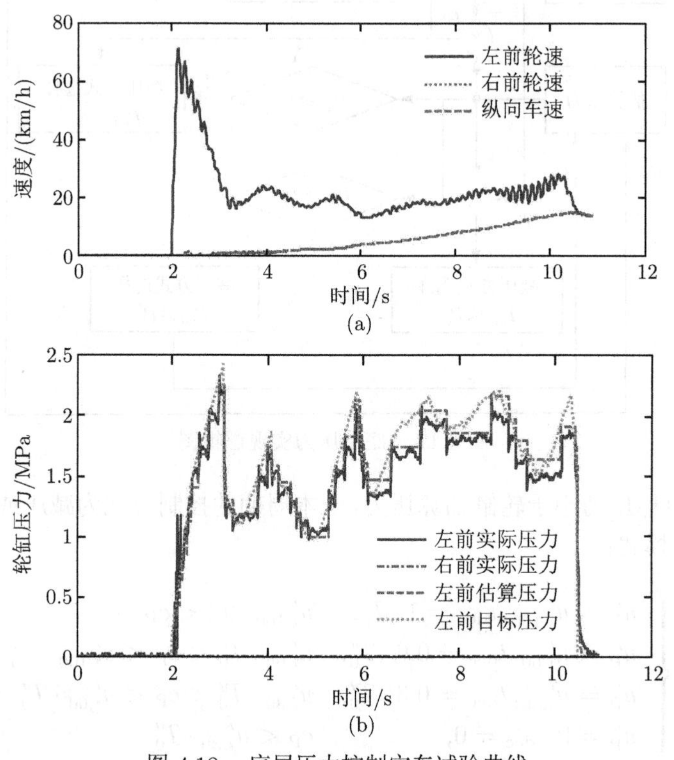

图 4.18　底层压力控制实车试验曲线

4.3.4 试验测试分析

实际车辆试验中，工况复杂，突发情况较多，且驾驶员的主观感受也属于评价 TCS 控制效果的标准，因此实车试验能够充分地评价 TCS 在各种复杂状态下控制策略的工况适应能力、稳定性以及驾驶员乘车舒适性。

1. 实车试验基本情况介绍

将 TCS 控制策略集成到自主研发的 ESC 中，其 ECU 集成于液压执行单元 HCU 上，组成 EHCU，如图 4.19（a）所示。ECU 采集和处理传感器及通信信号，实时运算 TCS 控制逻辑，计算 TCS 所用到的参量，并根据计算的 HCU 控制指令，驱动 HCU 中电磁阀和电机动作，同时，利用整车 CAN 与发动机管理系统（EMS）进行通信，发送发动机转矩请求，以实现发动机转矩控制，最终完成 TCS 控制目标。TCS 控制系统所接收到的信号中，除了由传感器得到的横摆角速度信号、横向加速度信号、转向盘转角转速信号、纵向加速度信号、四轮轮速信号等以外，TCS 控制系统从 CAN 中获得包含驾驶员期望转矩信号、发动机摩擦力矩信号、加速踏板信号、发动机转矩信号等信息。对 TCS 控制策略分别在各种工况、路况以及驾驶员的驾驶条件下进行调试与标定。

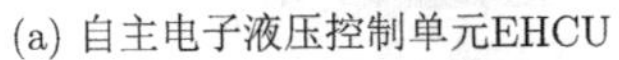
(a) 自主电子液压控制单元EHCU

(b) 自主电子控制单元ECU

(c) ECU中所集成的电磁线圈

图 4.19 电子液压控制单元与 ECU 实物图

ECU 实物图由图 4.19（b）和图 4.19（c）展示。ECU 需要完成的任务包括信号采集与处理、控制逻辑运算、与其他控制器通信、执行机构驱动等。将其结构分为四轮轮速采集与处理单元、ECU 核心控制单元、稳压供电单元、电磁阀与电机驱动单元、通信单元、组合传感器单元等 6 个重要单元。

进行实际车辆试验之前，为验证控制策略基本功能和 ECU 输入输出信号的正确性，先将 EHCU 安装在硬件在环仿真试验台上，进行典型工况仿真试验验证。所采用的硬件在环试验台主要包括以下部分：上位机、下位机、传感器、EHCU、驾驶员操作与场景显示装置、制动系统以及其他功能附件，实物图如图 4.20 所示。上位机主要任务为：设定仿真试验工况、路况参数、整车参数、观测变量、数据分析等工作。下位机主要任务为：实时运行车辆模型以及仿真试验环境，并与 ECU 进行信号通信。传感器主要包括制动压力传感器和转向盘转角转速传感器，与实车应用相同。制动系统为真实的硬件，包括制动主缸、制动轮缸、真空助力器、制动管路等，避免制动系统模型误差对仿真结果造成的影响。

图 4.20 ESC 硬件在环仿真试验台实物图

车辆试验测试场所为拥有低附着路面的冬季试验场，包含五种常用路况分别为：水平对开附着路面、水平均一低附着路面、低附着到高附着对接路面、高附着到低附着对接路面、坡道对开附着路面。具体路况如图 4.21 所示。

(a) 水平对开附着路面

(b) 水平均一低附着冰面

(c) 对接附着路面

(d) 坡道对开附着路面

图 4.21　实车试验示例

2. 水平均一低附着路面控制试验

当车辆处于水平均一附着路面上时，TCS 聚焦于车辆静止起步和急加速环节。若两侧驱动轮快速滑转，则降低了车辆的横向稳定性与动力性。此时需要 TCS 调整发动机输出转矩与主动制动压力以快速抑制驱动轮滑转，并且不能出现车轮一侧滑转严重而另外一侧不打滑的现象。及时控制发动机输出转矩使两侧驱动轮滑转速度快速收敛到目标滑转速度周围，使滑转率保持在目标范围之内。主动制动压力控制及时，并且超调和幅度波动小，以防止出现因压力过大而导致的两侧车轮交替滑转现象，维持两侧的同步滑转状态。

车辆所处路况与工况为附着系数约为 0.15 的水平均一低附着冰面。车辆静止起步，急加速，变速器维持在 1 挡。试验结果曲线如图 4.22 所示。图 4.22 (a) 包含两驱动轮轮速数据、整车纵向速度数据、目标轮速数据，以此说明驱动轮滑转速度控制的效果，其中由驱动轮轮速数据和车速 u 计算出目标轮速。图 4.22 (b) 包含两驱动轮轮缸的制动压力数据，以此说明 TCS 主动制动控制效果。图 4.22 (c) 包含加速踏板位置和节气门开度数据，以此说明驾驶员的加速行为与 EMS 调控节气门以实现降矩操作。图 4.22 (d) 包含以下几个部分的数据：驾驶员期望转矩数据、发动机实际输出转矩数据、TCS 所计算的目标转矩数据和目标转矩中的外加转矩部分数据，以描述驾驶员的转矩、TCS 降矩请求和外加转矩效果。由 EMS 标定出驾驶员期望转矩，并将其输送到 CAN 总线，与加速踏板、发动机转速信号相关，表示当前驾驶员期望的发动机输出转矩。图 4.22 (e) 包含估计的纵向坡道初始值、迟滞滤波值。图 4.22 (f) 包含估计的两驱动轮所处路面的轮胎–路面附着系数。

由图 4.22 (c) 可以看出，在 1s 左右，驾驶员踩下加速踏板至最大开度，如图 4.22 (a) 所示，两驱动轮快速开始打滑，图 4.22 (d) 所示由 TCS 转矩控制器计算出的目标转矩快速下降，接着与发动机管理系统（EMS）传输信息，将实际转矩下降到目标转矩附近。由图 4.22 (a) 所示，两驱动轮在控制下快速收敛到目标轮速附近，汽车安全起步。在第 2s 左右，两驱动轮出现了滑转速度差异，此时，如图 4.22 (b) 所示，TCS 控制压力控制器向滑转速度大的一侧驱动轮施加制动压力，使两侧驱动轮快速回复到同步滑转状态，并且同步收敛到目标轮速。这种情况下，轮速仍未出现较大变动，证明了 TCS 适应性好。

由图 4.22 (d) 可知，当车辆处于附着变化较小的路面上时，外加转矩没有误干预，因此不会对 TCS 控制造成消极影响。同时，由图 4.22 (e) 可以看出估算的坡道值保持在 0，表明估算结果比较准确。图 4.22 (f) 中展示的两侧驱动轮所处的轮胎–路面附着系数识别结果相同，虽然略微低于实际值，但是仍然满足 TCS 的需求。

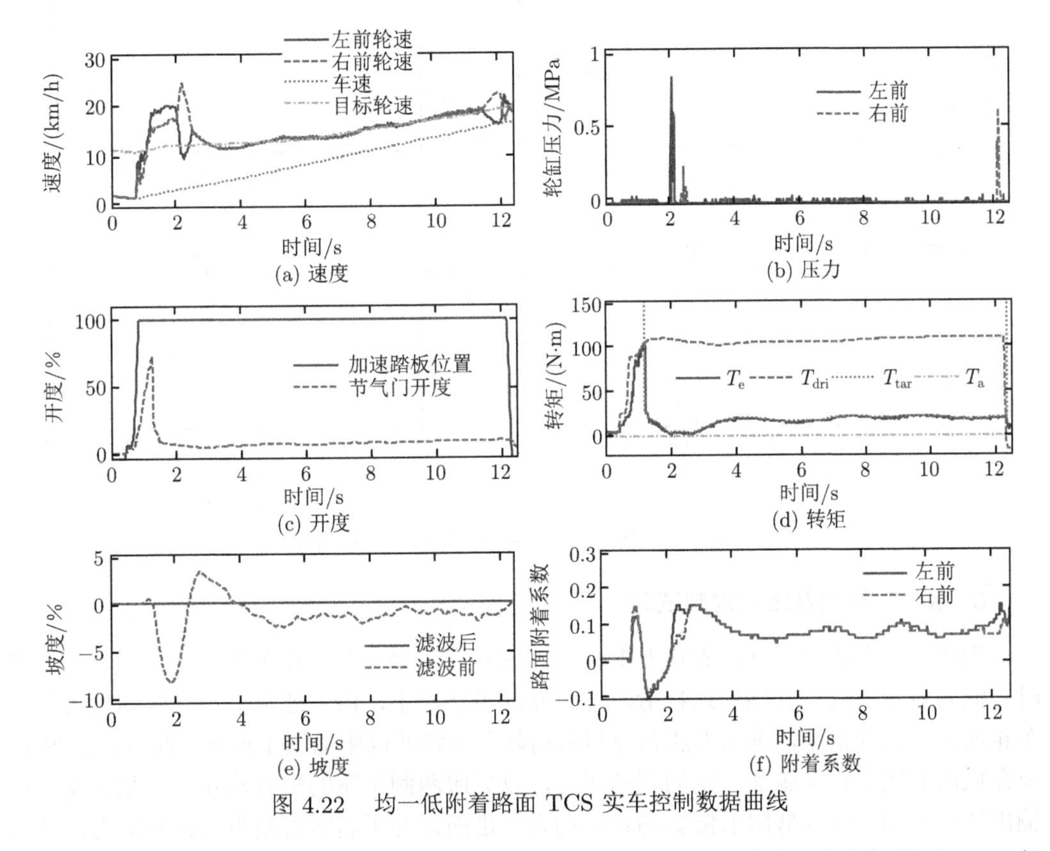

图 4.22 均一低附着路面 TCS 实车控制数据曲线

本组试验的横摆角速度数据和转向盘转角数据如图 4.23 所示。当车辆处于 TCS 控制过程中时车辆横摆角速度小于 3°/s 且转向盘转角修正值小于 45°，证明了 TCS 控制指标中，横向稳定性指标达标。其中转向盘左转为转角正方向。

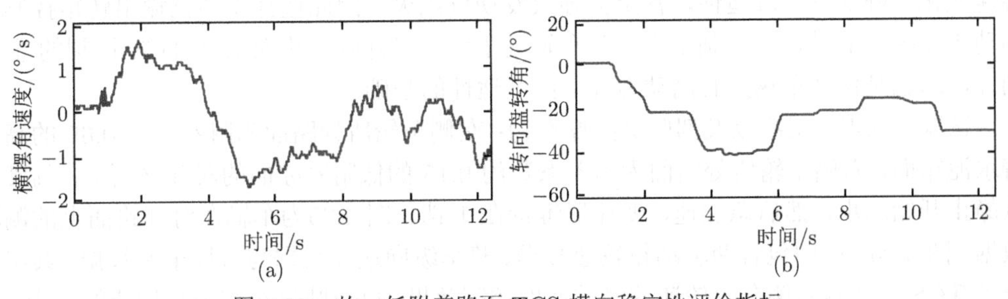

图 4.23 均一低附着路面 TCS 横向稳定性评价指标

车辆行驶于均一低附着冰面上，关闭 TCS 控制，车辆行驶数据如图 4.24 所示。此时驾驶员处于半踩加速踏板状态，两侧驱动轮发生了较大幅度滑转，驾驶员采用踩加速踏板调节的方式，调节轮胎打滑程度，过程中轮速波动大，且频繁地改变加速踏板，增加了驾驶员的操作难度，使车辆舒适性和动力性下降，在滑转速度较大时，车辆丧失了大量横向力，横向稳定性变差。由图 4.24 (d) 中的转矩曲线看出，发动机实际转矩 T_e 与 T_{dir} 相同，TCS 没有进行转矩控制。由图 4.24 (d) 所示，试验中在 20s 后产生的制动压力是因为试验停止后驾驶员踩下了制动踏板，而非 TCS 进行主动制动压力控制。

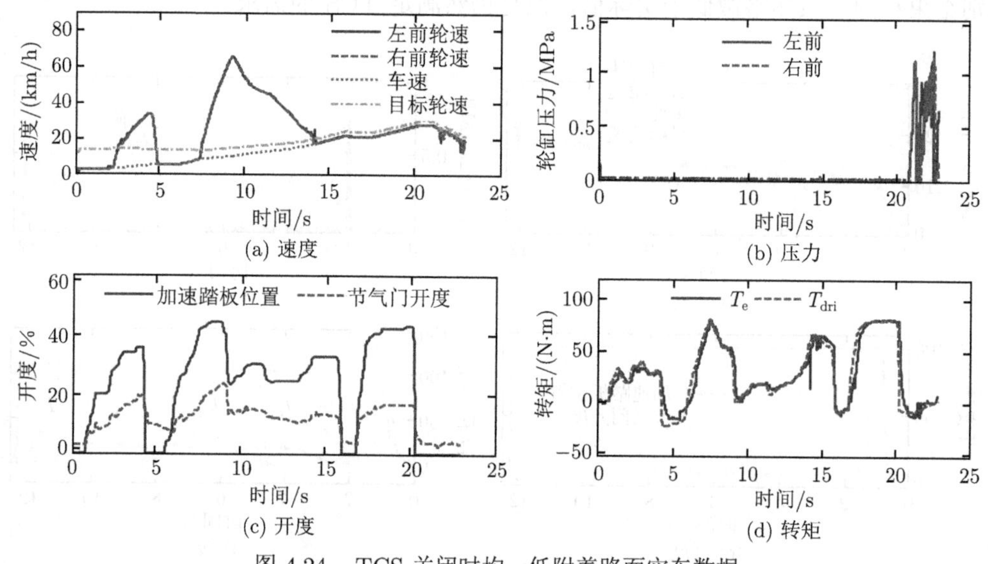

图 4.24 TCS 关闭时均一低附着路面实车数据

3. 水平对开附着路面控制试验

当车辆处于水平对开附着路面上时，TCS 的关注焦点为：在车辆静止起步与急加速时，低附着侧驱动轮开始快速打滑，此时发动机转矩小，由差速器平均分配到高附着侧车轮的转矩同样很小，进而无法充分利用高附着侧路面以驱动汽车行驶。此时，TCS 需要在低附着侧车轮上施加一定的制动压力，以克服两侧车轮的附着差异，并配合发动机输出转矩控制，提升低附着侧驱动轮驱动力，进而提升了高附着侧驱动轮驱动力，从而增加了整车动力性，使车辆可以快速起步、加速。与此同时发动机转矩控制与主动制动压力控制相互协调，调控低附着侧驱动轮滑转速度至理想的范围之内，以保证车辆运行过程中的横向稳定性。若发动机输出转矩与制动压力配合不得当，则容易引起发动机的转速变化，降低驾驶舒适性，甚至会导致发动机熄火。因此选择发动机输出转矩控制与制动压力控制的时机与控制量大小是车辆处于水平对开附着路面上时 TCS 控制的难点，同样，这也是保证车辆具有高动力性、高舒适性的基础。

试验的路况、工况以及驾驶员的操作为：左侧车轮所处路面为附着系数 0.65 的高附着水泥路面，右侧车轮所处路面为附着系数约 0.15 的低附着冰面的对开路面上，驾驶员从静止开始起步，然后急加速，变速器维持在 1 挡。图 4.25为车辆在对开路面上的测试数据。图 4.25 (a) 中包含两驱动轮轮速数据、整车纵向速度数据与目标车速数据。其用于分析 TCS 对低附着侧车轮轮速的滑转速度控制效果，以反映汽车起步与加速的能力。图

4.25 (b) 中包含两驱动轮制动压力数据曲线，说明了 TCS 制动压力控制的时机与变化。图 4.25 (c) 中包含加速踏板位置数据与节气门开度曲线。以此说明驾驶员的加速意图和 EMS 通过调控节气门以实现降矩操作。图 4.25 (d) 中包含驾驶员期望转矩 T_{dir}、发动机实际输出转矩 T_{e}、TCS 所计算的目标转矩 T_{tar} 以及目标转矩中的外加转矩部分 T_{a} 来描述驾驶员转矩与 TCS 降矩请求，以及外加转矩的效果。图 4.25 (e) 包含估算的纵向坡道初始值和迟滞滤波值。图 4.25 (f) 包含估算的两驱动轮所处路面附着系数。图 4.25 (g) 包含对开附着与均一附着的识别标志位，说明了对开附着路面识别与均一附着路面识别的及时性与准确性。图 4.25 (h) 包含了低附着侧驱动轮主动制动的目标压力、估算压力以及实际压力，表明了制动压力底层控制的效果。

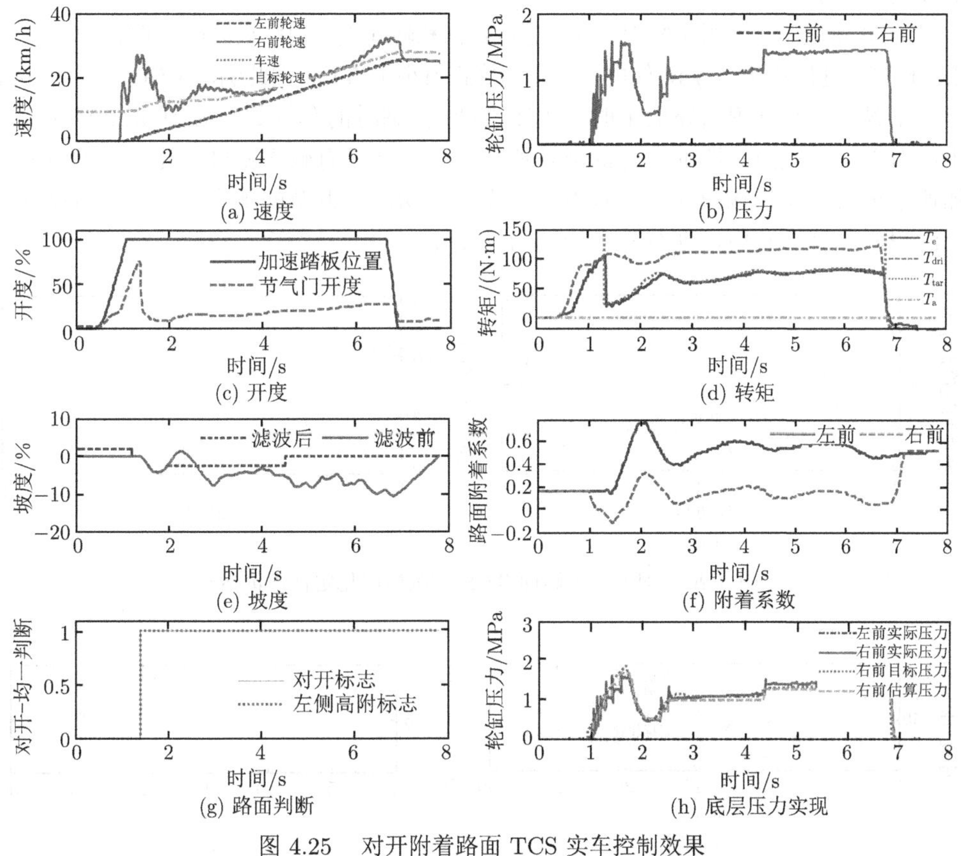

图 4.25　对开附着路面 TCS 实车控制效果

由图 4.25 (c) 可以看出，在 1.2s 左右时，驾驶员快速踩下加速踏板，由图 4.25 (a) 中速度曲线所示，处于低附着冰面上的驱动轮开始打滑。由图 4.25 (d) 可以看出，在 1.5s 左右，TCS 所计算的目标转矩快速降低，发动机实际的输出转矩也随之降低，以此降低低附着侧车轮的滑转速度。在图 4.25 (g) 中，1.5s 左右时，对开附着与均一附着识别标志位识别出当前路面为对开路面，并且左侧高附着、右侧低附着。依据对开识别标志可以判断，TCS 选择了针对对开路面的制动压力控制策略，计算出了附着差压力，并且基于低附着侧驱动轮滑转速度与目标滑转速度之间的差值计算了低附着滑转压力，附着差压力与低附着滑转压力共同组成了低附着侧的目标制动压力，接着利用 HCU 实现目标压力，如图 4.25 (b) 所示。接着分析图 4.25 (d) 中目标转矩的变化情况，于 1.5s 降矩之后，随着逐渐施加低附着侧驱动轮制动压力，逐渐增加驱动转矩，以提高驱动轮的驱动力矩，使车辆快速起步加速，并且通过制动压力控制的配合，保持右侧驱动轮轮速在目标轮速附近，如图 4.25 (a) 所示。发动机输出转矩控制与制动压力控制相辅相成，既控制低附着侧驱动轮轮速维持在目标轮速附近，又提升了高附着侧驱动轮的附着利用率，保证了车辆的动力性与横向稳定性，同时发动机输出矩波动小，并且使制动压力控制大多为保压状态，增加了驾驶的平稳性、舒适性。由图 4.25 (f) 所示，左侧高附着路面的附着系数估计为 0.6 左右，右侧估计为 0.15 左右，且两侧的附着差值变化幅度小，进而使计算出的附着差压力变化小。如图 4.25 (h) 所示，右侧驱动轮的目标压力、估算压力与实际压力基本相同，表明底层压力控制的精准性高，此为 TCS 进行符合压力控制目标的控制打下了基础。

图 4.26 中展示了本组试验中横摆角速度数据和转向盘转角修正数据，可知 TCS 控制过程中，横摆角速度小于 5°/s，转向盘转角的修正值小于 50°，因此满足了横向稳定性要求。

当车辆处于对开附着路面上时，关闭 TCS 控制时的车辆数据如图 4.27 所示。可以看出，右侧处于低附着路面车轮的滑转速度较大，并且有较大幅度变化，只通过驾驶员对加速踏板与发动机输出转矩进行调节，没有制动压力调节的配合，则高附着路面的附着无法得到充分的利用，使得驾驶的动力性变差。

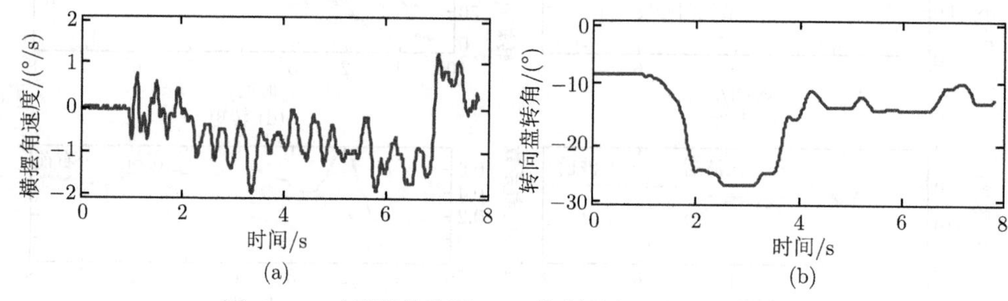

图 4.26 对开附着路面 TCS 控制横向稳定性评价指标

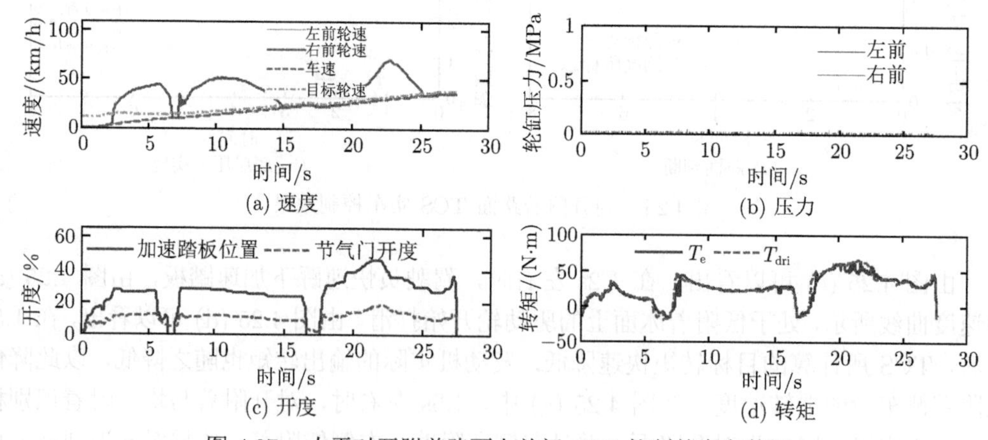

图 4.27 水平对开附着路面上关闭 TCS 控制的实车数据

4. 对接附着路面控制试验

关于对接附着路面，试验包括以下两种工况：低附着路面对接到高附着路面，高附着路面对接到低附着路面。试验目的为检验 TCS 应对路面状态突变时的响应能力。这种状态的路面工况在实际道路中十分常见。当车辆行驶的路面状态发生突变时 TCS 需要及时识别当前路面状况，并且快速进行升矩或降矩操作，以适应复杂的路面状况变化，防止车辆由高附着路面进入低附着路面时，因滑转速度降低不及时而导致车辆横向稳定性下降，以及当车辆由低附着路面进入高附着路面时，因发动机输出转矩上升不及时而导致的路面附着利用率低的现象。

当车辆由低附着路面进入高附着路面时，由于此时 TCS 已经在车辆处于低附着路面上时将发动机输出转矩调节至较低水平，因此当车辆进入高附着路面后，TCS 需要十分准确地识别当前路面状况，根据获得的道路信息，及时提升发动机输出转矩，使高附着得到充分的利用，以达到驾驶员对于车辆驱动性能的要求。

当车辆由高附着路面进入低附着路面时，路面附着会迅速变小，导致两侧驱动轮打滑。因此，TCS 需要精准地识别道路状态变化情况，快速降低发动机输出转矩，以减轻驱动轮打滑程度，提升驱动轮的横向附着，进而提升车辆驾驶横向稳定性，保证驾驶员的安全。

1）低附着路面对接到高附着路面控制效果分析

车辆由低附着路面进入高附着路面时，TCS 控制过程中，车辆试验曲线如图 4.28 所示。低附着路面为冰面，高附着路面为水泥地面。驾驶员从静止开始起步，急加速，挡位保持在 1 挡，对接点处速度约为 10km/h。

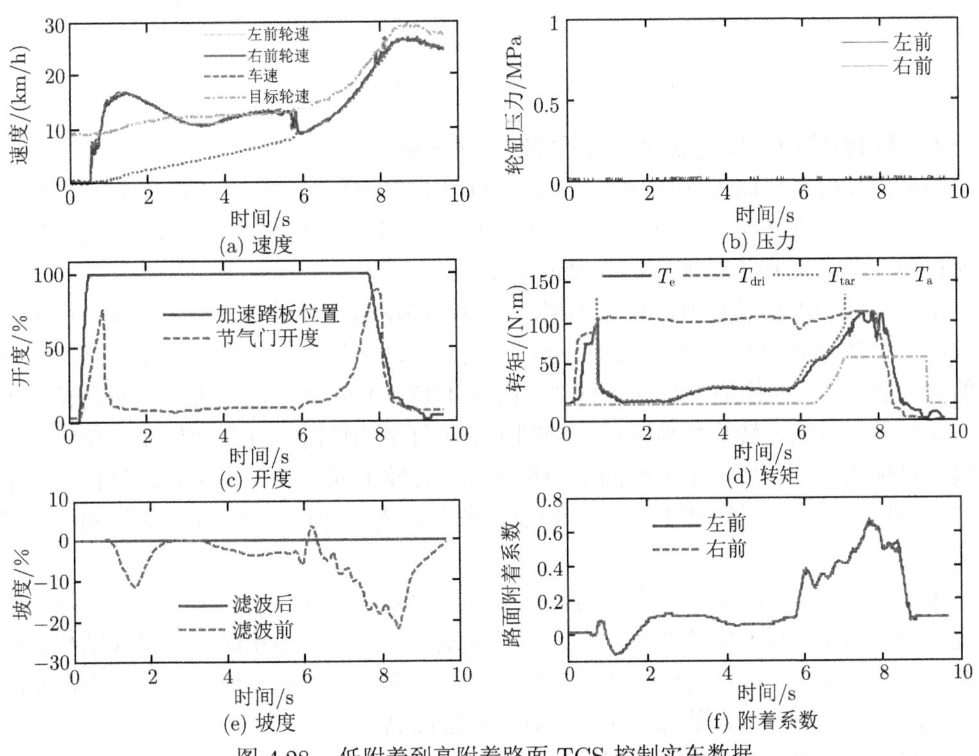

图 4.28 低附着到高附着路面 TCS 控制实车数据

如图 4.28 (c) 所示，在 0.2s 左右，驾驶员踩下加速踏板至最大的开度，试验过程中全程保持加速踏板最大限度状态。由图 4.28 (a) 所示，在 0.2s 左右，两侧驱动轮迅速开始打滑，在随后发动机输出转矩的控制之下，保持在目标车速附近。于 6s 左右时，两侧驱动轮滑转速度降至 0，说明汽车此时已通过对接点，由低附着路面进入高附着路面。

由图 4.28 (d) 可以看出，在两侧驱动轮刚开始打滑时，TCS 迅速发出指令，降低发动机输出转矩，并保持在较低的水平，6s 左右，车辆由低附着路面进入高附着路面，TCS 控制的目标转矩快速升高，于 7s 左右时升高至驾驶员要求的转矩，此后，TCS 退出发动机输出转矩控制，发动机提供最大驱动力。在路面状况发生较大变化时，目标转矩中的外加转矩 T_a 快速升高，克服了 PID 控制迟缓问题。由此可见，TCS 能够立即响应并精准识别出路面状况，迅速提升发动机输出转矩，以提高高附着路面上的附着利用率。由图 4.28 (b) 可以看出，两侧驱动轮未出现滑转差异，因此主动制动压力为 0。图 4.28 (f) 中，对于两驱动轮轮胎–路面附着系数的估计值在路面状况发生变化时也同步变化，体现出了附着估计的精准性与实时性。

当车辆由低附着路面进入高附着路面上时，TCS 控制过程中，横摆角速度数据、转向盘转角修正值数据曲线如图 4.29 所示，其中横摆角速度小于 5°/s，转向盘转角小于 45°，满足了横向稳定性评价标准。

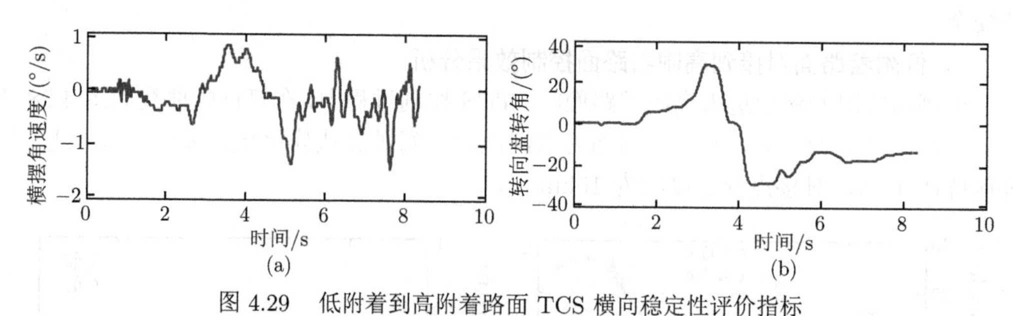

图 4.29 低附着到高附着路面 TCS 横向稳定性评价指标

2. 高附着路面对接到低附着路面控制效果分析

车辆由高附着路面进入低附着路面时，TCS 控制过程中，车辆试验曲线如图 4.30 所示。低附着路面为冰面，高附着路面为水泥地面。驾驶员从静止开始起步，急加速，挡位保持在 1 挡，对接点处速度约为 25km/h。

由图 4.30 (a) 可以看出，3s 左右时，车辆从高附着路面进入低附着路面，由于车辆驾驶过程中驾驶员一直保持加速踏板全开，因此发动机提供的转矩大大超过路面可以提供的最大驱动力，两侧驱动轮开始打滑。由图 4.30 (d) 可知，于 3s 左右，驱动轮开始打滑，此时发动机输出转矩快速降低，抑制了车轮打滑的情况，并使两侧驱动轮转速快速收敛至目标值附近，保证了车辆的横向稳定性。在路面状况发生变化时，目标转矩中的外加转矩快速降低，以缓解 PID 转矩降低迟缓的问题，保证了 TCS 转矩控制的实时性与高效性。

如图 4.30 (b) 所示，当车辆处于均一路面第 3s 左右时，制动压力为克服两侧滑转速度差的 PID 压力，8.5s 左右时，左右车轮制动压力为试验停止时驾驶员踩踏制动踏板所致。由图 4.30 (f) 可以看出，两驱动轮所处路面附着系数估计值的突变发生在路面状况突变时，因此附着系数估算的实时性好、精准度高。

当车辆由高附着路面进入低附着路面上时，TCS 控制过程中，横摆角速度数据、转向盘转角修正值数据曲线如图 4.31 所示，其中横摆角速度小于 5°/s，转向盘转角小于 45°，满足了横向稳定性评价标准。

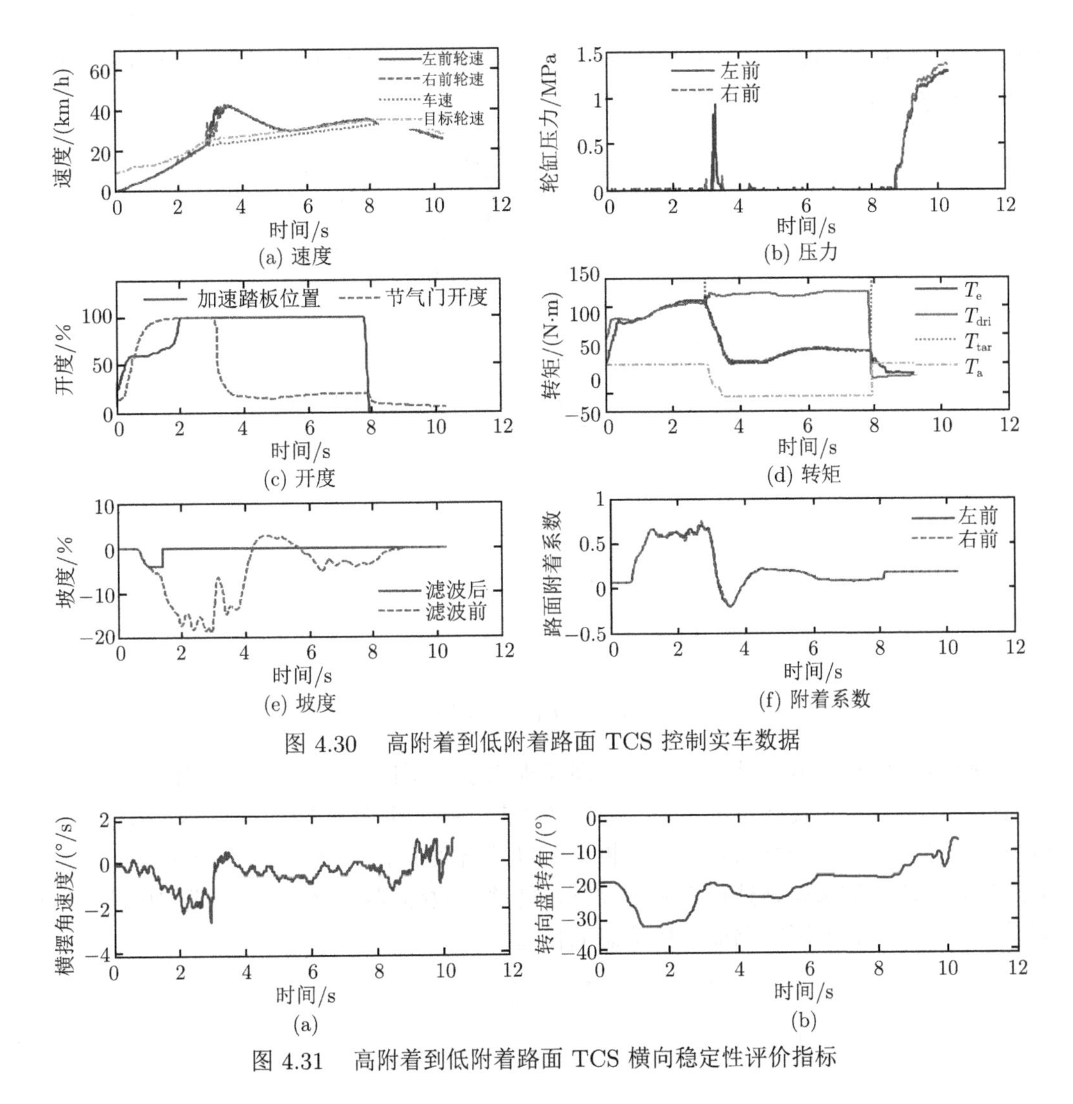

图 4.30　高附着到低附着路面 TCS 控制实车数据

图 4.31　高附着到低附着路面 TCS 横向稳定性评价指标

4.4　汽车转向助力系统与主动转向控制系统

4.4.1　电动助力转向概述

1. 基本原理和发展历程

电动助力转向系统（Electronic Power Steering，EPS）基本构成如图 4.32 所示，以管柱 EPS 为示例。EPS 系统采用助力电机代替传统的纯液压式或者电液压式助力机构，省去了液压系统，减轻重量的同时也免去了密封、管路维护等问题，同时助力特性可以灵活调整，具有诸多优点。控制器通过力矩/转角传感器采集驾驶员输入，并通过一定的助力算法计算出目标力矩，由助力电机输出辅助驾驶员转向。

EPS 系统已经有了多年的发展历史。1991 年日本本田公司首次提出“正常控制、回正控制、阻尼控制”三种控制模式的 EPS，并且介绍了各控制模式之间的切换条件 [10,11]。其中正常控制是指通过查表得到由车速信号和转向盘力矩信号决定的电机助力转矩，并通过下层电路对电机进行控制输出目标助力转矩，以实现按需助力的功能；回正控制主要是针对回正过程中电机控制电路产生阻力，造成回正性差提出的，通过变换下层控制电路实现；阻尼控制是针对 EPS 系统惯性较大造成转向收敛性差提出的，通过将下层控制电路短路实现。

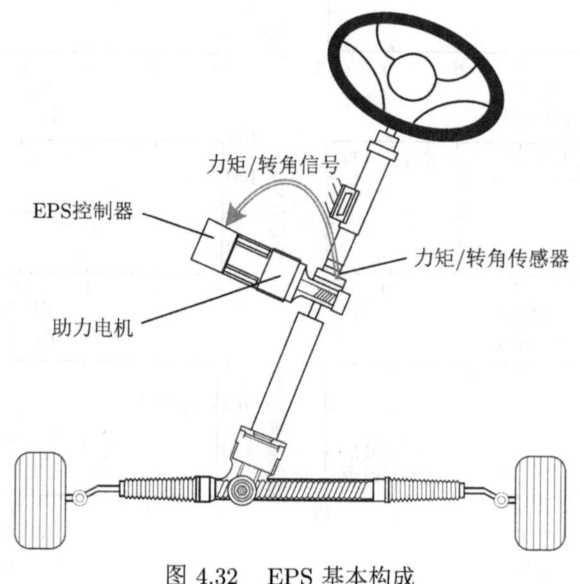

图 4.32 EPS 基本构成

1999 年美国 Delphi 针对回正不足现象提出了回正控制，针对回正超调现象提出了阻尼控制，都是基于转向盘位置信号的闭环控制，控制框图如图 4.33 所示 [12]。1999 年日本三菱公司针对助力增益较大时电机抖动以及路面不平、车轮干扰引起的转向盘振动，提出带高通滤波的齿轮转速反馈阻尼控制，能够有效抑制短相位裕度造成的振荡，以提高系统稳定性，且不影响路面低频信息的传递。

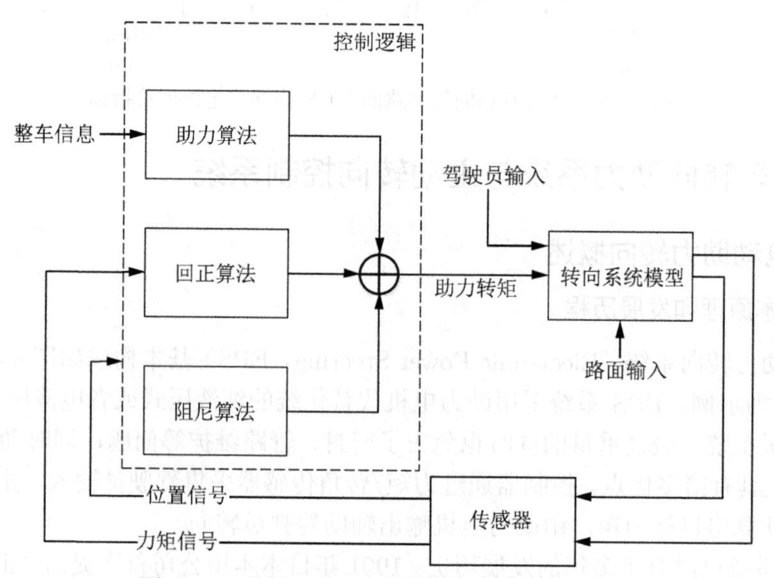

图 4.33 美国 Delphi 公司的 EPS 控制逻辑图

2004 年日本 Koyo 公司在以上研究基础上提出惯量补偿，以及为提高系统稳定性和收敛性提出基于液压助力转向中参考阻尼力与转向角速度的关系，计算当前系统的阻尼控制量，其 EPS 助力计算方法如图 4.34 所示。

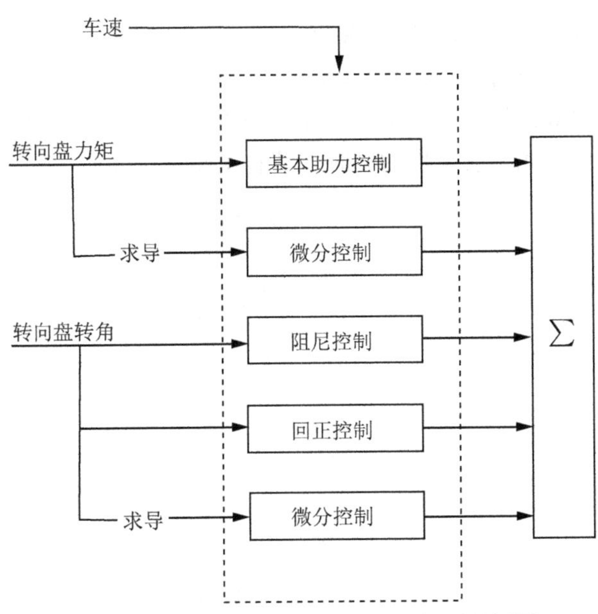

图 4.34 日本 Koyo 公司的 EPS 控制逻辑图

可见 EPS 的基本功能包括了助力、回正和阻尼控制。其中助力功能是基础，目前一般为随速可变助力，并且根据驾驶员的需求可调；回正控制使得转向盘具有明显的中心位置感，车辆的直线行驶性能更好，而阻尼控制提高了车辆的高速稳定性。

2. EPS 机械结构方案

转向系统是决定整车稳定性和操纵性的关键输入环节，由最初的纯机械转向到液压助力转向再到电子助力转向，自动化水平在不断提高。如图 4.35 所示，转向系统中电机的可能安装位置有 4 个，即①转向管柱中间、②小齿轮处、③和④转向齿条左右两端。考虑到电机的类型可选无刷直流电机、永磁同步电机、双绕组电机等，传动机构可选蜗轮蜗杆、小齿轮、带轮、滚珠丝杠等之间的组合，机械结构的方案有很多种。

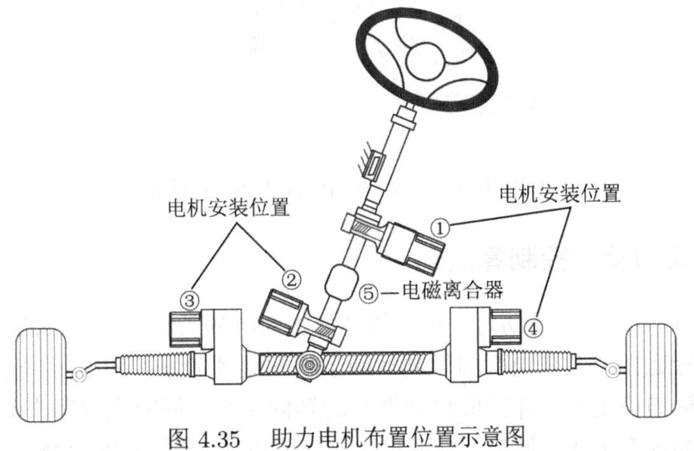

图 4.35 助力电机布置位置示意图

考虑到当下自动驾驶技术的发展，L3 级自动驾驶就要求在多数时间解放人类驾驶员，这对电子转向系统提出了更高的要求。因此当下双冗余的转向结构得到了重视，下面介绍几种典型构型。

管柱 + 齿条电机布置模式如图 4.36 所示。

管柱 + 小齿轮电机布置模式如图 4.37 所示。

另外，还有采用双绕组电机的形式，在一个电机内并联两个绕组，每个绕组使用单独的驱动电路，在保证冗余安全性的同时还节省了布置空间。

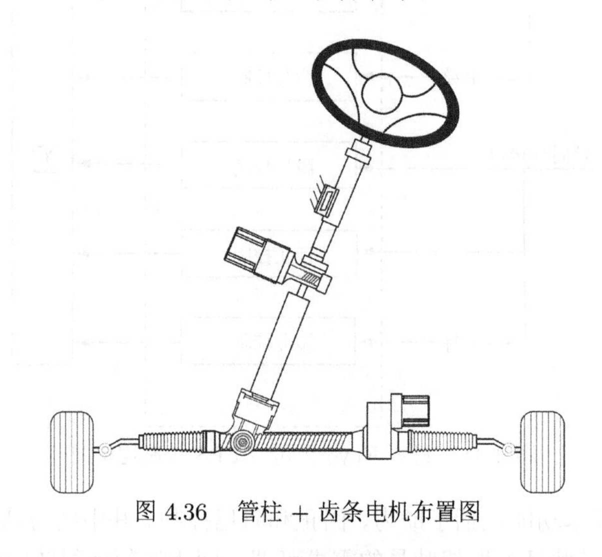

图 4.36　管柱 + 齿条电机布置图

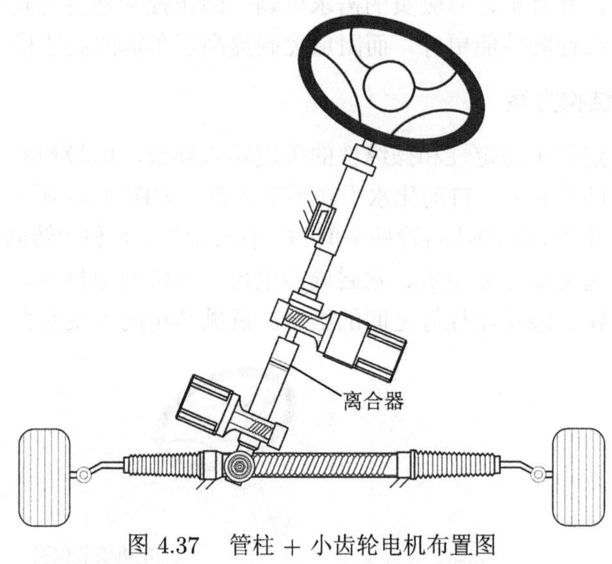

图 4.37　管柱 + 小齿轮电机布置图

4.4.2 电动助力转向控制算法

EPS 的基本功能是提供助力，减轻驾驶员转向时的负担，并且过滤一部分路面的振动，提升驾驶舒适性。而在当下的驾驶辅助系统发展潮流下，EPS 系统也能够响应上层指令，提高车辆的稳定性，并完成自动驾驶的转向执行。同时为保障产品级的功能安全，电机控制器产品需有 CAN 通信、辅助供电、直流母线电压/电流检测、三相输出电流检测、电机及 MOSFET 温度检测、MOSFET 驱动、软/硬件故障保护等基本功能，需有母线过压，输出过电流、短路、低电压供电波动等硬件保护功能。下面介绍 EPS 各个功能模块的实现方法。

1. EPS 基础助力

不同车速下的路面转向阻力有着显著的不同。在低速状态下转向阻力往往更大，此时 EPS 的任务是使得低速转向轻便一些，这种情况下理想的路感是能够用较小的力来操纵汽车，同时又不失去转向盘反馈回来的一点阻力。在高速状态下，如果猛打转向盘或者转向盘转角输入过大时，汽车的侧向加速度会非常大，可能导致侧滑甚至是侧翻。高速行驶时，汽车回正力矩比较小，此时如果路感不明显，会阻碍驾驶员对车辆行驶状态的判断，即驾驶员所说的“发飘”情况。驾驶员在正常驾驶中会控制转向盘在关于零点对称的一个范围内，该转动范围称为“中心转向区”。当下产品常用折线型助力算法，在不同车速下标定几条助力曲线，然后通过插值法得到一张助力表格。折线型助力曲线计算量较小，也能体现出不同转向区间的力矩特点，但是它的导数不连续，可能在某些情况下产生不平顺的手感。文献 [13] 中采用的参数拟合方法，助力曲线连续平滑，参数量不多，适合工程应用，可以表示如下：

$$T_{\mathrm{a}}=\begin{cases}0, 0 \leqslant T_{\mathrm{d}} \leqslant T_{\mathrm{d0}} \\ K_v(v) f(T_{\mathrm{d}}), T_{\mathrm{d0}}<T_{\mathrm{d}} \leqslant T_{\mathrm{d\,max}} \\ K_v(v) T_{\mathrm{m\,max}}, T_{\mathrm{d}}>T_{\mathrm{d\,max}}\end{cases} \tag{4-34}$$

式中，$K_v(v)$ 为助力曲线的速度梯度，与速度的变化有关；$f(T_{\mathrm{d}})$ 为转向盘力矩的变化梯度；在所需转向力比较小时一般不需要助力，T_{d0} 就是助力电机开始工作时的转向盘力矩；$T_{\mathrm{d\,max}}$ 为达到最大助力力矩时的转向盘力矩。$f(T_{\mathrm{d}})$ 的变化规律同样由汽车原地转向试验测得，拟合公式如下：

$$f(T_{\mathrm{d}})=\frac{T_{\mathrm{m\,max}}}{2}\left\{\sin\left[\pi\left(\frac{T_{\mathrm{d}}-T_{\mathrm{d0}}}{T_{\mathrm{d\,max}}-T_{\mathrm{d0}}}\right)^{a}-\frac{\pi}{2}\right]+1\right\} \tag{4-35}$$

式中，a 表示转向路感的助力系数，由试验数据拟合得到。

因为车速较快时转向阻力会减小，所以 EPS 助力一般会随着车速增大而减小，$K_v(v)$ 的拟合公式如下：

$$E_v=\begin{cases}E_{v0}+(1-E_{v0})\left(\dfrac{v}{v_{\max}}\right)^{b}, v \leqslant v_{\max} \\ 1, v>v_{\max}\end{cases} \tag{4-36}$$

式中，E_v 是另一个转向感觉系数；E_{v0} 是在特定工况试验中测定的值；系数 b 表示了助力力矩随车速变化的情况；c 代表助力电机的最大助力系数。当 $v>v_{\max}$ 时，将 E_v 设置为 1，助力力矩为零，这是因为高速状态下转向阻力小，为保证一定的路感 EPS 将不再提供助力。

由于微控制器的计算能力有限，一般也有采用直线型或者折线型助力曲线的。直线型曲率单一，不能体现出转向力矩的梯度变化。折线型助力曲线计算量较小，也能体现出不同转向区间的力矩特点，但是它的导数不连续，可能在某些情况下产生不平顺的手感。

2. 回正与阻尼控制

回正控制是为了使得在任何转向条件下双手撒开或轻扶转向盘回正时，车轮及转向盘都能快速回到中间位置而不出现回正不足或超调的现象。车辆在低速行驶下撒手回正，会发生回正不足，应施加主动回正力矩，以减小残留侧向加速度、横摆角速度和转向盘转角；在高速行驶下撒手回正，车辆会出现较大的超调和振荡，应该施加主动阻尼力矩，以尽快衰减振荡。由于回正控制的目标就是在驾驶员撒手后使转向盘转角归 0，可以采用转向盘转角闭环 PID 控制，输出适当的助力，使转向盘准确地回到中间位置。这里采用简化的方法，当处于回正工况时，采用位置环比例–积分–微分控制，目标就是转向盘中间位置，简单的附加力矩计算如下：

$$T_{\rm r}=K_{\rm p}\delta+K_{\rm i}\int\delta{\rm d}t+K_{\rm d}\dot{\delta} \tag{4-37}$$

在车辆高速行驶过程中，驾驶员通常会有车辆将要脱离地面的感觉，即所谓的“发飘”，使驾驶员无法获得清晰的路感而缺乏安全感。阻尼控制是为了增强高速行驶路感，使驾驶员微小转向输入和路面以及侧向风等轻微干扰不会造成车轮轻易转向，即改善车辆在高速直线行驶时的稳定性和快速转向收敛性，提高驾驶路感和行车安全性。由于通过短路电机进行能耗制动的方法进行阻尼控制，产生的制动力矩较小，持续时间较短，并且会产生力矩波动，使驾驶员手感变差。采用一定的控制算法加入反向阻尼力矩，以此来实现阻尼控制，这种方法更加灵活，并且不会产生波动感。施加的反向阻尼力矩 $T_{\rm damp}$ 如下：

$$T_{\rm damp}=-K_v(v)K_{\rm Td}(T_{\rm d})n_{\rm m} \tag{4-38}$$

式中，K_v 为阻尼力矩车速相关系数，随车速的升高而增大，由不同车速试验拟合得到；$K_{\rm Td}$ 为阻尼力矩转向盘力矩相关系数，为使中心区向线性区过渡平滑，阻尼力矩应随转向盘力矩增大而减小，当转向盘力矩为 0 时，$K_{\rm Td}=1$，此时阻尼力矩最大；当转向盘力矩增大到阻尼控制门限（$T_{\rm out}$）时，阻尼力矩应减小为 0，中间线性递减：

$$K_{\rm Td}(T_{\rm d})=-\frac{1}{T_{\rm dout}}T_{\rm d}+1 \tag{4-39}$$

式中，$n_{\rm m}$ 为电机转速，电机转速越大，阻尼力矩越大。

3. 相位校正

在 EPS 系统的开发过程中，经常会遇到助力增益系数较大造成系统不稳定的现象。在 EPS 系统中除助力增益，电流环控制的延时以及系统的等效阻尼均会对系统稳定性造成影响。由于转向系统机械结构由很多弹性阻尼元件构成，而系统的基本运动特性主要与低频元件有关，因此为方便对系统特性进行研究，将转向系统机械模型进行适当的简化。如图 4.38 所示，忽略转向体旋转动力学，将左右转向体到小齿轮的所有元件等效为一弹簧质量阻尼系统，并且弹簧连接车轮的一端固定，等效刚度为 $K_{\rm r}$，等效总转动惯量为 $J_{\rm eq}$，等效总阻尼为 $C_{\rm eq}$；转向助力简化为转向盘力矩的增益，增益系数为 $K_{\rm a}$，得到简化的转向系动力学方程：

$$J_{\rm eq}\ddot{\theta}_{\rm p}+C_{\rm eq}\dot{\theta}_{\rm p}=T_{\rm c}+T_{\rm a}-T_{\rm r} \tag{4-40}$$

其中，

$$T_{\rm c}=K_{\rm c}(\theta_{\rm sw}-\theta_{\rm p}) \tag{4-41}$$

是简化后的转向柱力矩；

$$T_{\rm a}=\frac{1}{\tau_0 s+1}K_{\rm a}T_{\rm c} \tag{4-42}$$

为简化后考虑电流环响应一阶滞后的转向助力矩；

$$T_{\mathrm{r}} = K_{\mathrm{r}}\theta_{\mathrm{p}} \tag{4-43}$$

为简化后的车轮与地面形成的转向阻力矩。

EPS 控制系统简化控制框图如图 4.39 所示。求出系统开环传递函数为

$$G_k(s) = \frac{K_{\mathrm{c}}(\tau_0 s+1)+K_{\mathrm{c}}K_{\mathrm{a}}}{(\tau_0 s+1)(J_{\mathrm{eq}}s^2+B_{\mathrm{eq}}s+K_{\mathrm{r}})} \tag{4-44}$$

试验表明，助力增益系数 K_{a} 的增大会提高系统响应快速性，但影响系统响应稳定性，在驾驶员转向过程中会造成转向盘抖动甚至振荡。在 EPS 系统中为了使助力增益系数 K_{a} 满足足够大的助力需求，而不影响系统的稳定性，需要对系统进行相位补偿。对比力矩微分控制和齿轮反馈控制两种方法的优缺点：力矩微分控制能够提高系统的稳定性和快速性，但是在助力增益系数较大时，对系统高频噪声的放大作用较强，仍会使系统不稳定；而齿轮转速反馈控制可以提高系统的稳定性，但是系统的响应速度变慢。因此，为了使相位补偿控制达到较为理想的效果，将两种方法结合，在齿轮转速反馈控制的基础上增加超前校正的力矩微分控制，可以抵消转速反馈造成的系统带宽减小，同时进一步增加了系统相位裕度提高系统稳定性；在力矩微分控制的基础上增加齿轮转速反馈控制，其阻尼可以降低超前校正环节对高频噪声的放大作用。采用两种控制的综合控制方法的 EPS 系统模型如图 4.40 所示。

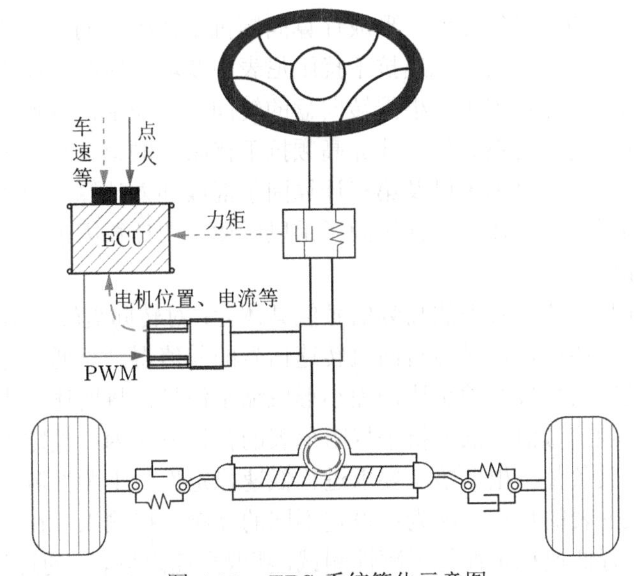

图 4.38　EPS 系统简化示意图

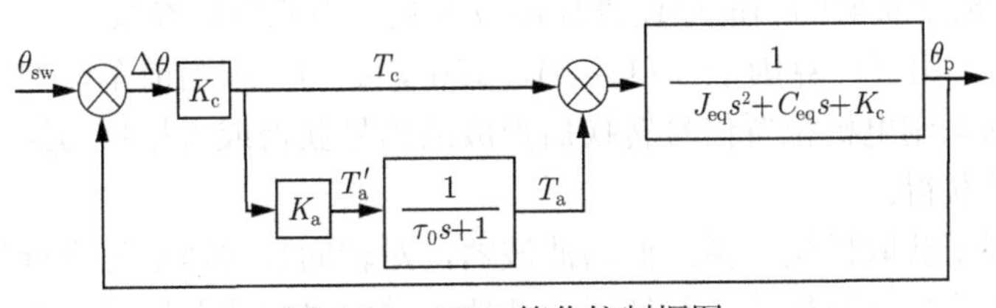

图 4.39　EPS 简化控制框图

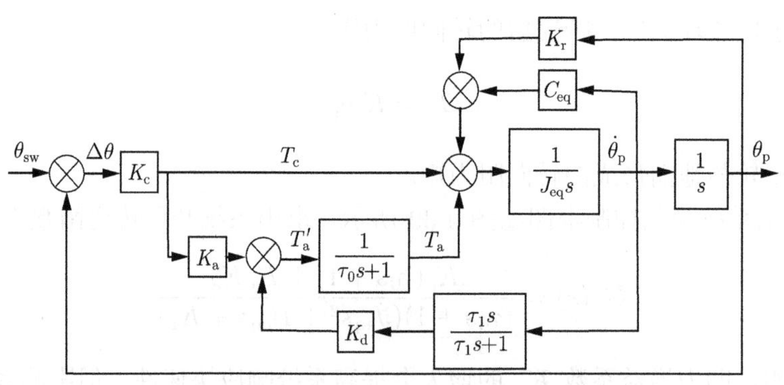

图 4.40 综合补偿法 EPS 控制框图

根据多组对比试验，合理调整参数后，综合控制方法的带宽增大，提高了系统的响应速度，同时能够确保较高的稳定性。

4. 抗路面扰动

车辆高速行驶时受到不平路面干扰, 导致其前轮产生一个非驾驶员操纵的干扰转角, 随后前轮在相关回正力矩 (轮胎侧偏回正力矩及前轮定位回正力矩) 的作用下振动回正, 此过程中客车偏离驾驶员期望的行驶路线。在连续不平路面上，轮胎高频干扰容易使驾驶员感到疲劳，从而大大降低车辆的平顺性。而且这种高频振动也会使管柱部分零件产生疲劳，并加速其使用寿命。路面不平度稳定性也是汽车操纵稳定性研究的重要组成部分。

一种具体的阻尼抑制方法包括如下步骤：获取车辆当前的转向盘转速信号；提取所述转向盘转速信号中的高频信号值，形成计算高频抗干扰阻尼的第一计算因子；根据转向盘的转向助力需求，从预设的低速抗干扰阻尼表中获取对应的低速阻尼系数作为计算高频抗干扰阻尼的第二计算因子；根据转向盘的转向助力需求，从预设的高速抗干扰阻尼表中获取对应的高速阻尼系数作为计算高频抗干扰阻尼的第三计算因子；获取当前车速，将所述车速、第二计算因子以及第三计算因子混成插入计算，形成计算高频抗干扰阻尼的第四计算因子；令所述第一计算因子乘以所述第四计算因子，获得电动助力转向系统的高频阻尼输出量。

提取所述转向盘转速信号中的高频信号值具体为：对转向盘转速信号进行低通滤波，获得低通信号；取所述低通信号与转向盘转速信号的差值得到高通信号；设定一个缩小比例，将转向盘转速信号按该缩小比例缩小形成缩小信号；将所述缩小信号加到所述高通信号中，获得高频信号值。低速抗干扰阻尼表的预设方法为：设定不同的高频干扰输入，在车辆低速行驶条件下根据整车要求进行低速稳定性与平顺性测试，获取低速阻尼表。高速抗干扰阻尼表的预设方法为：设定不同的高频干扰输入，在车辆高速行驶条件下根据整车要求进行低速稳定性与平顺性测试，获取高速阻尼表。通过混成插入计算，形成计算抗干扰阻尼的第四计算因子具体为：预设一个不同车速下的混成参数表，其中，混成参数小于 1；根据获取的当前车速查找混成参数表中的混成参数；第四计算因子 = 第二计算因子 $\times a+$ 第三计算因子 $\times(1-a)$，其中，a 为对应当前车速的混成参数。转向盘转速信号根据无刷电机位置信号转换后形成的信号获得或者根据力矩转角集成传感器的转角测量信号获得。

第一计算因子获取模块包括：低通滤波器，对转向盘转速信号进行低通滤波，获得低通信号；高通信号获取模块，与低通滤波器和转向盘转速获取模块相连，用于获取所述低通信号与转向盘转速信号的差值从而获取高通信号；缩小信号获取模块，与转向盘转速获取模块相连，用于设定一个缩小比例并将转向盘转速信号按该缩小比例缩小形成缩小信号；高频信号值获取模块，分别与高通信号获取模块和缩小信号获取模块相连，用于将所述缩小信号加到所述高通信号中，获得高频信号值。

5. 低温补偿

电动助力转向系统使用电机作为执行器来提供转向助力。它的最主要功能是在转向时提供足够的转向助力，帮助驾驶员转向；而在回正时又能提供足够的回正力矩，帮助转向盘回到中间位置。然而，当汽车在低温条件下冷起动时，会出现转向助力和回正助力减少的情况，这将严重影响 EPS 本身的性能。通过低温冷起动时的力矩补偿算法，可以根据车厢内温度的变化，调整转向助力和回正助力的增益，有助于改善汽车在低温冷起动时的转向性能和回正性能，而且驾驶员的操纵手感不会受到不良的影响。

要解决 EPS 低温冷起动转向助力和回正助力减小的问题，最快速的办法是更换润滑脂，但低温黏性阻尼小的润滑脂价格高，而且效果也不是很明显。因此，采用低温冷起动补偿力矩算法，在只更改控制器软件的情况下，解决转向阻力和回正助力减小的问题，效果明显。

这种补偿算法的原理是根据转向管柱的温度，使助力电机提供必要的力矩补偿，因此估计转向管柱的温度是首先需要解决的问题。假设车厢内的温度可以由温度传感器获得，车厢内温度与转向管柱温度之间的热传导过程服从一阶惯性环节。在获得转向管柱的温度估计后，即可确定电机助力矩的补偿值。

4.4.3　主动转向控制算法

EPS 与整车 ECU 通信，可以接收上层的转向指令，从而完成 ADAS 或者更高等级的自动驾驶操作，包括 LKA、APA 等常用功能。此外，EPS 还能与基于制动的车身稳定系统配合工作，使得车辆行驶更加安全可靠。主动转向一般分为前轮主动转向（AFS）和后轮主动转向（ARS）两种。

1. 前轮主动转向技术

AFS 主要用于突破传统机械连接对汽车前轮转向的限制，它能够在一定程度上提高转向的灵活性，并配合整车动力学控制来使车身更加稳定安全。AFS 常见于一些中高端车辆上，比如宝马 5 系。AFS 的机械部件主要是一套行星齿轮和产生主动转向动作的耦合电机。耦合电机执行控制器计算出的最佳转角，再通过该行星齿轮机构实现与转向盘输入转角的耦合，从而产生前轮主动转向干预动作。

AFS 最直观的功能就是实现可变传动比，它可以根据车辆的行驶工况主动调整前轮转角，当车速较低时增大前轮转角响应，使转向灵活快捷；当车速较高时减小前轮转角响应，使车辆转向更加平稳。另外 AFS 能够与 ABS、ESP 互相配合，通过整车动力学模型的计算采取相应措施，对车辆施加主动稳定性控制。AFS 通过对前轮转角进行主动干预，使得车辆的实际横摆角速度更接近于整车控制器计算出的理想值，并且能够对路面不平、侧风干扰等情况做出更好的反应。

主动转向系统在转向盘转角之上施加了一个附加转角，这对原始路感必然产生一定的影响，而 EPS 系统的助力往往以驾驶员力矩为重要参考量，故两个系统之间需要有一套协调算法。另外，主动转向的实施前提是整车动力学控制策略的准确性，如果转向与制动两大系统的配合不协调，则不仅无法发挥各自的优势，还可能会相互干扰，使车辆的安全性下降。目前对于 AFS 的研究重点也集中在它与电子助力系统、车身稳定系统的协调控制上。

1）AFS 与 EPS 协调控制

AFS 系统起作用时产生的附加转角，可能会使 EPS 的力矩传感器产生一定突变，这是路感变差的主要原因。Minaki 等分析该突变力矩的成因，并进行了一系列试验验证，提出了一种如图 4.41 所示的助力补偿方案，有效削弱了让驾驶员不适的手感 [14]，该方案中主电机用于助力控制，副电机采用转角闭环控制，施加主动转向。

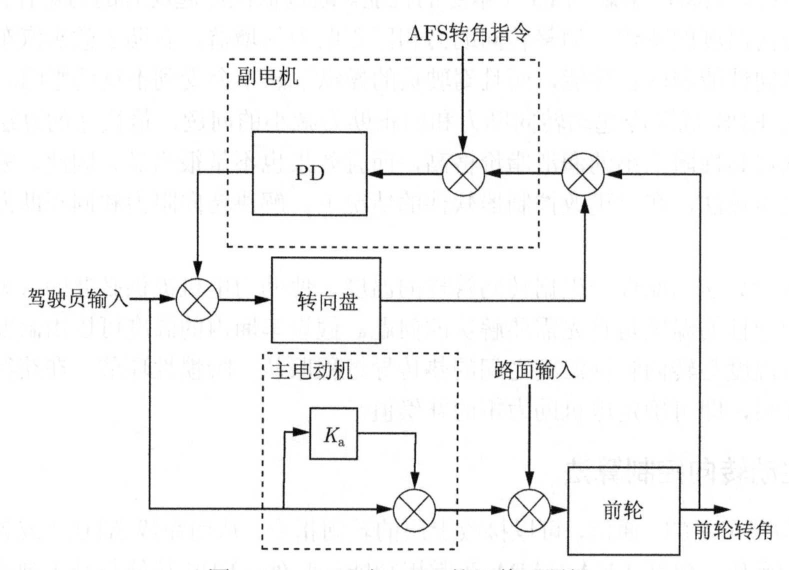

图 4.41 AFS 与 EPS 协调修正逻辑

Normaniha 等采用滑模控制器，控制车辆横摆角速度与理想横摆值的偏差，对主动前轮转向系统的转向角进行有效控制，并兼顾了 EPS 手感的平顺性 [15]。南京航空航天大学的赵万忠等设计了一种集成转向系统，其通过在原转向柱上集成一个电机，来实现主动转向。以多目标遗传算法对其控制、结构参数进行优化，改善了集成转向系统的操纵性 [16]。

2）AFS 与横摆力矩控制系统协调控制

车辆在转向时如果进行制动操作，由于受到侧向力和纵向力的作用，轮胎的载荷转移将会引起其侧向力和纵向力的值不断发生变化，在高速时尤为如此，而 AFS 的附加转角让这种变化更加复杂，因此有必要对二者的相互影响作深入分析 [17]。车辆在较小的滑移率范围之内才能够获得较大的制动力和侧向力系数，此时车辆的制动性和侧向稳定性较好，因此很多学者基于轮胎滑移和质心侧偏角控制开展了相关研究。Paolo Falcone 等基于七自由度整车模型设计了滑模变结构控制器，对 AFS 系统和制动系统进行协调控制，仿真结果证明了该控制器能有效维持车辆稳定，在车辆高速行驶时也有着良好的效果 [18]。Selby 等先是单独分析主动转向系统和制动力控制系统分别能产生的最大横摆力矩，并通过这两个边界确定了二者间的协作关系，当车速较低时宜采用 AFS 系统增强车身稳定性，而在较高车速下采用直接横摆力矩控制 [19]，方案逻辑如图 4.42 所示。

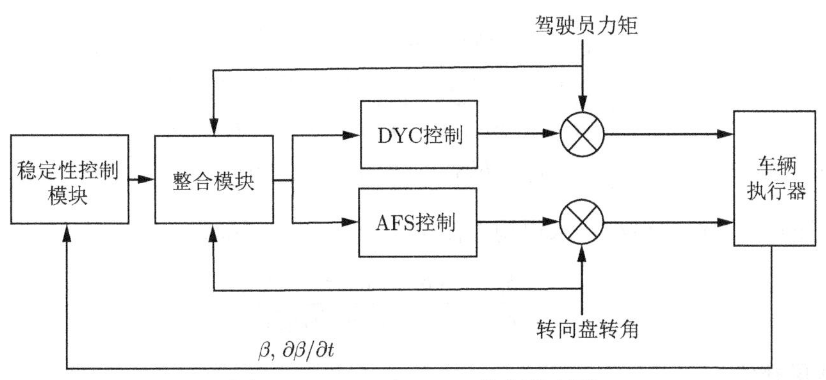

图 4.42　AFS 与 DYC 协调控制图

2. 后轮主动转向技术

后轮主动转向（ARS）技术是一种介于传统前轮转向汽车和四自由度四轮转向汽车之间的转向技术。它在两个后轮上增加了一个类似前轮转向器的机构，增加了一个转向自由度，在一定程度上提高了车辆的转向灵活性，同时它的后轮之间有着机械约束，使得控制方法不像四自由度四轮转向那样复杂。宝马 7 系、奥迪 A8、雪铁龙 ZX 等部分车型就安装有 ARS。

ARS 的基本控制准则是在低车速时后轮反向转向，可以增加转向灵活性；在高车速时后轮同向转向，提高车辆稳定性。后轮主动转向技术起源于日本，最早的商业化应用是 1985 年日产的 HICAS 四轮转向系统。之后，出现了前轮和后轮主动转向协调控制系统（4WAS），并应用在 2006 年发布的日产 Skyline 和 2007 年发布的 Infiniti G35 上。

早期的 ARS 控制方法基于线性车辆模型，以横摆角速度、质心侧偏角等为控制目标，常见的有前后轮转角成比例和转矩成比例两种方法。1986 年，Takiguch 等发现，控制横摆角速度和侧向加速度的相位滞后相等，在车辆瞬态响应中同时使其两个相位滞后值最小化，可以改善从低速到高速的车辆机动性，从而开发出速度感应型主动转向系统 [20]。Ito 利用模型预测控制方法，针对标称参考模型设计前馈控制器，然后对模型误差和外部干扰采用反馈控制方法实现车辆期望的转向特性，提高了车辆稳定性和抵抗外界干扰的能力 [21]。

Sano 提出的固定前后轮转角比例控制方法形式简单 [22]，设前轮转角为 δ_f，后轮转角为 δ_r，定义比例关系为

$$\delta_\mathrm{r} = \varepsilon\delta_\mathrm{f} \tag{4-45}$$

通过拉氏变换得到质心侧偏角 β 相对于 δ_f 的传递函数

$$\frac{\beta(s)}{\delta_\mathrm{f}(s)} = \frac{\begin{vmatrix} k_1+\varepsilon k_2 & mu+(ak_1-bk_2)/u \\ ak_1-\varepsilon bk_2 & I_z s+(a^2k_1+b^2k_2)/u \end{vmatrix}}{\begin{vmatrix} mus+k_1+k_2 & mu+(ak_1-bk_2)/u \\ ak_1-bk_2 & I_z s+(a^2k_1+b^2k_2)/u \end{vmatrix}} \tag{4-46}$$

计算出稳态值 β_s 为

$$\beta_{\mathrm{s}}=\frac{\begin{vmatrix} k_1+\varepsilon k_2 & mu+(ak_1-bk_2)/u \\ ak_1-\varepsilon bk_2 & (a^2k_1+b^2k_2)/u \end{vmatrix}}{\begin{vmatrix} mus+k_1+k_2 & mu+(ak_1-bk_2)/u \\ ak_1-bk_2 & (a^2k_1+b^2k_2)/u \end{vmatrix}} \tag{4-47}$$

为保证质心侧偏角很小，求得稳态侧偏角为 0 的比例系数为

$$\varepsilon=\frac{\delta_{\mathrm{r}}}{\delta_{\mathrm{f}}}=\frac{-b+mau^2/(k_2l)}{a+mbu^2/(k_1l)} \tag{4-48}$$

3. 侧风补偿

高速行驶的汽车在经过山区高速公路的山坳间、大跨度桥梁或是城市高层建筑之间时，随时都可能受到强度很大的侧风作用。汽车在进出隧道口、超越或是与大型车会车时，侧风的影响也是不可忽视的。特别是，当汽车在高速行驶时，纵向驱动力的增加会消耗掉车轮的部分路面附着力，同时由于气动升力的作用，使得侧向附着力大大降低。在这种情况下，由于汽车车身所受的气动力和力矩发生突变，汽车的行驶状态极易发生变化，从而使汽车偏离预定轨道。

高速汽车侧风稳定性是指高速行驶汽车在侧风干扰下，趋于恢复其原来的运动状态的能力。由于自动稳定性在汽车动力学中并不是以全部含义而存在，当汽车的运动受到侧风干扰时，其修正并不是自动进行的，而是由驾驶员操纵转向器完成。为了消除侧风的影响，驾驶员或由于忙于操纵极易过早疲劳，或因反应不及而可能发生交通事故。因此，研究高速汽车侧风响应特性的自主控制是很有必要的。

EPS 和主动转向技术的机构能够快速响应整车 ECU 的指令，这使得通过汽车自主控制提高高速汽车侧风主动安全性成为可能。当行驶的汽车由于侧风干扰进入不稳定状态，比如偏离预定行驶路线或有侧倾翻转趋势时，车载计算机系统能自动控制执行机构，使汽车始终保持安全稳定的行驶状态。

汽车在高速行驶时经常会受到侧风干扰，侧风会产生作用于汽车风压中心上的侧向力。风压中心通常不与质心重合，它与质心的距离相当于侧向风力力臂，从而产生了横摆力矩，导致汽车偏离正常的行驶路线，驾驶员需要操纵转向盘来纠正其影响。但当侧风干扰力大到一定程度时，常常因驾驶员无法及时控制而偏离预定行驶路线，危及行车安全。出现这种情况的原因可能有：

（1）当横摆角速度过大，驾驶员来不及进行修正时，汽车就有可能发生急转，导致侧滑或翻车。

（2）侧向力有可能超过地面侧向附着极限，使汽车产生侧向滑移，失去正常行驶能力。

（3）汽车在侧风作用下还会产生侧倾力矩，这个力矩通过悬架系统传至左右车轮，引起车轮负荷的变化，从而影响轮胎侧偏特性和汽车转向特性。

1990 年，密歇根大学的 Macadam 开展了汽车空气动力学研究项目，研究客车的侧风稳定性，特别是底盘特性与空气动力特性的相互关系及其对驾驶员操纵的影响。通过测量实车道路的驾驶员–汽车系统响应，考虑驾驶员在试验过程中的主观预测。试验中侧风发生器由 8 台风机组成，通过风机的不同布置方式，产生恒定方向或交替不同方向作用的侧风。基于在近似相同的试验条件下对不同驾驶员和不同参数车辆的侧风测试，通过模型辨识和模拟，建立了一个五自由度的汽车数学模型。采用该模型进行动态分析，对

该模型进行包括随机自然风的侧风输入，以检验在汽车底盘特性如悬架、转向系统、载荷分布变化情况下可能的驾驶员–汽车系统响应，系统响应如横摆角速度的均方根值可用来评价各种设计所受侧风的影响。

敖德根设计了一种简单的侧风补偿力矩计算方法 [23]，采集加装在汽车侧面车身的压力传感器检测到侧风带来的压力，并对侧风的异常影响采用一种特殊的反向助力控制，防止转向角度过大而产生的危险。侧风干扰下的补偿力控制策略如图 4.43 所示。

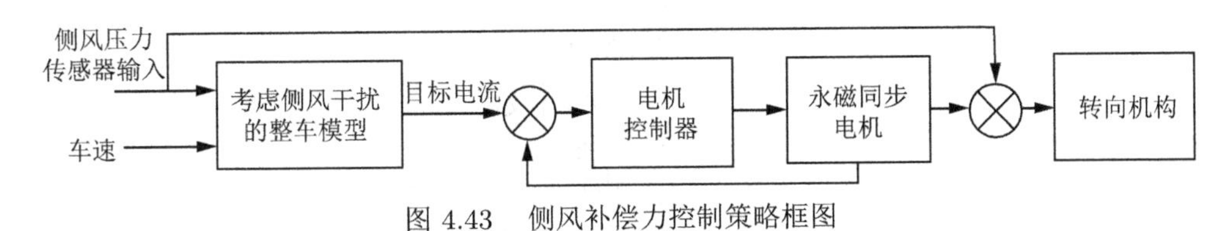

图 4.43 侧风补偿力控制策略框图

4.5 汽车操纵稳定性与防侧翻控制

在 ABS 和 TCS 的基础上，为防止车辆高速行驶时失控状态的出现或加剧，出现了所谓的车辆稳定性控制（VSC）系统，又称电子稳定性控制（ESC）或电子稳定性程序（ESP）。ESC 主要用来控制车辆的横摆力矩，将车轮侧偏角限制在一定范围内，并在紧急情况下对车辆的行驶状态进行主动干预，防止车辆在高速行驶转弯或制动过程中失控。此外，车辆在转弯过程中，侧倾对车辆稳定性有着较大的影响，严重情况下会造成翻车。因此，如何将车身稳定性与防侧翻控制进行集成，也是一个具有挑战性的问题。

4.5.1 ESC 系统组成和工作原理

ESC 主要控制流程如图 4.44 所示。在得到名义状态和车辆实际状态后，ESC 据此计算出所需要的附加横摆力偶矩，输送至底层的车轮滑移率控制器给出准确的车轮制动力，通过底层控制器驱动液压控制单元（Hydraulic Control Unit, HCU）中的阀和泵配合工作，快速实现目标车轮主动制动，并在调控完成后解除制动，从而完成车辆的回稳调控。在此过程中，如果检测到发动机输出转矩过大，超出车辆当前状态维持稳定行驶的极限，ESC 的 ECU 会通过发动机管理系统转矩接口强制发动机减小输出转矩，以维持车辆的稳定性。其液压控制单元如图 4.10 所示。

4.5.2 ESC 控制算法

基于不同的目标，ESC 可以采用不同的控制变量。为了改善转向稳定性，可以将横摆角速度作为控制变量；但是在低附着路面上汽车极易发生侧滑等现象，汽车运动进入高度非线性区间，描述汽车横摆运动的横摆角速度和描述横向运动的横向加速度不再对应，此时需要对侧偏角加以控制。由于 ESC 是基于轮胎力调节实现的，因此轮胎的纵、横向滑移率也是重要的控制变量。为了实现控制目标，研究人员对 ESC 控制策略展开了大量的研究，但考虑到极限工况下汽车是一个时变的非线性系统，整车运动状态难以精确测量，系统动力学状态之间相互耦合，基于现代控制理论的一些控制方法仍停留在理论分析中，目前基于逻辑门限和 PID 的算法有较为广泛的应用。

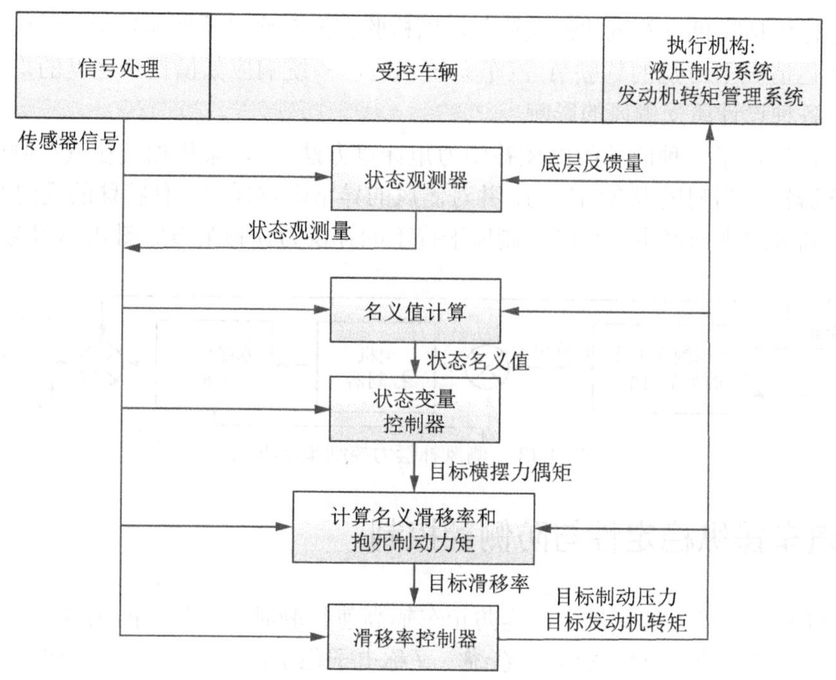

图 4.44 ESC 主要控制流程

1. 基于逻辑门限与实车标定的操纵稳定性算法

逻辑门限方法是一种广泛的、成熟的车辆动力学状态控制方法，其已被大范围地应用在 ABS 的控制中，并取得了较好的效果。逻辑门限控制的主要思想是利用车辆状态与一组预设的参数进行比较，实现逻辑上是非的判断，进而实现状态跳转。该方法通常需配合大量的实车试验进行参数标定，具有控制效果稳定、标定工作量大的特点。

由相平面分析知：当汽车临近失稳时，为保证稳定性，整车横摆角速度和质心侧偏角均是需要控制的参量。当汽车工作在轮胎力–附着系数曲线的线性区间时，描述整车横摆和侧偏的微分方程的稳态解是相关的，此时横摆角速度和侧偏角控制具有等效性；但当轮胎力进入饱和区间时，描述整车横摆运动和侧偏（横向）运动的微分方程不再收敛于稳态解，两者不再具有等效性。

由于相平面上质心侧偏角动态特性受车速变化影响较小，因此一些文献把质心侧偏角偏差控制视为 ESC 控制目标 [24]。但是实际上质心侧偏角对整车动力学稳定性的影响是通过四轮侧偏角来体现的，质心侧偏角和横摆力偶矩控制之间难以建立直接的关联；而且在 ESC 的传感器配置下，质心侧偏角难以直接测量，因此将质心侧偏角作为 ESC 主控变量将会使得控制器实现难度增大。

由于横摆角速度可以通过组合传感器直接测量得到，同时它与稳定横摆力偶矩之间直接对应，所以采用横摆角速度作为主控变量可以降低控制器运算复杂度。考虑到在动力学控制过程中，通过质心侧偏角可以得到四轮侧偏角，ESC 可以根据四轮侧偏角的变动预测前、后轴的稳定性，因此选用质心侧偏角作为监控变量可以避免控制过程中前后轴侧滑（部分文献综述又称为第二控制目标或次要控制目标）。

综上，一种基于逻辑门限与实车标定的操纵稳定性算法可选取整车横摆角速度作为主控参量，选取质心侧偏角（四轮侧偏角）作为监控变量。控制器采用双重循环构成，外层大循环通过 AYC 的方法对整车横摆角速度偏差进行控制，同时监控质心侧偏角偏差，避免前、后轴侧滑；内层小循环则是通过主动制动、节气门控制等方式对轮胎驱动/制动滑移率进行控制，保证横摆力偶矩控制的实现，控制器逻辑如图 4.45 所示。

1）控制参量名义值与上限值的理论计算

一个具有良好操纵稳定性的汽车应具有一定量的不足转向特性，其瞬态转向特性应具有较小的滞后和超调，这个特性即为 ESC 系统中所谓的驾驶员预期。如果汽车在各种工况下（包括路面附着发生变化）均能够按照驾驶员预期实现转向、制动或驱动，则认为这个汽车具有良好的操纵稳定性，也可以认为汽车动态响应是可以预期的。在 ESC 中将预期的响应定义为名义值，采用名义整车横摆角速度和名义质心侧偏角来表征。实际汽车运动状态采用整车横摆角速度和侧偏角来表征。

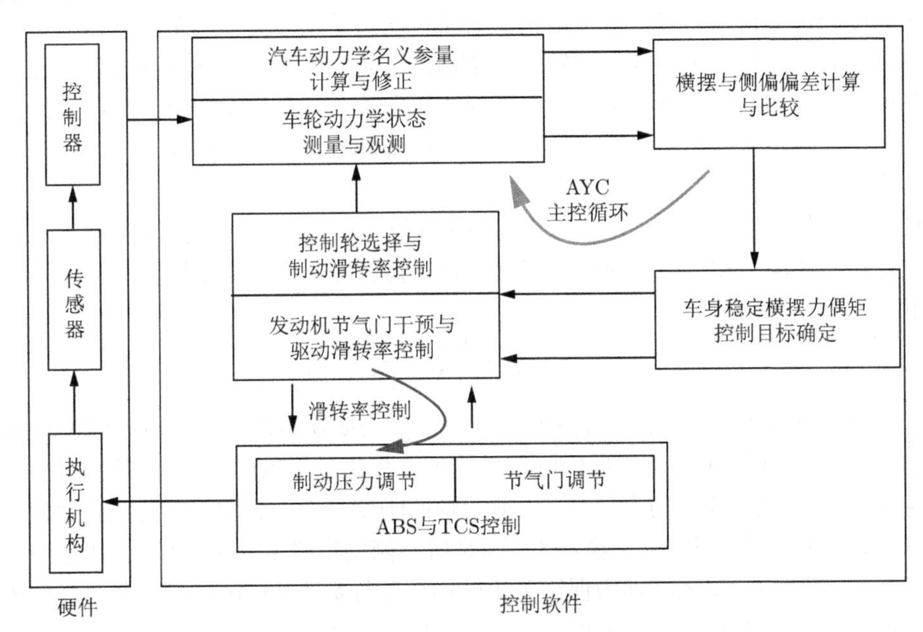

图 4.45　ESC 双层控制架构

ESC 系统控制目标为：通过控制保证状态偏差尽可能地收敛于 0，同时为了保证控制过程中汽车前、后轴不出现侧滑现象，要求收敛于 0，从而保证汽车运动轨迹尽可能接近驾驶员预期。考虑到控制系统执行机构的执行周期、滞后和超调等影响，要求状态偏差收敛于 0 是不现实的，同时过分严格的状态偏差容限将会加剧控制过程中的振荡，实际的控制器中采用的状态偏差控制门限需要通过整车道路试验标定得到。

汽车动力学状态偏差可以表述为

$$\Delta\beta = \beta_{\mathrm{NO}} - \beta \tag{4-49}$$

$$\Delta\dot{\varphi} = \dot{\varphi}_{\mathrm{NO}} - \dot{\varphi} \tag{4-50}$$

由于路面附着限制，汽车转向过程中哥氏力的绝对值不可能超过路面对轮胎所能提供的侧向力极限，因此名义横摆角速度上限可以表示为

$$|\dot{\varphi}_{\mathrm{NO}}| \leqslant \frac{\mu g}{V_x} \approx \left|\frac{a_y}{a}\right| \frac{g}{V_x} \tag{4-51}$$

将式(4-51)代入式(4-50)中，即可得到质心侧偏角的上限：

$$|\beta_{\mathrm{NO}}| \leqslant \mu\left(\frac{cg}{V_x}-\frac{1}{C_\alpha}\right) \approx \left|\frac{a_y}{a_{y\max}}\right|\left(\frac{cg}{V_x}-\frac{1}{C_\alpha}\right) \tag{4-52}$$

2）控制参量名义值的修正

汽车在低附着路面上急转时，极易出现轴侧滑现象。具体的物理过程可以描述为：前轮按照转向盘转角输入产生转向角，但是整车横摆力偶矩迅速减小，无法维持稳定的横摆运动；同时汽车因为轴侧滑，横向附着力迅速降低，无法保证汽车稳定的横向运动；横向滑移占据了主导。此时横摆角速度名义值应通过式(4-50)计算；而侧偏角名义值应通过式(4-52)计算。考察附着椭圆特性可知，联合滑移时横摆和侧偏不能同时达到其极限值，因此需要对这两个参量加以修正。

考虑载荷转移、四轮动力学状态的不一致、侧倾转向、侧向力变形转向等因素，对横摆角速度和侧偏角的名义值进行修正。前轮转向角是从转向盘转角传感器信号换算得到的，需要对转向盘转角输入到前轮转向角输出之间的非线性传递特性加以修正；此外特征车速是由整车转向特性决定的，在不同的转向输入下是一个变量；质心侧偏角的名义值与名义横摆角速度相关，受到轮胎力非线性特性的影响。这些因素中，特征车速是首先需要考虑的。

Milliken 发现了临界车速，用其描述整车在这一临界速度之上区域非收敛的失稳特性；并将稳定性因子和特征车速引入到汽车稳定特征分析中。稳定性因子和特征车速定义如下[25]：

$$K = \frac{m}{l}\left(\frac{N_\beta/(-Y_\beta)}{N_\delta-(N_\beta/(Y_\beta)Y_\delta)}\right) \tag{4-53}$$

式中，m 为整车质量（kg）；l 为轴距（m）；N_β 为横摆力偶矩关于质心侧偏角的导数（N • m/rad），表示汽车前轮与后轮侧偏角的单位变化量引致的横摆力偶矩变化，$N_\beta = aC_{\alpha\mathrm{f}} - cC_{\alpha\mathrm{r}}$ 是独立于速度的物理量，由前后轴的刚度和质心到前后轴的距离决定。如果后轴 N_β 值大于前轴，则汽车是稳定的，同时质心侧偏角趋于减小，当 N_β 为正时，汽车总能保证自动回位；N_δ 为横摆力偶矩关于转向角的导数（N • m/rad），表示汽车转向角单位变化量引致的横摆力偶矩变化，$N_\delta = -aC_{\alpha\mathrm{f}}$，$N_\delta$ 实际上是控制力偶矩微商；Y_β 表示横向力微商（N/rad），$Y_\beta = C_{\alpha\mathrm{f}} + C_{\alpha\mathrm{r}}$；$Y_\delta$ 表示横向力对于前轮转向角的微商（N/rad），$Y_\delta = -C_{\alpha\mathrm{f}}$。

通过特征车速的定义可知：特征车速是汽车前后轴侧偏刚度的函数。引入前后轴侧偏刚度修正系数，它们是轮胎纵、横向滑移率的非线性函数，同时还受到轮胎–地面附着系数变化的影响，则稳定性因子计算式(4-53)中相关系数的修正关系式如下：

$$N_\beta = k_{N_\beta}N_{\beta_0} = ak_{\mathrm{f}}\left(\bar{\alpha}_{\mathrm{f}},\bar{\lambda}_{\mathrm{f}},\bar{\mu}_{\mathrm{f}}\right)C_{\alpha\mathrm{f}_0} - ck_{\mathrm{r}}\left(\bar{\alpha}_{\mathrm{r}},\bar{\lambda}_{\mathrm{r}},\bar{\mu}_{\mathrm{r}}\right)C_{\alpha\mathrm{r}_0} \tag{4-54}$$

$$N_\delta = k_{N_\delta}\cdot N_{\delta_0} = -k_{\mathrm{f}}\left(\bar{\alpha}_{\mathrm{f}},\bar{\lambda}_{\mathrm{f}},\bar{\mu}_{\mathrm{f}}\right)\cdot C_{\alpha\mathrm{f}_0} \tag{4-55}$$

$$Y_\beta = k_{Y_\beta}\cdot Y_{\beta_0} = k_{\mathrm{f}}\left(\bar{\alpha}_{\mathrm{f}},\bar{\lambda}_{\mathrm{f}},\bar{\mu}_{\mathrm{f}}\right)\cdot C_{\alpha\mathrm{f}_0} + k_{\mathrm{r}}\left(\bar{\alpha}_{\mathrm{r}},\bar{\lambda}_{\mathrm{r}},\bar{\mu}_{\mathrm{r}}\right)\cdot C_{\alpha\mathrm{r}_0} \tag{4-56}$$

$$Y_\delta = k_{Y_\delta}\cdot Y_{\delta_0} = -k_{\mathrm{f}}\left(\bar{\alpha}_{\mathrm{f}},\bar{\lambda}_{\mathrm{f}},\bar{\mu}_{\mathrm{f}}\right)\cdot C_{\alpha\mathrm{f}_0} \tag{4-57}$$

式中 k_{N_β}、k_{N_δ}、k_{Y_β}、k_{Y_δ} 为横摆力偶矩微商和横向力微商的动态修正系数。$C_{\alpha\mathrm{f}_0}$，$C_{\alpha\mathrm{r}_0}$ 表示轮胎在纯侧偏时的侧偏刚度系数 (N/rad)。前后轴刚度修正系数 $k_{\mathrm{f}}(\bar{\alpha}_{\mathrm{f}},\bar{\lambda}_{\mathrm{f}})$, $\bar{\mu}_{\mathrm{f}}$、$k_{\mathrm{r}}(\bar{\alpha}_{\mathrm{r}},\bar{\lambda}_{\mathrm{r}})$, $\bar{\mu}_{\mathrm{r}}$ 为该轴侧偏角、滑移率和速度相关的变量[26]。采用该方法修正后得到的横摆力偶矩微商和横向力微商的绝对值较修正前偏小，因此经过修正得到的特征车速偏小。采用这

种方法计算得到的横摆角速度名义值偏小，是趋于保守的修正方法，符合安全控制系统的要求。

3）质心侧偏角名义值的修正

和名义横摆角速度的计算和修正不同，质心侧偏角对整车转向特征的影响是通过前后轴轮胎侧偏角之差的综合作用体现的。当汽车即将发生轴侧滑的极限工况时或者进入侧滑后，基于方程(4-52)难以准确得到 ESC 控制希望保证的质心侧偏角上限值。在工程上可以采用稳定力偶矩分析方法（the Millliken Moment Method，MMM）和 β 法来间接得到这一上限值。

Milliken 研究中心提出 MMM 法建立了整车横向稳定性和侧偏角之间的对应关系 [25]，并且可以通过相应的试验获得实车测试数据。该方法最初由 W.F.Milliken 于 1952 年提出，此后由康奈尔空气动力学试验室（Cornell Aeronautical Laboratory）和 Milliken 研究中心发展成为 MMM 图，用于指导底盘设计。当车速恒定时，如果随着转向盘转角输入的增加而横向加速度增大，则表明汽车处于稳定状态，反之则表明汽车趋于失稳。实际上 MMM 图是将轮胎力 Gough 图应用于整车平衡的描述中。

MMM 法是通过横向加速度和横摆力偶矩之间的准静态关系来描述转向特性的非线性特征的，不能完全反映整车的横向运动特性。因此可以将 MMM 图中的横坐标横向加速度数值替换为该横向加速度输入下对应的质心侧偏角，即可得到稳定横摆力偶矩与质心侧偏角对应的曲线关系，实际上这个替代的分析方法即为 β 法。Y.Shibahata 最先应用 β 法分析了整车稳定性横摆力偶矩和车身侧偏角之间的非线性关系 [27]。β 法指出：当稳定横摆力偶矩为正，或者随着 β 的增加而增加时，则汽车趋于稳定，反之趋于失稳。因此采用 β 法可以得到各种恒定的转向角输入条件下保持整车稳定的侧偏角值，即质心侧偏角名义值。

在构建的仿真平台上进行仿真分析，采用 β 法得到不同的轮胎–路面附着条件下侧偏角–稳定横摆力偶矩关系，如图 4.46 所示。图中不同曲线对应不同的前轮转向角输入，此处 δ_w 为前轮转向角，单位为 (°)。从图中可以看出峰值附着系数为 0.3 时，保持汽车侧偏稳定的名义车身侧偏角上限在 6° 左右。

通过 MMM 方法与 β 法分析可知，汽车横向动力学稳定性控制的目标是保证汽车运动状态在侧偏角–横摆力偶矩关系图中稳定区间内。在实际的汽车动力学稳定性控制的实现过程中，当横向加速度成为主要的影响因素时，侧偏角主要由横向加速度决定，此时轮胎进入了附着极限状态，通常伴随有轴侧滑运动，基于整车运动学方程构建的观测器观测得到的横向速度误差偏大，故可以采用横向加速度替代侧偏角作为监控参量。

4）滑移率控制目标的修正

汽车动力学稳定性控制最终是需要通过轮胎和路面附着力来实现的，因此基于 ABS/TCS 的轮胎制动/驱动滑移率控制技术是稳定性控制实现的基础。从 ESC 主控循环和辅助循环的双层控制模式设计来看，ESC 控制器设计的关键是构建合理的逻辑，能根据整车稳定性控制目标快速优化得到最优的四轮滑移率控制目标，同时保证前、后轴不发生侧滑、抱死和过度滑转。这个过程主要有三种方式实现：卡尔曼滤波器方法、代数黎卡提（Ricaati）方程求解法和反馈逼近法；同时轮胎滑移率控制目标具有一定的约束条件：轮胎滑移率控制范围为附着系数–滑移率曲线的线性区间，且最优滑移率受到路面附着特性的影响。卡尔曼滤波器方法、代数黎卡提方程求解法可参考文献 [26] 中的具体设计方法。

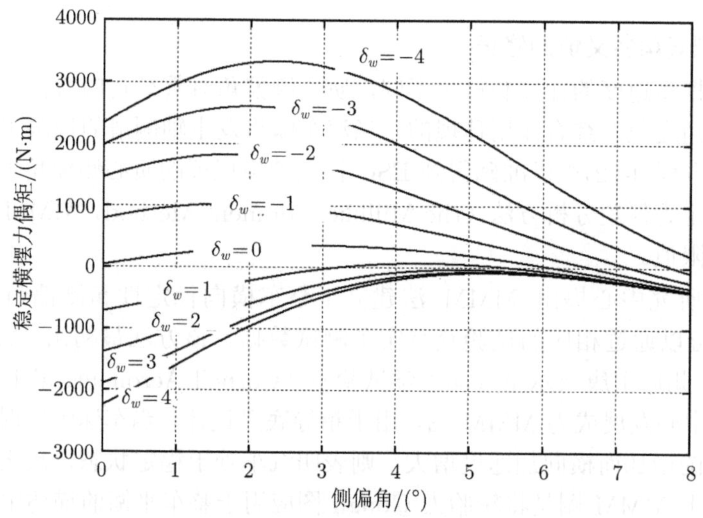

图 4.46 车身侧偏角–横摆力偶矩关系 (附着系数 0.3)

5）被控车轮优选逻辑

ESC 控制器由双层循环控制模式实现（参见图 4.45），外层的车身姿态控制器是一个状态偏差反馈控制器，通过 AYC 实现整车转向过程动力学稳定性控制，内层循环通过轮胎滑移率控制保证外层控制目标的实现，同时控制轮胎滑移率，使轮胎工作在附着系数–滑移率线性区间，保证控制过程中前后轴的稳定。通过上述分析，均一低附着路面上四轮优化控制策略可描述如下。

（1）基于主控变量整车横摆角速度偏差确定的四轮控制逻辑

车身姿态控制器采用整车横摆角速度偏差值作为主控变量。在汽车向左转向过程中，如果横摆角速度偏差 $\Delta\dot{\varphi}>0$ 且大于设定的门限 $\Delta\dot{\varphi}^{+}_{\lim 0}$ 时，表示汽车处于较多的不足转向状态，系统进入主动制动控制循环，对内后轮轮缸主动增压，产生主动横摆力偶矩；当相邻控制周期名义横摆角速度的增量为负，且 $\Delta\dot{\varphi}$ 回到某一控制门限 $\Delta\dot{\varphi}^{+}_{\lim 1}$ 以内时，表明稳定横摆力偶矩控制减小了汽车的不足转向量，且驾驶员有减小转向的意图，此时可以改为保压的方式继续维持横摆力偶矩控制作用；当 $\Delta\dot{\varphi}$ 进入控制门限 $\Delta\dot{\varphi}^{+}_{\lim 0}$ 以内时，对被控车轮减压，退出控制。反之，当汽车处于过多转向时，$\Delta\dot{\varphi}<0$ 且小于设定的门限 $\Delta\dot{\varphi}^{-}_{\lim 0}$ 时，则外前轮施加主动制动。在上述控制过程中，如果转向特征发生变化则随时退出控制，进入下一个控制循环。汽车向右转向的控制逻辑与左转控制逻辑类似。

（2）基于监控变量质心侧偏角偏差确定的四轮控制逻辑

AYC 为了产生横摆力偶矩作用对相应的轮胎施加了主动制动，但是这种主动制动降低了轴的侧向力，使得控制过程中汽车前、后轴可能进入失稳状态。为了确保前、后轴不至于因为轮胎滑移率控制引起轴横向附着过分降低以致发生轴侧滑的危险工况，引入质心侧偏角作为监控变量。监控变量实时跟踪被控的前轴或者后轴的稳定性，一旦发现控制可能导致轴失稳，则进入相应的控制逻辑提高轴的稳定性。通过理论分析和大量的道路试验研究表明：当汽车出现过多转向特征时，后轴首先出现侧滑的危险工况；当汽车具有过大的不足转向特征时，前轴首先出现侧滑的危险工况。因此可以通过质心侧偏角的变化幅度监控前后轴的稳定性。如果 $|\beta|$ 超过 $\beta_{\lim 1}$ 时，表明前轴可能出现侧滑，此时应当主动降

低施加在前轴轮胎上的制动压力；此外应当通过发动机节气门主动干预限制车速进一步增大。如果 $|\beta|$ 超过 $\beta_{\lim 0}$ 时，表明后轴可能发生侧滑，此时需要对后轴车轮减压；此外应当通过发动机节气门主动干预限制车速进一步增大。ESC 相关控制门限需要通过大量的高低附着匹配试验标定得到。基于该分析，形成的车轮控制逻辑如图 4.47 所示。

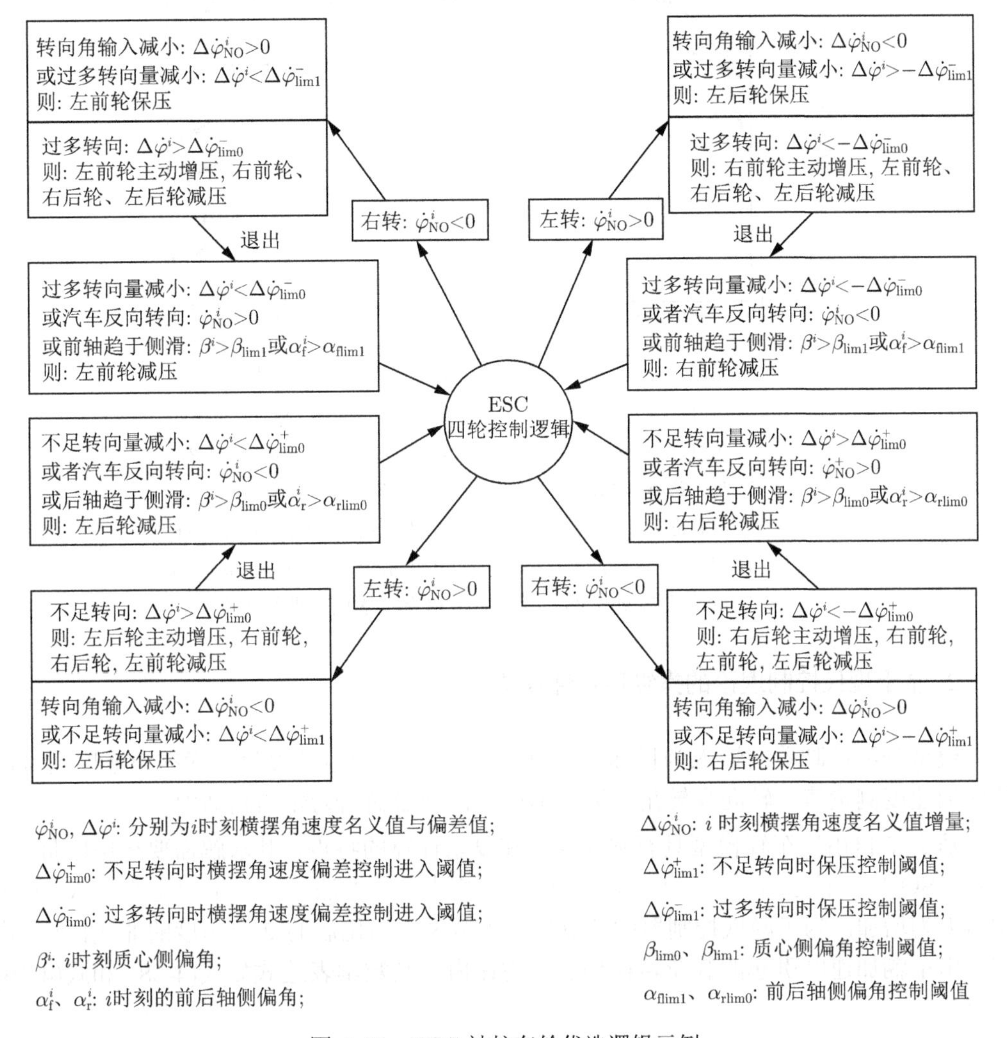

图 4.47 ESC 被控车轮优选逻辑示例

上述分析给出了均一低附着路面被控车轮的优选逻辑，在复杂附着条件下，被控车轮的选择逻辑应当根据四轮附着状态和侧偏角等做进一步修正。以图 4.48对该过程做进一步分析，例如当前轮附着 0.3、后轮附着 0.8、外后轮在侧偏角小于 0.1rad 时，整个滑移率区间均可产生和外前轮相当的横摆力偶矩，为保证前轴的抗侧滑能力可以选用后轮控制滑移率。其他条件下也可基于该 MAP 图做类似修正。因此，当汽车处于复杂路面条件下时，则需要根据各个车轮当前动力学状态以及附着条件加以选择。

6）被控车轮滑移率控制逻辑

上层的操纵稳定性控制算法给出了车轮的滑移率控制目标和控制车轮，基于制动防抱死的逻辑可根据上述两者得出车轮的目标制动压力或制动力，进而实现横摆稳定性的控制，其滑移率控制与 ABS 大体类似，这里不再赘述。

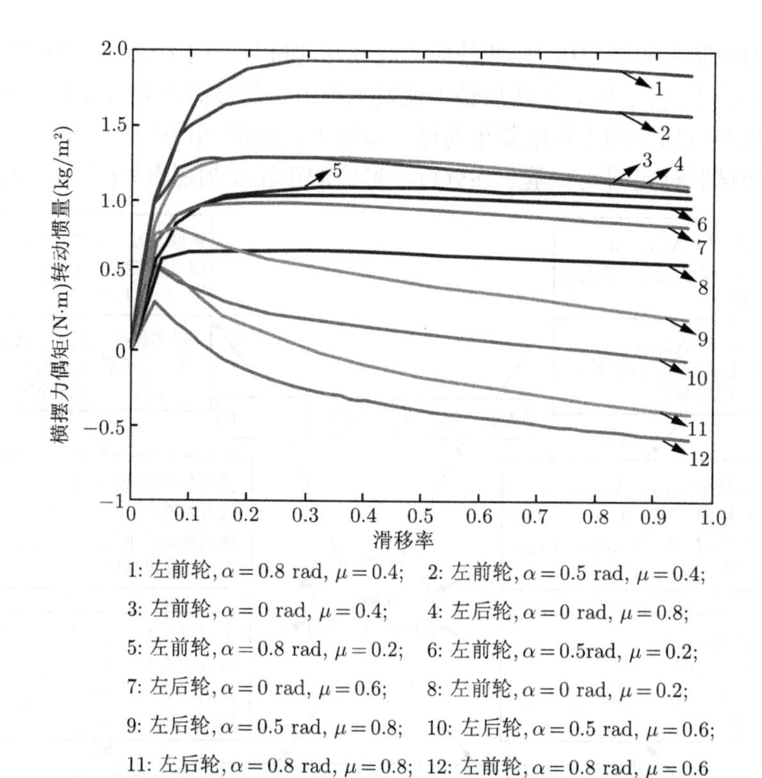

1: 左前轮, $\alpha=0.8$ rad, $\mu=0.4$; 2: 左前轮, $\alpha=0.5$ rad, $\mu=0.4$;

3: 左前轮, $\alpha=0$ rad, $\mu=0.4$; 4: 左后轮, $\alpha=0$ rad, $\mu=0.8$;

5: 左前轮, $\alpha=0.8$ rad, $\mu=0.2$; 6: 左前轮, $\alpha=0.5$rad, $\mu=0.2$;

7: 左后轮, $\alpha=0$ rad, $\mu=0.6$; 8: 左前轮, $\alpha=0$ rad, $\mu=0.2$;

9: 左后轮, $\alpha=0.5$ rad, $\mu=0.8$; 10: 左后轮, $\alpha=0.5$ rad, $\mu=0.6$;

11: 左后轮, $\alpha=0.8$ rad, $\mu=0.8$; 12: 左前轮, $\alpha=0.8$ rad, $\mu=0.6$

图 4.48 四轮处于不同附着时滑移率－横摆力偶矩关系

2. 基于现代控制理论的操纵稳定性算法

模型预测控制器的输入为目标状态值、轮胎–路面附着估算值、横摆角速度测量值、侧向加速度测量值、转向盘转角、纵向车速，控制器输出为轮胎制动力。

基于 7 自由度车辆模型具有强非线性和复杂计算的特点，其求解需要运用序贯二次规划（SQP）、粒子群算法（PSO）等复杂的数值求解方法，计算量相比线性 MPC 控制器大为增加。为了降低控制器的计算量，本节采用简化后的 2 自由度的非线性车辆模型，由车辆加速度引起的载荷转移仍然考虑在内。其数学表达式如式(4-58) 和式(4-59) 所示：

$$\dot{\beta}=\frac{1}{mv_x}\left[(F_{x11}+F_{x12})\sin\delta_{\mathrm{f}}+(F_{y11}+F_{y12})\cos\delta_{\mathrm{f}}+F_{y21}+F_{y22}-mv_x\omega_{\mathrm{r}}\right] \tag{4-58}$$

$$\dot{\omega}_r=\frac{1}{I_z}\left[\begin{array}{l}(F_{y11}+F_{y12})\,a\cos\delta_{\mathrm{f}}+(F_{y11}-F_{y12})\,\dfrac{w}{2}\sin\delta_{\mathrm{f}}-(F_{y21}+F_{y22})\,b+\\(F_{x11}+F_{x12})\,a\sin\delta_{\mathrm{f}}-(F_{x11}-F_{x12})\,\dfrac{w}{2}\cos\delta_{\mathrm{f}}-(F_{x21}-F_{x22})\,\dfrac{w}{2}\end{array}\right] \tag{4-59}$$

其中轮胎模型为线性化的形式。假设车轮侧偏角为 α_{ij}，将轮胎的侧向力写成线性化的形式为

$$F_{yij}=\alpha_{ij}c_{ij} \tag{4-60}$$

其中 c_{ij} 可利用轮胎模型得到，以魔术公式为例：

$$c_{ij}=\left.\frac{\partial F_{yij}}{\partial \alpha}\right|_{\varepsilon}=D_y\cos\{C_y\arctan[B_y\alpha_{ij}(1-E_y)+E_y\arctan(B_y\alpha_{ij})]\}$$
$$\cdot C_y\frac{B_y(1-E_y)+E_y\dfrac{B_y}{1+(B_y\alpha_{ij})^2}}{1+[B_y\alpha_{ij}(1-E_y)+E_y\arctan(B_y\alpha_{ij})]^2} \tag{4-61}$$

将上式代入车辆模型式(4-58)和式(4-59)得到线性化的系统状态方程为

$$\dot{x}=\boldsymbol{A}_{\mathrm{c}}x+\boldsymbol{B}_{\mathrm{c}u}u+\boldsymbol{N}_{\mathrm{c}1}e_1+\boldsymbol{N}_{\mathrm{c}2}e_2 \tag{4-62}$$

其中，

$\boldsymbol{x}=\begin{bmatrix}\beta & \omega_{\mathrm{r}}\end{bmatrix}^{\mathrm{T}}$为系统变量；

$\boldsymbol{A}_{\mathrm{c}}=\begin{bmatrix}a_{11} & a_{12}\\ a_{21} & a_{22}\end{bmatrix}$；

$a_{11}=\dfrac{1}{mv_x}[(c_{11}+c_{12})\cos\delta_{\mathrm{f}}+c_{21}+c_{22}]$；

$a_{12}=\dfrac{1}{mv_x}\left[(c_{11}+c_{12})\dfrac{a}{v_x}\cos\delta_{\mathrm{f}}-(c_{21}+c_{22})\dfrac{b}{v_x}-mv_x\right]$；

$a_{21}=\dfrac{1}{I_z}\left[(c_{11}+c_{12})a\cos\delta_{\mathrm{f}}+(c_{11}-c_{12})\dfrac{w}{2}\sin\delta_{\mathrm{f}}-(c_{21}+c_{22})b\right]$；

$a_{22}=\dfrac{1}{I_z}\left[(c_{11}+c_{12})\dfrac{a^2}{v_x}\cos\delta_{\mathrm{f}}+(c_{11}-c_{12})\dfrac{a}{v_x}\dfrac{w}{2}\sin\delta_{\mathrm{f}}+(c_{21}+c_{22})\dfrac{b^2}{v_x}\right]$；

$e_1=\begin{bmatrix}F_{x11} & F_{x12} & F_{x21} & F_{x22}\end{bmatrix}^{\mathrm{T}}-u$ 为轮胎纵向力与轮胎制动力之差，可视为干扰；

$\boldsymbol{N}_{\mathrm{c}1}=\boldsymbol{B}_{\mathrm{c}u}$为其对应的干扰输入矩阵；

e_2为前轮转角，也可视为干扰，$N_{\mathrm{c}2}$为其对应的干扰输入矩阵。

$$N_{\mathrm{c}2}=-\frac{1}{I_z}\begin{bmatrix}\dfrac{I_z}{mv_x}(c_{11}+c_{12})\cos\delta_{\mathrm{f}}\\ (c_{11}+c_{12})a\cos\delta_{\mathrm{f}}+(c_{11}-c_{12})\dfrac{w}{2}\sin\delta_{\mathrm{f}}\end{bmatrix} \tag{4-63}$$

由于控制器算法是按照固定的周期运行的，需要将连续时间形式的系统模型进行离散化变换为离散形式的系统模型，其表达式如下：

$$\begin{aligned}&\Delta x(k+1)=A\Delta x(k)+B_{\mathrm{u}}\Delta u(k)+N_1\Delta e_1(k)+N_2\Delta e_2(k)\\ &y_{\mathrm{c}}(k)=C_{\mathrm{c}}\Delta x(k)+y_{\mathrm{c}}(k-1)\end{aligned} \tag{4-64}$$

式中；$\Delta x(k)=x(k)-x(k-1)$；$\Delta u(k)=u(k)-u(k-1)$；$\Delta e_1(k)=e_1(k)-e_1(k-1)$；$\Delta e_2(k)=e_2(k)-e_2(k-1)$；$C_c=\begin{bmatrix}1 & 0\\ 0 & 1\end{bmatrix}$；$y_{\mathrm{c}}$ 为系统输出。

对比连续时间形式的系统模型可知模型中状态矩阵的关系为

$$
\begin{aligned}
A &= e^{A_c l_s} \\
B_u &= \int_0^{T_s} e^{A_c t}\mathrm{d}t \cdot B_{cu} \\
N_1 &= \int_0^{T_s} e^{A_c t}\mathrm{d}t \cdot N_{c1} \\
N_2 &= \int_0^{T_s} e^{A_c t}\mathrm{d}t \cdot N_{c2}
\end{aligned}
$$

进一步的，将优化的代价函数设置成如下形式，操纵稳定性控制的模型预测控制算法可转化为二次规划问题求解，其具体的实现方式可参考文献 [28]。

$$
J = \left\| G_y \left(Y_{\mathrm{p}}(k) - R(k+1) \right) \right\|^2 + \left\| G_{\mathrm{u}} \Delta U(k) \right\|^2 \tag{4-65}
$$

3. 基于稳定性裕度的操纵稳定性预测算法

汽车在道路上的行驶工况可根据汽车横向和横摆稳定性裕度分为稳定区域、欠稳定区域、失稳临界区域和失稳区域，该区域如图 4.49 所示。图中稳定区域是指在转向幅度小，或者轻制动（驱动）下，轮胎处于线性工作区间，路面的附着能保证汽车的横、纵向稳定性，此时的横摆加速度 a_y 一般不大于 $0.5\mu g$，其中 μ 为路面附着系数，g 为重力加速度。欠稳定区域是指在转向幅度较大，或者高强度制动（驱动）下，轮胎工作在滑移率–附着特性曲线的过渡区，此时汽车的横、纵向轮胎力接近附着极限，横向加速度：$0.5\mu g < a_y < 0.75\mu g$，汽车有失稳的趋势，但通过 ABS、TCS、AYC 等可以保证汽车的稳定性，使稳定区域扩大到 $a_y < 0.75\mu g$ 的范围。失稳临界区域是指在转向幅度大，制动（驱动）强度高时，轮胎进入滑移率–附着特性曲线的摩擦区间，工作在附着椭圆的边界，横向加速度大致为 $0.75\mu g < a_y < 1\mu g$，这时汽车极容易因为车轴侧滑而导致失稳，此时尽管车辆仍存在于稳定区域，但区域非常狭小，对车辆的控制变得很困难。失稳区域指车辆已处于失稳的状态，很难通过 ABS、TCS、AYC 等控制回到稳定状态。显然，随着车辆的不稳定程度加剧，车辆的动力学状态由纵向或横向向纵横向耦合过渡，且此时的车辆稳定性也由稳态准稳态向瞬态过渡。在车辆的临界失稳区域，由于 ABS 等的细微控制极易导致车辆由准稳态向非稳态发展，此时 ABS 等系统通常采用保守的控制方式，防止造成车辆的误干预。

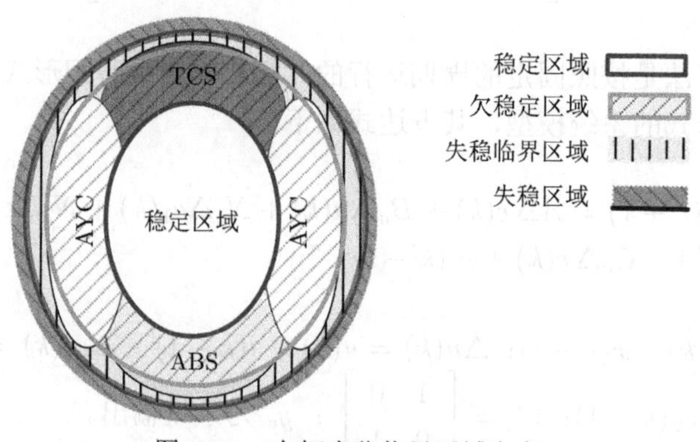

图 4.49　车辆失稳临界区域定义

针对上述车辆所处的失稳临界区域，可采用稳定性裕度的方式描述车辆状态离失稳边界的距离。基于稳定性裕度的预测控制策略可以引入一定的预测环节，减小基于状态偏差反馈控制过程中的超调与滞后，改善控制的质量，避免反馈控制的超调造成的前后轴侧滑等危险工况。

汽车处于稳定和非稳定边界时，在复杂的路况条件下或者运动状态下，前一节提出的状态偏差反馈控制方法的超调或者滞后都会严重影响到稳定性控制的性能；内层的滑移率控制过程中的振荡引致了整个系统的不稳定，使得控制难以达到理论上的最优状态[29]；实际控制过程中，例如在低附着路面上，如果横向附着达到峰值，汽车的前轴或者后轴极有可能在较小的控制超调作用下产生较大的滑移，使得稳定性变得不可控。

对于该问题，目前在实际产品中采用的方法是尽可能采用趋于保守的控制策略，比如适当放大横摆角速度状态偏差值或者侧偏角状态偏差值的进入门限；适当减小轮胎滑移率控制门限，使得车身稳定性控制和轮胎稳定性控制趋于保守的调节方式。这种保守的控制方式减小了控制器作用范围。为此这里基于整车动力学状态参量观测系统，提出基于动力学稳定性矩阵的方法对控制过程中整车动力学状态的稳定性动态评估，并以此作为预测环节，改善反馈控制的性能。

1）横向、横摆运动稳定性裕度

对于仅有前轮转向的车辆，其前轮转向角 $\delta_{\mathrm{w}11}$ 和 $\delta_{\mathrm{w}12}$ 可通过转向盘转角和传动比计算得到，而后轮转角 $\delta_{\mathrm{w}21}=\delta_{\mathrm{w}22}=0$，其中 $\delta_{\mathrm{w}ij}$ 表示车轮转向角；对于该车辆进一步套用推导车辆横摆运动二自由度模型时采用的假设，即假设左右车轮侧偏刚度相同；假设车轮的比刚度系数为 $C'_{ij}=C_{\alpha ij}/C_{\lambda ij}$，则车辆的横向运动和横摆运动可分别用式(4-66)和式(4-67)表示，式中 F_{xij} 表示车轮纵向力，λ_{ij} 表示车轮滑移率。

$$
\begin{aligned}
\frac{\dot V}{V_x}+\dot\varphi =&\frac{1}{mV_x}\left\{\frac{F_{x11}}{\lambda_{11}}\left(C'_{11}\alpha_{11}\cos\delta_{\mathrm{w}11}+\lambda_{11}\sin\delta_{\mathrm{w}11}\right)+\right.\\
&\frac{F_{x12}}{\lambda_{12}}\left(C'_{12}\alpha_{12}\cos\delta_{\mathrm{w}12}+\lambda_{12}\sin\delta_{\mathrm{w}12}\right)+\\
&\left.\frac{F_{x21}}{\lambda_{21}}\left(C'_{21}\alpha_{21}\right)+\frac{F_{x22}}{\lambda_{22}}\left(C'_{22}\alpha_{22}\right)\right\}
\end{aligned}
\tag{4-66}
$$

$$
\begin{aligned}
I_z\ddot\varphi =&F_{x11}\left(\frac{1}{\lambda_{11}}\alpha_{11}C'_{11}\left(-a\cos\delta_{\mathrm{w}11}+b\sin\delta_{\mathrm{w}11}\right)-a\sin\delta_{\mathrm{w}11}+b\cos\delta_{\mathrm{w}11}\right)+\\
&F_{x12}\left(\frac{1}{\lambda_{12}}\alpha_{12}C'_{12}\left(-a\cos\delta_{\mathrm{w}12}-b\sin\delta_{\mathrm{w}12}\right)-a\sin\delta_{\mathrm{w}12}-b\cos\delta_{\mathrm{w}12}\right)+\\
&F_{x21}\left(\frac{1}{\lambda_{21}}\alpha_{21}C'_{21}+b\right)+F_{x22}\left(\frac{1}{\lambda_{22}}\alpha_{22}C'_{22}-b\right)
\end{aligned}
\tag{4-67}
$$

对于式(4-66)，若将左右两端同乘 V_x，则等式左端变为 $\dot V+\dot\varphi V_x$(即 a_y) 表示车辆的运动状态的变化率，等式右端变为仅包含操纵输入量（车轮转向角 δ_{ij}）、轮胎动力学参量（路面附着系数 u_{ij}，轮胎侧偏角 α_{ij}），以及外加主动制动控制参量 λ_{ij}（采用主动制动方法实现横摆力偶矩控制，因此可以将轮胎滑移率 λ_{ij} 视为外加控制参量）的函数。因此可将等式右端定义为影响车辆横向运动的稳定性因数。将该因数分解到每个车

轮，则可得到车轮的稳定性因数为

$$\begin{cases} L_{s11}=\dfrac{1}{m}\dfrac{F_{x11}}{\lambda_{11}}\left(C'_{11}\alpha_{11}\cos\delta_{\mathrm{w}11}+\lambda_{11}\sin\delta_{\mathrm{w}11}\right) \\ L_{s12}=\dfrac{1}{m}\dfrac{F_{x12}}{\lambda_{12}}\left(C'_{12}\alpha_{12}\cos\delta_{\mathrm{w}12}+\lambda_{12}\sin\delta_{\mathrm{w}12}\right) \\ L_{s21}=\dfrac{1}{m}\dfrac{F_{x21}}{\lambda_{21}}\left(C'_{21}\alpha_{21}\right) \\ L_{s22}=\dfrac{1}{m}\dfrac{F_{x22}}{\lambda_{22}}C'_{22}\alpha_{22} \end{cases} \tag{4-68}$$

进一步将横向稳定性因素与整车横向加速度的偏差定义为横向稳定性裕度，其可用于表示车辆离稳定性边界的范围，即当对某一车轮单独控制时，其对整车横向运动的影响。横向稳定性裕度可以表示为

$$L_{smij}=-\sum_{i,j=1}^{2}L_{sij}\left(\lambda_{ij},\delta_{\mathrm{w}j},\mu_{ij},\alpha_{ij}\right)\mid\lambda_{ij}+a_y \tag{4-69}$$

同理，对式(4-66)做相同处理，横摆稳定性因数可以表示为

$$\begin{cases} Y_{s11}=\dfrac{F_{x11}}{I_z}\left(\dfrac{1}{\lambda_{11}}\alpha_{11}C'_{11}\left(-a\cos\delta_{\mathrm{w}11}+b\sin\delta_{\mathrm{w}11}\right)-a\sin\delta_{\mathrm{w}11}+b\cos\delta_{\mathrm{w}11}\right) \\ Y_{s12}=\dfrac{F_{x12}}{I_z}\left(\dfrac{1}{\lambda_{12}}\alpha_{12}C'_{12}\left(-a\cos\delta_{\mathrm{w}12}-b\sin\delta_{\mathrm{w}12}\right)-a\sin\delta_{\mathrm{w}12}-b\cos\delta_{\mathrm{w}12}\right) \\ Y_{s21}=\dfrac{F_{x21}}{I_z}\left(\dfrac{1}{\lambda_{21}}\alpha_{21}C'_{21}+b\right) \\ Y_{s22}=\dfrac{F_{x22}}{I_z}\left(\dfrac{1}{\lambda_{22}}\alpha_{22}C'_{22}-b\right) \end{cases} \tag{4-70}$$

横摆稳定性裕度可以表示为

$$Y_{smij}=-\sum_{i,j=1}^{2}M\left(\lambda_{ij},\mu_{ij},\delta_{\mathrm{w}ij},\alpha_{ij}\right)\Big|_{\lambda_{ij}}+\ddot{\varphi} \tag{4-71}$$

2）整车稳定性判据与控制

从横向稳定性裕度、横摆稳定性裕度定义可知，这些参量实际衡量的是基于当前的状态，对汽车施加主动制动时，系统所产生的响应对最终稳定性的影响。因此，基于稳定性矩阵可以形成实际的稳定性控制策略，构建整车稳定性和车轮稳定性控制之间的对应关系，同时避免了计算复杂的代数黎卡提方程或者卡尔曼滤波器。基于整车横向稳定性的判断，可以形成系统稳定性预测逻辑：

（1）单轮调控的整车横向稳定性和轮胎稳定性判据

① $L_{smij}^{k+1}\geqslant 0$ 则表示所选择的被控车轮有利于改善整车的横向稳定性，降低侧偏角的状态偏差，因此应当选为被控车轮；实际上需要根据轴的稳定性来进一步确认该车轮是否是最优的控制对象。如果进一步的有 $L_{smij}^{k+1}-L_{smij}^{k}\geqslant 0$ 则表明选择的车轮在进一步控制作用下仍处于稳定区间，因此可以进一步增加主动制动的压力，或者保压，以改善整车稳定性。如果进一步的有 $L_{smij}^{k+1}-L_{smij}^{k}<0$ 则表明选择的车轮在进一步控制作用下将趋于不稳定，此时应该减压，恢复被控轮胎的稳定性。

② 如果 $L_{smij}^{k+1} < 0$ 则表示所选择的被控车轮将降低整车的横向稳定性，增加侧偏角的状态偏差，因此应当避免选择该车轮进行调控，优选适当的调控对象。如果进一步的有 $L_{smij}^{k+1} - L_{smij}^{k} \geqslant 0$ 则表明选择的车轮在进一步控制作用下仍将处于稳定区间；如果该车轮在前面的控制中已作为控制对象，则应当降低主动制动压力。如果进一步的有 $L_{smij}^{k+1} - L_{smij}^{k} < 0$ 则表明选择的车轮在进一步控制作用下将趋于不稳定，因此应当考虑直接卸压。

（2）横向控制的轴稳定性判断和被控车轮选择逻辑

① 如果 $L_{smi1}^{k+1} + L_{smi2}^{k+1} \geqslant 0$（$i = 1$ 或 2）表示在进一步调控下前轴或者后轴能够保持稳定，则可以选择该轴所对应的车轮作为调控对象；具体选择哪一个车轮可以进一步地分析轮胎的横向稳定性；而被控轮胎的稳定性则可以根据单轮调控的稳定性和轮胎稳定性判据加以分析。如果被选择的车轮满足单轮的稳定性判据的要求，同时能够满足轴稳定性判据的要求，那么可以作为最优控制目标。

② 如果 $L_{smi1}^{k+1} + L_{smi2}^{k+1} < 0$（$i = 1$ 或 2）表示在进一步调控下前轴或者后轴将失去横向稳定，如果进一步对失去横向稳定性的轴施加控制，则很容易造成轴的滑移，这是稳定性控制中必须避免的；因此应当尽可能选择另外的轴所对应的车轮作为调控对象；而具体选择哪一个车轮可以进一步地分析轮胎的横向稳定性。被控轮胎的稳定性则可以根据单轮调控的稳定性和轮胎稳定性判据加以分析。

③ 如果 $L_{smi1}^{k+1} + L_{smi2}^{k+1} < 0$（$i = 1$ 或 2）表示在进一步调控下前轴或后轴将失去横向稳定，此时采取制动控制会造成整车的滑移，这是稳定性控制中必须避免的。此时应当尽量避免主动制动干预，而是应当采用主动节气门调节，降低车速；同时尽量避免后轴滑移，以免发生激转失稳。因此此时应当对任何轴上被控的车轮施加减压或者卸压控制。

基于整车横摆稳定性的判断，可以形成系统在可能的控制下的横摆稳定性预测逻辑：

① 如果 $Y_{smij}^{k+1} \geqslant 0$ 则表示所选择的被控车轮有利于改善整车的横摆稳定性，降低横摆角速度的状态偏差，因此该车轮可以作为被控车轮。

② 如果 $\sum\limits_{i,j=1}^{2} Y_{smij}^{k+1} \geqslant 0$ 且 $Y_{smij}^{k+1} < 0$，表明在进一步的调控下整车能够保持横摆稳定性，但是被控车轮的进一步控制将降低整车的稳定性，因此应当对被控车轮进行保压或者降压控制。

③ 如果 $\sum\limits_{i,j=1}^{2} Y_{smij}^{k+1} \geqslant 0$ 且 $Y_{sm11}^{k+1} + Y_{sm12}^{k+1} < 0$ 或 $Y_{sm21}^{k+1} + Y_{sm22}^{k+1} < 0$ 表明整车在进一步控制中能够保持稳定性，但是被控车轮所在一侧的轮胎将失去进一步改善主动稳定性横摆力偶矩的作用，因此应当对滑移率过大的被控车轮进行减压或者保压。

④ 如果 $\sum\limits_{i,j=1}^{2} Y_{smij}^{k+1} < 0$，表明在进一步的控制中整车将失稳，因此所有被控车轮都必须减压，同时必须进一步配合节气门控制，主动降低整车行进的速度，才能获得整车横摆稳定性，这种情况一般发生在低附着路面上。

从系统架构看，基于稳定矩阵的预测控制和基于状态差异的反馈控制是类似的。外层用于控制整车稳定性，而内层用于控制轮胎的稳定性。稳定性裕度判据的作用是将整车稳定性控制和轮胎稳定性控制之间进行合理的映射。显然，整车的纵横向速度观测、轮胎力估计，以及道路附着估计是预测控制的基础。控制器的逻辑如图 4.50 所示。

4.5.3 操纵稳定性与防侧翻集成控制算法

1. 车辆防侧翻控制技术概述

汽车的侧翻分为绊倒侧翻（Tripped Rollover）和非绊倒侧翻（Un-tripped Rollover）。前者指汽车在行驶中发生侧向滑移，与路面上的障碍物相撞产生冲击而引起的侧翻；后者指汽车在行驶过程中，由于侧向加速度过大，使得汽车内侧车轮的垂直反力为零而引起的侧翻。统计数据显示，侧翻事故中有 1/3 为非绊倒侧翻，2/3 为绊倒侧翻 [24]。因此，针对大侧滑的绊倒侧翻和大侧倾的非绊倒侧翻的主动防侧翻控制具有很大的现实意义。

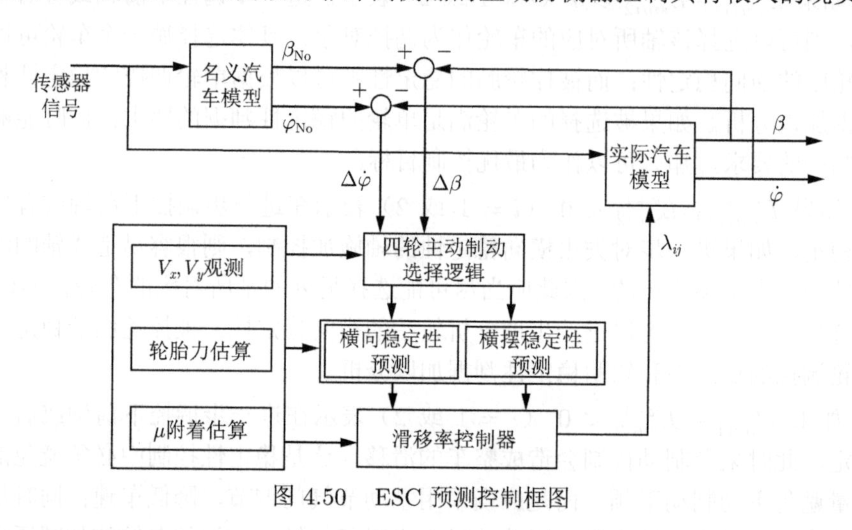

图 4.50 ESC 预测控制框图

1）防侧翻指标

车辆防侧翻控制中常用的侧翻指标有：横向载荷转移率（Load Transfer Ratio，LTR）[30]、临界侧向加速度（Critical Lateral Acceleration）、侧倾角和侧倾角速度（Critical Roll Angle，Critical Roll Rate）[31,32]、侧翻预警时间（Time to Rollover，TTR）[33] 等。

（1）横向载荷转移率

汽车横向载荷转移率定义为左右车轮垂直载荷之差与之和的比值，如式(4-77)所示。汽车在行驶过程中，横向载荷转移率的范围为 −1~+1。当汽车直线行驶时，其值为 0；当一侧车轮发生离地时，其值为 −1 或者 +1。横向载荷转移率为 Preston-Thomas 和 Woodrooffe 在 1990 年提出 [34]，研究表明 LTR 可以在一定程度上表征汽车的侧翻特性，基于 LTR 的防侧翻控制可以有效地降低汽车的侧翻危险 [30]，但基于 LTR 的侧翻预警往往会存在控制不及时的不足，Vasilios Tsourapas 等提出一种预测的横向载荷转移率，如式(4-74) 所示，通过预测时刻之后的 LTR 来对侧翻进行预警，可以有效地改善传统 LTR 预警的不及时问题 [35]。

$$\mathrm{LTR} = \frac{F_{z\mathrm{l}} - F_{z\mathrm{r}}}{F_{z\mathrm{l}} + F_{z\mathrm{r}}} \tag{4-72}$$

$$\mathrm{LTR} = \frac{2}{T}\frac{h_O(a_y\cos\phi + h_O\dot{\varphi}^2\sin\phi + g\sin\phi)}{g} \tag{4-73}$$

$$\mathrm{LTR}_{\mathrm{t0}}(\Delta t) = \mathrm{LTR}(t_0) + \dot{\mathrm{LTR}}(t_0)\Delta t \tag{4-74}$$

（2）临界侧向加速度和侧倾角、侧倾角速度根据汽车的准静态模型，可以得到汽车在离地时的侧倾阈值，侧向加速度阈值与侧倾角的关系如图 4.51 所示。在侧倾角超过侧倾阈值 $\phi_{\rm th}$ 时，引起侧翻的侧向加速度阈值 a_{yc} 逐渐变小，最后降低为零，发生侧翻的危险性随之逐渐增加。

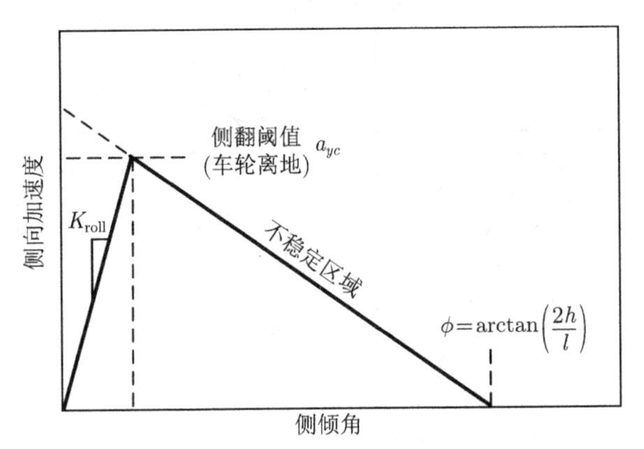

图 4.51　侧向加速度阈值与侧倾角关系

当汽车发生离地时，可以得到侧倾角和侧倾角速度之间的变化关系，如图 4.52 所示。图中粗线表示发生离地时的临界线，之下表示稳定区域，之上为非稳定区域。

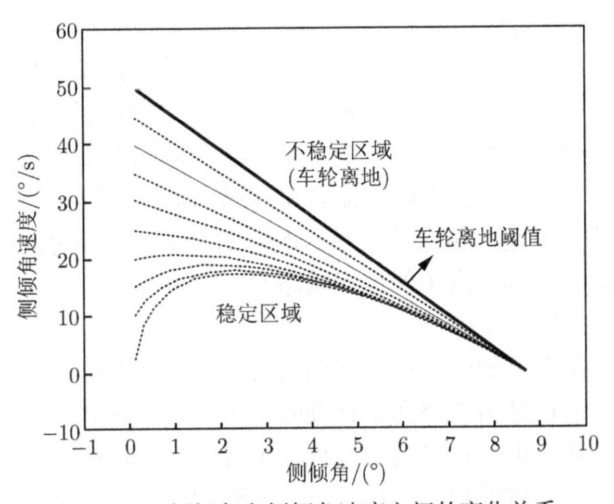

图 4.52　侧倾角和侧倾角速度之间的变化关系

考虑侧向加速阈值、侧倾角和侧倾角速度阈值之间的关系，Jangyeol Yoon 等 [31,32] 提出了如图 4.53 和式(4-75) 所示的侧翻指标。该侧翻指标考虑的侧翻因素较 LTR 更多，更加真实地反映汽车的侧翻趋势，能够更好地对汽车的侧翻进行预警。

$$RI=\begin{cases}C_1\left(\dfrac{|\phi|\dot{\phi}_{\rm th}+\left|\dot{\phi}\right|\phi_{\rm th}}{\phi_{\rm th}\dot{\phi}_{\rm th}}\right)+C_2\left(\dfrac{|a_y|}{a_{yc}}\right)+(1-C_1-C_2)\left(\dfrac{|\phi|}{\sqrt{\phi^2+\dot{\phi}^2}}\right), & (\phi(\dot{\phi}-k\phi)>0)\\ 0, & (\phi(\dot{\phi}-k\phi)<0)\end{cases}\tag{4-75}$$

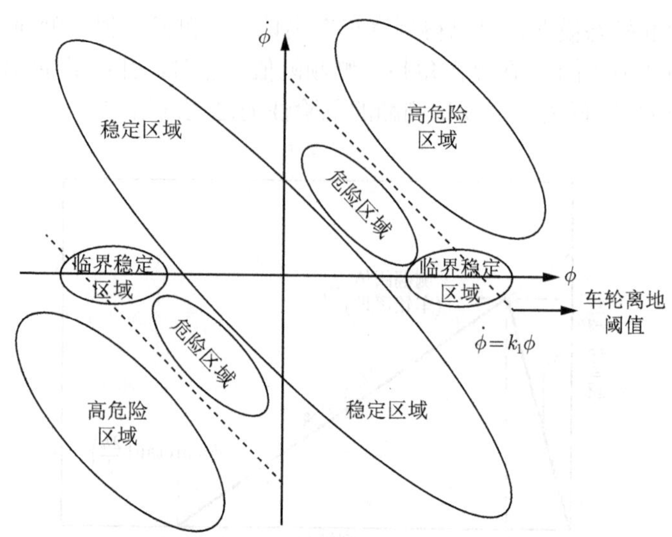

图 4.53 综合侧向加速阈值、侧倾角和侧倾角速度阈值的侧翻指标

（3）侧翻预警时间

横向载荷转移率和侧倾阈值都是根据当前的汽车状态计算得到侧翻指标，表征的是汽车当前时刻的特性，由于驾驶员反应和控制系统的滞后性，基于当前时刻的侧倾特性的防侧翻控制往往不及时。侧翻预警时间定义为当前时刻距离汽车侧翻（离地）的时间 [36]。侧翻预警时间以简化的汽车模型为基础，根据汽车侧倾动力学，计算未来时刻的汽车状态（侧向加速度、侧倾角、侧倾角速度等），得到距离侧倾阈值的时间。

假设当前时刻汽车的某些状态量恒定（纵向车速、转向盘转角），但实际的未来时刻的车速和转向盘转角会发生变化，为了更好地体现预测的准确性，H. Yu 等提出了两种改善的 TTR 计算算法，一种假设转向盘转角和纵向加速度恒定，另一种假设转向盘转向角速度和纵向加速度恒定。仿真结果显示改善的 TTR 预警时间较之传统的 TTR 预警时间能更加准确地表征真实汽车的运行状态 [33]。

（4）基于能量法的侧翻指标

当汽车行驶在高附着路面时，由于路面附着较高，能够提供较大的侧向力，促使汽车发生非绊倒侧翻。而在低附着路面上行驶时，由于路面附着较低，汽车往往发生侧滑而不会出现非绊倒侧翻。但若在侧滑的过程中出现障碍物，则很容易诱发绊倒侧翻。所以在低附着路面上汽车的侧偏角也表征了一定的侧翻危险。为了描述侧偏角对侧翻危险的影响，Nalecz 在 1987 年提出了用能量守恒来描述汽车的侧翻，通过定义汽车当前所具备的动能和汽车到达侧翻位置所需克服的重力势能之差来表征汽车的侧翻危险，若差值大于零则有侧翻的危险 [37]。Seibum 结合能量法和侧向加速度阈值定义了侧翻指标 [38]，如式(4-76) 所示，该指标能适用于高附着和低附着路面。

$$RI_0=\frac{1}{2}|V_x\beta|^2-\left[\sqrt{a_{y,\mathrm{m}}^2+g^2}\sqrt{{h_O}^2+(T/2)^2}-\frac{T}{2}a_{y,\mathrm{m}}-h_O g\right]$$

$$RI=\begin{cases}RI_0,|a_{y,\mathrm{m}}|-\dfrac{T}{2h}gA_{\mathrm{th}}>0\\[2ex]0,|a_{y,\mathrm{m}}|-\dfrac{T}{2h}gA_{\mathrm{th}}\leqslant 0\end{cases}\tag{4-76}$$

2）防侧翻控制技术

汽车主动防侧翻技术主要包括差动制动技术、半主动/主动悬架技术和主动转向技术等。差动制动技术是指在汽车有侧翻的危险时，通过对一侧车轮制动，一方面可以降低车速，另一方面可以产生一个反向的横摆力偶矩，降低汽车的横摆角速度，如式(4-77)所示，最终实现降低侧向加速度，改变侧倾运动，避免侧翻的危险[39]。

$$\begin{cases} m(\dot{V}_x - \dot{V}_y\dot{\varphi}) = \sum F_x + F_u \\ I_z\ddot{\varphi} = \sum M + M_{\mathrm{u}} \end{cases} \tag{4-77}$$

半主动/主动悬架技术通过在线调节悬架系统的阻尼/侧倾刚度和主动增加侧倾力偶矩，如式(4-78)和式(4-79) 所示，直接改变汽车侧倾运动特性，降低汽车在行驶中的侧倾角，避免侧翻的危险。

$$(I_{xO} + mh_O^2)\ddot{\phi} = mh_O(a_y\cos\phi + g\sin\phi) - C_\phi(t)\dot{\phi} - K_\phi(t)\phi \tag{4-78}$$

$$(I_{xO} + mh_O^2)\ddot{\phi} = mh_O(a_y\cos\phi + g\sin\phi) - C_\phi\dot{\phi} - K_\phi\phi + M_\phi \tag{4-79}$$

主动转向技术指在驾驶员的转向角的基础上，主动叠加一个转向角，调节车轮的转角，改变车轮上的侧向力，从而实现对汽车侧向和横摆运动的调控，降低侧向加速度，进而减少侧翻的危险。

在进行汽车防侧翻控制时，需要依据控制变量，得到控制目标，比如附加横摆力偶矩、附加侧倾力偶矩等，再通过上述的防侧翻技术实现控制目的。

在防侧翻控制领域，常见的控制方法有逻辑门限控制[40]、PID 控制[51,52]、最优控制[43,44]、滑模控制[31,45]和模糊控制[46,47]等。逻辑门限控制指通过设置一定的阈值，当汽车的某一状态超过这一阈值时，触发相应的控制。比如当汽车的侧向加速度超过阈值时，对车轮施加相应的制动力。最优控制是指在一定的约束下，寻找控制策略使得性能指标最小或最大。在防侧翻控制中，性能指标可以为横摆角速度偏差、侧向加速度、侧倾角、附加横摆力矩等及其组合。滑模控制是指通过定义滑模面，得到相应的控制规律使得状态量沿着滑模面到达稳定点。滑模控制关键在于滑模面函数的设计，根据不同的研究需求可以设计不同的滑模面函数。

由于精确描述系统存在很大的困难，基于简化模型的控制常得不到理想的效果，而基于模糊数学的模糊控制通过定义变量、模糊化、知识库、逻辑判断及反模糊化可以对复杂系统实现较好的控制。基于模糊控制与 PID、最优控制等的结合也在防侧翻控制中取得了一定的效果[46-47]。

2. 基于模型预测控制的集成算法

集成汽车防侧翻控制的汽车稳定性控制问题是在传统平面稳定性问题的基础上进行三维空间的扩展。如图 4.54 所示，高速行驶的车辆在转向过程中，可能出现平面运动中的横摆角速度和车身侧偏角失稳，也可能出现由于大的侧倾运动而诱发的侧翻失稳。因此本书的防侧翻控制中集成了横摆角速度跟随控制、车身侧偏角控制和侧倾角/侧倾角速度控制。在防侧翻控制中，需要确定控制的目标值相应地分为横摆角速度名义值、车身侧偏角名义值和侧翻指标。

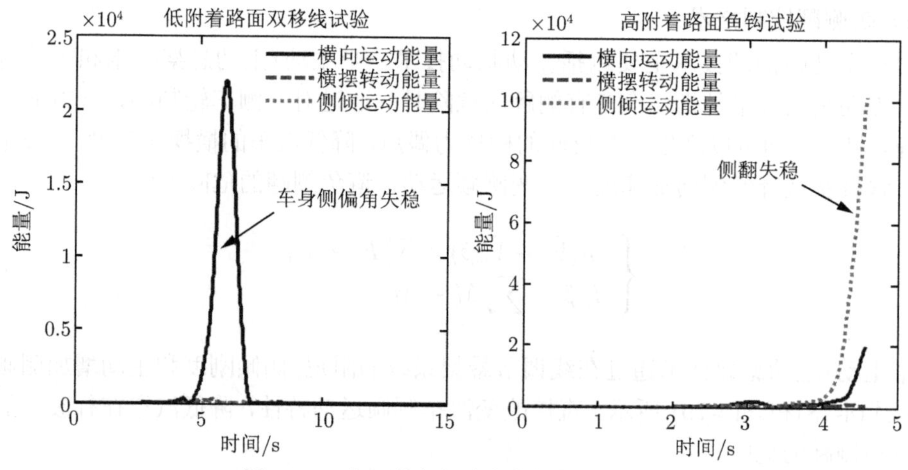

图 4.54 车辆转向行驶中的能量变化规律

1）操纵稳定性和防侧翻控制集成控制算法控制目标

基于差动制动的操纵稳定性和防侧翻控制集成控制算法是从操纵稳定性控制算法演化而来的，其保留了操纵稳定性控制中的横摆角速度和侧偏角控制目标，为体现侧翻特性，在集成控制算法中还添加了表征侧翻危险的控制指标。

本方法选择横向载荷转移率作为侧翻控制的指标。对汽车悬架进行受力分析，得到横向载荷转移率与状态量之间的关系为

$$\mathrm{LTR}=\frac{2K_{\phi}\phi+2C_{\phi}\dot{\phi}}{mgT} \tag{4-80}$$

基于二自由度模型和式(4-51)修正得到的名义横摆角速度通常用于操纵稳定性控制，该上限限制对于防侧翻控制存在一定的不足，因为可能在横摆角速度没有达到上限值之前，由于路面附着偏高而出现侧翻的危险。所以采用横向载荷转移率对名义横摆角速度做一定的修正。为了保证车辆的安全，横向载荷转移率应该满足：

$$|\mathrm{LTR}|=\left|\frac{2h}{Tg}(a_y+g\sin\phi)\right|\leqslant \mathrm{LTR}_{\max} \tag{4-81}$$

而在稳态中，侧向加速度可近似由横摆角速度得到 $a_y=\dot{\varphi}V_x$。故在侧翻时的名义横摆角速度的上限值为

$$\dot{\varphi}_{\mathrm{No,upper}}=\frac{\mathrm{LTR}_{\max}Tg/2h-g\sin\phi}{V_x} \tag{4-82}$$

综合式(4-51)和式(4-82)，名义横摆角速度的计算式为

$$\dot{\varphi}_{\mathrm{No}}=\min\left\{|\dot{\varphi}_{\mathrm{No}}|,\left|\frac{\mu\cdot g}{V_x}\right|,\left|\frac{\mathrm{LTR}_{\max}Tg/2h-g\sin\phi}{V_x}\right|\right\}\cdot\mathrm{sgn}(\delta) \tag{4-83}$$

名义车身侧偏角的确定可采用二自由度模型的稳态响应值，如操纵稳定性控制中式(4-52) 所示。若进一步需要减少控制的错误干预，也可采用一阶环节修正法将名义横摆角速度和名义侧偏角进行动态修正。其中，一阶环节修正法是一种较为常用的修正方法 [48]：

$$\begin{cases}\dot{\varphi}_{\mathrm{No}}=\dfrac{1}{1+\tau_{\varphi}s}\dot{\varphi}_{\mathrm{No}}\\[2mm]\beta_{\mathrm{No}}=\dfrac{1}{1+\tau_{\beta}s}\beta_{\mathrm{No}}\end{cases} \tag{4-84}$$

2）模型预测控制器的实现

（1）状态空间方程

这里采用带有侧倾运动的三自由度模型描述车辆的平面运动和侧倾运动，该部分内容在本书第 2 章已详细论述，读者也可参考文献 [49] 中的内容。将三自由度模型按状态空间的形式重写，得到用于模型预测控制的非线性状态方程：

$$\dot{x} = f(\boldsymbol{x}) + \boldsymbol{g} \cdot \boldsymbol{u} \tag{4-85}$$

其中，$\boldsymbol{x} = \begin{bmatrix} V_x & \beta & \dot{\varphi} & \phi & \dot{\phi} \end{bmatrix}^{\mathrm{T}}$，$\boldsymbol{u} = \begin{bmatrix} F_{x\mathrm{fl}} & F_{x\mathrm{fr}} & F_{x\mathrm{rl}} & F_{x\mathrm{rr}} \end{bmatrix}^{\mathrm{T}}$。

由于状态方程的非线性，$f(x)$ 和 g 可表示为

$$f(x) = \begin{bmatrix} \dfrac{-(F_{y\mathrm{fl}} + F_{y\mathrm{fr}})\cos\delta}{m} + V_x\beta\dot{\varphi} \\ \dfrac{(F_{y\mathrm{fl}} + F_{y\mathrm{fr}})\cos\delta + F_{y\mathrm{rl}} + F_{y\mathrm{rr}}}{mV_{\mathrm{x}}} - \dot{\varphi} \\ \dfrac{(F_{y\mathrm{fl}} + F_{y\mathrm{fr}}) \cdot a \cdot \cos\delta + (F_{y\mathrm{fl}} - F_{y\mathrm{fr}}) \cdot T/2 \cdot \sin\delta - (F_{y\mathrm{rl}} + F_{y\mathrm{rr}}) \cdot b}{I_z} \\ \dot{\phi} \\ \dfrac{[(F_{y\mathrm{fl}} + F_{y\mathrm{fr}})\cos\delta + F_{y\mathrm{rl}} + F_{y\mathrm{rr}}]h_O\cos\phi + mgh_{\mathrm{o}}\sin\phi - K_\phi\phi - C_\phi\dot{\phi}}{I_{xO}} \end{bmatrix} \tag{4-86}$$

$$g = \begin{bmatrix} \dfrac{\cos\delta}{m} & \dfrac{\cos\delta}{m} & \dfrac{1}{m} & \dfrac{1}{m} \\ \dfrac{\sin\delta}{m} & \dfrac{\sin\delta}{m} & 0 & 0 \\ \dfrac{a \cdot \sin\delta - T/2 \cdot \cos\delta}{I_z} & \dfrac{a \cdot \sin\delta + T/2 \cdot \cos\delta}{I_z} & \dfrac{-T/2}{I_z} & \dfrac{T/2}{I_z} \\ 0 & 0 & 0 & 0 \\ \dfrac{\sin\delta \cdot h_O \cdot \cos\phi}{I_{xO}} & \dfrac{\sin\delta \cdot h_O \cdot \cos\phi}{I_{xO}} & 0 & 0 \end{bmatrix} \tag{4-87}$$

为了应用模型预测控制理论，需要将式(4-85)状态空间方程进行线性化处理，变为 $\dot{x} = Ax + Bu$ 的标准状态空间形式，其中，矩阵 A 为 $f(x)$ 的雅克比矩阵 [50]。但这样处理是将 $f(x)$ 在 0 点处进行泰勒展开，在偏离 0 点较远时，误差会很大。此时的侧向轮胎力 $F_y = \dfrac{\partial F_y}{\partial x} \cdot x$，而 $\dfrac{\partial F_y}{\partial x}$ 主要是侧向力对轮胎侧偏角的导数 $\dfrac{\partial F_y}{\partial \alpha}$。轮胎力和轮胎侧偏角的关系如图 4.55 所示。当车轮工作于线性区，比如 α_1 点时，满足 $F_y = \dfrac{\partial F_y}{\partial \alpha} \cdot \alpha$。而当车轮工作于非线性区，比如 α_2 点和 α_3 点时，$F_y \neq \dfrac{\partial F_y}{\partial \alpha} \cdot \alpha$，甚至在 α_3 点，轮胎侧向力 $\dfrac{\partial F_y}{\partial \alpha}$ 还为负值。若已知 α_2 附近的一点 α_2'，则 α_2 点的轮胎力可近似得到，计算式如式(4-88) 所示。

$$F_y = \left.\frac{\partial F_y}{\partial \alpha}\right|_{\alpha_2'} \cdot (\alpha_2 - \alpha_2') + F_y(\alpha_2') \tag{4-88}$$

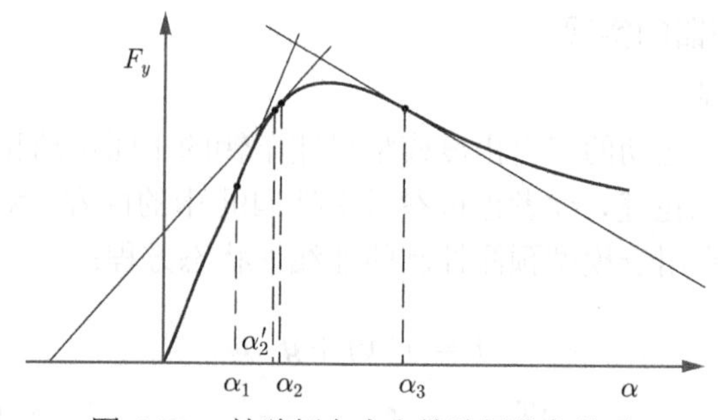

图 4.55 轮胎侧向力和轮胎侧偏角关系

因此本章考虑状态方程的增量形式。状态方程(4-85)在 k 时刻和 $k-1$ 时刻分别为

$$\begin{aligned}\dot{x}_k &= f(x_k) + g_k \cdot u_k \\ \dot{x}_{k-1} &= f(x_{k-1}) + g_{k-1} \cdot u_{k-1}\end{aligned} \tag{4-89}$$

定义状态增量 $\Delta x_k = x_k - x_{k-1}$ 和控制输入增量 $\Delta u_k = u_k - u_{k-1}$，并且认为 $g_k = g_{k-1}$，则有如下增量方程：

$$\Delta \dot{x}_k = f(x_k) - f(x_{k-1}) + g \cdot \Delta u_k \tag{4-90}$$

将 $f(x_k)$ 在 x_{k-1} 点泰勒展开，并省略二阶高次项，可得到增量形式的状态微分方程。

$$\Delta \dot{x}_k = \left.\frac{\partial f}{\partial x}\right|_{x_k} \cdot \Delta x_k + g \cdot \Delta u_k \tag{4-91}$$

从式(4-91)可以看出，偏导数的雅克比矩阵只是在增量形式时近似成立，此时的线性化误差为二阶无穷小量。

将式(4-91)进行离散化，得到增量的递推关系。

$$\Delta x_{k+1} = A\Delta x_k + B_u \Delta u_k \tag{4-92}$$

其中 $A = I + \Delta T \cdot \left.\frac{\partial f}{\partial x}\right|_{x_k}$，$B_u = \Delta T \cdot g$，雅克比矩阵 $\left.\frac{\partial f}{\partial x}\right|_{x_k}$ 可通过求偏导数得到，轮胎力的偏导数求解与第 3 章类似。

防侧翻控制中包括了横摆角速度跟随控制、侧偏角控制和侧倾运动控制，所以模型预测控制的控制输出量定义为侧偏角和横摆角速度，即

$$y_{\mathrm{c}} = [\ \beta \quad \dot{\varphi}\ ]^{\mathrm{T}} = C_{\mathrm{c}} x \tag{4-93}$$

对于侧倾运动控制，采用在约束输出中进行限制，即

$$y_{\mathrm{b}} = \mathrm{LTR} = C_{\mathrm{b}} x \tag{4-94}$$

其中，

$$C_b = \begin{bmatrix} 0 & 0 & 0 & \dfrac{2K_\phi}{mgT} & \dfrac{2C_\phi}{mgT} \end{bmatrix}$$

（2）约束条件

为了防止车辆出现侧翻，约束输出 y_{b} 应该满足式(4-95)。$y_{\mathrm{b,min}}$ 和 $y_{\mathrm{b,max}}$ 为横向载荷转移率的上下阈值，y_{b} 在两者之间：

$$y_{\mathrm{b,min}} \leqslant y_{\mathrm{b}} \leqslant y_{\mathrm{b,max}} \tag{4-95}$$

同时模型预测控制中的控制输出还应满足执行器的限制约束式(4-96)。

$$\begin{aligned} u_{\min} \leqslant u \leqslant u_{\max} \\ \Delta u_{\min} \leqslant \Delta u \leqslant \Delta u_{\max} \end{aligned} \tag{4-96}$$

其中，

$$\begin{aligned} u_{\min} &= \begin{bmatrix} F_{x\text{flmin}} & F_{x\text{frmin}} & F_{x\text{rlmin}} & F_{x\text{rrmin}} \end{bmatrix}^{\mathrm{T}} \\ u_{\max} &= \begin{bmatrix} 0 & 0 & 0 & 0 \end{bmatrix}^{\mathrm{T}} \\ \Delta u_{\min} &= \begin{bmatrix} \Delta F_{x\text{flmin}} & \Delta F_{x\text{frmin}} & \Delta F_{x\text{rlmin}} & \Delta F_{x\text{rrmin}} \end{bmatrix}^{\mathrm{T}} \\ \Delta u_{\max} &= \begin{bmatrix} \Delta F_{x\text{flmax}} & \Delta F_{x\text{frmax}} & \Delta F_{x\text{rlmax}} & \Delta F_{x\text{rrmax}} \end{bmatrix}^{\mathrm{T}} \end{aligned}$$

主要受轮胎模型的附着椭圆约束，即：

$$\begin{aligned} \Delta F_{xij\max} = \Delta p_{ij\max} K_{PTij}/R \\ \Delta F_{xij\min} = \Delta p_{ij\min} K_{PTij}/R \end{aligned} \tag{4-97}$$

根据当前的车轮所处工作点的侧向力和相关状态量，可以近似得到附着椭圆约束下的最大车轮纵向力：

$$F_{xij\min} = -\sqrt{(\mu F_z)^2 - (\rho F_{yij})^2} \tag{4-98}$$

式中，ρ 为椭圆的曲率参数，可取 0.8。

（3）模型预测控制求解

基于（1）和（2）中的分析，带约束的模型预测控制问题可以描述为以下最优控制问题：

$$\min : J(x(k), \Delta U(k)) = \|\Gamma_y(Y_p(k+1|k) - R_p(k+1|k))\|^2 + \|\Gamma_u \Delta U(k)\|^2 \tag{4-99}$$

其中，$\Gamma_y = diag\{\Gamma_{y1}, \Gamma_{y2}, \cdots, \Gamma_{yp}\}_{p\times p}, \Gamma_u = diag\{\Gamma_{u1}, \Gamma_{u2}, \cdots, \Gamma_{um}\}_{m\times m}$ 为权重系数矩阵；$R_p(k+1|k) = \left[R^{\mathrm{T}}(k+1), R^{\mathrm{T}}(k+2), \cdots, R^{\mathrm{T}}(k+p)\right]^{\mathrm{T}}$ 为参考输入矩阵，本书中可取 $R(k+1), R(k+2), \cdots, R(k+p) = [\ \beta_{No}\quad \dot{\varphi}_{No}\ ]^{\mathrm{T}}$。

满足的约束为

$$\begin{aligned} &u_{\min}(k+i) \leqslant u(k+i) \leqslant u_{\max}(k+i), \quad i = 0, 1, \cdots, m-1 \\ &\Delta u_{\min}(k+i) \leqslant \Delta u(k+i) \leqslant \Delta u_{\max}(k+i), \quad i = 0, 1, \cdots, m-1 \\ &y_{b,\min}(k+i) \leqslant y_b(k+i) \leqslant y_{b,\max}(k+i), \quad i = 1, 2, \cdots, p \end{aligned}$$

为求解上述带约束的最优问题，可将目标函数 J 转化为二次规划的标准形式 $z^{\mathrm{T}}Hz - g^{\mathrm{T}}z$，其中 $z = \Delta U(k)$ 是优化问题的独立变量，也是需要求解得到的控制输入量，之后可利用求解二次规划的标准工具箱或算法进行求解。该转化过程可参照研究 [47] 中的相关部分。

经二次规划问题求解后的可得到控制量 $u = \begin{bmatrix} F_{x\text{fl}} & F_{x\text{fr}} & F_{x\text{rl}} & F_{x\text{rr}} \end{bmatrix}^{\mathrm{T}}$，即四个车轮的目标纵向力。为了防止车轮在防侧翻过程中的抱死及过度滑转，需通过车轮的滑移率对该控制量进行修正，即车轮的滑移率控制，该部分内容可参照 4.5.2 节操纵稳定性控制算法中的具体实现。修正得到的纵向力经制动系统模型换算得到制动压力，即可作为防侧翻控制的控制量输出。

4.5.4 道路试验分析

1. 防侧翻控制与操纵稳定性实车数据及分析

为进行防侧翻控制与操纵稳定性实车测试，将章 4.5.3 节中的操纵稳定性控制算法烧录至自行研制的 ESC 控制器中，与液压执行机构 (HCU) 一起进行高附着路面的正弦延迟试验，试验按照 FMVSS126 试验规范进行，路面为平坦干燥的水泥路面，附着系数约为 0.9。经 FMVSS126 标准工况测试，该车辆的 A 值为 60°。

图 4.56 给出了转向盘转角幅值为 3.5A 时的车辆响应。由图 4.56 (c) 可知，车辆在 1.7s 时刻已被探测到有侧翻风险，此时防侧翻控制开始介入并对车轮进行主动制动；结合图 4.56 (a) 和图 4.56 (d) 可以看出，在 1.7~2.2s 时刻对车辆进行轻微制动已导致左后轮有较大的滑移率，说明此时后轴处已有较大的载荷转移，此时车辆最大侧向加速度已达到约 0.7g，车辆有较大的侧翻趋势。由图 4.56 (b) 可知，车辆在 2.5s 时刻表现出了较大的实际与名义横摆角速度的偏差，此时操纵稳定性控制程序加入对右后轮进行主动制动，防止了车辆的进一步失稳。由图 4.56 (a) 可知，车辆在防侧翻控制和操纵稳定控制程序介入的整个过程中，车轮均未出现抱死，车辆速度呈持续下降状态。防侧翻控制和操纵稳定控制程序的介入通过差动制动对横摆角速度的修正及车速的降低保证了车辆的行驶稳定性。

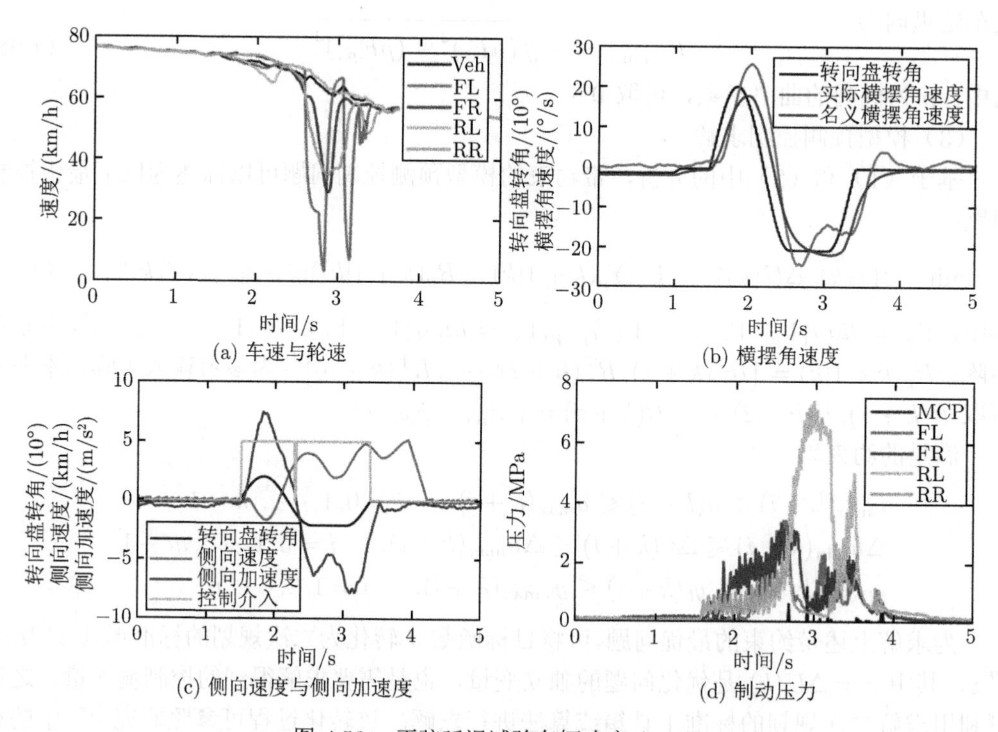

(a) 车速与轮速

(b) 横摆角速度

(c) 侧向速度与侧向加速度

(d) 制动压力

图 4.56 正弦延迟试验车辆响应 (3.5A)

在上述相同试验工况下，将转向盘转角幅值增加至 4A，图 4.57 给出了该输入条件下的车辆响应。在该工况下车辆响应与 3.5A 时基本一致，转向盘幅度的增加导致了车辆侧翻和横摆失稳的趋势加剧，因此车辆在差动制动时的制动压力有所提高，该现象在图 4.57 (d) 中展示。由于制动压力的提高，车辆经过相同时间的控制后最终车速相比较 3.5A 时有所下降。整个过程中车辆未出现横摆失稳及侧翻。

在上述相同试验工况下，进一步将转向盘转角幅值增加至 $5A$，图 4.58 给出了该输入条件下的车辆响应。在该工况下车辆响应与 $4A$ 时基本一致，车辆在差动制动时的制动压力进一步提高，车辆最终速度进一步降低。在该过程中车辆最大侧向加速度约为 $0.9g$，若不对其进行主动干预车辆将最终出现侧翻。

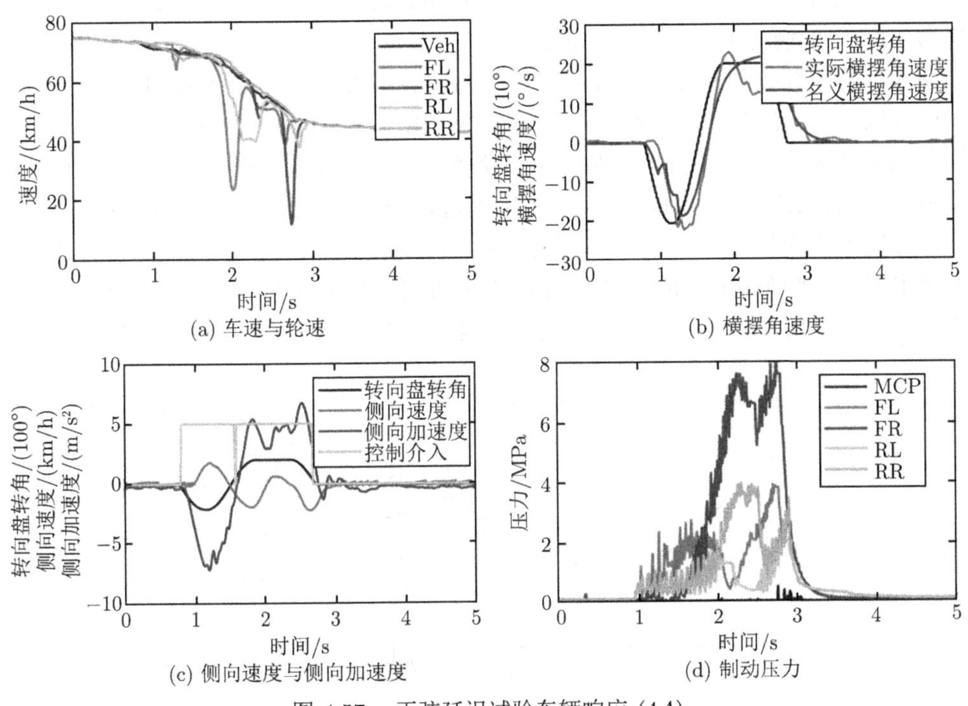

(a) 车速与轮速　(b) 横摆角速度
(c) 侧向速度与侧向加速度　(d) 制动压力

图 4.57　正弦延迟试验车辆响应 ($4A$)

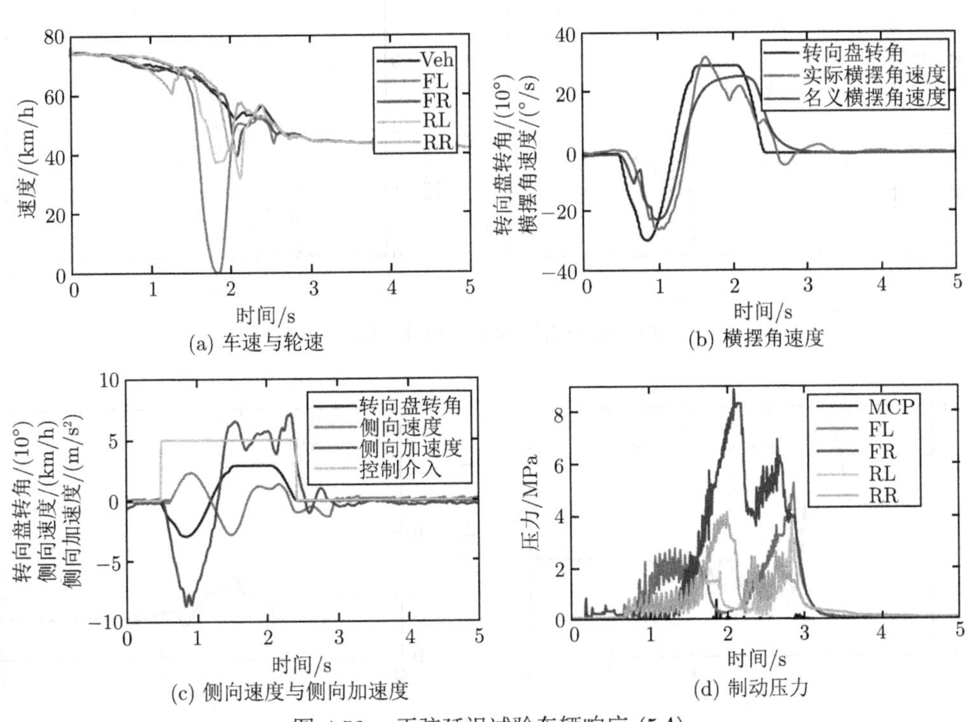

(a) 车速与轮速　(b) 横摆角速度
(c) 侧向速度与侧向加速度　(d) 制动压力

图 4.58　正弦延迟试验车辆响应 ($5A$)

2. 防侧翻控制与操纵稳定性仿真数据及分析

由于车辆的侧翻试验危险较大且成本较高，未进行控制/不控制状态的对比，本节采用 Carsim 软件与策略联合仿真的方式对比车辆在侧翻控制/不控制条件的响应特征。仿真过程中使用 4.5.3 节中基于模型预测控制的防侧翻控制与操纵稳定性控制集成算法，试验车辆参数可参照文献 [57]。试验操作为 fishhook（鱼钩）试验，试验最大的转向盘转角为 147°，车辆初始速度为 65km/h。

加入了防侧翻控制和没有进行侧翻控制的试验结果如图 4.59 和图 4.60 所示。从试验结果可以看出，没有进行防侧翻控制的车辆，由于 fishhook 转向的剧烈和迅速，发生了很大的侧倾运动，并在接近 5s 时发生完全侧翻。当在试验过程中加入了 MPC 模型预测控制时，如图 4.59 和图 4.60 所示，在 3s 附近，车辆发生了很大的横向载荷转移，这时通过对外侧车轮的制动，在降低车速的同时，降低横向载荷转移率。在接近 4s 时，无控制车辆出现了一侧车轮的同时离地，而加入了防侧翻控制的车辆可检测出这种危险，对外侧车轮制动，促使横向载荷进行一定的恢复，虽然也出现了一定时间内的车轮离地，

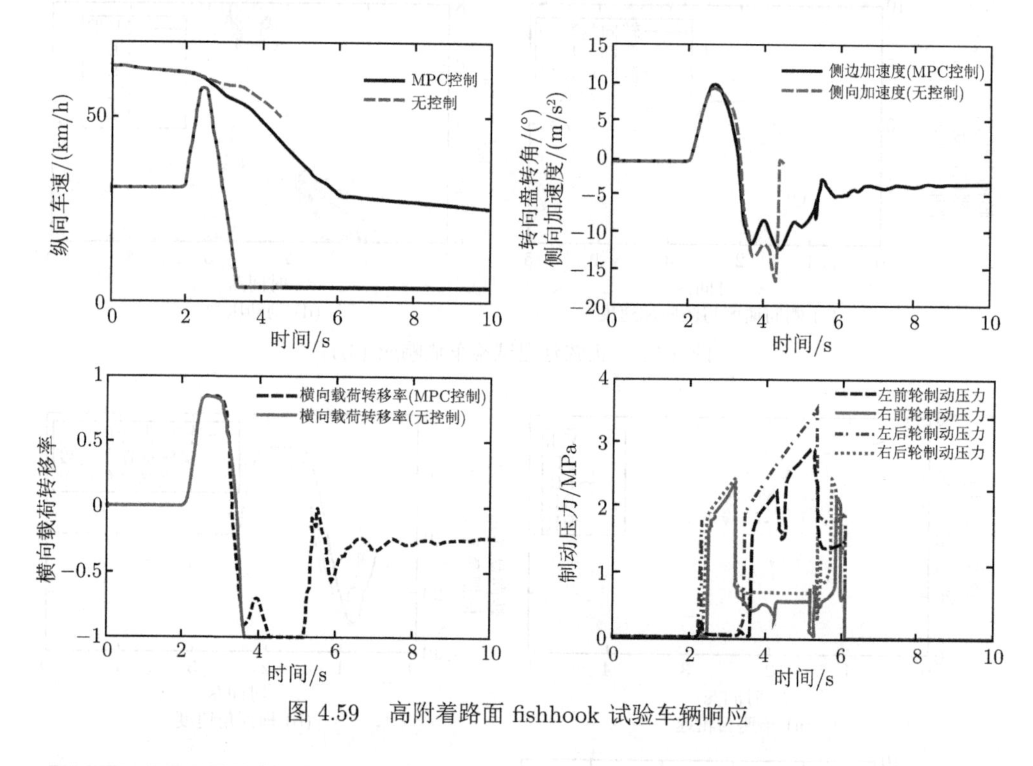

图 4.59 高附着路面 fishhook 试验车辆响应

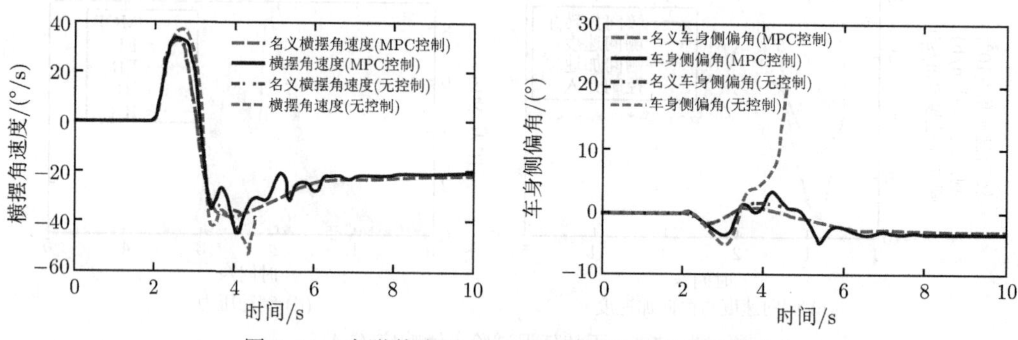

图 4.60 高附着路面 fishhook 试验的车身状态量响应

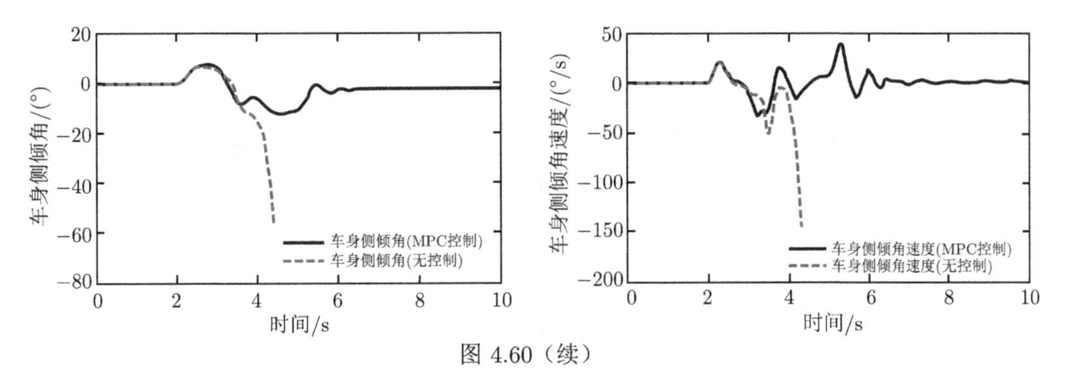

图 4.60（续）

但通过持续的制动，避免了车辆的侧翻。从试验结果可以看出，防侧翻控制与操纵稳定性控制的集成算法在避免车辆侧翻危险的同时，也保证了平面稳定性控制中对横摆角速度的跟随控制和对侧偏角的控制。

4.6 垂向动力学与悬架电子控制系统

4.6.1 垂向动力学分析

汽车垂向动力学主要研究路面不平引起的车身垂向振动，而不考虑发动机、传动系等引起的振动。汽车作为复杂的振动系统，研究垂向动力学常将悬架抽象为力学模型，并根据实际分析情况进行适当简化。假设汽车关于纵轴线对称且路面车辙也对称，可将四轮汽车沿纵轴线劈开简化成两轮的平面模型，该模型具有车身垂直、车身俯仰、两个车轮的垂直运动共 4 个自由度，称为车辆 1/2 模型。进一步将车身质量分配到前轴和后轴，使得前后车身振动无相互影响，从而简化成单轮的平面模型，该模型具有车身和车轮垂直运动共 2 个自由度，称为车辆 1/4 模型。在研究汽车行驶平顺性时，车辆 1/4 模型使用最为广泛，图 4.61 为常见的两种汽车主动悬架 1/4 模型。

主动悬架按照控制带宽的不同可以分为低带宽主动悬架（慢主动悬架）和高带宽主动悬架（全主动悬架）[51]。低带宽主动悬架的位移作动器与弹簧串联，产生控制信号 u 要求的位移，再和阻尼器并联，其特点是高于低通滤波器频率则控制阀不再响应，变成被动悬架，获得更好的高频隔振效果。高带宽主动悬架的力作动器与弹簧和阻尼器并联，可有效跟踪力信号。将低通滤波器的截止频率提高或取消低通滤波器，低带宽主动悬架性能将接近高带宽主动悬架。本书对高带宽主动悬架模型进行动力学分析，对于质量串联系统，建立该振动系统矩阵形式的运动方程为

$$M\ddot{Z}+C\dot{Z}+KZ=F \tag{4-100}$$

式中，M、C、K 、F 分别为质量矩阵、阻尼矩阵、刚度矩阵和激励矩阵，$\ddot{Z}$、$\dot{Z}$、Z 分别为垂向加速度、垂向速度和垂向位移矩阵。

$$M=\begin{bmatrix} m_{\rm s} & 0 \\ 0 & m_{\rm u} \end{bmatrix}, C=\begin{bmatrix} c_{\rm s} & -c_{\rm s} \\ -c_{\rm s} & c_{\rm s} \end{bmatrix}, K=\begin{bmatrix} k_{\rm s} & -k_{\rm s} \\ -k_{\rm s} & k_{\rm s}+k_{\rm t} \end{bmatrix}$$

$$F=\begin{bmatrix} -u \\ u+k_t z_{\rm r} \end{bmatrix}, Z=\begin{bmatrix} z_{\rm s} \\ z_{\rm u} \end{bmatrix}$$

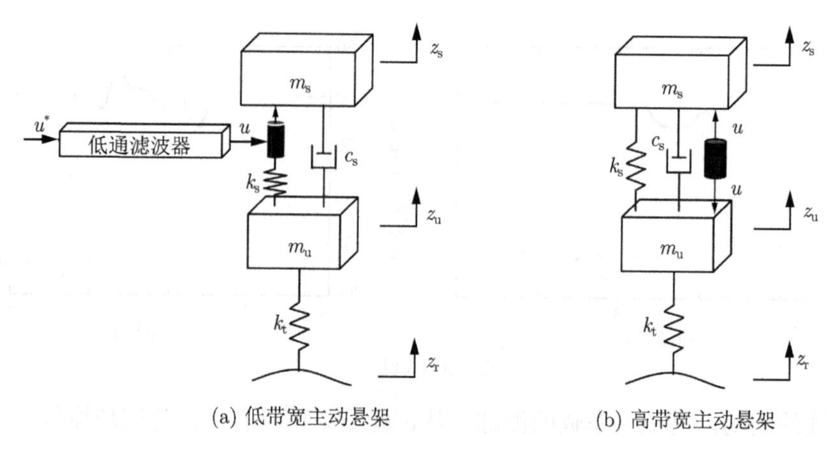

图 4.61 车辆主动悬架 1/4 模型

现代控制理论中一般采用状态变量法来描述系统，它不仅描述了系统输入、输出外部特性，还可以反映系统内部的变化，是对系统的一种完全描述，状态空间描述的悬架系统可以写为

$$\begin{cases} \dot{X} = AX + BU \\ Y = CX + DU \end{cases} \tag{4-101}$$

取状态变量 $X = [x_1, x_2, x_3, x_4]^{\mathrm{T}} = [z_s, z_u, \dot{z}_s, \dot{z}_u]^{\mathrm{T}}$，则式(4-101)中各矩阵写为

$$A = \begin{bmatrix} 0 & 0 & 1 & 0 \\ 0 & 0 & 0 & 1 \\ -\dfrac{k_s}{m_s} & \dfrac{k_s}{m_s} & -\dfrac{c_s}{m_s} & \dfrac{c_s}{m_s} \\ \dfrac{k_s}{m_u} & -\dfrac{k_s + k_t}{m_u} & \dfrac{c_s}{m_u} & -\dfrac{c_s}{m_u} \end{bmatrix}, B = \begin{bmatrix} 0 & 0 \\ 0 & 0 \\ -\dfrac{1}{m_s} & 0 \\ \dfrac{1}{m_u} & \dfrac{k_t}{m_u} \end{bmatrix},$$

$$C = \begin{bmatrix} 1 & 0 & 0 & 0 \\ 0 & 1 & 0 & 0 \\ 0 & 0 & 1 & 0 \\ 0 & 0 & 0 & 1 \end{bmatrix}, D = \begin{bmatrix} 0 & 0 \\ 0 & 0 \\ 0 & 0 \\ 0 & 0 \end{bmatrix}, U = \begin{bmatrix} u \\ z_r \end{bmatrix} \tag{4-102}$$

式中，A、B、C、D 分别为系统的状态矩阵、控制矩阵、输出矩阵和直接传递矩阵。

4.6.2 主动悬架控制算法

汽车主动悬架控制本质上为非线性系统多目标优化问题，寻找一个能为悬架系统提供良好性能的控制律。主动悬架控制算法按照发展顺序可分为传统控制方法、现代控制方法和智能控制方法。多数经典控制算法将悬架系统简化为线性系统来处理，应用线性系统的控制方法对其进行研究，此研究方法的好处是可以直观地分析簧载质量加速度、悬架动行程和轮胎变形之间的关系。不足之处是忽略的非线性因素对实际的车辆悬架控制效果造成一定的误差。随着智能控制理论的发展，越来越多的先进控制方法在车辆悬架系统上得以应用。

传统控制算法中最为经典的是 Karnopp 于 1974 年提出的天棚阻尼“on-off”控制算法（Skyhook Control）。通过在簧载质量与假想的惯性参考系之间安装阻尼元件的方式，天棚阻尼控制能够实现抑制簧载质量共振峰，提升车辆乘坐舒适性的目标。由于天棚控制的主要控制目的为改善车辆系统乘坐舒适性，因而在其应用过程中，操纵稳定性将难以避免地出现恶化。为解决这一问题，Valasek 等于 2002 年提出了地棚控制算法（Groundhook Control）。与天棚控制类似，地棚控制通过在车辆非簧载质量与惯性参考之间安装理想阻尼器的方式衰减非簧载质量振动，提升车辆的操纵稳定性。在天棚与地棚控制的基础上，Ahmadian 等进一步提出利用一个权衡指数将天棚控制与地棚控制相结合，并将其命名为混合控制（Hybrid Control）。郭孔辉 [51,53] 等研究了采用混合阻尼控制策略的半主动悬架，首先提出了一种利用免疫优化算法的混合阻尼半主动控制方法，兼具天棚和地棚阻尼控制的优点，在兼顾安全性的前提下，可以提升车辆的行驶平顺性。

现代控制方法指以状态空间表达式为模型基础的控制方法，较为典型的为最优控制、滑模变结构控制和模型预测控制。为了解决传统控制中系统高阶和多输入多输出问题，相关学者在悬架控制领域引入了状态空间表达式的方法，悬架的控制一般通过最优控制展开，在主动悬架性能控制上应用已经非常广泛 [54,55]。Taghirad H D [56] 等采用包含座椅的 1/2 车辆模型，比较了被动悬架、带状态观测和不带状态观测的 LQR 控制器，仿真结果表明带有状态观测的控制器且性能指标函数中包括乘员垂向加速度时，可以使车辆具有出色的行驶平顺性和操纵稳定性。李克强等 [57] 建立了考虑了发动机、前后座椅的八自由度模型，设计了主动悬架控制器，并比较了其他车辆模型及其控制器的控制效果，发现四自由度模型，设计的控制器在控制精度和成本上都要优于其他模型的控制器，从而获得了一种较为理想的悬架控制策略。

滑模变结构控制是使控制量不断地切换，迫使系统在预先设定的滑模面内滑动。系统的稳定性与动态品质仅取决于滑模面及其参数。滑模控制的优点是能够克服悬架系统参数的不确定性，对来自路面的外界干扰具有较强的鲁棒性，对非线性主动悬架系统的控制效果较为显著 [58]。Yagiz [59] 等将设计的模糊滑模控制器应用在非线性半车模型上，该模型包括了非线性弹簧和分段线性的阻尼器，该控制器在悬架极限工况下也能表现良好，并对不同车辆参数具有较好的鲁棒性。李鸿一 [60] 等采用 T-S 模糊方法研究了非线性主动悬架系统的自适应滑模控制问题，针对主动悬架存在的一些不确定因素建立了数学模型，仿真结果表明设计的自适应滑模控制器能保证指定开关表面的可达性，悬架性能得到提升。赵丁选 [61] 等针对主动油气悬架的外部扰动，设计了自适应滑模控制器，利用饱和函数代替符号函数的方法可以减弱系统的抖振，使得车辆行驶平顺性得到了较大改善。

随着对悬架系统研究的逐渐深入，控制对象模型的高度非线性、不确定性以及时变特性逐渐成为制约控制方法应用的主要因素。传统控制和现代控制方法欠缺通过自组织、自学习的方式实现控制策略自调节的机制，制约了其在复杂系统中的应用。因此，智能控制方法在车辆主动悬架控制领域受到了广泛的关注。不同于传统控制算法，智能控制方法多利用专家知识、经验及各种规则，通过非精确的方式构建控制策略。常用的智能控制方法包括模糊控制、神经网络控制、遗传算法等。目前，智能控制的研究重点逐渐转变为传统或现代控制方法与智能控制方法的融合，即利用智能控制方法的自适应能力使控制器性能得到进一步改善，同时结合车辆制动、转向系统的协同控制也是研究的热点。Moran A 等 [62] 利用神经网络模型来识别实际非线性车辆悬架系统的动力学特性，可以识别出路面干扰，从而改善车辆后悬架的响应特性。杜海平 [63] 等利用线性矩阵不等式和遗传算法设计了悬架系统输出反馈的非脆弱性 H_∞ 控制器，在控制增益变化上显著改善了非脆弱特性。陈无畏 [64] 等针对 ESC 系统采用基于状态观测的自适应模糊控制，同时对主动悬架系统（ASS）采用随机线性最优控制，通过不同工况下的仿真，验证了该协同控制策略可以显著改善汽车行驶稳定性和操稳性。

模糊控制可以模仿人的控制过程，有时候基于模型的控制方法往往不如一个有经验的操作人员手动控制效果好，所以模糊控制被大量用在主动悬架控制中，并结合其他算法如 PID 控制配合使用。当输出误差较大时，用模糊校正，当输出误差较小时，用 PID 校正，称为模糊 PID 开关切换控制；若 PID 控制与模糊控制并联称为混合型模糊 PID；而利用模糊控制器在线整定 PID 控制器参数称为自适应模糊 PID 控制，一般用模糊 PID 开关切换控制和自适应模糊 PID 控制较多。本书以自适应模糊 PID 为例，介绍模糊控制的原理及应用过程。主动悬架为双输入系统，包括作动器力输入和路面输入，利用滤波白噪声获得随机路面输入时域模型：

$$\dot{z}_{\mathrm{r}}(t) = -2\pi n_1 v z_{\mathrm{r}}(t) + 2\pi n_0 \sqrt{G_{\mathrm{q}}(n_0) v} \cdot w(t) \tag{4-103}$$

式中，$G_{\mathrm{q}}(n_0)$ 为参考空间频率 n_0 下路面功率谱密度值，取 $G_{\mathrm{q}}(n_0) = 256 \times 10^{-6}\mathrm{m}^3$（C 级路面）；$n_0 = 0.1\mathrm{m}^{-1}$；车速 $v = 20\mathrm{m/s}$；当空间下截止频率取 $n_1 = 0.0001\mathrm{m}^{-1}$ 时，可使路面功率谱密度的改进形式和标准形式的均方根值和功率谱密度吻合很好；$w(t)$ 为均值为 0、方差为 1 的标准高斯白噪声。

表 4.5 模糊规则表

$K_p/K_i/K_d$		ec						
		NB	NM	NS	ZO	PS	PM	PB
e	NB	PB NB PS	PB NB NS	PM NM NB	PM NM NB	PS NS NB	ZO ZO NM	ZO ZO PS
	NM	PB NB PS	PB NB NS	PM NM NB	PS NS NM	PS NS NM	ZO ZO NS	NS ZO ZO
	NS	PM NB ZO	PM NM NS	PM NS NM	PS NS NM	ZO ZO NS	NS PS NS	NS PS ZO
	ZO	PM NM ZO	PM NM NS	PS NS NS	ZO ZO NS	NS PS NS	NM PM NS	NM PM ZO
	PS	PS NM ZO	PS NS ZO	ZO ZO ZO	NS PS ZO	NS PS ZO	NM PM ZO	NM PB ZO
	PM	PS ZO PB	ZO ZO NS	NS PS PS	NM PS PS	NM PM PS	NM PB PS	NB PB PB
	PB	ZO ZO PB	ZO ZO PM	NM PS PM	NM PM PM	NM PM PS	NB PB PS	NB PB PB

以车身垂向加速度偏差及其变化率作为模糊控制器输入，输出为 PID 控制器的三个调节参数 K_{p}、K_{i}、K_{d}，输入模糊论域均为 [−3, 3]，输出的模糊论域均为 [0, 1]，偏

差输入实际论域为 $[-0.4, 0.4]$，偏差变化率实际论域为 $[-7, 7]$，故模糊控制器的输入量化因子分别为 3/0.4 和 3/7，输出的比例系数分别为 1560、6800 和 0.1。建立的模糊规则如表 4.5 所示，模糊曲面如图 4.62 所示，将输入输出的语言变量分为 7 个等级，分别为负大（NB）、负中（NM）、负小（NS）、零（ZO）、正小（PS）、正中（PM）、正大（PB），隶属度函数设置为三角形函数。

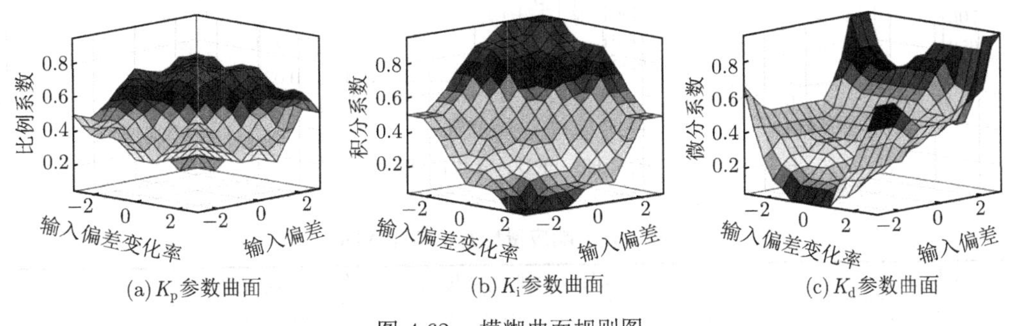

(a) K_p参数曲面　(b) K_i参数曲面　(c) K_d参数曲面

图 4.62　模糊曲面规则图

4.6.3 仿真试验验证

分别采用普通 PID 控制和模糊 PID 控制算法进行随机路面激励仿真试验验证，得到的车身垂向加速度、悬架动挠度和车轮动载荷如图 4.63 ~ 图 4.65 所示，系统控制输入如图 4.66 所示。系统在线计算的 PID 参数如图 4.67 所示。

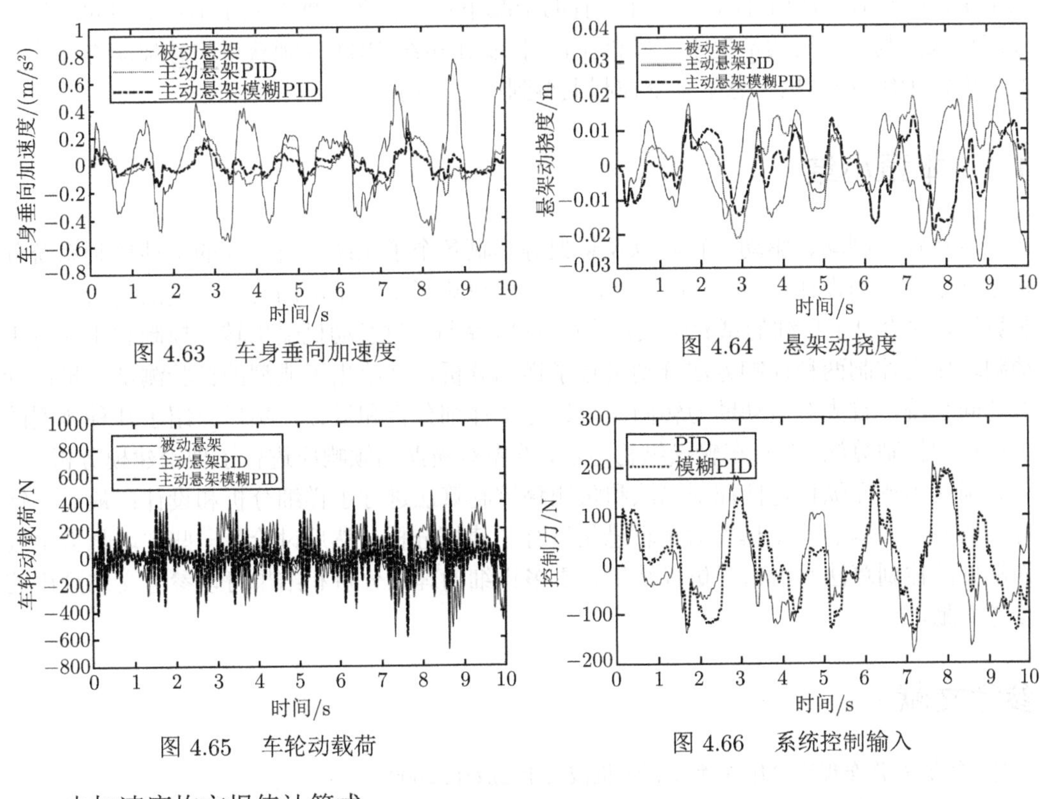

图 4.63　车身垂向加速度

图 4.64　悬架动挠度

图 4.65　车轮动载荷

图 4.66　系统控制输入

由加速度均方根值计算式：

$$a_{\mathrm{w}} = \left[\frac{1}{T}\int_{0}^{T} a_{\mathrm{w}}^{2}(t)\mathrm{d}t\right] \tag{4-104}$$

获得的各响应量均方根值如表 4.6 所示。

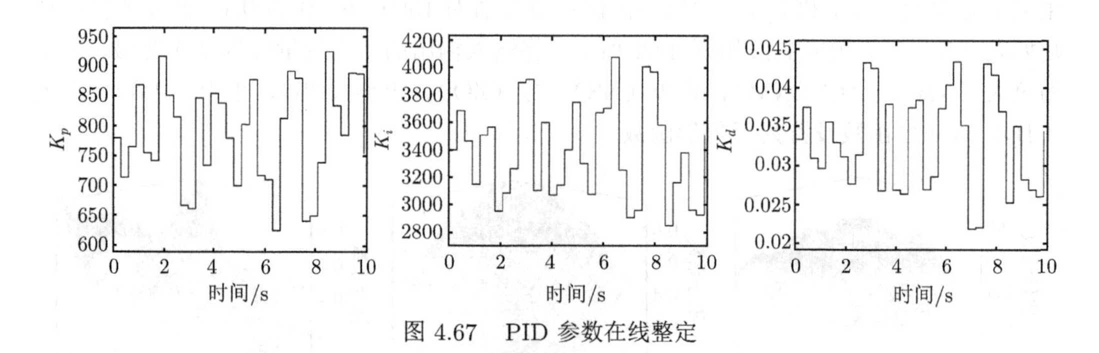

图 4.67 PID 参数在线整定

表 4.6 响应量均方根值 RMS

控制算法	车身垂向加速度/(m/s^2)	悬架动挠度/m	车轮动载荷/N	控制量/N
被动悬架	0.3009	0.0109	199.0228	—
普通 PID	0.0942	0.0094	153.7429	81.607
模糊 PID	0.0655	0.0072	150.0429	75.743

仿真结果表明，相比于传统 PID 控制，模糊 PID 控制在车身垂向加速度控制上效果更好，而且还有助于 PID 参数在线自动更新，避免了手动试错耗时的弊端。此外，相比于 PID 控制，需要的控制力减小，有助于减小主动悬架的外部能量消耗。因此在悬架外部输入控制力相近的情况下，模糊 PID 控制比传统 PID 控制获得的悬架动态性能更好，模糊 PID 控制也在悬架系统控制上得到广泛应用。

4.7 本章小结

本章针对制动、驱动、转向以及悬架等车辆各个子系统，对主要的主动控制系统分别进行了分析和设计。其中，针对 ABS，主要讨论了实际中应用比较广泛的逻辑门限控制算法，并给出了详细的试验结果；针对 TCS 系统，对发动机输出转矩控制和驱动轮主动制动压力控制两种控制方法分别进行了详细分析，并给出了典型的试验测试结果；针对转向系统，首先对电动助力转向系统进行了详细分析和设计，然后介绍了几种典型的主动转向控制算法；针对车辆操纵稳定性，首先对横摆侧倾响应进行了理论建模分析，然后分别对车辆操纵稳定性控制算法和防侧翻控制算法进行了详细分析和设计；最后，针对悬架系统，基于 1/4 模型对车辆悬架进行了建模分析，然后讨论了一些主动悬架中较为常见的控制算法并给出了仿真结果。更多详细的理论分析和结果可以参考文末列出的参考文献。

参考文献

[1] 余志生. 汽车理论 [M]. 5 版. 北京: 机械工业出版社, 2009.

[2] 王伟玮. ESC 液压执行单元的动态特性分析与综合仿真平台的建立 [D]. 北京: 清华大学, 2011.

[3] LI S B, LIAO C L, CHEN S L, et al. Traction control of hybrid electric vehicle [C]// Vehicle Power and Propulsion Conference. IEEE, 2009: 1535-1540.

[4] KABGANIAN M, KAZEMI R. A new strategy for traction control in turning via engine modeling [J]. IEEE Trans. Vehicular Technology, 2001, 50(6): 1540-1548.

[5] YU C C. Autotuning of PID controllers: relay feedback approach [M]. Berlin: Springer. 1999.

[6] LOU K, KUO C, SHEU L. A novel method for fuzzy self-tuning PID controllers [C]//Soft Computing in Intelligent Systems and Information Processing. Proceedings of the 1996 Asion Fuzzy Systems Symposium. IEEE, 1996: 194-199.

[7] GUO L Z, ZHU Q M, WARWICK K. Design of a minimum variance multiple input-multiple output neuro self-tuning proportional-integral-derivative controller for non-linear dynamic systems [J]. Proc. IMechE Part I: J. Systems and Control Engineering, 2007, 221(1): 75-88.

[8] 杨财, 宋健, 李红志. 基于路面条件判断的牵引力控制系统压力控制策略 [J]. 农业机械学报, 2008, 39(10): 7-9.

[9] VAN ZANTEN A T, ERTARAD R, PFAFF G, et al. Control aspects of the Bosch VDC [C]//International Symposium on Advanced Vehicle Control. Aachen, 1996: 573-608.

[10] SHIMIZU Y, KAWAI T. Development of electric power steering [J]. SAE Technical Paper, 1991: 1-15.

[11] 宋海岩. 电动助力转向系统路感建模仿真与评价方法研究 [D]. 长春: 吉林大学,2018.

[12] BADAWY A, ZURASKI J, BOLOURCHI F, et al. Modeling and analysis of an electric power steering system [R]. SAE Technical Paper, 1999.

[13] XUE-PING Z, XIN L, JIE C, et al. Parametric design and application of steering characteristic curve in control for electric power steering [J]. Mechatronics, 2009, 19(6): 905-911.

[14] MINAKI R, HOSHINO H, HORI Y. Ergonomic verification of reactive torque control based on driver's sensitivity characteristics for active front steering [C]// IEEE Vehicle Power and Propulsion Conference. IEEE, 2009: 160-164.

[15] NORMANIHA, YAHAYAMDSAN. Sliding mode control of active car steering with various boundary layer thickness and disturbance [C]//2007 2nd IEEE Conference on Industrial Electronics and Applications. IEEE, 2007: 2494-2499.

[16] 王春燕, 赵万忠, 刘顺, 等. 集成主动转向功能的电动助力转向参数优化 [J]. 南京航空航天大学学报,2012,29(1):96-102.

[17] LEE D, KIM K S, KIM S. Controller design of an electric power steering steam [J]. IEEE Transactions on Control Systems Technology, 2017, 26(2): 748-755.

[18] FALCONE P, ERIC TSENG H, BORRELLI F, et al. MPC-based yaw and lateral stabilisation via active front steering and braking [J]. Vehicle System Dynamics, 2008, 46(sup1):611-628.

[19] SELBY M.A, BROWN M.D, MANNING W.J, et al. A coordination approach for DYC and active front steering [C]//SAE transations, 2001: 1411-1417.

[20] TAKLGUCHI T, YASUDA N, KANAZAWA H. Improvement of vehicle dynamic by vehicle-speed-sensing four-wheel steering system [J]. SAE Transations, 1986: 870-879.

[21] ITO M, FUJISHIRO T, KANAI K, et al. Four wheel steering system synthesized by model matching control [C]//IEE-IMechE 6th International Conference on Automotive Electronics, London, 1987.

[22] SANO S, FURUKAWA Y, SHLRALSHI S. Four wheel steering system with rear wheel steer angle controlled as a function of steering wheel angle [J]. SAE Transations, 1986: 880-893.

[23] 敖德根. 汽车电动助力转向系统控制策略及仿真研究 [D]. 兰州: 兰州交通大学, 2017.

[24] LIEBEMANN E K, MEDER K, SCHUH J, et al. Safety and performance enhancement: The Bosch electronic stability control (ESP) [J]. SAE Technical Paper, 2004, 05-0471.

[25] MILLIKEN W F, MILLIKEN D L. Race car vehicle dynamics [M]. Warrendale, PA: Society of Automotive Engineers Warrendale, 1995.

[26] 李亮. 汽车动力学稳定性控制系统状态观测和控制方法研究 [D]. 北京: 清华大学, 2008.

[27] Shibahata Y, Shimada K, Tomari T. Improvement of vehicle maneuverability by direct yaw moment control [J]. Vehicle System Dynamics, 1993, 22(5-6): 465-481.

[28] 陈杰. 电子稳定控制系统控制策略及关键问题研究 [D]. 清华大学, 2014.

[29] LI L, SONG J, YANG C, et al. Predictive control algorithm based or dynamic stability matrix method for DSC [R]. SAE Technical Paper, 2007.

[30] RAJAMANI R, PIYABONGKARN D, TSOURAPAS V, et al. Real-time estimation of roll angle and CG height for active rollover prevention applications [C]//Proceedings of the American Control Conference, 2009: 433-438.

[31] YOON J, KIM D, YI K. Design of a rollover index-based vehicle stability control scheme [J]. Vehicle system dynamics, 2007, 45(5): 459-75.

[32] YOON J, CHO W, KOO B, et al. Unified chassis control for rollover prevention and lateral stability [J]. IEEE Transactions on Vehicular Technology, 2008, 58(2): 596-609.

[33] YU H, GÜVENC L, ÖZGÜNER Ü. Heavy duty vehicle rollover detection and active roll control [J]. Vehicle system dynamics, 2008, 46(6): 451-70.

[34] PRESTON-THOMAS J, WOODROOFFE J H. Feasibility study of a rollover warning device for heavy trucks [J]. TRID, 1990: 63.

[35] TSOURAPAS V, PIYABONGKARN D, WILLIAMS A C, et al. New method of identifying real-time predictive lateral load transfer ratio for rollover prevention systems[C]// Conference on American Control Conference. IEEE, 2009: 439-444.

[36] CHEN B, PENG H. Rollover warning of articulated vehicles based on a time-to-rollover metric [C]// ASME International Mechanical Engineering Conference and Exhibition. 1999, 16349: 247-254.

[37] NALECZ A G. Influence of vehicle and roadway factors on the dynamics of tripped rollover [J]. International journal of vehicle design, 1989, 10(3): 321-346.

[38] CHOI S B. Practical vehicle rollover avoidance control using energy method [J]. Vehicle System Dynamics, 2008, 46(4): 323-337.

[39] SCHOFIELD B, HAGGLUND T, RANTZER A. Vehicle dynamics control and controller allocation for rollover prevention [C]// IEEE International Symposium on Computer Aided Control System Design, IEEE International Conference on Control Applications. IEEE, 2006: 149-154.

[40] KAWASHIMA K, UCHIDA T, HORI Y. Rolling stability control of in wheel electric vehicle based on two begree-of freedom control [C]//2008 10th. IEEE Internatronal Workshop on Adwanced Motion Control. IEEE, 2008: 751-756.

[41] ACKERMANN J, ODENTHAL D. Damping of vehicle roll dynamics by gain scheduled active steering [C]//Proceedings of the 1999 European Control Conference (ECC). IEEE,1999: 4100-4106.

[42] 金智林, 翁建生, 胡海岩. 汽车侧翻预警及防侧翻控制 [J]. 动力学与控制学报, 2007(4): 365-369.

[43] CARLSON C R, GERDES J C. Optimal rollover prevention with steer by wire and differential braking [C]//ASME International Mechanical Engineering Congress and Exposition. 2003, 37130: 345-354.

[44] YIM S, PARK Y. Design of rollover prevention controller with linear matrix inequality-based trajectory sensitivity minimisation [J]. Vehicle system dynamics, 2011, 49(8): 1225-1244.

[45] 褚端峰, 李刚炎. 半主动悬架汽车防侧翻控制的研究 [J]. 汽车工程, 2012(5): 399-402.

[46] 金智林, 翁建生, 胡海岩. 基于模糊差动制动的运动型多功能汽车防侧翻控制 [J]. 汽车技术, 2008(1): 13-17.

[47] SINGH P A, DARUS I M. Enhancement of SUV roll dynamics using fuzzy logic control [C]// First International Conference on Informatics and Computational Intelligence. IEEE Computer Society, 2011: 106-111.

[48] KWAK B, PARK Y. Robust vehicle stability controller by multiple sliding mode control [C]//Proceedings of AVEC, 2000.

[49] 贾钢. 基于差动制动的运动型多功能轿车防侧翻控制研究 [D]. 北京: 清华大学, 2015.

[50] ADIREDDY G, SHIM T. MPC based integrated chassis control to enhance vehicle handling considering roll stability [C]//ASME Dynamic Systems and Control Conference and Bath/asme Symposium on Fluid Power and Motion Control. 2011, 54761: 877-884.

[51] KOCH G, FRITSCH O, LOHMANN B. Potential of low bandwidth active suspension control with continuously variable damper [J]. IFAC Proceedings Volumes, 2008, 41(11): 3392-3397.

[52] 殷智宏, 郭孔辉, 宋晓琳. 基于辨识模型的半主动悬架控制策略研究 [J]. 湖南大学学报 (自然科学版), 2010, 37(12): 24-30.

[53] 郭孔辉, 王金珠, 郭耀华, 等. 基于混合阻尼控制的车辆半主动悬架可调性研究 [J]. 汽车技术, 2013, (3): 1-5.

[54] WILSON D A, SHARP R S, HASSAN S A. The application of linear optimal control theory to the design of active automotive suspensions [J]. Vehicle System Dynamics, 1990, 15(2): 105-118.

[55] ULSOY A G, HROVAT D, TSENG T. Stability robustness of LQ and LQG active suspensions [J]. Journal of Dynamic Systems Measurement & Control, 1994, 116(1): 123-131.

[56] TAGHIRAD H D, ESMAILZADEH E. Automobile passenger comfort assured through LQG/LQR active suspension[J]. Journal of Vibration & Control, 1998, 4(5):603-618.

[57] 李克强, 高锋, 永井正夫. 基于多自由度车辆模型的主动悬架研究 [J]. 中国机械工程, 2003, (14): 85-87.

[58] 刘金琨, 孙富春. 滑模变结构控制理论及其算法研究与进展 [J]. 控制理论与应用, 2007, (3): 407-418.

[59] YAGIZ N, HACIOGLU Y, Taskin Y. Fuzzy sliding-mode control of active suspensions [J]. IEEE Transactions on Industrial Electronics, 2008, 55(11): 3883-3890.

[60] LI H, YU J, HILTON C, et al. Adaptive sliding-mode control for nonlinear active suspension vehicle systems using T-S fuzzy approach [J]. Industrial Electronics, IEEE Transactions on, 2013, 60(8): 3328-3338.

[61] 刘爽, 李硕, 赵丁选, 等. 主动油气悬架电液伺服系统的自适应滑模控制 [J]. 燕山大学学报, 2019, 43(6): 477-484.

[62] MORAN A, NAGAI M. Optimal preview control of rear suspension using nonlinear neural networks [J]. Vehicle System Dynamics, 1993, 22(5-6): 321-334.

[63] DU H, LAM J, SZE K Y. Non-fragile output feedback H∞ vehicle suspension control using genetic algorithm [J]. Engineering Applications of Artificial Intelligence, 2003, 16(7-8): 667-680.

[64] 陈无畏, 周慧会, 刘翔宇. 汽车 ESP 与 ASS 分层协调控制研究 [J]. 机械工程学报, 2009, 45(8): 190-196.

第5章　高级驾驶员辅助控制技术

5.1　本章概述

驾驶辅助系统采用车辆上的电子控制系统，通过车载传感器与车载信息来辅助驾驶员对车辆的驱动系统、制动系统、转向系统等操纵执行机构进行辅助干预，对车辆的行驶做出部分自动控制，以此减轻驾驶员的驾驶负担，提高驾驶过程的安全性，从而避免交通事故的发生或减小交通事故的伤害程度。

ADAS，即高级驾驶辅助系统，是驾驶员辅助系统的延伸，一般指利用安装在车上的各式各样传感器，在汽车行驶过程中随时来感应周围的环境，收集数据，进行静态、动态物体的辨识、侦测与追踪，并结合导航仪地图数据，进行系统的运算与分析，从而预先让驾驶员察觉到可能发生的危险，在必要情况下直接控制车辆以避免碰撞，可有效提升驾驶安全性、舒适性。美国国家公路交通安全管理局（NHTSA）和 SAE 都对自动驾驶分级标准进行了详细定义，其中，Level 0～Level 2 属于 ADAS 的普及推广阶段，ADAS 相关产品（Level 1、Level 2 级别）与更高级别自动驾驶技术相比，区别在于驾驶辅助系统要求驾驶员与辅助系统冗余并行执行相同驾驶任务，并通过人机接口进行通信，而高级自动驾驶系统可独立执行驾驶任务，不需要驾驶员参与。

ADAS 依靠来自多个数据源的输入，包括汽车成像、LiDAR、雷达、图像处理、计算机视觉和车载网络，可以从与主要车辆平台分离的其他来源获得更多输入，包括其他车辆（车辆到车辆通信）和基础设施（车辆到基础设施通信）。现代汽车已将先进的驾驶员辅助系统集成到其电子设备中。制造商可以添加这些新功能。

根据实际的功能划分，高级驾驶辅助系统主要包括自动紧急制动功能（AEB）、自适应巡航控制（ACC）、车道保持辅助（LKA）、主动变道控制（LCC）以及各个系统的衍生辅助系统。

近年来 ADAS 市场增长迅速，原本主要应用在高端品牌市场上的 ADAS 技术，正逐步扩展到中低端车辆市场，新兴的传感器技术与人工智能算法的发展也在为 ADAS 系统部署创造新的机会与策略。

5.2　自动紧急制动系统

5.2.1　本节概述

汽车主动安全方面技术的不断提高和创新，表明了提前防止车辆碰撞才是避免事故发生的关键。随着世界各国的汽车厂商和研究机构对高级驾驶辅助系统的深入研发，作为 ADAS 主动安全系统重要组成部分的 AEB 受到了汽车行业的重点关注。

AEB 能够有效降低由于驾驶员注意力不集中（尤其是疲劳驾驶、酒后驾驶等情况）、能见度差（如逆光驾驶）、前方行车环境难以准确预判、紧急状况下对交通状况的误判等造成的追尾交通事故的发生率。在面对这些危急情况时，很多人会因为情况突发或者紧急而惊慌，进而导致无法及时制动来避免碰撞，甚至操作失误加重了碰撞程度。欧盟的 Euro NCAP 和澳大利亚的 ANCAP 于 2015 年 5 月在 *Accident Analysis & Prevention* 期刊发表关于 AEB 的研究报告，认为 AEB 技术能可减少 38% 的追尾碰撞 [1]。

5.2.2　系统框架

AEB 系统主要由信息感知系统模块、AEB 功能模块、动力学控制模块和制动执行模块组成。信息感知系统通过毫米波或摄像头等传感器来识别前方潜在的碰撞对象，并将周围环境和车辆行驶状态信息实时反馈至后续功能模块，AEB 功能模块一方面针对雷达和摄像头检测出来的目标进行筛选，根据本车轨迹预测和目标轨迹预测，判断两车的运动轨迹是否重合，存在潜在的碰撞可能性，以此来确定目标车辆；另一方面利用运动学控制模块：搭建 TTC 模型，计算出将要碰撞的时间，并根据车速和碰撞时间计算出制动等级，并制定每个等级下的目标减速度。动力学模块由功能模块得到目标减速度，根据车辆的动力学特征，在防抱死控制和防侧滑控制的基础上进一步修正目标减速度，最终由制动模块实现实际的制动减速控制。一个典型的 AEB 系统总体结构如图 5.1所示。

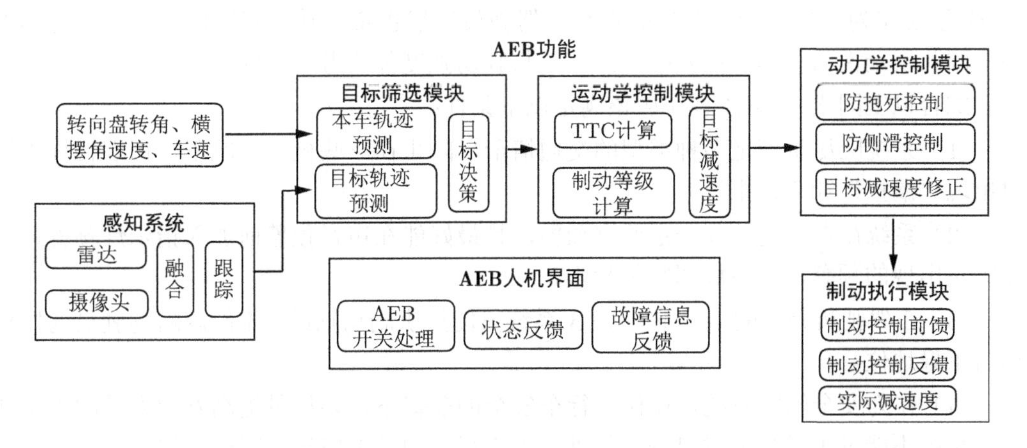

图 5.1　AEB 系统总体架构

5.2.3　算法逻辑

AEB 的控制算法是 AEB 功能得以实现的核心。AEB 系统主要根据雷达传感器和前置摄像头得到车辆与前方目标障碍物的相对距离、相对速度、相对方位角等信息，结合车辆自身的运动状态参数，计算是否需要紧急制动以及如果需要紧急制动的制动力大小。图 5.2为 AEB 的控制逻辑基本框架图。其具体过程主要包括以下 4 个步骤：

（1）根据雷达信号、前置摄像头信号和自身车辆行驶状态信号，计算报警距离阈值和安全距离阈值。

（2）当实际相对距离小于报警阈值距离时，进行驾驶员预警报警，提醒驾驶员进行制动。

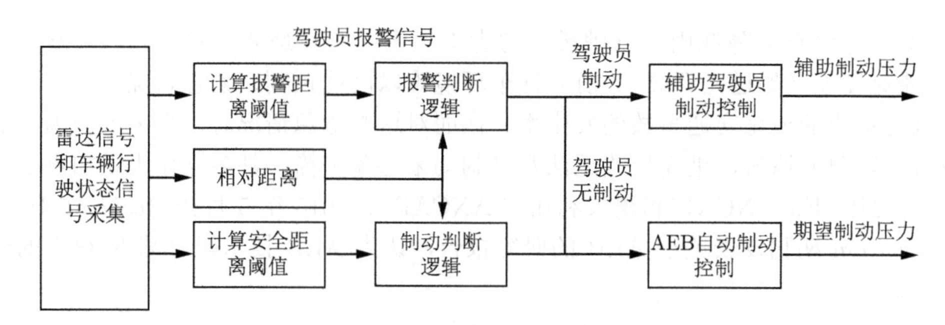

图 5.2 AEB 系统控制逻辑框图

（3）若驾驶员响应预警信号，进行人为制动，但制动强度小于 AEB 期望的制动强度，再启动 AEB 系统进行辅助驾驶员制动控制，以达到期望的制动强度。

（4）若驾驶员没有响应预警信号，并且相对距离小于安全距离，此时 AEB 进行自动制动控制，根据实际制动距离与不同制动距离的关系选择合适的制动强度进行制动控制。

1. AEB 系统控制需求

对于自动紧急制动这种辅助驾驶功能而言，“漏触发”和“误触发”是最为严重的功能漏洞，因此所设计的 AEB 控制策略应能覆盖多类型多场景的交通状况。在复杂的行车环境中，车辆在行驶过程中会有多次制动工况，驾驶员大多还是倾向于自己制动，而 AEB 系统作为一种安全辅助驾驶系统，驾驶员当然也希望乘坐舒适性能够尽量得到保障，因此安全性与行车交通效率、舒适性与制动强度都要考虑在内。

综合以上因素，AEB 系统应该满足以下条件：

（1）系统应尽量满足多种类型的交通情形，防止在一些极端情况下，识别目标车辆时出现“漏报”和“误报”。

（2）系统在自动制动前一定要有预警，且最好能在声音预警前加入指示灯预警，防止突然出现的预警声音造成驾驶员紧张。

（3）在驾驶员介入的情况下，AEB 系统只能提供制动辅助，不能忽略驾驶员的操作而占主导地位。

（4）作为安全辅助系统，在保证行车安全的前提下，要尽量提高驾乘人员的乘坐体验，系统不能过于频繁地发出干扰驾驶员正常行车的预警信号或制动动作。

2. 最危险目标选取算法

AEB 系统精确控制的前提就是获取准确的目标车辆运动状态信息、位置信息和本车运动状态信息。其中本车信息可由自车传感器获取或相关系统的控制单元通过 CAN 总线传递。目标车辆信息通常由本车的传感器（主要是毫米波雷达）获得，由于汽车在连续行驶过程中的行车环境是复杂多变的，相邻车道车辆变道情况时常发生，因此导致本车同车道内可能存在多辆汽车，若仅以本车正前方车辆作为最危险目标车辆，可能会导致“漏触发”和“误触发”，因此 AEB 系统控制策略的研究首先要解决的问题就是从众多目标车辆信息中实时筛选出最危险目标车辆的运动状态及位置信息。

以毫米波雷达探测的障碍物为例，在主要考虑目标物为汽车的情况下，按照目标车与本车的相对位置关系可将车辆分为表 5.1 所示的三类（图 5.3）。

表 5.1　最危险目标车辆分类

本车道移动物体	本车道静止物体	相邻车道移动物体
接近 (SAM)： 相对速度 <0m/s, 相对距离 $\leqslant 100$m, 相对路径偏移 $\leqslant 1.5$m； 远离 (SXM)： 相对速度 $\geqslant 0$m/s, 相对距离 $\leqslant 100$m, 相对路径偏移 $\leqslant 1.5$m	接近 (SAS)： 相对速度 $\leqslant 0$m/s, 相对距离 $\leqslant 100$m, 相对路径偏移 $\leqslant 0.9$m	从左侧车道进入 (LAM) 从右侧车道进入 (RAM) 相对速度 $\leqslant 0$m/s, 相对距离 $\leqslant 100$m, 相对路径偏移 $\geqslant 1.5$m 相对距离 $\leqslant 4.5$m

根据目标分类，现设定一系列规则来确定最危险目标筛选范围。如图 5.3所示，设车道宽为 W，车宽为 B。雷达探测到的前方第 i 辆目标车与本车的中心线的夹角为 θ_i，与本车的相对距离为 d_{ri}，因此设第 i 辆目标车的坐标为 (d_{ri}, θ_i)。

（1）当 $d_{ri}\sin\theta_i \leqslant W/2$ 时，即目标车辆在本车道范围内行驶，此目标为危险目标。

（2）当目标车辆在邻侧车道中间行驶时，不会对本车造成安全威胁，而当 $W/2 \leqslant d_{ri}\sin\theta_i \leqslant W - B/2$ 时，该车辆有向本车道变道的趋势，因此，将该目标视为潜在危险目标。

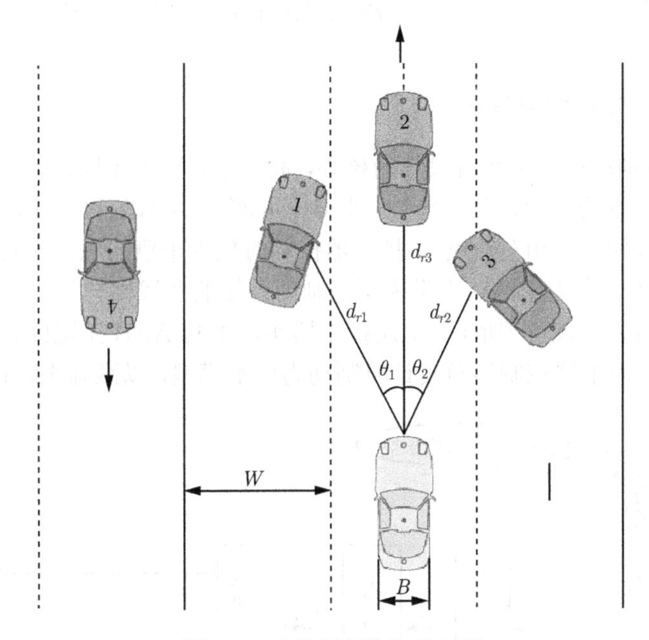

图 5.3　危险目标选取示意图

（3）当 $d_{ri}\sin\theta_i \geqslant W - B/2$ 时，此目标为非危险目标。

3. 安全距离模型与 TTC 模型

安全距离模型是一种 AEB 介入的判断指标。当车辆与目标车辆的距离小于安全距离时，AEB 系统进行预警或介入制动。目前安全距离模型主要包括 Mazda 模型、Honda

模型等。Mazda 模型定义如下：

$$d_{\mathrm{br}}=0.5\left[\frac{v^2}{a_1}-\frac{\left(v-v_{\mathrm{rel}}\right)^2}{a_2}\right]+vt_1+v_{\mathrm{rel}}t_2+d_0 \tag{5-1}$$

式中，d_{br} 为制动距离；v 为本车车速；v_{rel} 为相对车速；a_1 为本车最大减速度；a_2 为目标车的最大减速度；t_1 是驾驶员反应延迟时间；t_2 为制动器延迟时间；d_0 为最小停车距离。为了使两车不发生碰撞，双方车辆需在全力制动的状态下，保持最小停车距离 d_0。增加延迟时间 t_1 与 t_2，能够使系统更加保守。

Honda 的安全距离模型包括碰撞预警和碰撞干预两部分，Honda 模型定义如下:

$$\begin{aligned}&d_{\mathrm{w}}=2.2v_{\mathrm{rel}}+6.2\\&d_{\mathrm{br}}=\begin{cases}t_2v_{\mathrm{rel}}+t_1t_2a_1-0.5a_1t_1,\dfrac{v_2}{a_2}\geqslant t_2\\t_2v-0.5\left(t_2-t_1\right)^2-\dfrac{v_2^2}{2a_2},\dfrac{v_2}{a_2}<t_2\end{cases}\end{aligned} \tag{5-2}$$

式中，d_{w} 为预警部分；d_{br} 为制动介入部分。

另一种用以判断碰撞预警与碰撞介入的方式是采用 TTC 模型，TTC 模型根据车辆行驶的不同工况设计不同的碰撞时间阈值，当求得的本车与目标车辆的预计碰撞时间小于该阈值时 AEB 系统将介入控制。该阈值可由制动距离与相对速度、相对加速度计算得到。

4. AEB 系统制动控制策略

AEB 系统的制动控制是系统设计的核心，高频率、高鲁棒性、高准确性的制动控制器保证了 AEB 系统的有效性与安全性。控制器的输入为本车的运行状态以及经过筛选的目标车辆信息（距离、相对速度）。控制器控制对象为车辆的纵向执行机构，主要是制动系统的制动油压。由于车辆动力学模型与制动系统的非线性与复杂性，一般采用系统分层的控制器设计。如图 5.4所示，上层控制器实现不同 AEB 工况的识别与切换，计算目标制动减速度，而下层控制器负责计算制动力分配模型，以准确跟踪目标减速度 [2–3]。

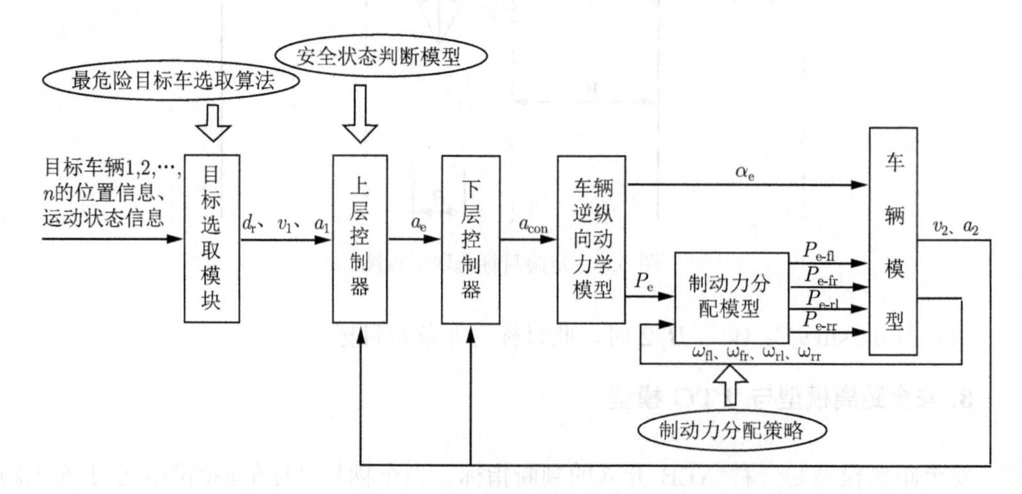

图 5.4　AEB 分层控制示意图

以基于有效状态机的上层控制器为例，其输入是预碰撞时间 TTC、上一时刻的期望加速度、制动强度与 TTC 以及制动安全距离表；输出为期望加速度以及工作状态指示信号，如图 5.5所示。

获取上层控制器的期望减速度后，由制动系统对制动主缸油压进行主动控制，图 5.6为基于 ESC 制动系统目标减速度 PID 控制逻辑。实际控制中，可由车辆纵向动力学公式计算实现目标减速度所需的基准目标压力 p_{base}，作为控制过程中的前馈环节：

$$ma = \frac{T_{\mathrm{q}} \cdot i_{\mathrm{g}} \cdot \eta}{r} + Gf + \frac{C_{\mathrm{D}}A}{21.15}u^2 + Gi + \frac{p_{\mathrm{base}} \cdot K_{\mathrm{p}}}{r} \tag{5-3}$$

根据目标减速度和实际减速度的偏差，对目标制动压力进行修正，得到修正制动压力 p_{com}，作为控制过程中的反馈环节：

$$p_{\mathrm{com}} = K_{\mathrm{p}} \cdot e + K_{\mathrm{i}} \cdot \int e\mathrm{d}t + K_{\mathrm{d}} \cdot \dot{e} \tag{5-4}$$

则最终的制动压力为

$$p_{\mathrm{tar}} = p_{\mathrm{base}} + p_{\mathrm{com}} \tag{5-5}$$

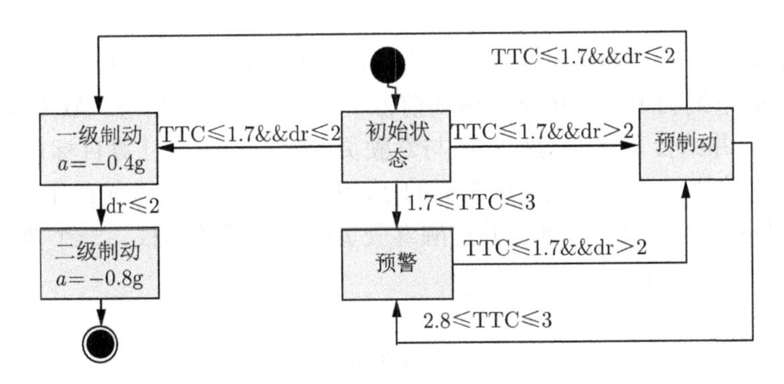

图 5.5　基于 Stateflow 的有限状态机上层控制器

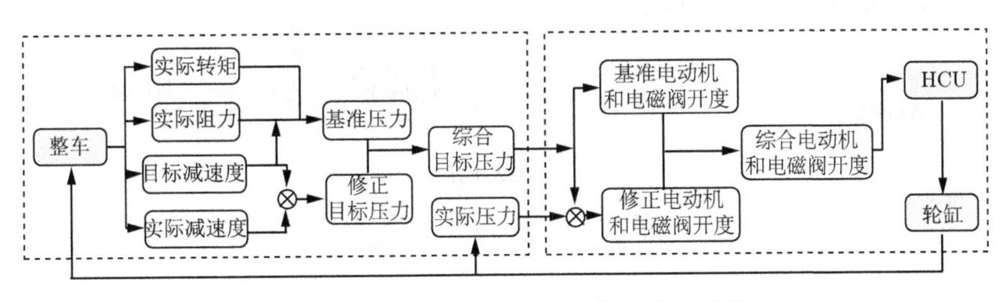

图 5.6　基于 ESC 系统的目标减速度控制逻辑

5.3　自适应巡航控制系统

5.3.1　本节概述

作为辅助驾驶系统的重要组成部分，自适应巡航控制系统具有减轻驾驶员疲劳强度、提高车辆安全性、缓解交通流的潜力，得到了各大学、研究机构与汽车厂商的广泛关注。ACC 系统利用车载传感器或通信设备感知车辆前方交通状态与车辆信息，结合驾驶员的操作指令，根据一定的控制算法对车辆的执行系统进行一定程度的自动控制，在纵向方向上控制车辆的运动，在前方没有车辆或前方车辆远在安全车距之外时以预设定车速定速巡航，而当前方车辆在监测范围以内且前方车辆车速小于本车巡航车速时，以一定的控制策略自动跟随前车行驶。ACC 在特定工况下实现了汽车的纵向自动驾驶，减轻了驾驶员操作负担。

ACC 系统的研究设计可总结为三个发展阶段：20 世纪 90 年代初为第一阶段，该阶段 ACC 只能在车速大于一定的情况下才能启用，因此主要应用于高速公路驾驶工况，实现车距和车速跟踪功能。随着技术的不断进步，ACC 系统功能逐渐完善，工作范围向低速工况扩展，主要针对城市工况驾驶应用，可以应对城市中多信号灯、拥堵等路况，实现低速跟车和起步停车功能，即走停巡航系统。目前的 ACC 发展为第三阶段，主要针对多目标优化，实现跟踪性、经济性和舒适性的多目标协同控制。

本节内容从 ACC 系统框架出发，阐述了 ACC 系统控制中的几大关键模块，着重介绍多目标协同控制自适应巡航系统中的关键算法技术。

5.3.2 系统框架

一般而言，自适应巡航控制系统可分为环境感知模块、ACC 功能模块、执行控制模块。自适应巡航系统利用车载传感器感知前方车辆状态与车辆信息。ACC 功能模块进行关键目标筛选，并结合车辆的运行状态与驾驶员的操作指令，计算目标加速度或者减速度，并通过底层的执行控制模块实现车辆的运动控制，实现定速巡航或车距保持功能；在有碰撞危险时进行主动制动干预，并提醒驾驶员接管车辆控制权。一个典型的 ACC 系统总体结构如图 5.7所示。

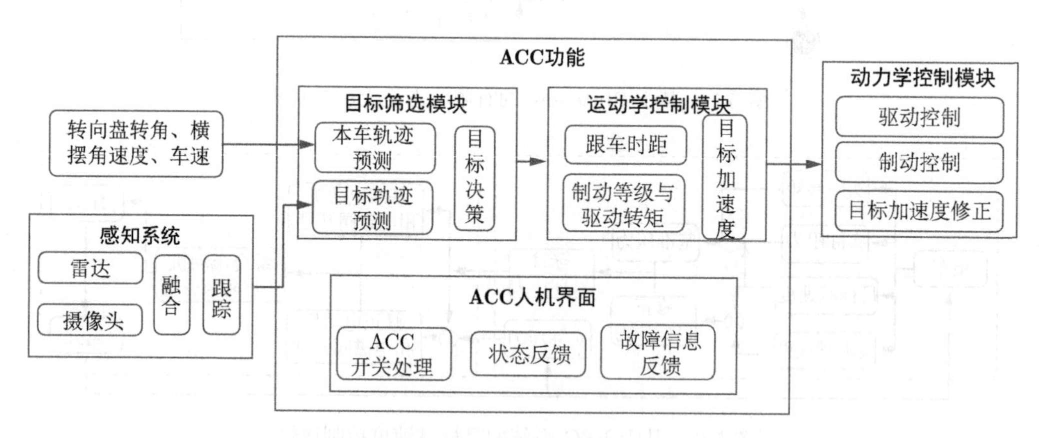

图 5.7 ACC 系统总体架构

5.3.3 算法逻辑

出于车辆制动系统、驱动系统以及车辆整体的动力学模型的复杂性。自适应巡航控制系统为复杂的非线性系统，为了简化设计与提升系统的鲁棒性与可靠性，目前的自适应巡航控制的系统主要采用分层系统设计思想。按照系统组成，自适应巡航控制系统可分为交通信息辨识、安全车距模型、自适应巡航控制模型与执行机构控制模型。

1. 目标筛选算法

ACC 系统正确运行的一大前提是需要准确的环境信息感知，一般通过车载传感器对车辆运行环境进行探测实现。传感器获取的原始数据经过主控系统处理，提取为有效的道路目标动态信息，包括前车动态距离、前车绝对车速、相对车速等动态信息量。有效的道路动态信息量作为自适应巡航控制系统的参数输入，供主控系统决策判断。主流的 ACC 系统采用车载视觉系统与毫米波雷达系统进行目标感知。相比其他交通信息传感器，车载视觉系统的成本较低，且能获得包括道路车辆、行人及交通标线与标志在内的大容量交通信息。车载视觉系统主要利用机器学习算法与特征提取来发掘图像中的道路目标信息，并通过立体视觉或对摄像头安装位置的标定来确定所检测到目标的位置信息。毫米波雷达可通过多普勒原理完成对道路目标相对速度的检测，且相比其他车载测距传感器具有较远的检测距离及较强的环境适应能力。

毫米波雷达在一个检测周期内分别返回若干个目标与本车的相对车距 ρ_{r}、相对车速 v_{r} 与方位角 θ 信息，而自适应巡航主控系统则需要环境车辆的纵向及侧向行驶信息以完成对主车的控制。因此，需要将雷达输出的极坐标信息向直角坐标系中转换（图 5.8），转换方法为

$$\begin{cases} d_{x\mathrm{r}} = \rho_{\mathrm{r}} \cos\theta \\ d_{y\mathrm{r}} = \rho_{\mathrm{r}} \sin\theta \end{cases} \tag{5-6}$$

式中，$d_{x\mathrm{r}}$ 与 $d_{y\mathrm{r}}$ 为本车与目标车辆的纵向相对车距与侧向相对车距。根据多普勒效应，毫米波雷达所检测的目标车辆速度为相对速度。利用目标方位角和相对速度，可计算目标车辆与本车的纵向相对速度与侧向相对速度：

$$\begin{cases} v_{x\mathrm{r}} = v_{\mathrm{r}} \cos\theta - \rho_{\mathrm{r}}\dot{\theta} \sin\theta \\ v_{y\mathrm{r}} = v_{\mathrm{r}} \sin\theta + \rho_{\mathrm{r}}\dot{\theta} \cos\theta \end{cases} \tag{5-7}$$

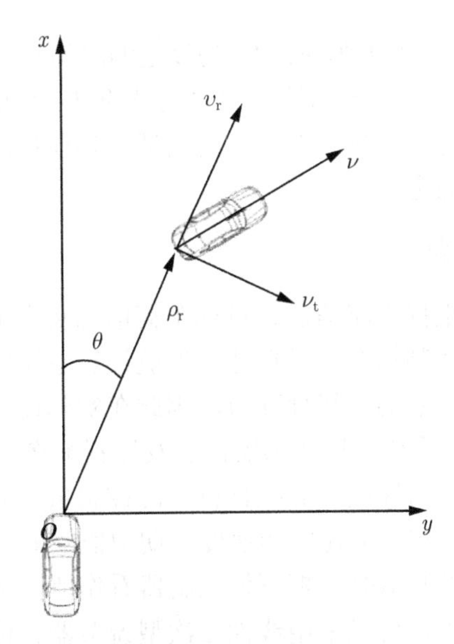

图 5.8　毫米波雷达目标车辆坐标系与本车坐标系

获得与本车的纵向及侧向相对运动信息后，即可检验环境车辆是否处于自适应巡航控制的有效检测区域内，从而对处于有效检测区域外的目标直接剔除，以加快后续算法

的处理速度。在直线道路中，有效检测区域可以设置为一矩形区域，实际的参数与道路结构和实际运行工况有关。而对于弯道工况，则需要进行弯道区域补偿，以抵消道路曲率的影响，避免误识别。当车速小于 1m/s 时，采用前轮转角和轴距计算曲率，当车速大于 1.5m/s 时，采用横摆角速度和车速计算曲率。当车速介于 1m/s 和 1.5m/s 之间时，曲率由二者加权平均得到。

$$\begin{cases} \kappa = \dfrac{\delta_{\mathrm{v}}}{L} \\ \kappa = \dfrac{\dot{\psi}}{v_{\mathrm{ego}}} \end{cases} \tag{5-8}$$

2. 安全车距模型

安全车距模型的选择和设置对自适应巡航控制系统十分关键。在进行车距控制时安全车距模型实时计算本车所处的安全状态，并根据前车的行驶情况决定是否对本车进行加速或减速操作。安全车距设置偏小会导致本车在前车跟随行驶时经常处于不安全状态，从而引发驾驶员精神紧张。安全车距设置过大则会引起其他车辆的频繁并线，使驾驶员对自适应巡航控制的信任度降低。因此选取可靠而合适的安全车距计算模型十分重要。目前的自适应巡航系统大量使用的是固定车间安全时距模型，即安全车距等于本车车速乘以时间常数，再加停车时的最小安全车距。这种安全车距计算方法基本符合驾驶员在不同车速下对安全车距的期望，因此被广泛应用于现有车辆的自适应巡航控制中。除了固定车间安全时距模型外，也有研究者提出了定车距模型、固定安全因数模型、固定稳定性模型及固定认可度模型等。

固定车间时距安全车距模型可以描述如下:

$$d_{\mathrm{d}} = v_{\mathrm{h}} T_{\mathrm{h}} + d_0 \tag{5-9}$$

式中，d_{d} 为安全车距；v_{h} 为本车车速；T_{h} 为设定的时间常数；d_0 为距离常数。采用这种车距模型的意义在于不同年龄不同性别的驾驶员的 T_{h} 有相近的范围，并且利用距离常数对制动安全距离进行弥补。安全车距作为自适应巡航控制系统的跟踪量，也是自适应巡航控制的运动评价参数之一。

3. 自适应巡航控制模型

自适应巡航控制系统根据道路信息、目标车辆信息及本车行驶状态进行控制策略决策，对下层执行机构发出控制指令，是自适应巡航控制系统的核心部分。由于车辆的动力学模型较为复杂且具有强烈的非线性环节，因此在实际设计中自适应巡航控制系统采用分层设计结构，上级控制系统根据传感器信息及控制策略确定期望加速度或期望速度，下位控制器根据期望加速度与速度计算执行机构的控制量，并对控制机构发出跟踪控制需求 [4–5]，从而控制车辆的实际加速度和速度与期望值匹配。当采用分层的控制结构时，设计自适应巡航控制上位控制器时可把下位控制器看作惯性延时环节。

在上位控制器的设计中，可以采用线性二次型调节器、模型预测控制器等指标来综合评价车速与车距的跟踪能力，并用最优控制理论来对控制器进行优化。以线性二次型调节器设计为例，设相对车距为 d_{r}，相对速度为 v_{r}，本车实际加速度为 a，求解的目标为期望的加速度 u_{d}。利用车辆的运动学模型，自适应巡航跟踪过程的状态可表示为如下连续状态空间表达式，其中 $u_{\rm d}$ 为控制输入量，$T_{\rm s}$ 为下位控制器的惯性延迟时长：

$$\begin{bmatrix} \dot{d}_{\rm r} \\ \dot{v}_{\rm r} \\ \dot{a} \end{bmatrix} = \begin{bmatrix} 0 & 1 & 0 \\ 0 & 0 & 1 \\ 0 & 0 & -\dfrac{1}{T_{\rm s}} \end{bmatrix} \begin{bmatrix} d_{\rm r} \\ v_{\rm r} \\ a \end{bmatrix} + \begin{bmatrix} 0 \\ 0 \\ \dfrac{1}{T_{\rm s}} \end{bmatrix} u_{\rm d} \tag{5-10}$$

对上式进行离散化表示可转化为

$$\begin{bmatrix} d_{\rm r}(k+1) \\ v_{\rm r}(k+1) \\ a(k+1) \end{bmatrix} = \begin{bmatrix} 1 & T_{\rm c} & 0 \\ 0 & 1 & T_{\rm c} \\ 0 & 0 & 1-\dfrac{T_{\rm c}}{T_{\rm s}} \end{bmatrix} \begin{bmatrix} d_{\rm r}(k) \\ v_{\rm r}(k) \\ a(k) \end{bmatrix} + \begin{bmatrix} 0 \\ 0 \\ \dfrac{T}{T_{\rm s}} \end{bmatrix} u_{\rm d}(k) \tag{5-11}$$

式中，k 为各个控制时刻；T_c 为控制器周期。假设 T_s 与 T_c 的比值为 15，即惯性延时时长为控制周期的 15 倍，则可以在离散的状态空间中构建 15 阶的输入延迟状态，用以求解惯性延迟过程中的最优控制量。

$$\begin{bmatrix} d_{\rm r}(k+1) \\ v_{\rm r}(k+1) \\ a(k+1) \\ u_{15}(k+1) \\ u_{14}(k+1) \\ \vdots \\ u_1(k+1) \end{bmatrix}_{18\times1} = \begin{bmatrix} M & 0_{3\times14} \\ 0_{14\times4} & I_{14\times14} \\ 0_{1\times4} & 0_{1\times14} \end{bmatrix} \begin{bmatrix} d_{\rm r}(k) \\ v_{\rm r}(k) \\ a(k) \\ u_{15}(k) \\ u_{14}(k) \\ \vdots \\ u_1(k) \end{bmatrix}_{18\times1} + \begin{bmatrix} 0 \\ \vdots \\ 0 \\ 1 \end{bmatrix}_{18\times1} u(k) \tag{5-12}$$

其中，矩阵 $\boldsymbol{M}$ 为

$$\boldsymbol{M} = \begin{bmatrix} 1 & T_{\rm c} & 0 & 0 \\ 0 & 1 & T_{\rm c} & 0 \\ 0 & 0 & 1-\dfrac{T_{\rm c}}{T_{\rm s}} & \dfrac{T_{\rm c}}{T_{\rm s}} \end{bmatrix} \tag{5-13}$$

其中，$u_1 \sim u_{15}$ 为输入延时状态，u 为系统的控制输入。令：

$$\begin{aligned} x(k) &= \begin{bmatrix} d_{\rm r}(k) & v_{\rm r}(k) & a(k) & u_{15}(k) & u_{14}(k) & \cdots & u_1(k)^{\rm T} \end{bmatrix} \\ y(k) &= \begin{bmatrix} y_1(k) & y_2(k) \end{bmatrix}^{\rm T} \end{aligned} \tag{5-14}$$

其中，y 为系统的输出，即前车车距 d 与本车车速 v，有

$$\begin{cases} x(k+1) = Ax(k) + Bu(k) \\ y(k) = Cx(k) \end{cases} \tag{5-15}$$

考虑本车实际运动状态与理想稳态跟随行驶状态的差值，构建跟随误差离散状态空间表达式为

$$\begin{cases} \bar{x}(k+1) = A\bar{x}(k) + B\bar{u}(k) - Dw(k) \\ \bar{y}(k) = C\bar{x}(k) \end{cases} \tag{5-16}$$

其中，$D=\begin{bmatrix} -T_{\mathrm{h}}T_{\mathrm{c}} & T_{\mathrm{c}} & \mathbf{0}_{1\times 16} \end{bmatrix}^{\mathrm{T}}$ 为扰动矩阵。状态误差为

$$\bar{x}(k)=x(k)-x_{\mathrm{s}}(k)=\begin{bmatrix} d_{\mathrm{r}}(k)-d_{\mathrm{s}}(k) \\ v_{\mathrm{r}}(k)-v_{\mathrm{s}}(k) \\ a(k)-a_{\mathrm{s}}(k) \\ u_{15}(k)-u_{15\mathrm{s}}(k) \\ \cdots \\ u_{1}(k)-u_{1\mathrm{s}}(k) \end{bmatrix}, \tag{5-17}$$

控制量误差为

$$\bar{u}(k)=u(k)-u_{\mathrm{s}}(k) \tag{5-18}$$

状态输出误差为

$$\bar{y}(k)=y(k)-y_{s}(k)=\begin{bmatrix} y_{1}(k)-y_{1s}(k) \\ y_{2}(k)-y_{2s}(k) \end{bmatrix}=\begin{bmatrix} d_{\mathrm{r}}(k)-d_{\mathrm{s}}(k) \\ v(k)-v_{\mathrm{s}}(k) \end{bmatrix} \tag{5-19}$$

在前车跟随行驶的实车控制中，总是希望本车实际的运动状态与跟随前车行驶处于稳态的本车理想状态相等，即要求在一定的控制下，使前车跟随误差模型中的状态变量逐渐趋于 0。由此，上述分析过程就把本车跟随主目标车辆行驶的输出跟踪问题转化为了一个较容易求解的状态调节器问题，即当系统的状态偏离平衡零点时，希望施加较小的控制量使系统状态回到平衡零点。线性二次型调节器 LQR 可给出该控制问题的最优解，同时输出的控制量为系统状态的线性反馈，求解过程如下。

定义跟随误差模型的离散二次型性能指标为

$$J_{\mathrm{LQR}}=\frac{1}{2}\sum_{k=0}^{\infty}\left[\bar{x}^{\mathrm{T}}(k)Q\bar{x}(k)+\bar{u}^{\mathrm{T}}(k)R\bar{u}(k)\right] \tag{5-20}$$

式中，Q 为状态误差矩阵；R 为控制消耗常数。LQR 求解最优控制序列 u^{*} 使得 J_{LQR} 最小，求解方式如下：

$$\bar{u}^{*}(k)=-\left(R+B^{\mathrm{T}}PB\right)^{-1}B^{\mathrm{T}}PA\bar{x}(k)=G\bar{x}(k) \tag{5-21}$$

其中，P 由代数 Riccati 方程计算，通过迭代计算可获得最优控制量。

$$P=Q+A^{\mathrm{T}}PA-A^{\mathrm{T}}PB\left(R+B^{\mathrm{T}}PB\right)^{-1}B^{\mathrm{T}}PA \tag{5-22}$$

在自适应巡航控制系统下位控制器的设计中，控制器的输入为预期的加速度，而输出为底层执行机构的执行量，自适应巡航控制系统的下层执行机构主要为车辆的驱动系、制动系与传动系。在实际控制过程中，自动换挡多由传动系的自动变速器根据车速、节气门位置以及发动机转速自动完成，因此执行机构控制策略主要围绕电子节气门与主动制动系统展开。出于发动机的响应特性以及制动系统机械油压复合系统的复杂性，再考虑到底层执行机构的控制频率一般较高，所以一般不采用复杂的模型控制，而采用简单的 PID 控制、模糊控制等反馈控制算法。

5.4 车道保持系统

5.4.1 本节概述

车道保持辅助（LKA）系统指的是通过摄像头检测本车相对期望的行车轨迹（如车道中心线）的横向运动状态，基于车辆横向动力学设计横向控制器，实时计算转向盘的期望转角大小和方向，实现 LKA 系统的闭环控制 [6]。LKA 在一定程度上缓解了驾驶强度，辅助驾驶员实现车道的跟踪，并适时提供车道偏离预警，从而提升驾乘的安全性。

国内外的很多研究者已经对 LKA 系统做了大量的研究。高振海等采用自适应 BP-PID 的 LKA 控制算法，车辆对预期轨迹的跟踪性能较好 [7]。罗莉华等根据车辆横向动力学，建立了基于 MPC 的 LKA 控制策略，仿真结果表明该方法在不同车速下都具有较好的控制效果 [8]。Soualmi 等针对横向动力学中纵向速度变化引起的非线性问题，提出了一种基于模糊 Takagi-Sugeno（T-S）最优控制的车道保持系统的方法，并验证了该方法的有效性 [9]。斯坦福大学的 Rossetter 在其博士学位论文中，详细研究了预瞄控制在 LKA 中的应用 [10–12]，随后，Rossetter 与其导师 Christian Gerdes 教授，尝试着将基于自行车模型的预瞄控制应用于车辆极限控制中 [13,14]。

清华大学的李克强团队等指出，车辆动力学控制的主要问题在于解决系统非线性和不确定性等 [15]。孙涛等 [16] 设计了基于人工势场法的 LKA，车辆模型中考虑了非线性轮胎模型，当车辆受到突然的转向干扰时，LKA 控制算法在极限工况下依然能使车辆有效跟踪目标路径，并且保持车辆的稳定性。袁苏哲 [17] 基于 H_∞ 鲁棒控制理论，对自动驾驶车辆车道保持控制问题进行了研究。陈德玲等 [18] 在考虑外部干扰等不确定性因素的基础上，通过鲁棒线性二次型调节器对车辆车道保持进行优化控制，多种工况的仿真结果均表明改进后的前轮转向控制器较传统控制器而言，控制性能有了显著提升，有效提高了车辆车道保持控制器的鲁棒稳定性。MPC 可在考虑控制约束、非线性等前提下实现系统性能的最优控制 [19,20]，因而在智能车中得到一定应用 [21]，比如，李克强等 [22] 利用 MPC 实现了 ACC 和换道辅助的协调控制。

5.4.2 系统框架

LKA 是自动驾驶车辆运动控制的一个必不可少的组成部分，其主要目标是保证自动驾驶车辆在道路上行驶时不发生过大的横向位置误差与横摆角误差，将车辆实际行驶轨迹与道路轨迹进行对比分析，计算出车辆行驶过程中的横向位置误差与横摆角误差，通过 LKA 控制算法，计算出最理想的前轮转角，并通过线控转向系统控制车辆不断地调整车辆的转向角达到期望值，以减小车辆在行驶过程中产生的横向位置误差与横摆角误差，在道路曲率发生变化时，保障自动驾驶车辆的方向与位置始终跟随道路曲率变化处于理想状态 [23]。因此，如图 5.9所示的控制框图，可将 LKA 系统分为感知层、决策控制层与执行层。

5.4.3 算法逻辑

1. 车辆横向动力学模型

动力学主要研究作用于物体的力与物体运动的关系，车辆动力学模型一般用于分析车辆的平顺性和车辆操纵的稳定性。对于车来说，研究车辆动力学，主要是研究车辆轮胎及其相关部件的受力情况。比如纵向速度控制，通过控制轮胎转速实现；横向航向控制，通过控制轮胎转角实现。

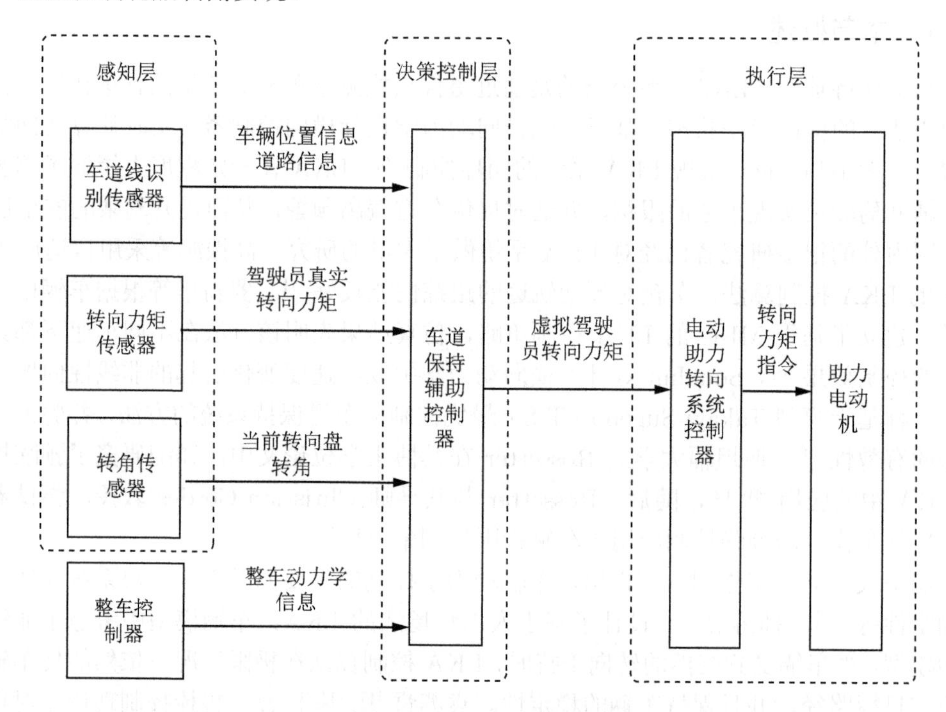

图 5.9 LKA 系统框架

如图 5.10所示，车辆上的作用力沿着三个不同的轴分布：

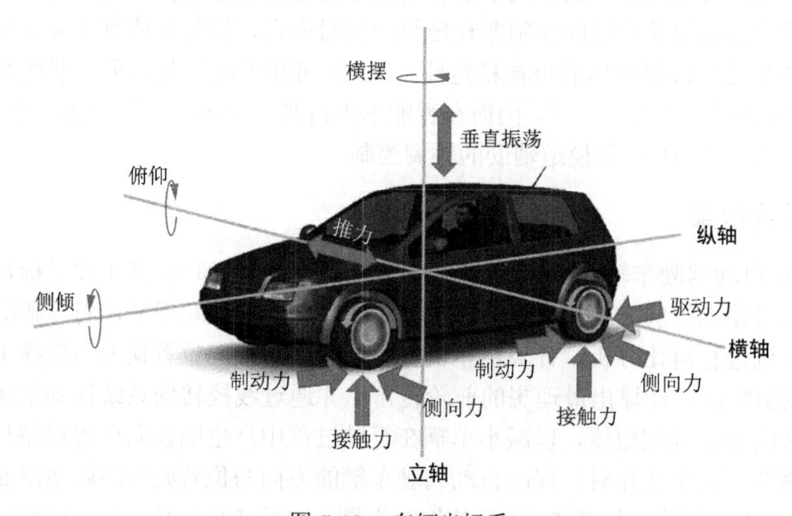

图 5.10 车辆坐标系

（1）纵轴上的力包括驱动力和制动力，以及滚动阻力和拖拽阻力，汽车绕纵轴作侧倾运动。

（2）侧轴上的力包括转向力、离心力和侧风力，汽车绕横轴作俯仰运动。

（3）立轴上的力包括车辆上下振荡施加的力，汽车绕立轴作横摆运动。

而在单车模型假设的前提下，再作如下假设即可简单搭建车辆的动力学模型：

（1）只考虑纯侧偏轮胎特性，忽略轮胎力的纵横向耦合关系。

（2）用单车模型来描述车辆的运动，不考虑载荷的左右转移。

（3）悬架系统是刚性的，忽略悬架运动的影响。

（4）忽略横纵向空气动力学。

（5）假设车辆转向盘转角与前轮转角之间为线性关系，忽略转向系的惯性和阻尼等。

在智能车的横向控制过程中，把车辆的横向控制模型转化为线性二自由度汽车模型，仅考虑车辆的横向位移和横摆角速度 [24]，如式 (5-23) 所示。

$$\begin{bmatrix} \dot{v}_y \\ \dot{\omega}_\mathrm{r} \end{bmatrix} = \begin{bmatrix} -\dfrac{C_{\alpha\mathrm{f}}+C_{\alpha\mathrm{r}}}{mv_x} & -v_x-\dfrac{l_\mathrm{f}C_{\alpha\mathrm{f}}-l_\mathrm{r}C_{\alpha\mathrm{r}}}{mv_x} \\ -\dfrac{l_\mathrm{f}C_{\alpha\mathrm{f}}-l_\mathrm{r}C_{\alpha\mathrm{r}}}{I_zv_x} & -\dfrac{l_\mathrm{f}^2C_{\alpha\mathrm{f}}+l_\mathrm{r}^2C_{\alpha\mathrm{r}}}{I_zv_x} \end{bmatrix} \begin{bmatrix} v_y \\ \omega_\mathrm{r} \end{bmatrix} + \begin{bmatrix} \dfrac{C_{\alpha\mathrm{f}}}{m} \\ \dfrac{l_\mathrm{f}C_{\alpha\mathrm{f}}}{I_z} \end{bmatrix} \delta \tag{5-23}$$

式中，v_y 为车辆横向速度；v_x 为车辆纵向速度；ω_r 为横摆角速度；l_f 和 l_r 分别为质心到前后轴的距离；I_z 为车辆的转动惯量；$C_{\alpha\mathrm{f}}$ 和 $C_{\alpha\mathrm{r}}$ 分别为车辆前后轮的侧偏刚度；δ 为前轮转角。

车道保持是一种路径跟踪任务，可以使用动力学横向控制完成。因此在搭建车辆动力学模型时，可以以相对于道路的方向和距离误差为状态变量的动力学模型。假设横向控制误差为 e_1，即车辆距车道中心线的横向距离，e_2 为航向误差，车道中心线的曲率为 κ，车辆的横向控制误差示意图如图 5.11所示，则航向误差为

$$\begin{cases} e_2 = \varphi - \varphi_\mathrm{des} \\ \dot{e}_2 = \dot{\varphi} - \dot{\varphi}_\mathrm{des} = \omega_\mathrm{r} - \kappa v_x \end{cases} \tag{5-24}$$

式中，φ、φ_des 分别为实际的航向角与期望的航向角。横向速度误差为

$$\dot{e}_1 = v_y + v_x e_2 \tag{5-25}$$

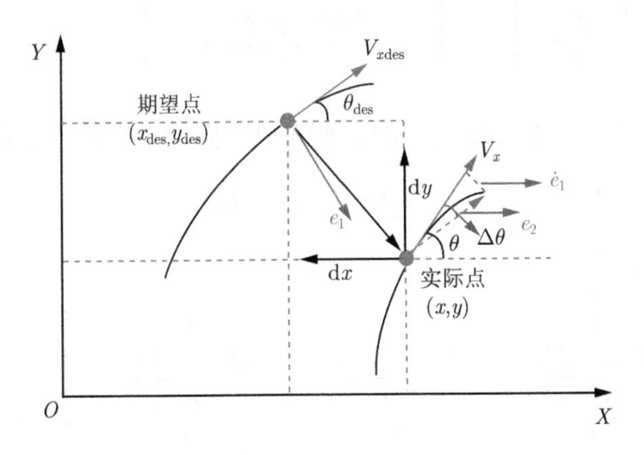

图 5.11 横向误差示意图

横向加速度误差为

$$\ddot{e}_1 = a_y - a_{y\mathrm{des}} = \dot{v}_y + v_x\dot{\varphi} - v_x\dot{\varphi}_\mathrm{des} = \dot{v}_y + v_x\dot{e}_2 \tag{5-26}$$

综合以上分析可得

$$\ddot{e}_1 = -\frac{C_{\alpha\mathrm{f}}+C_{\alpha\mathrm{r}}}{mV_\mathrm{ego}}\dot{y} - \left(V_\mathrm{ego} + \frac{l_\mathrm{f}C_{\alpha\mathrm{f}}-l_\mathrm{r}C_{\alpha\mathrm{r}}}{mV_\mathrm{ego}}\right)\dot{\phi} + \frac{C_{\alpha\mathrm{f}}}{m}\delta + V_\mathrm{ego}\dot{e}_2$$

$$
\begin{aligned}
&= -\frac{C_{\alpha f}+C_{\alpha r}}{mV_{ego}}(\dot{e}_1 - V_{ego}e_2) - \left(V_{ego} + \frac{l_f C_{\alpha f} - l_r C_{\alpha r}}{mV_{ego}}\right)\left(\dot{e}_2 + \dot{\phi}_{des}\right) + \frac{C_{\alpha f}}{m}\delta + V_{ego}\dot{e}_2 \\
&= \frac{C_{\alpha f}+C_{\alpha r}}{m}e_2 - \frac{C_{\alpha f}+C_{\alpha r}}{mV_{ego}}\dot{e}_1 - \frac{l_f C_{\alpha f} - l_r C_{\alpha r}}{mV_{ego}}\dot{e}_2 - \left(V_{ego}^2 + \frac{l_f C_{\alpha f} - l_r C_{\alpha r}}{m}\right)\frac{1}{R} + \frac{C_{\alpha f}}{m}\delta \\
\ddot{e}_2 &= -\frac{l_f C_{\alpha f} - l_r C_{\alpha r}}{I_z V_{ego}}\dot{y} - \frac{l_f^2 C_{\alpha f} + l_r^2 C_{\alpha r}}{I_z V_{ego}}\dot{\phi} + \frac{l_f C_{\alpha f}}{I_z}\delta \\
&= -\frac{l_f C_{\alpha f} - l_r C_{\alpha r}}{I_z V_{ego}}(\dot{e}_1 - V_{ego}e_2) - \frac{l_f^2 C_{\alpha f} + l_r^2 C_{\alpha r}}{I_z V_{ego}}\left(\dot{e}_2 + \dot{\phi}_{des}\right) + \frac{l_f C_{\alpha f}}{I_z}\delta \\
&= \frac{l_f C_{\alpha f} - l_r C_{\alpha r}}{I_z}e_2 - \frac{l_f C_{\alpha f} - l_r C_{\alpha r}}{I_z V_{ego}}\dot{e}_1 - \frac{l_f^2 C_{\alpha f} + l_r^2 C_{\alpha r}}{I_z V_{ego}}\dot{e}_2 - \frac{l_f^2 C_{\alpha f} + l_r^2 C_{\alpha r}}{I_z}\frac{1}{R} + \frac{l_f C_{\alpha f}}{I_z}\delta
\end{aligned} \tag{5-27}
$$

可得车辆横向控制模型为

$$
\frac{\mathrm{d}}{\mathrm{d}t}\begin{bmatrix} e_1 \\ \dot{e}_1 \\ e_2 \\ \dot{e}_2 \end{bmatrix} = \begin{bmatrix} 0 & 1 & 0 & 0 \\ 0 & -\dfrac{C_{\alpha f}+C_{\alpha r}}{mv_x} & \dfrac{C_{\alpha f}+C_{\alpha r}}{m} & -\dfrac{l_f C_{\alpha f} - l_r C_{\alpha r}}{mv_x} \\ 0 & 0 & 0 & 1 \\ 0 & -\dfrac{l_f C_{\alpha f} - l_r C_{\alpha r}}{I_z v_x} & \dfrac{l_f C_{\alpha f} - l_r C_{\alpha r}}{I_z} & -\dfrac{l_f^2 C_{\alpha f} + l_r^2 C_{\alpha r}}{I_z v_x} \end{bmatrix}\begin{bmatrix} e_1 \\ \dot{e}_1 \\ e_2 \\ \dot{e}_2 \end{bmatrix} + \begin{bmatrix} 0 \\ \dfrac{C_{\alpha f}}{m} \\ 0 \\ \dfrac{l_f C_{\alpha f}}{I_z} \end{bmatrix}\delta + \begin{bmatrix} 0 \\ -v_x^2 - \dfrac{l_f C_{\alpha f} - l_r C_{\alpha r}}{m} \\ 0 \\ -\dfrac{l_f^2 C_{\alpha f} + l_r^2 C_{\alpha r}}{I_z} \end{bmatrix}\kappa \tag{5-28}
$$

定义系统状态为 $x=[e_1,\dot{e}_1,e_2,\dot{e}_2]^{\mathrm{T}}$，则车辆横向动力学模型写成状态空间形式为

$$
\dot{x}=Ax+B_1\delta+B_2\kappa \tag{5-29}
$$

其中，系统矩阵为

$$
A=\begin{bmatrix} 0 & 1 & 0 & 0 \\ 0 & -\dfrac{C_{\alpha f}+C_{\alpha r}}{mv_x} & \dfrac{C_{\alpha f}+C_{\alpha r}}{m} & -\dfrac{l_f C_{\alpha f} - l_r C_{\alpha r}}{mv_x} \\ 0 & 0 & 0 & 1 \\ 0 & -\dfrac{l_f C_{\alpha f} - l_r C_{\alpha r}}{I_z v_x} & \dfrac{l_f C_{\alpha f} - l_r C_{\alpha r}}{I_z} & -\dfrac{l_f^2 C_{\alpha f} + l_r^2 C_{\alpha r}}{I_z v_x} \end{bmatrix}, B_1=\begin{bmatrix} 0 \\ \dfrac{C_{\alpha f}}{m} \\ 0 \\ \dfrac{l_f C_{\alpha f}}{I_z} \end{bmatrix},
$$

$$
B_2=\begin{bmatrix} 0 \\ -v_x^2 - \dfrac{l_f C_{\alpha f} - l_r C_{\alpha r}}{m} \\ 0 \\ -\dfrac{l_f^2 C_{\alpha f} + l_r^2 C_{\alpha r}}{I_z} \end{bmatrix}
$$

基于动力学模型 (5-29) 即可设计 LKA 状态反馈控制器 $\delta = \delta(x)$。

2. 前馈控制

假设曲率 κ 和系统状态 x 都是可测的，根据动力学模型 (5-29) 可见，由于系统矩阵 B_1 和 B_2 的特点决定了无法通过前馈控制得到恒定的零稳态偏差。假设采用前馈与反馈相结合的方式实现 LKA：

$$\delta = \delta_\mathrm{f} + u \tag{5-30}$$

则

$$\dot{x}=Ax + B_1u + B_1\delta_\mathrm{f} + B_2\kappa \tag{5-31}$$

其中，

$$B_1\delta_\mathrm{f} + B_2\kappa = \begin{bmatrix} 0 \\ \dfrac{C_{\alpha\mathrm{f}}}{m}\delta_\mathrm{f} - v_x^2\kappa - \dfrac{l_\mathrm{f}C_{\alpha\mathrm{f}} - l_\mathrm{r}C_{\alpha\mathrm{r}}}{m}\kappa \\ 0 \\ \dfrac{l_\mathrm{f}C_{\alpha\mathrm{f}}}{I_z}\delta_\mathrm{f} - \dfrac{l_\mathrm{f}^2C_{\alpha\mathrm{f}} + l_\mathrm{r}^2C_{\alpha\mathrm{r}}}{I_z}\kappa \end{bmatrix}$$

假设前馈控制器能让 $\dot{e}_1$ 的前馈偏差为 0，可得

$$\frac{C_{\alpha\mathrm{f}}}{m}\delta_\mathrm{f} - v_x^2\kappa - \frac{l_\mathrm{f}C_{\alpha\mathrm{f}} - l_\mathrm{r}C_{\alpha\mathrm{r}}}{m}\kappa = 0$$

即前馈控制器为

$$\delta_\mathrm{f} = \frac{mv_x^2 + l_\mathrm{f}C_{\alpha\mathrm{f}} - l_\mathrm{r}C_{\alpha\mathrm{r}}}{C_{\alpha\mathrm{f}}}\kappa \tag{5-32}$$

此时的闭环系统为

$$\dot{x}=Ax + B_1u + B_3\kappa \tag{5-33}$$

其中，

$$B_3 = \begin{bmatrix} 0 \\ 0 \\ 0 \\ \dfrac{ml_\mathrm{f}v_x^2 - l_\mathrm{f}l_\mathrm{r}C_{\alpha\mathrm{r}} - l_\mathrm{r}^2C_{\alpha\mathrm{r}}}{I_z} \end{bmatrix}$$

将曲率 κ 当成环境干扰处理，接下来设计反馈控制器，主流的控制方法大概有三种：LQR、MPC 和 H_∞ 控制，本节重点讨论 MPC 和 H_∞ 控制的设计方法，LQR 控制的设计方法可参考文献 [25]。

前馈与反馈相结合的控制方法在道路曲率恒定且车辆动力学精确的情况下可以有较高跟踪精度，但在现实中无法实现高精度车道保持。明尼苏达大学的 Rajamani 等指出，预瞄控制是提高车辆横向控制鲁棒性最好的方法之一 [26,27]，因此，本书采用预瞄控制思想，即以预瞄点处的运动状态作为反馈设计控制器，其预瞄时距一般为 $0.5 \sim 2\mathrm{s}$。

3. 模型预测控制

MPC 是一种最优化控制方法，在有限的预测时间段内求解最优控制量，有时也叫作滚动时域控制器。该控制器根据控制系统的动力学模型预测未来一段时间内系统的输出行为，同时考虑系统中各执行器的动态特性约束以及状态约束，通过求解带约束的最优控制问题，使得系统在未来一段时间内的跟踪误差最小，从而获得最优的控制量，如图 5.12所示。

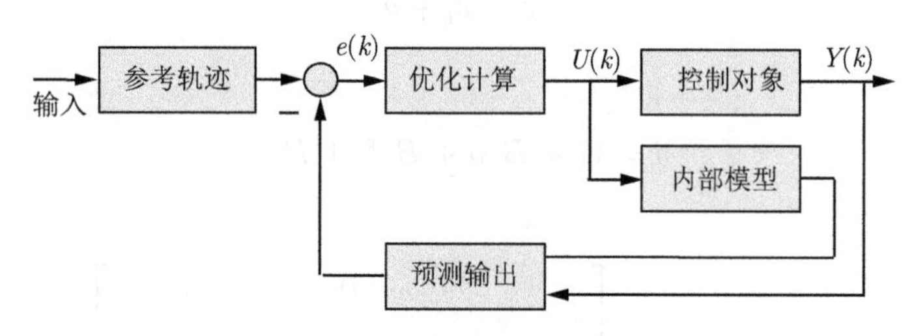

图 5.12 模型预测控制框图

由于 MPC 方法将系统模型纳入控制中，需要对被控对象进行建模，并根据这个模型去预测未来的状态。如图 5.13所示，MPC 根据滚动优化的思想，将求得的最优控制量的第一个变量作为控制输入。

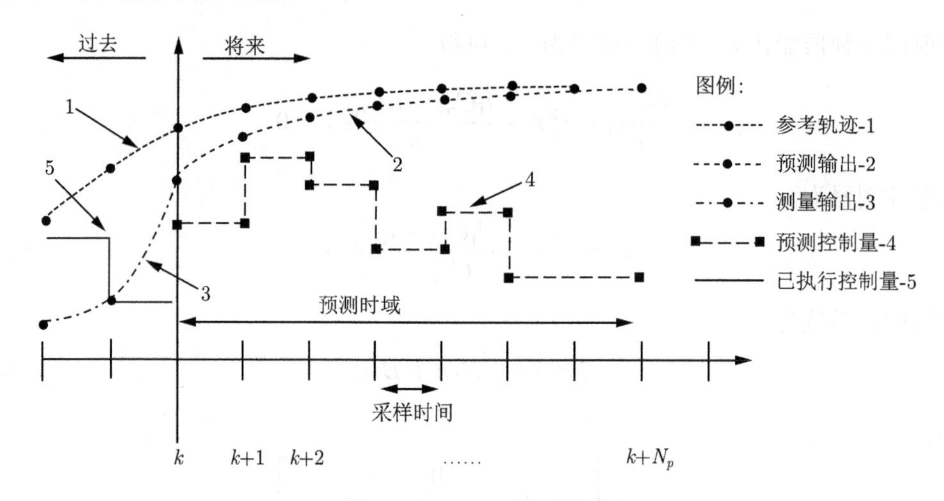

图 5.13 MPC 控制原理

在每个时点，根据当前车辆状态和控制输入预测未来 p 个周期的车辆状态，根据设定好的代价函数求解最优化问题来得到未来的最优控制输入，然后将求解得到的第一个输入作为本周期的控制输入。

由于 MPC 是一种离散系统控制方法，但是所得的车辆横向动力学模型的状态方程是一个连续的系统，于是需要对其进行离散化。采用一阶泰勒近似可得离散系统为

$$x(k+1) = A_d x(k) + B_{d1} u(k) + B_{d3} \kappa(k) \tag{5-34}$$

其中，$A_d = I + TA, B_{d1} = TB_1, B_{d3} = TB_3$，其中 I 为单位矩阵，T 为采样周期。

为了设计 MPC 控制算法去跟踪期望轨迹，需要预测汽车未来每一步的状态。关于未来状态的预测决定了控制输入的大小和关于这些状态的矩阵的大小。假设未来预测域

内的状态为

$$x(k+1), x(k+2), \cdots, x(k+n_p) \tag{5-35}$$

式中，n_p 为预测域长度。

根据系统状态方程迭代可得

$$\begin{aligned}
x(k+1) &= A_d x(k) + B_{d1} u(k) + B_{d3} \kappa(k) \\
x(k+2) &= A_d^2 x(k) + A_d B_{d1} u(k) + B_{d1} u(k+1) + A_d B_{d3} \kappa(k) + B_{d3} \kappa(k+1) \\
x(k+3) &= A_d^3 x(k) + A_d^2 B_{d1} u(k) + A_d B_{d1} u(k+1) + B_{d1} u(k+2) + \\
&\quad\; A_d^2 B_{d3} \kappa(k) + A_d B_{d3} \kappa(k+1) + B_{d3} \kappa(k+2) \\
&\;\vdots \\
x(k+n_p) &= A_d^{n_p} x(k) + \sum_{i=0}^{n_p-1} A_d^{n_p-1-i} B_{d1} u(k+i) + \sum_{i=0}^{n_p-1} A_d^{n_p-1-i} B_{d3} \kappa(k+i)
\end{aligned} \tag{5-36}$$

写成矩阵形式为

$$X(k) = \bar{A} x(k) + \bar{B}_1 U(k) + \bar{B}_2 \bar{\kappa}(k) \tag{5-37}$$

其中，

$$X(k) = \begin{bmatrix} x(k+1) \\ x(k+2) \\ x(k+3) \\ \vdots \\ x(k+n_p) \end{bmatrix}, \bar{A} = \begin{bmatrix} A_d \\ A_d^2 \\ A_d^3 \\ \vdots \\ A_d^{n_p} \end{bmatrix}, \bar{\kappa}(k) = \begin{bmatrix} \kappa(k) \\ \kappa(k+1) \\ \kappa(k+2) \\ \vdots \\ \kappa(k+n_p-1) \end{bmatrix}$$

$$\bar{B}_1 = \begin{bmatrix} B_{d1} & 0 & 0 & \cdots & 0 \\ A_d B_{d1} & B_{d1} & 0 & \cdots & 0 \\ A_d^2 B_{d1} & A_d B_{d1} & B_{d1} & \cdots & 0 \\ \vdots & \vdots & \vdots & & \vdots \\ A_d^{n_p-1} B_{d1} & A_d^{n_p-2} B_{d1} & A_d^{n_p-3} B_{d1} & \cdots & B_{d1} \end{bmatrix}, U(k) = \begin{bmatrix} u(k) \\ u(k+1) \\ u(k+2) \\ \vdots \\ u(k+n_p-1) \end{bmatrix},$$

$$\bar{B}_2 = \begin{bmatrix} B_{d3} & 0 & 0 & \cdots & 0 \\ A_d B_{d3} & B_{d3} & 0 & \cdots & 0 \\ A_d^2 B_{d3} & A_d B_{d3} & B_{d3} & \cdots & 0 \\ \vdots & \vdots & \vdots & & \vdots \\ A_d^{n_p-1} B_{d3} & A_d^{n_p-2} B_{d3} & A_d^{n_p-3} B_{d3} & \cdots & B_{d3} \end{bmatrix}$$

根据给定的期望轨迹，可以找到车辆当前位姿相对于给定轨迹的误差并在线根据当前误差进行滚动优化，根据某种指标从而求出当前控制最优解。因此，滚动优化可能不会得到全局最优解，但是却能对每一时刻的状态进行最及时的响应，达到局部最优。根据路径跟踪的目的，其目标函数为

$$J(k) = [X(k) - X_{\text{ref}}(k)]^{\mathrm{T}} Q [X(k) - X_{\text{ref}}(k)] + U^{\mathrm{T}}(k) R U(k) \tag{5-38}$$

式中，$\boldsymbol{Q}$ 和 $\boldsymbol{R}$ 分别为状态量和控制量的权重矩阵；X_{ref} 为期望轨迹。代入系统方程可得

$$\begin{aligned}J(k) &= \left[\bar{A}x(k)+\bar{B}_1U(k)+\bar{B}_2\bar{\kappa}(k)-X_{\text{ref}}(k)\right]^{\mathrm{T}}\cdot\\&\quad Q\left[\bar{A}x(k)+\bar{B}_1U(k)+\bar{B}_2\bar{\kappa}(k)-X_{\text{ref}}(k)\right]+\\&\quad U^{\mathrm{T}}(k)RU(k)\\&= J_0(k)+J_1(k)\end{aligned}\tag{5-39}$$

其中，

$$\begin{aligned}J_0(k) &= \left[\bar{A}x(k)+\bar{B}_2\bar{\kappa}(k)-X_{\text{ref}}(k)\right]^{\mathrm{T}}Q\left[\bar{A}x(k)+\bar{B}_2\bar{\kappa}(k)-X_{\text{ref}}(k)\right]\\J_1(k) &= 2\left[\bar{A}x(k)+\bar{B}_2\bar{\kappa}(k)-X_{\text{ref}}(k)\right]^{\mathrm{T}}Q\bar{B}_1U(k)+U^{\mathrm{T}}(k)\bar{B}_1^{\mathrm{T}}Q\bar{B}_1U(k)+\\&\quad U^{\mathrm{T}}(k)RU(k)\end{aligned}\tag{5-40}$$

可见，J_0 中不包含控制量 U，在控制器设计时可以忽略不计，故以 J_1 作为 MPC 的优化目标。

MPC 的约束条件主要包括舒适性与安全性约束。其中，舒适性约束为前轮转角即控制输入约束：

$$\begin{aligned}&|U(k)|\leqslant U_{\max}(k)\\&|U(k)-U(k-1)|\leqslant \Delta U_{\max}(k)\end{aligned}\tag{5-41}$$

其中，最大前轮转角 $U_{\max}$ 和前轮转角变化 $\Delta U_{\max}$ 与车速、道路曲率和转向系统等有关。

安全性约束为车辆偏离期望轨迹约束：

$$|X(k)-X_{\text{ref}}(k)|\leqslant \Delta X_{\max}\tag{5-42}$$

则将 MPC 写成二次规划（QP）形式如下：

$$\begin{aligned}&\min_{U(k)}\quad J_1(k)=GU(k)+U^{\mathrm{T}}(k)HU(k)\\&\text{s.t.}\begin{cases}|U(k)|\leqslant U_{\max}(k)\\|U(k)-U(k-1)|\leqslant \Delta U_{\max}(k)\\|X(k)-X_{\text{ref}}(k)|\leqslant \Delta X_{\max}\end{cases}\end{aligned}\tag{5-43}$$

其中，

$$G=2\left[\bar{A}x(k)+\bar{B}_2\bar{\kappa}(k)-X_{ref}(k)\right]^{\mathrm{T}}Q\bar{B}_1,H=\bar{B}_1^{\mathrm{T}}Q\bar{B}_1+R\tag{5-44}$$

4. H_∞ 控制

针对横向动力学系统

$$x(k+1)=A_dx(k)+B_{d1}u(k)+B_{d3}\kappa(k)\tag{5-45}$$

设计状态反馈控制器

$$u(k)=Kx(k)\tag{5-46}$$

则闭环系统为

$$x(k+1)=(A_d+B_{d1}K)x(k)+B_{d3}\kappa(k)\tag{5-47}$$

定义 Lyapunov 函数为

$$V(k)=x^{\mathrm{T}}(k)Px(k)\tag{5-48}$$

其差分为

$$\Delta V(k)=V(k+1)-V(k)=x^{\mathrm{T}}(k+1)Px(k+1)-x^{\mathrm{T}}(k)Px(k) \tag{5-49}$$

代入闭环系统方程可得

$$\begin{aligned}\Delta V(k)=&[(A_d+B_{d1}K)x(k)+B_{d3}\kappa(k)]^{\mathrm{T}}P[(A_d+B_{d1}K)x(k)+B_{d3}\kappa(k)]-x^{\mathrm{T}}(k)Px(k)\\=&x^{\mathrm{T}}(k)\left[(A_d+B_{d1}K)^{\mathrm{T}}P(A_d+B_{d1}K)-P\right]x(k)+x^{\mathrm{T}}(k)(A_d+B_{d1}K)^{\mathrm{T}}PB_{d3}\kappa(k)+\\&\kappa^{\mathrm{T}}(k)B_{d3}^{\mathrm{T}}P(A_d+B_{d1}K)x(k)+\kappa^{\mathrm{T}}(k)B_{d3}^{\mathrm{T}}PB_{d3}\kappa(k)\end{aligned} \tag{5-50}$$

为了建立 H_∞ 性能，引入性能指标：

$$J=\Delta V(k)+x^{\mathrm{T}}(k)x(k)-\gamma^2\kappa^{\mathrm{T}}(k)\kappa(k) \tag{5-51}$$

则

$$\begin{aligned}J=&x^{\mathrm{T}}(k)\left[(A_d+B_{d1}K)^{\mathrm{T}}P(A_d+B_{d1}K)-P+I\right]x(k)+x^{\mathrm{T}}(k)(A_d+B_{d1}K)^{\mathrm{T}}PB_{d3}\kappa(k)+\\&\kappa^{\mathrm{T}}(k)B_{d3}^{\mathrm{T}}P(A_d+B_{d1}K)x(k)+\kappa^{\mathrm{T}}(k)\left(B_{d3}^{\mathrm{T}}PB_{d3}-\gamma^2I\right)\kappa(k)\\=&\begin{bmatrix}x(k)\\\kappa(k)\end{bmatrix}^{\mathrm{T}}\Pi\begin{bmatrix}x(k)\\\kappa(k)\end{bmatrix}\end{aligned} \tag{5-52}$$

其中，

$$\Pi=\begin{bmatrix}(A_d+B_{d1}K)^{\mathrm{T}}P(A_d+B_{d1}K)-P+I & (A_d+B_{d1}K)^{\mathrm{T}}PB_{d3}\\B_{d3}^{\mathrm{T}}P(A_d+B_{d1}K) & B_{d3}^{\mathrm{T}}PB_{d3}-\gamma^2I\end{bmatrix} \tag{5-53}$$

根据舒尔补定理，由 $\prod<0$ 可得

$$\begin{bmatrix}-P+I & 0 & (A_d+B_{d1}K)^{\mathrm{T}}P\\0 & -\gamma^2I & B_{d3}^{\mathrm{T}}P\\P(A_d+B_{d1}K) & PB_{d3} & -P\end{bmatrix}<0 \tag{5-54}$$

对不等式 (5-54) 左乘右乘 $\mathrm{diag}\{P^{-1},I,P^{-1}\}$ 可得

$$\begin{bmatrix}-P^{-1}+P^{-1}P^{-1} & 0 & P^{-1}(A_d+B_{d1}K)^{\mathrm{T}}\\0 & -\gamma^2I & B_{d3}^{\mathrm{T}}\\(A_d+B_{d1}K)P^{-1} & B_{d3} & -P^{-1}\end{bmatrix}<0 \tag{5-55}$$

令 $Q=P^{-1},Y=KQ$，根据舒尔补定理可得

$$\begin{bmatrix}-Q & 0 & QA_d^{\mathrm{T}}+Y^{\mathrm{T}}B_{d1}^{\mathrm{T}} & Q\\0 & -\gamma^2I & B_{d3}^{\mathrm{T}} & 0\\A_dQ+B_{d1}Y & B_{d3} & -Q & 0\\Q & 0 & 0 & -I\end{bmatrix}<0 \tag{5-56}$$

根据式 (5-56) 可得 $\prod < 0$，则

$$J = \Delta V(k) + x^{\mathrm{T}}(k)x(k) - \gamma^2\kappa^{\mathrm{T}}(k)\kappa(k) < 0$$

即

$$\sum_{k=0}^{\infty}\left[\Delta V(k) + x^{\mathrm{T}}(k)x(k) - \gamma^2\kappa^{\mathrm{T}}(k)\kappa(k)\right] = \sum_{k=0}^{\infty}\left[\|x(k)\|^2 - \gamma^2\|\kappa(k)\|^2\right] - V(0) < 0 \tag{5-57}$$

可得如下 H_∞ 性能：

$$\sum_{k=0}^{\infty}\|x(k)\|^2 < \gamma^2\sum_{k=0}^{\infty}\|\kappa(k)\|^2 + V(0) \tag{5-58}$$

根据式（5-71）求得正定对称阵 Q 和矩阵 Y 后，即得控制器增益为 $K = YQ^{-1}$。因此，建立如下控制器设计准则。

针对横向动力学系统，对于给定的正数 $\gamma > 0$，存在正定对称阵 $Q > 0$ 和矩阵 Y 使得如下不等式成立：

$$\begin{bmatrix} -Q & 0 & QA_d^{\mathrm{T}} + Y^{\mathrm{T}}B_{d1}^{\mathrm{T}} & Q \\ 0 & -\gamma^2 I & B_{d3}^{\mathrm{T}} & 0 \\ A_dQ + B_{d1}Y & B_{d3} & -Q & 0 \\ Q & 0 & 0 & -I \end{bmatrix} < 0 \tag{5-59}$$

则横向动力学系统具有 H_∞ 性能 γ：

$$\sum_{k=0}^{\infty}\|x(k)\|^2 < \gamma^2\sum_{k=0}^{\infty}\|\kappa(k)\|^2 + V(0) \tag{5-60}$$

其中，控制器增益为 $K = YQ^{-1}$。

5.5 主动变道控制系统

5.5.1 本节概述

主动变道控制系统是自动驾驶车辆的功能之一，自动驾驶车辆在获取周围环境信息后进行分析，根据换道决策系统判断能否进行车道变化。当满足换道条件后，决策系统会选择换道的方向，然后进行换道运动规划，并生成从当前车道至目标车道的参考轨迹，而后，自动驾驶实施换道操作，行驶至目标车道。由以上分析，可将自动驾驶车辆换道行为划分为 3 个部分，即自主换道行为的决策、自主换道行为的运动规划、自主换道行为的轨迹跟随控制。下面将分别从这三个方面进行国内外研究现状的分析。

1. 换道行为决策

1986 年，Gipps 首次建立了考虑换道安全性、可行性等的换道决策框架 [28]，这是最早的基于逻辑规则的换道决策。1996 年，Yang Qi 提出了改进的麻省理工学院模拟模型，将决策分为产生换道需求、判断换道条件、执行换道动作 3 个阶段 [29]。1998 年，LE Owen，Y Zhang 等提出了任意性换道模型，将更快的速度作为换道的主要诱因，模拟驾

驶员对行驶状态的期望和周围车辆的刺激实施换道行为 [30]。王政 [31] 基于对驾驶员换道行为的分析，采用驾驶员的期望行车速度、期望跟车间距等信息，作为自动驾驶车辆换道行为指令产生的依据。

换道过程依赖本车与周围车辆的交互，可将本车与周围车辆视为多个参与者分析各自的决策机制，所以有学者基于博弈论的思想来模拟换道行为。2003—2009 年，Toledo 提出了基于概率的换道决策模型，采用效用函数来决定驾驶员换道决策 [32,33]；2005 年，Maerivoet 等提出了整合换道规则的元胞自动机模型 [34]；2012 年，Singh 等提出了使用马尔科夫链对换道过程描述的马尔科夫模型 [35]；Kita、刘小明等分别使用博弈论思想对换道行为进行分析 [36,37]。2013 年，Peng 进一步分析了换道过程中的非合作混合策略博弈，得到车道变换会受驾驶员感知、驾驶风格、信息源特点、认知能力等多个因素的影响的结论 [38]。张颖达 [39] 通过建立非合作博弈模型、合作博弈模型，对车辆的换道轨迹、与环境车辆的相对速度进行分析，确定了车辆换道行为符合合作博弈机制。

2011 年，Schubert 提出了基于贝叶斯网络的换道决策方法 [40]，在对周围的车辆和位置进行探测后，车辆需要结合车道的信息，对换道与跟驰行为进行决策。决策需要有关于车道变换信息的外部专家信息，计算各种可能决策输出的效用函数，相对较高的效用函数计算结果将被认为是目前给定环境下的最优决策。基于规则的决策更注重功能实现，基于统计的换道决策注重尽可能地模拟真实驾驶员的操作，更加拟人化。基于统计的方法，需要大量数据，而且数据质量会对最终的统计结果有较大影响。一般来说，数据质量越高，数量越多，分布均匀性越高，提取的规则越贴近真实情况。Yi Hou 将贝叶斯分类器与决策树分类器按照多数投票原则组合成一个分类器，得到了模拟驾驶员决策的最佳结果 [41]。2000 年，日产公司的 Kuge 使用驾驶模拟器，建立了紧急和正常换道以及车道保持的基于隐马尔科夫模型的转向行为模型 [42]。2015 年，丁洁云等使用 12 个驾驶员的实测数据，以综合决策因子与表征车辆横向运动的特征参数为观测变量，提出一种基于隐马尔科夫模型的环岛意图识别算法 [43]。伍淑莉 [44]、季学武 [45]、张文皓 [46] 等先后采用基于长短时神经网络（Long Short-Term Memory, LSTM）的智能车变道行为预测模型。

2. 换道轨迹规划

自动驾驶车辆的换道运动规划，是对车辆从当前车道变更到相邻车道过程中，生成虚拟的行驶轨迹，以车辆换道过程安全性、舒适性为目标 [47]。目前，部分研究人员使用人工势场法 [48]、水滴算法 [49] 等方法实现换道轨迹规划，但这些方法计算量大，不能满足实时性要求。几何法的轨迹规划算法运算量小，被广泛地应用在车辆轨迹规划上。圆弧换道轨迹、正反梯形加速度换道轨迹和正弦函数换道轨迹等用来进行换道轨迹的生成，但是，这些方法存在一定的缺陷，无法满足实际的换道场景的需求。

针对这些问题，研究人员采用 B 样条 [50]、多项式 [51,52] 等多种曲线进行轨迹规划，并根据一定的性能指标，从规划出的所有轨迹中选取最优轨迹 [53]。刘亚龙 [54] 采集车辆实际换道轨迹数据，并采用 BP 神经网络来进行自学习，提取车辆换道轨迹模型。陈伟 [55] 利用滚动窗口的原理，首先采用启发式搜索算法提取换道过程的关键位置数据点，然后采用过渡圆弧进行数据点的平滑，以实现换道过程的局部路径规划。李玮 [56] 等根据 B 样条理论对换道轨迹进行重规划，以实现换道轨迹的生成。G Xu[57] 等在不同的交通场景下进行轨迹规划，并进行碰撞检测，试验结果表明，该方法比五次多项式的轨迹规划具有更好的适应性。Xianjun Qian[58] 等将轨迹生成问题转化为非线性规划问题，并采用混合整数规划求解最优的换道轨迹。Howar 等 [59] 利用状态采样法构造了一种基于 MPC 的轨迹规划方法，并利用打靶法和牛顿法进行实时求解。加州大学伯克利分校的刘畅流提出一种基于凸可行集算法的快速规划方法，以求解轨迹规划问题 [60]。

3. 轨迹跟踪控制

轨迹跟踪的过程中，不仅要满足跟踪的精确性，同时还要满足舒适性要求。对于换道轨迹跟随控制来说，文献 [61–66] 以自行车模型来进行换道轨迹跟踪控制器的设计。LCC 与 LKA 的控制方法相同，只不过反馈的横向运动状态有所区别，其中，LKA 的目标轨迹一般是本车道的中心线，而 LCC 的目标轨迹则是通过规划算法求得的换道轨迹。LCC 常用的方法包括 PID 控制 [67]、滑膜变结构控制 [68]、模糊逻辑控制 [69]、模型预测控制（MPC）[70–73]、神经网络 [74] 等。其中，MPC 对存在约束的优化控制问题具备很好的优势，对轨迹跟踪模型的精度要求不高，且该算法具有很好的动态响应特性。因此，MPC 已经广泛用于解决机器人、自动驾驶车辆的轨迹跟踪控制 [75–80]。

5.5.2 系统框架

LCC 系统控制逻辑基本框架如图 5.14所示：首先摄像头检测车道线，根据车道线选择参考线，根据车辆行驶状态和参考线进行换道路径规划，将规划后的引导线作为 LCC 的目标轨迹；基于车辆横向动力学实现 LCC 闭环控制。图中为 LCC 系统控制策略的逻辑图，采用分层控制架构，上层控制器根据车道线和本车的运动状态计算车辆所需转向盘转角，底层控制器为线控转向系统来响应上层控制器的转向盘转角控制请求。

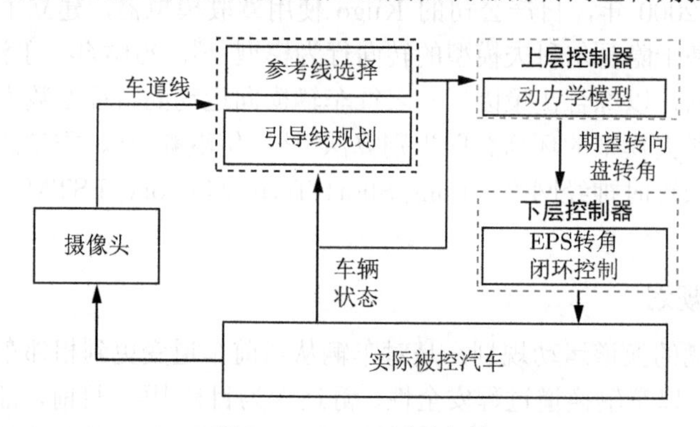

图 5.14 LCC 系统架构

5.5.3 Frenét 坐标系

在车辆横向控制中，应用最多的坐标系是 Frenét 坐标系。Frenét 坐标系是由宝马公司的 Moritz Werling 提出的，因此，基于 Frenét 坐标系的车辆横向控制方法也被称为 Werling 方法 [81,82]。基于 Frenét 坐标系，将车辆运动轨迹分解成两个方向的运动，即沿着车道向前前进方向（纵向）与在车道内左右偏离（横向）的两个运动，可以简化车辆横向运动规划模型，提高计算效率。

忽略车辆行驶区域内坡度与海拔的变化，将车辆行驶区域假想为一个二维平面，建立车辆全局笛卡儿坐标系，将车辆位置映射到该坐标系下，设车辆坐标为 (x, y)。假设车辆沿着车道线行驶，且车辆始终行驶在车道内，则此时的道路参考线可假设为车道中心线，建立如图 5.15所示的 Frenét 坐标系，车辆到参考线的投影距离为 d，投影点到起点的行驶里程为 s，则车辆在全局笛卡儿坐标系下的坐标 (x,y) 与 Frenét 坐标系下的坐标 (s,d) 是相对应的。笛卡儿坐标系与 Frenét 坐标系之间的变换关系可参见 Werling 的相关论文 [81,82]，在此就不再详细研究。

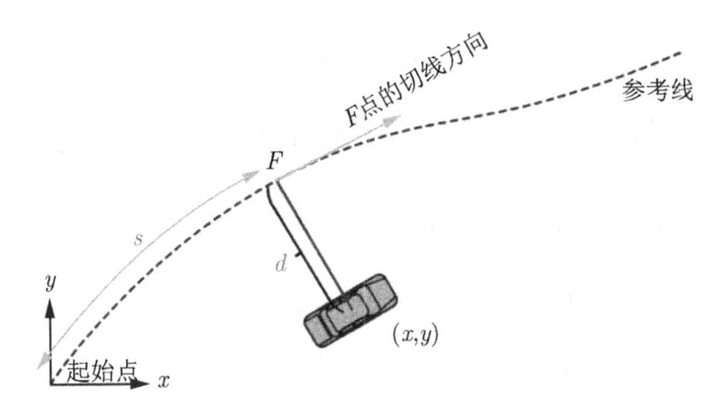

图 5.15　Frenét 坐标系

5.5.4　算法逻辑

1. 基于 LSTM 的换道意图

为了解决时间序列分类的问题，研究人员开发了利用递归神经网络（Recursive Neural Network，RNN）处理时间序列的方法，RNN 结构如图 5.16所示。但 RNN 存在梯度消失的问题，为了解决这一问题，将 RNN 结构进行优化得到 LSTM 结构，LSTM 结构如图 5.17所示。

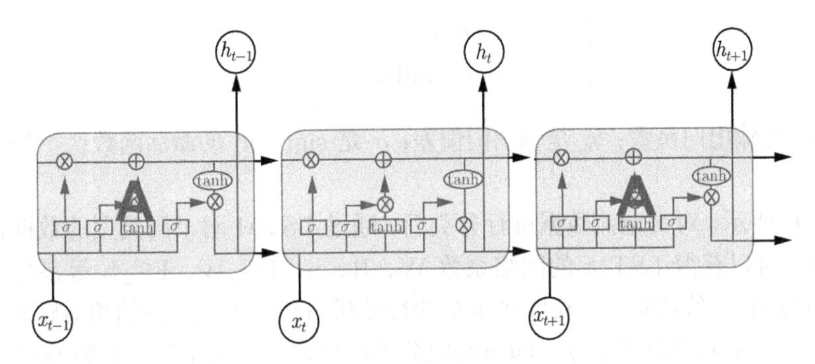

图 5.16　RNN 结构示意图 [83]

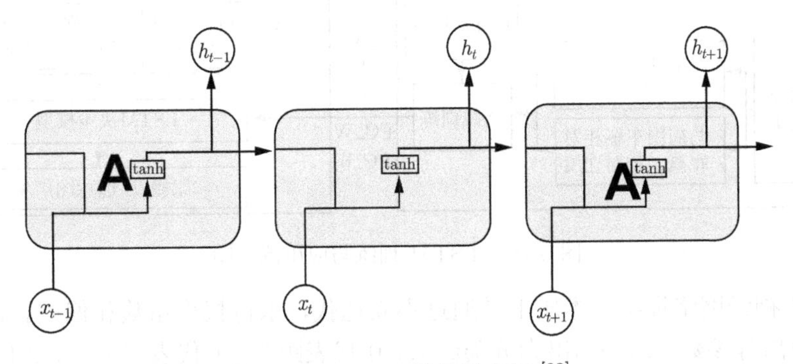

图 5.17　LSTM 结构示意图 [83]

LSTM 神经网络较 RNN 多了一个隐藏状态 C_t，此外 LSTM 中存在多个门控结构（Gate），一般包括遗忘门、输入门、输出门三种。

1）遗忘门

遗忘门以一定比例保留上一层的隐藏细胞状态。

$$f_t = \sigma\left(w_f h_{t-1} + u_f x_t + b_f\right) \tag{5-61}$$

式中，w_f、u_f 是遗忘门系数；f_b 是遗忘门偏差；σ 是 sigmoid 的激活函数。

2）输入门

输入门的作用是将此时的输入保存：

$$\begin{cases} i_t = \sigma\left(w_i h_{t-1} + u_i x_t + b_i\right) \\ a_t = \sigma\left(w_a h_{t-1} + u_a x_t + b_a\right) \end{cases} \tag{5-62}$$

式中，w_i、w_a、u_i、u_a 是保留门系数；b_i, b_a 是遗忘门偏差；σ 是 sigmoid 的激活函数。

3）细胞状态更新

遗忘门和输入门的结果汇总用于细胞状态 C_t。

$$C_t = C_{t-1} \odot f_t + i_t \odot a_t \tag{5-63}$$

式中，$\odot$ 是 Hadamard 积。

4）输出门

隐藏状态 h_t 由 2 部分组成：

$$\begin{cases} o_t = \sigma\left(w_o h_{t-1} + u_o x_t + b_o\right) \\ h_t = o_t \odot \tanh\left(C_t\right) \end{cases} \tag{5-64}$$

式中，w_o, u_o 是输出门系数；b_o 是输出门偏差；σ 是 sigmoid 的激活函数；$\odot$ 是 Hadamard 积。

如图 5.18所示，对交通流数据进行分类后，通过 LSTM 对不同类型的数据特征进行离线分类训练，可以获得 LSTM 的网络系数 W、R、b、FC_W、FC_b 等参数，记录这些参数后，可以进行在线决策，当获取到本车的行驶状态和与周围车辆的相对距离、相对速度后，只需要进行简单的矩阵运算，即可获取分类结果，即完成了跟驰/换道意图的产生。

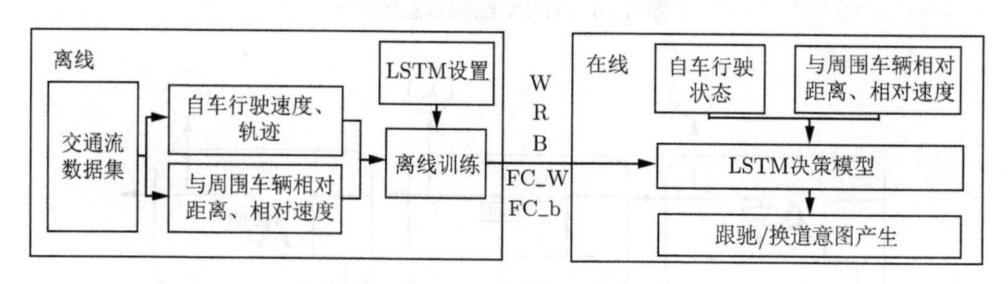

图 5.18 LSTM 训练与应用流程图

LSTM 神经网络训练，本质上是通过不断迭代，求得权重系数和偏差。训练输入包括车速、距离等参数，训练输出为分类结果，0 代表跟驰，1 代表左换道，2 代表右换道。

模型训练设置：

（1）使用 adam 优化算法。

（2）设置 LSTM 层数和隐含层节点数。

（3）设置最小 BatchSize 使用均方根误差（Root Mean Square Error, RSME）来对训练结果进行评价。

神经网络学习的结果具有一定的不可预测性，在某些工况下有可能会做出不适当的决策，所以需要根据当时的车道情况、当前时刻周围车辆距本车的运动状态进行安全性判断，所以提出如图 5.19所示的换道/跟驰决策策略，只有当确保安全性的情况下，才进行换道操作。

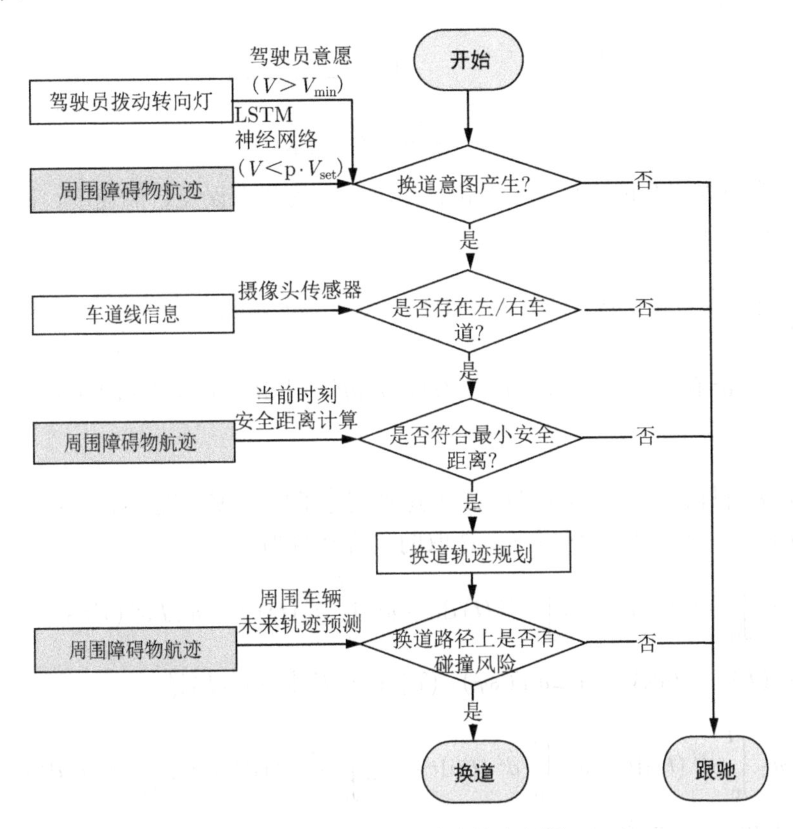

图 5.19　换道/跟驰决策流程图

2. 轨迹规划

以目标车道中心线为参考线建立 Frenét 坐标系，以车辆相对规划后的期望运动轨迹的横向运动状态作为反馈，利用 LKA 控制器计算期望转向盘转角，从而实现 LCC 闭环控制。首先，在 Frenét 坐标系下，基于环境信息和本车运动状态实时规划换道轨迹。如图 5.20所示，图中 d、s 分别表示车辆在 Frenét 坐标系下的横向与纵向运动。本书中采用五次多项式规划轨迹：

$$
\begin{aligned}
s(t) &= a_0 + a_1 t + \frac{1}{2}a_2 t^2 + \frac{1}{6}a_3 t^3 + \frac{1}{24}a_4 t^4 + \frac{1}{120}a_5 t^5 \\
d(t) &= b_0 + b_1 t + \frac{1}{2}b_2 t^2 + \frac{1}{6}b_3 t^3 + \frac{1}{24}b_4 t^4 + \frac{1}{120}b_5 t^5
\end{aligned}
\tag{5-65}
$$

式中，a_i, b_i 为待定的多项式系数。

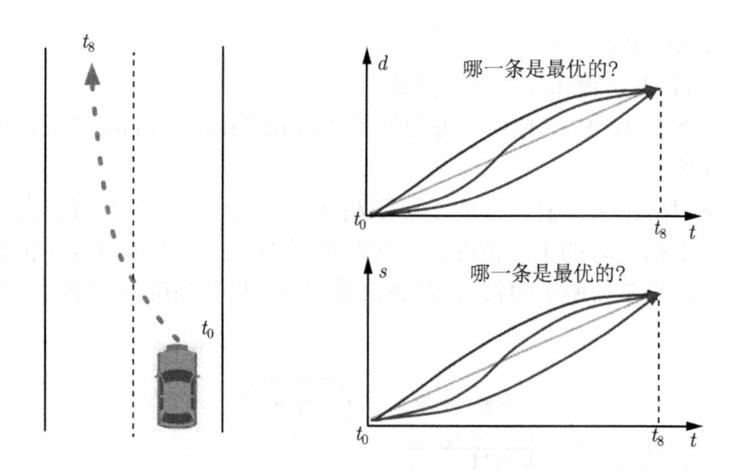

图 5.20 换道轨迹规划示意图

横纵向轨迹规划的优化目标主要由换道过程中的状态误差、加速度、冲击度以及换道完成后的状态误差组成：

$$\begin{cases} J_s = \displaystyle\int_0^T \left[w_1 s^2(t) + w_2 \dddot{s}^2(t) + w_3 \left(\dot{s}(t) - V_{\text{set}}\right)^2\right] \text{d}t + w_1 T s^2(T) + w_4 T \left(s(T) - s_T\right)^2 \\ J_d = \displaystyle\int_0^T \left[w_1 d^2(t) + w_2 \dddot{d}^2(t) + w_3 \dot{d}^2(t) + w_4 d^2(t)\right] \text{d}t + w_1 T d^2(T) + w_2 T \dddot{d}^2(T) \end{cases} \tag{5-66}$$

式中，w_i 为多目标优化的权重系数；T 为运动规划的时间窗宽度；$s_T = s_0 + T_{\text{LC}} V_{\text{set}}$，为期望的换道距离。则在换道场景下，选取的代价函数为

$$\begin{aligned} J_s &= w_1 \int_0^T s^2(t)\,\text{d}t + w_2 \int_0^T \dddot{s}^2(t)\,\text{d}t + w_3 \int_0^T \dot{s}^2(t)\,\text{d}t + w_1 T s^2(T) + \\ &\quad w_4 T s^2(T) - (2w_3 V_{\text{set}} + 2w_4 T s_T)\, s(T) + w_4 T s_T^2 + w_3 T V_{\text{set}}^2 \\ J_d &= w_1 \int_0^T d^2(t)\,\text{d}t + w_2 \int_0^T \dddot{d}^2(t)\,\text{d}t + w_3 \int_0^T \dot{d}^2(t)\,\text{d}t + w_4 \int_0^T d^2(t)\,\text{d}t + \\ &\quad w_1 T d^2(T) + w_2 T \dddot{d}^2(T) \end{aligned} \tag{5-67}$$

定义优化变量为

$$\boldsymbol{x}_s = [a_0, a_1, a_2, a_3, a_4, a_5]^{\text{T}}, \boldsymbol{x}_d = [b_0, b_1, b_2, b_3, b_4, b_5]^{\text{T}} \tag{5-68}$$

可得多项式轨迹为

$$\begin{aligned} s(t) &= \begin{bmatrix} 1 & t & \frac{1}{2}t^2 & \frac{1}{6}t^3 & \frac{1}{24}t^4 & \frac{1}{120}t^5 \end{bmatrix} x_s \\ \dot{s}(t) &= \begin{bmatrix} 0 & 1 & t & \frac{1}{2}t^2 & \frac{1}{6}t^3 & \frac{1}{24}t^4 \end{bmatrix} x_s \\ \ddot{s}(t) &= \begin{bmatrix} 0 & 0 & 1 & t & \frac{1}{2}t^2 & \frac{1}{6}t^3 \end{bmatrix} x_s \\ \dddot{s}(t) &= \begin{bmatrix} 0 & 0 & 0 & 1 & t & \frac{1}{2}t^2 \end{bmatrix} x_s \end{aligned} \tag{5-69}$$

以及

$$
\begin{aligned}
d(t) &= \begin{bmatrix} 1 & t & \frac{1}{2}t^2 & \frac{1}{6}t^3 & \frac{1}{24}t^4 & \frac{1}{120}t^5 \end{bmatrix} x_d \\
\dot{d}(t) &= \begin{bmatrix} 0 & 1 & t & \frac{1}{2}t^2 & \frac{1}{6}t^3 & \frac{1}{24}t^4 \end{bmatrix} x_d \\
\ddot{d}(t) &= \begin{bmatrix} 0 & 0 & 1 & t & \frac{1}{2}t^2 & \frac{1}{6}t^3 \end{bmatrix} x_d \\
\dddot{d}(t) &= \begin{bmatrix} 0 & 0 & 0 & 1 & t & \frac{1}{2}t^2 \end{bmatrix} x_d
\end{aligned} \tag{5-70}
$$

针对纵向规划，可得

$$
s^2(t) = s^{\mathrm{T}}(t)\,s(t) = x_s^{\mathrm{T}} \begin{bmatrix}
1 & t & \frac{1}{2}t^2 & \frac{1}{6}t^3 & \frac{1}{24}t^4 & \frac{1}{120}t^5 \\
t & t^2 & \frac{1}{2}t^3 & \frac{1}{6}t^4 & \frac{1}{24}t^5 & \frac{1}{120}t^6 \\
\frac{1}{2}t^2 & \frac{1}{2}t^3 & \frac{1}{4}t^4 & \frac{1}{12}t^5 & \frac{1}{48}t^6 & \frac{1}{240}t^7 \\
\frac{1}{6}t^3 & \frac{1}{6}t^4 & \frac{1}{12}t^5 & \frac{1}{36}t^6 & \frac{1}{144}t^7 & \frac{1}{720}t^8 \\
\frac{1}{24}t^4 & \frac{1}{24}t^5 & \frac{1}{48}t^6 & \frac{1}{144}t^7 & \frac{1}{576}t^8 & \frac{1}{2880}t^9 \\
\frac{1}{120}t^5 & \frac{1}{120}t^6 & \frac{1}{240}t^7 & \frac{1}{720}t^8 & \frac{1}{2880}t^9 & \frac{1}{14400}t^{10}
\end{bmatrix} x_s \tag{5-71}
$$

$$
\dot{s}^2(t) = \dot{s}^{\mathrm{T}}(t)\,\dot{s}(t) = x_s^{\mathrm{T}} \begin{bmatrix}
0 & 0 & 0 & 0 & 0 & 0 \\
0 & 1 & t & \frac{1}{2}t^2 & \frac{1}{6}t^3 & \frac{1}{24}t^4 \\
0 & t & t^2 & \frac{1}{2}t^3 & \frac{1}{6}t^4 & \frac{1}{24}t^5 \\
0 & \frac{1}{2}t^2 & \frac{1}{2}t^3 & \frac{1}{4}t^4 & \frac{1}{12}t^5 & \frac{1}{48}t^6 \\
0 & \frac{1}{6}t^3 & \frac{1}{6}t^4 & \frac{1}{12}t^5 & \frac{1}{36}t^6 & \frac{1}{144}t^7 \\
0 & \frac{1}{24}t^4 & \frac{1}{24}t^5 & \frac{1}{48}t^6 & \frac{1}{144}t^7 & \frac{1}{576}t^8
\end{bmatrix} x_s \tag{5-72}
$$

$$\ddot{s}^2(t)=\ddot{s}^{\mathrm{T}}(t)\,\ddot{s}(t)=x_s^{\mathrm{T}}\begin{bmatrix}0&0&0&0&0&0\\0&0&0&0&0&0\\0&0&1&t&\frac{1}{2}t^2&\frac{1}{6}t^3\\0&0&t&t^2&\frac{1}{2}t^3&\frac{1}{6}t^4\\0&0&\frac{1}{2}t^2&\frac{1}{2}t^3&\frac{1}{4}t^4&\frac{1}{12}t^5\\0&0&\frac{1}{6}t^3&\frac{1}{6}t^4&\frac{1}{12}t^5&\frac{1}{36}t^6\end{bmatrix}x_s \tag{5-73}$$

$$\dddot{s}^2(t)=\dddot{s}^{\mathrm{T}}(t)\,\dddot{s}(t)=x_s^{\mathrm{T}}\begin{bmatrix}0&0&0&0&0&0\\0&0&0&0&0&0\\0&0&0&0&0&0\\0&0&0&1&t&\frac{1}{2}t^2\\0&0&0&t&t^2&\frac{1}{2}t^3\\0&0&0&\frac{1}{2}t^2&\frac{1}{2}t^3&\frac{1}{4}t^4\end{bmatrix}x_s \tag{5-74}$$

则优化目标为

$$\begin{aligned}&J_{s1}=\int_0^T s^2(t)\,\mathrm{d}t+Ts^2(T)=x_s^{\mathrm{T}}H_{s1}x_s\\&J_{s2}=\int_0^T \ddot{s}^2(t)\,\mathrm{d}t=x_s^{\mathrm{T}}H_{s2}x_s\\&J_{s3}=\int_0^T \dot{s}^2(t)\,\mathrm{d}t=x_s^{\mathrm{T}}H_{s3}x_s\\&J_{s4}=Ts^2(T)=x_s^{\mathrm{T}}H_{s4}x_s\\&J_{s5}=-\left(2w_3V_{set}+2w_4Ts_T\right)s(T)=f_sx_s\\&J_s=w_1J_{s1}+w_2J_{s2}+w_3J_{s3}+w_4J_{s4}+J_{s5}+w_4Ts_T^2+w_3TV_{\mathrm{set}}^2\end{aligned} \tag{5-75}$$

其中，

$$H_{s1}=\begin{bmatrix}0&0&0&0&0&0\\0&0&0&0&0&0\\0&0&0&0&0&0\\0&0&0&2T&\frac{3}{2}T^2&\frac{2}{3}T^3\\0&0&0&\frac{3}{2}T^2&\frac{4}{3}T^3&\frac{5}{8}T^4\\0&0&0&\frac{2}{3}T^3&\frac{5}{8}T^4&\frac{3}{10}T^5\end{bmatrix},H_{s2}=\begin{bmatrix}0&0&0&0&0&0\\0&0&0&0&0&0\\0&0&T&\frac{1}{2}T^2&\frac{1}{6}T^3&\frac{1}{24}T^4\\0&0&\frac{1}{2}T^2&\frac{1}{3}T^3&\frac{1}{8}T^4&\frac{1}{30}T^5\\0&0&\frac{1}{6}T^3&\frac{1}{8}T^4&\frac{1}{20}T^5&\frac{1}{72}T^6\\0&0&\frac{1}{24}T^4&\frac{1}{30}T^5&\frac{1}{72}T^6&\frac{1}{252}T^7\end{bmatrix}$$

$$
H_{s3}=\begin{bmatrix}
0 & 0 & 0 & 0 & 0 & 0\\
0 & T & \frac{1}{2}T^2 & \frac{1}{6}T^3 & \frac{1}{24}T^4 & \frac{1}{120}T^5\\
0 & \frac{1}{2}T^2 & \frac{1}{3}T^3 & \frac{1}{8}T^4 & \frac{1}{30}T^5 & \frac{1}{144}T^6\\
0 & \frac{1}{6}T^3 & \frac{1}{8}T^4 & \frac{1}{20}T^5 & \frac{1}{72}T^6 & \frac{1}{336}T^7\\
0 & \frac{1}{24}T^4 & \frac{1}{30}T^5 & \frac{1}{72}T^6 & \frac{1}{252}T^7 & \frac{1}{1152}T^8\\
0 & \frac{1}{120}T^5 & \frac{1}{144}T^6 & \frac{1}{336}T^7 & \frac{1}{1152}T^8 & \frac{1}{5184}T^9
\end{bmatrix}
$$

$$
H_{s4}=\begin{bmatrix}
T & T^2 & \frac{1}{2}T^3 & \frac{1}{6}T^4 & \frac{1}{24}T^5 & \frac{1}{120}T^6\\
T^2 & T^3 & \frac{1}{2}T^4 & \frac{1}{6}T^5 & \frac{1}{24}T^6 & \frac{1}{120}T^7\\
\frac{1}{2}T^3 & \frac{1}{2}T^4 & \frac{1}{4}T^5 & \frac{1}{12}T^6 & \frac{1}{48}T^7 & \frac{1}{240}T^8\\
\frac{1}{6}T^4 & \frac{1}{6}T^5 & \frac{1}{12}T^6 & \frac{1}{36}T^7 & \frac{1}{144}T^8 & \frac{1}{720}T^9\\
\frac{1}{24}T^5 & \frac{1}{24}T^6 & \frac{1}{48}T^7 & \frac{1}{144}T^8 & \frac{1}{576}T^9 & \frac{1}{2880}T^{10}\\
\frac{1}{120}T^6 & \frac{1}{120}T^7 & \frac{1}{240}T^8 & \frac{1}{720}T^9 & \frac{1}{2880}T^{10} & \frac{1}{14400}T^{11}
\end{bmatrix}
$$

则纵向轨迹规划的优化目标等价于

$$J_s = x_s^{\mathrm{T}} H_s x_s + f_s x_s + J_{s0} \tag{5-76}$$

其中，

$$H_s = w_1 H_{s1} + w_2 H_{s2} + w_3 H_{s3} + w_4 H_{s4}, J_{s0} = w_4 T s_T^2 + w_3 T V_{\mathrm{set}}^2 \tag{5-77}$$

与纵向的分析过程类似，针对横向，可得

$$J_{d1} = \int_0^T d^2(t)\,\mathrm{d}t + T d^2(T) = x_d^{\mathrm{T}} H_{d1} x_d$$

$$J_{d2} = \int_0^T \ddot{d}^2(t)\,\mathrm{d}t + T \ddot{d}^2(T) = x_d^{\mathrm{T}} H_{d2} x_d$$

$$J_{d3} = \int_0^T \dot{d}^2(t)\,\mathrm{d}t = x_d^{\mathrm{T}} H_{d3} x_d$$

$$J_{d4} = \int_0^T d^2(t)\,\mathrm{d}t = x_d^{\mathrm{T}} H_{d4} x_d$$

$$J_d = w_1 J_{d1} + w_2 J_{d2} + w_3 J_{d3} + w_4 J_{d4} \tag{5-78}$$

其中，

$$H_{d1}=H_{s1},H_{d3}=H_{s3},H_{d2}=\begin{bmatrix}0&0&0&0&0&0\\0&0&0&0&0&0\\0&0&2T&\frac{3}{2}T^2&\frac{2}{3}T^3&\frac{5}{24}T^4\\0&0&\frac{3}{2}T^2&\frac{4}{3}T^3&\frac{5}{8}T^4&\frac{1}{5}T^5\\0&0&\frac{2}{3}T^3&\frac{5}{8}T^4&\frac{3}{10}T^5&\frac{7}{72}T^6\\0&0&\frac{5}{24}T^4&\frac{1}{5}T^5&\frac{7}{72}T^6&\frac{2}{63}T^7\end{bmatrix}$$

$$H_{d4}=\begin{bmatrix}T&\frac{1}{2}T^2&\frac{1}{6}T^3&\frac{1}{24}T^4&\frac{1}{120}T^5&\frac{1}{720}T^6\\\frac{1}{2}T^2&\frac{1}{3}T^3&\frac{1}{8}T^4&\frac{1}{30}T^5&\frac{1}{144}T^6&\frac{1}{840}T^7\\\frac{1}{6}T^3&\frac{1}{8}T^4&\frac{1}{20}T^5&\frac{1}{72}T^6&\frac{1}{336}T^7&\frac{1}{1920}T^8\\\frac{1}{24}T^4&\frac{1}{30}T^5&\frac{1}{72}T^6&\frac{1}{252}T^7&\frac{1}{1152}T^8&\frac{1}{6480}T^9\\\frac{1}{120}T^5&\frac{1}{144}T^6&\frac{1}{336}T^7&\frac{1}{1152}T^8&\frac{1}{5184}T^9&\frac{1}{28800}T^{10}\\\frac{1}{720}T^6&\frac{1}{840}T^7&\frac{1}{1920}T^8&\frac{1}{6480}T^9&\frac{1}{28800}T^{10}&\frac{1}{158400}T^{11}\end{bmatrix}$$

则横向轨迹规划的优化目标等价于：

$$J_d=x_d^{\mathrm{T}}H_dx_d \tag{5-79}$$

其中，

$$H_d=w_1H_{d1}+w_2H_{d2}+w_3H_{d3}+w_4H_{d4} \tag{5-80}$$

假设车辆实际轨迹一直沿着规划的路径向前运动，则根据坐标系映射关系可得换道轨迹满足边界约束条件：

$$\begin{cases}s(0)=0,\dot{s}(0)=V_{\mathrm{ego}},\ddot{s}(0)=a_{\mathrm{ego}},\dot{s}(T)=V_{\mathrm{set}},\ddot{s}(T)=0\\d(0)=y_0,\dot{d}(0)=V_{\mathrm{ego}}k_0,\ddot{d}(0)=a_{\mathrm{ego}}k_0+V_{\mathrm{ego}}^2\kappa,d(T)=0,\dot{d}(T)=0\end{cases} \tag{5-81}$$

式中，k_0 为本车相对目标车道中心线的航向角的正切值；y_0 为本车相对目标车道中心线的横向距离；κ 为道路曲率。则车辆轨迹规划的等式约束等价于

$$\begin{aligned}A_{s,\mathrm{eq}}x_s&=b_{s,\mathrm{eq}}\\A_{d,\mathrm{eq}}x_d&=b_{d,\mathrm{eq}}\end{aligned} \tag{5-82}$$

其中，

$$A_{s,\mathrm{eq}}=\begin{bmatrix}1&0&0&0&0&0\\0&1&0&0&0&0\\0&1&T&\frac{1}{2}T^2&\frac{1}{6}T^3&\frac{1}{24}T^4\\0&0&1&0&0&0\\0&0&1&T&\frac{1}{2}T^2&\frac{1}{6}T^3\end{bmatrix},b_{s,\mathrm{eq}}=\begin{bmatrix}0\\V_{\mathrm{ego}}\\V_{\mathrm{set}}\\a_{\mathrm{ego}}\\0\end{bmatrix}$$

$$A_{d,\mathrm{eq}}=\begin{bmatrix}1&0&0&0&0&0\\1&T&\frac{1}{2}T^2&\frac{1}{6}T^3&\frac{1}{24}T^4&\frac{1}{120}T^5\\0&1&0&0&0&0\\0&1&T&\frac{1}{2}T^2&\frac{1}{6}T^3&\frac{1}{24}T^4\\0&0&1&0&0&0\end{bmatrix},b_{d,\mathrm{eq}}=\begin{bmatrix}y_0\\0\\V_{\mathrm{ego}}k_0\\0\\a_{\mathrm{ego}}k_0+V_{\mathrm{ego}}^2\kappa\end{bmatrix}$$

为了保证换道的安全性，横纵向轨迹需满足约束条件：

$$\begin{aligned}&0\leqslant \dot{s}(t)\leqslant V_{\lim}\\&-\delta_d+\frac{1}{2}y_0-\frac{1}{2}y_0\mathrm{sgn}(y_0)\leqslant d(t)\leqslant \delta_d+\frac{1}{2}y_0+\frac{1}{2}y_0\mathrm{sgn}(y_0)\end{aligned}\tag{5-83}$$

式中，$V_{\lim}$ 为安全极限车速；车辆偏离车道中心的允许偏差为 $\delta_d=0.15L_w$，其中 L_w 为车道宽度。

横纵向轨迹需满足舒适性约束条件：

$$\begin{cases}|\ddot{s}(t)|\leqslant a_{\max},|(t)|\leqslant j_{\max}\\\left|\ddot{d}(t)\right|\leqslant a_{y\max},|(t)|\leqslant j_{y\max}\end{cases}\tag{5-84}$$

式中，$a_{\max}$ 为车辆所能提供的最大纵向加速度。$a_{y\max}$ 为车辆所能提供的最大横向加速度，$j_{\max}$ 为最大冲击度。则安全性和舒适性约束条件等价于：

$$\begin{cases}\bar{A}_s(t)x_s\leqslant \bar{b}_s,\forall t\in[0,T]\\\bar{A}_d(t)x_d\leqslant \bar{b}_d,\forall t\in[0,T]\end{cases}\tag{5-85}$$

其中，

$$\bar{A}_s(t)=\begin{bmatrix}0 & -1 & -t & -\frac{1}{2}t^2 & -\frac{1}{6}t^3 & -\frac{1}{24}t^4\\ 0 & 1 & t & \frac{1}{2}t^2 & \frac{1}{6}t^3 & \frac{1}{24}t^4\\ 0 & 0 & -1 & -t & -\frac{1}{2}t^2 & -\frac{1}{6}t^3\\ 0 & 0 & 1 & t & \frac{1}{2}t^2 & \frac{1}{6}t^3\\ 0 & 0 & 0 & -1 & -t & -\frac{1}{2}t^2\\ 0 & 0 & 0 & 1 & t & \frac{1}{2}t^2\end{bmatrix},\bar{b}_s=\begin{bmatrix}0\\ V_{\lim}\\ a_{\max}\\ a_{\max}\\ j_{\max}\\ j_{\max}\end{bmatrix}$$

$$\bar{A}_d(t)=\begin{bmatrix}-1 & -t & -\frac{1}{2}t^2 & -\frac{1}{6}t^3 & -\frac{1}{24}t^4 & -\frac{1}{120}t^5\\ 1 & t & \frac{1}{2}t^2 & \frac{1}{6}t^3 & \frac{1}{24}t^4 & \frac{1}{120}t^5\\ 0 & 0 & -1 & -t & -\frac{1}{2}t^2 & -\frac{1}{6}t^3\\ 0 & 0 & 1 & t & \frac{1}{2}t^2 & \frac{1}{6}t^3\\ 0 & 0 & 0 & -1 & -t & -\frac{1}{2}t^2\\ 0 & 0 & 0 & 1 & t & \frac{1}{2}t^2\end{bmatrix},\bar{b}_d=\begin{bmatrix}\delta_d-\frac{1}{2}y_0+\frac{1}{2}y_0\operatorname{sgn}(y_0)\\ \delta_d+\frac{1}{2}y_0+\frac{1}{2}y_0\operatorname{sgn}(y_0)\\ a_{y\max}\\ a_{y\max}\\ j_{y\max}\\ j_{y\max}\end{bmatrix} \tag{5-86}$$

由于对任意的 $t\in[0,T]$，约束条件式 (5-85) 都需满足，这对实时求解规划问题带来一定的困难。考虑到优化空间和约束条件的连续性以及多项式采样的特点，因此，采用离散点约束法将其简化，该方法能非常方便地处理各类非线性约束条件，且有效保证求解稳定性与收敛性 [84]。假设离散采样点为 $t=kT, k=0,0.1,0.2,\cdots,1$，则简化后的性能约束条件为

$$\begin{cases}A_s x_s \leqslant b_s\\ A_d x_d \leqslant b_d\end{cases} \tag{5-87}$$

其中，

$$A_s=\begin{bmatrix}\bar{A}_s(0)\\ \bar{A}_s(0.1T)\\ \bar{A}_s(0.2T)\\ \vdots\\ \bar{A}_s(T)\end{bmatrix},b_s=\begin{bmatrix}\bar{b}_s\\ \bar{b}_s\\ \bar{b}_s\\ \vdots\\ \bar{b}_s\end{bmatrix},A_d=\begin{bmatrix}\bar{A}_d(0)\\ \bar{A}_d(0.1T)\\ \bar{A}_d(0.2T)\\ \vdots\\ \bar{A}_d(T)\end{bmatrix},b_d=\begin{bmatrix}\bar{b}_d\\ \bar{b}_d\\ \bar{b}_d\\ \vdots\\ \bar{b}_d\end{bmatrix} \tag{5-88}$$

综上分析，在 Frenét 坐标系下，将车辆轨迹规划问题转化为如下两个解耦的标准 QP 问题：

纵向 QP 问题：

$$\begin{aligned}&\min_{x_s}\quad J_s = x_s^{\mathrm{T}} H_s x_s + f_s x_s + J_{s0}\\&\text{s.t.}\begin{cases}A_{s,\mathrm{eq}} x_s = b_{s,\mathrm{eq}}\\A_s x_s \leqslant b_s\end{cases}\end{aligned}$$

横向 QP 问题：

$$\begin{aligned}&\min_{x_d}\quad J_d = x_d^{\mathrm{T}} H_d x_d\\&\text{s.t.}\begin{cases}A_{d,\mathrm{eq}} x_d = b_{d,\mathrm{eq}}\\A_d x_d \leqslant b_d\end{cases}\end{aligned}$$

由于引导线为一个 5 阶多项式，共含有 6 个求解变量，根据约束等式 (5-81) 可得，该优化模型的横纵向 QP 问题中其实各只有一个自由变量，这就降低了优化的难度，从而保证了优化质量和实时性。QP 求解算法属于比较成熟的算法，这里直接采用 Karush-Kuhn-Tucker（KKT）条件方法，KKT 方法的具体过程详见文献 [85–87]，在此就不再做详细讨论。某换道轨迹规划结果如图 5.21和图 5.22所示。

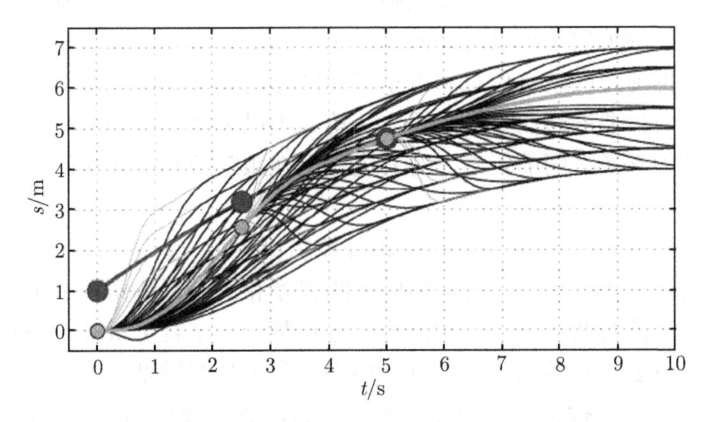

图 5.21　换道轨迹规划结果：纵向轨迹

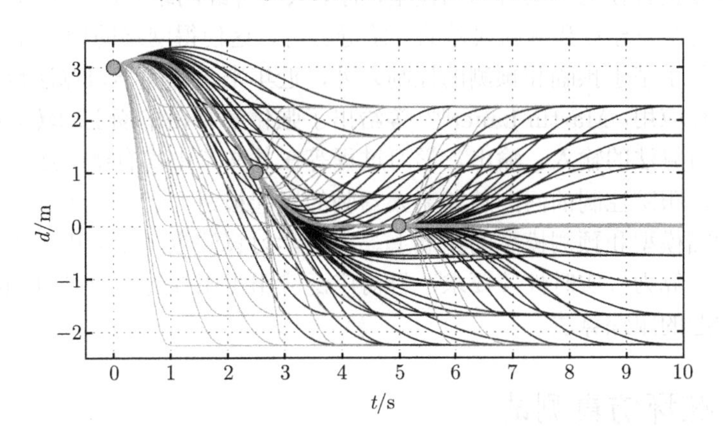

图 5.22　换道轨迹规划结果：横向轨迹

LCC 与 LKA 控制原理相同，其控制器设计方法与 LKA 相同，本节不再赘述。在 Frenét 坐标系下，以车辆相对规划后的期望换道轨迹的运动状态作为反馈，采用 LKA 控制器去跟踪目标车道的中心线，实现换道控制。而在 LKA 功能中，以车辆相对本车道中心线的运动状态作为反馈，这也是 LCC 与 LKA 的主要区别。

5.6 主动跟踪控制系统

在线控底盘和 ADAS 技术发展的基础之上，路径跟踪控制技术是无人驾驶车辆的核心控制问题之一 [88]。智能汽车的轨迹跟踪控制主要研究如何通过控制车辆的转向系统、驱动系统、制动系统使得车辆能够以预期的速度以预期轨迹上行驶，该功能为 ACC、LKA 和 LCC 等功能的集成与延伸。尽管现有的线控技术可以使得转向系统和驱动制动系统较好地响应主动转向或主动制动驱动请求，但考虑到构成车辆的各部分系统大多是非线性系统（例如轮胎系统和转向系统等），且不同部分之间存在耦合，参数存在一定的不确定性，使得轨迹跟踪问题一直以来都是研究的重点 [89]。目前绝大多数轨迹跟踪的方法，从原理上讲主要是由预瞄模型和模型预测理论衍生而来，且基于 MPC 的轨迹跟随控制器已逐渐成为研究热点 [90–92]。

最优预瞄控制理论最早是由 MacAdam[93,94] 和郭孔辉 [95,96] 等提出的。这种算法基于一个假设就是认为在短时间内车辆的纵向速度保持不变，因而可以对其进行横向和纵向的解耦控制，即分别进行纵向速度跟随控制和侧向的路径跟踪控制。根据跟踪目标的不同，最优预瞄控制大致也可以分为两类，第一类基于最优预瞄假设和最优曲率控制原理，即驾驶员根据前方的轨迹信息和汽车当前的运动状态计算出最优的圆弧轨迹，根据圆弧轨迹计算出所需要的转向盘转角输入。第二类以车辆模型为基础，建立最优圆弧估计与运动学或动力学量之间的关系，对其进行反馈跟踪控制，从而间接实现最优的轨迹跟随控制。

除此之外，近年来，国内外学者针对跟踪控制也做了一系列的拓展研究。哈尔滨工业大学王聪等采用最优预瞄模型，选取横向预瞄误差和质心侧偏角表示了两个滑模面，并通过模糊规则的方法对两个滑模控制的输出进行整合，结合 CarSim 仿真，实现了轨迹跟踪控制 [97]。Yang Cao 等基于人工神经网络，利用预测模型完成了主动转向系统的构建，使得车辆能在各种扰动下，例如强侧风场景，具有较好的路径跟踪能力 [98]。其预测模型采用差分整合移动平均自回归模型，简单人工神经网络采用的输入量包含参考值、侧向误差、侧向误差导数和侧向误差的二阶导数等，这使得网络的构建和应用较为简单，易于工程化。除了基于预瞄和预测的控制之外，近年来，各类学习算法也开始逐渐在跟踪控制领域进行应用。Martin Lauer[99] 等给出了强化学习在车辆主动转向跟随控制上的应用方式。学习算法的输入、输出、学习过程等在其文章中均有所描述。

总体而言，跟踪控制的问题随着无人驾驶的兴起被研究者广泛关注。目前的研究主要也集中在预瞄模型和预测模型的拓展上。各类学习算法也开始应用于这一领域，但限于传感器精度、算力、实时性等要求，目前广泛应用于工业界的仍是以预瞄模型和模型预测控制为主题的跟踪算法。

5.7 硬件在环仿真测试

5.7.1 测试台架

搭建硬件在环（HIL）仿真测试台架对所提出的算法进行测试验证，台架整体实物如图 5.23～图 5.25所示。由于该台架面向 ADAS 系统的综合测试平台，除线控底盘等执行器外，还包括作为下位机的 PXI 工控机 (含 CAN 卡、模拟采集卡) 以及作为上位机的台式机等。其中，下位机用于模型的实时解算和数据的实时采集与处理；上位机主要用于模型和算法的开发和数据的后处理、显示及保存等，并通过以太网与下位机进行数据传输；65in 显示器主要用于 CarSim 小车实时界面显示；32in 显示器主要用于上位机操作及显示界面；23in 显示器（主界面）主要用于模型开发及编程界面；3 个 10in 显示器从上到下依次显示转向器监测界面（通过转向器前方安装摄像头监测）、仪表板显示及下位机监测界面等。

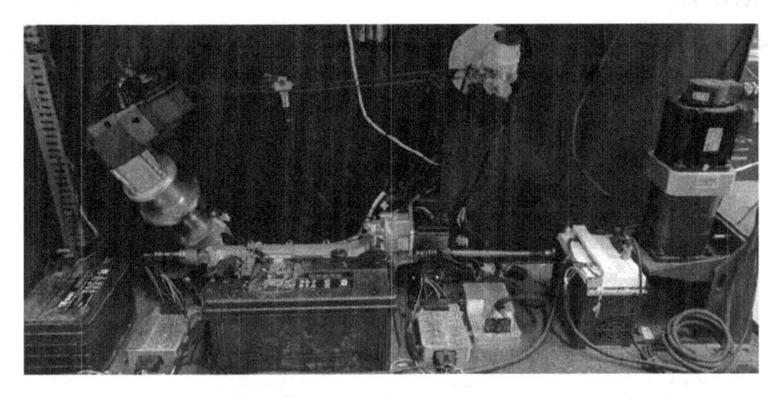

图 5.23　台架实物图（背面）

图 5.24　台架实物图（正面）

图 5.25　台架实物图（侧面）

供电上，各部件中，传感器和控制器均为 12V 低压供电。其中，传感器、仪表和电动座椅等为一路，而控制器为另外独立的一路，用于提供负载的伺服电动机则为 220V 三相供电。此外，由于力传感器为 24V 供电，在其与 12V 之间增加了一个 12V～24V 的转换器；而三相电压为 380V，故在 380V 供电和伺服控制器之间增加了一个 380V～220V 变压器。

5.7.2 测试用例

在 CarSim 中建立测试用例，完成车辆与场景参数设置（图 5.26和图 5.27）后，基于 Simulink 搭建如图 5.28所示的 HIL 仿真环境，不同系统直接利用 CAN 总线和网线通信，进行 ADAS 算法的 HIL 仿真测试。

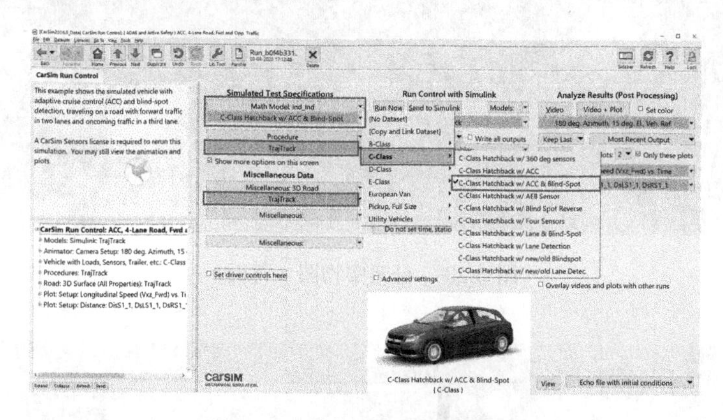

图 5.26 CarSim 车型等设置

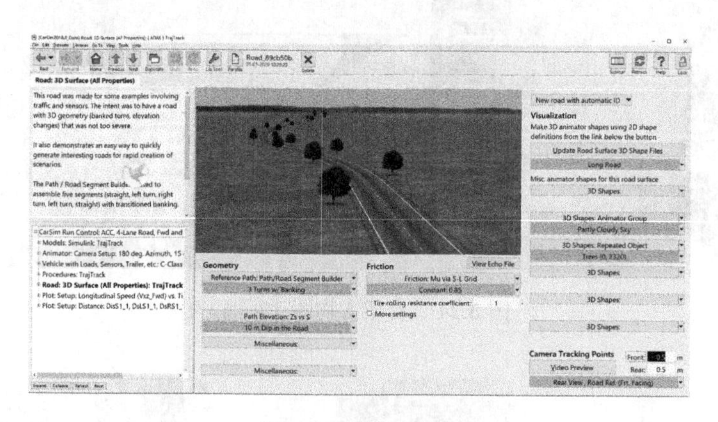

图 5.27 场景设置

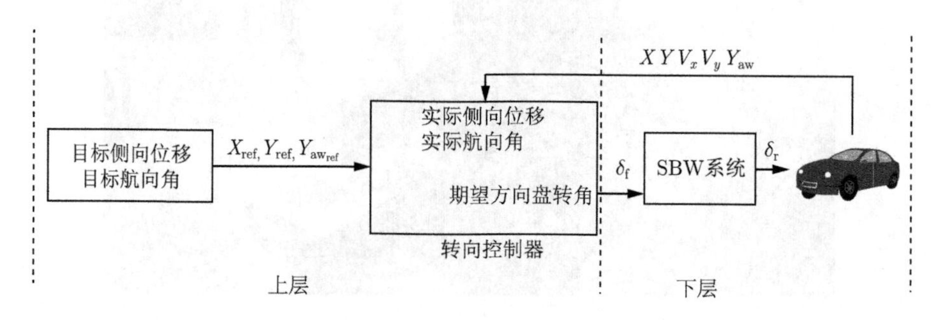

图 5.28 ADAS 算法 HIL 仿真环境

5.7.3　测试结果

侧向位移、航向角和转向盘转角的跟踪效果分别如图 5.29～图 5.31所示。从图中可以看出，侧向位移和航向角的跟踪效果较好。

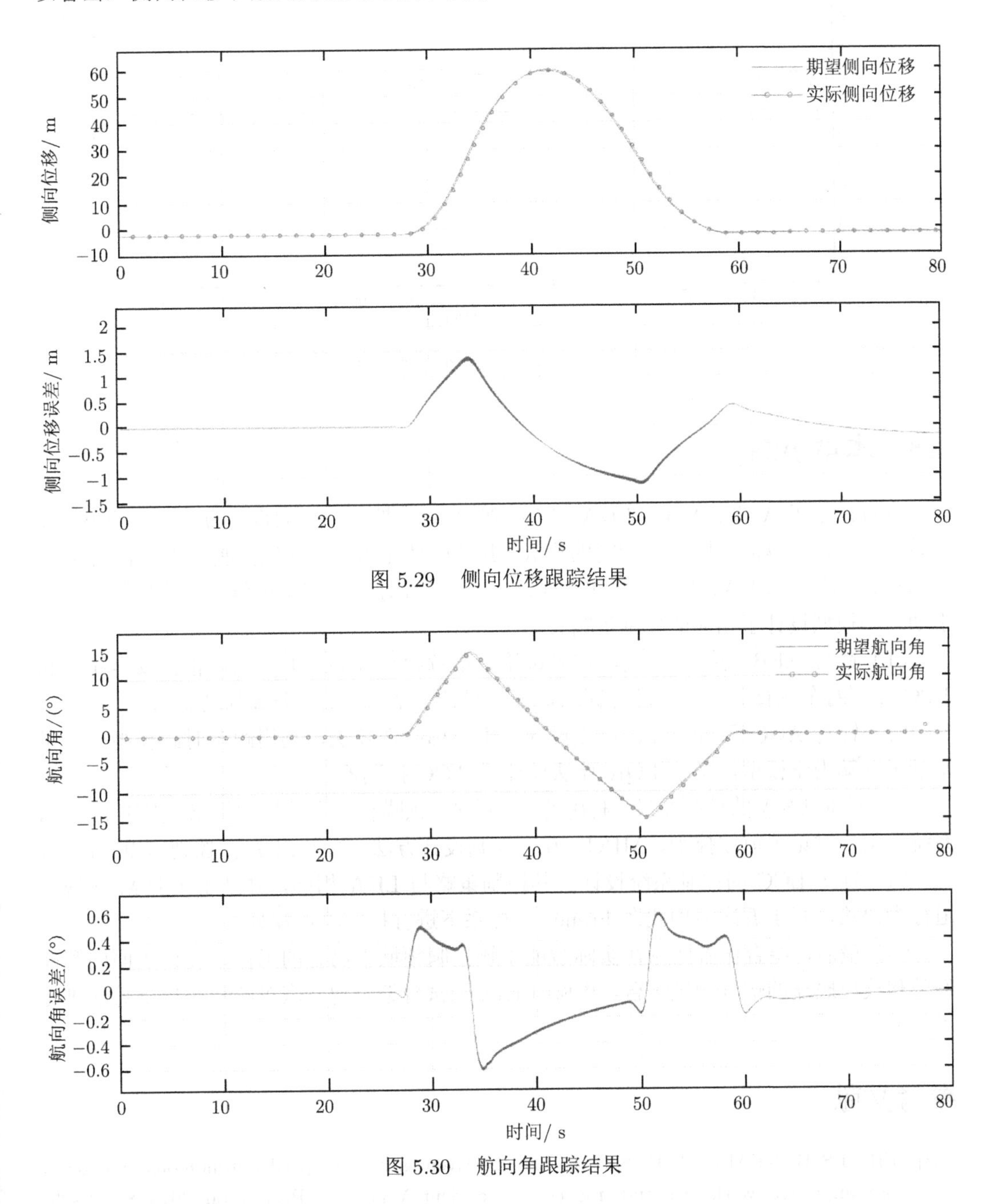

图 5.29　侧向位移跟踪结果

图 5.30　航向角跟踪结果

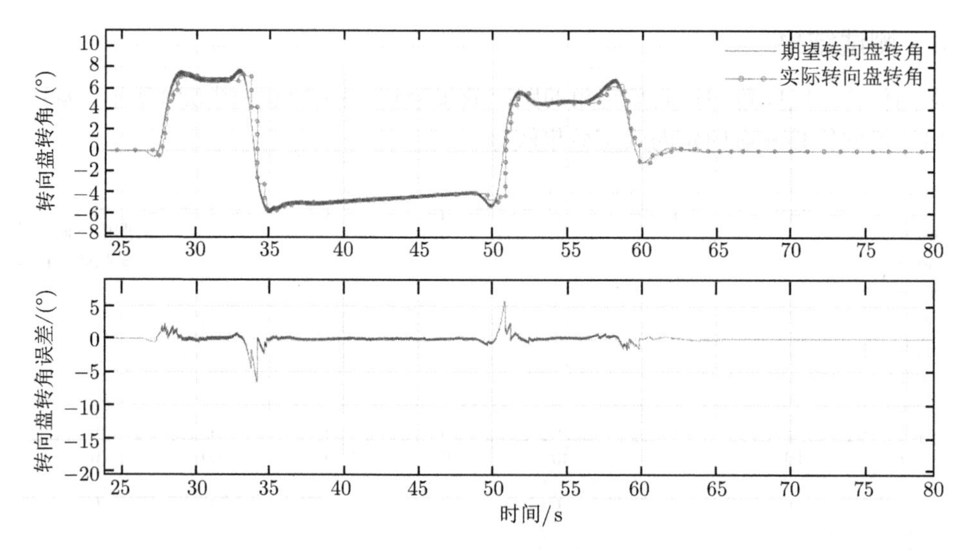

图 5.31　转向盘转角跟踪结果

5.8　本章小结

本章讨论了 AEB、ACC、LKA、LCC 等 ADAS 控制系统的设计方法。主动跟踪控制系统是车辆横纵向协同控制功能的集成，其基础功能为纵向速度控制和横向转向控制，以 AEB、ACC、LKA、LCC 等功能为例，本章首先建立了车辆横纵向动力学模型，基于动力学模型设计了相应的控制策略。

（1）针对 AEB 的控制系统，首先讨论了最危险目标的选取依据，根据安全距离和 TTC 模型对车辆行驶安全性进行评估，最后设计了 AEB 系统分级制动策略。

（2）针对 ACC 系统设计，首先设计了主目标筛选算法，利用跟车时距模型建立了车辆纵向动力学模型，基于 LQR 算法设计了 ACC 控制器。

（3）针对 LKA 的控制系统，利用前馈、反馈、预瞄相结合的控制策略，搭建了 LKA 系统框架，讨论了前馈控制、MPC、H_∞ 控制设计方法，并给出 H_∞ 控制器设计准则。

（4）针对 LCC 的控制系统设计，其控制策略与 LKA 相同，并基于 LSTM 实现换道行为决策，基于五次多项式在 Frenét 坐标系下进行换道轨迹规划。

（5）最后，结合作者团队在实际智能车辆控制领域中已有的工作，设计了面向智能驾驶和线控底盘的仿真测试平台，并利用 HIL 测试台架对智能汽车的相关控制算法进行了概述。

参考文献

[1] FILDES B, KEALL M, BOS N, et al. Effectiveness of low speed autonomous emergency braking in real-world rear-end crashes [J]. Accident Analysis & Prevention, 2015, 81: 24-29.

[2] 李迎弟. 汽车自动紧急制动系统控制策略研究 [D]. 西安: 长安大学, 2019.

[3] 石博. 乘用车自动紧急制动系统研究 [D]. 长春: 吉林大学，2019.

[4] 李升波. 车辆多目标协调式自适应巡航控制 [D]. 北京: 清华大学, 2009.

[5] 马国成. 车辆自适应巡航跟随控制技术研究 [D]. 北京: 北京理工大学, 2014.

[6] 刘威, 李建涛. 无人驾驶车辆的车道保持及车道线检测方法 [J]. 技术与市场, 2019, 26(8): 92-94.

[7] 高振海, 姜立勇. 汽车车道保持系统的 BP 神经网络控制 [J]. 中国机械工程, 2005, 16(3): 272-277.

[8] 罗莉华. 基于 MPC 的车道保持系统转向控制策略 [J]. 上海交通大学学报, 2014, 48(7): 1015-1020.

[9] SOUALMI B, SENTOUH C, POPIEUL J C, et al. Fuzzy Takagi-Sugeno LQ controller for lateral control assistance of a vehicle[C]//2012 IEEE Intelligent Vehicles Symposium. IEEE, 2012: 377-382.

[10] ROSSETTER E J. A potential field framework for active vehicle lanekeeping assistance [D]. California: Stanford University, 2003.

[11] ROSSETTER E J, SWITKES J P, CHRISTIAN G J. Experimental validation of the potential field lane-keeping system [J]. International Journal of Automotive Technology, 2004, 5(2): 95-108.

[12] SWITKES J P, ROSSETTER E J, COE I A, et al. Handwheel force feedback for lanekeeping assistance: Combined dynamics and stability [J]. Journal of Dynamic Systems, Measurement, and Control, 2006, 128(3): 532-542.

[13] TALVALA K L R, KRITAYAKIRANA K, GERDES J C. Pushing the limits: From lanekeeping to autonomous racing [J]. Annual Reviews in Control, 2011, 35(1): 137-148.

[14] KRISADA K, CHRISTIAN G J. Autonomous vehicle control at the limits of handling [J]. International Journal of Vehicle Autonomous Systems, 2012, 10(4): 271-296.

[15] 张放. 极限工况下自动驾驶车辆的轨迹规划与运动控制 [D]. 北京：清华大学, 2018.

[16] 单岐杉, 孙涛. 极限工况下车道保持系统的行驶稳定性研究 [J]. 上海理工大学学报, 2015, 37(2): 149-154.

[17] 袁苏哲. 自动驾驶车辆车道保持 H∞ 鲁棒控制方法研究 [D]. 西安: 长安大学, 2018.

[18] 陈德玲, 殷承良, 张建武. 基于参数不确定的主动前轮转向鲁棒性控制 [J]. 上海交通大学学报, 2008, 42(8): 1329-1333.

[19] MAYNE D, RAWLINGS J B, RAO C V, et al. Constrained model predictive control: Stability and optimality [J]. Automatica, 2000, 36(6): 789-814.

[20] 高洪波, 李升波, 谢国涛, 等. 智能汽车横向轨迹跟踪的离散时间模型预测控制 [J]. 指挥与控制学报, 2018, 4(4): 297-305.

[21] BORRELLI F, FALCONE P, KEVICZKY T. MPC-based approach to active steering for autonomous vehicle systems [J]. International Journal of Vehicle Autonomous Systems, 2005, 3(2): 265- 291.

[22] RUINA D, JIANQIANG W, SHENGBO L E, et al. Coordinated adaptive cruise control system with lane-change assistance [J]. IEEE Transactions on Intelligent Transportation Systems, 2015, 16(5): 2373-2383.

[23] MARINO R, SCALZI S, NETTO M. Nested PID steering control for lane keeping in autonomous vehicles [J]. Control Engineering Practice, 2011, 19(12): 1459-1467.

[24] 喻凡, 林逸. 汽车系统动力学 [M]. 北京: 机械工业出版社, 2014.

[25] 蹇隆光. 智能车辆自动换道轨迹跟踪控制方法 [D]. 秦皇岛: 燕山大学, 2018.

[26] JÜRGEN G, SHUE T H, SATYAJIT P. Analysis of automatic steering control for highway vehicles with look-down lateral reference systems [J]. Vehicle System Dynamics, 1996, 26(4): 243-269.

[27] RAJAMANI R, TAN H S, LAW B K, et al. Demonstration of integrated longitudinal and lateral control for the operation of automated vehicles in platoons [J]. IEEE Transactions on Control Systems Technology, 2000, 8(4): 695-708.

[28] GIPPS P G. A model for the structure of lane-changing decisions [J]. Transportation Research, Part B (Methodological), 1986, 20(5): 403-414.

[29] YANG Q I, KOUTSOPOULOS H N. A microscopic traffic simulator for evaluation of dynamic traffic management systems [J]. Transportation Research Part C (Emerging Technologies), 1996, 4(3): 113-129.

[30] OWEN L E, ZHANG Y. A multi-regime microscopic traffic simulation approach[C]// International Conference on Applications of Advanced Technologies in Transportation Engineering. 1998.

[31] 王政. 智能车辆自主换道方法的研究 [D]. 长春: 吉林大学,2016.

[32] TOLEDO T, KOUTSOPOULOS H N, BEN-AKIVA M. Integrated driving behavior modeling [J]. Transportation Research Part C Emerging Technologies, 2007, 15(2): 96-112.

[33] TOLEDO T, KOUTSOPOULOS H N, BEN-AKIVA M. Estimation of an integrated driving behavior model [J]. Transportation Research Part C Emerging Technologies, 2009, 17(4): 365-380.

[34] MAERIVOET S, MOOR B D. Cellular automata models of road traffic [J]. Physics Reports, 2005, 419(1): 1-64.

[35] SINGH K, LI B. Estimation of traffic densities for multilane roadways using a markov model approach [J]. IEEE Transactions on Industrial Electronics, 2012, 59(11): 4369-4376.

[36] KITA H. A merging-give way interaction model of cars in a merging section: a game theoretic analysis [J]. Transportation Research, Part A (Policy and Practice), 1999, 33(3-4): 0-312.

[37] 刘小明, 郑淑晖, 蒋新春. 基于动态重复博弈的车辆换道模型 [J]. 公路交通科技, 2008, 25(6): 120-125.

[38] PENG J S, GUO Y S, SHAO Y M. Lane change decision analysis based on drivers' perception-judgment and game theory [J]. Applied Mechanics and Materials, 2013, 361: 1875-1879.

[39] 张颖达. 基于 NGSIM 数据的车辆变道行为博弈模型 [D]. 北京: 北京交通大学,2016.

[40] SCHUBERT R, WANIELIK G. A unified bayesian approach for object and situation assessment [J]. IEEE Intelligent Transportation Systems Magazine, 2011, 3(2): 6-19.

[41] HOU Y, EDARA P, SUN C. Modeling mandatory lane changing using bayes classifier and decision trees [J]. IEEE Transactions on Intelligent Transportation Systems, 2014, 15(2): 647-655.

[42] KUGE N, YAMAMURA T, SHIMOYAMA O. A driver behavior recognition method based on a driver model framework [J]. SAE Transactions, 2000, 109(6): 469-476.

[43] 丁洁云, 党睿娜, 王建强, 等. 驾驶人换道决策分析及意图识别算法设计 [J]. 清华大学学报: 自然科学版, 2015(7): 769-774.

[44] 伍淑莉, 尹慧琳, 王杰, 等. 基于 LSTM 的智能车变道预测研究 [J]. 信息通信, 2019, (5): 7-11.

[45] 季学武, 费聪, 何祥坤, 等. 基于 LSTM 网络的驾驶意图识别及车辆轨迹预测 [J]. 中国公路学报, 2019, 32(6): 34-42.

[46] ZHANG W, CHEN X. LANE change control for self-driving vehicle based on model predictive control considering the instability of sensor detection[C]//2019 4th International Conference on Mechanical, Control and Computer Engineering (ICMCCE). IEEE, 2019: 346-351.

[47] 付梦印, 邓志红, 刘彤. 智能车导航技术 [M]. 北京: 北京科学出版社, 2009.

[48] 方华京, 魏然. 人工势场法在多机器人运动中的研究 [J]. 控制工程, 2007, 14(2): 115-117, 150.

[49] 宋晓琳, 潘鲁彬, 曹昊天. 基于改进智能水滴算法的汽车避障局部路径规划 [J]. 汽车工程, 2016, 38(2): 185-191, 228.

[50] 宋金泽, 戴斌, 单恩忠, 等. 融合动力学约束的自主平行泊车轨迹生成方法 [J]. 中南大学学报 (自然科学版), 2009, 40(S1): 135-141.

[51] 李玮，王晶，段建民. 基于多项式的智能车辆换道轨迹规划 [J]. 计算机工程与应用，2012, 48(3): 242-245.

[52] 马川. 智能车辆轨迹规划和控制算法研究 [D]. 淄博: 山东理工大学, 2013.
[53] 李土深. 基于隐马尔可夫模型的驾驶员行为分析研究 [D]. 哈尔滨: 哈尔滨工程大学, 2017.
[54] 刘亚龙. 基于数据驱动的微观交通流建模研究 [D]. 成都: 西南交通大学, 2017.
[55] 陈伟. 基于双目视觉的智能车辆道路识别与路径规划研究 [D]. 西安: 西安理工大学, 2009.
[56] 李玮, 高德芝, 段建民. 智能车辆自由换道模型研究 [J]. 公路交通科技, 2010, 27(2): 119-123.
[57] XU G, LIU L, OU Y, et al. Dynamic modeling of driver control strategy of lane-change behavior and trajectory planning for collision prediction [J]. IEEE Transactions on Intelligent Transportation Systems, 2012, 13(3): 1138-1155.
[58] QIAN X, FLORENT A, BENDER P, et al. Optimal trajectory planning for autonomous driving integrating logical constraints: A MIQP Perspective[C]//IEEE International Conference on Intelligent Transportation Systems. IEEE, 2016: 205-210.
[59] HOWARD T M, GREEN C J, ALONZO K, et al. State space sampling of feasible motions for high performance mobile robot navigation in complex environments [J]. Journal of Field Robotics, 2008, 25(6-7): 325-345.
[60] LIU C, LIN C Y, TOMIZUKA M. The convex feasible set algorithm for real time optimization in motion planning [J]. Siam Journal on Control & Optimization, 2017, 56(4): 2712-2733.
[61] 李文博. 校园智能车轨迹跟随控制研究 [D]. 重庆: 重庆理工大学, 2018.
[62] 王震宇. 无人驾驶车辆换道控制方法研究 [D]. 南京: 东南大学, 2016.
[63] ZHAO Z, LIU H, CHEN H, et al. Kinematics-aware model predictive control for autonomous high-speed tracked vehicles under the off-road conditions [J]. Mechanical Systems and Signal Processing, 2019, 123: 333-350.
[64] ZOU T, ANGELES J, HASSANI F. Dynamic modeling and trajectory tracking control of unmanned tracked vehicles [J]. Robotics and Autonomous Systems, 2018, 110: 102-111.
[65] DIXIT S, FALLAH S, MONTANARO U, et al. Trajectory planning and tracking for autonomous overtaking: State-of-the-art and future prospects [J]. Annual Reviews in Control, 2018, 45: 76-86.
[66] AMER N H, HUDHA K, ZAMZURI H, et al. Adaptive modified stanley controller with fuzzy supervisory system for trajectory tracking of an autonomous armoured vehicle [J]. Robotics & Autonomous Systems, 2018, 105: 94-111.
[67] JOHN L, JONATHAN H, SETH T. A perception-driven autonomous urban vehicle [J]. Journal of Field Robotics, 2008, 25(10): 727-774.
[68] 王崇伦, 李振龙, 盖彦荣, 等. 车辆换道轨迹滑模跟踪控制研究 [J]. 交通信息与安全, 2012(5): 45-50.
[69] WANG X, FU M, MA H, et al. Lateral control of autonomous vehicles based on fuzzy logic[C]//Elsevier Ltd, 2015, 34: 1-17.
[70] YAKUB F, MORI Y. Comparative study of autonomous path-following vehicle control via model predictive control and linear quadratic control [J]. Proceedings of the Institution of Mechanical Engineers, Part D: Journal of Automobile Engineering, 2015, 229(12): 1695-1714.
[71] 孙银健. 基于模型预测控制的无人驾驶车辆轨迹跟踪控制算法研究 [D]. 北京: 北京理工大学, 2015.
[72] 王银, 张灏琦, 孙前来, 等. 基于自适应 MPC 算法的轨迹跟踪控制研究 [J]. 计算机工程与应用, 2021, 57(14): 251-258.
[73] 程硕, 李亮, 陈百鸣, 等. 基于主动转向与主动制动的智能车路径跟踪 [J]. 同济大学学报: 自然科学版, 2017, 45(S1): 28-34.
[74] FENG J，RUAN J，LI Y. Study on intelligent vehicle lane change path planning and control simulation[C]//2006 IEEE International Conference on Information Acquisition. Piscataway: IEEE，2006：683-688.

[75] LIMA P F, PEREIRA G C, MÅRTENSSON J, et al. Experimental validation of model predictive control stability for autonomous driving [J]. Control Engineering Practice, 2018, 81: 244-255.

[76] ZHENG H, NEGENBORN R R, LODEWIJKS G. Predictive path following with arrival time awareness for waterborne AGVs [J]. Transportation Research Part C: Emerging Technologies, 2016, 70: 214-237.

[77] 由智恒. 基于 MPC 算法的无人驾驶车辆轨迹跟踪控制研究 [D]. 长春: 吉林大学, 2018.

[78] 梁政焘, 赵克刚, 裴锋, 等. 基于 MPC 的智能车轨迹跟踪算法 [J]. 机械与电子, 2019, 37(1): 66-70.

[79] 李升波, 王建强, 李克强. 软约束线性模型预测控制系统的稳定性方法 [J]. 清华大学学报（自然科学版）, 2010, 50(11): 94-98.

[80] 聂哲俊. 城市电动快速公交车辆智能转向控制及轨迹跟踪仿真分析 [D]. 成都: 西南交通大学, 2018.

[81] MORITZ W, JULIUS Z, SOREN K, et al. Optimal trajectory generation for dynamic street scenarios in a frenet frame[C]// 2010 IEEE International Conference on Robotics and Automation. IEEE, 2010. 987-993.

[82] MORITZ W, SOREN K, JULIUS Z, et al. Optimal trajectories for time-critical street scenarios using discretized terminal manifolds [J]. The International Journal of Robotics Research, 2012, 31(3): 346-359.

[83] COLAH, Understanding LSTM Networks [EB/OL]. (2015-4-27) [2020-04-13]. http://colah.github.io/posts/2015-08-Understanding-LSTMs/

[84] 李柏. 复杂约束下自动驾驶车辆运动规划的计算最优控制方法研究 [D]. 杭州：浙江大学, 2018.

[85] ZHANG X, GÖHLICH D, ZHENG W. Karush-kuhn-tuckert based global optimization algorithm design for solving stability torque allocation of distributed drive electric vehicles [J]. Journal of the Franklin Institute, 2017, 354(18): 8134-8155.

[86] BOYD S, VANDENBERGHE L. Convex Optimization[M]. Cambridge: Cambridge University Press, 2004.

[87] Kincaid D, Cheney W. Numerical Analysis: Mathematics of Scientific Computing[M]. American Mathematical Soc., 2009.

[88] METTLER B, ANDERSH J. Fundamental control characteristics of curvilinear motion in human and automatic path tracking tasks[C]//2013 American Control Conference. IEEE, 2013: 6460-6467.

[89] 姜洪伟. 智能汽车轨迹跟随控制研究 [D]. 长春: 吉林大学,2019.

[90] KATRINIOK A, ABEL D. LTV-MPC approach for lateral vehicle guidance by front steering at the limits of vehicle dynamics[C]//2011 50th IEEE Conference on Decision and Control and European Control Conference. IEEE, 2011: 6828-6833.

[91] GAO Y, LIN T, BORRELLI F, et al. Predictive control of autonomous ground vehicles with obstacle avoidance on slippery roads[C]//ASME 2010 dynamic systems and control conference. American Society of Mechanical Engineers Digital Collection, 2011: 265-272.

[92] FALCONE P, BORRELLI F, TSENG H E, et al. A hierarchical model predictive control framework for autonomous ground vehicles[C]//2008 American Control Conference. IEEE, 2008: 3719-3724.

[93] MACADAM C C. Application of an optimal preview control for simulation of closed-loop automobile driving [J]. IEEE Transactions on systems, man, and cybernetics, 1981, 11(6): 393-399.

[94] MACADAM C C. An optimal preview control for linear systems [J]. Journal of Dynamic Systems, 1980, 102(3): 188-190.

[95] GUO K, GUAN H. Modelling of driver/vehicle directional control system [J]. Vehicle System Dynamics, 1993, 22(3-4): 141-184.

[96] GUO K H, CHENG Y, DING H. Analytical method for modeling driver in vehicle directional control [J]. Vehicle System Dynamics, 2004, 41(Sup1): 401-410.

[97] 王聪. 基于预瞄的车辆路径跟踪控制研究 [D]. 哈尔滨: 哈尔滨工业大学,2014.

[98] CAO Y, CAO J, YU F, et al. A new vehicle path-following strategy of the steering driver model using general predictive control method[J]. Proceedings of the Institution of Mechanical Engineers, Part C: Journal of Mechanical Engineering Science, 2018, 232(24): 4578-4587.

[99] LAUER M. A case study on learning a steering controller from scratch with reinforcement learning[C]//2011 IEEE Intelligent Vehicles Symposium (IV). IEEE, 2011: 260-265.

第6章 智能车底盘域控与线控

6.1 本章概述

本章主要介绍底盘动力学域控制技术在智能车辆上的一些应用，在 6.2 节中，介绍了智能汽车底盘的发展历史和构型的演变；在 6.3 节中，介绍了面向智能驾驶和辅助驾驶的底盘线控技术，并重点展望了面向未来的一种全矢量线控底盘构型及其应用；在 6.4 节中，重点介绍了作者团队探索的智能汽车系统动力学集成与域控制架构。

6.2 智能汽车底盘发展概况

6.2.1 早期底盘电子控制系统

车辆发展之初的底盘很少有电子控制部件，制动和转向都是直接通过与转向制动系统机械结构相连来达到转向制动的目的。

第一代底盘控制系统是汽车底盘控制技术发展的最初阶段，起源于 20 世纪 80 年代，其代表为 ABS、4WS、电动助力转向系统（EPS）、TCS 等控制系统在底盘上的应用 [1]。这类单一功能的电子控制系统主要由传感器、电子控制单元（ECU）和执行机构组成。

由于这一阶段整车网络等相对不发达，使得各个控制系统均有独立的硬件资源，功能之间协同性小，大多处于互不关联的状态。

6.2.2 线控底盘技术

第二代底盘电控技术以线控技术（Control-by-Wire）为代表。在这一代控制技术最为显著的特点是，电子控制部分通过加装或取代等方式改变了传统的机械结构和执行器的直接连接关系，此外随着车载通信网络技术的进一步发展，各控制系统之间的协同性进一步发展线控底盘技术主要有线控制动、线控转向、线控油门等。

线控制动（Brake-by-Wire，BBW）系统主要以电子驻车制动 (EPB)、电控液压制动 (EHB)、电子机械制动（EMB）等为代表 [1]。线控制动系统主要实现三大功能：助力功能、主动制动、能量回收。诸多 BBW 系统中，最理想的制动莫过于 EMB 系统，该系统直接通过电机向制动盘施加制动力对车辆进行制动，因此不需要液压油或压缩空气。这不仅可省去诸多管路和传感器，且信号传递更加迅速。然而，由于成本和可靠性的问题，该系统仍处于试研阶段，尚未应用于量产车。例如大众在巴黎车展上展出的 Passat GTE 混合动力车型。EHB 系统准确来说是一种半解耦的 BBW 系统，其保留了液压制动管路，但是踏板与主缸分离，改为用电机来推动主缸，实现驾驶员与制动系统解耦，比如最近几年实现量产的德国博世的 iBooster（图 6.1），北京英创汇智的 TBS（Trinova Brake System），上海拿森的

N-Booster 等。近年来，集成式 BBW 系统也是市场较为关注的一种 BBW 系统，比如德国大陆的 MK C1，北京英创汇智的 T-IBC（Trinova Integrated Brake Control System）等 [1]。EHB 系统构成如图 6.2 所示：

线控转向（Steer By Wire，SBW）的概念在 20 世纪 50 年代就被提出，至今已有近 70 年的历史。但是，受限于电控技术的发展，直到 20 世纪 90 年代，各个车企才逐渐推出装配 SBW 系统的概念车型，SBW 技术也慢慢走入公共视野。典型的比如 1999 年宝马推出的 BMW Z22，2001 年奔驰推出的 F400 Carving，2002 年通用推出的 GM Hy-Wire，2003 年丰田推出的 Lexus HPX，2005—2011 年日产陆续推出的 PIVO、PIVO 2 和 PIVO 3，以及近些年来英菲尼迪的 Q50 和耐世特的 SBW 系统等。其中，装载 SBW 的量产车型只有英菲尼迪 Q50，该车装备的线控转向系统保留了机械备份，但采用离合器进行连接。系统正常工作时，离合器断开；当系统出现故障时，离合器闭合，使得驾驶员能够对车辆进行机械操纵，实现冗余设计。而耐世特公司在上海车展上展示的随需转向系统和静默转向盘系统，则完全取消了机械连接，使得系统更为轻便，转向更为灵活。此外，配备静默转向系统的车辆还可以在自动驾驶模式下自动将转向管柱收缩至仪表板内，从而增加可用空间，提升驾驶舱舒适度。尽管 Q50 已经因为各种问题召回，但其不失为一种大胆而革命性的尝试。在 Q50 出现的各种问题中，关于转向系统的问题描述如下，“当发动机在电瓶处于低电压状态下启动时，控制单元有可能对转向盘角度作出误判，导致转向盘和车轮的转动角度存在差异。即使转向盘回到中间位置，车轮也可能不会返回到直行位置，导致车辆不能按照驾驶员意图起步前行或转向，存在安全隐患。”可见，系统的安全性和可靠性仍然是一个比较严峻的问题。

此外近年来国内外学者、企业界对各种有关线控转向系统的研究包括对 SBW 系统架构设计、路感反馈控制策略、转向控制策略、转向执行控制策略以及故障诊断和容错控制策略等 [1]。

6.2.3 底盘集成控制

底盘集成控制是近些年来的底盘电控发展方向之一。为了提高车辆行驶的动力学性能，往往需要在车辆上安装多种底盘控制系统，这时就会有功能重叠干涉、执行机构和传感器重复等问题，因而，越来越多的学者开始针对全局的底盘控制进行研究。

1985 年，Nissan 公司在东京车展推出的概念车 ARC-X 属于对底盘集成控制的初步尝试，在这辆车上完成了制动和转向控制系统之间的协作功能 [2]。Toyota 公司在推出的概念车上完成了主动空气悬架、四轮转向系统、四轮驱动系统和防抱死系统的集成控制 [3]。

早期的集成控制只是子控制系统的简单叠加，无法避免系统间的潜在冲突，因而合理的底盘控制集成架构也是学界和企业界研究的重点。德国的 Continental 公司、Bosch 公司等都在这一方面有所探索 [4-6]，日本学者 Yasui 等、英国学者 Tim Gordon 等、日本德岛大学的 T.Yoshimura 和 Y.Emoto 都在这一方面有所研究 [7-10]。

6.3 智能汽车线控底盘

6.3.1 线控驱动系统

线控驱动的概念出现在 20 世纪 70 年代，随着电子信息技术的发展，国内外多款车型均配备了线控油门系统。丰田 Lexus 的 LS430 车型采用了全电子的线控油门系统，通过传感器冗余设计提升了行车安全性。本田开发的 i-VTEC 发动机配有线控技术的节气门，大大提高了燃油经济性和输出功率 [12]。德国德尔福开发的第二代电子节气门系统具有多项独特的驾驶性能，在综合控制和性能监测上堪称楷模 [13]。国内自主研发的线控油门系统也在实车上得到应用，如一汽红旗 HQ3 和奇瑞旗云 CVT 汽车，使得线控驱动技术已然成为应用最为成熟的线控技术之一。

当前传统燃油车上的线控驱动技术主要集中在电子节气门控制及容错控制上，国内外学者对其进行了广泛研究。在控制上，清华大学 [14]、吉林大学 [15] 的学者们都开发出了发动机电控节气门控制器，实现对汽车发动机的转矩控制。控制策略上可采用线性或非线性控制，提升系统在参数扰动下的鲁棒性 [16]，降低系统超调量和瞬态误差 [17]。在系统安全上，可通过冗余设计 [18] 及故障诊断 [19] 提升系统可靠性。与传统燃油汽车和集中式驱动汽车的转矩平均分配策略相比，分布式驱动汽车可矢量分配各车轴或车轮的驱动转矩，有利用于协调整车各项性能。

线控驱动作为最成熟的线控技术之一，可通过直接转矩通信、节气门调节机构安装、节气门调节等方法实现。针对开放发动机和电机转矩通信接口协议的车辆，线控驱动控制器直接通过 CAN 网络向发动机或者电机发送目标转矩请求，实现整车加速度控制。此种方案无须进行机械改装，结构简单可靠。

针对不开放转矩通信接口协议的车辆，安装节气门调节机构也可实现线控驱动功能。控制器根据车辆状态、加速踏板开度及其变化速率，利用内部算法程序预判驾驶员需求功率或转矩，然后通过电信号控制执行电机的动作，调节发动机节气门开度，进而改变发动机输出转矩和功率 [11]。除此之外，北京英创汇智公司采取简单实用的基于伪加速踏板的复合式线控驱动技术。控制器接收加速度请求指令，将其转化为对应加速踏板开度的电压值输出，进而代替原车加速踏板开度传感器的电压信号，如图 6.1所示。

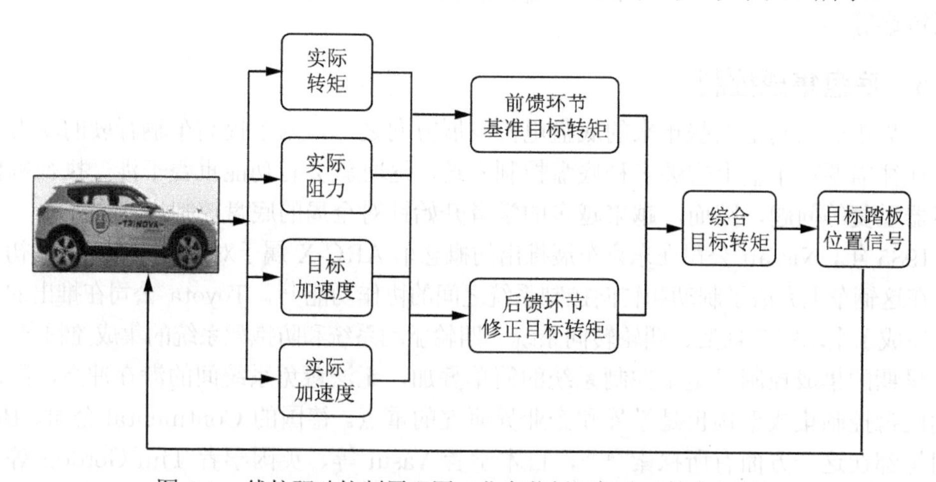

图 6.1 线控驱动控制原理图（北京英创汇智公司技术方案）

6.3.2 线控转向系统

自 1894 年第一款现代意义上具备转向盘的转向系统出现开始，汽车的转向系统大致经历了 5 个阶段 [21,22]：早期的纯机械转向系统（Manual Steering，图 6.2）；福特最早提出的液压助力转向系统（Hydraulic Power Steering，HPS，图 6.3）；丰田首推的电控液压助力转向系统（Electro-Hydraulic Power Steering，EHPS，图 6.4）；新一代的电动助力转向系统（EPS，图 6.5）；摆脱机械连接的线控转向系统（SBW，图 6.6）和具有主动转向功能的前轮主动转向系统（AFS，图 6.7）等。

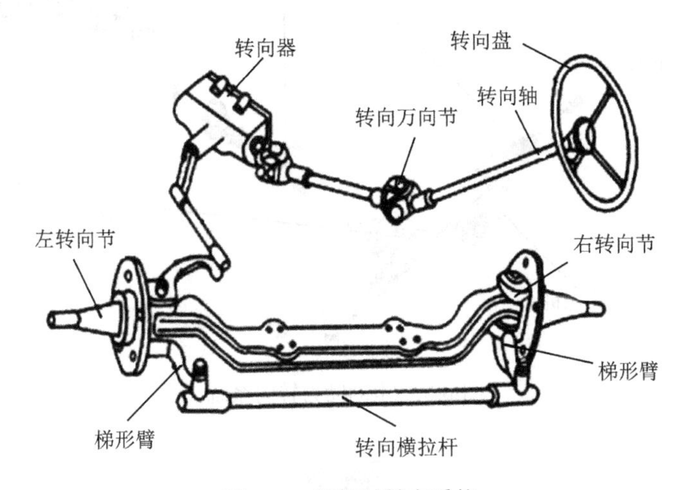

图 6.2　纯机械转向系统

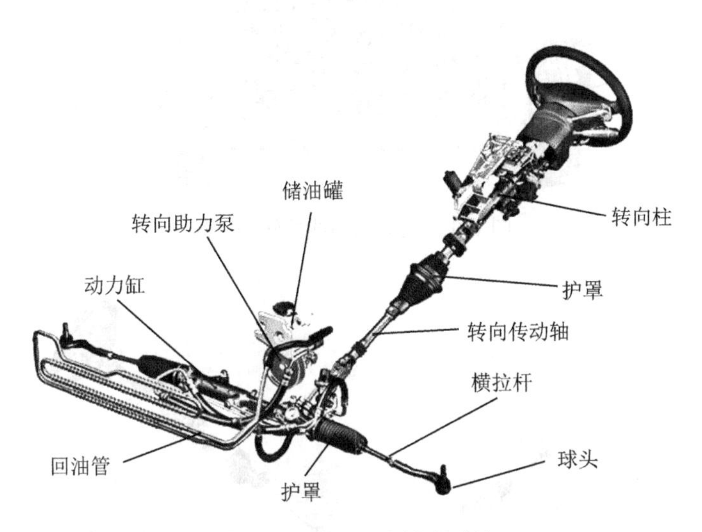

图 6.3　液压助力转向系统

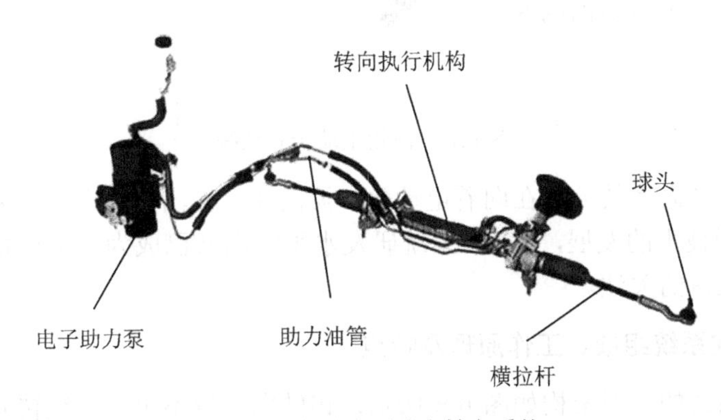

图 6.4　电子液压助力转向系统

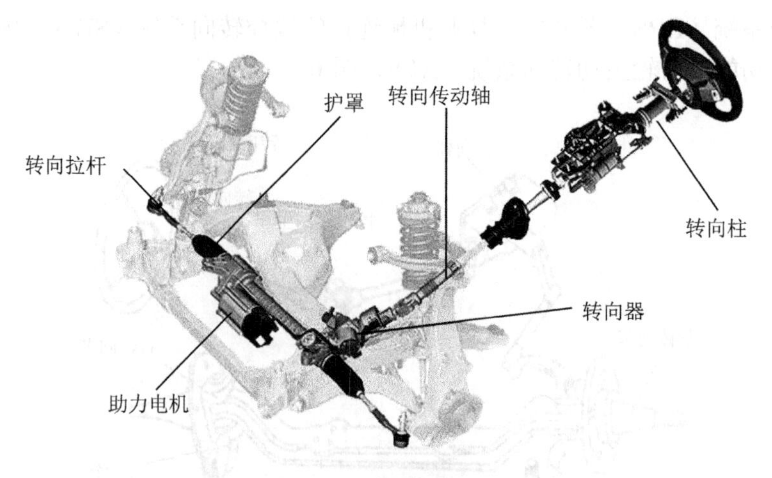

图 6.5 电动助力转向系统

图 6.6 英菲尼迪线控转向系统

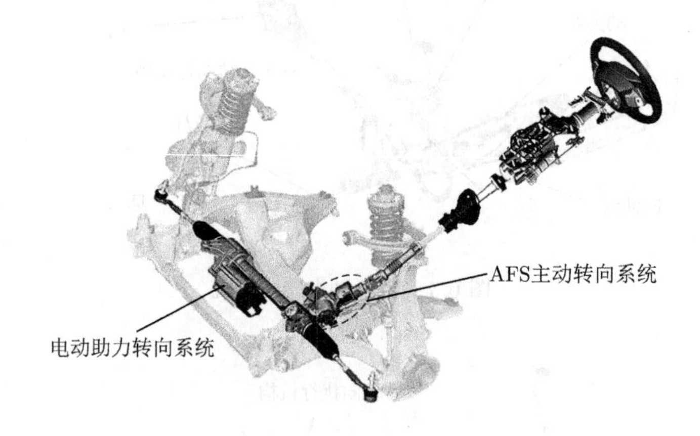

图 6.7 前轮主动转向系统

可见，车辆转向系统一直在向着电动化、灵活化、简洁化的方向发展。特别是随着近年来自动驾驶技术的发展，SBW 系统研发水平的高低已成为一个车企的核心竞争力之一，得到了大量的关注。

1. 线控转向系统组成、工作原理及特点

线控转向系统的一般架构如图 6.8 所示，该转向系统不再像传统转向系统一样通过转向柱进行转角信号和转向力的传递，而是通过传感器检测转向盘转角信号，控制器接收到该转角信号后直接控制转向电机实现转向。总体而言，该系统可以看成由三个模块组成：路感反馈模块、转向执行模块及 SBW 控制模块，各模块的组成和作用具体分析如下。

（1）路感反馈模块：该模块包括自路感反馈电机向上的组件，由转向盘组件、转角传感器、力矩传感器、蜗轮蜗杆减速器、永磁无刷电机等组成。它的主要功能是接收来自 SBW 控制模块的命令，并向驾驶员提供反馈力矩，以反映路面的变化以及来自路面的轮胎力。在自动驾驶过程中，它还会从上层控制策略接收转向指令，并将转向盘转到所期望的位置。

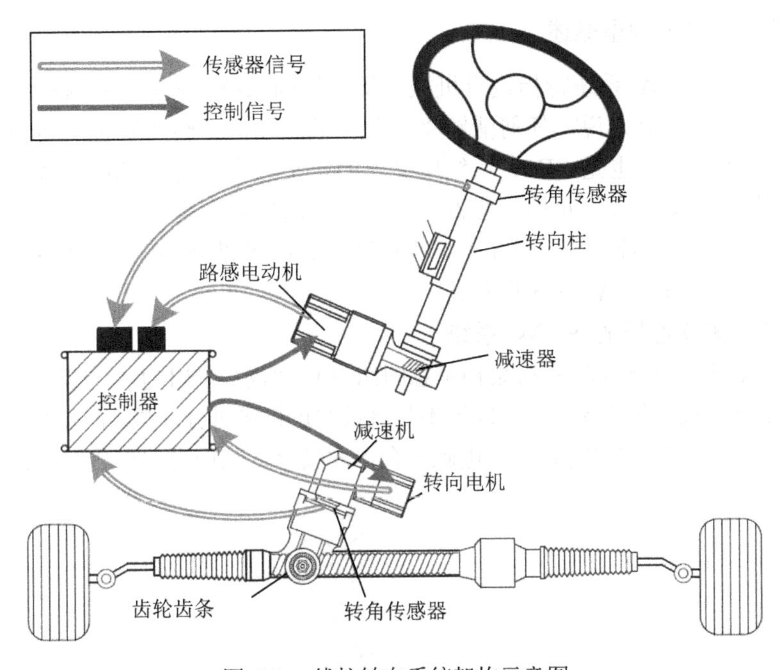

图 6.8　线控转向系统架构示意图

（2）转向执行模块：该模块包括自转向电机向下的组件，由永磁同步电机、行星齿轮减速器、转角传感器、齿轮齿条减速器等组成。它的主要功能是接收来自 SBW 控制模块的指令，并将前轮转到所需位置。

（3）SBW 控制模块：对于 SBW 系统而言，该模块主要包括两个控制器，即路感反馈控制器和转向执行控制器。对于路感反馈控制器，其主要功能是在动态驾驶环境中集成各路传感器信号以计算路感反馈电机的期望电流（人工驾驶中）或期望转角（自动驾驶中），并将命令发送给路感反馈模块进行执行。对于转向执行控制器，其主要功能是从驾驶员及其他相关系统接收转向指令，计算出所需的电动转角，并将该命令发送至转向执行模块进行执行。在某些情况下，转向电机的目标转角也应该能够独立调整，以避免驾驶员误操作带来的不必要的风险。此外，SBW 控制模块还负责整个系统的故障诊断，在系统发生故障时，能够及时诊断和分离故障，并通知控制模块采取相应的安全策略。

由于取消了机械连接，线控转向系统带来几个明显好处：

（1）节省部分转向机械结构在驾驶舱内占用的空间。

（2）布置灵活，可根据驾驶员喜好进行个性化设计。

（3）可以过滤路面不平等原因造成的振动，提高驾驶员舒适性。

（4）避免追尾等车祸过程中转向管柱侵入对人体造成的伤害。

（5）转向比设置灵活，可以在更大范围内调节转向比，增加车辆动力学稳定性。

（6）相较 EPS 而言，可以获得更快的响应速度。

（7）方便实现主动转向。

（8）自动驾驶情形下，更加方便通过转向盘对驾驶员介入进行识别等。

然而，也正是由于该系统取消了机械连接，当系统发生故障时将无法通过机械冗余的方式来保证系统安全。因此，如何从设计和控制的层面保证系统的安全性就成为该系统能否得到广泛应用的关键问题。

2. 线控转向系统构型概述

狭义上来说，SBW 系统特指没有机械连接的转向系统，这是从系统的结构上进行的一个区分。但从功能上来说，任何能够将驾驶员输入和前轮转角解耦的转向系统都可以看成是 SBW 系统，这也是 SBW 系统广义上的定义，本节对 SBW 系统构型的分类也是基于广义上的定义而言。此外，假设本节所采取的转向器是两端输出的齿轮齿条式转向器，并且暂不考虑电控系统。基于此，线控转向系统可以分为保留机械软连接的 SBW 系统和无机械连接的 SBW 系统两大类。

1）保留机械软连接的 SBW 系统

保留机械软连接的 SBW 系统架构示意图如图 6.9所示，图中①～④表示电机可能安装的位置。所谓软连接，即转向柱与转向器不是直接通过机械进行连接，而是在中间增加了一个电磁离合器，只有在需要的时候，电磁离合器才吸合，从而退化到传统 EPS 系统。

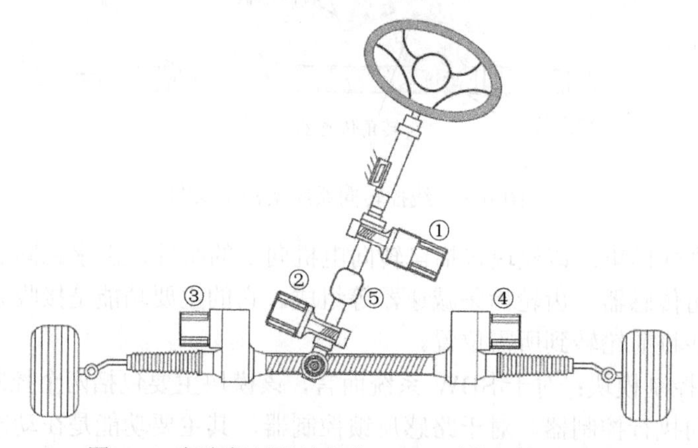

图 6.9 保留机械软连接的 SBW 系统架构示意图

假设电机有单绕组电机和双绕组电机可供选择，并且视③、④ 两个位置为等效的，则系统可能的构型及其特点可总结于表 6.1。表格中，构型符号的前缀 P/DP/RP/RD 分别表示小齿轮式/双小齿轮式/齿条平行式/齿条同轴式，后缀 YS 中 Y 表示保留机械连接、S 表示软连接，后缀 S/D 分别表示单绕组/双绕组电机，而中缀 SBW 表示线控转向系统。比如 P-SBW-YS-D 可以读作保留机械软连接且电机形式为双绕组电机的小齿轮式线控转向系统。例如，DP-DP-SBW-YS-S-S 读作保留机械软连接且两个电机形式均为单绕组电机的双小齿轮–双小齿轮式线控转向系统等。与传统 EPS 系统相比，保留机械软连接的 SBW 系统主要缺点在于离合器的设计加工比较复杂，成本较高，其余特点与传统 EPS 系统大致相同。市场上，英菲尼迪采用的即是构型 YS12，此外，作者所接触过的构型还包括 YS1。需要说明的是，SBW 系统中，①位置的电机始终是需要的，而且单绕组电机已经足够。因此，这里对 SBW 系统构型的分析主要集中于转向器，构型的符号表示也免去对转向柱的表示。

表 6.1 保留机械软连接 SBW 系统的可能构型

序号	电机安装位置	符号	特点
YS1	②	P-SBW-YS-S	构型简单，容易布置；
YS2		DP-SBW-YS-S	冗余度低；电机功率较大；
YS3	③/④	RP-SBW-YS-S	RP/RD 转向器制造较为困难；
YS4		DP-SBW-YS-S	离合器制造困难
YS5	②	P-SBW-YS-D	构型简单，容易布置；
YS6		DP-SBW-YS-D	冗余度高；电机功率适中；
YS7	③/④	RP-SBW-YS-D	RP/RD 转向器制造较为困难；
YS8		RD-SBW-YS-D	离合器制造困难；电机控制较为复杂
YS9		P-DP-SBW-YS-S-S	
YS10	②&(③/④)	P-RP-SBW-YS-S-S	
YS11		P-RD-SBW-YS-S-S	构型复杂，不太容易布置；
YS12		DP-DP-SBW-YS-S-S	冗余度高；电机功率较小；
YS13		DP-RP-SBW-YS-S-S	RP/RD 转向器制造较为困难；
YS14	③ &④	DP-RD-SBW-YS-S-S	离合器制造困难；
YS15		RP-RP-SBW-YS-S-S	电机控制较为复杂
YS16		RP-RD-SBW-YS-S-S	
YS17		RD-RD-SBW-YS-S-S	

2）无机械连接的 SBW 系统

进一步地，无机械连接的 SBW 系统取消了图 6.9中的电磁离合器⑤，而将转向管柱和转向器彻底断开，如图 6.10所示。除没有电磁离合器外，其可能的构型与保留机械软连接的 SBW 系统大致相同，列于表 6.2。表中，构型符号的后缀 N 表示无机械连接，其余与前述相同。与保留软机械连接的 SBW 系统相比，其主要缺点在于冗余度比较低，因此在设计阶段及控制策略上需要考虑的东西比较多，需要较高成本以保证其可靠性。

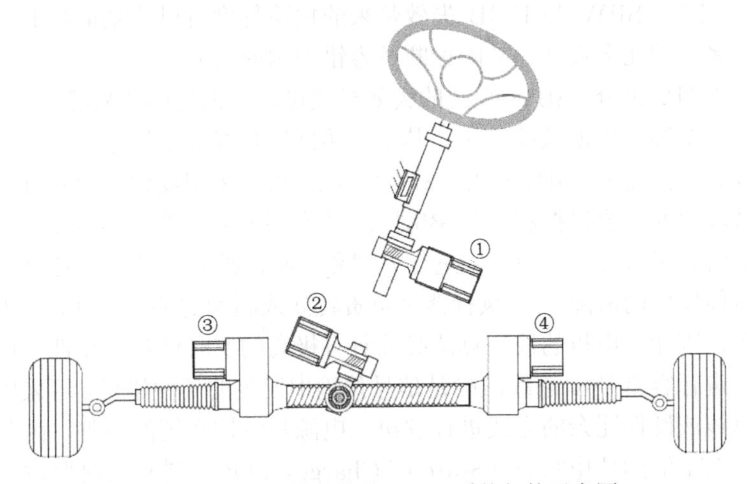

图 6.10 无机械连接的 SBW 系统架构示意图

市场上，美国耐世特采用的即是构型 N3。作者课题组研究团队研究的构型包括 N1 和 N10。本节将要详细介绍的一款 SBW 系统即属于构型 N10。

表 6.2 无机械连接 SBW 系统的可能构型

序号	电机安装位置	符号	特点
N1	②	P-SBW-N-S	构型简单，容易布置；无冗余；电机功率较大；RP/RD 转向器制造较为困难
N2	③/④	DP-SBW-N-S	
N3		RP-SBW-N-S	
N4		RD-SBW-N-S	
N5	②	P-SBW-N-D	构型简单，容易布置；冗余度适中；电机功率适中；RP/RD 转向器制造较为困难；电机控制较为复杂
N6	③/④	DP-SBW-N-D	
N7		RP-SBW-N-D	
N8		RD-SBW-N-D	
N9	②&(③/④)	P-DP-SBW-N-S-S	构型复杂，不太容易布置；冗余度高；电机功率较小；RP/RD 转向器制造较为困难；电机控制较为复杂
N10		P-RP-SBW-N-S-S	
N11		P-RD-SBW-N-S-S	
N12	③&④	DP-DP-SBW-N-S-S	
N13		DP-RP-SBW-N-S-S	
N14		DP-RD-SBW-N-S-S	
N15		RP-RP-SBW-N-S-S	
N16		RP-RD-SBW-N-S-S	
N17		RD-RD-SBW-N-S-S	

3. 线控转向系统冗余设计

1）系统失效模式分析与问题描述

线控系统和机械或液压系统相比，有着诸多的优势，但由于其需要复杂的电子系统，就目前而言可靠性要逊于机械或液压系统，且线控系统具有和传统车辆完全不同的失效模式。因此，探索线控系统的失效模式，在失效模式下仍保证车辆最基本的功能和安全性成为一个重要的研究课题。文献 [18] 对常见电子系统失效的严重程度进行了评估，如图 6.11所示。可见，SBW 和 EMB 失效带来的危险程度可以说是最高的，由此引发了大量对 SBW 系统的冗余设计、故障诊断及容错控制的研究。

按照系统的组成来分，SBW 系统的失效模式可以分为传感器故障、控制器故障、执行器故障、总线故障、电源故障几种。其中，传感器是线控系统进行控制的依据，常见的故障有卡死、增益变化、恒偏差失效等 [23]，通常可以采用硬件冗余和解析冗余相结合的方法进行故障诊断与容错控制 [24]。控制器是系统的核心部件，信号采集与处理、策略运行、信号输出等都需要在控制器中进行处理和诊断，通常采用多核 ECU 或多个 ECU 的方式应对可能发生的故障 [25]。执行器是负责转向或制动的关键部件，其失效会直接导致系统的失效，因此，电机的控制算法必须具有极高的实时性和鲁棒性，通常还采用硬件冗余的方法进行容错 [26]。总线故障是信号传输中发生的各种错误，可采用故障容错性能比较好的总线或硬件冗余的方式进行解决。电源是线控系统的心脏，因此需要有冗余系统，且需要对电池的荷电状态（State of Charge，SOC）进行实时监测，必要时激活容错控制。

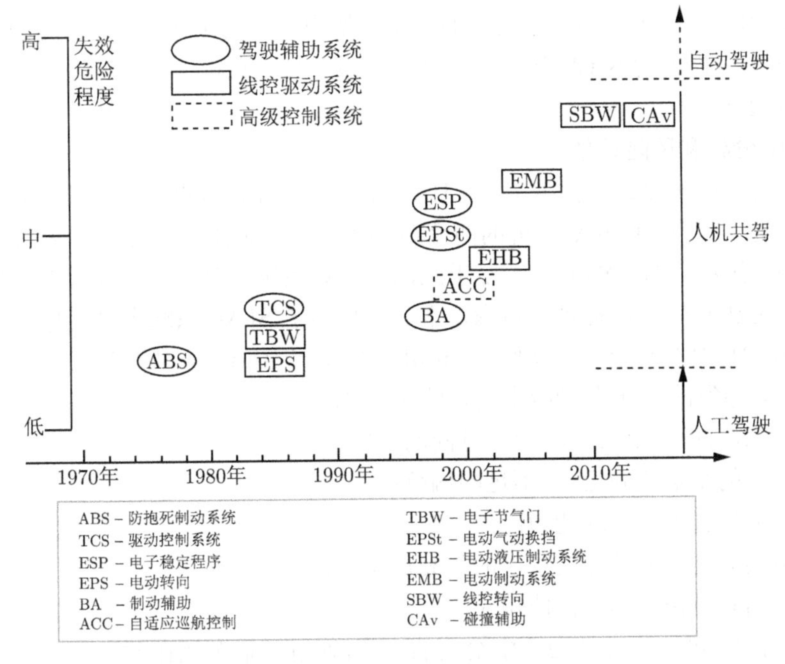

图 6.11 各电子系统失效时的危险程度

本节对 SBW 系统冗余设计的研究即基于这几类故障，并加以细化，作为系统设计的依据。此外，依据的主要文件有道路车辆功能安全相关标准 ISO 26262: 2018 和 NHTSA 的相关研究报告 [27] 等。

2）基本假设和设计目标

SBW 系统的功能相对来说比较简单。但是，由于系统的安全性可能受到诸多因素的影响，且系统的结构也相当灵活，为能够更加明确地对系统进行讨论，此处首先做出以下 6 个假设：

A1：其他车辆子系统（例如，ESC 系统）未发生可能影响 SBW 系统安全的故障。

A2：无外界环境带来的干扰或危险（例如，侧风影响）。

A3: SBW 控制模块可以获取由 ESC 等提供的车速、横摆角速度、侧向加速度等信号。

A4：驾驶员身体状况良好。

A5：转向系统无机械冗余备份，且转向器为两端输出的齿轮齿条式转向器。

A6：在 HARA 分析过程中，未考虑 SBW 系统的冗余。

其中，假设 A1、A2 和 A4 分别是为了排除车辆其他子系统、外界因素和驾驶员本身因素的影响，集中于 SBW 系统本身；假设 A3 是为了保证 SBW 控制模块所获得车辆整车信号的完整性；假设 A5 是考虑到当前齿轮齿条转向器仍然是使用最广泛的情形，其安全性和可靠性已经经过了市场的测试和考验，因此可以将其重新装配到 SBW 系统中，而无须进行很多改动；假设 A6 是由于冗余只是一种确保系统安全性和可靠性的措施，而不是系统的基本组件，因此需要在系统分析阶段排除在外。

基于前面的定义和这 6 个假设，并参考标准 ISO 26262 以及 NHTSA 的技术报告，提出系统设计的三个基本目标：

G1：给出 ISO 26262 所提出的概念阶段分析（包括相关项定义，HARA 分析，功能安全概念等）的基本结果，获得安全目标以及功能安全要求，以指导系统设计。

G2：提出一种满足功能安全要求的 SBW 架构，以确保满足所有安全目标。

G3：给出所提出的 SBW 架构的定性和定量分析结果，以证明所提出的体系结构的合理性和有效性。

3）危险分析和风险评估

作为分析系统可靠性的强大工具，HARA 是可靠性领域重点研究的内容之一[29-32]。根据文献所述，进行 HARA 分析的两个最基本方法是危险与可操作性分析（HAZOP）以及系统理论过程分析（STPA）。鉴于此，本节对系统概念阶段的分析也采纳了这两种方法。根据文献 [28] 中所提供的步骤，本书共总结了 SBW 系统中可能导致系统危险的 62 种故障和 31 项不安全控制操作（Unsafe Control Actions，UCA），并总结出 SBW 系统故障可能导致的 5 项车辆级别的危险 H1~H5。

H1：非意向的车辆侧向运动/非意向的偏航；

H2：不足的车辆侧向运动/不足的偏航；

H3：车辆失去侧向运动能力；

H4：错误的路面反馈导致错误的驾驶员操作；

H5：对驾驶员输入间歇性地响应。

在此基础上，可按照文献 [27] 中给出的步骤，通过评估车辆在预先定义的运行场景里可能发生危险的严重程度（Severity）、暴露程度（Exposure）以及可控性（Controllability）得出每个危险相应的 ASIL 等级。例如表 6.3 中 H1 ASIL 等级分析示例给出了车辆在乡村道路上高速行驶时可能出现的危险的 ASIL 等级分析示例。可以通过分析车辆在其运行周期内可能发生的所有工况以及每个工况下可能发生的所有危险场景，以确定系统最终的 ASIL 等级。经过分析，危险 H1~H3 和 H5 应该满足 AISL-D，而 H4 满足 AISL-B 即可。而一个系统应该满足的 ASIL 等级应该与分析过程中出现的最高安全等级挂钩，因此 SBW 系统总体上需要满足 ASIL-D 的要求。

表 6.3　H1 ASIL 等级分析示例

危险	H1		
运行场景	乡村道路上高速行驶（100km/h< V <130km/h）		
可能的碰撞场景	车辆与对面车辆迎面相撞		
ASIL 评估	Severity	S3	危及生命的伤害或致命的伤害
	Exposure	E4	经常发生（>10% 驾驶时间）
	Controllability	C3	很难控制或不可控
分配 ASIL 值	D		

4）安全目标

确认可能发生的危险之后，可以相应定义以下 4 个响应的安全目标，其中 SG1 对应 H1 和 H2，SG2 对应 H5，而 SG3 和 SG4 分别对应 H3 和 H4。

SG1：SBW 系统需要在车辆所有运行工况下防止任何方向的意外转向，并且满足 ASIL-D 要求。

SG2：SBW 系统需要在车辆所有运行工况下能够在规定时间内提供正确转向，并满足 ASIL-D 要求。

SG3：SBW 系统需要在车辆所有运行工况下保持侧向运动的能力，并且满足 ASIL-D 要求。

SG4：SBW 系统需要在车辆所有运行工况下向驾驶员提供正确的路面反馈，并且满足 ASIL-B 要求。

5）功能安全概念

在安全目标的指导下，本节的目标是提出功能安全要求，希望基于此设计的系统能够保证系统的安全性和可靠性。

首先，进行失效模式及效应分析（FMEA），可获得如表 6.4所示的表格。其中，共定义了 12 种系统失效模式以及 81 种潜在故障。据此，可按照文献 [27] 和文献 [33] 所提出的步骤，最终对 SBW 系统的设计提出 61 项功能安全要求，总结如下。

（1）SBW 系统整体：16 项要求。

（2）SBW 控制模块：13 项要求。

（3）转向盘转角力矩传感器：6 项要求。

（4）路感反馈总成：6 项要求。

（5）转向总成：9 项要求。

（6）电源：4 项要求。

（7）通信系统：4 项要求。

（8）接口系统：3 项要求。

表 6.4 FEMA 分析结果

系统/子系统/部件		失效模式数量	潜在故障数量
SBW 子系统和部件			
路感反馈模块	转向盘转角传感器	1	17
	路感反馈总成	1	11
转向执行模块	转向电机	1	11
	转向角传感器	1	17
	转向机械部分	1	1
SBW 控制模块		1	16
接口系统或子系统			
供电		1	3
通信系统		3	2
接口系统或子系统		2	3

系统设计目标即提出一种 SBW 系统架构满足以上 61 项要求，使得 SBW 系统在发生任何单点故障后仍能保持最低水平的转向能力。此外，一旦检测到并定位到 SBW 系统中所发生的单点或双点故障，系统将相应地切换到以下安全状态之一。

SS1：SBW 系统从失效可操作（Fail-Operational，FO）降级到失效安全（Fail-Safe，FS），并且能够完全保持转向能力。

SS2：双点故障情形下，限制车辆动力。

SS3：冗余部件全部失效的情形下，缓慢减少车辆动力直到停车。

SS4：路感反馈总成失效的情形下，不再提供路感反馈。

6）硬件方案设计

为了保证 SBW 系统 FO 的设计要求，文献 [18,33] 中建议在设计时采用使用三倍冗余的结构。然而，由于成本比较高，这样的结构显然不适用于对成本敏感的车辆制造生产。因此，在仔细分析功能安全要求的基础上，作者提出了如图 6.12中所示架构。依据的基本原则是：

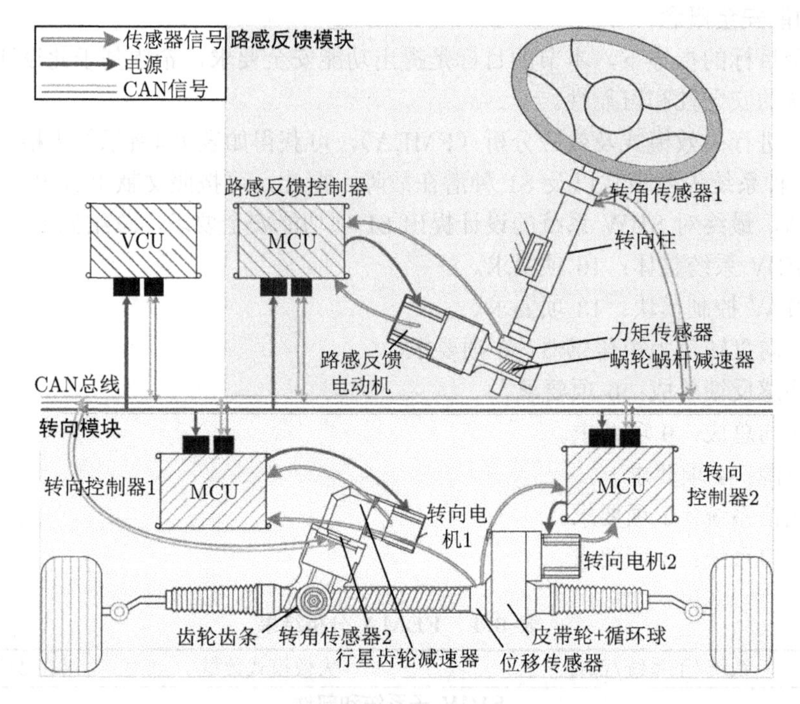

图 6.12 SBW 系统架构原理图

（1）避免由单个故障引起的系统失效。

（2）能够容错双点故障。

（3）多点故障时也能够保证系统安全。

（4）尽量减少潜在故障。

（5）故障发生时，能够保障在容错时间间隔（Fault Tolerant Time Interval，FTTI）内转换到安全状态。

（6）系统故障或失效时能够提醒驾驶员。

从图 6.12中可以看出，该系统架构包括：

（1）一个路感反馈电机（Driver Feedback Motor，DFM）。

（2）两个转向电机（Steering Motor，SM）。

（3）三个满足 ASIL-D 要求的控制器，包括两个互连的转向控制器（Steering Controller，SC）和一个路感反馈控制器（Feedback Controller，FC）。

（4）分别测量转向盘转角和转向器小齿轮输入轴转角的两个转角传感器（Angle Sensor，AS）。

（5）测量驾驶员输入力矩的力矩传感器（Torque Sensor，TS）。

（6）测量齿条位移的位移传感器（Displacement Sensor，DS）。

（7）两路电源（Power Source，PS）以及双路 CAN 总线。

7）SBW 控制模块

作为 SBW 系统的核心部件，SBW 控制模块需要达到 ASIL-D 的要求并且满足所有安全目标。除了图 6.12中所示的措施外，一种最根本的做法是根据 ISO 26262 的要求设计控制器，以使得每个控制器都可以达到最高 ASIL-D 安全等级。以这个思想为指导，所设计控制器的原理图如图 6.13所示。

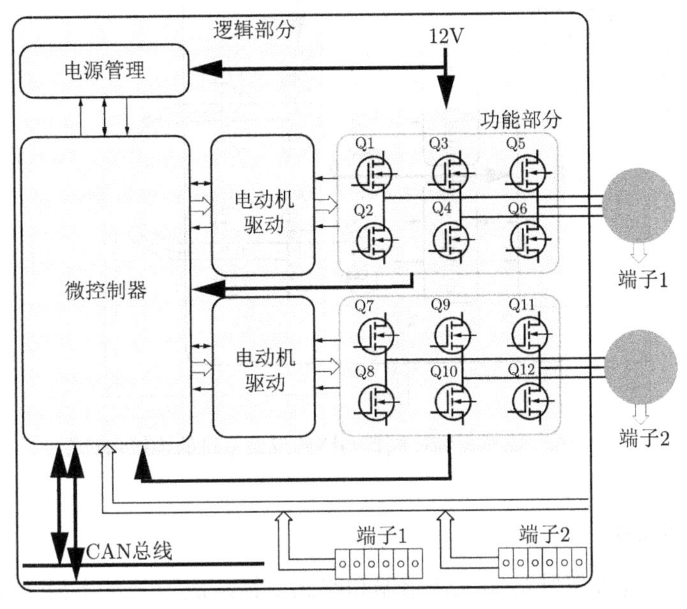

图 6.13 控制器原理图

在芯片配置方面，控制器中主控芯片 MPC5744P （恩智浦产品）的设计基于双核延迟锁步的安全概念，旨在满足最高的 ASIL 等级。与面向功能安全应用的电源管理模块 TPS65381A（德州仪器产品）和三相电机驱动芯片 TLE7189QK （黄飞凌产品）一起，该控制器旨在将故障率降低到能够满足 ASIL-D 的水平，以便满足 FO 的设计要求。

此外，两个转向控制器采用了如图 6.14所示的交叉连接的方式，其中两个转向电机分别由两个控制器进行交叉控制。具体地，SM1 的供电分别连接到 SC1 的半桥 1（SC1-HB1）和 SC2 的半桥 1（SC2-HB1）；相应地，SM1 的位置传感器则分别连接到 SC1 的端子 1 （SC1-T1）和 SC2 的端子 1 （SC2-T1）。这样的话，当两个控制器之一发生故障时，另一个控制器仍然能够控制两个电机。SM2 也类似。对于路感反馈电机来说，控制器的两个半桥（FC-HB1 和 FC-HB2）和两个端子（FC-T1 和 FC-T2）都分别连接到路感反馈电机的供电和位置传感器上，如图 6.15所示。

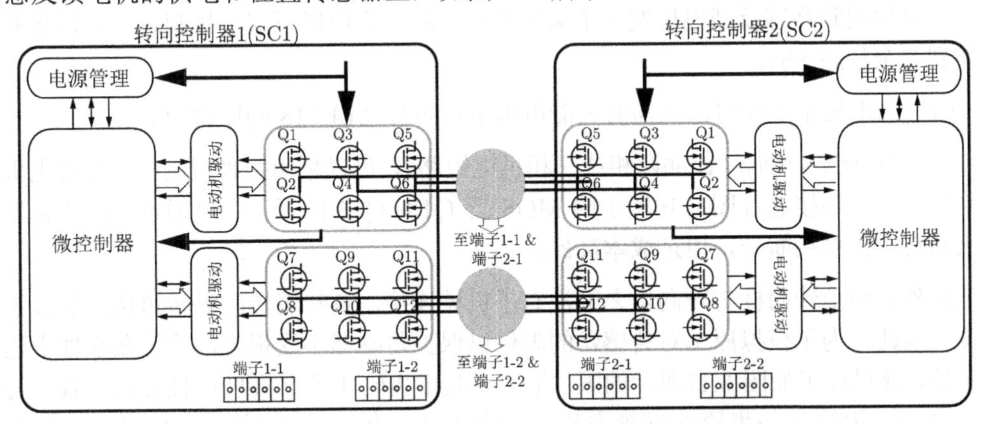

图 6.14 两个转向控制器与两个转向电机的连接示意图

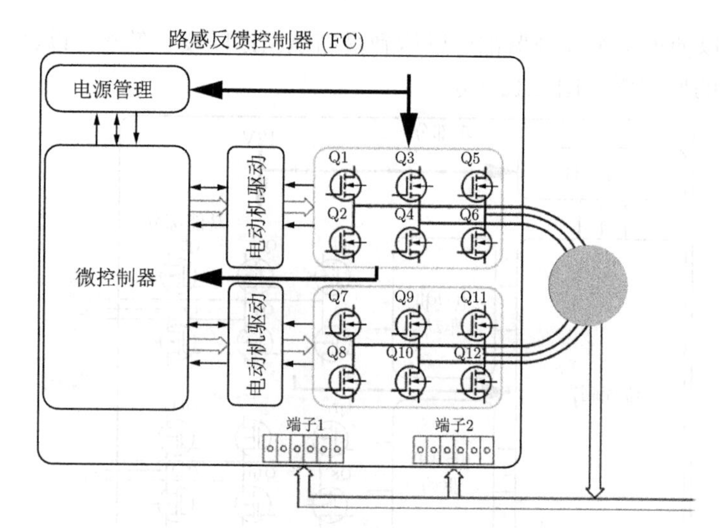

图 6.15 路感反馈控制器与路感反馈电机的连接示意图

8. 路感反馈模块

路感反馈模块包含驾驶员输入传感器和路感反馈总成，其基本设计要求是：

（1）驾驶员输入传感器应该满足 FO 的要求，且故障率应该符合 ASIL-D 要求。

（2）路感反馈电机应该满足 FS 的要求，且故障率应该符合 ASIL-B 要求。

理论上，传感器需要多路冗余以满足 FO 的要求。然而，由于成本及空间的要求限制了多路传感器的应用。因此，采用路感反馈电机中的位置传感器进行冗余，该电机是装有正交编码器和霍尔传感器的永磁同步电机（Permannent Magnet Synchronous Motor，PMSM）。其中编码器的分辨率为 36 个脉冲每转（Pulse Per Revolution，PPR），经过四倍分可达到 144PPR 的分辨率，从而使得电机机械角度的分辨率达到 2.5°。再考虑到蜗轮蜗杆减速器的减速比为 21，可以测量到转向盘转角的分辨率为 0.12°。利用插值技术，可以进一步提高分辨率。在最坏的情况下，当转向盘转角传感器和编码器均出现故障时，霍尔传感器仍可以暂时接管转向盘转角传感器的功能，但分辨率会比较低。

一旦检测到路感反馈电机发生了某种故障，应当启用以下安全机制之一，以将系统切换到安全状态 SS4。

（1）当电机未卡死时，仅需要失能电机驱动芯片 TLE7189QK 即可。

（2）当电机卡死时（比如两相或三相供电短路），可以采用两种机制：一是将电机和控制器之间的连接通过图 6.16所示的 MOS 管 Q13~Q15 断开；二是通过电磁离合器将电机和转向柱直接断开，但是成本高昂。

此外，由于转向柱与转向器之间没有了机械连接，意味着转向盘转角传感器失去了限位。因此，为了模拟原车对传感器的限位以保护传感器不受损害，除了在软件中进行限位外，还设计了如图 6.17所示的限位装置。其中齿轮 1 安装在转向柱的输出轴上与齿轮 2 啮合，齿轮 2 与齿轮 3 同轴安装，齿轮 4 是一个不完全齿轮，这样当齿轮 3 与齿轮 4 的闭合齿轮接触时，转向柱将不再能够转动，从而使得转向柱得到限位。

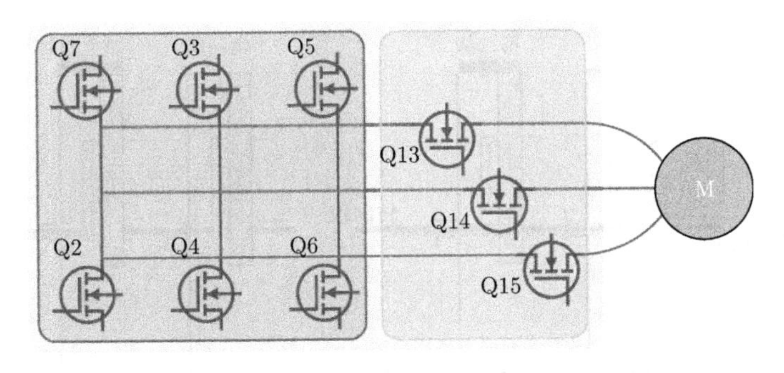

图 6.16 电机与控制器之间可断开位置示意图（Q13~Q15）

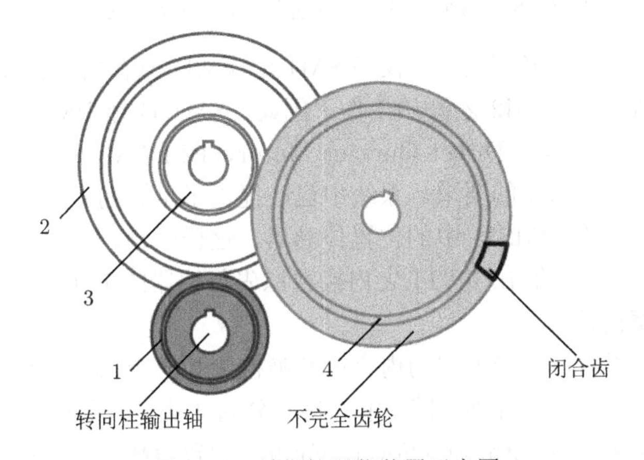

图 6.17 转向柱限位装置示意图

9）转向执行模块

转向执行模块的基本设计要求包括：

（1）转向电机应该满足 FO 的要求，且故障率应该符合 ASIL-D 要求。

（2）齿条位移传感器应该满足 FO 的要求，且故障率应该符合 ASIL-D 要求。

（3）转向器机械部分故障率应该满足 ASIL-D 要求。

（4）转向电机和转向器之间的接口应该能够确保系统即使在电机机械卡死的情形下也不会失去转向能力。

为达到这些基本要求，系统中采用了多种安全机制。除了图 6.12中所示的双电机交叉冗余架构外，两个转向电机相对应的减速器也经过特殊设计以满足 FO 的相关要求，具体分析如下。

对于主电机（SM1），减速器选为两级行星齿轮减速器。正常情况下，齿圈固定，电机轴与第一级行星齿轮的太阳轮相连，转向轴与第二级行星齿轮的行星架相连，力自电机轴向转向轴传递（见图 6.18中左图）。当检测到电机发生故障时，除了之前提到的措施，为了防止电机出现可能导致转向器整个卡死的机械故障，在第二级行星齿轮的齿圈上增加了一个离合器。这样，当出现机械卡死的情况时，离合器分离，力将能够自转向轴向行星齿轮减速器传递（见图 6.18中右图）。

对于辅助电机（SM2），出于安装及安全性的考量，则选择带轮和循环球轴承作为减速器。不同于行星齿轮，带轮即使在电机卡死的情形下也依旧能够保持转动。其缺陷在于承载能力不如行星齿轮，因此将其选作辅助电机。

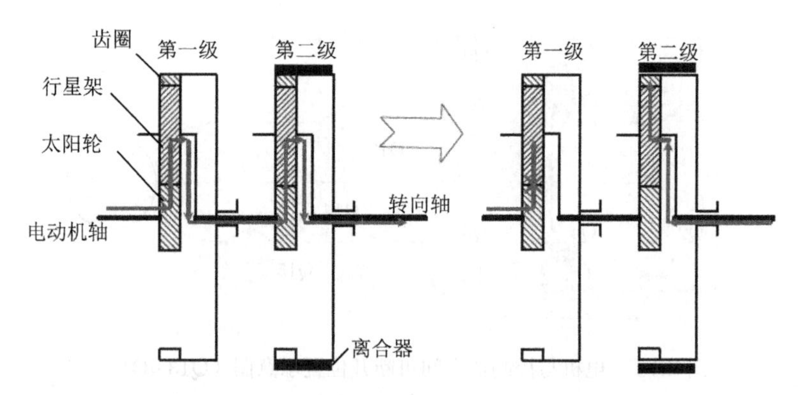

图 6.18　两级行星齿轮减速器中离合器功能示意图

大多数情况下，SM1 负责转向。仅当 SM1 出现故障或者当负载过大导致 SM1 不能提供足够转矩的情形下，SM2 才开始工作。因此，SM1 选择 PMSM 电机，而 SM2 选择无刷直流电机（Brushless Direct Current Motor，BLDCM）。

至于对齿条位移传感器的要求，系统中已经提供了足够的冗余度，包括图 6.12中所示的转角传感器 2 以及 PMSM 中的位置传感器。这样的话，当这几个传感器之一发生故障时，其余的传感器能够在 FTTI 之内接替原先传感器的工作。

10）软件方案设计

本小节主要介绍两点比较关键的内容：故障检测和分级以及控制器切换逻辑。

针对系统中可能发生的各种故障，本书将其分为 4 类：微小故障（Minor Fault）、轻微故障（Slight Fault）、严重故障（Severe Fault）和致命故障（Fatal Fault）。其中：

（1）微小故障是指不影响系统安全性的故障，例如路感反馈模块中的转矩传感器故障。

（2）轻微故障是指可以用解析冗余等方式消除的故障，例如转角传感器的故障。

（3）严重故障是指需要通过部件冗余来进行消除的故障，例如两个转向电机之一发生了故障。

（4）致命故障是指会导致整个系统失效的故障，例如两个转向电机同时发生故障。

据此，软件中也主要有三大类模块来处理这几种故障：

（1）对于轻微故障，通过解析冗余模块进行消除。

（2）对于严重故障，通过系统之间的切换保障系统的安全性。

（3）对于致命故障，通过主动转向或差动制动转向等后备策略保证系统和人员的安全。

通过交叉冗余的方法，控制器的设计旨在使其做到单点故障、两点故障乃至多点故障的容错能力。同时，鉴于使用中以 SC1 工作为主，可能的控制逻辑描述如下。

正常情况下：SC1 通过 SC1-HB1 和 SC1-T1 控制 SM1；通过硬件上的同步机制，SC2 通过 SC2-HB2 和 SC2-T2 控制 SM2 与 SM1 进行同步工作。

单点故障情况下：

（1）SC1-HB1 或 SC1 电机驱动芯片 1 有故障：SC2 通过 SC2-HB1 和 SC2-T1 控制 SM1。

（2）SC2-HB2 或 SC2 电机驱动芯片 2 有故障：SC1 通过 SC1-HB2 和 SC1-T2 控制 SM2。

（3）SC1 主 MCU 有故障或 SC1 电源芯片故障：SC2 通过 SC2-HB1 和 SC2-T1 控制 SM1&&SC2 通过 SC2-HB2 和 SC2-T2 控制 SM2。

（4）SC2 主 MCU 有故障或 SC2 电源芯片故障：SC1 通过 SC1-HB1 和 SC1-T1 控制 SM1&&SC1 通过 SC1-HB2 和 SC1-T2 控制 SM2。

两点故障情况下：

（1）SC1-HB1 或 SC1 电机驱动芯片 1 有故障 &&SC2-HB2 或 SC2 电机驱动芯片 2 有故障：SC2 通过 SC2-HB1 和 SC2-T1 控制 SM1&&SC1 通过 SC1-HB2 和 SC1-T2 控制 SM2。

（2）SC1-HB1 或 SC1 电机驱动芯片 1 有故障 &&SC2-HB1 或 SC2 电机驱动芯片 1 有故障：SC2 通过 SC2-HB2 和 SC2-T2 控制 SM2||SC1 通过 SC1-HB2 和 SC1-T2 控制 SM2。

（3）SC1-HB2 或电机驱动芯片 2 有故障 &&SC2-HB2 或电机驱动芯片 2 有故障：SC1 通过 SC1-HB1 和 SC1-T1 控制 SM1||SC2 通过 SC2-HB1 和 SC2-T1 控制 SM1。

三点故障下：

（1）SC1-HB1 或 SC1 电机驱动芯片 1 有故障 &&SC2-HB1 或 SC2 电机驱动芯片 1 有故障 &&SC2-HB2 或 SC2 电机驱动芯片 2 有故障：SC1 通过 SC1-HB2 和 SC1-T2 控制 SM2。

（2）SC1-HB1 或电机驱动芯片 1 有故障 &&SC1-HB2 或电机驱动芯片 2 有故障 &&SC2-HB2 或电机驱动芯片 2 有故障：SC2 通过 SC2-HB1 和 SC2-T1 控制 SM1。

上述描述中，&& 和 || 为逻辑运算符，分别表示“与”和“或”。

4. 线控转向系统基本控制逻辑

1）路感模拟逻辑

路感指汽车行驶中驾驶员通过转向盘得到的转向阻力矩，该阻力矩主要包含两部分：回正力矩和摩擦力矩。其中，回正力矩是保持车辆正常行驶的力矩，该数值的确定是汽车设计中的一个难题，通常由经验、半经验、统计或试验的方法获得。回正力矩与前轮的受力状态存在直接关系，而前轮受力又和汽车状态、路面情况直接相关，因此，通常把总的回正力矩除以总的力传动比看成是路感。除回正力矩以外，驾驶员还要求能够感受到转向过程中的阻力矩。理论上讲，摩擦阻力矩越小，获得的路感会越清晰。但是，摩擦阻力矩过小，可能会导致系统的逆效率过高，当汽车行驶在颠簸的路面上时就可能会造成冲击，导致驾驶手感变差。因此，设计转向系统时通常会保留一部分阻力，减少路面冲击对驾驶员的影响。路感理论上可以采用在齿轮齿条上安装传感器的方法直接测量获得，但是，这种方法不但安装不太方便、成本比较高，而且采到的数据噪声较多，需要经过滤波才能使用，因此很少采用。

基于函数估计的方法通常是将路感设计为一些车辆行驶参数的函数关系式，在不同条件下为驾驶员提供不同的路感，简单高效，但是自适应性和精度较差。不同的研究人员，考虑到力矩产生的因素不同，提出的表达式也不尽相同。一种常见的研究方法是将路感分为主反馈力矩、摩擦力矩、阻尼力矩、惯性力矩和回正力矩几个部分，每个部分用一个特定函数进行经验拟合计算，各部分汇总后综合得到模拟路感，如图 6.19所示。

比较简单的是通过实车进行反馈电流曲线的标定，标定曲线如图 6.20所示。在不同车速下分别标定一组曲线，可以在不同车速下向驾驶员反馈适当的路感，可据实际需求增加标定点，或者采用模糊控制等方法来加强其适应性。

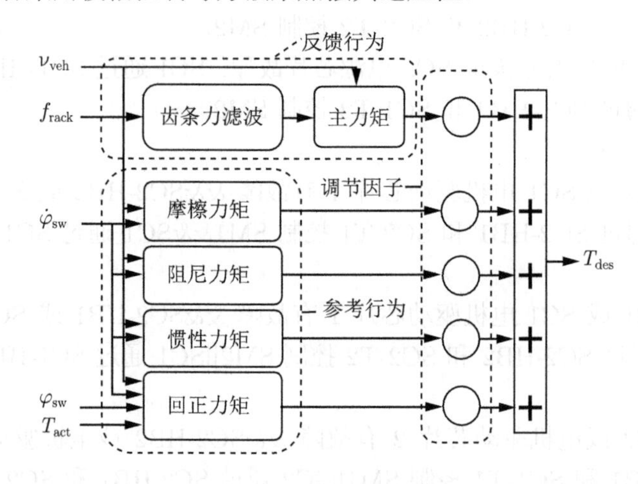

图 6.19 常见路感估计框架

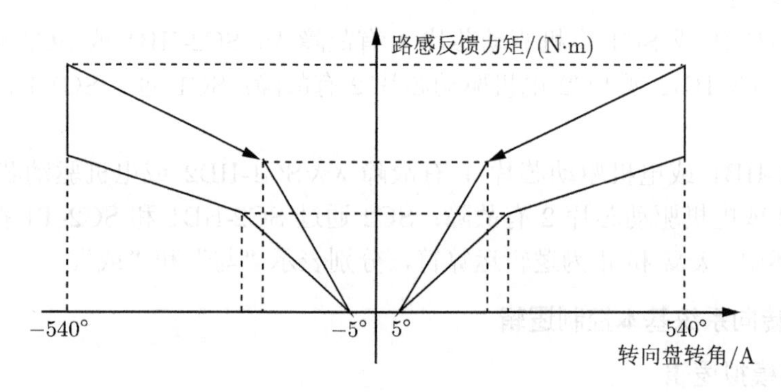

图 6.20 路感反馈标定曲线

基于动力学模型的方法通过参考传统车辆路感产生的动力学原理建立相关的动力学模型，根据车辆的动态响应、驾驶员的转向盘输入等计算与路感相关的轮胎力、摩擦力矩等，最终计算出路感。Segel 最早建立了简单的转向系统模型，而后，美国爱荷华大学学者在此基础上还考虑了转向拉杆、转向盘等部件的运动影响，将其进行优化 [34]。Lozia 等建立了更加细致的转向系物理模型 [35]，此外还通过非线性函数建立了转向系统的摩擦和间隙模型。转向阻力矩主要来源是轮胎与地面的接触，因此轮胎模型的准确性对转向系统来说至关重要。传统的轮胎模型分为三大类。理论模型包括 Fiala 模型、HSRI 模型、UA 模型等。经验模型如魔术公式，它通过三角函数对轮胎力学特性进行描述。半经验模型中较典型的是 Uni-Tire 模型 [36]。有限元轮胎模型能够进行车辆多方面的详尽分析，但不适合应用于路感模拟这种要求快速响应的场合。动力学计算方法设计的路感与传统车辆更加接近，适应性较强，但存在着车轮定位参数难以获得的问题，需要通过各种算法来克服。

SBW 中路面阻力不能传递给驾驶员，靠路感电机模拟产生转向阻力，而这个特点也为路感设计创造了灵活的方式。比如可以在汽车上设置几挡不同大小的路感，来满足各种驾驶人群的偏好。让转向盘感觉舒适的同时也能反映路面情况是 SBW 系统的研究热点。Kirli 等对于不同质量的车型分别设计了典型工况下的最优路感，对于车辆不同行驶状态和驾驶员需求进行匹配 [37]。

下面介绍一种函数拟合路感的具体实现，该方法将车辆行驶分为低速、高速状态，分别拟合后再进行归一化处理，再添加回正、阻尼、限位等辅助措施，从而得到完整的路感。

（1）低速段

图 6.21中蓝色曲线为汽车试验测得转向盘力矩随转向盘转角变化的图像。同时做出了 1~3 三条模拟路感曲线。当转向盘转角很小时，为了模拟真实情况，并且方便驾驶员找到转向盘中心位置，可以设计一段空行程，直接用机械部件的摩擦、惯量和阻尼产生的力作为路感，如图 6.21 中零位的水平段所示。观察三条模拟曲线，曲线 1 在转向盘转角很大时会导致转向沉重，曲线 3 在转向盘转角很大时产生下降趋势，可能会使驾驶员误判。故采用曲线 2 的形式，在中心区附近采用较大的斜率，来获得一定的路感力矩，在转向盘转角进一步增大时减小路感力矩的增长斜率，直到成为一条水平直线，这样就能够减轻转向盘转角很大时的驾驶员操纵负荷。

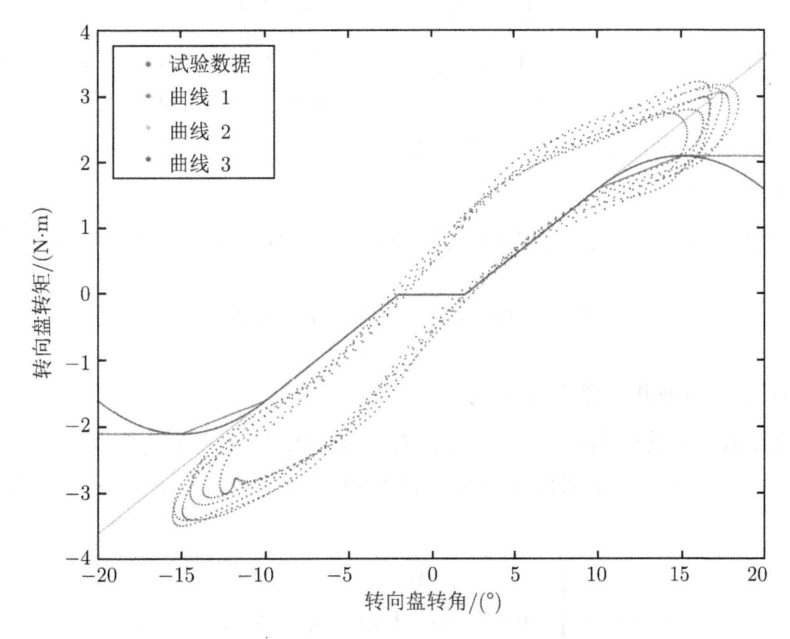

图 6.21　路感拟合函数图像（见文前彩插）

据此，图中曲线 2 的函数式可以表示为

$$T_{\mathrm{swl}}=\begin{cases}0 & 0\leqslant\delta\leqslant\delta_a\\ k_{ab}\delta+b_1 & \delta_a<\delta\leqslant\delta_b\\ k_{bc}\delta+b_2 & \delta_b<\delta\leqslant\delta_c\\ T_{sw1} & \delta\geqslant\delta_c\end{cases}\tag{6-1}$$

式中，T_{swl} 为计算出的低速段模拟路感；δ 为转向盘输入转角；δ_a 和 δ_b 为折线的两个分段点；k_{ab},k_{bc},b_1,b_2 是两段折线的斜率和偏置量。通过调整这些参数，让低速段路感平滑且舒适，符合驾驶员的要求。

（2）高速段

高速段一般指车速大于 80km/h 的行驶工况。在高速状态下，如果猛打转向盘或者转向盘转角输入过大时，汽车的侧向加速度会非常大，可能导致侧滑甚至是侧翻，非常危险。驾驶员在正常驾驶中会控制转向盘在关于零点对称的一个范围内，该转动范围称为“中心转向区”。高速行驶时，汽车回正力矩比较小，传统车辆上一般对这种工况的力矩进行补偿来保证一定的路感，因为“中心转向区”是车辆正常操控区间，高速情况下如果路感不明显，会阻碍驾驶员对车辆行驶状态的判断，即驾驶员所说的“发飘”情况。根据驾驶员感到舒适的“中心区域”路感来调整参数。汽车速度大于 80km/h 时，驾驶员更需要感知车身转向动作的倾向和轮胎侧向力，所以这一部分路感设计为汽车侧向加速度的函数。同低速情况一样，采用折线函数来模拟路感。

折线函数式可以表示为

$$T_{\text{swh}}=\begin{cases}0, & 0\leqslant a_y\leqslant a_{yd}\\ k_{\text{de}}a_y+b_3, & a_{yd}<a_y\leqslant a_{ye}\\ k_{\text{ef}}a_y+b_4, & a_{ye}<a_{\text{y}}\leqslant a_{yf}\\ T_{\text{sw2}}, & a_y\geqslant a_{yf}\end{cases} \tag{6-2}$$

式中，T_{swh} 为计算出的高速段模拟路感；a_{y} 为车身侧向加速度；a_{yd} 和 a_{ye} 为折线的两个分段点；k_{de}、k_{ef}、b_3、b_4 是两段折线的斜率和偏置。适当设置这些值，保证高速状态下路感清晰平顺，能够反映出车辆的运动状态。

3）按车速综合

以速度为输入量，对高速路感和低速路感进行加权，即可得到整体的融合路感。

$$T_{\text{sw}}=K(v)T_{\text{swl}}+(1-K(v))T_{\text{swh}} \tag{6-3}$$

式中，$K(v)$ 是与车速相关的权重系数。

加权函数 $K(v)$ 设计为：速度较低时 T_{swl} 是主要部分，车速较高时 T_{swh} 是主要影响部分。文献 [37] 中 $K(v)$ 采用了分段三次函数，通过参数匹配满足了路感的平滑、连续变化。

$$K(v)=\begin{cases}1, & 0\leqslant v<v_0\\ mv^3+nv^2+pv+q, & v_0\leqslant v<v_1\\ 0, & v\geqslant v_1\end{cases} \tag{6-4}$$

式中，v_0 和 v_1 分别是低速和高速的分段点；m，n，p 和 q 按如下公式设计。

函数连续、一阶导数连续，要求：

$$\begin{cases}k\left(v_0^-\right)=k\left(v_0^+\right)\\ k\left(v_1^-\right)=k\left(v_1^+\right)\\ \left.\dfrac{\partial T_{\text{SW}}}{\partial v}\right|_{\nu=v_0^-}=\left.\dfrac{\partial T_{\text{SW}}}{\partial v}\right|_{v=v_0^+}\\ \left.\dfrac{\partial T_{\text{SW}}}{\partial v}\right|_{\nu=v_1^-}=\left.\dfrac{\partial T_{\text{SW}}}{\partial v}\right|_{V=v_1^+}\end{cases} \tag{6-5}$$

式中，v_0^- 和 v_0^+ 分别为左断点和右断点。

于是可以解算出 m,n,p,q 的值：

$$
\begin{cases}
m = \dfrac{2}{\left(v_1 - v_0\right)^3} \\
n = \dfrac{-3\left(v_0 + v_1\right)}{\left(v_1 - v_0\right)^3} \\
p = \dfrac{6v_0v_1}{\left(v_1 - v_0\right)^3} \\
q = \dfrac{v_1^3 - 3v_0v_1^2}{\left(v_1 - v_0\right)^3}
\end{cases}
\tag{6-6}
$$

图 6.22是函数拟合方法与传统 EPS 车辆转向盘力矩测试数据的对比图。

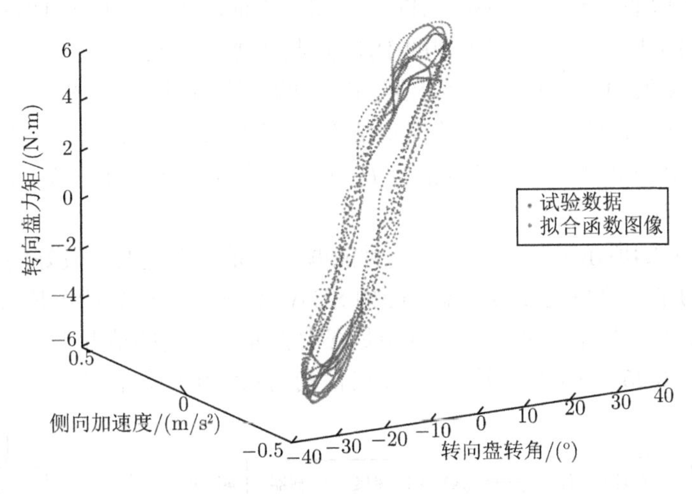

图 6.22 函数拟合路感曲线

在函数拟合法中，最终的目标是实现一种让驾驶员感觉舒适的路感，而不是完全模拟有机械连接的车辆转向路感，所以在低速和高速情况下只考虑了较少的因素，可以看出与实际车辆还是有一定差别的，这种方法可以根据驾驶员的手感进行灵活调整，但同时也是它的缺点，适应性差，缺乏严谨的评价指标，不同人的主观评价也有一定的差异。

2）转向执行逻辑

SBW 通过电子信号指令控制转向电机动作，故转角传动比是灵活可调的。当然最简单的方式就是按照有机械连接的情况设置固定传动比，不过目前也有一些设置方法使得驾驶稳定性和舒适性得以提升。根据不同行车状态适当调整转向执行算法，能够提高车辆的操纵稳定性。一般的设计原则是在低速时减小转向传动比，提高转向灵敏性；高速时增大转向传动比，保证转向平稳性。不同的方案可以通过驾驶模拟器仿真或者实车驾驶感受来评估。由于驾驶员模型难以精确建立，并且不同驾驶员之间的操控习惯千差万别，故融合多种传感器信息对控制指令进行估计是目前最可行的方案。如 Azzalini 等融合车速、转向盘转角和横摆角速度等车辆行驶信息，引入模糊控制和神经网络等智能控制方法设计转向变传动比，具有较好的适应性和鲁棒性 [40]。

当转向目标确定后，转向执行简化为一个位置跟随控制问题，其基本结构如图 6.23所示。在车辆行驶过程中，转向系统的动力学参数可能发生变化，路面阻力也是一个难以确定的外部干扰，这些因素使得被控对象具有一定的时变和非线性特征，需要控制方法具有一定的鲁棒性。文献 [41] 中提出了一种针对系统不确定性的鲁棒控制方法，在试验中取得了较好的效果。

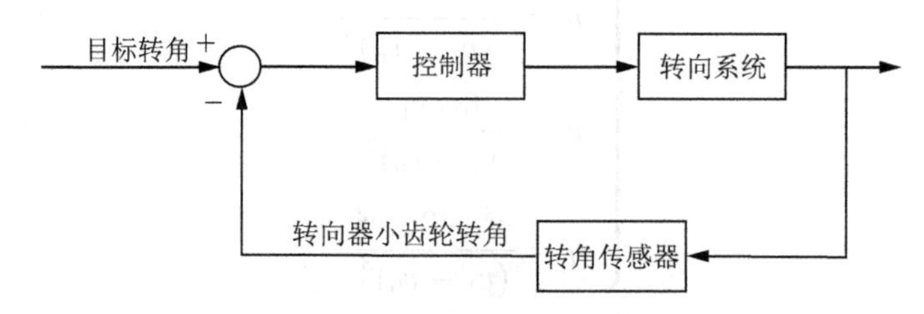

图 6.23　转向控制基本框图

实际中，常用的控制方法还是 PID 控制器，下面给出一种基于 PID 控制器的转向控制仿真及试验结果，并对不同类型的 PID 控制器进行对比分析。

如 Ellis 在文献 [42] 中所述，应用最为广泛的位置伺服控制结构大致可以分为两类：一类是将速度环作为位置环的内环的控制结构，如图 6.24所示；另一类是仅采用速度环的控制结构，如图 6.25所示。图中 P_d 和 P_a 分别代表期望和实际位置，V_d 和 V_a 分别代表期望和实际速度。

理论上，图 6.24所示的控制结构是一种能够保证系统性能的比较好的做法。然而，由于有些实际中的系统缺少速度传感器（比如 SBW 系统），速度只能由位置传感器估算得到，这在有些情况下是不太准确的，特别是在存在噪声干扰的情况下。因此，很自然的想法是采取如图 6.25所示的控制结构，即仅仅利用系统中的位置传感器来构造传感器。

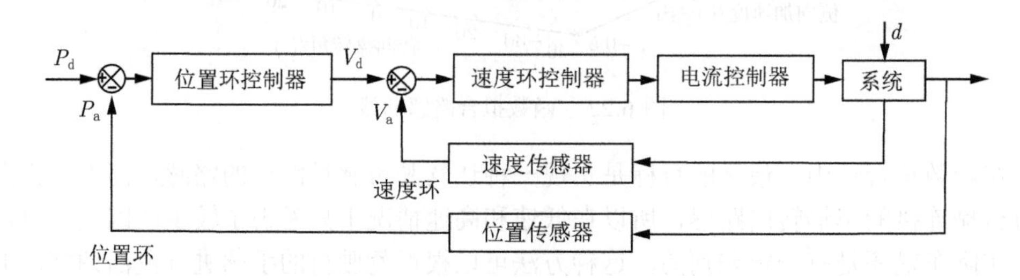

图 6.24　带有速度环内环的控制结构

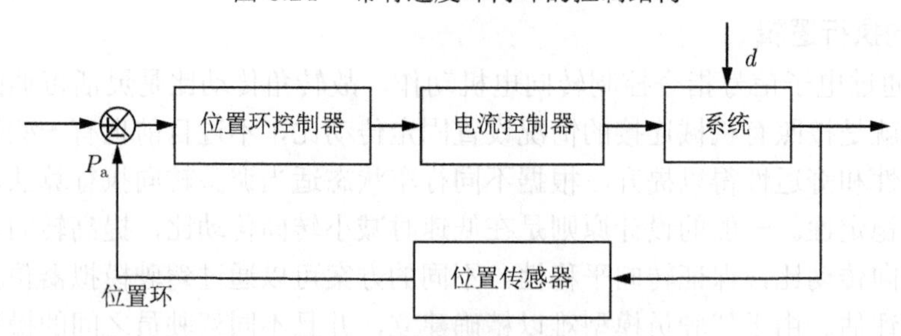

图 6.25　单位置环的控制结构

此外，在图 6.24和图 6.25所示的两种控制结构中，电流控制回路都被默认为控制系统的一部分。但是，实际中也不一定能够做到。而且，电流控制环路如何影响系统性能，这种影响又有多大，也未进行足够的分析。因此，这里根据控制结构中有无电流控制回路，针对 SBW 系统轨迹跟踪控制问题定义了两种控制回路：Ⅰ型控制回路和 Ⅱ 型控制回路。其中，Ⅰ型控制回路指无电流环作为内环的控制结构，而 Ⅱ 型控制回路指具有电流环作为内环控制回路的控制结构，其对应的控制器分别定义为 I 型控制器和 II 型控制器，如图 6.26和图 6.27 所示。

具体理论上的分析可以参考文献 [43]，这里主要给出仿真和实车试验的对比结果。进行的测试包括阶跃响应测试、斜坡响应测试以及与 CarSim 进行联合仿真的双移线（Double Lane Change，DLC）测试。在阶跃响应和斜坡响应中，系统等效负载设定为与电机电枢电流成正比。而在双移线测试中，系统负载直接来自于 CarSim 输出。

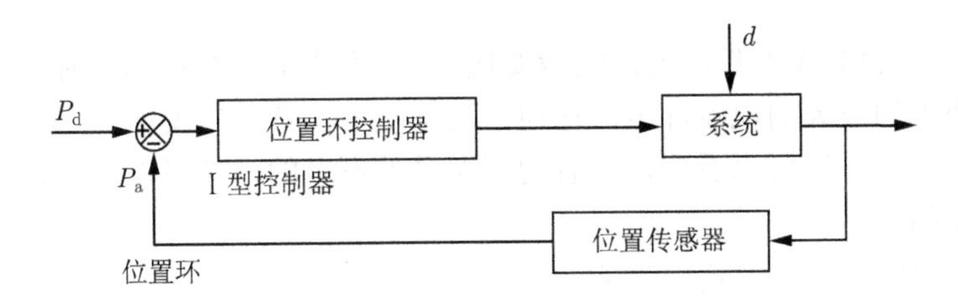

图 6.26　带有 I 型控制器的 I 型控制回路

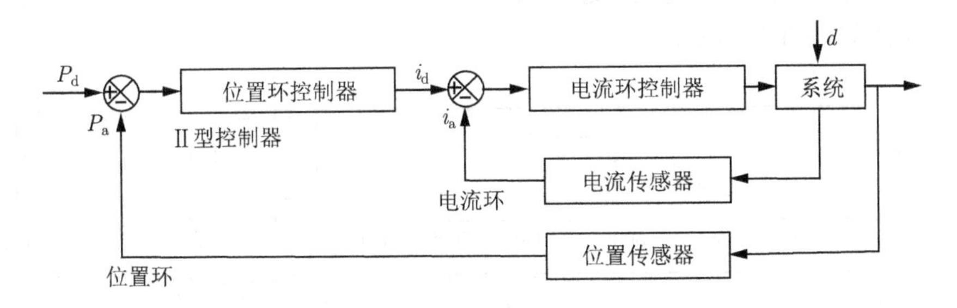

图 6.27　带有 II 型控制器的 II 型控制回路

（1）仿真测试——阶跃响应测试

在这项测试中，阶跃响应幅值设定为 30°，作为前轮转角的目标转角。控制目标是使得系统的超调、稳态误差和上升时间分别满足既定要求。测试结果如图 6.28所示，而系统超调量、稳态误差和上升时间则总结于表 6.5。

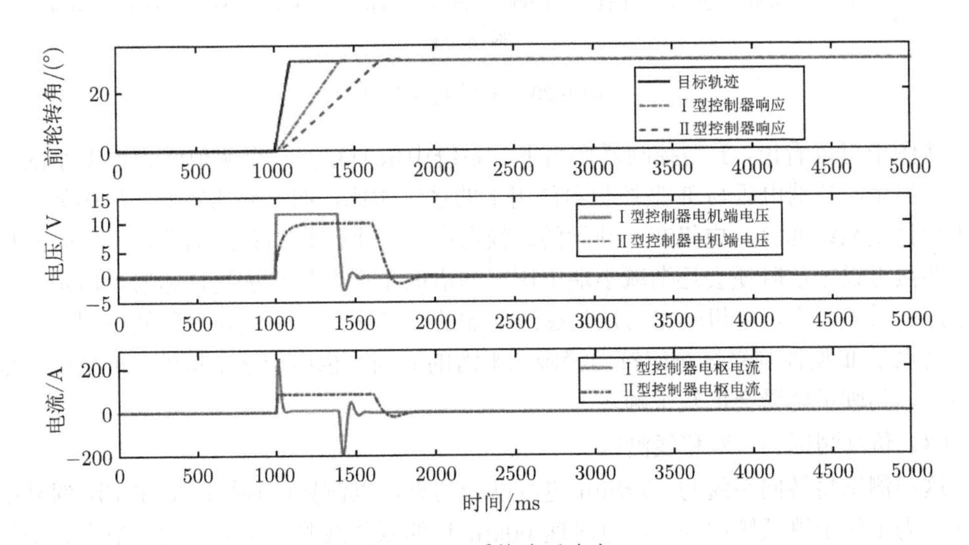

图 6.28　系统阶跃响应

表 6.5 系统阶跃响应统计数据

指标	I 型控制器	Ⅱ 型控制器
超调	1.18%	1.87%
稳态误差	0.0052°	0.00063°
上升时间	414.6ms	673.6ms
最大转向速度	72.36°/s	44.54°/s

从图中可以看出，I 型控制器的响应要快一点。但是，其在启动的时候会有一个可能对系统造成伤害的较大的电流冲击，这通常是系统中不希望出现的。这也是 I 型控制器的一个缺点。另外，也可以看到，二者的超调是差不多的，都可以保持在 2% 以内，稳态误差也基本相同。

（2）仿真测试——斜坡响应测试

这项测试中，斜坡信号以阶梯的形式给出，其中每个阶梯是一个梯度为 9°、斜率为 30°/s 的斜坡响应。目的是测试在连续斜坡响应下系统的性能，并比较两种控制器之间的区别，结果如图 6.29所示。

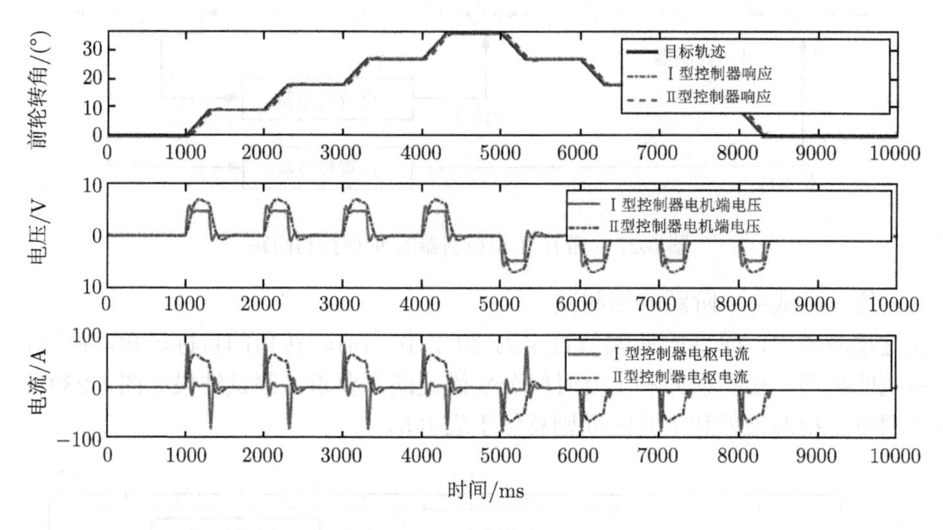

图 6.29 系统斜坡响应

从图中可以看出，I 型控制器作用下，系统中依旧存在一个幅值较之前要小的冲击电流。但是，其端电压与 Ⅱ 型控制器作用下的系统相比，明显要比较低。原因如下：对于 I 型控制系统而言，电机在一开始的时候会产生一个比较强劲的动力，一段时间后系统将要接近设定值时便会逐渐减小端电压，并借助于惯性最终达到目标值。但是，对于 Ⅱ 型控制系统而言，电机输出力矩是逐渐增加的，最终以一个较为平稳的值到达设定目标。这也是 Ⅱ 型控制系统响应较为缓慢和平滑的原因。也由于这个特性，Ⅱ 型控制系统作用下，驾驶员感受会比较平顺。

（3）仿真测试——双移线测试

这项测试将转向系统与 CarSim 进行联合仿真，以测试两种控制器在实际驾驶中的表现。为了便于测试转向性能，以时速 60km/h 的双移线测试工况为例。基本想法是用线控转向系统代替 CarSim 中的转向系统来进行转向，如图 6.30所示。

实际运行中，转向电机接收来自上层的指令——目标转角，转向系统则根据动力学方程计算出实际的前轮转角并作为 CarSim 模型的输入控制 CarSim 中小车进行转向。作为反馈信号，CarSim 模型计算出回正力矩并反馈给转向系统模型作为其负载力矩。这个过程反复进行，直到仿真时间结束。其仿真结果如图 6.31所示。

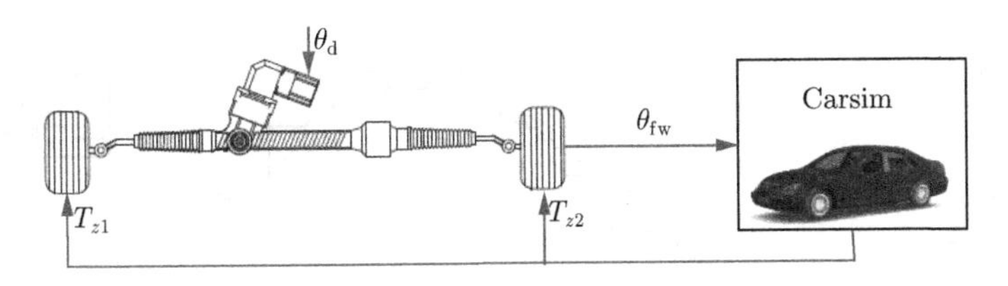

图 6.30 转向系统与 CarSim 联合仿真示意图

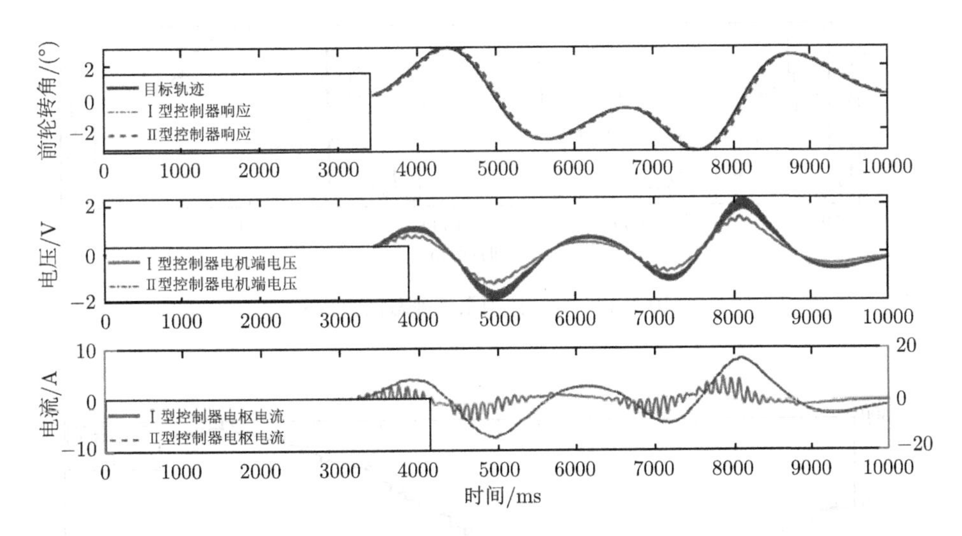

图 6.31 双移线响应

从图中可以看出，DLC 的测试结果与之前测试结果类似。但是，除此之外，系统中又出现了一些新的现象，即 I 型控制系统中电流的振荡，这可能是由系统响应速度过快导致的，这点可以从目标轨迹和系统实际响应之差看出，如图 6.32所示。从图中可以很明显地看到，图 6.31中电流的振荡和图 6.32中角度差的振荡是一一对应的，这可以在一定程度上解释该现象。

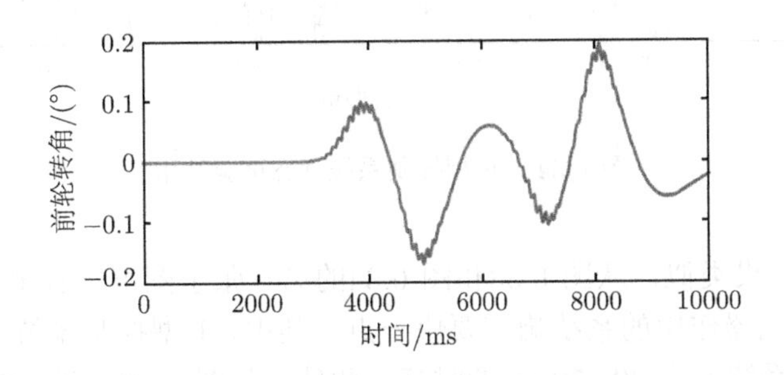

图 6.32 目标轨迹和系统实际响应之差

(4) 实车测试——静态测试

静态测试中，试验车停在铺有防静电涂层的厂房内。因此，其静摩擦比一般的柏油路要大。测试时，驾驶员来回转动转向盘，转向盘转角传感器采集到驾驶员所转过的角度，然后向转向电机发送转向指令。转向电机随后驱动转向器到达目标转角。之所以进行这项测试，是为了测试系统的原地转向能力。也可以说是测试系统在最大负载下的响应能力。测试结果如图 6.33和图 6.34所示，而统计数据总结于表 6.6。

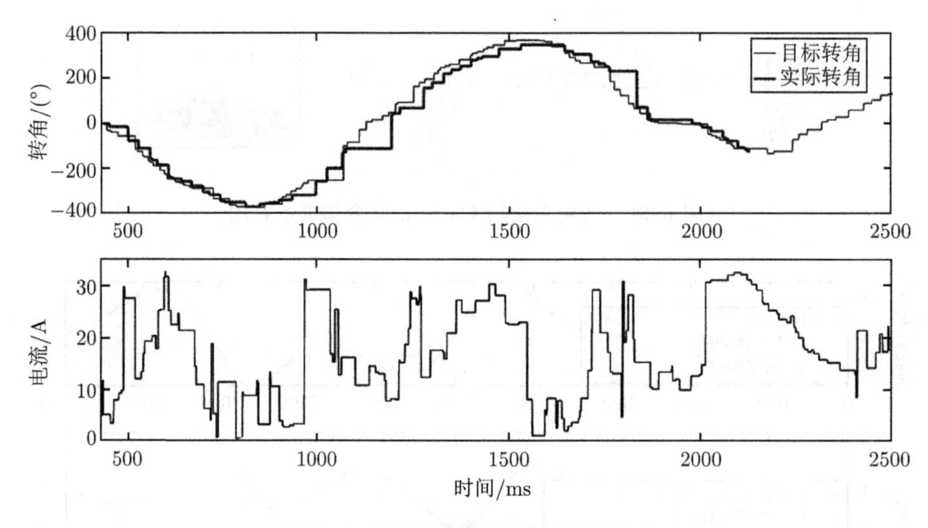

图 6.33 I 型控制系统静态试验结果

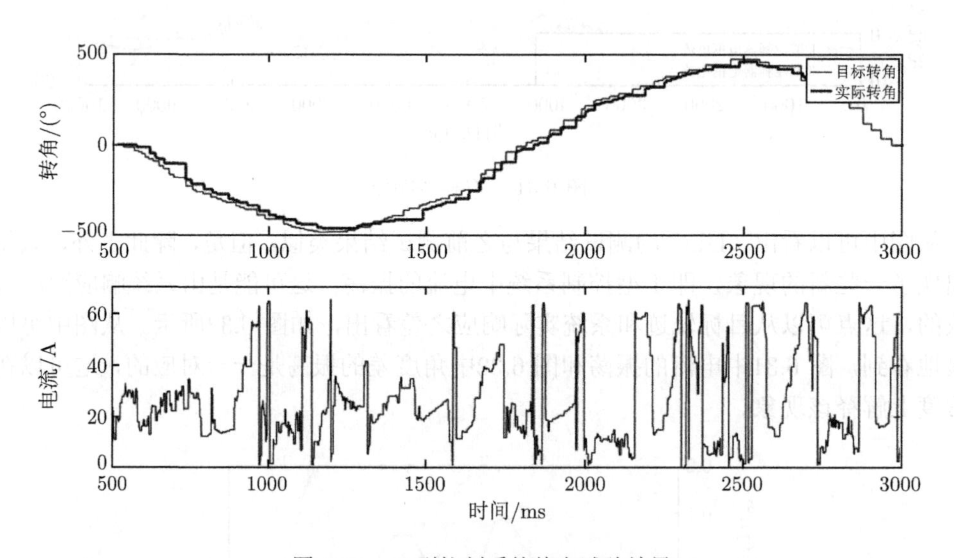

图 6.34 Ⅱ 型控制系统静态试验结果

与仿真试验结果类似，从图 6.33和图 6.34的第一张子图可以看出，I 型控制器作用的系统比 Ⅱ 型控制器作用的系统响应要快一点。其中，I 型控制系统时延要低于 30ms，远低于 Ⅱ 型控制系统平均 40~50ms 的时延。此外，从图 6.33和图 6.34的第二张子图可以看出，I 型控制系统的最大电流要高于 60A，远远高于 Ⅱ 型控制系统的电流。这种情况下，I 型控制系统将会大量发热。一方面，这对于控制器非常不利；另一方面，也会浪费掉很多能量。二者都是希望在系统实际运行的过程中尽量避免的。

表 6.6 静态试验统计数据

指标	Ⅰ型控制器	Ⅱ型控制器
最大时延	73ms	113ms
平均时延	20~30ms	40~50ms
最大电流	65.5A	32.86A
最小电流	24.15A	11.81A
平均转速	492°/s	292°/s

值得注意的是，在Ⅱ型控制系统中的零点附近存在几个大阶梯（图 6.34）。这是由于系统中空行程的存在，因此是合理的。而该现象在Ⅰ型控制系统中不是很明显，可以推断这得益于系统快速响应的特性，尤其是在误差比较大的时候，从而对系统的空行程进行了弥补。

（5）实车测试——动态测试

动态测试的测试路线如图 6.35所示。测试中，除了四个转弯外，驾驶员还需要在两个长直道上继续几次换道操作以测试系统的动态响应性能。测试结果如图 6.36 和图 6.37所示，而统计数据总结于表 6.6。

可以看出动态响应的时候，二者之间的区别不如静态响应的时候那么大。主要原因是动态试验的时候，轮胎的回正力矩要大大减小，因此更容易进行转向。此时，Ⅱ型控制系统的电流也在 60A 左右，主要原因之一是测试过程中较高的转向速度。从表 6.6 中看到Ⅱ型控制系统的转向速度可以达到 456°/s，要远远高于静态测试时的转向速度。此外，从图 6.36 和图 6.37 中也可以看到，Ⅰ型控制系统电流振荡更为频繁。这会给驾驶员造成一种车辆不稳的感觉，因此是系统实际运行过程中所不希望的，尤其是高速的情形下。

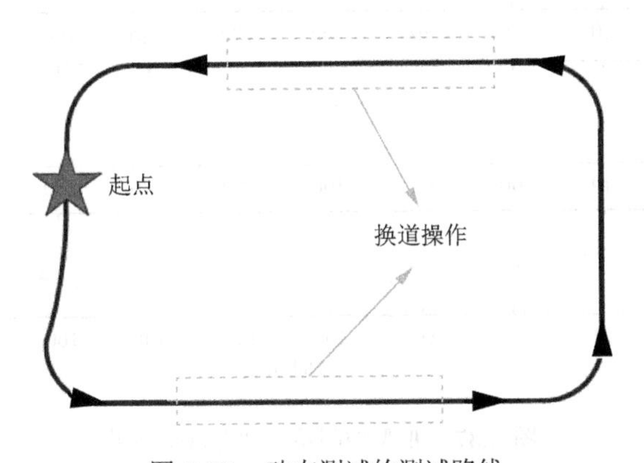

图 6.35 动态测试的测试路线

从图 6.36和图 6.37第二张子图中也可以看到，系统最大跟踪误差基本发生在换向的时候。同时，这也是系统最大时延发生的地方，分别是 53ms 和 78ms。究其原因，一是系统中空行程的影响，二是 CAN 延时的影响，而第一项原因可以说是主要的。尽管如此，系统的时延仍可以被限定在 100ms 以内，基本上是符合要求的。如果对机构加以改进，应该可以进一步提升系统性能。

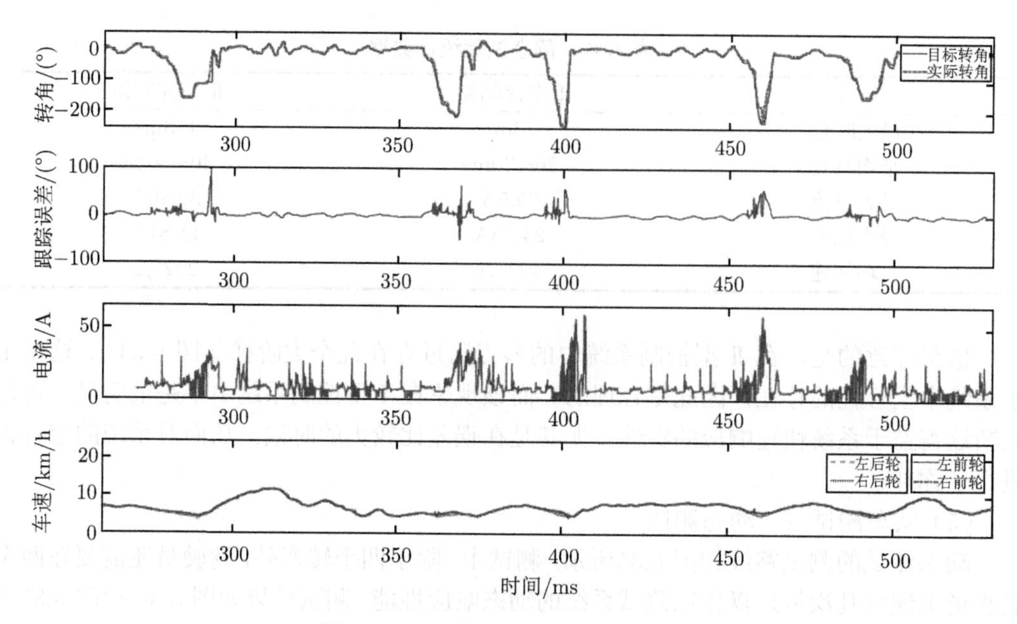

图 6.36 Ⅰ型控制系统动态试验结果

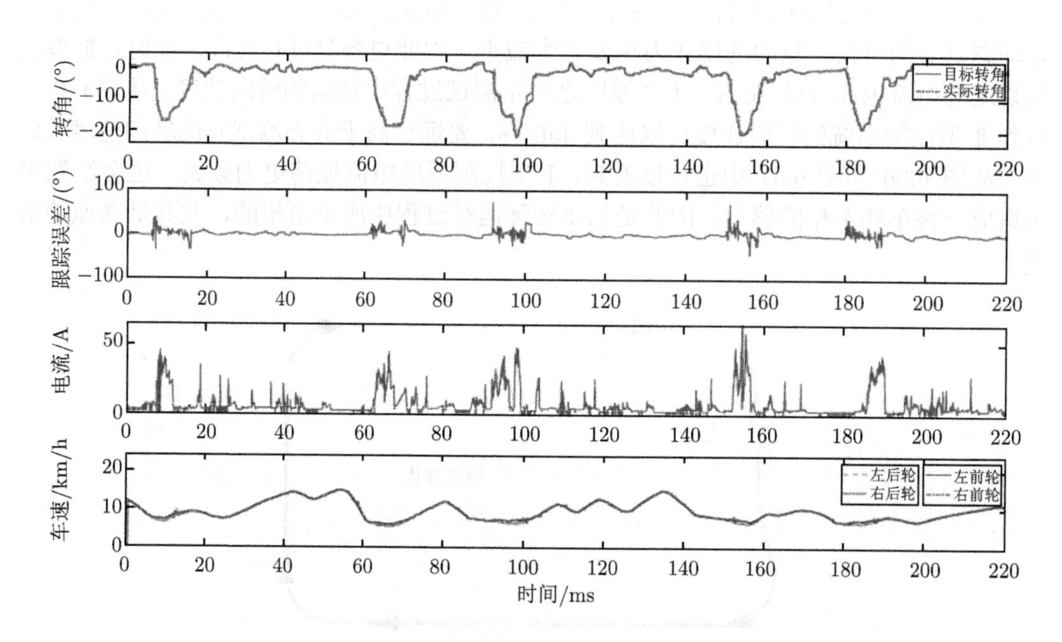

图 6.37 Ⅱ型控制系统动态试验结果

6.3.3 线控制动系统

线控制动系统指能够以电子形式控制制动力的制动系统，其面世的初衷是提供精准的制动执行部件和满足 ADAS 减速度控制的需求等。现有的线控制动系统多指基于传统制动系统发展而来的具有线控功能的电子制动系统，其满足机械制动（驾驶员操作）和电子制动的冗余，当电子部件失效时制动系统仍能以机械形式进行控制，其通常不满足自动驾驶对线控系统的安全冗余需求。

1. 液压线控制动系统

传统燃油汽车制动系统由制动踏板、真空助力器、制动主缸、制动油路、液压控制单元和制动轮缸组成，仅能够实现助力功能。新能源汽车由于用电机代替发动机，若仍希望通过真空助力器实现制动助力，必须加装真空泵，不仅增加了系统的冗余度和复杂度，还提高了整车制造成本。自 20 世纪 90 年代以来，线控系统开始从飞机向汽车应用延伸，线控制动系统按照执行机构和实现方式的不同主要分为两类：电子液压制动系统 (EHB) 和电子机械制动系统 (EMB)。本节主要介绍目前较成熟的电子液压制动系统方案及其制动能量回收策略，并对电子机械制动方案做简单介绍。

1）EHB

EHB 将传统制动系统中的部分机械部件用电子元件替代，仍保留了原有成熟可靠的液压制动系统，保证了制动系统的可靠性[44]；同时，EHB 系统仍可采用 12V 的车载电源，现有车辆的电路系统即可满足要求。此外，EHB 系统具有安全、舒适、响应快、易于实现再生制动、制动力可精确控制等优点，并且通过控制算法能够实现 ABS、TCS、ESC 等主动安全控制功能。

如图 6.38所示，电子液压制动系统共分成四大部分：制动踏板单元、液压驱动单元、制动执行单元、控制系统。制动踏板单元包括制动踏板、踏板模拟器等，负责为驾驶员提供合适的制动踏板感觉，同时获取驾驶员意图。

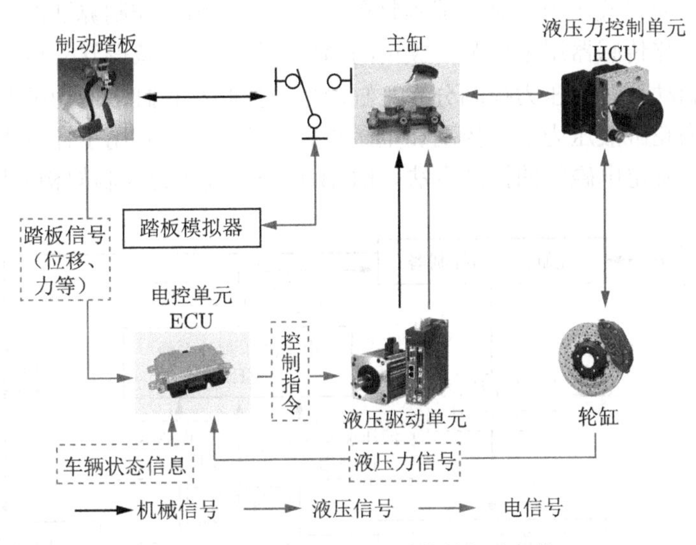

图 6.38 电子液压制动系统的组成架构

液压驱动单元包括“电机 + 减速机构”“液压泵 + 高压蓄能器”等形式。由于电动汽车制动主缸最高建压需求往往超过 15MPa，因此在采用电机作为液压压力动力源的电子液压制动系统中，均需要加装减速增矩机构，以增大电机的最大输出转矩，减小电机体积，节约成本。“电机 + 减速机构”负责将电机的力矩转化成直线运动机构上的推力从而推动主缸产生相应的液压力；“液压泵 + 高压蓄能器”通过高压蓄能器的高压能量来提供主缸液压力或轮缸制动力以实现主动调节。该系统通过制动踏板单元获取制动驾驶意图从而向整车控制器发送指令，以控制高压蓄能器、电磁阀和泵产生相应的液压力；当高压蓄能器内压力不足时，液压泵将对高压蓄能器增压。表 6.7所示为两种典型 EHB

系统：Continental 的 MKC1 系统属于“电机 + 减速机构”形式；Bosch HAS HEV 系统属于“液压泵 + 高压蓄能器”形式。

表 6.7 典型 EHB 系统的主要技术指标

	Continental MKC1	Bosch HAS HEV
液压驱动单元	电机 + 减速机	液压泵 + 高压蓄能器
传感器	2 转角传感器 1 位移传感器 4 液压力传感器	0 转角传感器 1 位移传感器 3 液压力传感器
电磁阀	14	4+12
主缸改动程度	低	高
ABS/ESC 功能	√	√
液压失效安全	√	√
机械失效安全	√	√

制动执行单元包括主缸、液压管路、轮缸等。这些机构跟传统制动系统的结构保持一致，将推动主缸的推力转化成制动器的液压力，最后通过摩擦力作用在制动盘上产生相应的制动力矩。控制系统包括电控单元 (ECU) 、液压力控制单元 (HCU)、液压力传感器、踏板力传感器以及踏板位移传感器等。HCU 用以精确调节轮缸液压力。液压力传感器作为反馈单元将液压力实时反馈到整车控制器里，用作控制算法的输入量。踏板力传感器和踏板位移传感器用来检测驾驶员的踏板信号，从而获得驾驶员意图。

电子液压制动系统液压力控制分为主缸液压力控制和轮缸液压力控制。轮缸液压力控制层面又分为轮缸液压力上层控制和电磁阀底层控制。前者用于计算出电磁阀的控制指令；后者用于确定电磁阀的控制方法。EHB 系统的液压力控制架构如图 6.39所示。

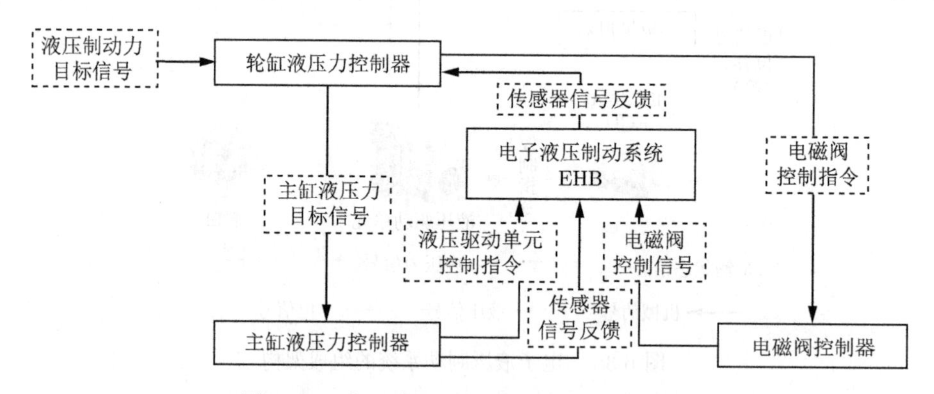

图 6.39 电子液压制动系统液压力控制架构

传统制动系统由于制动踏板与主缸活塞推杆之间的机械连接未解耦和真空助力器的非线性使主缸液压力难以精确控制。而且，在 ESC 中，电机液压泵的能力和 HCU 的限制对控制效果有很大影响，此时如果能够对主缸液压力精确控制，会较大改善控制效果和提高车辆稳定性。由此可见，传统制动系统不能满足要求，而 EHB 系统能够精确控制主缸液压力，即利用一定的控制算法计算出电机或电磁阀的控制指令，稳定、准确、快速地跟踪目标主缸液压力，从而满足制动系统的新要求。其中，液压驱动单元属于“电机 + 减速机构”形式的 EHB 系统对主缸液压力控制的过程实际上是对电机的控制过程，控制器输出为电机的命令电流或命令力矩；液压驱动单元属于“液压泵 + 高压蓄能器”形式的 EHB 系统对主缸液压力控制的过程是对电磁阀的控制过程，控制器输出为电磁阀的控制指令。现有的主缸液压力控制方案如表 6.8所示。

表 6.8　电子液压制动系统主缸液压力控制方案

液压驱动单元形式	控制变量	控制算法
电机 + 减速机构	主缸液压力	PID 控制 田口方法 + 分段 PID 控制 摩擦补偿 +PID 控制 摩擦补偿 + 自适应鲁棒控制 摩擦补偿 + 滑模变结构控制
	主缸活塞推杆位移	PID 控制 滑模变结构控制 基于液压模型的 MPC
	电机转动角度	反馈控制
	主缸液压力 + 主缸活塞推杆位移	切换控制 串级控制 串级抗回绕控制
	主缸液压力 + 电机电流	串级控制
液压泵 + 高压蓄能器	主缸液压力	开关控制 脉宽调制控制 PID 控制 滑模变结构控制

轮缸液压力控制的工作原理是接收由上层算法 (制动防抱死控制算法、车辆稳定性控制算法、电液复合制动分配算法等) 计算得到的轮缸目标压力，根据当前车轮所处的实际工作位置，结合电磁阀的工作特性以及包含制动管路和制动轮缸在内的 EHB 系统的压力特性，得到电磁阀的实际控制指令。同时不断监测当前轮缸实际压力和目标压力，以便及时调整电磁阀的控制指令和工作状态，使轮缸实际压力尽快地达到目标压力。

EHB 为整车控制提供了更迅速精确的执行器，但其对液压力控制的精度和控制算法的鲁棒性要求也进一步提高。与传统制动系统相比，EHB 系统中主动控制在制动工况中所占的比重越来越高。因此，液压力控制算法的优劣成为 EHB 系统能否实现精确快速液压力调节的关键，也是能否与整车良好匹配的关键。

2）ESC

ESC 是用于保证整车动力学稳定的关键配件，其工作过程可涉及车辆的制动、驱动和转向系统等，基本功能有 ABS、TCS 和 AYC 等。ESC 总成是以电控、信息交互、液压控制和执行为一体的集成式动力学控制单元，其具体结构如图 6.40所示。ESC 总成可以简单分成 ECU 和 HCU 两个部分。ECU 负责电控部分，包括微型计算单元、CAN 信号交互、驱动电路、线圈等；HCU 为液压系统执行机构，包括液压回路、液压元器件、电机等。两者协同工作，共同实现对车辆四个轮缸制动力的精确调控 [45]。

ESC 的基本工作原理可描述为以整车制动系统为平台，结合车身动态参数对四个制动轮缸压力进行精准调控，以实现整车制动安全等目标。也就是说，ESC 实时监测车辆行驶状态等信息，在必要时刻会由 ECU 部分发出指令，控制 HCU 中液压阀等执行元件产生动作，通过对液压回路中压力的合理分配实现对四轮制动力矩的动态调控，进而保证车辆行驶过程中纵向和横向的车身稳定性。

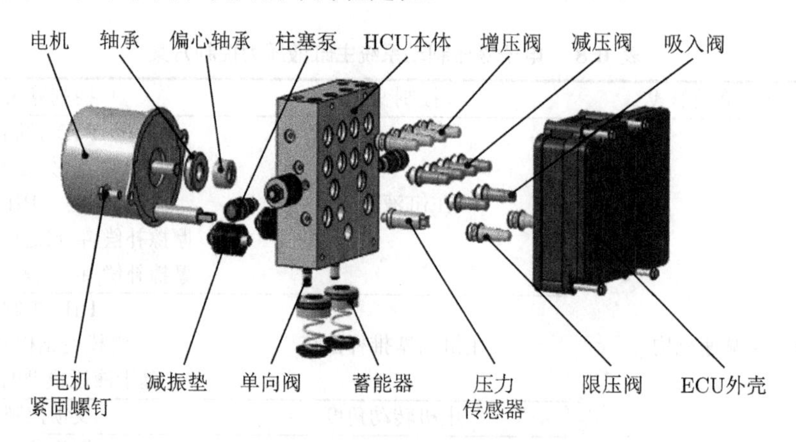

图 6.40 ESC 结构分解图

图 6.41是常见的搭载基础版 ESC 的整车制动系统的液压回路原理图，虚线内为 HCU 部分，ECU 部分未表示。共包括 12 个电液伺服阀和 1 个有刷电机，均可通过软件进行逻辑调控。液压回路通常呈“X”型布置，即左前轮与右后轮的制动轮缸组成回路一，右前轮与左后轮的制动轮缸为回路二，两条液压回路完全对称。当回路一（回路二）发生液压管路堵塞或者关键液压单元损坏时，回路二（回路一）进行制动时可以保证前后轴均存在制动力，从而保证车辆安全停车；如果是 H 型布置，即两前轮为一回路，两后轮为另一回路，当前轴回路发生故障时，此时只存在后轴制动力矩，在转向工况，后轴轮胎侧向力减小，前轴外侧轮对车身横摆力矩增大汽车转向角速度，车身容易发生难以控制的转向抖动，甚至导致行驶车辆甩尾。所以，HCU 的 X 型布置更有利于保证车辆的制动稳定性。

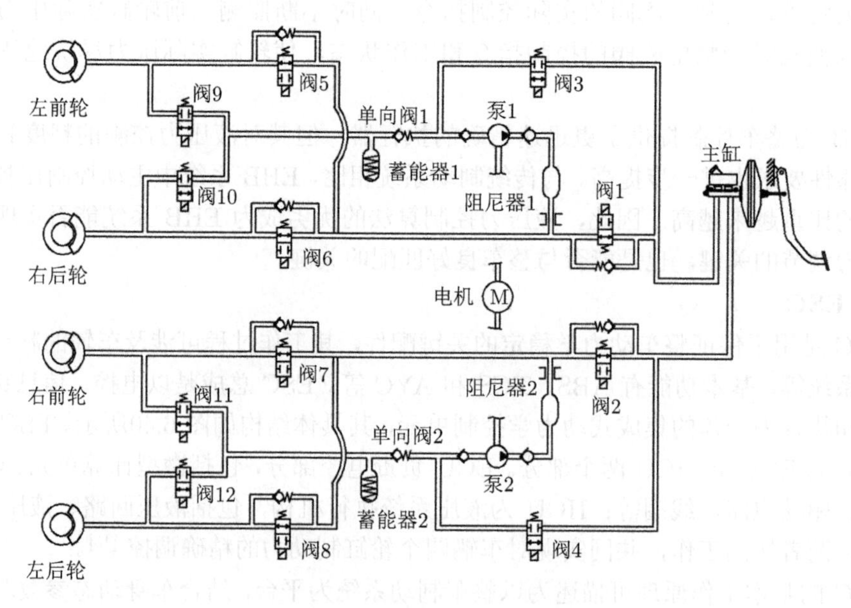

图 6.41 HCU 液压原理图

由于两条回路完全对称，所以下面仅对其中一条回路的工作过程进行介绍。单回路中有 3 个常开阀（限压阀 1，增压阀 5、6），3 个常闭阀（吸入阀 3，减压阀 9、10），1 个柱塞泵（泵 1），1 个单向阀（单向阀 1）和 1 个蓄能器（蓄能器 1）。

当驾驶员正常制动时，HCU 无动作。在踏板推杆的作用下，制动液由主缸经出油口达到限压阀 1 和吸入阀 3，由于吸入阀 3 是常闭阀，且限压阀 1 存在并联的单向阀，因此只要主缸出油口压力大于限压阀 1 左侧压力，制动液均会流过限压阀 1。所以限压阀通常用来调节从轮缸回流主缸的液量。由于增压阀 5、6 均为常开阀，所以制动液经限压阀 1 可直接通过增压阀 5、6，需要说明的是，由于增压阀并联了单向阀，增压阀与限压阀类似，只会保持单向压差，因此增压阀通常用来调节从主缸进入轮缸的液量。

正常制动时，制动压力不超过减压阀耐压极限，油液会直接进入制动轮缸；主动减压时，即 ABS 减压工况，轮缸压力大于等于主缸压力，但是轮缸又需要降低压力时。此时减压阀 9、10 通电打开，电机带动柱塞泵进行工作。在整条液压回路中，可以将泵 1 看作低压源，轮缸液量由轮缸流经减压阀 9、10，到达蓄能器 10。如果蓄能器液量没有充满，则液量进入蓄能器 10；如果蓄能器液量充满，液量流经单向阀 1、阻尼器 1，最终流经限压阀 1，流回主缸。整个动作最终目的是实现轮缸压力比主缸压力低。

制动保压时，制动主缸常常带有一定的制动压力，保压过程中，限压阀 1 通电关闭，吸入阀 3 断电关闭，制动主缸同 HCU 内部的液压管路被隔断，驾驶员踩出的制动压力无法进入 HCU 内部，同时轮缸左前轮压力由于限压阀处于关闭状态，同样也无法卸压，这样便实现了保压功能。

如图 6.42 所示，根据 ESC 的功能要求，其硬件电路主要包括信号处理模块、供电模块、驱动模块和通信模块等 [46]。主芯片用于信号处理计算与实时控制，外围辅助芯片用于信号检测、故障诊断和电源转换等，驱动模块主要用于带动电机和电磁阀实现指令动作。

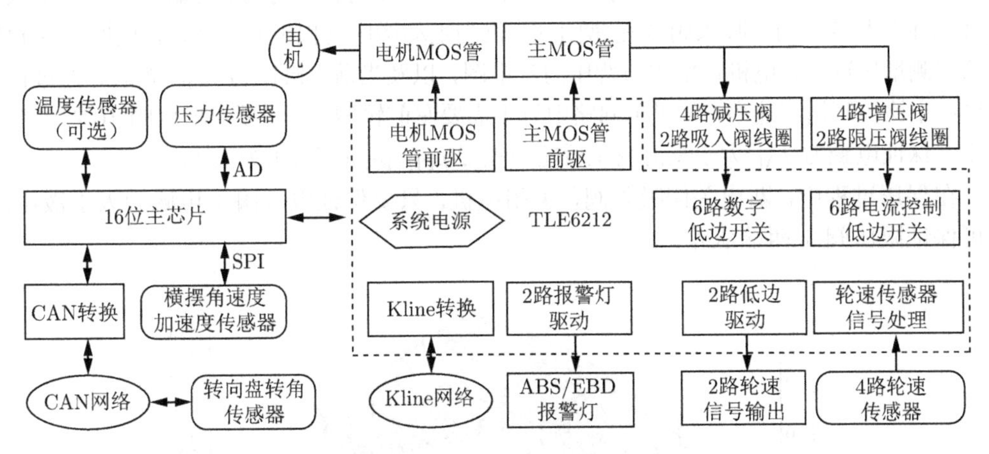

图 6.42　ESC 电子控制单元框图

主动增压工况，从本质上看是轮缸压力大于等于主缸压力情况下，对轮缸液量进行分配调控的过程 [45]。对于一次典型的主动增压过程，分为增压、保压、减压 3 段调控，如图 6.43所示。每个阶段有其具体调控参数和最终的效果指标，图中稳态目标压力是 p_{target}，稳态压力的精度范围在 $p_{\text{target}}^{-} \sim p_{\text{target}}^{+}$，目标压力梯度是 ∇p，压力梯度的控制精度在 $\nabla p^{-} \sim \nabla p^{+}$；以增压阶段为例，减压阶段同理，$t_1$ 是系统延迟时间，t_2 是上升时间，t_3 是调整时间。

主动增压控制工况初始条件为：所有阀均不通电，柱塞泵电机也不通电，主缸与轮缸之间处于压力稳态平衡，主缸压力 p_{MC} 轮缸压力 p_{WC} 相等。

采用 PWM 调制的主动增压思路是：

（1）电磁阀电磁力 F_{M} 与电磁阀电流 i_{c} 呈线性关系，电磁阀电流 i_{c} 与 PWM 占空比 D_{c} 呈线性关系，可推导出 $D_{\mathrm{c}} \propto F_{\mathrm{M}}$。当阀芯位置到达稳定时，电磁力 F_{M} 近似与液压力 F_{H} 相等。又有 $F_{\mathrm{M}} \propto \triangle p$。综上所述，可得出 $D_{\mathrm{c}} \propto \triangle p$，因此调节电磁阀占空比即可调节阀两端压差。

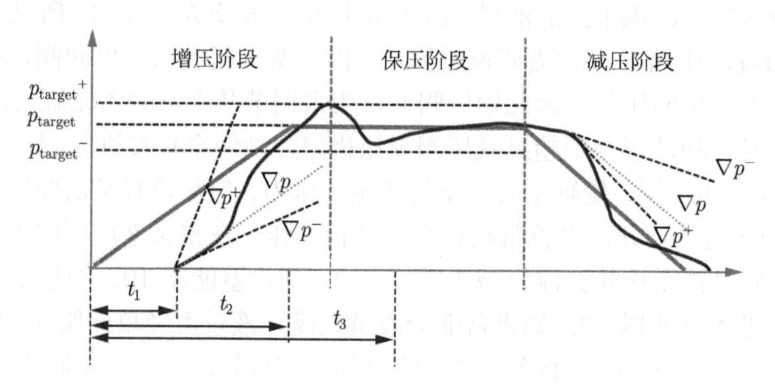

图 6.43 评估线控系统压力特性图

（2）柱塞泵泵油过程与其初始条件、进出油口压差 $\triangle p_{\mathrm{p}}$ 和电机转速 w_{p} 有关，因此可以认为在主动增压过程中，泵油过程只与初始背压 p_{MC} 和电机转速 w_{p} 有关。在主动增压过程中，增压过程只与背压 p_{MC} 和电机占空比 D_{c} 有关。

根据以上两条思路，当需要进行主动增压操作时，限压阀 1、2 通过 PWM 给定较大电磁力，保证足以维持电磁阀两端一较高压差，该过程可认为单侧两轮缸回路与主缸只通过吸入阀 3、4 与主缸联通。对于完全对称的单回路而言，左前轮缸与右后轮缸只通过一个吸入阀 3 与主缸相连，因为吸入阀 3 是常闭阀，仅当主动增压过程中通电打开，根据图 6.44所示的实测增压速率、电机占空比与背压的三维图，以及当前主缸压力 p_{MC} 查表，通过控制电机占空比控制增压速率。如果单回路中只于需要左前轮增压，只要对增压阀 10 给一定占空比，保证电磁力 F_{M} 大于左前轮左后轮压差 $\Delta p_{\mathrm{FL-RR}}$ 产生的液压力。

在保压过程中，断电关闭吸入阀，关闭电机，只要保证限压阀 1 电磁力大于液压力，即可保证限压阀 1 两端压差。

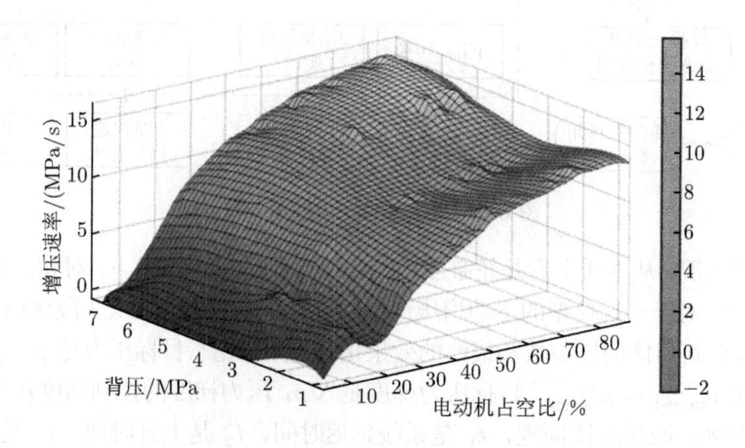

图 6.44 HCU 增压速率、电机占空比、背压的三维图

在主动增压的减压过程中，轮缸为高压源，主缸为低压源，吸入阀关闭。在单回路中，此时可以看作轮缸与主缸之间只通过限压阀 1 连接。通过调节电磁力和液压力来调节阀芯位置，因为主动制动过程中，可认为主缸压力为常量，限压阀两端压力差只与轮缸压力有关。因此可以通过调节电磁阀占空比和根据当前轮缸压力来调节减压速率，实际减压速率如图 6.45所示。

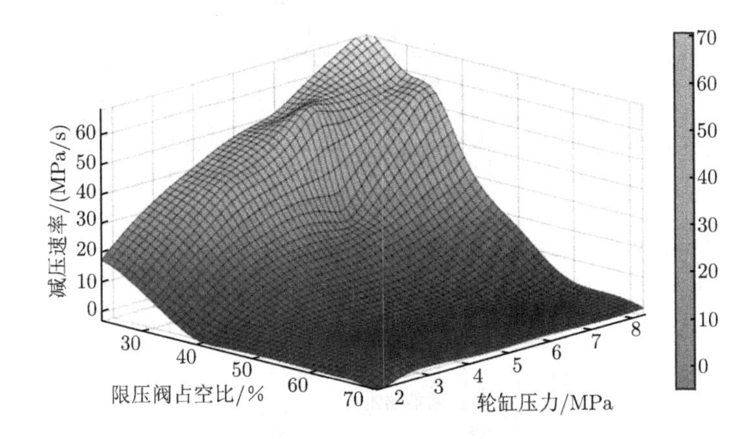

图 6.45 HCU 减压速率、电磁阀占空比、轮缸压力的三维图

根据以上的主动建压设计思路和主动建压过程分析，对整个线控制动的控制如图 6.46所示。

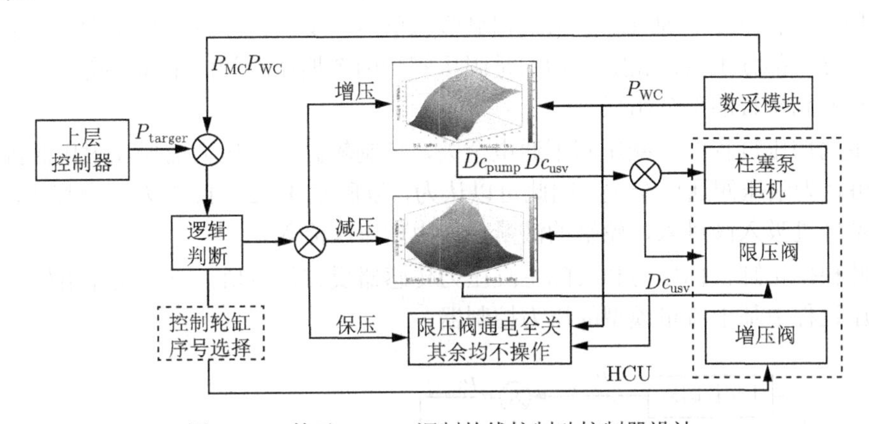

图 6.46 基于 PWM 调制的线控制动控制器设计

该控制器主要目的是对上层的目标压力进行响应。根据数据采集模块采集到的实际压力信号和目标压力值进行逻辑判断，包括判断应该处在压力控制的模式和应该控制的轮缸序号。根据轮缸控制序号选择增压阀控制，比如在左前右后回路中，如果要控制左前轮缸压力，则关闭右后轮的增压阀。根据压力应该增、保、减的压力控制模式，选择相对应的控制步骤。比如在增压和减压模式中，根据期望增减速率和背压查增减压速率三维图表，得到应该控制的柱塞泵电机和限压阀的动作参数，将控制参数输入到下层的 HCU 来进行动作。保压模式则比较简单，只需要对限压阀通电全关操作，保证轮缸与主缸液压压差力小于电磁阀电磁力即可。在该策略的主动建压过程中，由于需要实际压力反馈，除了集成在 HCU 中的主缸压力传感器之外，还需要轮缸外加压力传感器。因此该策略是采用压力闭环的主动建压过程。

由于 HCU 有两个完全对称的液压回路组成，以其中一个液压回路举例，基于流量模型来对主动增压过程进行分析。为了方便液流量的去向分析，将单个回路分为五个腔室，各部分如图 6.47所示。

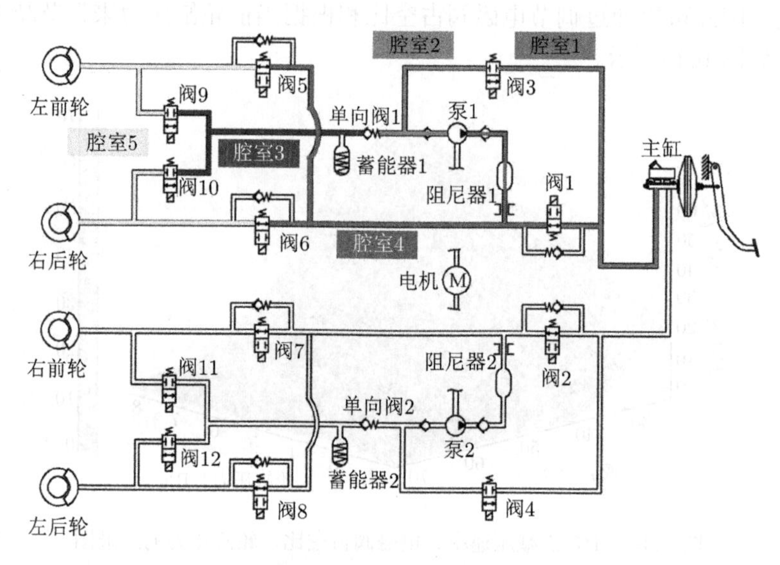

图 6.47　HCU 单回路腔室划分图

主动增压过程只涉及 V_1、V_2、V_3 和 V_4 四个腔室，未涉及的腔室 V_3 不作分析。如图 6.47所示，腔室 1 包括 HCU 吸油口到吸入阀这一支路；腔室 2 由单向阀、吸入阀和柱塞泵前这一部分组成；腔室 4 指的是限压阀到两个增压阀间的空间；腔室 5 由增压阀与减压阀间到轮缸的部分组成。

在主动增压过程中，减压阀不通电全关，控制轮缸目标压力需要在限压阀溢流压力之下，可认为限压阀通电全关。因此可以认为，以腔室 1、2、4、5 为一个整体，流入的液量全部经过吸入阀进入，轮缸的液量全部由增压阀流入。

因此根据轮缸目标压力和实际主缸压力传感器反馈信号值，可以设计出如图 6.48的主动增压过程中基于流量模型的压力控制器。

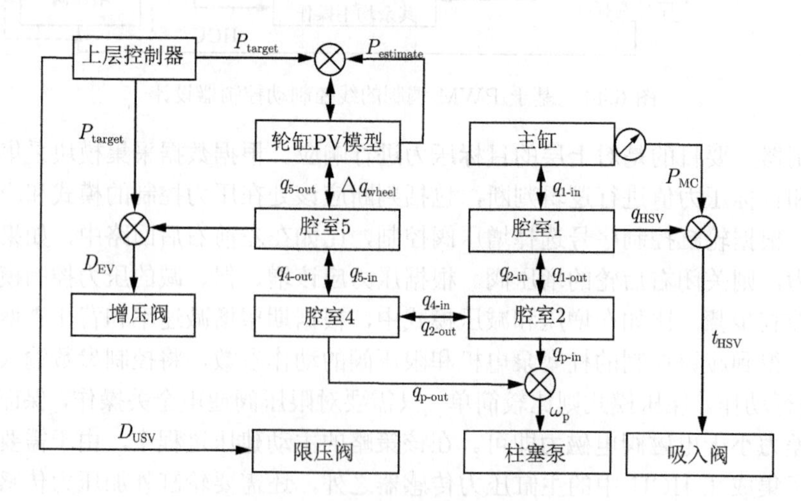

图 6.48　基于流量模型的压力控制器

根据图 6.48，系统输入量是目标压力 p_{target}，输出量是对 HCU 的电磁阀与电机的控制。状态量是各腔室间的液量变化值，在不考虑油液泄漏的情况下，各腔室间的油液交互质量守恒，根据伯努利方程液量与压力之间进行换算。

对限压阀和增压阀进行 PWM 调制，输出量分别为 D_{USV} 和 D_{EV}。根据图 6.49可知，限压阀/增压阀的溢流压力与占空比严格对应，因此通过控制限压阀/增压阀可以控制电磁力达到控制阀两端压差的目的。

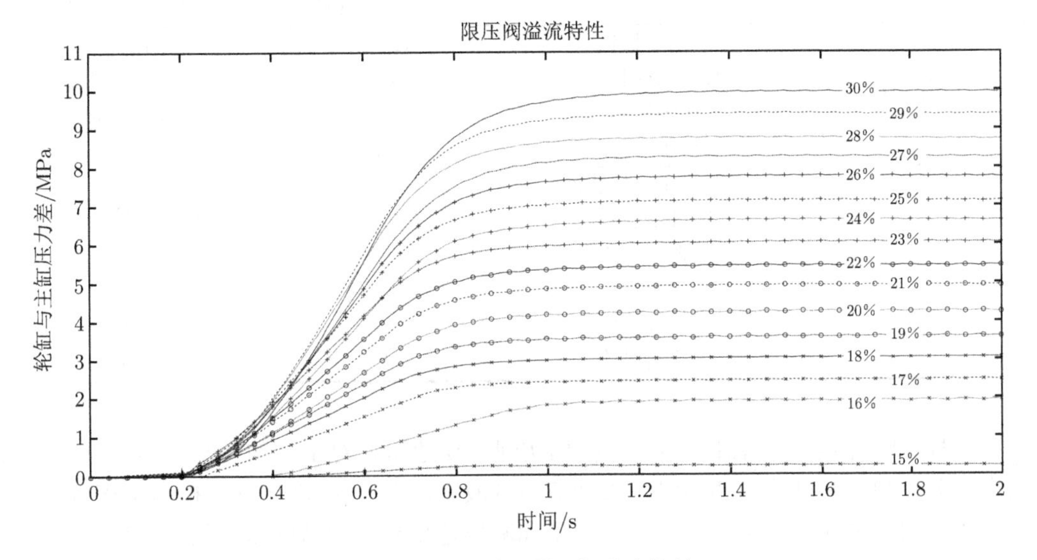

图 6.49 限压阀/增压阀溢流特性

对吸入阀控制通断时间 t_{HSV}。根据期望泵液量 $q_{\text{p-out}}$ 和柱塞泵背压 $p_{\text{p-in}}$，可以查表得出柱塞泵的电机控制转速 w_{p}。

柱塞泵电机调速原理如图 6.50所示，电机控制在开关为关闭区间内 T_{OFF} 对反电动势进行监测，因为反电动势与电机转速成正比，根据反电动势可以监测转速。如果转速低于期望值，则延长 T_{ON} 的时间，反之缩短 T_{ON} 的时间（实质上也是进行脉宽调制）。最终可以保持电机转速在目标转速误差允许区间内进行控制。

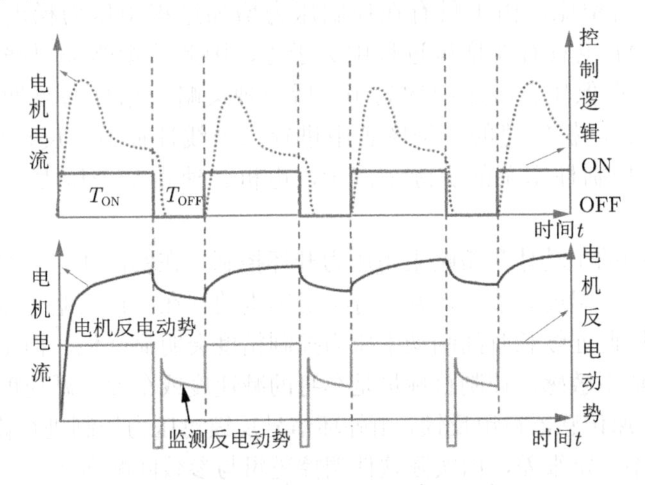

图 6.50 BDC 无位置传感器调速

值得一提的是，在基于流量模型的主动建压过程中，没有轮缸压力传感器信号反馈。

在整车线控制动系统中，有两点好处：① 节省了压力传感器的成本，该型号线控底盘改制具有经济优势；② 减少了传感器的使用，降低了传感器的失效风险。

针对这两种线控制动策略，可以根据两者的相同与不同之处做出总结，如表 6.9所示。

表 6.9　两种主动建压策略比较

	主动建压策略	基于 PWM 调制的主动建压策略	基于流量模型的主动建压策略
相同点	执行机构	HCU	HCU
	常开阀控制方式	PWM 调制	PWM 调制
	常闭阀控制方式	开关控制时间	开关控制时间
	主缸压力传感器	有	有
不同点	轮缸压力传感器	有	无
	电机控制方式	PWM 调制	无位置传感器控制转速
	是否考虑流量	不考虑	考虑
	成本	高	低
	失效概率	高	低
	控制误差	大	小

两种策略都是依靠 ESC 为执行机构实现主动建压，对于阀的控制策略一样。吸入阀用开关控制，通过控制通断时间来调节通过液量；限压阀/增压阀都根据 PWM 调制，但是所不同的是前一种策略根据增压速率和减压速率动态调节限压阀的 PWM，增压阀要么全关要么全开，而后一种策略根据目标压力和限压阀的溢流压力进行动态调节限压阀的占空比 PWM，根据轮缸期望液流量动态调节增压阀过流量。可以认为，对于阀的控制而言，前一种策略基于压力反馈的期望建压梯度来进行控制，后一种策略基于流量模型来进行控制。

对于柱塞泵电机的控制来说，基于 PWM 调制的建压策略和基于流量模型的建压策略的区别较为明显。前一种策略根据增压过程中的事实压力反馈计算期望增压梯度，在 HCU 的增压速率与背压、电机 PWM 值的二维图表中进行二维线性插值，反算出电机控制占空比。由于只有在控制压力增加过程中压力梯度才为正数，因此对于电机的 PWM 也只有在增压过程中大于零，因此该策略需要严格区分增保减工况，电机 PWM 在保压、减压中均为 0。后一种策略根据柱塞泵期望流速，在柱塞泵泵液量与背压、电机转速的二维图表中进行二维线性插值，反求出电机控制转速，通过电机调速来控制柱塞泵的实际泵液量，电机转速在整个压力的动态调节中均起作用。

基于流量模型的主动建压策略采用压力开环控制，在实际 HCU 建压过程中，由于环境因素（如重力、温度、液量泄漏）等干扰因素的存在，该策略建压过程中的累计误差会越来越大，因此连续长时间制动中压力控制精度会明显降低。但是由于实际线控制动过程中对压力值不敏感，控制目标量是车身的减速度或车速，减速度与车速均可根据加速度传感器/轮速传感器得出反馈，由外环信号反馈对压力控制进行修正，因此线控制动实际控制效果不一定很差，由实际软件调控逻辑与参数匹配所决定。

轮缸压力传感器目前没有集成在 HCU 中，采用外挂式传感器和三通阀块的结构集成在液压回路中。从功能安全性考虑，外挂式传感器反馈轮缸压力值的 ASIL 失效等级为 B 级，基于流量模型的压力控制失效概率低于采用轮缸压力反馈的 PWM 调制策略。

3）E-booster

车辆制动系统的组成一般包括制动踏板、助力器、制动管路、ABS/ESC 和盘式（鼓式）制动器等。助力器对制动踏板进行助力以使高压制动液经管路推动末端执行器夹紧卡盘实现制动。近年来，E-Booster 开始逐渐取代真空助力器，其本质上是用电机及其执行机构代替真空泵和真空助力器，实现制动助力和主动制动介入。图 6.51所示为一种较典型的电动助力器结构示意图，主要包括制动踏板、减速增矩机构和主缸等，电机作为系统动力源，根据踏板位移等信号经减速增矩进行实时助力，以实现真空助力器的功能，此外还可实现主动制动等。需要说明的是，除了图 6.51所示的滚珠丝杠减速方案外，目前较主流的方案还有螺母螺杆、蜗轮蜗杆和齿轮齿条等。

根据驾驶员踏板力与轮缸压力的耦合程度，制动系统可以分为耦合、解耦和半解耦三种耦合形式。制动系统的耦合与否，从原理上决定了是否具备参与深度能量回收的能力。

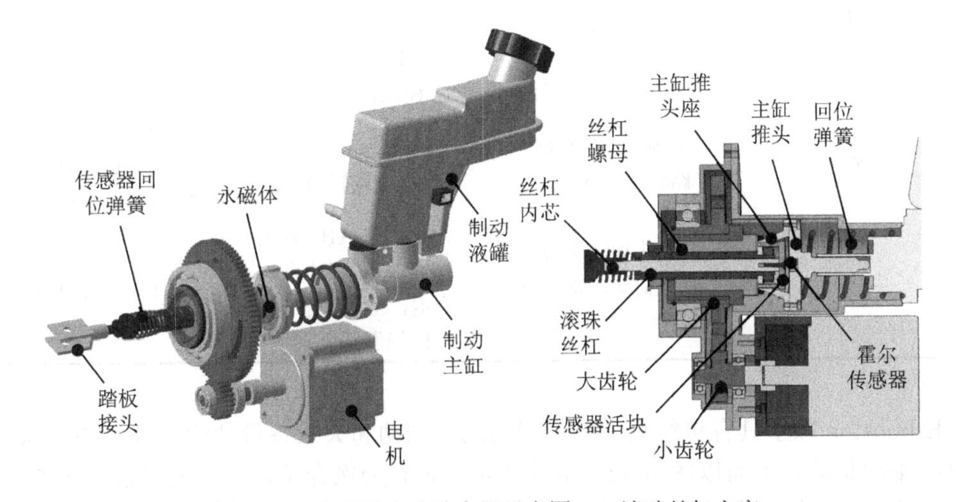

图 6.51　典型的电动助力器示意图——滚珠丝杠方案

耦合式制动助力器表现为驾驶员输入踏板力与主缸压力、轮缸压力是完全唯一的线性关系，代表类型为传统的真空助力器。因为踏板力与轮缸压力是线性关系，因此制动力矩不能与用于制动能量回收的电机反拖力矩协同控制，电机反拖制动只能在主缸跳增值范围以下工作，在制动过程中会浪费较多的动能。

在解耦式制动器中，驾驶员输入踏板力与主缸压力、轮缸压力完全解耦，由踏板模拟器提供驾驶员踏板脚感，以电信号的形式对制动系统的压力进行控制。代表类型为湿式的 EHB 和 EMB 等。完全解耦的线控制动能够参与深度制动能量回收，并且由于脚感是由踏板模拟器提供的，因此再生制动对脚感的影响也是微乎其微。但是全解耦式制动器存在两个问题：一是踏板感不能反馈实际路感，路感因人而异，影响因素较小；二是缺少冗余备份，助力器失效伺服力中断时，车辆可能失去制动能力，安全性存在隐患。

E-Booster 采用半解耦的方式，在正常助力模式下实现踏板力与主缸压力的耦合；在特定工况下（如一级失效、紧急制动、再生制动等），通过与 ESC 协同控制可以实现踏板力与轮缸压力的解耦。E-Booster 没有踏板感觉模拟器，在正常的驾驶员脚踩制动过程中，踏板感完全由制动系统回路内油液提供。该种工况可认为 E-Booster 是耦合系统。

如果处于需要踏板力与制动系统解耦的工况时，通过与 ESC 的协同控制，由 ESC 进行液量分配（蓄能器存储油液，或柱塞泵抽取油液），从而实现驾驶员踏板力与制动系统的解耦，此时 E-Booster 又能成为解耦系统。半解耦式制动器结构既能够参与深度制动能量回收，又具有冗余备份制动功能，兼顾了安全性与驾驶员踏板脚感。缺点是程序复杂，软件调试脚感中可能出现脚感不线性乃至制动踏板振荡的现象。

可以根据表 6.10 详细比较三种制动系耦合方式。

表 6.10 制动系耦合类型比较表

	耦合系统	解耦系统	半解耦系统
耦合方式定义	踏板力与制动系统压力是唯一的线性关系	踏板力与制动系统压力不存在唯一对应关系	制动系统耦合关系可以根据工况进行切换
是否具有踏板模拟器	无	有	无
代表产品	包含传统真空助力器的制动系统	EMB，采用踏板模拟器的 EHB	E-booster
优势	准确反馈 ABS 路感，安全性高	踏板感线性可调，程序逻辑简单	准确反馈 ABS 路感，比解耦系统省电，踏板感线性可调
劣势	无法独立实现线控制动，踏板感唯一不可调	无法感知 ABS 路感，无法感知制动系统衰退，功能安全极其依赖于冗余系统	程序逻辑复杂

E-booster 除了具有传统真空助力器的助力制动和失效备份功能之外，还可以实现车辆的主动制动。下面以图 6.52所示的 E-booster 为例介绍以上三种功能的工作过程，其他减速方案类似，此处不再赘述。

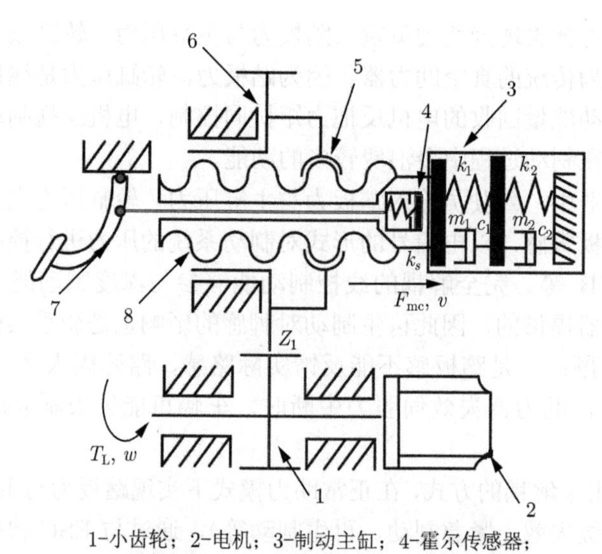

1-小齿轮；2-电机；3-制动主缸；4-霍尔传感器；5-丝杠螺母；6-大齿轮；7-踏板；8-滚珠丝杠

图 6.52 E-Booster 结构示意图

主动制动过程：电机 2 旋转推动丝杠螺母 5 旋转，同时壳体限制滚珠丝杠 8 的旋转运动，推动丝杠平动，进一步推动主缸进行增压同时带动踏板 7 前进。

备份制动过程：丝杠螺母 5 与大齿轮 6 通过滑动槽连接，大齿轮 6 旋转时能够带动丝杠螺母 5 旋转，从而推动主缸。当大齿轮 6 卡死或不工作时，驾驶员踏板力直接传递给丝杠内芯，驱动丝杠螺母 5 与大齿轮 6 发生滑动，从而将力传递给主缸推头推动主缸增压。驾驶员踩踏板的过程中并不带动电机旋转，实现了踏板力和电机力的解耦。

助力制动过程：驾驶员踩下制动踏板，电机控制器计算对应的助力电流。电机通过一级齿轮放大电机转矩，大齿轮带动丝杠螺母 5 旋转，同时限制滚珠丝杠的旋转，从而保证丝杠能平动。主缸推头座和丝杠固连在一起，推动主缸推头进行增压。同时，传感器活块会被踩下，抵住主缸推头，和电机助力一起推动主缸。

E-Booster 的控制中最关键的是对于电机的控制。图 6.53是控制器的拓扑结构图，整个 ECU 的设计以单片机为核心，分为四个子模块：稳压模块、CAN 通信模块、信号采集模块以及 BLDC 驱动模块 [45]。

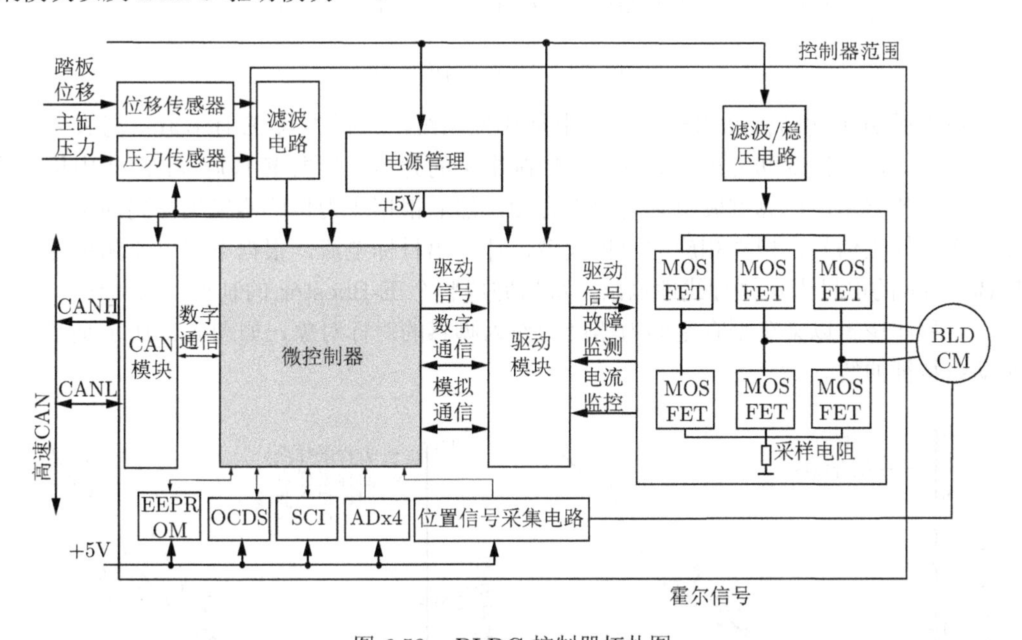

图 6.53　BLDC 控制器拓扑图

E-Booster 的软件设计采用分层 + 模块化设计的架构，以及基于软件可能的功能故障进行了相关检测 [45]。软件架构拓扑图如图 6.54所示。从纵向来看，E-Booster 软件分为四层，分别是物理层、传输层、应用层和校验层；从横向来看，E-Booster 分为若干可扩展模块。以现用的功能为例，包括助力功能，主动建压功能，再生制动能量回收中的踏板力补偿等。

软件的物理层主要指的是与整车控制器软硬件交互的接口函数，在控制器上包括 MCU 内部的 A/D 配置、IO 配置、时钟配置，还有外围电路的接口函数，通过物理层实现了数据采集和电信号控制。传输层主要指的是软件中的信号交互，不仅仅局限于 ECU 内部物理层与应用层的信号交互，还包括能依靠通信协议（主要是 CAN 协议）与整车的通信。应用层从功能上包括了助力逻辑、主动建压、再生制动中踏板力补偿等，每个功能保证了模块化、封装性、简单化。在整个应用层面，向外具备了可拓展性，向内具备了可迭代更新的能力。校验层主要用于保障整个软件系统的安全性，其具备三个功能：①能在发生故障时，调用相关函数，具备将整车处于安全状态的能力；②当发生软硬件故障时，能通过人机交互，向驾驶员发送故障信号的能力；③具备识别软硬件故障模式的能力。

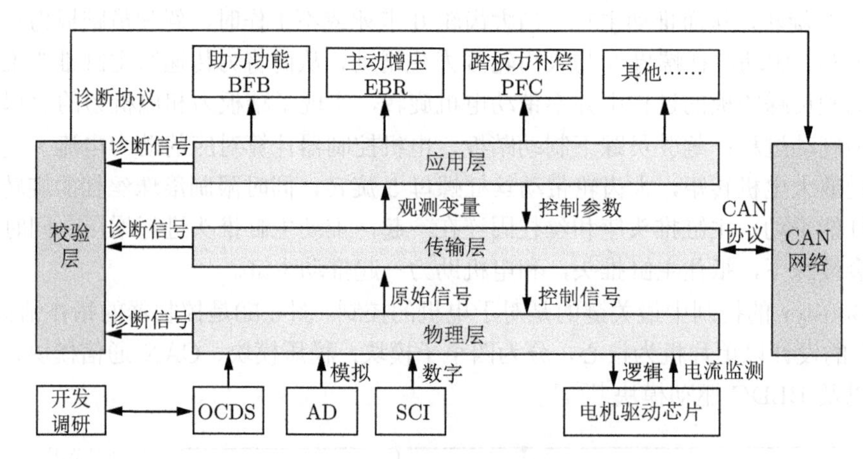

图 6.54 软件架构拓扑图

在驾驶员制动踏板助力建压过程中是线性系统，踏板力与 E-Booster 伺服力一一对应。因此，要控制助力过程脚感需要控制电机的力矩。根据 E-Booster 总成内集成的相对位移传感器，计算驾驶员制动踏板意图，然后根据压力传感器采集得到的实际主缸压力作为修正信号，根据相应的电机模型，计算出目标电流，根据下层电流闭环控制对 E-Booster 的电机力矩执行线性输出，最后完成整个 E-Booster 的制动助力动作。

该程序逻辑以某车型真空助力器助力作为脚感的对标对象，如图 6.55所示是某车型制动系特征曲线。

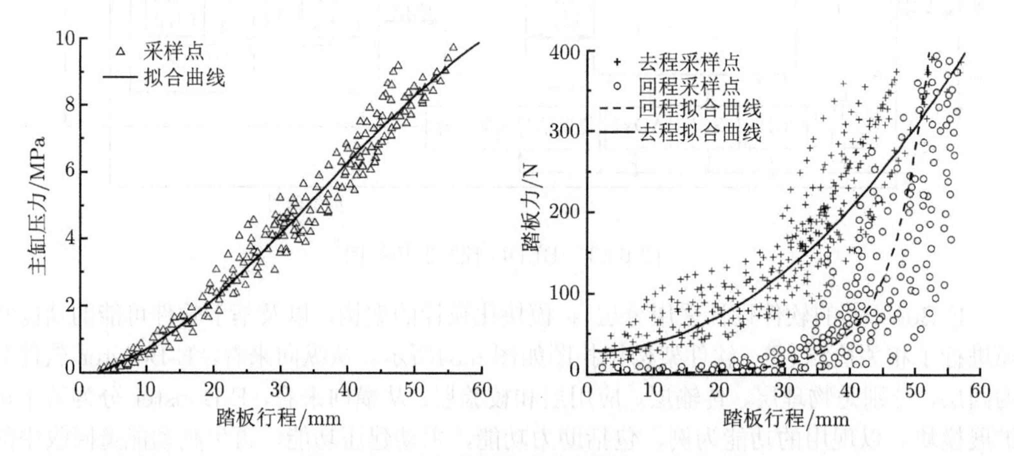

图 6.55 某车型制动系特征曲线的关系

当主缸回程过程中，由于主缸滞回特性的存在，主缸位移与主缸压力不是线性关系，如图 6.56所示为标定某型号主缸活塞位移与主缸位移的关系。

主动增压采用压力闭环加电流闭环双闭环策略，控制逻辑如图 6.57所示。底层采用母线电流闭环控制，为了加强控制的动态响应特性，选择了抗饱和控制策略。在外环压力环控制中，为了提高压力偏差收敛速度，引入了分段 PI 控制器的设计。虽然分段 PI 具有目标精度高、转矩脉动更小的优点，但是存在两个比较明显的缺点：①匹配调节参数更多，导致后期适配不同车型时匹配难度更大；②在离散系统中，由于比例、积分系数的不连续导致控制量也会不连续，会使系统在动态调节中产生阶跃突变，对系统的动态特性产生影响。

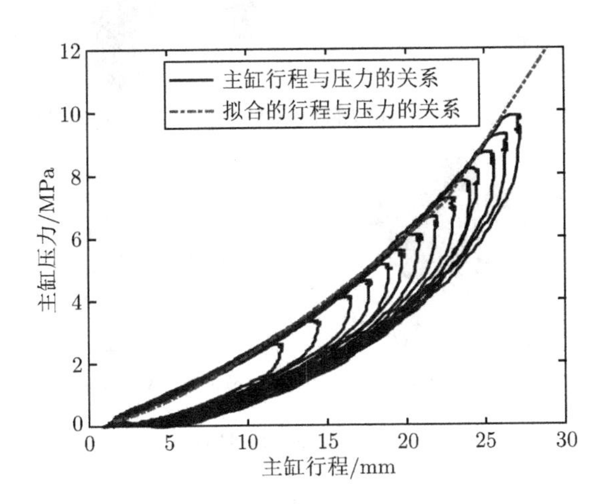

图 6.56 主缸压力与主缸活塞位移关系图

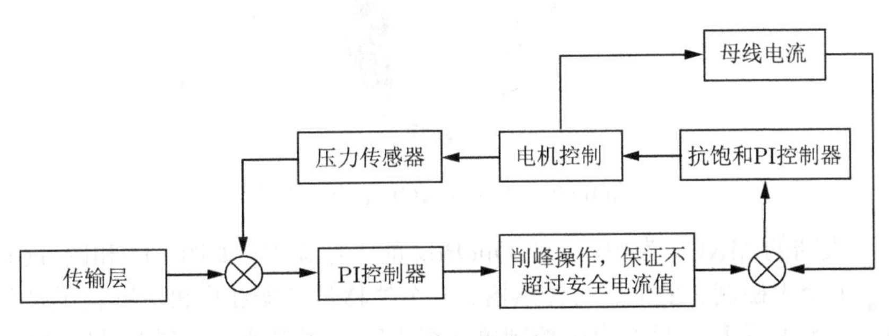

图 6.57 双闭环控制框图

4）OneBox

OneBox 又称集成线控制动系统，顾名思义，即把 ESC 和 E-Booster 高度集成于一个更小空间内, 该技术是新能源车及智能驾驶的下一步应用趋势。目前来看，OneBox 线控制动不仅在纯电车领域全面铺开，燃油车也逐渐开始大量采用。未来运动型轿车和豪华车有希望全面使用 OneBox 线控制动取代传统制动。除德国博世 IPB（Integrated Power Brake）、大陆 MKC1 和 ZF TRW 的 IBC（Integrated Brake Control）之外，韩国万都也有类似集成产品，名为 IDB(Integrated Dynamic Brake)，第一代 IDB1+RCU 或第二代 IDB2 HAD 是针对自动驾驶车辆; 日立的技术路线有所改变, 在分体式 eActuator 基础上也开发了集成式 ESC-Boost 产品（图 6.58)。我国伯特利公司已经有了定型的样机 WCBS。

如图 6.59所示，以大陆的 MKC1 为例，OneBox 一般包括制动液罐、电子控制单元、液压执行单元（阀体、电磁阀、柱塞泵等）、踏板感觉模拟器、有刷电机和踏板连接装置等。与 E-booster+ESC 相比集成度更高、性能更好、安全性更佳，不仅具备高动态建压能力，而且可实现能量回收，提供自动驾驶所需的冗余制动。

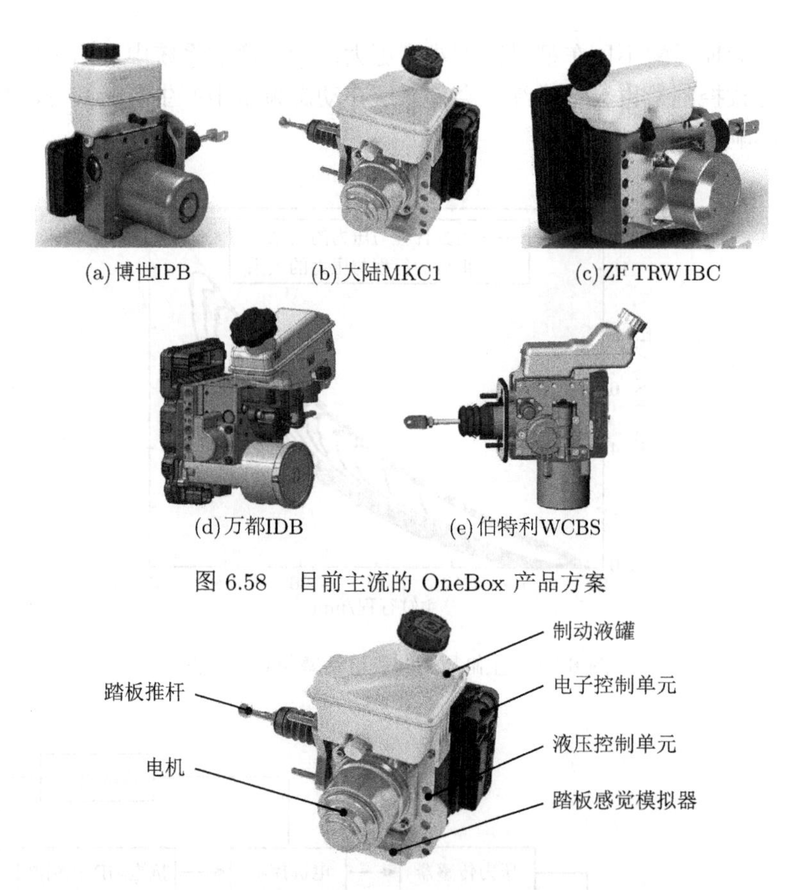

图 6.58 目前主流的 OneBox 产品方案

图 6.59 大陆 MKC1 结构示意图

同样以大陆的 MKC1 为例，介绍 OneBox 的工作原理。如图 6.60和图 6.61所示，其内部包含 14 个电磁阀、2 个压力传感器、1 个位移传感器和电机、踏板模拟传感器等。正常制动时，踏板位移信号经电子控制单元根据既定逻辑处理得到电机控制指令，如目标电流等，从而实现电机对制动踏板的助力功能，同时，模拟器处电磁阀通电，低压区制动液进入为驾驶员提供适当的脚感反馈。

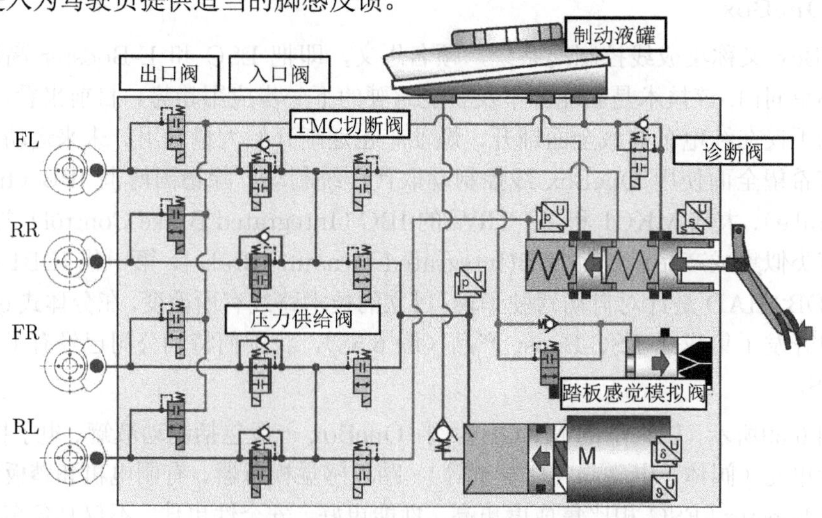

图 6.60 制动过程，MKC1 工作原理图

当电机失效时，回路内液压力完全由踏板提供，此时同样可以产生一定的制动力。需要说明的是，这种工况下模拟器处电磁阀关闭，因回路所提供的反馈力较大，不需要模拟器工作。

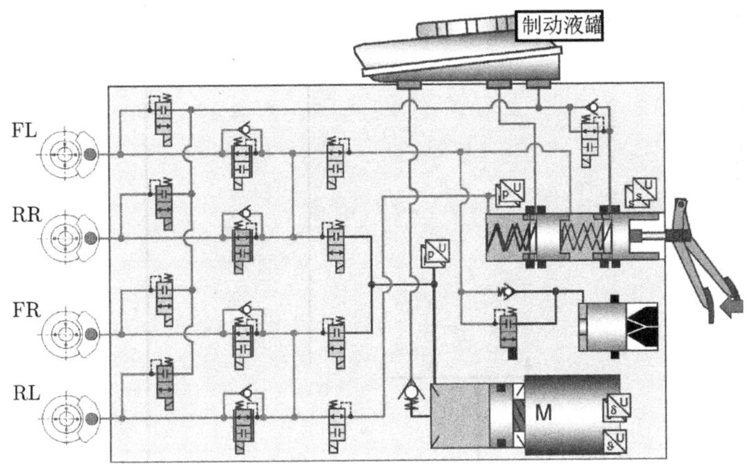

图 6.61　电机失效，MKC1 工作原理图

5）EMB

电子机械式制动器整个系统内没有液压管路与制动液体，机械连接较少，属于线控制动系统的一种，可高效、精准地控制制动动作完成，极大地提高了汽车制动系统的安全性，其结构简单，空间占用小，较好地满足了混合动力汽车、电动汽车的需求。如图 6.62所示，EMB 一般由电机、减速增矩装置和锁紧机构等组成，通过控制电机正反转，经过减速增矩机构，将电机转动转化为制动缸体的移动，以实现制动卡钳的夹紧与释放。

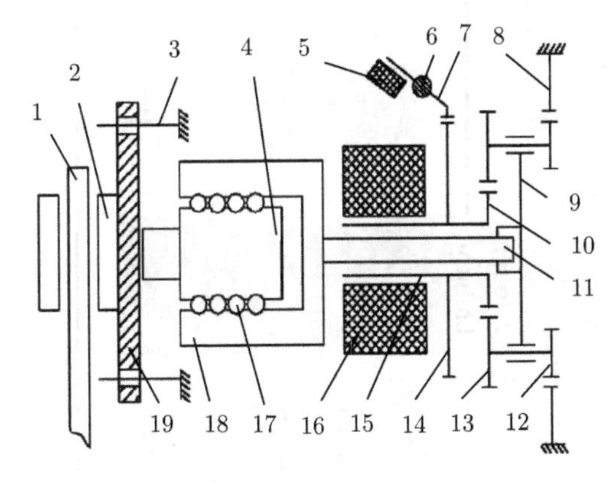

1—制动盘；2—制动块；3—销杆；4—芯轴；5—电磁铁；6—销钉；7—棘轮；8—齿圈；9—行星轮架；10—齿轮；11—螺母轴颈；12—行星轮；13—行星轮；14—齿轮；15—转子；16—定子；17—钢珠；18—螺母；19—压盘

图 6.62　Continental 公司第三代 EMB 样机

EMB 的硬件电路一般包括三部分：信号电路、电机驱动电路和锁紧机构控制电路，如图 6.63所示，以控制双电机和锁止销的电路为例，其主控芯片驱动两路全桥电路，每一路三相全桥电路由一个单独的驱动芯片控制，实现对两个电机的同步控制。同时，锁止销由 H 桥电路控制，可实现锁紧机构的快速动作。接下来同样以该电路为例对 EMB 的驻车控制逻辑进行介绍。

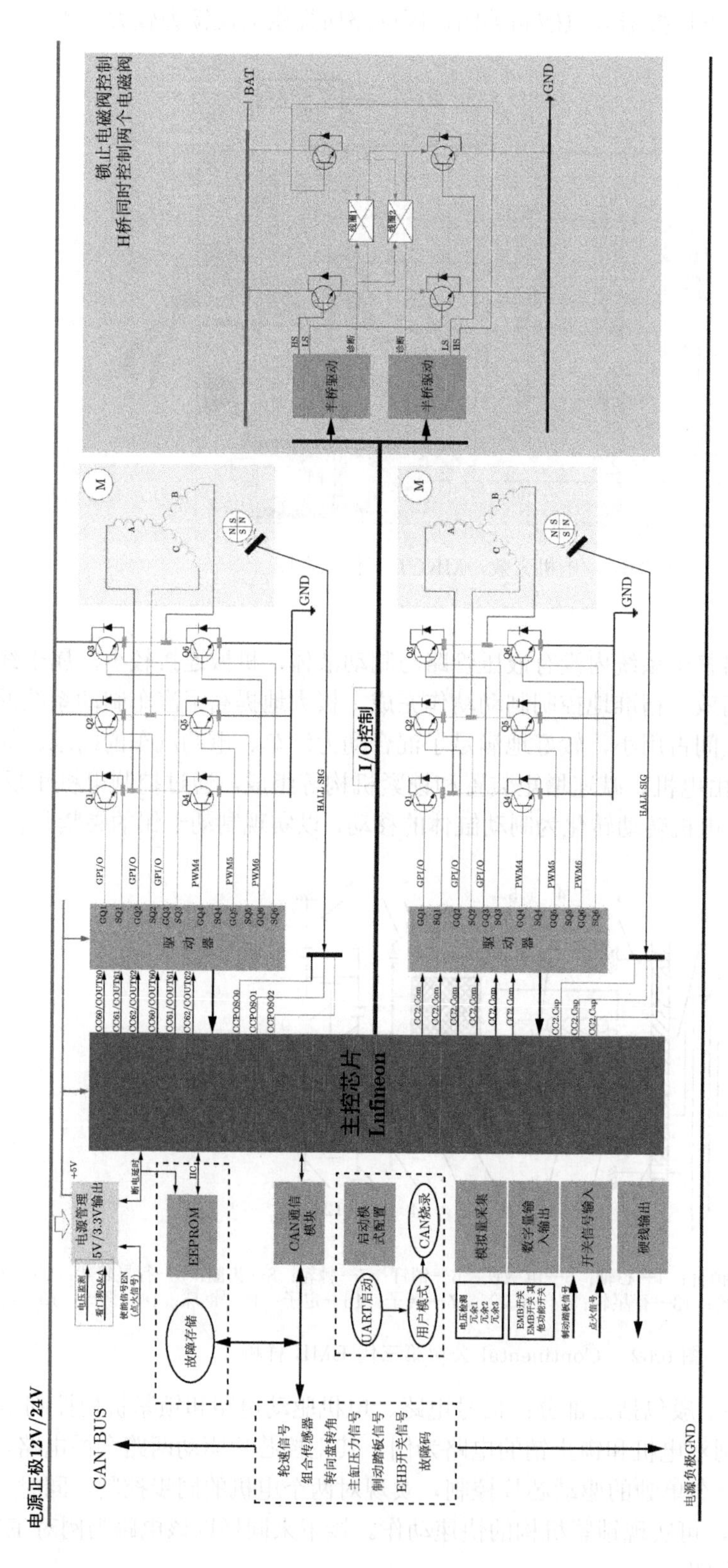

图 6.63 控制双电机与锁止销的硬件电路

1）驻车制动夹紧过程控制逻辑

空行程阶段：主要补偿制动卡钳与制动盘之间的间隙过程，在此过程中要求电机转速尽可能高，以缩短制动响应时间；在该阶段主要进行转速控制，由于空行程电机负载很小，相应的工作电流很小，当制动卡钳与制动盘接触时，负载增大，相应的电流变大。因此，在空行程阶段监控电流的变化判断是否到达卡钳与制动盘的接触面；在空行程阶段转速控制采用转速与电流双闭环控制方法，逻辑框图如图 6.64所示。转速闭环控制时，当电机起动时，在电机电枢两端加一固定电压，电流会迅速增加，达到峰值。但随着转速的增加，反电动势也在增大，电枢中电流又迅速降低，使电机起动时间较长，响应较慢。因此为快速起动以及避免较大的起动电流，采用转速与电流双闭环控制方法，其中电机转速通过捕获电机霍尔信号计算，电机电流通过控制器中的采样电阻获得。

夹紧力上升阶段：卡钳夹紧力与电机工作电流具有特定对应关系，制动卡钳很难加装夹紧力传感器，实际过程中监控电流值。在夹紧过程中，夹紧力上升表现为电机工作电流的上升；由于驻车制动需要达到的一定的驻车制动力。在卡钳到达制动盘接触面后转为电流闭环控制模式，具体控制逻辑如图 6.65所示。

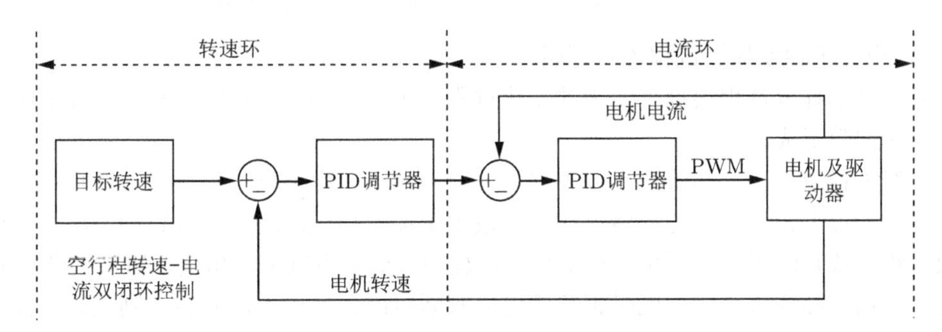

图 6.64　空行程阶段转速-电流双闭环控制逻辑框图

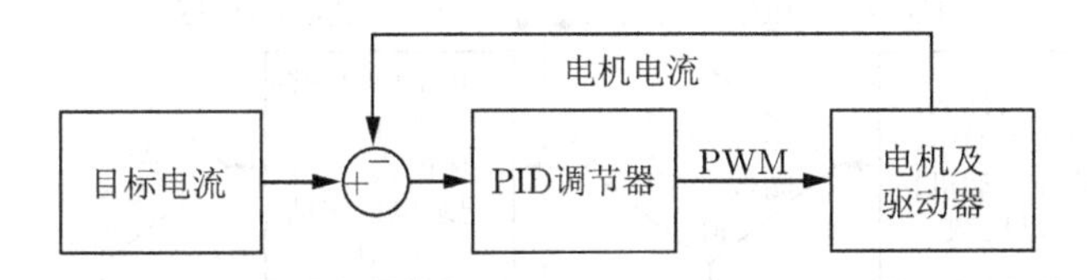

图 6.65　夹紧过程电流上升阶段电流环控制逻辑框图

夹紧力维持阶段：由于滚珠丝杠传动机构不具有自锁功能，因此当夹紧力（目标电流）达到目标值，需要执行电机锁止动作，防止电机断电之后夹紧力释放。由于在夹紧力上升阶段随着负载的增加，电机转速会降低，因此可通过电机电流和转速的变化判断电机锁止销锁止时刻。

电机锁止是通过锁止销落入到电机输出轴花键槽中实现的，在实际锁止销伸出过程中有可能撞到花键齿顶，而由于锁止销没有位置传感器，无法判断锁止销是否实现期望动作，这将影响到夹紧功能的实现；为保证锁止销可靠落入键槽，需在电机转动过程中控制锁止销伸出，而不是在电机完全停止时。具体逻辑如图 6.66所示。

当电机工作电流和转速达到锁止条件时，控制锁止销伸出，为验证锁止销是否落到位，此时设置一个比目标电流大的目标值进行控制，同时监控电机旋转角度，若电机未旋转，则说明锁止销已经落入键槽；当电机还可以继续旋转说明锁止销没有落到位，此时再以目标电流进行控制，使电机在卡钳反作用情况下反转，同时监控电机旋转角度，若电机未旋转，则说明锁止销已经落入键槽；当电机还可以继续旋转说明锁止销没有落到位，此时再以此目标电流大的目标值进行控制，使电机在卡钳反作用情况下正转，往复循环，通过让电机在目标位置附近正反转保证锁止销落入键槽；当锁止销落入键槽，锁止销电磁阀和电机即可断电，实现驻车制动。

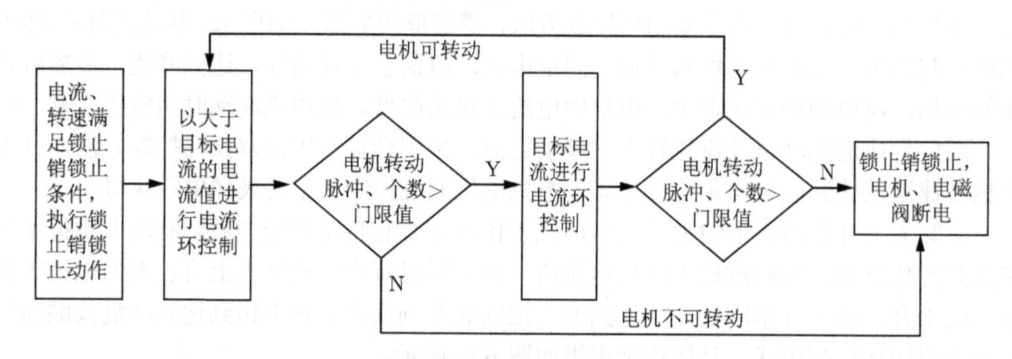

图 6.66　夹紧力维持阶段锁止销位置判断逻辑框图

2）当驻车制动释放过程控制逻辑

驻车制动释放过程根据夹紧力的变化过程，主要分为两个阶段：自然力释放阶段和电机反转间隙形成阶段。

自然力释放阶段：该阶段主要表现为夹紧力减小，由于该过程只释放锁止销，电机不工作，通过卡钳反作用力反转；在该阶段由于锁止销无法进行位置识别，因此需要引入锁止销释放判断逻辑，即在锁止销释放过程中，记录电机旋转角度，如果电机可旋转，说明锁止销已经释放完成，此时锁止销电磁阀断电；若电机不能旋转，则锁止销没有释放，此时应继续控制锁止销释放如图 6.67 所示。

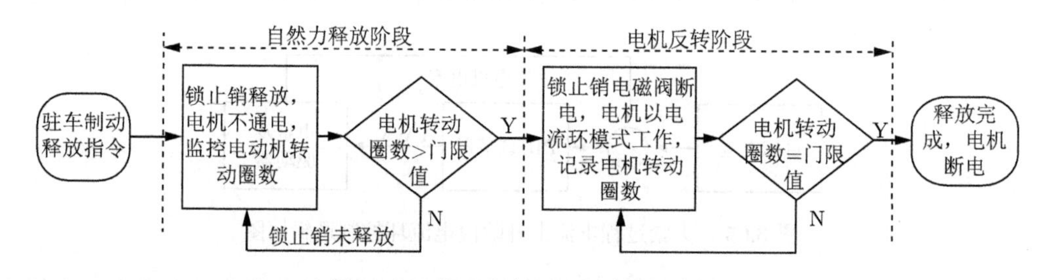

图 6.67　电子驻车制动释放逻辑框图

电机反转间隙形成阶段：当锁止销释放完全后即进入，此阶段主要控制电机旋转一定角度来形成一定的制动间隙，防止卡钳制动片摩擦。

2. 乘用车制动能量回收

1）制动能量回收方案

在耦合制动系中，液压制动与踏板力呈确定的线性关系，液压制动与电机反拖制动不能协同控制。在制动过程中，如果识别驾驶员输入踏板力意图在跳增值以下时，只能单纯依靠电机反拖制动；在跳增值以上时，由于液压制动力矩只与驾驶员输入意图有关，电机反拖力矩无法介入。可认为其是电机反拖制动加上液压制动的延迟的制动能量回收策略，称为叠加式制动能量回收（SRBS）。

此种策略存在的问题是：①制动能量回收可利用区间较窄。②对于单轴驱动车型而言，电机反拖制动只会对单轴施加制动力矩，制动力分配存在不合理的现象。③电机反拖力矩是在动态变化的，与转速变化、电池 SOC 变化、电池变化等均有关系，这就需要电机控制牺牲回收效率保证力矩稳定，单独以电机制动力矩很难同时兼顾平顺性与回收效率。

在完全解耦或半解耦的制动系统中，轮缸压力与踏板力解耦，驾驶员意图与轮缸压力不再是唯一的线性关系，液压制动力矩可以与电机反拖制动力矩同步存在。该控制模式叫作协同式制动能量回收（CRBS），又可以称作深度制动能量回收。

协同式制动能量回收的优势是：

（1）能拓宽反拖力矩能量回收区间，应用于更高车速和减速度的工况。

（2）通过前后轴反拖力矩与液压力矩的协调控制，能够完美实现制动过程中的前后轴制动力矩分配，保证制动过程中的车身稳定性。

（3）电机控制器能根据最优能量回收效率控制电机力矩，制动力矩进行动态补偿，来提高能量回收效率。

（4）协同式制动能量回收可以根据制动器调节脚感，保证制动能量回收过程中脚感的一致性。

本小节只介绍协同式制动能量回收的具体策略，包括 ESC+E-Booster 组合方案和 OneBox 集成方案。

2）基于 ESC+E-Booster 的制动能量回收方案

制动能量回收通常发生在 E-Booster 的助力制动过程中，如图 6.68所示为制动能量回收过程中 E-Booster 与 ESC 协同工作的逻辑关系和信号交互。需要说明的是，ESC 作为车身稳定控制的核心配件，协同控制的主控逻辑在 ESC 之中，包括信号传输、决策分配和液量分配等。

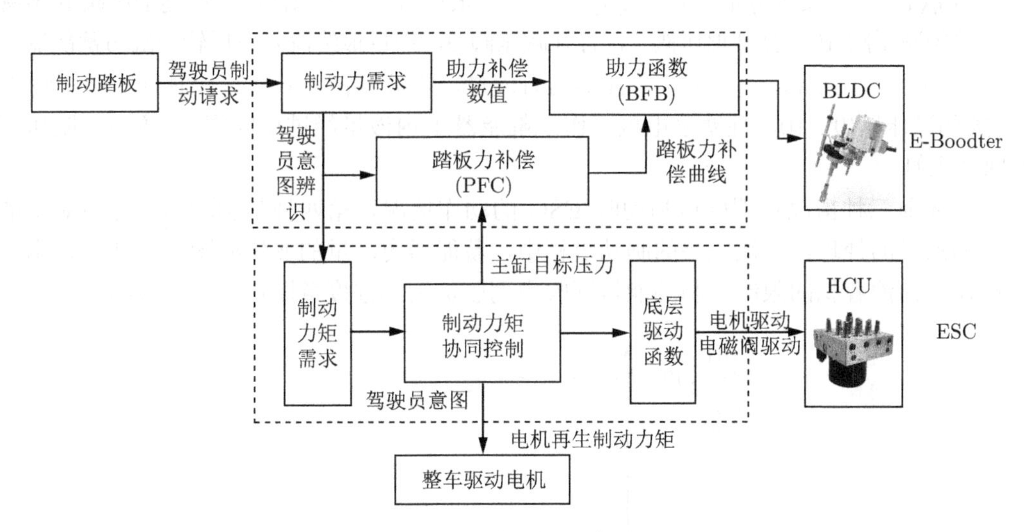

图 6.68　协同控制原理图

ESC 参与液量分配过程中仍然以流量模型作为基础。如图 6.69所示，轮缸的液量流入流出与腔室 5 液流量完全一致，而腔室 5 液量交换只存在增压阀和减压阀处，因此轮缸液量的流入流出只与腔室 4 和腔室 3 有关。在能量回收中，吸入阀和限压阀是不打开的，因此可以认为腔室 1 永远关闭，腔室 4 与主缸连通，不存在压力差。因为两条 HCU 中两条回路完全对称，以包含左前轮和右后轮的回路 1 举例，并且规定主缸流出液量为正，轮缸流入液量为正。以下针对制动能量回收中，单回路液流量的分配进行分析。记主缸制动液流量为 q_{MC}，那么左前、左后、右前和右后分别表示为 q_{FL}、q_{RL}、q_{FR} 和 q_{RR}。

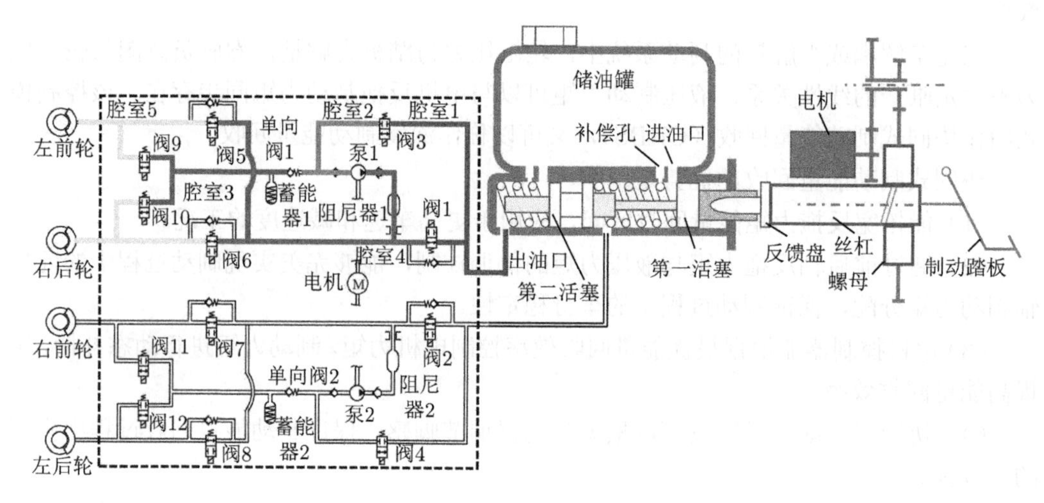

图 6.69　协同控制 ESC 工作原理图

当 $q_{\mathrm{MC}}>0$，要求 $q_{\mathrm{FL}}=0$ 且 $q_{\mathrm{RR}}=0$ 时；增压阀 5、6 均打开，减压阀 9、10 均打开，主缸流出液量经阀 1 流经阀 5、6，再流经阀 9、10，最终流入蓄能器 1 中。应注意的是，由于蓄能器容积有上限，因此应小于蓄能器最大容积。

当 $q_{\mathrm{MC}}>0$，要求 $q_{\mathrm{FL}}>0$ 且 $q_{\mathrm{RR}}=0$ 时，根据左前轮需求液流量控制增压阀 5 电磁力，关闭减压阀 9，打开增压阀 6，打开减压阀 10，液量最终流入左前轮轮缸与蓄能器。

当 $q_{\mathrm{MC}}>0$，要求 $q_{\mathrm{FL}}=0$ 且 $q_{\mathrm{RR}}>0$ 时，根据右后轮需求液流量控制增压阀 6 电磁力，关闭减压阀 10，打开增压阀 5，打开减压阀 9，液量最终流入右后轮轮缸与蓄能器。

当 $q_{\mathrm{FL}}=0$ 且 $q_{\mathrm{RR}}=0$ 时，蓄能器内有液量，要求 $q_{\mathrm{MC}}<0$ 时，此时打开增压阀 5、6，关闭减压阀 9、10，柱塞泵电机工作，蓄能器 1 内液量经过单向阀 1、泵 1、限压阀 1 回到主缸。

上述前三种情况是驾驶员制动时 ESC 的动作情况，第四种是制动结束之后对蓄能器内的液量的处理。一次完整的制动过程中，蓄能器内液量的变化如图 6.70所示，由于蓄能器内储液容积的限制，制动能量回收中驾驶员制动强度意图仍然有所限制。

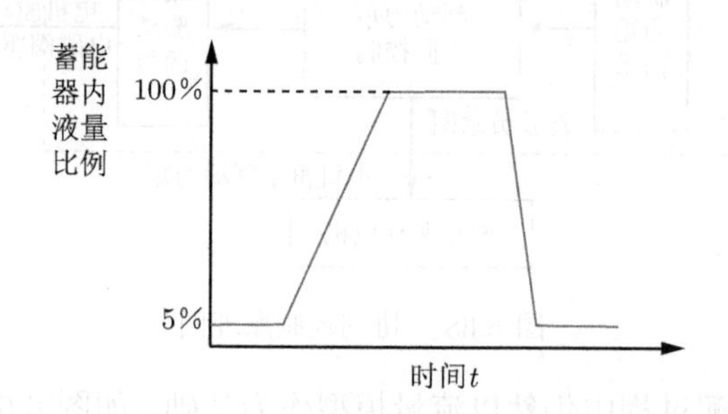

图 6.70　制动中蓄能器液量变化图

在 E-Booster 与 ESC 协同控制中，其目的是在保证轮缸压力与踏板力解耦的情况下，实现制动力矩与电机反拖力矩的协调控制。E-Booster 在制动系中实质上起到了踏板力模拟器和过滤器的作用。因为在 E-Booster 的丝杠螺母机构工作中，尽量避免径向的力矩，径向力矩较小可认为基本为零。再者因为实现了轮缸压力的解耦，主缸压力与踏板力之间不存在任何关系。设计控制器如图 6.71所示，当制动踏板被踩下时，目标制动力由 ESC 内的 CRBS 控制器进行分配，再加上当前实际主缸压力的反馈值，计算出应该补偿的压力值。根据正常制动时驾驶员习惯的脚感，模拟一个反向的踏板力保证制动踏板的跟脚程度，最终实现制动能量回收过程中的脚感一致性。

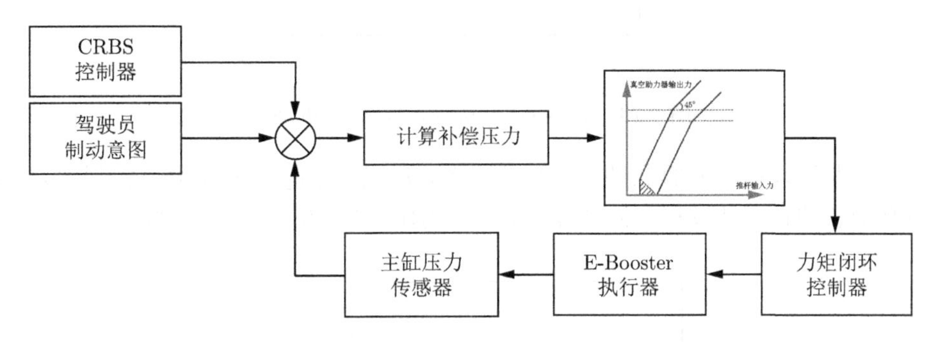

图 6.71　协同控制 E-Booster 工作原理图

此外，E-Booster 在协同控制中还具有阻尼器的作用。在制动能量回收完成后，柱塞泵会将蓄能器内液量回抽，若没有缓冲会对主缸压力产生尖峰冲击，此时 E-Booster 可以作为阻尼器缓解回抽压力尖峰。这是因为主缸活塞在补偿孔之间的一段空行程使得电机可反转一定角度，增大主缸容积，从而起到阻尼器的作用。如图 6.72所示，t_1 是柱塞泵开始工作时间，无补偿函数时主缸压力尖峰较高，驾驶员会有踏板顶脚感；引入补偿函数后，压力尖峰下降明显，减缓了顶脚感。

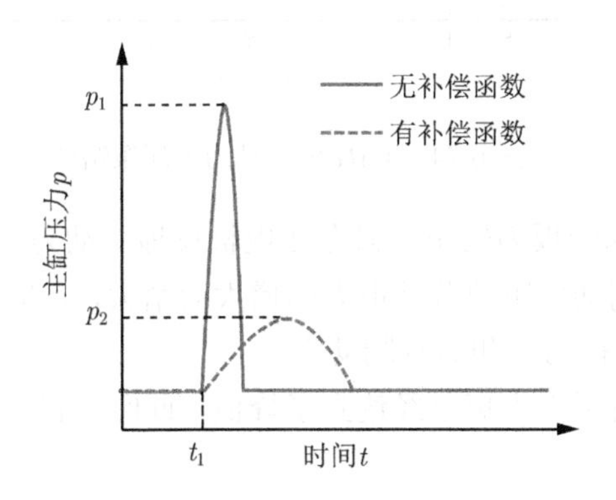

图 6.72　E-Booster 缓解主缸压力尖峰

在紧急制动时，需要制动系统加快响应速度。此时可以通过对 E-Booster 的期望主缸推杆行程施加一定的提前量，达到加快轮缸响应速度的目的，效果如图 6.73所示。

在制动力分配方面，制动能量回收中需要识别驾驶员意图，然后根据意图设计控制器进行控制。因为 E-Booster 可识别踏板力，这里以踏板力作为驾驶员制动意图的判断。以踏板力作为制动意图的优势在于系统的动态特性较好，能较快响应稳态过程中的阶跃输入信号，而踏板位移信号则相对滞后。

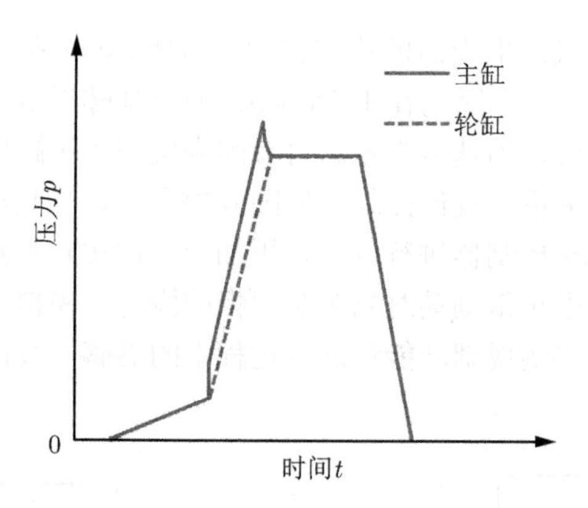

图 6.73　E-Booster 提高轮缸压力响应速度

图 6.74是制动能量回收制动力分配策略图，F_{xB1}、f_{xB2} 分别是前后轴制动力。根据驾驶员制动意图将制动过程分为 4 个阶段，分别以 S_1、S_2、S_3、S_4 来表示。

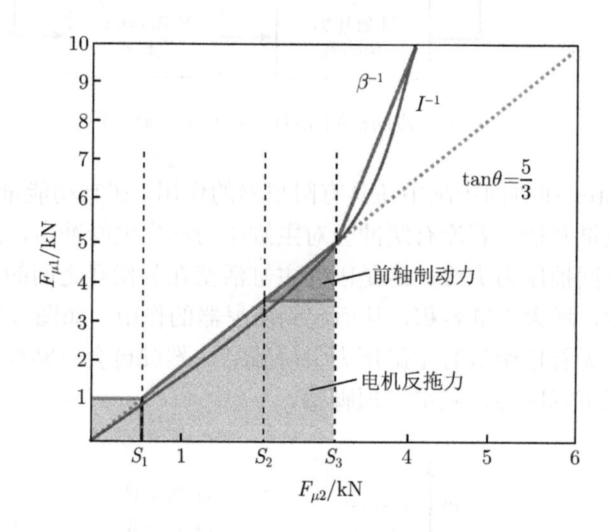

图 6.74　CRBS 制动力分配策略图

（1）S_1 阶段：制动踏板力较小，只存在电机反拖制动力矩。

（2）S_2 阶段：总制动力矩随着踏板力的增大而增大，此时电机反拖制动力矩尚未达到峰值，只存在电机反拖力矩和后轴制动力。

（3）S_3 阶段：电机反拖力矩已经达到了峰值，此时电机反拖力矩、前后轴制动力同时介入。

（4）S_4 阶段：由于识别驾驶员制动意图较强，进入紧急制动模式，EBD 比例阀作用介入，曲线斜率降低；此时以车辆安全性优先的原则，退出制动能量回收。

3）基于 OneBox 的制动能量回收方案

如图 6.75所示为韩国万都 IDB 与整车控制单元（Vehicle Control Unit，VCU）的协同控制过程，再生制动过程中，IDB 主要负责将驾驶员的踏板位移转换为目标制动力，然后通过其内嵌 RBC（Regeneration Brake Control）模块与 VCU 进行信号交互，如目标再生力矩、车辆状态和最大可用再生力矩等，VCU 可识别再生制动力，与 IDB 产生的摩擦制动力叠加即为作用于车辆的总制动力。

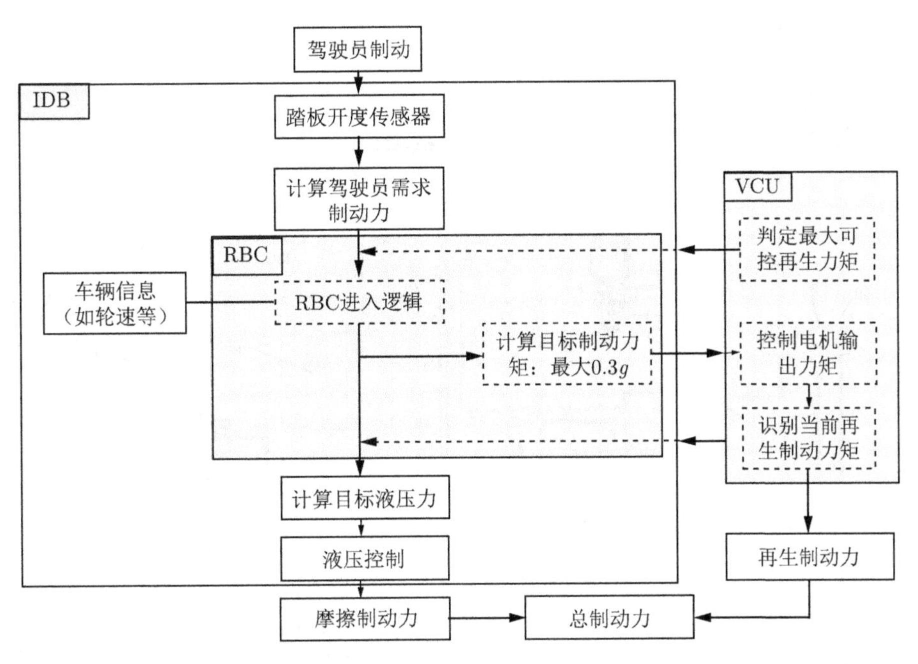

图 6.75 再生制动中 IDB 和 VCU 的信号接口

不难看出，OneBox 的再生制动策略与 ESC+E-Booster 的组合策略大致相同，只不过前者由于集成度高，协同控制策略中的众多逻辑可直接在内部完成，不需要像后者一样两个产品间需要进行交互。

3. 气压线控制动系统

气压线控制动系统是基于传统的气压制动系统演化出的具有线控功能的形式。现有的气压线控制动系统多指电子制动系统（EBS），典型厂商包括美国威伯科（WABCO）、德国克诺尔（KNORR）和瑞典瀚德（Haldex）。现有的气压线控制动系统除了具有电子与机械冗余的特点外，还具有以下特点：

（1）可电子分配制动压力，可实现摩擦片磨损控制、制动压力补偿等功能。

（2）更快的制动压力响应速度，减小气路迟滞带来的影响。

（3）分布式、可扩展的执行部件，适用于不同的底盘构型，简化了电气连接。

1）系统架构

气压线控制动系统是一套分布式、多节点的机械电子系统。以两轴商用车为例，典型的气压线控制动系统的构型如图 6.76所示。其组件包括：① 电子制动总阀；② EBS 控制器；③ 单路桥模块；④ 双路桥模块；⑤ 电控挂车模块；⑥ 组合传感器；⑦ ABS 阀；⑧ 轮速传感器；⑨ 磨损传感器；⑩ 挂车通信接口。视不同的成本和功能需求，在该构型上可简配电控挂车模块、组合传感器、磨损传感器和挂车通信接口，简配后仍保持线控制动、ABS、ASR 等基础功能。

气压线控制动系统可通过增加不同的桥模块以实现满足不同的底盘构型。为对比不同供应商间气压线控制动系统的相似性，这里以图 6.77展示克诺尔 EBS5 系统在三轴车辆上的应用，为满足三轴车辆制动系统构型，该系统在第三轴上额外添加了⑯ 单路桥模块，其与③ 单路桥模块为同一组件。该图中额外体现的 ⑪ 空气压缩机、⑫ 空气处理单元、⑬ 储气罐、⑭ 轴荷传感器、⑮ 转向盘转角传感器在威伯科 EBS3 系统的其他构型中也有采用。

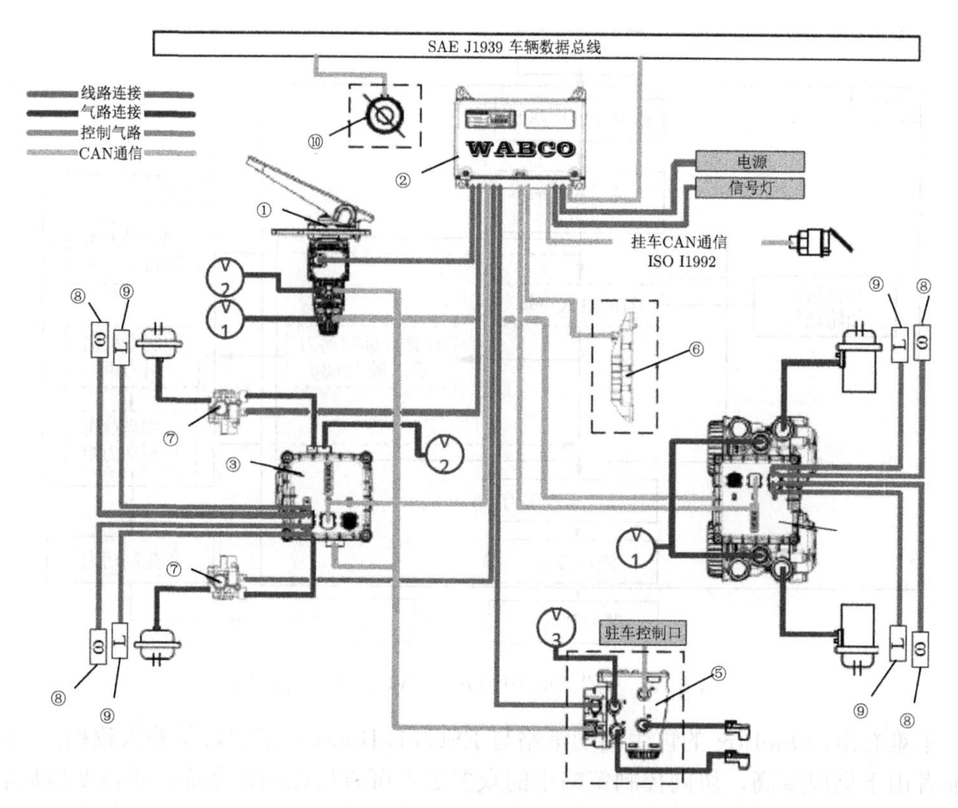

图 6.76 气压线控制动系统示意图（以威伯科 EBS3 为例）

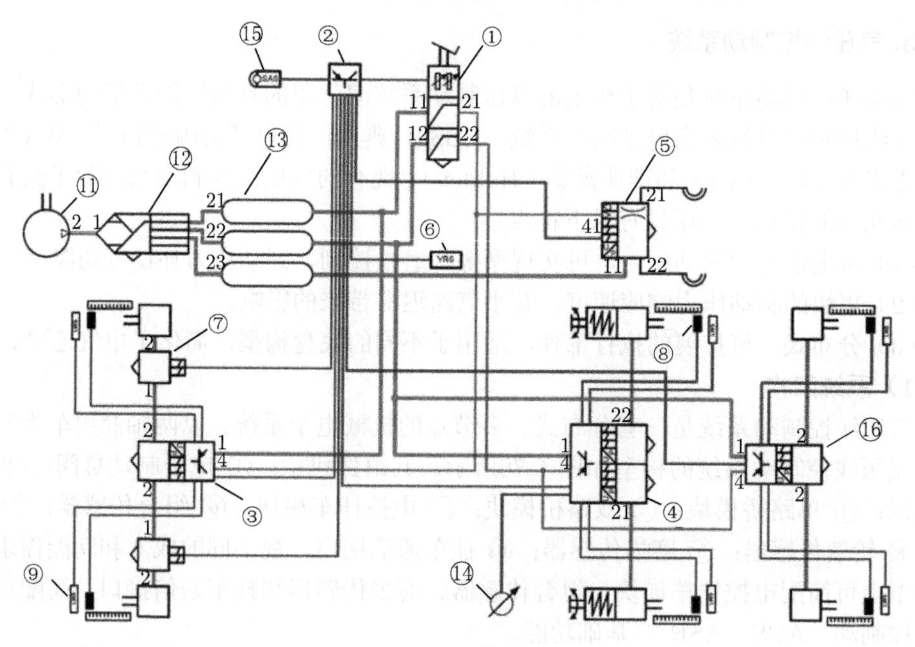

图 6.77 克诺尔 EBS5 构型

气压线控制动系统各部分组件的工作原理及主要功能介绍如下：

（1）电子制动总阀是增加了位移传感器和处理电路的机械制动总阀，其控制端输出端气压与制动踏板行程呈正相关关系，在实现控制输出端压力的同时，测量制动踏板行程，进而获取驾驶员的制动请求。电子制动总阀向外输出相互冗余的气压和电子制动信号，保证了在电子系统失效时仍能以气压形式控制桥模块产生制动压力。

（2）EBS 主控采集桥模块、制动总阀、总线的信息，控制前后桥模块及 ABS 阀动作，实现线控制动系统的减速度控制、ABS、制动力分配等功能。ABS 阀根据 EBS 主控的增压、减压、保压请求间接控制单路桥模块左右两端车轮的制动压力，以实现单个车轮的 ABS 功能。

（3）单路桥模块根据来自 EBS 的制动压力请求控制电磁阀，进而在轮胎上产生相应的制动压力，同时其采集轮速、磨损、轴荷和制动压力反馈信号，经处理后发送给 EBS 主控模块。双路桥模块内部包含有两个单路桥模块并共享一个桥模块 ECU，对外输出两路独立的制动压力。

（4）电控挂车模块根据 EBS 主控的压力请求控制电磁阀，进而控制挂车的制动压力。与桥模块原理不同的是，其输出压力与控制压力呈现负相关关系，当 EBS 系统出现电子或机械故障导致控制端无气压时，挂车将会以最大制动压力进行制动。

（5）轮速传感器、组合传感器、转向盘转角传感器用于测量车身姿态及驾驶员输入，用于 ABS、AYC 等稳定性控制功能；磨损传感器和轴荷传感器分别用于测量摩擦片的磨损量和轴荷用于摩擦片磨损控制功能和制动力分配功能，当不含有磨损传感器和轴荷传感器时，通过估计摩擦片磨损和轴荷实现上述功能；挂车通信接口按照 ISO11992 协议与挂车进行 CAN 通信；空气压缩机、储气罐、空气处理单元为制动系统的气源输入。

2）气压调控原理

桥模块是气压线控制动系统的关键部件，桥模块的气压精准、快速调控是商用车线控制动系统保持高性能的关键。图 6.78表示了威伯科 EBS3 系统中单路桥模块的外观及原理图，其中 X1、X2、X3 分别表示外壳上三个不同功能的接插件用于与轮速传感器、磨损传感器及 EBS 主控连接；11、12 表示两路气源输入，其与储气罐相连；21、22 表示两路输出，分别与左右轮处的制动气室相连（或经 ABS 阀再与制动气室相连）；3 为排气口，与大气相通；4 为控制气输入，与制动脚阀的控制气输出端相连；桥模块还包含有 a1 进气阀、a2 排气阀 (均为常开电磁阀)，b 备用阀 (常闭电磁阀)，c 压力传感器，d 继动阀，e 消音器。

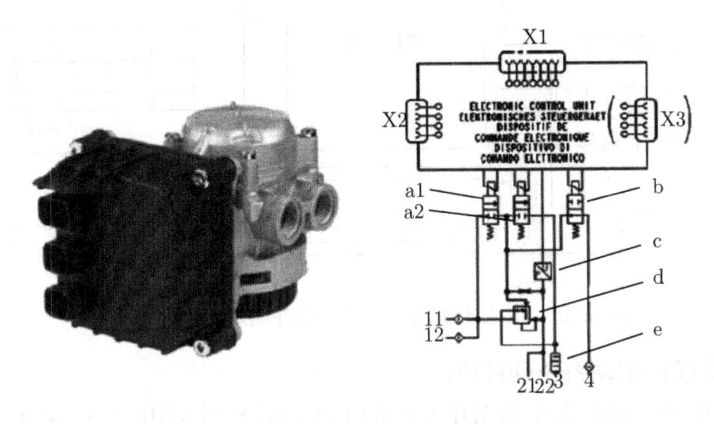

图 6.78　单路桥模块示意图

桥模块的工作原理为当收到 EBS 主控的制动请求时，备用阀率先通电关闭以切断来自脚阀的控制器对自动压力的控制，压力传感器测得当前输出压力，当控制气室压力小于期望制动压力时，进气阀 a1 通电打开提高控制气室压力；当控制气室压力大于期望制动压力时，排气阀 a2 通电降低控制气室压力；当控制气室压力等于期望制动压力时，进气阀 a1、排气阀 a2 均断电关闭以保持控制气室压力。继动阀的输出压力会随控制器压力变化，进而调节桥模块的输出压力。

当气压线控制动系统出现电子故障无法对制动系统进行压力调控时，因电子故障备用阀保持断电常开状态，气阀与排气阀保持在常闭状态，此时来自于制动脚阀的控制气直接进入控制气室，桥控模块的输出压力直接由制动脚阀控制，此时气压线控制动系统退化为基本的气压制动系统，该形式保证了电控制动与机械制动的冗余。

在电磁阀与连续的制动气体组成的混杂系统下，气体极易受环境温度、湿度影响。为提高气压的调控精度和响应速度，在桥模块的制动压力控制过程中出现了一系列的基于反馈、预测的控制方式。

3）集成式线控制动系统硬件电路

集成式线控制动系统仅包含有一个控制器，是基于现有的机械式气压制动系统发展而来的线控制动系统，控制器在汽车制动过程中不断检测车轮速度的变化，按一定的控制方法，通过电磁阀（比例阀和 ABS 阀）调节轮缸制动压力，以获得最高的纵向附着系数和侧向附着系数，以使车轮保持良好的制动状态。模块通过数字量接口采集车辆的转向、制动等信号，通过 CAN 通信接收传感器采集到的数据以及与整车 CAN 通信。

根据上述要求，按功能进行模块划分，主要包括单片机最小系统、供电模块、驱动模块、传感器信号模块、轮速模块、CAN 通信模块。图 6.79为集中式线控制动系统控制器总体设计框图。

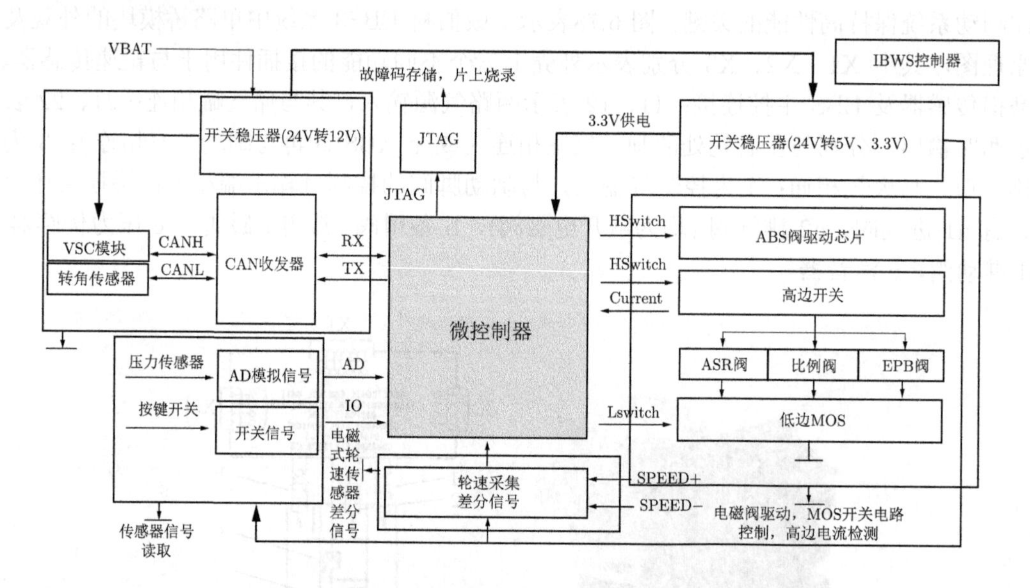

图 6.79 集成式线控制动系统硬件电路总体设计框图

4）分布式线控制动系统硬件电路

分布式线控制动系统即本章节中介绍的 EBS 系统，其采用一个主控和多个桥控连接的构型，需多块 ECU 相互协调工作。EBS 主控需实现开关阀的控制、对外供电、PWM 采集、IO 采集等功能，按功能进行模块划分主要包括单片机最小系统、电源模块、驱动模块、传感器信号模块、供电模块、CAN 通信模块。图 6.80为主控控制器总体设计框图。

桥控的工作原理为：驾驶员在进行制动时，主控制器识别制动意图并计算出桥模块控制所需的期望制动压力值，桥模块控制器通过控制进、排气电磁阀开闭，结合通过压力传感器采集的实际压力形成闭环实时控制，从而对制动压力进行精确调节。故控制器需要对大量的传感器信号进行采集与处理以及完成模块内电磁阀的驱动。同时桥模块作为主控制器与执行机构之间的中转站点，需要承担底层其他信号如轮速信号的采集工作。

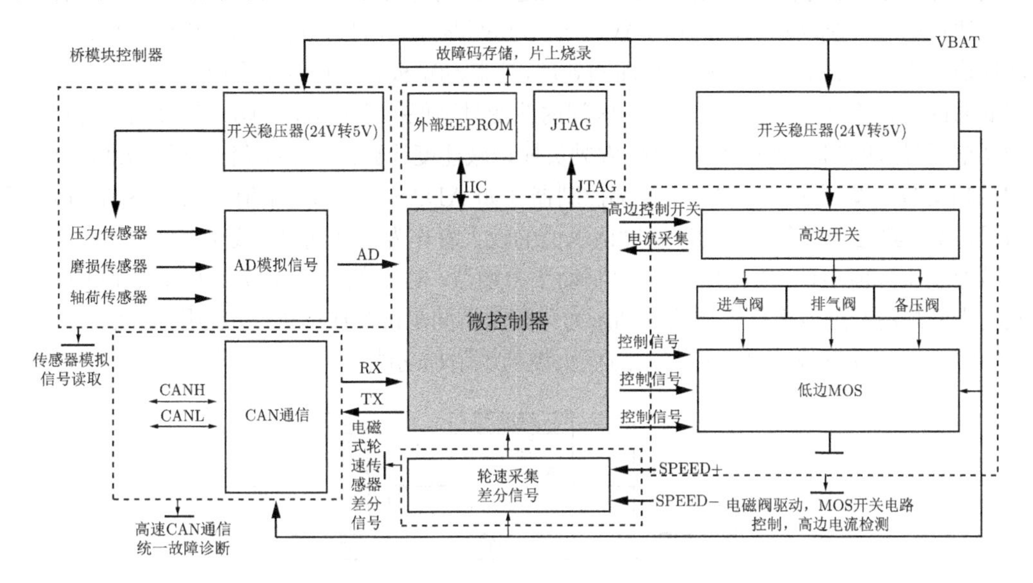

图 6.80　分布式线控制动系统主控控制器

根据上述要求，本桥模块控制器设计功能模块主要包括单片机最小系统、供电模块、驱动模块、传感器信号模块、轮速模块、CAN 通信模块，同时设计 EEPROM 模块扩展芯片存储。图 6.81为桥模块控制器总体设计框图。

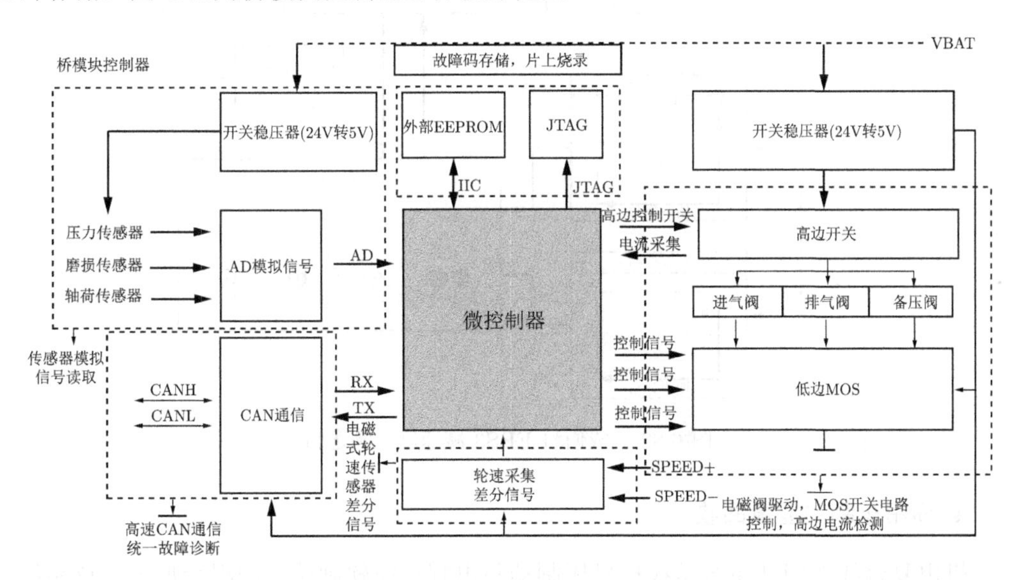

图 6.81　桥模块控制器总体设计框图

5）软件逻辑

气压线控制动系统软件主要提供减速度和稳定性控制功能。减速度控制功能根据制动踏板信号或外部控制器（如 ADAS）制动请求生成期望减速度，通过调节桥模块输出压力实现期望减速度。稳定性控制功能通过轮速传感器、组合传感器等判断车辆姿态，进而控制发动机转矩、制动压力等实现 ABS、ASR、AYC、RSC 等功能。

减速度控制功能通常包含有踏板行程计算、行程磁滞、驾驶员期望减速度计算、减速度控制、制动力分配等模块。威伯科 EBS3 减速度控制逻辑如图 6.82所示。其中，踏板行程计算模块校验电子制动总阀上两路 PWM 信号和两路开关信号，得到制动踏板行程；行程磁滞模块对于实际制动踏板行程进行滞回处理，当制动踏板行程连续上升或连续下降时提高或降低滞回值，当制动踏板行程在滞回区间内改变时则保持滞回值，以防止驾驶员不经意移动制动踏板导致的制动减速度的改变；驾驶员期望减速度计算模块根据踏板行程滞回值计算驾驶员制动减速度请求值，并结合外部控制器（如 ADAS）制动请求值生成最终制动减速度请求，该步骤通常将多个制动减速度请求值的较大者作为实际输出；减速度控制根据当前制动减速度实际值与期望值的偏差调整制动压力增益，以补偿质量和坡度等对减速度的影响；制动力分配将减速度换算得到的制动压力分配至不同车桥及挂车执行，利用不同的制动力分配策略，可实现摩擦片磨损控制、防点头控制等附加功能。

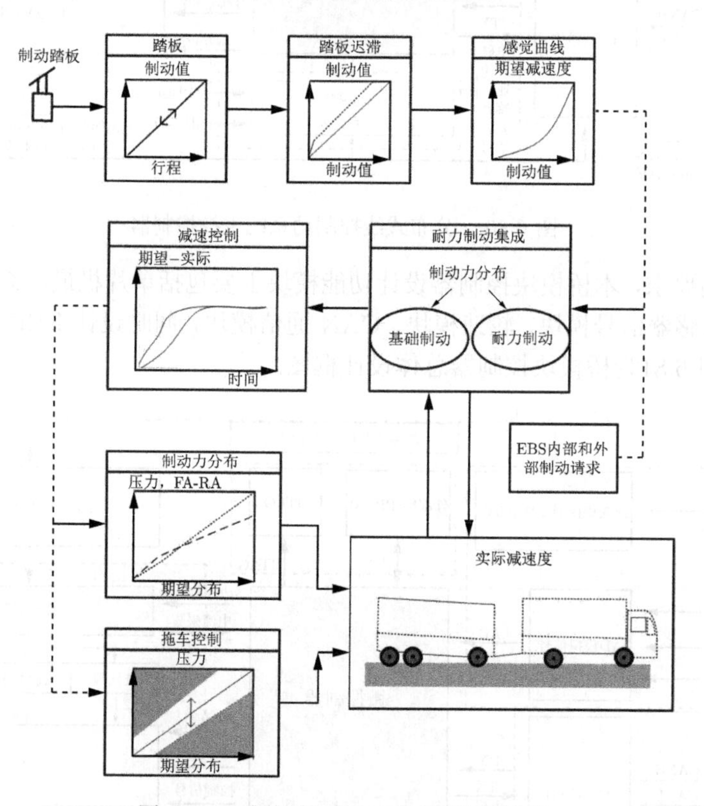

图 6.82 威伯科 EBS3 减速度控制逻辑

4. 商用车制动能量回收

机电复合线控制动系统是线控机械制动与电制动在软硬件上的组合形式，该系统在制动过程中由摩擦制动（机械）和再生制动（电机）共同提供制动力，并实现制动能量回收。类似的多种制动系统复合形式还包括机械制动与缓速器、机械制动与发动机排气制动的复合。

传统机电复合制动系统将电制动和机械制动按固定比例分配，无法充分利用二者的优势。以商用车为例，因机械制动由气制动实现，气制动与电制动两种制动方式特性迥异，气制动响应慢，但制动力充分，通常可实现 $1g$ 的减速度，调控精度低，但变化平稳；而电制动响应快，但制动力有限，通常最大产生 $0.2g$ 的减速度且与车速相关，调控精度高，但由于传动轴的刚度特性，控制不当易抖动。因此，通过二者的协调控制、优势互补，可以获得更好的制动性能。

机电复合线控制动系统相比较于传统机电复合制动系统，实现了机械制动与电制动部分的双线控，因而具有以下优点：

（1）提供了机械制动系统与电制动系统的解耦控制形式，可根据工况不同分配二者实际比例，使得制动能量管理的形式更为多样。

（2）电制动与机械制动互为冗余，可保证一者失效工况另一者仍能提供制动力。

（3）利用电制动响应快、调控精准，机械制动制动力充足的特点，提供全制动力范围内的快速、精准制动。

1）系统架构

机电复合线控制动系统的本质是在传统的线控制动系统上叠加再生制动系统，系统构型主要取决于其应用对象的机械制动系统构型。在乘用车上，机电复合线控制动系统多为液压制动–电机的复合形式，在商用车上多为气压制动–电机的复合形式，因线控制动系统具有扩展性好的特点，可满足不同驱动、制动形式，具有构型多样的特点。

图 6.83展示了商用车中双桥、单电机机电复合线控制动系统构型，包含有高压气罐、制动踏板、单路 EPV 模块（桥模块）、ABS 阀、双路 EPV 模块（桥模块）、电机、AMT、电机控制器等。

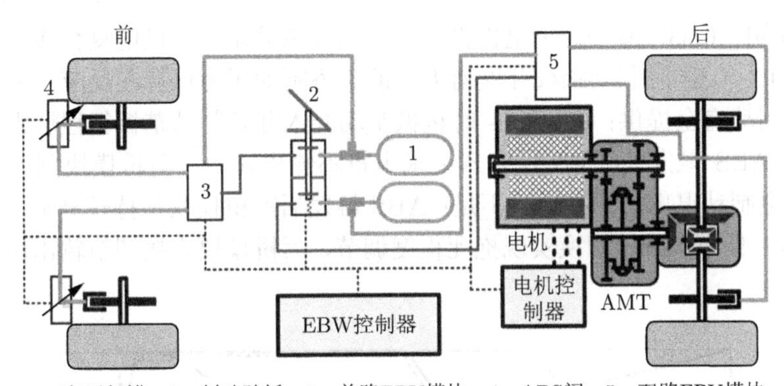

1—高压气罐；2—制动踏板；3—单路EPV模块；4—ABS阀；5—双路EPV模块

图 6.83　双桥、单电机机电复合线控制动系统

图 6.84(a) 为图 6.83 的结构简图，根据车辆底盘构型的不同，商用车机电复合线控制动系统还具有图 6.84(b)、(c)、(d) 等不同的形式。

2）运行策略

机电复合线控制动系统的运行目标为在实现多的制动能量回收的同时保证车辆制动安全性，其控制过程的关键问题为机械制动与电制动的协调。在实际应用中，该系统的运行具有以下 3 个逻辑：

(1) 优先使用电制动提供制动力，当电制动饱和时机械制动介入进一步提供制动力。

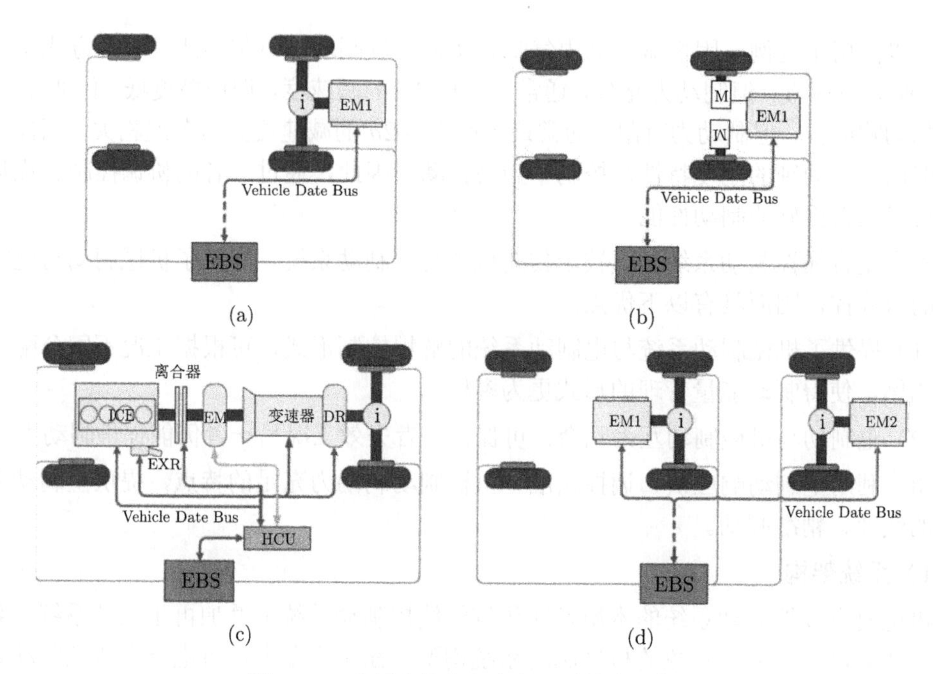

图 6.84 商用车线控复合制动系统典型构型

（2）制动开始时在机械制动器上建立反应压力用于消除机械制动系统间隙，实现机械制动介入时的快速响应。

（3）稳定性控制系统（ABS、AYC 等）介入控制时，仅有机械制动提供制动压力。

图 6.85为威伯科 EBS3 系统在新能源车上组成机电复合线控制动系统时的运行效果。

图 6.86为图 6.83（双桥、单电机机电复合线控制动系统）机电复合线控制动系统的试验结果。0.3~0.5s 时制动踏板开度增大，前后桥制动压力保持在反应压力附近，此时制动力由电制动完全提供；0.5~0.8s 时机械制动介入并随制动踏板行程增大提高制动压力；0.8s 后 ABS 触发使 EBS 控制器请求电机不输出转矩，前桥模块制动压力进一步提高以补偿电制动退出后的制动力不足；ABS 触发后前桥模块保持较高输出压力，通过 ABS 阀增压、保压、减压切换实现抱死程度调节，后桥模块直接调节输出压力，实现抱死程度调节。

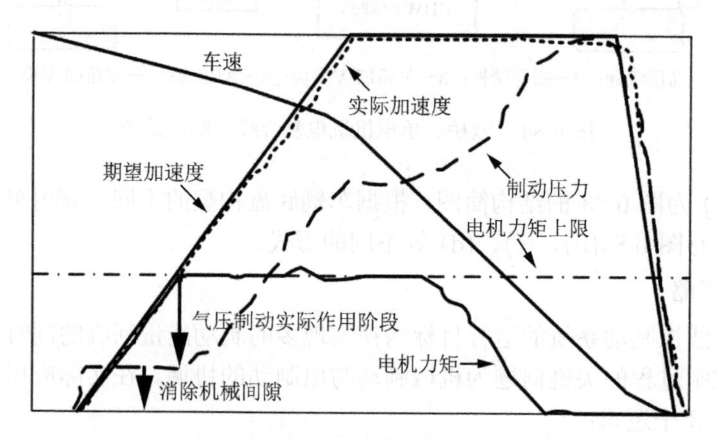

图 6.85 典型机电复合线控制动系统运行效果

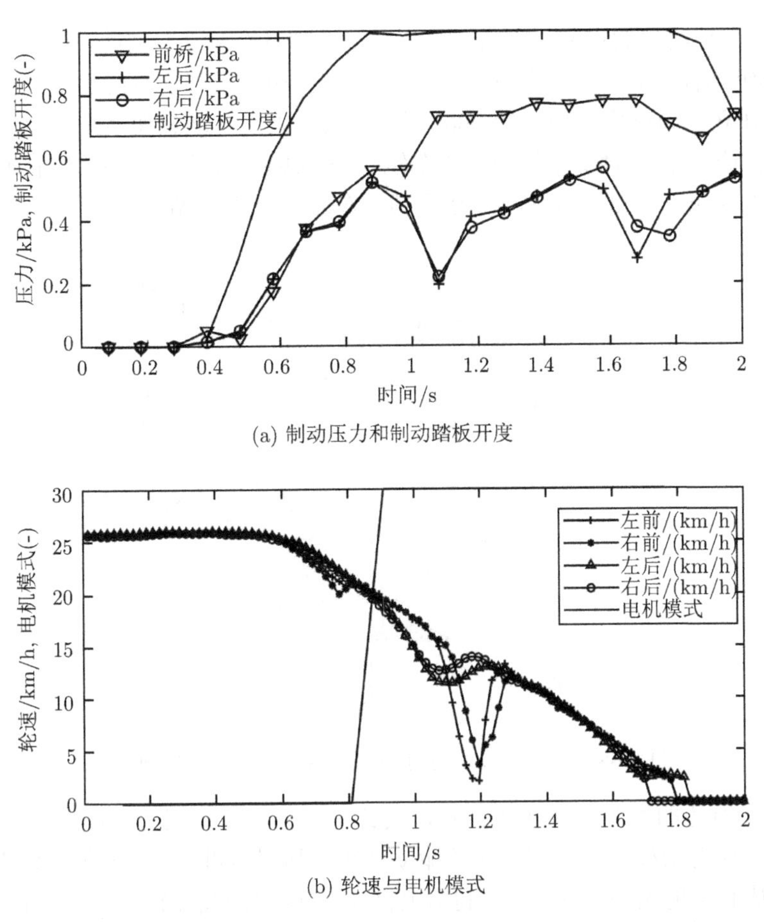

(a) 制动压力和制动踏板开度

(b) 轮速与电机模式

图 6.86 ABS 触发时的动力学响应

6.3.4 全矢量线控底盘

传统汽车只有加速踏板、制动踏板和转向盘三个关键的操纵装置，只能实现车辆总体的纵向和横向两个相对独立的可控输入，是典型的欠驱动系统。作者提出了全矢量控制（Full Vector Conreol，FVC）汽车概念，图 6.87为 FVC 汽车概念图，其能够实现所有车轮的三维度作用力均独立可控。

图 6.87 FVC 汽车概念图

FVC 汽车是典型的过驱动系统，其每个车轮都具有驱动、制动、转向和主动悬架四个独立的操纵部件，如图 6.88所示。采用轮毂电机和电子制动系统实现线控驱动与制动功能，采用独立转向机构实现车轮 360° 转向功能，采用主动悬架系统实现车身高度调节和平顺性控制等功能。对于常见的四轮车辆系统，共有 16 个可控输入，涵盖了四轮车辆最大的独立输入集合，即可以实现 12 个独立车轮作用力的调控。

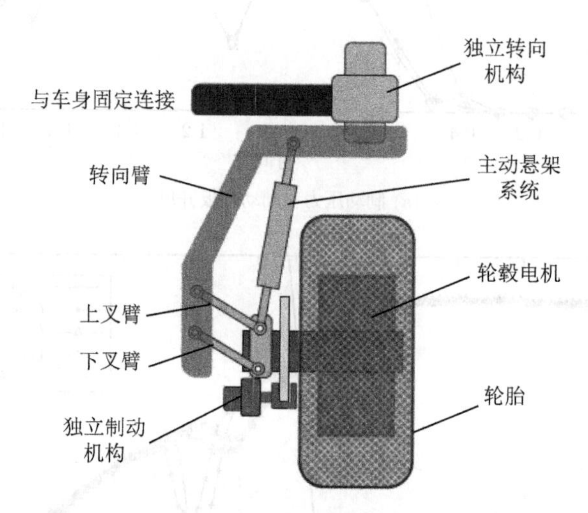

图 6.88　驱动–制动–转向–主动悬架一体化多功能电动轮

基于前文所述的汽车线控底盘技术，设计车轮三维度作用力的最佳实现形式与控制方式。例如，利用轮毂电机控制车轮的驱动转矩，利用电机 + 液压的线控制动系统控制制动力矩，从而实现纵向力的控制；利用电机 + 减速器的线控转向系统控制车轮的转角，从而间接控制车轮的横向力；利用磁流变主动悬架控制车轮与车身的阻尼，从而间接控制车轮的垂向力，进一步扩展整车动力学可控范围。

一体化多功能电动轮系统集成了机械、电磁、液力等多种子系统，需研究各子系统从控制输入演化为车轮作用力的各类物理过程，获得车轮作用力与控制输入的传递函数，如图 6.89所示。结合仿真和台架测试，探究各子系统的频响特性、时滞特性以及互相之间的耦合特性；在此基础上，研究在驱动、制动、转向、悬架阻尼四种力和地面非线性轮胎力的共同作用下，车轮动力学状态的动态演化过程。

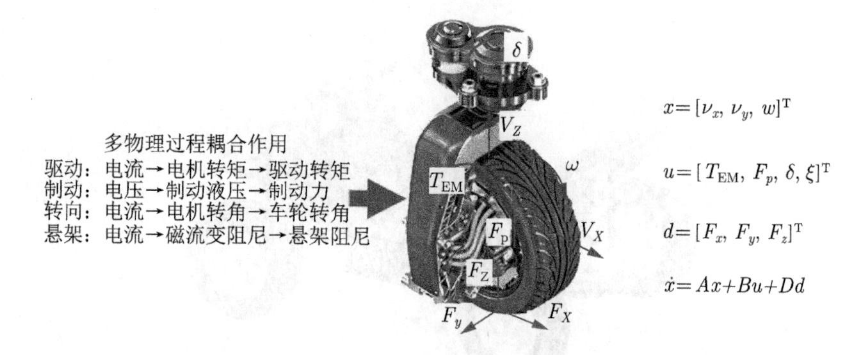

图 6.89　多物理过程耦合作用下电动轮受力示意图

FVC 汽车目前存在复杂机电系统的多物理过程耦合机理探究、过驱动系统的失效冗余机制和全矢量线控底盘的固有安全性设计等问题需要进一步研究，FVC 汽车线控底盘基本架构如图 6.90所示。整个系统的拓扑结构、功能完整性、各部件之间的功能相容性、控制单元之间的通信方式、主从关系等问题也有待于进一步解决。

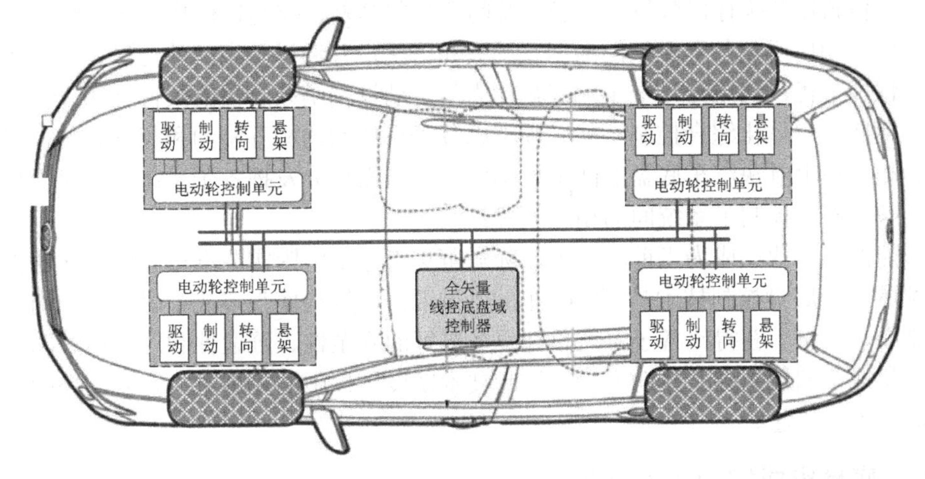

图 6.90 FVC 汽车线控底盘基本架构示意图

传统的底盘控制系统通常采用分散式的控制结构，各子控制器只能实现单一功能的控制目的，且控制器之间经常存在冲突而影响整体控制效果。随着汽车电控技术的发展，汽车动力学从纵向、横向和垂向独立控制逐步发展到多维动力学耦合控制，汽车底盘集成控制技术逐渐发展为动力学研究的重点。集成控制可克服分散控制的缺点，从整车的层面设计控制策略，从而易于实现全局最优控制。FVC 汽车在底盘动力学集成控制方面具有极大的优势潜力，可进一步扩展整车动力学的可控范围，减少汽车多个性能指标间的相互制约，提高多目标优化的理论上限。同时，各个功能的执行器之间可以形成交叉冗余的互补机制，保证车辆在各种部件失效工况下的安全性，这种车辆本身的固有安全性是未来高级智能汽车最重要的基础。

6.4 系统动力学集成与域控制

随着大规模集成电路及微型电子计算机技术的快速发展和人类社会对汽车产品的完美追求，以提高车辆乘坐舒适性、安全性和操纵稳定性等使用性能为目标的车辆底盘主动控制系统得到了巨大的发展和广泛的应用。如在垂向控制系统中，采用各种控制策略及执行机构的主动/半主动悬架系统 (Active/Semi-active Suspension System，ASS/SASS)、防侧倾控制系统 (ARC)；在纵向动力学控制系统中，广泛应用的 ABS、驱动防滑系统 (ASR)、电子制动力分配系统 (EBD)、驱动力控制系统 (TCS) 等；在侧向动力学控制系统中，则出现了四轮转向系统 (4WS)、主动前轮转向 (AFS)、主动后轮转向 (ARS)、电动助力转向 (EPS) 等技术。这些主动控制技术的应用，使它们各自控制目标所对应的车辆使用性能得到了明显的提高，并且极大地提升了车辆的智能控制水平。

然而，车辆底盘作为一个复杂的大系统，其各个方向的运动相互联系、相互影响。对于整车动力学控制而言，车辆系统动力学的内在耦合关系及各子系统主要控制目标的不一致，导致当多种主动控制子系统共存时，产生以下主要问题 [47]：

（1）系统间可能会因子系统控制目标的不同而产生功能“冲突”或干扰。

（2）相同控制目标可能由单个或多个控制系统完成，会造成系统间功能重叠及“执行器冗余”。

（3）传感器及执行器数量多、子系统间信息共享差、控制目标缺乏全局性。

因此，如何避免各子系统间的相互冲突和干扰，并通过系统间的协调控制来实现车辆综合性能最优，已成为当今车辆底盘动力学主动控制亟须解决的关键问题之一。为了实现车辆底盘一体化综合控制，就必须考虑各子系统间的相互制约和相互影响，即从整体性、相关性上解决汽车底盘的匹配控制问题，从而充分发挥各子系统的功能优势，从根本上解决不同控制子系统间的相互干扰。

智能汽车产业已成为当前环境下国际竞争焦点，是中国实现汽车强国和交通强国的关键领域 [1]。底盘控制技术是智能汽车的基础，需要解决底盘多执行器协调控制等关键技术难题，使整车获得比各子系统单纯叠加更好的安全性、舒适性和经济性。本节将围绕底盘集成协调控制到底盘动力学域控制技术发展历程中的控制架构、协调控制策略等关键问题展开描述。

6.4.1 底盘集成控制发展现状

自从 20 世纪 90 年代以来，为了提高汽车性能，开发了各种各样的底盘主动控制系统，如图 6.91所示。这些系统按汽车运动方向可以分为 4 类：纵向的制动和驱动控制、横向的转向控制以及垂向的悬架控制。目前汽车底盘的电子控制系统都围绕某一功能来开发，并通过轮胎与地面间的接触力产生作用 [48]。由于汽车各个方向的运动并非独立，而是相互耦合的，因此具有以下特征：

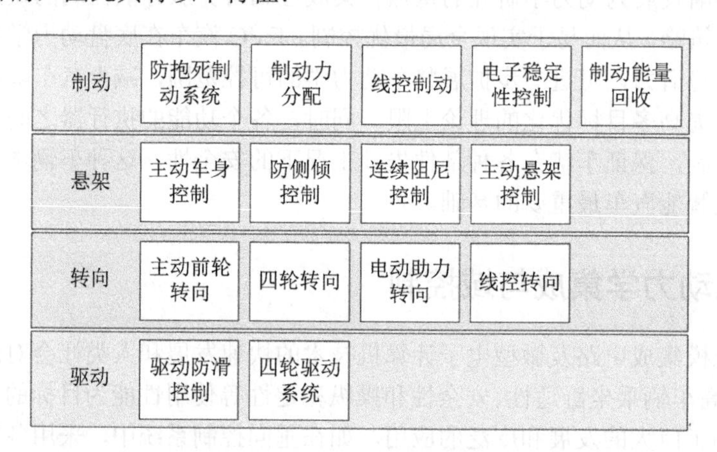

图 6.91　底盘电控系统分类

（1）各个控制系统的控制目标不一致，如主动悬架的主要控制目标是舒适性，四轮转向的主要控制目标是操纵稳定性，将两者集成时会由于控制目标不一致而冲突。

（2）各个控制系统对执行器的控制存在干涉，如制动器同时受到驾驶员、防抱死系统和电子稳定程序等的控制。

（3）同一个控制目标可以由多个控制系统完成，如转向时的操纵稳定性可以由主动前轮转向、主动后轮转向和等来实现。

（4）系统存在严重的非线性和不确定性特征，此外还存在基于反馈的控制存在时间和相位的滞后，系统的冗余度较大，尤其是传感器冗余。

近年来，各国学者和各大汽车零部件厂商针对底盘集成控制架构展开广泛的研究，可分为底盘分布式控制架构、集中式控制架构以及分层监督式控制架构。

分布式架构基于车载通信进行底盘传感器信号共享和联合控制，其特点为简单可靠，不过无法适用于底盘部件多、复杂度高的情况。早期，日本 Nissan 公司推出的 ARC-X 车型 [49]、日本 Toyota 公司设计的 FXV-Ⅱ 车型 [50] 均采用分布式架构实现底盘子系统的集成控制。采用如图 6.92所示的分布式结构时，每个子系统在一定程度上依旧独立，但是必要时可通过车载网络来彼此合作完成某一功能。这种方法所能达到的系统集成程度非常有限，主要是在传感器及相关硬件方面进行集成，且集成工作主要由 OEM 来完成，而零部件供应商只需对其子系统提供必要的接口。Gordon 在文献 [51] 中认为，这种结构完全不适合集成控制，但通过对各子系统控制器的重新设计 (如考虑到其他子系统的信息)，在一定程度上也可达到集成的效果。实际中，早期的集成控制研究大都属于这种结构，例如三菱和 Toyota 公司的早期研究 [52−53]。此外，由于悬架系统主要目标是舒适性控制，相比于制动和转向系统，悬架对操稳性的影响相对“间接”一些，故这种控制结构也较适合悬架和其他系统的“集成”控制。

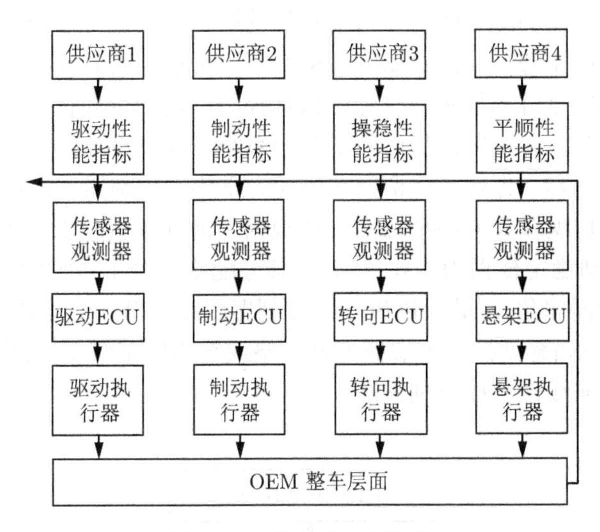

图 6.92 分布式控制架构

采用如图 6.93所示的集中式控制结构时，由一个全局控制器给出所有子系统的控制输入。不同于分布式结构，集中式结构控制器必须由 OEM 和各供应商协作开发。由于控制系统开发的策略是自上而下的，对整个系统的考虑一般开始就比较全面而充分，因此集中控制的性能可能最好，集成的程度也最高。但是，当整个系统涉及范围广且较复杂时，开发难度会显著增加；由于单个 ECU 承担的运算量较大，这种结构对 ECU 硬件的要求较高；而且，所开发的控制系统可能会牺牲本身的灵活性，一旦有新的子系统或执行器加入时，需要对整个系统重新设计。集中式架构由特定集中控制器接收处理所有传感器信号、统一优化控制各底盘执行器，其特点为集成程度高、可实现车辆性能全局优化，其可靠性、灵活性会随底盘复杂度高而降低。基于集中式架构，One 等 [54] 设计了四轮转向和四轮驱动的协调控制器；Salman 等 [55] 以及 Nagai 等 [56] 研究了直接横摆力偶矩控制和后轮转向集成控制方法；德国德尔福、博世等知名底盘零部件企业正在研发底盘集成安全技术。

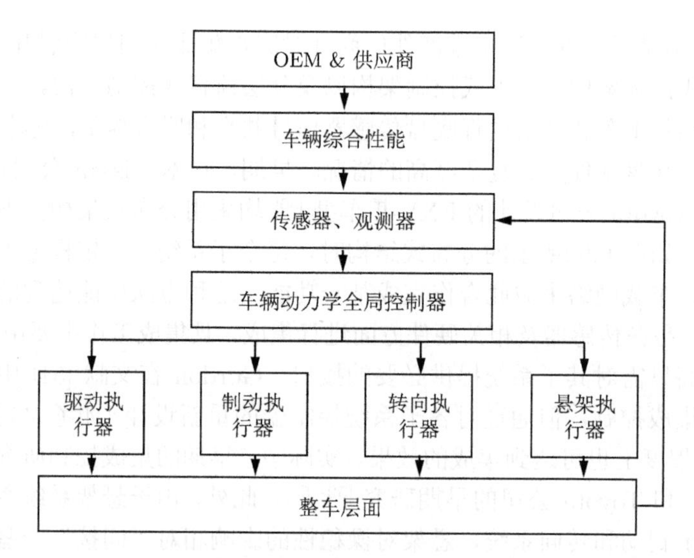

图 6.93 集中式控制架构

考虑到软硬件方面的综合优势，目前较好的结构方案是介于分布式和集成式结构之间的一种所谓“分层监督”结构，如图 6.94所示。分层监督式控制架构通过全局优化层进行目标集优化和底盘解耦控制与分配，执行控制层基于全局优化层指令控制执行器作动。采用这种结构时，各供应商仍将负责其子系统的控制设计，而由 OEM 来负责“集成”的核心和关键内容，也就是所谓的车辆动力学协调控制器 (或称上层控制器)。协调控制器的功能可以体现在如下两个方面：① 根据当前行驶状况求出车辆稳定所需的控制力或力矩 (例如主动稳定横摆力矩)，然后将其分配到各个子系统的目标状态值 (如每一车轮滑移率或轮胎侧偏角)，最后供执行层控制器跟踪调节；② 给出某子系统多个控制策略间的切换指令 (如悬架控制中的抓地性策略或舒适性策略)，如基于分层监督式控制架构提出底盘集成非线性鲁棒控制方法 [57]。

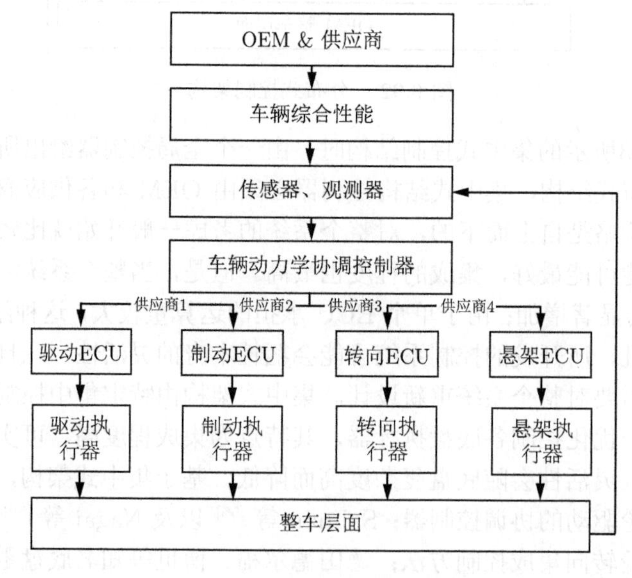

图 6.94 分层监督式控制架构

中国各科研院所也在底盘集成控制架构方面开展了深入研究，例如：上海交通大学喻凡团队以自上而下的策略对转向、驱动和制动进行集成控制 [58]；同济大学余卓平团队研究了 6 层阶梯式集成架构 [59]；合肥工业大学陈无畏团队提出底盘集成的分层协调控制 [60]；江苏大学陈龙团队提出基于多智能体理论的底盘集成技术 [61]。

6.4.2　底盘域控制器的研究意义

底盘域控制器是在智能汽车线控底盘系统的基础上发展起来的具备高速通信和强大信息处理能力的高性能域控制器技术，通过取代原有底盘分布式 ECU 架构而将原有整车各底盘传感器信息集成在一起进行整车状态解算和估计，能够集成优化整车各底盘电控系统的信息融合处理功能，提升整车底盘电控功能执行效率和功能安全等级，适应整车控制技术向集成化、智能化方向发展。

底盘域控制器的研发具有如下几点重要意义：

（1）功能集成化：在底盘域控制器的体系架构之下，原有的各个底盘电控功能上移至底盘域控制器执行，下层各 ECU 负责传感器信息的接收和控制指令的执行。

（2）信息统一化：各底盘电控 ECU 之间可以做到安全隔离，各传感器所采集的信号数据均上移至底盘域控制器中进行处理和整车状态的解算与监测，也可以根据需求进行通信和操作。

（3）为汽车 L3 以上级别的自动驾驶提供统一、标准的接口，减少开发工作量，并且能够实现无障碍车型底盘系统升级，极大减少二次开发投入。

（4）降低硬件要求：底盘域控制器具有强大的计算能力与丰富的接口支持，使得更多核心功能模块集中于底盘域控制器内，系统功能集成度大大提高，这样对于功能的感知与执行的硬件要求降低。

（5）提升部件标准化和通用性：底盘域控制器和底层 ECU 接口的标准化/网络化，会让这些零部件变成标准零部件，从而降低这部分零部件开发/制造成本。简而言之，底层 ECU 只关注本身电控功能的执行，而底盘域控制器关注系统级功能的实现和协调控制。

（6）深度整合整车纵向、横向、垂向运动控制功能集成，可灵活配置同一平台下不同车型电子控制系统功能、定制服务与不同驾驶风格等，提升整车厂对底盘电控系统的掌控力。

因此，作者团队提出如图 6.95所示的底盘动力学域控制软硬件一体化关键技术，可极大提升底盘电控功能协调处理能力，以及更高效率的软件开发功能，能够促进和加快整车生态系统内的协作，加速产品落地与市场化的进程。智能驾驶底盘域的完备解决方案有望成为支撑智能驾驶升级和发展的核心产品。

6.4.3　底盘域软件架构

智能化为汽车产业带来颠覆性变革，汽车电子电气架构也面临颠覆性变革，由分布式逐渐向域集中式甚至中央计算式进化，以解决智能汽车底盘信息安全，高动态、高复杂交通环境下安全稳定运行等瓶颈难题。现有各底盘电控功能仍存在着互相耦合、互相影响、功率对耗等现象，并且随着智能汽车环境感知技术和现代控制技术的发展，整车电子化的程度越来越高，电子控制单元数量不断增加，这将导致汽车控制系统变得更加复杂，各电控单元处理器的计算处理能力将达到上限。

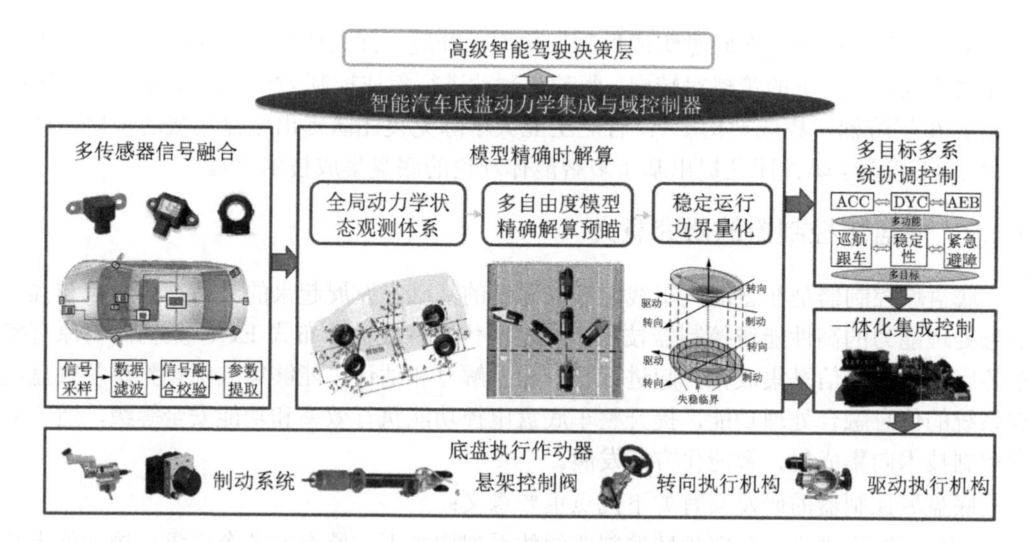

图 6.95 底盘域控制软硬件一体化示意图

针对上述智能汽车底盘控制问题，作者团队提出了面向智能汽车的底盘动力学域控制概念，发明了底盘动力学域控制架构。首先对当前底盘各部件传感器进行信号融合；通过全局动力学状态观测、多自由度动力学建模，探明车辆动力学模型的精确解算机制；在此基础上，精确量化智能驾驶过程中车辆安全稳定运行边界条件，实现底盘域反馈至智能决策层车辆运行与预瞄动力学状态、运行量化条件等信息，为智能汽车构建出类驾驶员视角；通过驾驶员意图识别、底盘多目标多系统综合优化，进行各个部件的协调控制；由底盘各个作动器执行，如图 6.96所示。

多自由度动力学模型的精确解算与预瞄是车辆进行前馈控制、提升车辆动力学性能的基础，也是底盘动力学域控制技术的关键之一。需要综合轮速传感器、惯性测量单元、转向盘转角等底盘传感器信号，实现四个车轮各向轮胎力、动力学状态的精确观测，通过数据融合处理后构建十五自由度车辆动力学模型并进行精确解算。作者团队设计了一种轮胎力的自适应统一观测方法、车身侧偏角融合观测方法、路面附着系数估计算法，构建全工况车辆动力学状态获取体系，在此基础上，有望解决智能汽车在高复杂、动态不确定性交通环境下运行时动力学模型精确解算预瞄、稳定边界量化的难题，为智能驾驶提供类经验驾驶员量化感知视角。

实现类驾驶员视角的精确感知，具体包含以下两个层面：

一方面是整车全局参数获取，结合大数据技术对车辆进行自标定匹配，通过底层传感器信号的实时读取与相互校验，实现对车辆本身的状态进行校验与估计，避免了繁杂的人工标定程序，同时能够实时获取整车的状态如装载、胎压等信息，能够为决策层提供完整可靠的整车动力学控制边界信息，同时也能够实时监测整车的运行状态，及时对可能出现的故障信息做出反馈与记录，是行车安全的重要保障。通过模型获取整车的参数，包括载荷、轴距、轮胎气压等整车状态，取代传统人工驾驶中对车况的预估，实现类驾驶员视角的整车模型。

另一方面，该模型提供对驾驶环境的实时估算，包括道路坡度、曲率、不平度、附着等信息，并与传统感知层（摄像头、雷达）获取的信息进行融合，实现在复杂且不确定交通环境下驾驶环境信息的实时更新，使得决策层可以更为全面地了解外部环境信息，

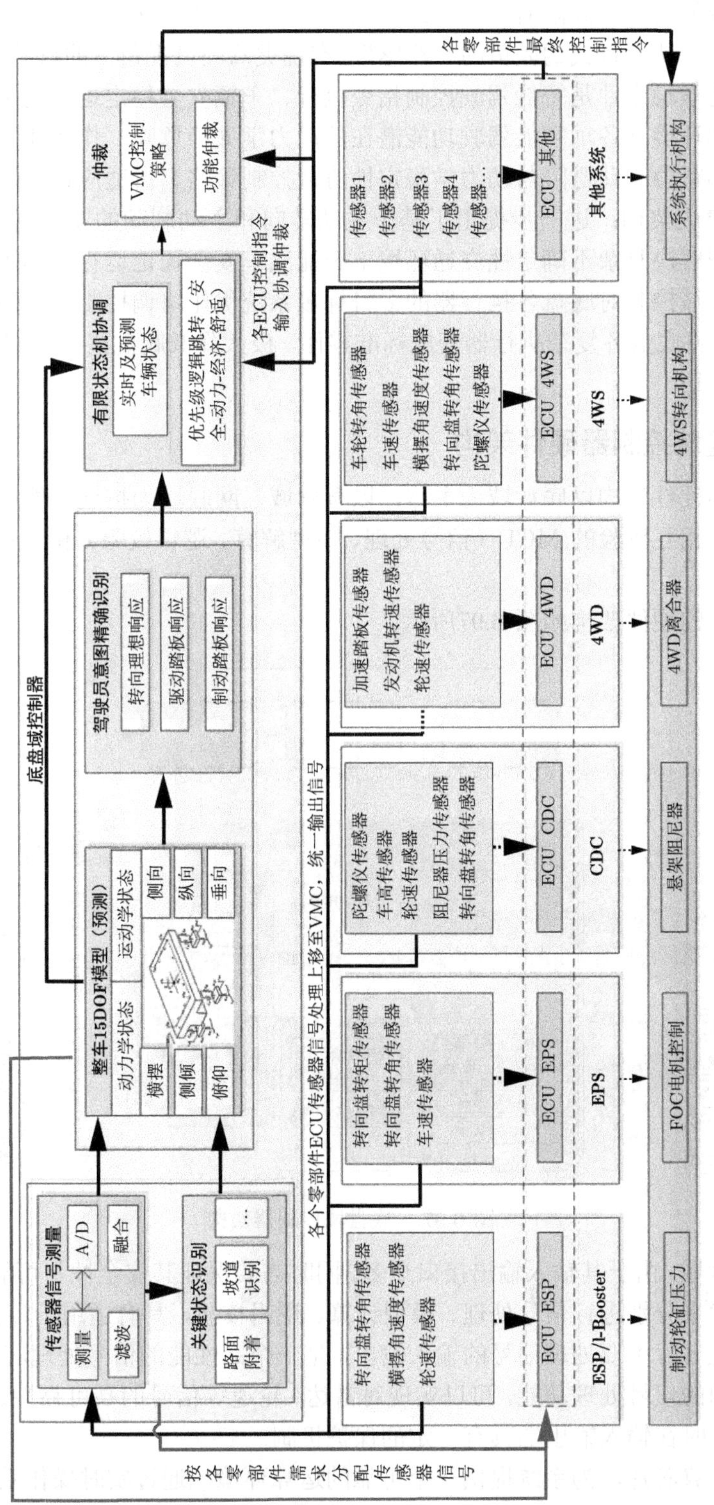

图 6.96　面向智能汽车的底盘动力学域控制架构 [1]

得到车辆环境所允许的理论运动边界，进而通过量化计算与滚动预瞄，实时获取当前道路状态，区分低附着、高附着、碎石路，上下坡、侧坡等特殊道路情况，以便于实现不同的控制策略，从而替代驾驶员的“路感”，实现类驾驶员视角下的自动驾驶功能。

底盘动力学稳定性是智能驾驶控制指令执行、车辆安全稳定运行的关键。针对复杂不确定性交通环境下各项智能驾驶功能潜在的动力学失稳危险，作者团队提出了基于模型预测控制的紧急制动避障与动力学稳定性协调控制策略、自适应巡航跟车与直接横摆力偶矩控制集成架构；进一步提出了基于主动转向和主动制动的 H∞ 鲁棒多系统协调控制器，有望解决复杂不确定性交通环境下智能汽车安全稳定运行瓶颈难题。这样，通过底盘动力学域控制对底盘各执行器的多目标多系统优化协调控制，实现底盘域与执行器数据交互，将底盘各复杂执行器变成标准零件，极大降低底盘核心零部件高昂的开发、匹配、测试费用。

6.4.4 底盘域控制器硬件架构

底盘域的硬件架构以底盘域为主体，以智驾域、网联域为扩展功能层，其中底盘域主要包括三个相互校验的 MCU（信号处理、模型解算、逻辑校验）和一套双冗余的电源管理系统。

系统整体的硬件架构如图 6.97所示。

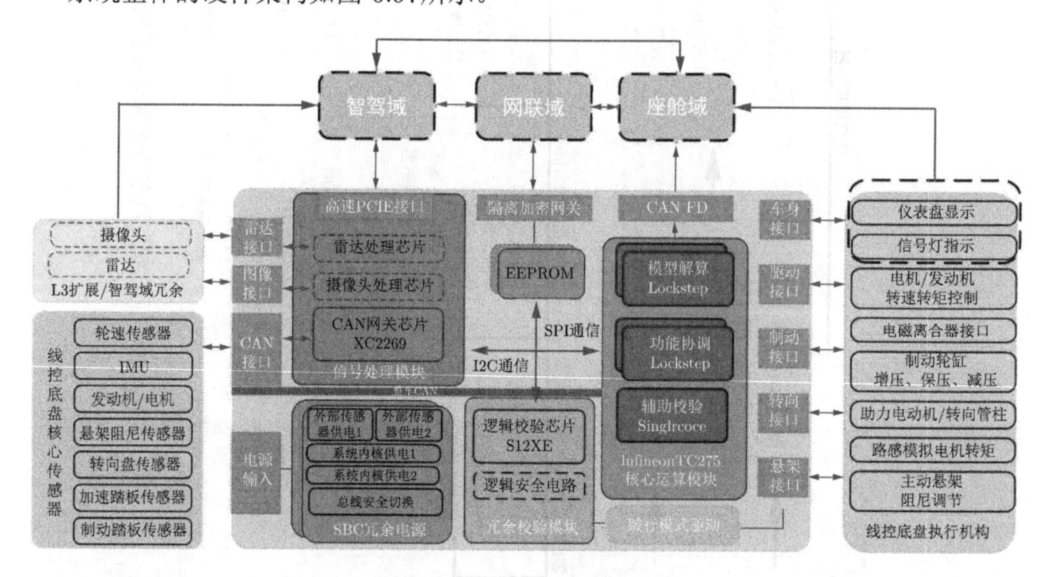

图 6.97 底盘域控制器架构

对于底盘域，由于其输入输出接口众多，同时需要保证其安全性与可靠性，故采用三个独立的芯片来分别进行信号处理、模型计算、逻辑校验，具有适用于各自功能的架构。

信号处理芯片主要处理信号的输入输出，是一个高性能的信号处理芯片（DSP）。其具有多种通用的信号处理功能，可以实现对雷达、轮速等信号的高可靠性、高实时性、高精度采样，同时在输入输出端具有一定的保护机制。

而模型解算芯片，为系统提供一个可靠的运算环境，通过实时操作系统来保证运算的实时性，通过双核锁步来保证系统的可靠性。模型解算部分的单片机可以选用小封装的芯片，从而降低成本与布局压力，它主要接收来自信号处理部分和逻辑校验部分的信号。但是其具有较强的运算性能，能够实时运行整车十五自由度动力学模型，给出信号的校验结果，并结合整车动力学模型计算相应的安全域，从而明确稳定边界实现系统的高可靠性。

逻辑校验芯片对底盘域的输入输出结果进行再次校验，通过底盘域上的逻辑门芯片实现对信号的管控。该芯片性能较为均衡，选用较大的封装，其上有较多的信号接口，同时内部算法主要以逻辑校验为主，因此可选择较低的主频。

采用“看门狗”的机制进行芯片之间的校验，由于上述三个芯片在功能上相互重叠，故任意一个芯片无法使用时，另外两个芯片可以负担它的功能，仍然可以保证整个系统的正常运行，从而保证了底层执行机构的输出结果的绝对安全可靠。

为了保证系统的供电可靠性，还需要设计一套双冗余的供电系统，为芯片和传感器进行独立供电，从而保证电力系统可靠性。

为了保证系统的可靠性的同时提高系统的可扩展性，在高可靠性的底盘域上，提供两个外部接口，用来实现更高层级的自动驾驶功能。第一个是网联域，主要实现基于云端数据库的车型匹配以及在线的故障诊断，同时也是 V2X 功能的重要接口，能够实现车与车的交互、车与路的协同等功能。其需要在接口处设计加密的信号隔离机制，避免黑客从网联域入侵整个系统。第二个是智驾域，这一部分主要是由异构的人工智能处理芯片构成，既可以通过深度学习的方式处理外部的感知信息，也可以利用强化学习的方式进行决策，但是由于机器学习算法本身具有预期功能安全受限的特性，需要在底盘域对计算结果结合传感器信息与模型解算结果进行二次校验从而保障系统可靠性。

6.4.5 底盘域信息流架构

本节将介绍一种车载底盘动力学域控制器的安全信息流，主要包括底盘控制系统冗余架构信息流，面向自动驾驶的分级感知信息流，以及信息流中的通信安全及加密传输三大部分。

1. 系统信息流流向

系统的整体架构如图 6.98所示。

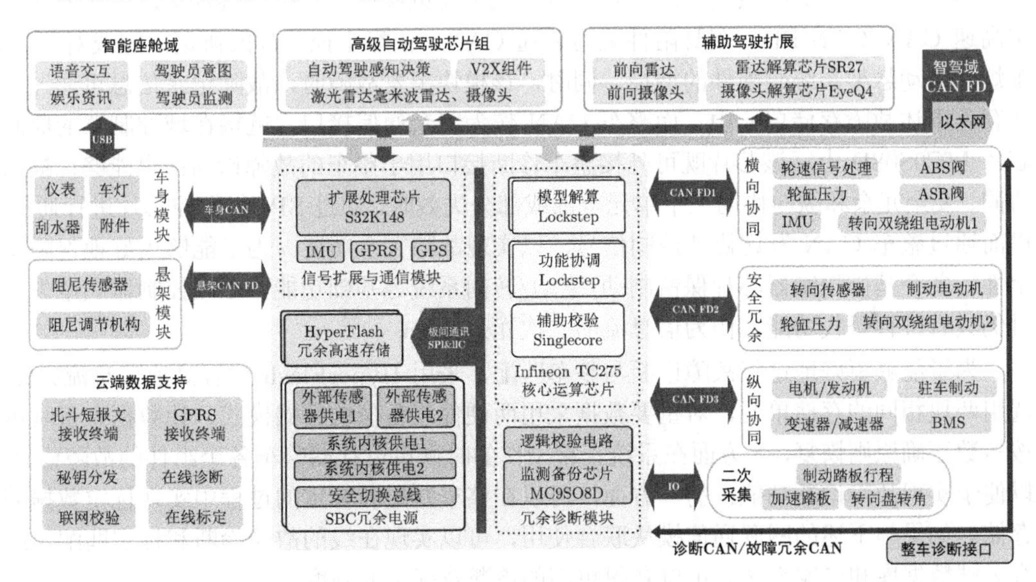

图 6.98 信息流整体架构

从系统的设计上，可以分为底层信息流（横向协同、安全冗余、纵向协调、车身模块、悬架模块等），域控核心计算与信息存储（核心运算、冗余诊断、信号扩展与通信、冗余高速存储、冗余电源等），智驾扩展信息流（辅助驾驶扩展、高级网联智驾、智能座舱交互等），以及系统外部的云端支持。

在底层关键信息流的冗余上，横向协同、纵向协同及安全冗余总成是最重要的底层执行机构。可选取英飞凌 TC275 系列的强功能安全芯片对前述三个模块采用 CAN FD/高速 CAN 总线进行连接，保证信号传输的快速性与强实时性，TC275 有两个锁步核，一个负责模型解算，另一个负责功能协调，保证计算结果的安全可靠性，同时还有一个核用作信号校验。这样的设计便于集成算法在主控芯片上的运行，能够实时方便地处理各种功能协调算法。

底层各个系统功能及冗余策略介绍如下：

横向协同控制单元包括制动系统的 ABS 和 ASR 阀，以及一个转向双绕组冗余电机。通过采集轮速、IMU 信息进行横向动力学稳定性的协调控制，ABS 和 ASR 阀的组合可以控制任意一个轮的制动以实现整车的横向控制，转向电机也可以独立控制系统转向达到横向动力学控制的目的。此单元主要用于驾驶辅助工况下进行横向稳定性控制时，汽车制动及转向系统的协同控制。

安全冗余单元主要包括制动增压电机和另一个转向双绕组电机，以及转向传感器和主缸压力传感器。此单元主要作为正常转向制动时的执行机构，也可作为横向控制单元或其子单元失效后，能实现制动和转向功能的冗余备份控制系统。

纵向控制单元主要包括驱动电机/发动机、电池管理系统（BMS）、加速踏板和驻车制动，是汽车正常行驶工况下的动力核心。当电池电量低时，需要结合 BMS 中的 SOC 信息，进入跛行模式并屏蔽加速踏板信号，以保护电池。此单元还是纵向动力学控制（包括坡道起步和制动能量回收）的执行机构，通过电机反拖和/或驻车制动能够实现应急情况下的紧急制动。

由于功能安全等级较低，悬架和车身总成主要链接在信号扩展芯片上，其中悬架采用高速 CAN/CAN FD，车身附件采用普通 CAN，依靠主控芯片的协调，完成对仪表、车灯、主动悬架系统等附件的调控。同时，该模块突发故障时，故障记录信息可通过总线存入下述故障存储单元中。而整车 CAN 作为冗余通信接口，链接在域控制器的监测芯片 MC9S08D 上。该芯片既可外接整车诊断接口用于整车的故障诊断；也能够在横向协同、安全冗余和纵向协同三个单元全部或部分失效时，通过 SPI 与主控芯片进行通信，进而通过整车 CAN 发送协调控制信号，以实现故障冗余功能。为了能够更好地保障安全性，各个基础控制器芯片保留制动/驱动/转向系统等基础功能，当域控制器完全失效时仍具有跛行替代功能，作为信息流的二次冗余备份。

为了能够更好地进行故障诊断与整车匹配，采用 HyperFlash 进行高速信息流存储，选用两块相同的存储单元，对重要数据采用两硬件三备份的存储模式，让数据有误时可按多数正确原则恢复，一方面在系统正常工作的时候可以存储整车各个组件的故障信息，以便于实现故障诊断功能；另一方面，可以在整车匹配和标定的过程中实现标定数据的存储。如果与下述的网联通信模块联合使用，可以实现在线的故障诊断和标定匹配，结合云端数据库和专家系统，可以获得更高的诊断及标定准确度。

设计底盘域控制器上的网络通信定位模块，用于联网信息流的传输与校验，可以选配的组件及其功能包括：① GPRS 模块，通过手机基站实现定位与数据传输；② 卫星定位模块，通过北斗、GPRS 卫星系统实现定位，同时也可以根据需要选装北斗短报文模块，用于应急通信；③ IMU 陀螺仪惯性导航模块，可以与上述定位信息进行深度融合，精确获取车身信息，也可以与底层 ESC 功能的 IMU 互为冗余备份，保证域控制器能够实时精确地获取车身位姿信息。

对于在扩展接口上可扩展的自动驾驶功能，按照自动驾驶分级的形式，实现 L1~L4 分级设计架构，设计面向自动驾驶的分级感知信息流，实现对自动驾驶功能全覆盖。

L1：对于 L1 级自动驾驶系统，底盘域控制器主要作为整车控制器，协调控制整车正常行驶，同时实现基础的人机共驾功能，通过对制动、驱动、转向做出微调，使得车辆按照驾驶员期望行驶，同时保证行车安全。

L2：加入摄像头、雷达这一辅助驾驶扩展模块，实现基础的 ADAS 功能，如 LKA、AEB，依靠外接的扩展芯片实现对外部高级传感器信号的预处理与辅助功能的计算，通过主控芯片结合底盘动力学模型的二次处理与校验，最终得到具体的执行信号。在信号传递上，选用以太网和 CAN FD 通信双备份的策略，同时接入信号扩展芯片与主控芯片中，防止信号丢失或出错，从而起到安全辅助驾驶的功能。

L3：对于 L3 级别的自动驾驶决策，驾驶员作为辅助接管，多种自动驾驶传感器（如多个激光雷达毫米波雷达、摄像头）直接连接至专门的自动驾驶组合异构 SOC 芯片（如 NVIDIA Xavier 等）进行感知与决策。在信号传递上，选用以太网和 CAN FD 通信双备份的策略，同时接入信号扩展芯片与主控芯片中，防止信号丢失或出错。

L4/L5：区别于 L3，由于此时不要求驾驶员做出紧急情况下的接管，故此时参考 L2 的配置，另外采用基础的摄像头、雷达这一辅助驾驶扩展模块，二次处理用作自动驾驶冗余备份，防止顶层自动驾驶神经网络失效或遭受对抗攻击时，车辆驾驶系统崩溃进而引发安全事故。在自动驾驶系统出现问题或致命性错误时应当及时接管，实现安全的靠边减速停车。

2. 信息流冗余保护策略

信息流线路失效时，对于底层 CAN FD 信号失效，可以通过故障诊断/冗余 CAN 作为信息流冗余信道；对于顶层自动驾驶控制信号，可以采用智驾 CAN FD/以太网互为冗余信息流信道，当核心执行机构件失效时，通过域控制器的协调控制，结合底层驱动预先存储的策略，采用跛行动作策略替代失效执行件。

对于单一底层执行机构故障时，可采用如下协调冗余策略，调整信息流流向，保障行车安全。

制动机构故障：

（1）如果单侧制动失效，尝试关闭对侧制动阀，保证车辆方向稳定性。

（2）采用制动电机增压进行制动补偿。

（3）域控制芯片尝试调用驱动反拖，或尝试调用电子驻车制动系统进行制动。

（4）尝试采用转向避让，利用制动电机靠边减速停车（需支持视觉传感器）。

转向机构故障：

（1）转向系统采用双绕组电机，利用横向协同控制单元/安全冗余单元内互为备份的双绕组电机进行转向驱动。

（2）关闭驱动模块，调用三个单元内的制动系统减速并安全停车。

（3）如有必要，可利用左右侧制动力的不均等分配实现部分转向功能。

驱动故障或电池过热：

（1）尝试启动电池散热系统，限制过大功率输出。

（2）关闭驱动，采用制动转向协调配合靠边减速停车。

对于智驾域与底盘域的信息流交互，可采用信号扩展芯片进行信息流协调工作，可以将底盘域整合后的整车动力学信号上传，辅助智驾域进行决策，也能将智驾域获取的车身、道路信息传递到底盘域，用作整车十五自由度模型的计算。

3. 信息流安全校验策略

借助信号扩展与通信模块，联合 HyperFlash 冗余高速存储单元及云端数据支持模块，即可以实现对信息流网络上各关键可通信模块的数字加密、身份认证、安全数据更新、安全服务升级等常见车载通信网络的安全服务支持。扩展处理芯片 S32K148 和 HyperFlash 冗余高速存储器可作为整车通信网络的集成安全单元。芯片 S32K148 主要作为该单元的处理器，同时其内置存储模块可作为安全数据的存储中心；而 HyperFlash 冗余高速存储器可作为安全数据的本地备份中心。云端数据支持模块同信号扩展与通信模块进行在线通信，可对本地存储的安全数据进行同步、加密、解密、校验和更新，如图 6.99 所示。

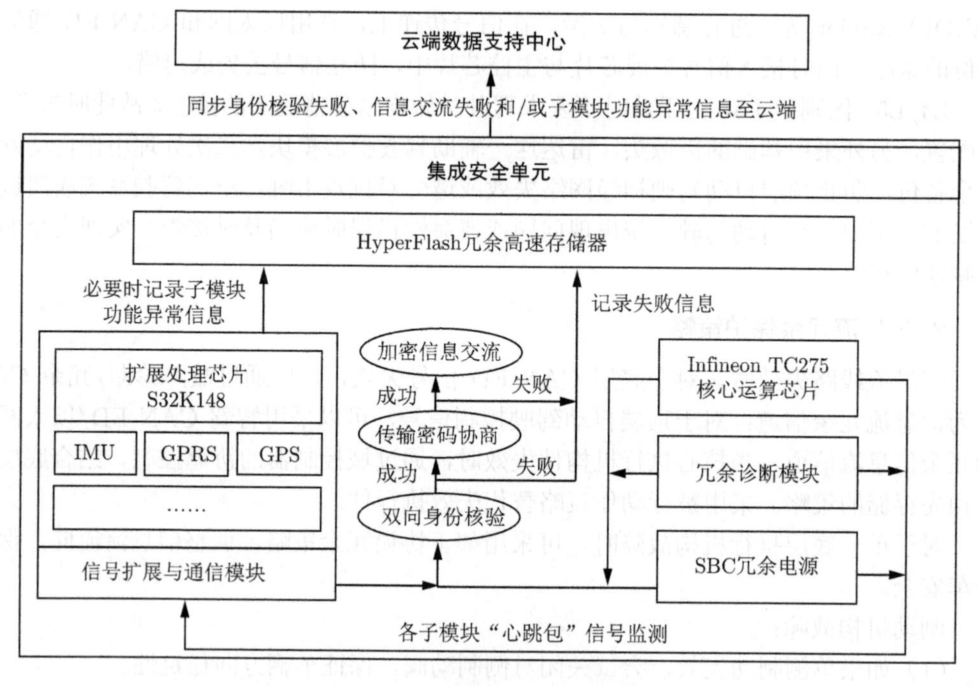

图 6.99 信息流安全校验策略图

信息流安全服务流程主要包括以下部分。

（1）底盘动力学域控制器与 CAN/CAN FD/以太网等网络内其他具备通信接口的电子单元的信息交互安全。

（2）底盘动力学域控制器内部，信号扩展与通信模块和控制器内其他具备通信接口的单元（如核心运算、冗余高速存储、冗余电源及冗余诊断等模块）之间的信息交互安全。

（3）底盘动力学域控制器与云端数据支持模块的信息交互安全。

第一部分，当集成安全单元接收来自车载网络内其他可通信单元（如传感器、ECU、音视频设备等）的安全启动请求或来自该可通信单元的安全启动响应时，集成安全单元读取 Hyper Flash 冗余高速存储器中已编译的固体文件，并利用 SHA 算法计算对应的哈希值，再选取非对称加密方式，联合私钥通过 RSA 算法加密该哈希值，并得到相应的数字签名；通过 CAN/CAN FD/以太网，将固体文件及数字签名打包传输至相应可通信单元，并保存在其内部的存储模块内；安全启动过程中，可通信单元读取存储模块内的数字签名，并采用由集成安全单元预先提供的公钥验签，获得之前计算得到的哈希值，同时可通信单元读取其内部存储的固体文件重新采用 SHA 算法计算对应哈希值，若重算哈希值与验签哈希值一致，则可通信单元得以安全启动，否则启动失败；集成安全单元与可通信单元在传输信息之前应进行双向身份认证，认证方式包括密钥、数字证书、安全多项式及基于硬件指纹的身份信息等其中之一，双向身份验证通过后方可进行密码协商及加密信息传输，任何一方身份验证失败则终止验证，然后在本地保存验证记录，并通过信号扩展与通信模块同步至云端数据支持模块。

第二部分，域控制器内部的信号扩展与通信模块和核心运算芯片、冗余诊断模块、SBC 冗余电源等进行域内信息交互之前，同样应进行双向身份核验，核验方式采用密钥、数字证书、基于硬件指纹的身份信息其中之一；当任何一方身份核验失败、身份信息被篡改或不完整，则双向身份核验终止，然后信号扩展与通信模块记录核验失败信息，同时在本地冗余高速存储和云端数据支持模块进行备份；另外，在安全数据加密传输时，信号扩展与通信模块可通过定时监测核心运算芯片、SBC 冗余电源、冗余诊断模块等子模块的“心跳包”信号，来判断子模块是否处于正常工作状态。例如，若连续 5 个周期内信号扩展与通信模块未接收到其他子模块的“心跳包”信号，则判定该子模块已出现故障，需启动冗余安全策略并记录故障信息，在冗余高速存储器内备份并同步至云端数据支持模块。

第三部分，车载 CAN/CAN FD/以太网内各可通信单元身份验证信息（如密钥、数字证书等）的维护与更新，通过信号扩展和通信模块和云端数据支持模块协同完成。云端数据支持中心负责公私密钥的分发、可通信单元身份信息的联网校验等，当处于① 车辆出厂前配置可通信单元的身份信息；② 车载网络系统故障失效需维护可通信单元身份信息；③ 云端数据支持模块需更新各可通信单元的身份信息等情况之一时，云端数据支持模块通过无线网络将密钥及数字证书传输至信号扩展与通信模块，并存储在冗余高速存储器 HyperFlash 中。当 CAN/CAN FD/以太网络内可通信单元已安全启动，并和信号扩展与通信模块成功进行双向身份验证时，信号扩展与通信模块与各可通信单元进行安全数据加密传输，可通信单元将接收到的密钥及数字证书等存储于单元内的存储模块，并在之后需与车载网络内其他可通信单元建立传输通道时，采用最新的密钥及数字证书进行双向身份验证。

4. 底盘域仿真测试平台

传统的底盘电控功能测试方法主要采用功能验证的模式对系统的软件、硬件进行测试，仅仅考虑单一功能，搭建简单的硬件在环平台，难以应对复杂环境，更难以处理多系统之间的协调配合，同时整套系统可复用性差。而对于目前新出现的智能驾驶汽车，受法律法规与时空成本的限制，整车只能在有限的道路环境中做少量的实车测试，难以模拟实际中复杂的交通环境。本节基于底盘域控制架构，提出一种综合可扩展的软硬件在环仿真测试平台，提供各个自动驾驶级别功能的模型在环、软件在环、硬件在环仿真，能够支持对驾驶场景、整车模型、机电故障进行模拟，从这三个层面识别并校验系统可能出现的故障。同时具有较好的可扩展性，不仅能够涵盖域控制器功能开发的整个流程，同时该平台也能通过更换测试模组，实现对不同车型、不同环境进行系统级仿真测试，从而能够有效缩短系统开发所需要的时间周期，同时能够在实车测试之前进行充分的系统测试，减少可能存在的风险，保证预期开发功能的安全可靠性。

面向预期功能安全底盘域控制器软硬件的在环仿真测试平台主要面向智能汽车运行中的各种问题，分别是运行场景仿真环境、整车动力学模型仿真、单板故障模型测试仿真三重硬件仿真环境，在具体实现层面可从模型建立、软件支持、硬件扩展三个层面进行定义，从而能够在域控制器开发的全流程中模拟智能汽车可能遇到的各种场景与故障，同时在系统开发与集成的各个环节进行有效而全面的测试工作。主要解决功能安全和预期功能安全两个方面的问题：

在功能安全层面，对电子电气系统可能进行的系统失效原因及冗余处理策略进行模拟和测试，避免系统在工作中出现功能安全层面的失效。

在预期功能安全层面，虽然系统没有发生故障，但仍然会受当前技术的局限性而导致危害，如传感器感知局限导致场景识别错误（包括对驾驶员误操作的漏识别），深度学习不够导致决策算法判断场景错误（包括对驾驶员误操作的误响应），执行器功能局限导致与理想目标偏差。为此，需要对多种测试场景模型进行系统化、大范围的测试。

整体系统架构如图 6.100所示。

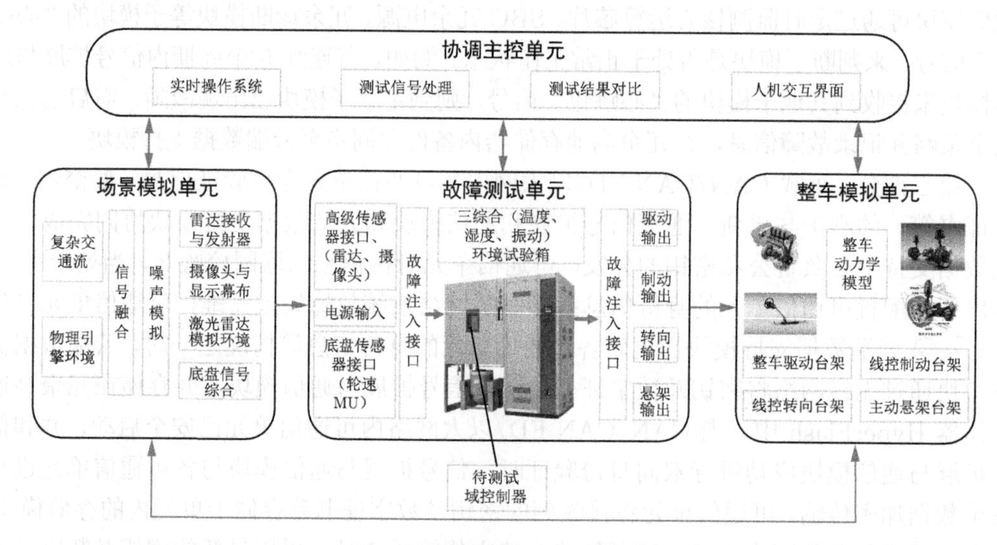

图 6.100 底盘域仿真测试平台架构

下面对各个部分的硬件方案进行详细说明：

1）协调主控单元

运行在各个模块之上，应有一个高性能的实时操作系统来进行计算，将各个信号实时地发送至各个模块，确保整个系统的实时性，保证模拟系统与真实环境的高度相似性，同时也是场景模拟单元、整车模拟单元、故障测试单元三个部分的软件运算实体，接下来对三个子单元的硬件方案分别进行介绍。

2）故障测试单元

该模块是待测试域控制器和测试平台的直接接口，用于检测并防止行车过程中核心部件可能出现的故障，通过故障树分析的方式进行建模，对系统可能存在的风险进行测试。该模块主要包含系统级故障测试和随机故障测试。

对于系统级故障测试，在故障注入模块使用继电器和信号发生器，依据定义的可能故障形式，对各个输入输出信号，通过信号注入来实现故障的模拟，通过添加噪声或关闭接口来检测域控制器对异常信号的处理检测能力。该硬件平台也可支持人为引入短路、电流冲击、断路等机电故障，从而测试域控制器对特定信号和异常的处理能力。

随机故障测试则是通过三综合试验箱，模拟恶劣的使用条件，如振动、高低温、高湿、复杂电磁环境，甚至高能粒子冲击等，借此检验域控制器硬件本身的可靠性或随机异常处理能力，从而保证硬件具有正确的故障处理逻辑和极高的安全可靠性。通过硬件测试单元，可以实现对硬件故障的测试和模拟，使整个在环仿真环境贴近于真实车载环境，便于在仿真过程中测试可能存在的硬件问题。

3）整车模拟单元

为了能够更好地表征整车动力学特性，模拟车辆自身结构对控制算法的影响，又能尽可能地降低成本，设立整车模拟单元，主要可以分为实时系统上的整车动力学模型与车载系统的实体仿真台架。

在实时系统上运行整车动力学模型，表征车辆运动状态和空间位姿，在软件上可借助商用软件实现，也可以根据需要自行搭建。

同时，为了能够对执行机构的特性进行模拟，同时匹配不同种类的车型，在硬件层面，可以补充相关的在环仿真平台，运行在真实的物理环境中，如模拟制动的轮速采集–气压/液压制动平台，模拟驱动的电机/发动机–负载平台，模拟转向的转向机器人/线控转向平台，模拟底盘悬架的六自由度仿真平台。依据这样的仿真平台，对硬件架构模块进行更换或者参数的设置，就可以实现对不同车型、不同硬件环境的仿真模拟。同时也可以针对不同的功能，根据需要组合不同的硬件在环平台，如将制动台架和驱动台架组合测试制动能量回收功能，将制动与驱动结合模拟 TCS 等。

通过整车仿真模块，可以建立不同传感器信号的依赖关系，在实际测试过程中，可以将模型解算结果引出进而与实际模型作对比。该部分的测试台架既可以用作域控制器对不同执行机构的匹配，也可以检验底层执行机构的特性，借此验证底盘域控制器系统中整车模型建立的准确性与信息处理能力，从而保证底盘域的高精度实时车载模型与广泛车型匹配能力。

4）场景模拟单元

主要针对智能汽车可能面临的复杂交通场景进行建模和仿真，包括驾驶环境和其他交通参与者，建立复杂交通流模型，对行人、车辆等道路交通参与者的行为和路径进行分析建模，营造接近于真实场景的驾驶环境，同时也实现对天气条件以及道路环境进行模拟，考量车辆在复杂交通环境下功能的可靠性，从而能够弥补在设计过程中，由于预期功能考量不充分所导致的预期功能安全问题，有效地对系统运行过程中已知或未知的风险区域进行优化。

在软件层面，既可以用交通流模拟软件（如 PreScan）模拟交通流，也可以将真实的环境因素与驾驶数据相结合，借鉴游戏开发中的物理引擎实现对各种天气以及道路坡度、附着、障碍等复杂环境的测试，可以将道路信息输入到整车动力学模型中，使得车辆行驶工况与驾驶环境相匹配，同时也采集车辆运动过程中的位姿信息，输入到场景仿真环境中，用于更新周边环境信息，同时也便于实现车辆与环境（V2X）的交互。

在硬件层面，传感器数据既可以经过环境噪声融合直接输出到信号发生器中，也可以单独设置传感器的硬件在环模拟，如利用摄像头采集屏幕上的数据、模拟激光雷达的点云数据、毫米波雷达回波模拟、虚拟地图定位信息、虚拟车联网 V2X 通信信号等。借此，将虚拟的环境与真实的硬件进行连接，从而能够在硬件在环阶段模拟真实的传感器信号，验证传感器处理算法的鲁棒性，实现对于驾驶场景的硬件在环仿真，且能够在各种复杂场景中验证算法与硬件的可靠性。

对于以上三个仿真模块，可以单独进行测试也可以组合测试，而模块本身可分为模型在环、软件在环、硬件在环三重测试，符合智能汽车功能开发的 V 型架构（如表 6.11）。下面对基于本仿真平台的具体开发流程举例介绍 [以 AEB（自动刹车辅助系统）为例]。

表 6.11 AEB 系统开发流程

	场景模拟单元	整车模拟单元	故障测试单元
功能模拟	复杂交通环境模型	整车模型	系统故障树模型
软件支持	交通流模拟软件 物理引擎软件	整车动力学 仿真软件	故障注入软件 信号调理软件
硬件扩展	虚拟感知 (摄像头、雷达) 虚拟定位（GPS、IMU） V2X、车联网	制动模组 转向模组 驱动模组 底盘模组	故障信号注入 环境因素模拟 工作状态监测

在系统功能确立阶段，可以建立系统待验证的功能模型，从而对系统功能的定义更加明确，同时在这一阶段，也可以将系统模型与实际情况进行对比，整定模型参数，验证模型可靠性（如建立系统制动模型，确立制动参数、所需制动场景等）。

在软件架构确立阶段，可以对具体的软件结构进行定义，明确软件测试的具体环境，在这一阶段，可以对算法进行软件在环，单独测试算法在模型中的性能（如在仿真环境中测试 AEB 算法，验证能否在不同环境中实现紧急制动）。

在硬件架构确立阶段，可对硬件功能进行定义，同时也对硬件在环的具体硬件扩展件及可能出现的系统故障进行定义，从而设计故障注入相关用例，以便于后续进行硬件在环的相关测试（如定义制动相关系统的安全冗余切换设计、域控制器硬件校验逻辑，同时搭建制动测试、摄像头采集相关硬件台架）。

依据以上三重架构定义，可以进行系统软硬件功能的具体开发，同时与后续的测试进行反复迭代从而消除系统已知和未知的安全风险。在硬件单元测试阶段，依据前述定义的硬件功能，对各部分硬件功能进行基本的验证，确保域控制器的硬件功能能够满足软件开发的具体需求，其他测试用的场景和整车模型的传感器工作正常（如测试制动系统硬件设备的安全性和执行速度，验证硬件校验逻辑）。

在软件集成测试阶段，依据前述定义的软件架构，结合已有的硬件，逐一进行系统软件功能的验证，包括数据处理、故障识别等功能，确保软件实现了预期的功能（集成软件硬件，在域控制器硬件上实时运行算法，处理来自模型与场景的信号，考量在硬件在环仿真环境的表现）。

在系统功能测试阶段，将针对前述定义的系统功能，在复杂的道路交通环境中测试前述定义的系统功能，主要解决由复杂环境所导致的未知风险（如测试雾天、雨雪等复杂条件下对 AEB 功能的影响），借此节约实车测试的时间和空间成本，将测试得到的问题迅速返回，开始反复迭代，采用这样的测试架构，可以缩短并规范产品的开发流程，同时保证系统的可靠性。

6.5 本章小结

本章首先对智能汽车底盘技术的发展路线进行了描述，详细介绍了早期底盘电控系统的结构和组成，对当前应用前景广阔的底盘线控技术进行了概述，并对智能汽车的线控驱动、线控转向和线控制动系统的软件、硬件部分分别作了详细介绍。在线控驱动部分，本章重点介绍了基于 CAN 通信和伪控制器的加速踏板和变速器线控技术；在线控转向部分，本章重点介绍了保留和去除机械硬连接的不同线控转向系统构型，并就其冗余形式和控制方式做了详细介绍；在线控制动部分，本章就乘用车 EHB、E-booster 等基于液压制动的乘用车线控制动系统和 EBS 等基于气压制动的商用车线控制动系统做了详细介绍。之后，对全矢量线控底盘技术做了展望。最后，着重介绍了作者团队提出的底盘域控制器架构，分别从软件、硬件、信息流架构的角度提出了对未来汽车底盘域控制器的思考和预期方案。

参考文献

[1] 李亮, 王翔宇, 程硕, 等. 汽车底盘线控与动力学域控制技术 [J]. 汽车安全与节能学报, 2020, 11(02): 143-160.

[2] TOKUDA. T. Cars in the 90s as a humanware [R]. SAE Technical Paper, 885049, 1988.

[3] KIZU R, HARADA H, MINABE H. Electronic control of car chassis present status and future perspective [C]//Proeeedings of Intemational Congress on Transportation Electronies, USA, 1988.

[4] SASCHA J, SEMMLER, PETER E, RIETH. Global chassis control-the networked chassis [C]//SAE Paper, 2006-01-1954.

[5] LIEBEMANN E K, MEDER K, SCHUCH J, et al. Safety and performance enhancement: the Bosch electronic stability control (ESP) [J]. SAE Paper, 2004, 21-0060.

[6] WERNER KOBER, MARTIN EHMANN. Model-based development of the integrated vehicle dynamics control of Magna Steyr[J]. ATZ Automobiltechnische Zeitschrift, 2007, 10: 1-8.

[7] GORDON T, HOWELL M, BRANDAO F. Integrated control methodologies for road vehicles [J]. Vehicle System Dynamics, 2003, 40(1-3): 157-190.

[8] BRANDAO V, GORDON T. A layered approach to the integrated control of longitudinal wheel slip and vehicle yaw motion[C]//Proc. of AVEC, 2000: 507-512.

[9] YOSHIMURA T, EMOTO Y. Steering and suspension system of a full car model using fuzzy reasoning based on single input rule modules [J]. International Journal of Vehicle Autonomous Systems, 2003, 1(2): 237-255.

[10] ELIM, J. HEDRIEK. Lateral and longitudinal vehicle control coupling for automated vehicle operation[C]//Proceedings of American Control Conefrenee, 1999.

[11] 宗长富, 刘凯. 汽车线控驱动技术的发展 [J]. 汽车技术, 2006, (3): 1-5.

[12] 任桂周, 侯树展, 曲金玉. 汽车电子新兴技术——线控技术 [J]. 汽车电器, 2007(01): 4-8.

[13] MCKAY D, NICHOLS G, SCHREURS B. Delphi electronic throttle control systerns for model driver features, system security, and OEM benefits ETC for the mass market [C]//SAE Paper, 2002.

[14] 李雅博, 张俊智, 卢青春, 等. 发动机电控节气门控制器的研发 [J]. 公路交通科技, 2004, 21(3): 106-109.

[15] 郭孔辉, 付皓, 丁海涛, 等. 汽车电子节气门控制器开发 [J]. 科学技术与工程, 2008, 8(2): 446-50.

[16] PAVKOVIC D, DEUR J, JANSZ M, et al. Adaptive control of automotive electronic throttle [J]. Control Engineering Practice, 2006, 14(2): 121-36.

[17] 朱二欣. 电子节气门控制系统的开发研究 [D]. 长春: 吉林大学, 2005.

[18] ISERMANN R, SCHWARZ R, STOLZL S. Fault-tolerant drive-by-wire systems [J]. IEEE Control Systems Magazine, 2002, 22(5): 64-81.

[19] ZHANG J, AMODIO A, LI T, et al. Fault diagnosis and fault mitigation for torque safety of drive-by-wire systems [J]. IEEE Transactions on Vehicular Technology, 2018, 67(9): 8041-8054.

[20] 武冬梅. 分布式驱动电动汽车动力学控制机理和控制策略研究 [D]. 长春: 吉林大学, 2015.

[21] 季学武, 刘亚辉, 杨恺明, 等. 乘用车电控转向系统的发展趋势 [J]. 汽车安全与节能学报, 2015, 6(3): 201-216.

[22] 陈俐, 李雄, 程小宣, 等. 汽车线控转向系统研究进展综述 [J]. 汽车技术, 2018(4): 23-34.

[23] 宗长富, 李刚, 郑宏宇, 等. 线控汽车底盘控制技术研究进展及展望 [J]. 中国公路学报, 2013, 26(4): 160-176.

[24] SUYAMA K. Functional safety analysis of reliable control systems using decision by majority[C]//Proceedings of the 1999 American Control Conference, 1999.

[25] MUNIR A, KOUSHANFAR F. Design and analysis of secure and dependable automotive CPS: a steer-by-wire case study[J]. IEEE Trransactions on Dependable and Secure Computing, 2018, 17(4): 813-827.

[26] HE L, CHEN G Y, ZHENG H Y. Fault tolerant control method of dual steering actuator motors for steer-by-wire system [J]. International Journal of Automotive Technology, 2015, 16(6): 977-987.

[27] ANWAR S, CHEN L. An analytical redundancy-based fault detection and isolation algorithm for a road-wheel control subsystem in a steer-by-wire system [J]. IEEE Transactions on Uehicular Technology, 2007, 56(5): 2859-2869.

[28] HUANG C, LI L. Architectural design and analysis of a steer-by-wire system in view of functional safety concept [J]. Reliability Engineering & System Safety, 2020, 198: 106822.

[29] SAGE A P, WHITE E B. Methodologies for risk and hazard assessment: a survey and status report [J]. IEEE Transactions on Systems, Man, and Cybernetics, 1980, 10(8): 425-446.

[30] BECKERS K, HOLLING D, CôTé I, et al. A structured hazard analysis and risk assessment method for automotive systems—A descriptive study [J]. Reliability Engineering & System Safety, 2017, 158: 185-195.

[31] KHASTGIR S, BIRRELL S, DHADYALLA G, et al. Towards increased reliability by objectification of Hazard Analysis and Risk Assessment (HARA) of automated automotive systems [J]. Safety Science, 2017, 99: 166-177.

[32] ALLOUCH A, KOUBAA A, KHALGUI M, et al. Qualitative and quantitative risk analysis and safety assessment of unmanned aerial vehicles missions over the internet [J]. IEEE Access, 2019, 7(5): 392-410.

[33] BECKER C, NASSER A, ATTIOUI F, et al. Functional safety assessment of a generic electric power steering system with active steering and four-wheel steering features[R]. United States, Department of Transportation, National Highway Traffic Safety Administration, 2018.

[34] SALAANI M K, HEYDINGER G J, GRYGIER P A. Closed loop steering system model for the national advanced driving simulator [C]//SAE World Congress and Exhibition, 2004.

[35] LOZIA Z, ZARDECKI D. Friction and stick-slip phenomena in steering system-modeling and simulation studies[R]. SAE Technical Paper, 2007.

[36] GUO K, REN L. A unified semi-empirical tire model with higher accuracy and less parameters [J]. SAE Transactions, 1999, 108: 1513-1520.

[37] KIRLI A, ARSLAN M S. Steering feel design: the effect of mass variation[J]. IFAC-PapersOnLine, 2016, 49(21): 617-622.

[38] 赵林峰, 从光好, 邵文彬, 等. 线控转向车辆转向盘转矩特性研究 [J]. 机械工程学报, 2018, 54(24): 138-46.

[39] 宗长富, 韩衍东, 何磊, 等. 汽车线控转向变角传动比特性研究 [J]. 中国公路学报, 2015, 28(9): 115-120.

[40] AZZALINI M, GISSINGER G L, BOUSSOUAR V, et al. Computation of a variable steering ratio with a fuzzy logic method[C]//Intelligent Vehicle Symposium, 2002. IEEE, 2002, 1: 259-267.

[41] 杨书生, 钟宜生. 永磁同步电机转速伺服系统鲁棒控制器设计 [J]. 中国电机工程学报, 2009, 3: 84-90.

[42] ELLIS G. Control system design guide: using your computer to understand and diagnose feedback controllers [M]. Oxford: Butterworth-Heinemann, 2012.

[43] HUANG C, LI L, WANG X. Comparative study of two types of control loops aiming at trajectory tracking of a steer-by-wire system with Coulomb friction [J]. Proceedings of the Institution of Mechanical Engineers, Part D: Journal of Automobile Engineering, 2020, 235(1): 16-31.

[44] 余卓平, 韩伟, 徐松云, 等. 电子液压制动系统液压力控制发展现状综述 [J]. 机械工程学报, 2017, 14: 15-29.

[45] 梅明明. 基于半解耦式电子制动助力器的线控制动技术研究 [D]. 北京: 清华大学, 2019.

[46] 杨璐. ESC 线性电子控制单元研制 [D]. 秦皇岛: 燕山大学, 2014.

[47] 赵树恩. 基于多模型智能递阶控制的车辆底盘集成控制研究 [D]. 重庆: 重庆大学, 2010.

[48] 丁亚康. 汽车底盘集成及其控制技术研究 [D]. 武汉: 武汉理工大学, 2009.

[49] HANAI T, NAGASHIMA H. Car seat system of the future as seen in “ARC-X” [C]//Proceedings of the Human Factors Society Annual Meeting. Sage CA: Los Angeles, CA: SAGE Publications, 1988, 32(10): 588-592.

[50] KIM R, HARADA H, MINABE H. Electronic control of car chassis present status and future perspective [C]//International Congress on Transportation Electronics. IEEE, 1988: 173-188.

[51] GORDON T, HOWELL M, BRANDAO F. Integrated control methodologies for road vehicles [J]. Vehicle System Dynamics, 2003, 40(1-3): 157-190.

[52] SATO S, INOUE H, TABATA M, et al. Integrated chassis control system for improved vehicle dynamics [C]//SAS Conference Proceedings. SOC Automative engineeps INC, 1993: 413-413.

[53] MITAMURA R, TANI M, TANAKA T, et al. System integration for new mobility[J]. SAE Transactions, 1988: 1418-1428.

[54] ONE E, TAKANAM K, IWAMA N, et al. Vehicle integrated control for steering and traction systems by u-synthesis[J]. Automatica, 1994, 30(11): 1639-1647.

[55] SALMAN M, ZHANG Z H, BOUSTANY N. Coordinated control of four wheel braking and rear steering [C]//Proceedings of American Control Conferenca. IEEE, 1992.

[56] NAGAI M, YAMANAKA S, HIRANO Y. Integrated robust control of active rear wheel steering and direct yaw moment control [J]. Vehicle Systoin Dynamics, 1998, 29: 416-421.

[57] 张家旭. 汽车底盘集成非线性鲁棒控制方法研究 [D]. 长春：吉林大学, 2018.

[58] LI D, DU S, YU F. Integrated vehicle chassis control based on direct yaw moment, active steering and active stabiliser [J]. Vehicle System Dynamics, 2008, 46(Sup1): 341-351.

[59] 高晓杰, 余卓平, 张立军. 集成底盘控制系统的控制构架研究 [J]. 汽车工程, 2007(1): 24-29.

[60] 初长宝, 陈无畏. 汽车底盘系统分层式协调控制 [J]. 机械工程学报, 2008(2): 163-168.

[61] 牛礼民, 陈龙, 江浩斌, 等. 多智能体理论在车辆底盘集成控制中的应用 [J]. 汽车技术, 2008(8): 31-35.

第7章　汽车动力学测试技术

7.1　本章概述

汽车动力学测试技术是对汽车动力学性能进行主客观评价的基础。本章首先对传统汽车的操纵动力学和制动动力学测试条件、测试方式、数据处理、结果表达等作了详细介绍并对几种典型测试工况进行了示例说明；然后对智能车的测试与评价情况作了必要的概述，详细分析了智能车的几种测试手段和评价方法，并结合实例对智能车的智能度进行量化评估。

7.2　汽车动力学测试规范

本书主要介绍汽车动力学测试中的横向动力学和纵向动力学，其中横向动力学也常被称为“操纵动力学”，而纵向动力学测试一般是指汽车的制动系统动力学。

1. 操纵动力学测试规范

国内的汽车操纵动力学测试方法规范主要参照国标 GB/T 6323—2014、GB/T 6323.16—1994 以及 GB/T3730.1—2001 等，其部分试验方法参考了 ISO 13674-1 中关于地面车辆转向盘中间位置操纵稳定性试验方法内容，另外还参照了 QC/T 480—1999 汽车操纵稳定性指标限值与评价方法。

国外的汽车操纵动力学测试方法规范主要参照 ISO 标准体系，主要包括表 7.1所示中的国际标准。

表 7.1　汽车操纵动力学测试方法主要国际标准

序号	标准号	标准名称
1	ISO 13674.1—2003	转向盘中心区测试方法
2	ISO 3888.1—1999	乘用车紧急变道测试方法
3	ISO 17288.1—2000	转向盘撒手测试方法
4	ISO 17288.2—2004	脉冲转向测试方法
5	ISO 4138—2004	稳态回转测试方法
6	ISO 7401—2003	转向盘阶跃转向测试方法
7	ISO 9815—2003	侧向稳定性测试方法

2. 制动动力学测试规范

汽车制动动力学测试方法规范主要参照国标 GB/T 21670—2008 乘用车制动系统技术要求及试验方法。此外，还参照了如表 7.2所示相关标准。

表 7.2 汽车制动动力学测试相关参考标准

序号	标准号	标准名称
1	GB 4094—1999	汽车操纵件、指示器及信号装置的标志
2	GB/T 5620—2020	道路车辆
3	GB 12981—2003	机动车辆制动液
4	GB/T 14168—1993	机动车辆及挂车分类
5	GB/T 15089—2001	机动车辆及挂车分类
6	GB/T 17619—1998	机动车电子电器组件的电磁辐射抗性限值和测量方法
7	GB/T 18655—2018	车辆、船和内燃机无线电骚扰特性用于保护车载接收机的限值和测量方法

7.3 汽车动力学测试用设备与试验条件

1. 操纵动力学测试设备

主要包括如下测试设备：车速仪、转向盘力矩、转向盘转角测量仪、汽车操纵稳定性测试仪、秒表、多通道数据采集系统、钢卷尺、标桩等。

2. 操纵动力学试验条件

操纵动力学测试条件主要包括车辆条件和环境条件两方面。具体条件如表 7.3 所示。

表 7.3 汽车操纵动力学测试中车辆与环境条件说明

序号	种类	条件说明
1	车辆条件	试验汽车是按厂方规定装备齐全的汽车。试验前，测定车轮定位参数。对转向系、悬架系进行检查、调整和紧固，按规定进行润滑。只有认定试验汽车已符合厂方规定的技术条件，方可进行试验
2		试验时若用新轮胎，试验前至少应经过 200km 正常行驶的磨合；若用旧轮胎，试验终了时残留花纹高度不小于 1.5mm。轮胎气压应符合 GB/T 12534—1990 中 3.2 条的规定
3		N 类车辆的装载物 (推荐用沙袋) 均匀分布于货箱内；M 类车辆的装载物 (或假人) 分布于座椅和地板上，轴载质量必须符合厂方规定
4		转向盘转角阶跃、转向盘转角脉冲输入试验时，转向盘自由行程在直线行驶时不得大于 ±10°，必要时应进行调整；转向轻便性试验时试验汽车的转向盘中间位置的自由行程，应符合各类型汽车的通用技术条件的规定，如该类型汽车的通用技术条件无明确限制规定，则其自由行程应不大于 ±10°
5	环境条件	试验场地应为干燥、平坦而清洁的，用水泥混凝土或沥青铺装的路面，任意方向的坡度不大于 2%。对于转向盘中间位置操纵稳定性试验，坡度应不超过 1%
6		风速不大于 5m/s
7		大气温度在 0 ~ 40℃ 范围内

3. 制动动力学测试设备

制动动力学测试所用设备以及相应的精度说明如表 7.4所示。

表 7.4 汽车制动动力学测试相关参考标准

序号	设备名称	精度要求
1	控制力测量仪	$\leqslant 2\%$
2	管路压力传感器	$\leqslant 2\%$
3	温度测量传感器	$\leqslant 5\%$
4	质量测量装置	$\leqslant 2\%$
5	胎压测量传感器	$\leqslant 2\%$
6	时间测量及显示装置	0.01s
7	距离测量装置	$\leqslant 1\%$
8	发动机转速表	$\leqslant 2\%$

4. 制动动力学测试条件

制动动力学测试条件同样主要包括车辆条件和环境条件两方面。其具体条件如表 7.5 所示。

表 7.5 汽车制动动力学测试中车辆与环境条件说明

序号	种类	条件说明
1	车辆条件	按规定加载车辆
2		核对轮胎尺寸型号，并检查轮胎处于相应载荷的推荐压力
3		校准所有试验设备
4		检查车辆应急制动系、驻车制动系、制动能量源的完备性
5		制动开始前，在制动摩擦衬片内部或制动盘或制动鼓的制动摩擦面上测得的最热的车轴的行车制动器的平均温度应在 65 ～ 100℃ 等
6	环境条件	试验应在风力不致影响试验结果的情况下进行
7		试验场地应具有附着系数约为 0.8 的高附着系数路面和附着系数小于等于 0.3 的低附着系数路面，为进行 ABS 试验，还应具有对开路面和对接路面
8		驾驶员在试验过程中可以随时检查车速、瞬态减速度和管路压力

7.4 汽车动力学测试流程与方法

本书所讲述的动力学测试主要为操纵稳定动力学和制动性能动力学两部分。常见的操纵动力学的试验评价方法种类颇多，主要几种常见的试验评价方法有：角阶跃试验、角脉冲试验、正弦角输入试验、回正性试验、撒手稳定性试验、蛇形穿杆试验、移线试验、8 字形行驶试验、稳态回转试验、路扰反应试验、风扰反应试验等。常见的制动性能动力学试验评价方法主要有：空载基本性能试验（发动机脱开、发动机接合）、空载失效试验、空载 ABS 试验、满载 ABS 试验、满载基本性能试验（发动机脱开、行驶中的驻车制动、响应、I 型、附加）、满载失效试验、车轴间制动力分配检测等。

由于篇幅限制，本书不对所有试验做详尽介绍，只针对两类动力学试验各抽取部分典型试验做具体讲述。操纵动力学试验选取稳态回转试验、角阶跃试验、双移线试验；制动动力学试验选取静态驻车制动性能试验与动态空载低附着 ABS 试验，另外，选取针对转向和制动都涉及的 ESC 测试试验。

7.4.1 稳态回转试验

1. 试验方法

（1）在试验场地上，用明显颜色画出半径为 15m 或 20m 的圆周。

（2）接通仪器电源，使之预热到正常工作温度。

（3）试验开始之前，汽车应以侧向加速度为 3m/s^2 的相应车速沿画定的圆周行驶 500m 以使轮胎升温。

（4）驾驶员操纵汽车以最低稳定速度沿所画圆周行驶，待安装于汽车纵向对称面上的车速传感器在半圈内都能对准地面所画圆周时，固定转向盘不动，停车并开始记录，记下各变量的零线。然后，汽车起步，缓缓连续而均匀地加速（纵向加速度不超过 0.25m/s^2），直至汽车的侧向加速度达到 6.5m/s^2（或受发动机功率限制而所能达到的最大侧向加速度或汽车出现不稳定状态）为止。记录整个过程。

（5）试验按向左转和向右转两个方向进行，每个方向试验三次。每次试验开始时车身应处于正中位置。

2. 试验数据处理

（1）根据记录的横摆角速度及汽车前进速度，用式 (7-1) 和式 (7-2) 计算各点的转弯半径及侧向加速度。

$$R_i = v_i/\varphi_i \tag{7-1}$$

$$a_{yi} = v_i\varphi_i \tag{7-2}$$

式中，R_i 为第 i 点的转弯半径；a_{yi} 为第 i 点侧向加速度；v_i 为第 i 点前进车速；φ_i 为第 i 点横摆角速度；n 为采样点数。

进而计算出各点的转弯半径比 (R_i/R_0)，其中 R_0 为初始半径。

（2）前后轴侧偏角差值处理：对于两轴汽车，可根据计算出的各点转弯半径 R_i 求出汽车前后轴侧偏角差值 $\delta_1-\delta_2$(注：在数据处理时，为了计算及阅读方便，各变量不严格按坐标系规定，左转及右转均取正)。汽车稳态回转时，$\beta_\text{f}-\beta_\text{r}$ 用式 (7-3) 确定：

$$\beta_\text{f}-\beta_\text{r} = \frac{360}{2\pi}\cdot L\cdot\left(\frac{1}{R_0}-\frac{1}{R_i}\right) \tag{7-3}$$

3. 试验结果表达

（1）根据测试结果可分别绘出转弯半径比、前后轴侧偏角偏差、车身侧倾角与侧向加速度的关系曲线进行数据表达分析。

（2）根据 QC/T 480—1990 的要求，找出中性转向点的侧向加速度 a_{yn}、不足转向度 U 及车身侧倾度 K_ϕ 三个参数。

（3）中性转向点的侧向加速度 a_{yn} 按 QC/T 480—1990 中 3.3 条规定确定。

（4）不足转向度 U 按 QC/T 480—1990 中 3.4 条规定确定。

（5）车身侧倾度 K_ϕ 按 QC/T 480—1990 中 3.5 条规定确定。

（6）稳态回转试验结果填入测试记录中。

7.4.2　角阶跃试验

1. 试验方法

（1）试验车速按被试汽车最高车速的 70% 并四舍五入为 10 的整数倍确定。

（2）试验前，以试验车速行驶 10km，使轮胎升温。

（3）接通仪器电源，使之达到正常工作温度。在停车状态下记录车速零线。

（4）试验中转向盘转角的预选位置 (输入角)，按稳态侧向加速度值 1~3m/s^2 确定，从侧向加速度为 1m/s^2 做起，每间隔 0.5m/s^2 进行一次试验。

（5）汽车以试验车速直线行驶，先按输入方向轻轻靠紧转向盘，消除转向盘自由行程并开始记录各测量变量的零线，经过 0.2~0.5s，以尽快的速度 (起跃时间不大于 0.2s 或起跃速度不低于 200°/s 转动转向盘，使其达到预先选好的位置并固定数秒钟 (待所测变量过渡到新稳态值)，停止记录，记录过程中保持车速不变。

（6）试验按向左转与向右转两个方向进行。可以两个方向交替进行，也可以连续进行一个方向，然后再进行另一个方向。

2. 试验数据处理

各测量变量的稳态值，采用进入稳态后的均值。若汽车前进速度的变化率大于 5%，或转向盘转角的变化超出平均值的 10%，本次试验无效。

（1）侧向加速度值可按照如下两种方法计算。

① 侧向加速度计测量，其输出轴应与 Y 轴对正或平行，如加速度传感器随车身一起侧倾时应按式 (7-4) 加以修正：

$$a_y = \frac{a'_y - g \cdot \sin\phi}{\cos\phi} \tag{7-4}$$

式中，a_y 为真实的侧向加速度；a'_y 为加速度传感器指示的侧向加速度值；g 为重力加速度；ϕ 为车身侧倾角。

② 瞬时横摆角速度 (单位：rad/s) 乘以汽车瞬时前进车速 (单位：m/s)。

（2）横摆角速度与侧向加速度的响应时间如图 7.1所示。

（3）横摆角速度峰值响应时间如图 7.1 所示。如未出现峰值，应按 QC/T 480—1999 中附录 A 的备注加以说明。

（4）横摆角速度超调量 σ 按式 (7-5) 确定：

$$\sigma = \frac{r_{\max} - r_0}{r_0} \times 100\% \tag{7-5}$$

式中，σ 为横摆角速度超调量；r_0 为横摆角速度响应稳态值；$r_{\max}$ 为横摆角速度响应最大值。

（5）横摆角速度总方差 E_{r} 按式 (7-6) 确定：

$$E_{\mathrm{r}} = \sum_{i=0}^{n} \left(\frac{\theta_i}{\theta_0} - \frac{r_i}{r_0} \right)^2 \Delta t \tag{7-6}$$

式中，E_{r} 为横摆角速度总方差；θ_0 为转向盘转角输入终值；θ_i 为转向盘转角输入的瞬时值；φ_0 为汽车横摆角速度响应稳态值；φ_i 为汽车横摆角速度响应瞬时值；n 采样点数，取至汽车横摆角速度响应达新稳态值为止；Δt 为采样时间间隔，不应大于 0.2s。

（6）侧向加速度总方差 E_{ay} 按式 (7-7) 确定：

$$E_{ay} = \sum_{i=0}^{n}\left(\frac{\theta_i}{\theta_0} - \frac{r_{yi}}{r_{y0}}\right)^2 \Delta t \tag{7-7}$$

式中，E_{ay} 为侧向加速度总方差；a_{y0} 为侧向加速度响应的稳态值；a_{yi} 为侧向加速度响应的瞬时值。

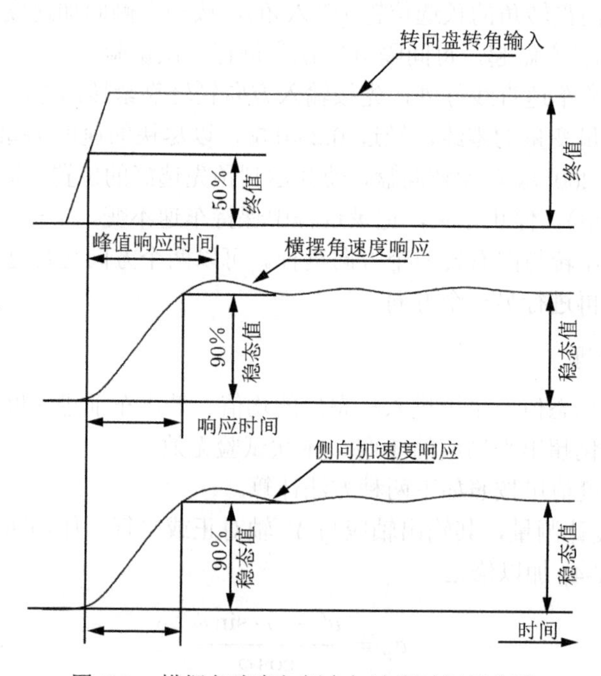

图 7.1　横摆角速度与侧向加速度时间相应图

（7）“汽车因素”TB，由横摆角速度峰值响应时间乘以汽车质心稳态侧偏角求得。

3. 试验结果表达

各测量变量的稳态值，采用进入稳态后的均值。若汽车前进速度的变化率大于 5%，或转向盘转角的变化超出平均值的 10%，本次试验无效。

（1）将试验车速下不同侧向加速度的试验数据记入数据记载表。

（2）将不同侧向加速度下的试验数据，按一定的曲线形式绘图表达，具体规则如下：

首先拟合画出横摆角速度响应时间与稳定侧向加速度的关系；然后依次拟合画出侧向加速度稳态响应、横摆角速度稳态响应与转向盘转角的关系，以及侧向加速度响应时间、汽车侧偏角、“汽车因素”、横摆角速度总方差、侧向加速度总方差与稳态侧向加速度的关系，相关说明可以参考 GB/T 6323—2014《汽车操纵稳定性试验方法》。

7.4.3　双移线试验

1. 试验介绍

该试验规定了闭环试验方法的试验轨道尺寸，确定双车道变更，该试验是车辆动力学和车辆道路保持能力的一部分。

双车道变更的轨道尺寸如图 7.2所示，具体数据要求如表 7.6所示。待测车辆通过该轨道行驶。轨道区段的长度是固定的。宽度是车辆宽度的函数。轨道总长应为 125m。

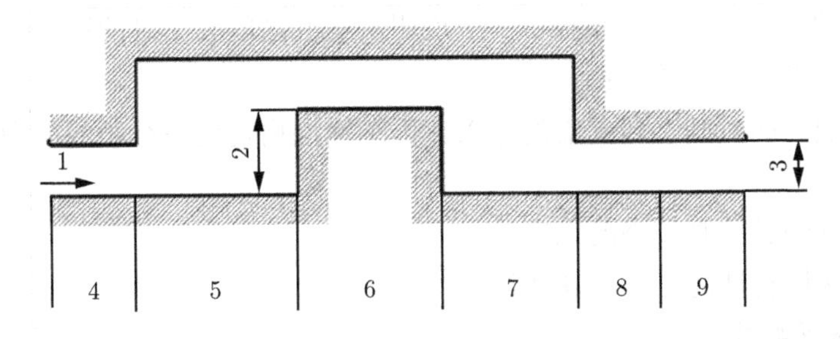

图 7.2　双移线道路断面设计图

1—行驶方向；2—车道偏移量；3—道路宽度；4—区段一；5—区段二；6—区段三；7—区段四；8—区段五；9—区段六

表 7.6　双移线道路尺寸要求

区段	长度/m	车道偏移量/m	宽度/m
一	15	—	1.1× 车宽 +0.25
二	30	—	—
三	25	3.5	1.2× 车宽 +0.25
四	25	—	—
五	15	—	1.3× 车宽 +0.25
六	15	—	1.3× 车宽 +0.25

2. 试验说明

双移线试验是一个动态过程，包括快速驾驶车辆从初始车道行驶到与初始车道平行的另一条车道，然后返回初始车道，而不超过车道边界。

试验要求：① 该试验只允许驾驶技能熟练的驾驶员操作；② 在如图 7.3所示的位置点（a、b、c、d、e、f、g、h、i、j、k 以及它们对称的位置点）放置定位锥，在试验过程中，车辆如果碰撞到定位锥并使得定位锥移动位置，则该次试验失败；③ 评估整个过程的平均速度；④ 试验报告中应说明试验过程中使用的挡位或选择器位置。

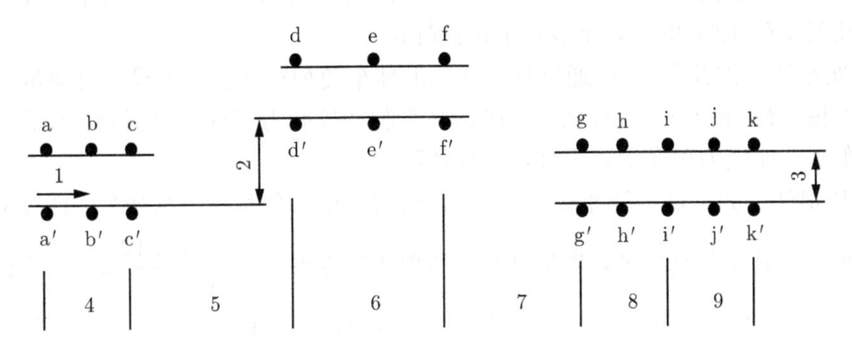

图 7.3　双移线道路定位锥位置点设计

3. 试验形式

1）固定速度测试

进入第一区段的建议速度为（80±3）km/h，可使用更高或更低的速度。试验报告中应提及进入速度。在试验过程中，节气门位置应尽可能保持稳定。可以应用其他约束条件，例如使用的转向策略。试验报告中应说明从第五区段驶出时的速度。

该测试的典型评价用途是：

（1）根据通过的时间、转向盘的输入评价车辆沿指定道路行驶的能力（轨迹偏差越小越好）。

（2）评价驾驶员控制策略的优劣。

（3）对车辆操稳性能进行主观评价。

2）上限速度测试

进入第一区段的速度应为完成试验过程的最大可能速度。可以考虑两种备选节气门位置：① 在试验过程中，节气门位置应尽可能保持稳定；② 如有必要，可通过初步试验确定适用于该试验条件的节气门位置；③ 试验期间也可使用任何节气门位置。

该测试的典型评价用途与固定速度测试相同。

7.4.4 静态驻车制动性能试验

1. 试验方法

（1）通过行车制动使车辆在 20% 的坡道静止并保持下坡状态，施加驻车制动并保持至少 5min，记录最大控制力，解除行车制动，确认在此条件下测定的最大控制力不超过 400N（手控）或 500N（脚控）。本试验允许通过多次操纵驻车制动以达到规定的驻车制动保持力，但各次操纵的控制力均在规定范围内。

（2）在 20% 的坡道上保持上坡状态，重复（1）的试验。

（3）对驻车制动系统采用电控传输的车辆，断开驻车制动系的电控传输，重复（1）和（2）的试验，如驻车制动系在这种情况下不能工作，应进行附加检查：① 对手动变速器车辆，在发动机静止、离合器接合的情况下，仅通过采用合适的挡位（如最低挡）即可使车辆保持在上、下坡道上；② 对自动变速器车辆，确认车辆在变速器位于“驻车”挡时可在上、下坡道上停驻。

（4）对允许挂接车的乘用车，采用下列方法进行附加试验，确认仅靠乘用车的驻车制动能使列车在 12% 的上、下坡道上保持静止。

① 实车法（推荐方法）：通过挂接合适的挂车使列车达到最大设计总质量，在 12% 的坡道上按（1）和（2）进行试验，确认驻车制动控制力在规定范围内，检查仅靠牵引车的驻车制动能使列车在上、下坡道上保持静止。

② 模拟法：如车辆不能加载至 GTM，可用乘用车代替乘用车列车，计算 GTM 在 12% 坡道上的驻车制动性能。模拟试验时所要求的坡度 $=\dfrac{\mathrm{GTM}\times 12}{\mathrm{GVM}}\%$。如不能提供计算得出的坡道，应选择接近该坡度的或更陡的坡道，按（1）和（2）进行试验。

（5）如没有合适的路面进行（1）和（4）所述试验，可在水平路面上通过牵引试验模拟坡道驻车制动，对驻车制动性能进行检查。

2. 试验数据处理

该过程主要是记录一些数据并进行相应的计算处理，具体需要计算和处理的数据如表 7.7所示。

表 7.7　静态驻车制动性能试验数据处理要求

项目	处理方式
整车质量/kg	取整数值
轮胎气压/kPa	取整数值
轴距/mm	取整数值
质心高度（空载/满载）/mm	取整数值
制动器尺寸/mm	取整数值
控制力/N	以 5N 为单位取整
制动强度（-）	总制动力比上整车重力，再取整数值
响应时间/s	保留一位小数
制动压力与制动力的转换（-）	取整数值
制动力矩/（N·m）	取整数值
制动力/N	取整数值
制动压力/MPa	以 0.5MPa 为单位取整

7.4.5　动态空载低附着 ABS 试验

1. 试验方法

本试验主要需要完成对附着系数的测定以及验证车轮未抱死且车辆稳定，因此不必制动至车辆停止行驶。

试验应在附着系数小于等于 0.3 的低附着系数路面上进行，为消除制动器温度不同的影响，建议在测定附着系数 k 之前先测定最大制动强度 z_{AL}。

（1）对装有 1、2 类防抱死制动系统的车辆，使全部车轮制动，测定最大制动强度 z_{AL}；对装备 3 类防抱死制动系统的车辆，对至少有一个直接控制车轮的每根车轴（桥）分别测定 z_{AL}。接通防抱死制动系统，踩下制动踏板，确认每个制动器都正常工作。以 55km/h 的初速度制动，测定速度从 45km/h下降至 15km/h 时的时间；制动过程中，保证防抱死制动系统全循环。根据 3 次试验的平均值，计算最大制动强度 $z_{\mathrm{AL}}=\dfrac{0.849}{t_{\mathrm{m}}}$，其中 t_{m} 是三次的平均时间。

（2）附着系数 k 的测定：

① 脱开防抱死制动系统或使其不工作，仅对试验车辆的单根车轴（桥）进行制动，试验初速度为 50km/h，为达到最佳性能，制动力应在该车轴的车轮之间平均分配。

② 本试验中，控制力在制动作用期间保持不变，车速低于 20km/h 所经历的时间 t。从 t 的最小值 $t_{\min}$ 开始，在 $t_{\min}$ 和 $1.05t_{\min}$ 之间选择 3 个 t 值，取其算术平均值 t_{m}（若不能得到 3 个 t 值，可用 $t_{\min}$ 代替 t_{m}）计算最大制动强度：$z_{\mathrm{M}}=\dfrac{0.566}{t_{\mathrm{m}}}$。

③ 根据测得的制动强度和非制动车轮的滚动阻力计算制动力及动态轴荷。

以后轴驱动的两轴车为例：

前轴制动时，制动力 $=\mathrm{z_m}\times P\times g-0.015F_Z$

前轴动态轴荷 $F_{\mathrm{fdyn}}=F_{\mathrm{f}}+\dfrac{h}{E}\times z_{\mathrm{AL}}\times P\times g$

后轴制动时，制动力 $=z_{\mathrm{m}}\times P\times g-0.01F_1$

后轴动态轴荷 $F_{\mathrm{rdyn}}=F_{\mathrm{r}}-\dfrac{h}{E}\times z_{\mathrm{AL}}\times P\times g$

④ 分别计算前、后轴的附着系数和整车附着系数，k 值应圆整到千分位。前轴附着系数 $k_{\mathrm{f}}=\dfrac{z_{\mathrm{m}}\times P\times g-0.015F_2}{F_1+\dfrac{h}{E}z_{\mathrm{m}}\times P\times g}$，后轴附着系数 $k_{\mathrm{r}}=\dfrac{z_{\mathrm{m}}\times P\times g-0.01F_1}{F_2-\dfrac{h}{E}z_{\mathrm{m}}\times P\times g}$。对装备 1、2 类防抱死制动系统的车辆，整车附着系数 $k_{\mathrm{M}}=\dfrac{k_{\mathrm{f}}\times F_{\mathrm{fdyn}}+k_{\mathrm{r}}\times F_{\mathrm{rdyn}}}{P\times g}$。

⑤ 对装备 3 类防抱死制动系统的车辆，按①～④要求至少有一个直接控制车轮的每根车轴（桥）分别测定 k_i。

（3）附着系数利用率的计算：① 对装备 1、2 类防抱死制动系统的车辆，附着系数利用率 $\varepsilon=\dfrac{z_{\mathrm{AL}}}{k_{\mathrm{M}}}$；② 对装备 3 类防抱死制动系统的车辆，对至少有一个直接控制车轮的每根车轴（桥）分别计算 ε，例如，对防抱死制动系统只作用在后轴（桥）的后轮驱动双轴车辆，附着系数利用率 $\varepsilon_2=\dfrac{z_{\mathrm{AL}}\times P\times g-0.01F_1}{k_2(F_2-\dfrac{h}{E}\times z_{\mathrm{AL}}\times P\times g)}$；③ 将 ε 圆整到 2 位小数，检查 $\varepsilon\geqslant 0.75$，如 $\varepsilon\geqslant 1$，应重新测量附着系数，允许误差为 10%。

（4）车轮抱死检测：在附着系数小于等于 0.3 的路面上以 40km/h 和 $0.8v_{\max}\leqslant$ 120km/h 的初速度急促全力制动，试验过程中，检查抱死情况，由防抱死制动系统直接控制车轮不应有抱死现象发生。

2. 试验数据处理

该过程主要是记录一些数据并进行相应的计算处理，该试验还需要补充一些数据，具体补充数据如表 7.8 所示。

3. 试验结果表达

针对上述试验方法中的几项试验目的，完成相应的试验数据表格填写。例如：低附着系数路面抱死顺序试验、低附着系数路面 z_{AL} 测试试验、低附着系数路面 k 值测试试验、低附着系数路面车轮抱死判定试验的表格等。

表 7.8 动态空载低附着 ABS 试验数据处理要求

项目	处理方式
最高车速/（km/h）	取整数值
制动初速度/（km/h）	保留一位小数
制动距离/m	保留一位小数
制动距离限值/m	保留一位小数
充分发出的平均减速度/（$\mathrm{m/s^2}$）	保留两位小数
减速度/（$\mathrm{m/s^2}$）	保留一位小数
牵引力/N	以 100N 为单位取整
发动机转速/（r/min）	以 100r/min 为单位取整
制动时间/s	保留两位小数

7.4.6 电子稳定性控制系统性能试验

1. ESC 系统基本功能

ESC 系统是实时监控车辆运行状态, 根据需要调节制动力和发动机转矩以改变车辆横摆力矩, 使车辆按驾驶员意图行驶的主动安全系统。该系统基本特征如下:

（1）并装轮应视为单个车轮。

（2）至少能够在对车辆实际状态和驾驶员希望实现的车辆状态进行对比评价的基础上，自动对各车轴或各车桥组的某个车轴左右两侧车轮的制动力矩进行单独控制，使车辆产生横摆力矩以改善车辆的方向稳定性。

（3）在对车辆实际状态与驾驶员希望实现的车辆状态进行对比评估的基础上，通过计算机闭环控制来限制车辆过度转向和不足转向。

（4）能够直接测定车辆横摆角速度，并估算侧偏角或侧偏角随时间的变化率。

（5）能够监控驾驶员的转向输入。

（6）其算法应能够判断是否需要并能在必要时调整车辆的驱动力矩，辅助驾驶员保持对车辆的控制。

2. 试验方法

（1）轮胎气压检查：确认轮胎气压为车辆制造商推荐的冷胎充气压力。

（2）制动器预处理：① 在 56km/h 的初速度下，以 $0.5g$ 的平均减速度将车辆制动至停车, 共进行 10 次；② 在完成初速度为 56km/h 的系列制动后，立即在 72km/h 的初速度下全力制动使车辆停车，共进行 3 次；③ 在进行② 中规定的制动时，应在制动踏板上施加足够的制动力，使车辆的 ABS 在每次制动过程中的主要阶段都处于工作状态；④ 在完成② 的最后一次制动后，以 72km/h 的车速行驶 5min 对制动器进行冷却。

（3）慢增量转向试验：① 试验车辆应沿逆时针方向和顺时针方向分别进行一组慢增量转向试验，每组试验由 3 次重复试验组成，各次试验之间允许的最长间隔时间为 5min，试验应在 (80±2)km/h 的恒定车速下进行，以 13.5(°)/s 的角速度逐渐增加转向盘转角，直至侧向加速度达到大约 $0.5g$；② 将试验中车辆产生 3.0m/s^2 的侧向加速度时的转向盘转角作为基准转向盘转角，记作“A”(按数据处理中的第 4 点规定方法修正后的值)。采用线性回归法计算每次慢增量转向试验的 A 值, 并圆整至 0.1°，取 6 次慢增量转向试验 A 值绝对值的平均值并圆整至 0.1°，用于正弦停滞转向试验。

（4）正弦迟滞转向试验：① 在规定的慢增量转向试验完成后 2h 内确定“A”值，并开始第 1 组正弦停滞转向试验。试验前，不应更换轮胎，对轮胎进行磨合后并立即进行正弦停滞转向试验。② 检查 ESC 故障信号装置和 ESC 关闭信号装置 (如果装备) 没有点亮，以确认 ESC 工作正常。③ 按图 7.4所示进行两组正弦停滞转向输入试验：正弦转向输入的频率为 0.7Hz，在第 2 个峰值处有 500ms 延迟。其中，一组试验的上半周期按逆时针方向进行，另一组试验的上半周期按顺时针方向进行。在各次试验之间, 允许车辆停车冷却 1.5~5min。④ 应在 (80±2)km/h 车速下，以高挡位滑行状态下开始转向操作。⑤ 每组试验应从转向盘转角幅值为 1.5A 开始，以 0.5A 的幅度逐次增加转向盘转角幅值，直至达到规定的最后一次试验的转向盘转角幅值。⑥ 如计算得出的 6.5A 小于或等于 300°, 则每组试验的最后一次试验的转向盘转角幅值为 6.5A 或 270° 的较大值，如果其中任何一次试验的转向盘转角幅值 (最大为 6.5A) 大于 300°，则每组试验的最后一次试验的转向盘转角幅值为 300°。⑦ 两组试验完成后，按试验数据处理方法对横摆角速度和侧向加速度数据进行后期处理。

（5）ESC 故障检测：① 在车辆动力系统关闭状态下, 通过切断任意一个 ESC 部件的电源或断开任意 ESC 部件间的电路连接，模拟一个或多个 ESC 故障，但在模拟任何 ESC 故障时，都不应断开信号装置和/或 ESC 控制装置的电路连接。② 在车辆静止、点火系统开关位于“LOCK”或“OFF”时, 将点火系统开关置于“Start”位置，起动发动机，最迟在发动机起动后 30s 驾驶车辆前行，在其行驶速度达到 (48±8)km/h 后 2min 内，进行至少一次左转向、一次右转向操作和一次制动操作，转向操作应平顺, 不应导致车辆丧失稳定性。③ 停车并将点火系统开关置于“OFF”或“LOCK”位置，5min 后，将点火系统开关置于“Start”位置，起动发动机，确认 ESC 故障信号装置再次点亮、提示故障存在并在发动机停止运转或故障消除前始终保持点亮。④ 将点火系统开关置于“OFF”或“LOCK”位置，恢复 ESC 至正常状态，将点火系统开关置于“Start”位置，起动发动机，再次进行② 中规定的操作，确认信号装置在相同或相近的时间内熄灭。

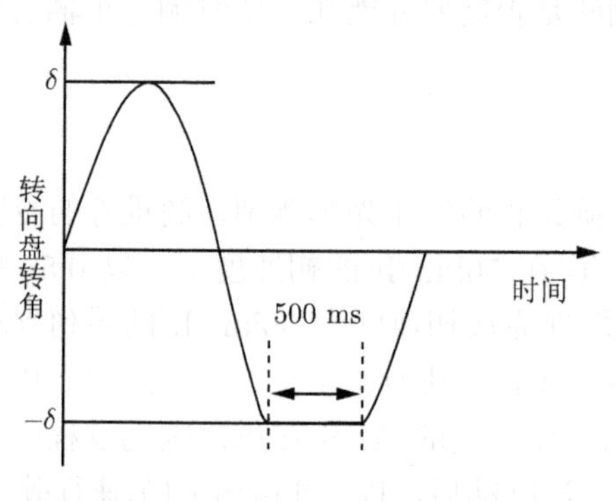

图 7.4 正弦停滞示意图

（6）冰雪道路双移线试验：① 该试验选用双移线试验进行；② 试验应在均匀、平坦的压实雪路或具有类似峰值制动力系数 (PBC) 的路面上进行，试验前后的 PBC 不应有明显变化。

该试验的试验规程：

① 试验应在 ESC 开启、关闭状态下分别进行。

② 为保证试验安全，应从 30km/h 的起始车速开始，以不大于 5km/h 的幅度逐渐增加试验车速。

③ 每次试验时，应将车辆加速至规定试验车速并保持车速稳定，调整车辆状态，使车辆沿试验通道入口中心线驶入试验通道；在车辆进入图 7.5 所示路段并经过路桩 aa′ 的时刻，触发记录该瞬间的车速，即入口车速。

④ 车辆进入试验通道后，驾驶员应尽可能调整车辆转向装置，使车辆通过试验通道，但不应对车辆进行任何加速、减速操作。

⑤ 如车辆在通过试验通道的过程中，未接触任何标志桩，也未偏离试验通道，则认为试验有效；否则，认为试验失败，应重新进行一次试验。

⑥ 如车辆在某一车速下，连续 5 次试验失败，则终止试验，取上次有效试验入口速度作为试验结果。

⑦ 在 ESC 开启、关闭状态下的试验完成后，对比分析两种状态下的最高入口车速，ESC 开启状态下的最高入口车速应明显高于 ESC 关闭状态。

（7）冰雪道路稳态回转试验：① 汽车稳态回转试验应在均匀、平坦、坚实的冰面或具有类似峰值制动力系数 (PBC) 的路面上进行，试验前后的峰值 PBC 不应有明显变化，试验场地应足够宽阔，能够确保试验安全；② 试验通道应采用颜色醒目的标志桩布置而成，其中, 试验通道宽度和半径应符合图 7.5的规定，标志桩应沿圆周方向，以 15°

的间隔均匀布置。

该试验的试验规程：

① 试验应在 ESC 开启、关闭状态下分别沿顺时针、逆时针方向各进行 3 次。

② 试验过程中，驾驶员应调整转向盘转角，使车辆以尽可能高的速度沿圆周试验通道稳定行驶至少两周。

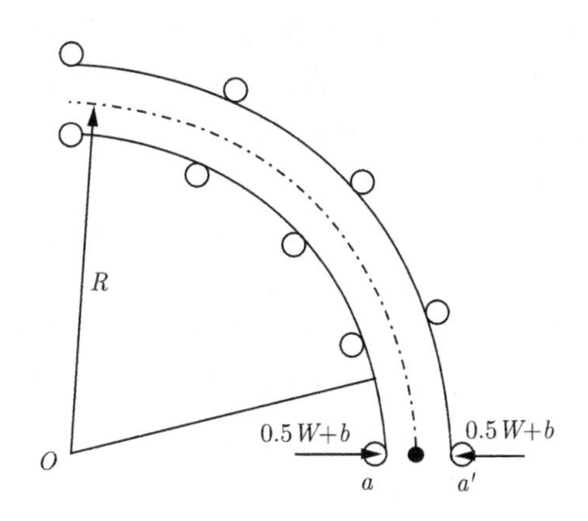

图 7.5　试验通道示意图

注：R 为圆周半径，不小于 100m；W 为试验车辆宽度；b 等于 1.5m。

③ 在 ESC 关闭状态下，应以最低稳定车速开始 (也可从零开始) 沿试验通道行驶，缓慢连续且均匀地加速 (纵向加速度不大于 $0.25\mathrm{m/s^2}$)，直至车辆由于出现不稳定状态而冲出试验通道。

④ 在 ESC 开启状态下，应以最低稳定车速开始 (也可从零开始) 沿试验通道行驶，缓慢连续且均匀地加速 (纵向加速度不大于 $0.25\mathrm{m/s^2}$)，直至加速踏板到达极限位置，待车速稳定后，记录最高稳定车速。试验过程中如出现车辆不稳定而冲出试验跑道，则认为本次试验失败，该试验进行 6 次，在 6 次试验中，如有两次试验失败，则认为稳态回转试验失败。

⑤ 首先在 ESC 开启、关闭状态下的试验完成后，对比分析两种状态下的最高稳定车速，ESC 开启状态下的最高稳定车速应尽可能接近 ESC 关闭状态。

3. 试验数据处理与结果表达

（1）横摆角速度和横向位移的测量和计算应采用（2）～（9）规定的方法处理。

（2）转向盘转角原始数据应采用 12 极无阶巴特沃斯滤波器过滤，截止频率为 10Hz，滤波数据置零，利用静态预试验数据去除传感器偏移量。

（3）横摆角速度原始数据应采用 12 极无阶巴特沃斯滤波器过滤，截止频率为 6Hz，滤波数据置零，利用静态预试验数据去除传感器偏移量。

（4）侧向加速度原始数据应采用 12 极无阶巴特沃斯滤波器过滤，截止频率为 6Hz，滤波数据置零，利用静态预试验数据去除传感器偏移量，消除车身侧倾和传感器安装位置偏差的影响后，确定车辆质心处的侧向加速度数据，采集侧向加速度的数据时，传感器应尽可能靠近车辆的纵向和横向质心位置。

（5）首先用滤波后的转向盘转角数据求导数确定转向盘转速，然后，用 0.1s 的移动平均法对转向盘转速数据进行滤波。

（6）通过定义“零点范围”确定侧向加速度、横摆角速度和转向盘转角数据通道的零点。采用规定的方法计算转向盘转速数据，以此确定转向盘转速首次超过 75(°)/s 的时刻，从这一时刻起，使转向盘转速保持在 75(°)/s 以上至少 200ms。如果转向盘转速不能在 75(°)/s 以上保持至少 200ms，则应重新确定转向盘转速超过 75(°)/s 的时刻，并且检查其持续时间是否达到 200ms，直至两个条件都满足。“零点范围”定义为转向盘转速超过 75(°)/s 的时刻前 1s。其中，转向盘转速超过 75(°)/s 的时刻为“零点范围”的结束点。

（7）将滤波并归零后的转向盘转角数据在“零点范围”结束后首次达到 $-5°$(转向盘转角输入为逆时针) 或 5°(转向盘转角为顺时针) 的时刻定义为转向起点 BOS，转向起点的时间值是以内插值法确定的。

（8）将正弦停滞转向操作结束后，转向盘转角回到零点的时刻定义为转向终点 (COS)，转向盘转角回到零点的时间值是以内插值法确定的。

（9）将由转向盘反向旋转产生的第 1 个横摆角速度区间峰值定义为横摆角速度的第 2 个峰值，在转向终点后 1.000s、1.750s 的横摆角速度值是以内插值法确定的。

（10）通过对修正、滤波并归零的侧向加速度数据积分确定横向速度值，将转向起点的横向速度归零，通过对归零的横向速度积分确定横向位移，将转向起点的横向位移归零，以内插值法确定转向起点后 1.07s 的横向位移。

7.5 智能车测试与评价

7.5.1 智能车测试必要性与依据

自动驾驶是汽车产业与人工智能、物联网、高性能计算等新一代信息技术深度融合的产物，是当前全球汽车与交通出行领域智能化和网联化发展的主要方向，已成为各国争抢的战略制高点。在大规模商用化之前，需要在可控的真实环境中进行大量试验，以保障公共出行安全。从自动驾驶测试技术国际发展情况来看，美国与欧洲多国走在自动驾驶产业发展前端，积极推动自动驾驶的测评工作，日本、新加坡以及我国也紧随其后，利用国家的优势技术，积极开展自动驾驶测评。

自动驾驶汽车是现在业内人士谈论的热点，也是未来汽车的发展方向之一。随着人工智能、传感器检测等核心技术的突破和完善以及整体可靠性的提升，自动驾驶车辆上公共道路行驶与商用化也逐渐成为可能。为了保障自动驾驶汽车能安全上路，一方面应从自动驾驶系统的技术要求出发，分析其技术功能；另一方面应从自动驾驶系统的安全性角度出发，研究自动驾驶汽车上路后会存在的安全性问题，从而提出对自动驾驶汽车运行安全性测试的需求，确定测试评价的范围。

在汽车电子行业，技术从不成熟到成熟，从试验阶段到大规模商业化，都需要进行大量的测试与评价。对于自动驾驶的测评，从技术属性角度，需要验证的是自动驾驶系统是否具备类人的驾驶技能，是否能满足预期的要求。自动驾驶尤其是 L3 及以上级别的自动驾驶汽车，与现存的高级辅助驾驶系统（ADAS）相比，最大的不同在于从单一功能、单一节点的控制变成了复杂功能、多节点的一体化控制，需要感知系统、决策系统和控制系统的正确协同配合。从可靠性角度，对自动驾驶汽车的测评是为了使其在公共道路安全可靠地运行，各国的道路交通都具有一定的复杂性，不确定场景多。同时，恶劣天气、极端路况等突发事件也会给自动驾驶汽车的运行带来极大的挑战。因此，要验证的是自动驾驶汽车能否在任何情况下都保证安全运行。在量产之前，一方面需要进行长期大量的试验，另一方面还要验证在极端环境下车辆是否能正常运行。综上两点，对自动驾驶的安全性测评是必不可少的。

智能车实车测试依据主要参考了 ISO 标准、SAE 标准、国标、欧标等四大标准，具体明细如表 7.9～ 表 7.12所示。

智能车仿真测试方面。作为一个完整的仿真测试场景描述方案，OpenX 系列标准包括 OpenDRIVE、OpenCRG 和 OpenSCENARIO。仿真测试场景的静态部分（如道路拓扑结构、交通标志标线等）由 OpenDRIVE 文件描述，道路的表面细节（如坑洼、卵石路等）由 OpenCRG 文件描述，仿真测试场景的动态部分（如交通车的行为）由 OpenSCENARIO 文件描述，如图 7.6所示。

表 7.9 国际上与智能车相关的实车测试标准

序号	标准号	标准名称
1	ISO 11270	车道保持辅助系统（LKA）性能要求及试验方法
2	ISO 15622	自适应巡航控制系统（ACC）性能要求及试验方法
3	ISO 15623	前向碰撞预警系统（FCW）性能要求及试验方法
4	ISO 17361	车道偏离预警系统（LDW）性能要求及试验方法
5	ISO 17387	换道决策辅助系统（LCDA）性能要求及试验方法
6	ISO 22178	低速跟随系统（LSF）性能要求及试验方法
7	ISO 22839	前撞缓解系统（FVCM）性能要求及试验方法

表 7.10 智能车实车测试标准（SAE）

序号	标准号	标准名称
1	SAE J2399	自适应巡航控制（ACC）操作特性和用户界面
2	SAE J2808	车道偏离预警（LDW）系统用户界面信息
3	SAE J3029	商用车前向碰撞预警和缓解（FVCM）系统测试规程
4	SAE J3045	商用车车道偏离预警（LDW）系统最低性能要求和测试规程
5	SAE J3087	自动紧急制动（AEB）系统性能测试

表 7.11 智能车实车测试标准（国标）

序号	标准号	标准名称
1	GB/T 20608—2006	自适应巡航控制（ACC）性能要求与检测方法
2	GB 26149—2017	乘用车轮胎气压监测系统的性能要求和试验方法
3	GB/T 26773—2011	车道偏离报警（LDW）系统性能要求与检测方法
4	GB/T 33577—2017	车辆前向碰撞预警（FCW）系统性能要求和测试规程
5	GB/T 30186—2019	商用车辆自动紧急制动系统（AEBS）性能要求及试验方法
6	JT/T 883—2014	营运车辆行驶危险预警系统技术要求和试验方法
7	JT/T 1242—2019	营运车辆自动紧急制动系统性能要求和测试规程

表 7.12 智能车实车测试标准（欧标）

序号	标准号	标准名称
1	ECE R79	关于就汽车转向系统（ACSF）方面批准机动车辆的统一规定
2	ECE R130	关于就车道偏离预警系统（LDW）方面批准机动车辆的统一规定
3	ECE R131	关于就自动紧急制动系统（AEB）方面批准机动车辆的统一规定
4	ECE R141	关于就胎压监测系统（TPMS）方面批准机动车辆的统一规定

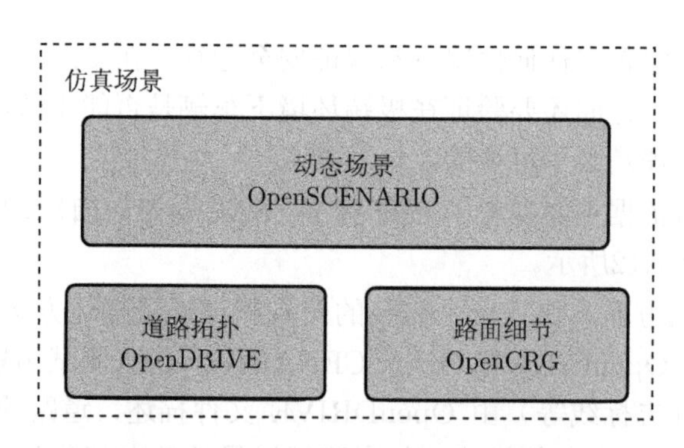

图 7.6 仿真动态场景动态构成框图

7.5.2 智能车测试手段

智能车的常见测试手段一般包括四种，即仿真模拟测试、硬件在环测试、封闭场地实车测试、公开道路实车测试，如图 7.7所示。从测试性质上分，前两种属于仿真测试类型，后两种属于实车测试类型。仿真测试中，一般都需要建立丰富的场景库来模拟实际道路情景，而纯仿真模拟测试与硬件在环测试所不同的是，前者的所有场景、参与车辆、传感器、控制器都在仿真系统里搭建，相对成本较低，但与真实情况会有一定差别，不能完全精确模拟出所有参与部件的特性；而硬件在环测试平台中，可以用一部分实际硬件系统取代相应的软件系统，比如激光雷达、毫米波雷达、摄像头、各种控制器、线控转向系统、线控驱动/制动系统等，当然也可以将整车置于所构建的仿真环境中，总之硬件取代软件越多越能逼真仿真效果。

图 7.7 智能车常见测试手段

智能车的四种测试手段在智能车辆开发阶段一般都要用到，纯仿真手段一般在前期理论试验中起到很重要的作用，由于其重复性好的特点可以对一些性能和算法进行反复试验和验证；当利用 MIL 纯仿真试验证实相应方案和算法的可行性之后可以通过逐步添加硬件系统取代软件系统的方案来验证实际部件的反馈效果；尔后是整车车辆在环试验验证；当前期的仿真或半仿真试验都完成并取得不错的效果后，就有必要进行实车环境测试了，可以先进行有条件的封闭场地测试，再进行无条件的封闭场地测试；最后，前述试验都通过后再进行公开道路测试，以确保道路测试的安全性要求。

在封闭试验场建设与示范方面，美国、欧盟以及我国自动驾驶测试和示范园区的规模正在不断扩大，相关的自动驾驶示范应用也逐步开展，瑞典、日本、新加坡等国家也在进行封闭测试区或示范园区的建设。美国的自动驾驶测试场建设相对领先，2015 年 7 月，全球首个自动驾驶封闭测试区 Mcity 正式建设完成，同时美国各州也根据产业需求不断开展测试场地建设。2017 年 1 月，由美国交通部批准的自动驾驶试验场已增长至 10 余家，美国各个测试基地在运营方面也多鼓励机构与组织间建立合作伙伴关系，以便更好利用各方资源。在欧洲，瑞典是自动驾驶汽车测试的代表国家之一，2014 年 8 月，位于布罗斯的 AstaZero 道路安全测试区域正式投入运营，这里的测试工作主要是研究如何通过技术手段来避免事故的发生。英国也积极推进网联和自动驾驶汽车的测试活动，其测试设施集群位于英国汽车产业核心区域，主要侧重于是封闭测试区 + 可控公路 + 城市道路的测试场地建设。日本的自动驾驶工作紧随欧美的步伐，于 2016 年 2 月启动建设 JARI 自动驾驶试验场，主要有 3 片区域，包括恶劣环境测试区域、城市道路测试区域和多目的测试区域，目前测试场地还未建成。

在我国，相关部委、省市人民政府的相关部门也在积极推进自动驾驶测试基地的建设。2015 年 9 月，工业和信息化部、浙江省人民政府签署《工业和信息化部浙江省人民政府关于基于宽带移动互联网的智能汽车、智慧交通应用示范合作框架协议》，选定杭州市西湖区云栖小镇和桐乡乌镇开展具体项目的试点工作。2016 年 6 月，工业和信息化部在上海开展智能网联汽车试点示范。2016 年 11 月，江苏省政府、工业和信息化部、公安部提出在无锡共建国家智能交通综合测试基地，推进自动驾驶测试工作。北京、上海、长沙、常州、苏州、沧州等地也充分利用各地地形、气候差异相继建设自动驾驶测试场地，以期实现差异化发展，为自动驾驶汽车测试提供运行环境，促进自动驾驶汽车产业化的快速发展。

在道路测试方面，美国、德国、日本均积极推动，以作为自动驾驶汽车应用的基础。美国在州层面积极进行自动驾驶立法，截至 2017 年，16 个州通过相关法案或行政令，明确测试条件和要求，允许企业在州层面展开开放道路测试。德国政府于 2015 年已允许在连接慕尼黑和柏林的 A9 高速公路上开展自动驾驶汽车测试项目，交通运输部门于 2017 年 3 月向柏林的 Diginet-PS 自动驾驶试点项目发放补贴，用于开发处理系统并提供自动驾驶的实时交通信息。“日产”（Nissan 的中文企标叫做日产）公司已经在东京、硅谷和伦敦测试了旗下的自动驾驶汽车 LEAF，积累了很多安全测试记录。国内，北京市于 2018 年 3 月，宣布将北京经济技术开发区、顺义区和海淀区的 33 条道路作为首批开放测试道路，总里程约 105 km。北京自动驾驶测试试验用临时号牌共分为 T1~T5 五个级别，百度率先拿到了 5 张 T3 牌照。据悉，北京市申请自动驾驶道路测试的考核极为严格，获得 T3 级别路测号牌的自动驾驶汽车应具有认知与交通法遵守、路线执行、应急处置等多项综合能力。从道路测试里程来看，北京、深圳走在前列，超过一百千米，其余城市规划道路范围仍有限。从测试道路类别来看，目前上海分乘用和商用两类测试道路，北京将有望开放快速路测试，公开道路测试环境不断丰富。从开放道路智能化程度来看，5G 测试环境逐渐被重点强化，例如重庆、济南、长沙等地。

四种测试手段的各自特点如图 7.8所示。智能驾驶测试中的三大要素分别为人、车、路，它们在四种测试手段中都有各自的特点，仿真模拟测试中的三个要素都是虚拟模型；实车路面中的三个要素都是真实实体；硬件在环中的人可以是虚拟模型也可是真实实体，同样车也可是实体或者模型或者部分实体部分模型；封闭场地测试中只有路是模拟实体道路搭建的近似真实道路。另外，仿真测试和实车测试都有各自的优缺点。仿真测试的效率高、测试可重复性强、测试过程完全安全、测试成本低，并可实现自动测试和加速测试，但其缺点就是不能完全精确模拟道路实际场景以及车辆各个部件的工作性能；实车测试中测试场景无限丰富、测试结果准确度高、与真实情况完全吻合，其缺点就是场景可重复性低、安全性低、测试成本高、测试周期长等。

	人(Driver)	车(Vehicle)	路(Environment)
仿真模拟 (Simulation) 	虚拟(Virtual)	虚拟(Virtual)	虚拟(Virtual)
在环/模拟器 (XIL/Simulation) 	真实/虚拟	真实/虚拟	虚拟(Virtual)
场地测试 (Field Tests) 	真实(Real)	真实(Real)	虚拟(Virtual)
实车路测 (Road Tests) 	真实(Real)	真实(Real)	真实(Real)

图 7.8 四种测试手段的特点

7.5.3 智能车辆功能安全和预期功能安全标准

产业发展，标准先行。国际层面，2011 年国际标准化组织道路车辆技术委员（ISO/TC22）发布的 ISO 26262 Road Vehicles Functional Safety（道路车辆功能安全国际标准），为应对电控系统失效导致的安全风险提供了系统化的解决方法，但对于自动驾驶车辆，除了需要避免因电控系统故障而引起的安全风险，还需考虑电控系统在没有发生故障的情况下的安全风险，例如那些基于传感器输入环境信号进行决策和控制的系统，如果传感器不能正确识别道路场景，处理算法针对所输入的信号采取一种危险的决策，从而引起安全风险。

2015 年，国际标准化组织道路车辆技术委员会（ISO/TC22）启动了“预期功能安全”(Safety Of The Intended Functionality, SOTIF) 国际标准的制定工作，关注的对象是自动驾驶技术，国际主流车企正在积极参与中。作为 ISO 26262 功能安全技术标准的补充，计划于 2021 年发布。因此，预期功能安全已成为自动驾驶安全技术的关键。国际标准化组织道路车辆技术委员会（ISO/TC22）负责轻便摩托车、乘用车、卡车和公共汽车等车辆相关的标准。同时，智能交通系统技术委员会（ISO/TC204）也在开展关于自动驾驶方面标准的研究和制定，例如，ISO/SAE PAS22736《道路车辆自动驾驶系统相关术语的分类和定义》。

1. 功能安全标准（ISO 26262 系列标准）

ISO 26262—2011 系列标准（共 10 个部分）第 1 版，我国已完成相应转化并发布了国家标准 GB/ T34590—2017《道路车辆功能安全》：① 针对的是车辆电控系统的功能安全；② 关注的是随机硬件故障、系统性故障；③ 考虑了生命周期的不同阶段。

ISO 26262—2018 系列标准（共 12 个部分）第 2 版，全国汽车标准化技术委员会正在基于该版本修订 GB/T 34590—2017：① 将功能安全需求扩展到卡车、商用车、挂车、半挂车；② 完善了功能安全管理（例如认可评审、安全异常的管理）；③ 完善了分配到复杂系统的安全目标值（例如复杂的先进驾驶辅助 ADAS 功能）；④ 半导体功能安全的应用指南。

ISO 26262 系列标准不能完全满足自动驾驶安全要求，因为自动驾驶车辆需要在即使没有故障发生的情况下，也必须是安全的。

ISO 26262—2018 有两点值得关注：① 引入失效运行，功能异常发生并被探测到后，系统保持全部或降级功能；② 关于信息安全问题，提供了功能安全与信息安全的交互指南。

2. 预期功能安全 ISO/PAS21448

该规范已于 2019 年初发布，提出了一种方法论，来控制系统潜在的危害，这些危害可能来自：① 非预期的系统行为（包括在非故障运行条件下）；② 合理可预见的误用。

该方法基于系统性的针对驾驶场景的危害分析和风险评估，驾驶场景分为已知安全场景、已知危害场景、未知安全场景、未知危害场景。该方法提供了一种指南，通过改进系统设计来减少已知危害场景，以及通过验证和确认措施来证明未知危害场景的风险被控制在足够低的水平。

ISO/PAS21448 预期功能安全仅针对的是 SAE 定义的 1 级和 2 级驾驶辅助系统。

目前，ISO/TC22/SC32/WG8 工作组正在研究制定国际标准 ISO21448，将涵盖美国 SAE 定义的 3 级至 5 级自动驾驶系统，预计在 2022 年发布。

3. 安全标准对驾驶场景的要求

ISO/PAS 21448（SOTIF）在很大程度上依赖于驾驶场景的使用，来完成验证和测试。ISO26262 也一样，但程度较轻。

构建和搜集相关交通事件、条件，以创建适合自动驾驶系统测试和验证的场景。众所周知，许多机构正在为建立和维护场景数据库而开展工作，因此，如何高效利用这些数据库，需要开展相关协调工作。

国际层面，ISO/TC22/SC33/WG9 工作组于 2018 年成立，中国汽车技术研究中心有限公司（全国汽车标准化技术委员会秘书处）是该工作组召集人，旨在解决自动驾驶测试场景问题，草案在完善中。主要包括：自动驾驶汽车测试场景的通用信息，自动驾驶汽车测试场景的工程框架，构建自动驾驶汽车测试场景用于安全确认，场景的生成（场景数据源提取，场景参数、格式和架构，场景数据库的要求）。

7.5.4 智能车评价方法

汽车智能化指数是指为衡量或评价汽车智能化水平，根据标准化、合理性、易比较等准则，考虑美国 SAE 提出的等级划分等因素构建的对应各阶段智能汽车技术与产品的一体化、可延伸的基准指标。其宗旨是基于一系列立体化、实践性、全方位定位，发挥产品研发准则、技术测评标尺、科技发展导向等作用。汽车智能化指数是引领全球汽车智能化发展的风向标，其本质是汽车智能化水平的方法论、智能汽车研发的基准值及验证系统。其基本思想是借助可横向扩充和纵向深化的系统性指标，通过科学合理地确定各个指标的不同权重，进行各个子指标的详细对标，从而完成汽车智能化水平综合评价。

汽车智能化指数的构建将贯穿汽车智能化水平发展进程全周期的评价体系，依据SAE 提出的 Level 0∼5 不同阶段的汽车智能化等级，建立详细的横向扩充和纵向深化的系统性评价指标，并通过专业测评（试验室测评、虚拟场景测评、封闭场景测评）、实践工况（开放道路测评、科技赛事测评）、市场评价（品牌指标、满意度指标）等“三位一体”方法加权核算出对应指数。汽车智能化指数总体可从功能型和性能型两个阶段开展研究。对于目前已量产的智能汽车所处的 Level 1∼2 以及向 Level 3 的过渡阶段，则主要考虑高级驾驶辅助系统（ADAS）、V2X 通信功能等方面评价指标，建立对应的三级树形指标层级结构，形成以单车智能和联网智能为基础，以 ADAS、车与车（V2V）、车与路（V2I）、车与网（V2N）以及车与人（V2P）等方面为划分依据，涵盖自适应巡航控制、自动泊车、车道保持辅助、前向碰撞预警、交通灯预警、在线/实时导航、行人穿行预警等功能的评价体系。

基于已建立的评价指标体系，综合利用主客观评价方法确定指标权重，并构建评价模型完成汽车智能化评价实例的具体实施流程。最终计算得出的评价分数与星级结果可为汽车智能化等级提供判断依据，从而促进智能汽车技术研发及产品开发水平的整体提升，也为社会消费者提供科学、合理、可靠的参考依据。

1. 汽车智能化指数评价模型

汽车智能化指数评价模型整体框架如图 7.9所示，其中核心部分在于：确定完备的评价指标体系与选取恰当的权重确定方法。基于模型进行汽车智能化评价的主要步骤，具体可描述为：首先，从试验室/示范基地、科技赛事、消费市场中获取汽车智能化评价参数，并对参数进行数据预处理；其次，根据构建的汽车智能化评价指标体系，从中选取重要指标参数数据；再次，利用层次分析法–熵权法的综合确权法对指标体系中的指标权重进行设定，不同的评价方法也决定着综合评价模型的差异性；最后，基于汽车智能化指标评价分数及指标权重，依次计算第三级、第二级与第一级指标的评价分数，并以评价分数的最终结果确定汽车智能化等级。

在上述汽车智能化评价模型中，其核心部分在于评价指标权重确定方法的选择，其对于综合评价结果的客观性和准确性具有重要影响，指标权重确定方法的不同往往也是不同综合评价法的差异所在，计算权重系数的方法大致可分为两大类：一类是主观赋权法；另一类是客观赋权法。其中，层次分析法主要是考虑专家的意见，汲取了专家们的知识和经验，一般具有较高的合理性，但仍无法克服主观随意性较大的缺陷；熵权法能够充分挖掘原始数据本身蕴含的信息价值，相对层次分析法而言结果比较客观，但却不能反映专家的知识和经验以及决策者的意见，可能会导致得到的权重与实际重要程度不相符。因此，实际中需要综合上述两种方法的优缺点，利用层次分析法和熵权法相结合的综合确权方法，对汽车智能化评价指标权重进行确定。

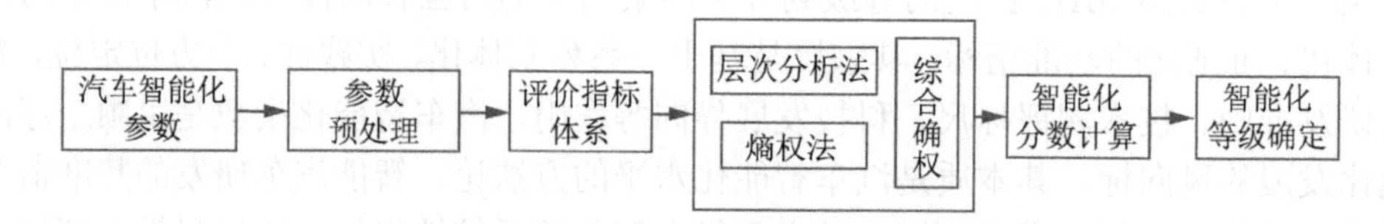

图 7.9 汽车智能化指数评价模型

2. 汽车智能化指数评价指标

为保障汽车智能化评价的全面性、客观性与实用性，多采用以专业测评、实践工况、市场评价为基础的“三位一体”评价体系，如图 7.10所示，将充分利用试验室/示范基地等虚拟与实际测试场景进行智能汽车的专业性测评，并结合我国现有智能汽车相关权威性科技赛事进行智能汽车的年度实践性测评，同时兼顾市场中消费者对于智能汽车场景需求与实际功能匹配程度的满意度分析，科学、严谨、全面地为汽车智能化水平评价提供参考支撑。

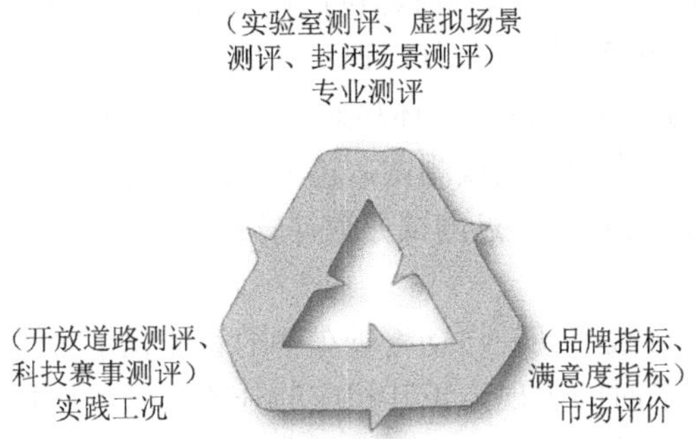

（实验室测评、虚拟场景测评、封闭场景测评）
专业测评

（开放道路测评、科技赛事测评）
实践工况

（品牌指标、满意度指标）
市场评价

图 7.10　汽车智能化评价指标体系

首先，智能汽车专业性测评具体包括试验室测评、虚拟场景测评以及封闭场景测评等部分。目前，我国正在积极部署智能网联汽车测试与示范区建设工作，2015 年 7 月，根据工业和信息化部公布的 2015 年智能制造 46 个试点示范项目名单，我国首个智能网联汽车（上海）试点示范区便开始进行规划建设，之后工业和信息化部又同北京、河北、重庆、浙江、吉林、湖北、江苏、四川等地区达成合作，智能网联汽车测试基地全国分布格局初具规模。在已经建成的测试基地中，主要通过搭建封闭测试区、开放测试区等测试场景与环境，对智能汽车相关的自动驾驶技术及网联技术进行更为专业化的测试与评价，然而尚未达到完善的系统级测试评价水平。

其次，智能汽车实际工况测评具体包括开放道路测评和科技赛事测评等部分。其中开放道路测评将在已经允许进行公共道路测试的城市（如北京、银川、德阳等），进行真实道路场景下的实践性测评。关于科技赛事测评方面，我国已成功举办世界智能驾驶挑战赛、中国智能汽车大赛、中国智能车未来挑战赛、“飞思卡尔”杯全国大学生智能车赛等多项赛事。其中，中国智能汽车大赛作为我国最权威的智能汽车测评平台和中国汽车智能化发展的风向标，连续两年的成功举办充分发挥了行业高端交流平台和技术实践测评标尺的作用。赛事每年度会召集来自全国各地的智能汽车开展同台竞技，通过专业化场景与组别设置、权威性规则仲裁，为汽车智能化水平提供实践验证性评价，通过赛事结果实时且全面反馈我国智能汽车最新发展进程与水准。

最后，智能汽车市场评价具体包括品牌指标、满意度指标等部分，品牌指标主要根据市场的品牌认可度来进行核算，满意度指标将根据国家机构做的汽车满意度调查指标核算。目前，我国量产汽车智能化水平基本处于 Level 1~2 以及向 Level 3 过渡阶段，主要实现了较为基本的先进驾驶辅助功能。基于上述现状，可从消费市场应用角度出发，通过对不同品牌代表性产品的智能化程度开展消费者满意度调研，并充分结合大数据分析方法，为汽车智能化等级评价提供源于市场的参考依据。

以上述“三位一体”评价体系为方向引导，为进一步加强汽车智能化评价的理论深度及实践操作，构建了当前 Level 2 阶段的汽车智能化评价指标体系，如图 7.11 所示。该评价指标体系基本按照树形多级结构，可分为一级指标、二级指标以及三级指标，而且各级指标相互联系、逐层细化。

3. 基于测试的智能车评价示例

自动驾驶总共分为 15 个场景，包括路段基础场景和关键点场景两大部分。路段测试总计 300 分，自动驾驶的关键区测试内容包括住宅区启动、林荫道通行、隧道通行、铁路道闸场景、交通事故绕行、施工绕行、调头行驶、车辆加油、非机动车横穿、行人过街、银行取款、车辆跟驰、路口通行、环岛通行、工作区域驻车，共计 15 个考点。测试车辆在测试组限定时间内进场，完成测试，超出时间退出测试。发车间隔：30 分钟，测试全程时间不能超过 50 分钟。考点测试分数计算：每个考点单项科目 100 分，共 15 个考点，总计 1500 分。

针对世界智能驾驶挑战赛期间自动驾驶车辆的智能化水平进行测试，根据各车辆（共 6 辆）通过不同类型场景时的表现给予其相应的分数，以各场景分数为基数可计算得到每辆自动驾驶车辆的智能化水平总得分，通过归一化处理可得其对应的区间得分、综合得分以及星级，如表 7.13所示。

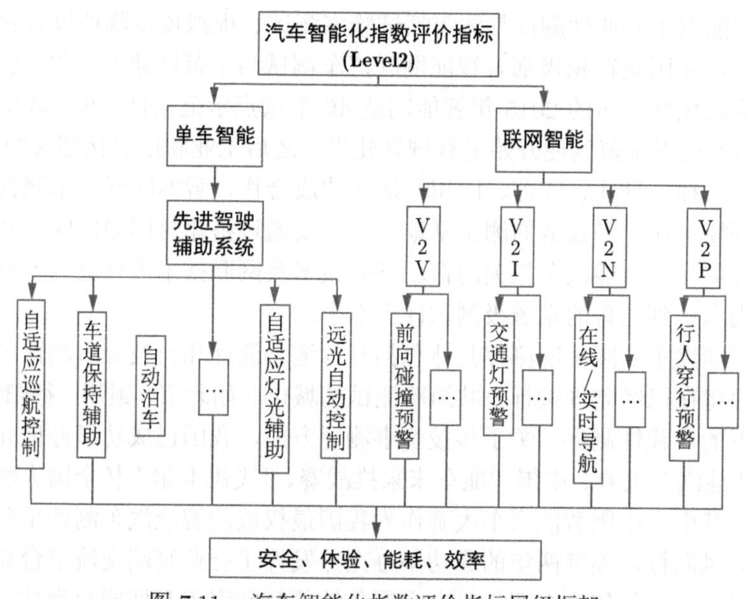

图 7.11 汽车智能化指数评价指标层级框架

对于不同品牌车型的整体智能化水平得分而言，处于 3~8 分各种不同阶段，仅有 2 款品牌车型智能化水平得分较低，其他品牌车型智能化水平相差不大且处于较高阶段。当前，处于 level3~4 级别的自动驾驶车辆尚无量产车型，主要为科研院所及高校企业的改装研发车辆，尚未形成完善的评价指标体系，因此以世界智能驾驶挑战赛中自动驾驶车辆实际行驶过程中的测评为依托，选取不同类型场景作为评价指标，经过计算发现当前自动驾驶车辆的智能化水平表现出参差不齐的特征，某些车辆的智能化水平较高，能够通过较多的实际通行场景且表现良好，甚至能够达到限定区域下的 level4 级自动驾驶水平；而某些车辆的智能化水平则较低，能够通过的场景数量有限且表现较差，仅仅刚达到 level3 级自动驾驶水平。

表 7.13 某 6 款车型自动驾驶功能得分情况

评价指标	指标权重	车型					
		FA1	FA2	FA3	FA4	FA5	FA6
路段比赛	10%	220	230	250	0	300	120
住宅区启动	6%	100	100	100	100	100	0
林荫道通行	6%	100	100	100	100	100	100
隧道通行	6%	100	100	90	100	50	100
铁路道闸场景	6%	100	100	100	100	100	0
交通事故绕行	6%	60	60	100	0	60	60
施工绕行	6%	100	100	100	0	100	0
调头行驶	6%	100	100	100	100	100	0
车辆加油	6%	100	100	100	100	100	0
非机动车横穿	6%	100	100	100	0	0	0
行人过街	6%	0	0	100	0	100	0
银行取款	6%	80	100	100	0	50	0
车辆跟驰	6%	0	70	100	0	0	0
路口通行	6%	100	70	100	0	0	0
环岛通行	6%	100	100	100	0	100	0
工作区域驻车	6%	100	50	0	0	50	0
智能化总得分	—	766	773	859	360	636	168
智能化区间得分	—	38.3	38.65	42.95	18	31.8	8.4
智能化综合得分	—	78.3	78.65	82.95	58	71.8	48.4
智能化等级	—	☆☆☆ ☆☆	☆☆☆ ☆☆	☆☆☆ ☆☆	☆☆☆	☆☆ ☆☆	☆☆

7.6 汽车开放系统架构联盟

汽车电子技术从 20 世纪 50 年代发展到现在已经覆盖动力传动总成电子系统、底盘电子系统、车身电子系统和汽车通信和电子娱乐等方方面面。为了解决不同系统之间由于应用程序接口不同导致的移植性问题，1993 年，德国汽车工业界提出了汽车电子开放式系统及其接口标准（Offene Systeme und deren Schnittstellen für die Elektronik im Kraftfahrzeug，OSEK）。此标准在一定程度上实现了应用算法与底层软件分离，提高了可移植性和开发效率，但是并未解决跨平台的问题。于是，汽车工业界开始探索一套以需求和功能为导向的汽车嵌入式系统开发方法，最终，EAST-EEA 项目定义了一个分层的软件架构，使用中间层来解决嵌入式系统在不同平台之间的移植问题。此项正是 AUTOSAR 的雏形。

基于先前 EAST-EEA 项目的研究成果，2003 年由全球汽车制造商、零部件供应商及其他电子、半导体和软件系统公司联合建立了汽车开放系统架构联盟（Automotive Open System Architecture，AUTOSAR），并提出了开放式的汽车嵌入式软件架构，即 AUTOSAR 规范，现最新版本为 4.3.0，更新于 2016 年。AUTOSAR 成员基本涵盖了世界上各大著名整车厂、零部件公司、半导体公司以及软件工具提供商。

AUTOSAR 结构如图 7.12所示，分为应用软件层（Application Software Layer，ASW），用于封装上层控制算法；实时运行环境（Runtime Environment，RTE），作为应用软件层与基础软件层的桥梁，为软硬件分离提供了可能，负责操作系统与通信的调度；基础软件层（Basic Software Layer，BSW）抽象了底层向上层提供的服务、ECU 和 MCU，提供了标准化的系统功能和接口。

通过这种定义方式 AUTOSAR 不仅提高了算法的一致性，解决了跨平台问题，统一的、标准化的接口还为整车软硬件资源统一调度提供了支持。如图 7.13所示，通过 RTE 的虚拟总线和 BSW 的封装，AUTOSAR 实现了完整的自顶向下的设计过程，软件组通过端口和端口接口来实现不同 ECU 上面向功能的算法开发与实现。通过资源的使用标准化解决了车载硬件复杂导致的信息冗余、资源浪费问题。

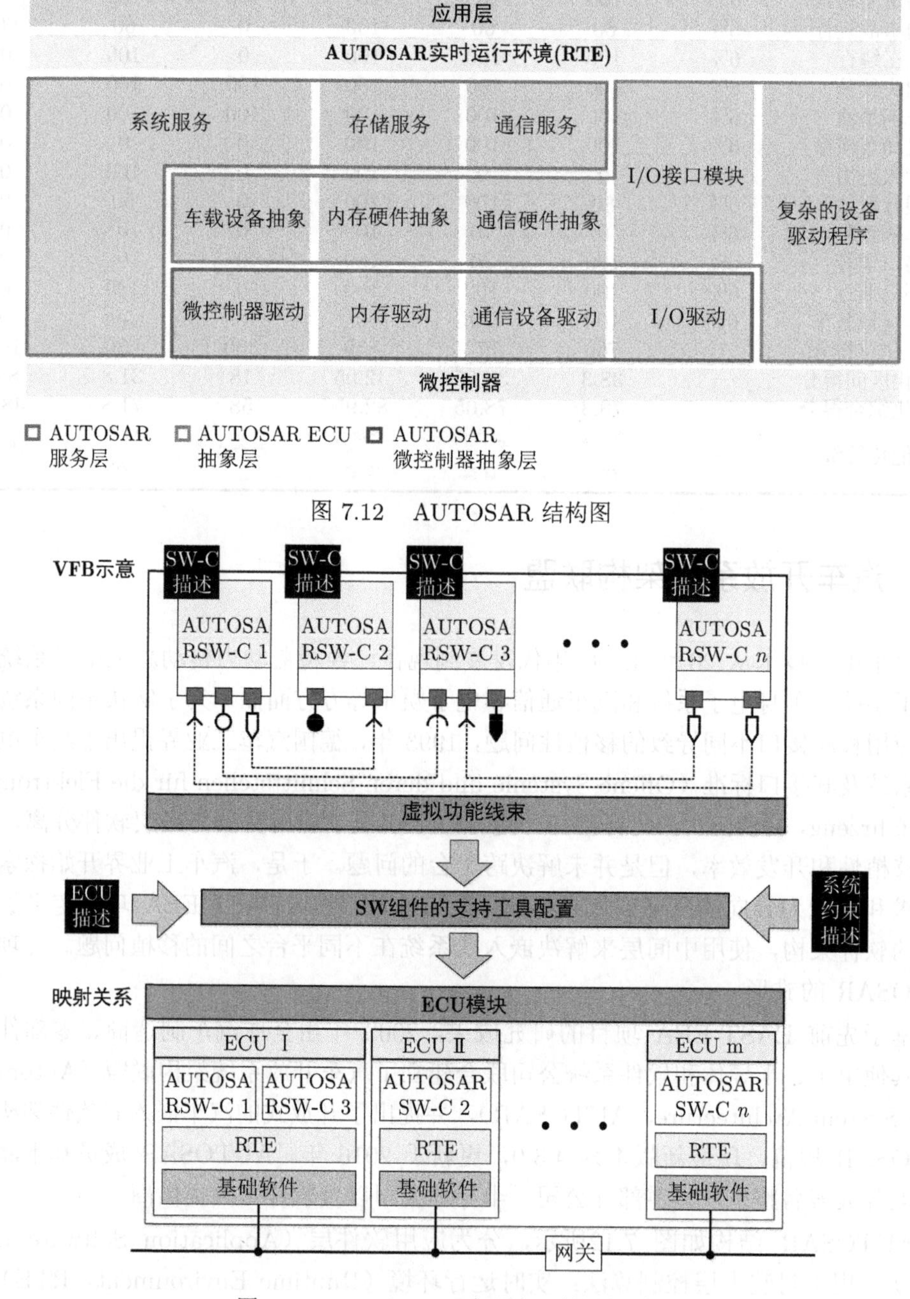

图 7.12　AUTOSAR 结构图

图 7.13　AUTOSAR 自顶向下的设计过程

7.7　空中下载技术

生产文件是汽车及其电控单元生产厂商对电控单元内部软件程序的具现化说明，多以文本文件形式存在。生产文件内包含电控单元运行过程中必需的程序信息以及性能参数，生产文件的差异直接影响车辆性能和价格。近年来，车辆远程诊断方面的研究与应用屡见不鲜，但受到网络限制，主要应用集中在读、清故障码，车辆基本信息的读取等常规诊断功能。空中下载技术（Over the Air Technology，OTA）的出现，给车辆远程数据刷写提供了技术保障，为车辆售后维修领域增添了新的力量。

OTA 技术是通过全球移动通信系统（GSM）或码分多址技术（CDMA）的空中接口对用户身份识别模块（SIM）卡数据及应用进行远程管理的技术。空中接口可以采用无线应用协议（WAP）、通用无线分组服务（GPRS）、CDMA1X 及短消息技术。OTA 技术的应用，使得移动通信不仅可以提供语音和数据服务，而且能提供新业务下载。

OTA 的实现需要至少两块设备，分别是服务器和客户端。服务器只有一个，客户端可有多个。服务器通过串口与个人计算机（PC）连接，需要下载的镜像文件存放于 PC 机，命令执行器给服务器发命令及镜像文件。首先命令执行器控制服务器广播当前可用的镜像文件信息，客户端收到信息后进行对比，若有与自身相匹配的镜像，则向服务器请求数据。服务器收到请求后向命令执行器索取固定大小的块，再点对点传送给客户端。镜像传输完毕后，客户端进行校验，完成后发送终止信号。其 OTA 下载方式可以采用短信方式、PUSH 方式和网上定制三种方式。

基于 OTA 技术的数据传输已经得到广泛的认可和应用。随着 3G/4G 业务的发展，网络条件将更加便利，使得基于此技术的车辆远程数据刷写得以实现。在竞争日益激烈的汽车领域，售后服务的重要性已经从背后走向台前，售后服务的质量对车辆品牌及销售的影响越来越大。车辆远程数据刷写的应用将极大提高车企的售后诊断维修水准，为汽车售后维修领域注入一针强心剂。

7.8　本章小结

本章重点介绍了传统汽车动力学测试方法，主要包括操纵动力学和制动动力学测试，并列举了部分典型工作做详细介绍，参照大量国标和国际标准对试验方法、试验数据处理、试验结果统计表达等工作做了深入的讲解，该部分内容对从事汽车传统动力学测试相关工作的工程师以及高校在读学生的学习有重要的借鉴作用。同时，还对目前智能车辆的测试评价这一研究热点中的相关发展情况做了简要介绍，并基于相关文献对智能车的测试与量化评估做了实例说明。

当前，智能驾驶评价体系还远不够完善，相信随着科技的发展，智能车的相关测试技术和评价体系也会更加完善，通过完善的评估体系所评价的车辆一定会有更加出色的智能化表现和道路安全体现，并给乘驾人员带来更加优越的自动驾驶体验。

附录A　附　　表

表 A.1　侧向力估算算法中使用的 UKF 和 EKF 参数、矩阵和初始值

符号	数量（UKF）	数量（EKF）
n_{F_y}	2	2
α_{F_y}	0.5	-
ε_{F_y}	0.1	-
β_{F_y}	2	-
Q_{F_y}	$0.01I$	$0.01I$
R_{F_y}	$0.0001I$	$0.0001I$
X_{0,F_y}	$[0,0]$	$[0,0]$